宁波文化研究工程·宁波文脉丛书

明派俞氏研究

俞建文　俞　强　高浩其　著

ZHEJIANG UNIVERSITY PRESS
浙江大学出版社
·杭州·

图书在版编目(CIP)数据

明派俞氏研究 / 俞建文,俞强,高浩其著. —杭州:
浙江大学出版社,2024.2
ISBN 978-7-308-24685-9

Ⅰ.①明… Ⅱ.①俞…②俞…③高… Ⅲ.①姓氏—
研究—宁波 Ⅳ.①K810.2

中国国家版本馆 CIP 数据核字(2024)第 020390 号

明派俞氏研究
MINGPAI YUSHI YANJIU

俞建文　俞　强　高浩其　著

策划编辑	吴伟伟	
责任编辑	陈　翾	
责任校对	丁沛岚	
封面设计	雷建军	
出版发行	浙江大学出版社	
	(杭州市天目山路 148 号　邮政编码 310007)	
	(网址:http://www.zjupress.com)	
排　　版	浙江大千时代文化传媒有限公司	
印　　刷	杭州宏雅印刷有限公司	
开　　本	710mm×1000mm　1/16	
印　　张	30.5	
字　　数	530 千	
版印次	2024 年 2 月第 1 版　2024 年 2 月第 1 次印刷	
书　　号	ISBN 978-7-308-24685-9	
定　　价	128.00 元	

序

《明派俞氏研究》将要付梓了，这是五峰俞氏裔孙、资深研究人俞建文、俞强两位时彦继五峰明派《斑竹俞氏宗谱》续修圆竣、《俞浙与"金字谱"研究》出版后的又一佳构力作，值得一读。

研究姓氏文化，传承家国精神。开展民间谱牒研究，是梳理历史文化遗产、促进精神文明建设的一个重要方面。家谱，是记载同宗共祖的血缘集团、世系人物和事迹等的史籍，它与国史、方志共同构成了中华民族历史大厦的三大支柱，是我国特有的文化遗产，弥足珍贵。家谱，作为史料文献，蕴藏着大量有关人口学、社会经济学、教育学、人物传记以及地方史志的珍贵资料，是有待深度开发的一个精神富矿，是对中华文明的传承和发展，具有重要的人文历史价值和学术研究价值。正是基于这样一种认知高度和自觉担当，作者历经数个春秋，七易其稿，终辑成篇。而今，《明派俞氏研究》带着一份醇厚的书香，惊喜地呈现在大家面前。

五峰俞氏始祖俞稠公（829—905），自唐末因避黄巢之乱弃官隐居浙江新昌（五峰坑），肇基发祥，开枝散叶。始分剡、杭、京、明四派，历经宋代勃兴，繁衍生息千余年，"五峰俞氏"族望流芳，成为江南泱泱大族。"五峰俞氏"族中，珍藏有诸如二十世祖俞浙（1215—1300）撰于宋德祐元年（1275）的写本"金字谱"等众多传世家乘、家谱等。作者经多年的旁搜博访，实地考证，对诸多遗迹、实物进行钩稽探赜，并查阅有关史、志、档案等，做分析甄别，用历史唯物主义观点及学者特有的慎思见解对现存的家谱传记进行对照鉴别、中肯分析，倾心打造出《明派俞氏研究》这一成果。该著尤其针对旧时民间修谱的一些流弊，因年湮代远、信息闭塞所造成的记载缺陷、传说谬误，运用大量的墓志铭和正史记载等史实材料，进行实事求是的剖析，有理有据地提出质疑并辨误，力求"去粗取精，去伪存真"。这无疑为我们寻祖探源、联谱联宗和研究家族历史文化提供了一个新视角，蹚出了一条新路子。同时，这也就为华夏子孙崇文守正、传承文脉、继往开来，拓开了一条探索的新思路。

《明派俞氏研究》洋洋数十万言，分为上、中、下三篇，即祖源考略、谱文荟萃、辞章辑佚，重点对俞氏的缘起和各支脉进行了分述详叙，深度剖析了明派俞氏各支脉记载的广泛性和特殊性，客观透视了其中的历史原委和不足之处。五峰俞氏明派迁始祖俞玗公(862—934)，为五峰俞氏始祖俞稠公之幼子，唐昭宗时(889—904)仕明州(今宁波)大院判，致仕后率家肇基奉化大小晦，聚族而居，耕读传家，独立为谱，枝繁叶茂。《明派俞氏研究》的上篇"祖源考略"，对1100余年来明派俞氏各支脉的祖源世系进行了系统梳理，不但匡正了鄞东俞氏等的祖源世系，而且发现了明派俞氏俞充一支的新脉络；中篇"谱文荟萃"对明派俞氏各支脉的人文历史进行了系统集成，选录明派俞氏各宗谱中的谱序、人物传赞和俞氏村庄名迹；下篇"辞章辑佚"则从国史、方志、宗谱和历代文人文集中，搜集了明派俞氏先人有关的存世文献，进行了系统呈现。《明派俞氏研究》一书论证有力、厚古通今、文思缜密、求是求真，细品拜读，令人肃然起敬；字里行间张弛有度、有血有肉，足见作者厚实的文字功底，尊祖敬宗、秉承孝道、与时俱进、荣耀氏族的一片拳拳之心，精诚的孝道美德，谦逊的学者风度，堪为族人楷模。积墨成著，风范书香，著作付梓，不愧为五峰俞氏研究史上的一个里程碑式的新亮点，恰似给敬诚谱学的有识之士在享受家族传统文化盛宴时增添的一道美味可口之佳肴。

国有史、族有谱，民族辉煌；水有源、树有根，源远流长。五峰俞氏在中华俞氏大家庭中是特大的宗支，能在历史的长河中源清本正，独树一帜，传承有序，瓜瓞连绵，赫奕辉煌，长发其祥，不愧为江南名门望族。这要感恩于中华文明孝道，俞氏文脉传承，祖德宗功之浩荡。今借《明派俞氏研究》出版之机，我们倡导更多族人关注、参与，合力将五峰俞氏研究进一步推向完善，加快剡派、杭派、京派系列课题的研究、梳理、编撰，集思广益，共谋敦亲睦族，更祈研学硕果辉煌，谨以告慰列祖列宗！

美德堪称千秋，遗训长昭子孙。笔耕历久弥新，五峰精神长存。

中国五峰俞氏历史文化研究会　俞伟新
2023年10月于浙江新昌

目　录

绪　论

（一）俞浙撰"金字谱"记录了五峰俞氏四大支派

宋德祐元年（1275），时任南宋监察御史的"五峰俞氏"二十世祖、剡派的俞浙（1215—1300），以十四世祖、明派的俞伸（1053—1133）于绍兴三年（1133）创修的《大晦俞氏宗谱》（史称"大晦谱"）等为母本，旁搜博访，汇辑成编，间以泥金饰字，纂成了宦游赏阅便本《俞氏宗谱》（即"金字谱"①）。"金字谱"完整记录了"五峰俞氏"自俞庄（684—736）为鼻祖的以下二十代世系，不久后，"金字谱"为剡派马峤俞氏后人所获并珍藏，迄今已近750年②。

"五峰俞氏"自一至五世均居青州府益都县（今山东青州市）金岭下梅径村青社里。到唐朝末年，六世祖俞稠（829—905）游宦江南，为睦州刺史③。长子俞珣为剡邑令。时值黄巢起义，天下大乱。乾符六年（879），起义军攻占剡县县城，俞珣遂携父俞稠出东城门，避兵祸于四明山西南隅的剡东（今新昌县境内），遂居五峰山下。俞稠为江南"五峰俞氏"始祖。俞稠有四子：长子俞珣（853—933），任剡邑令，奉父隐居剡东，为剡派祖；次子俞玧（856—923），唐僖宗时（874—888）任歙州刺史，居杭州，为杭派祖；三子俞玢（859—923），唐僖宗时任汴梁副史，居汴梁，为京派祖；幼子俞玗（862—934），唐昭宗时（889—904）任明州大院判，后居明之大晦（今

---

① 以下均称"金字谱"。

② 其事其谱详见俞建文、张伟：《俞浙与"金字谱"研究》，浙江大学出版社，2020年。

③ 经考证，俞稠于唐僖宗乾符五年（878）出任睦州刺史，到广明元年（880）黄巢部将攻陷睦州城前离任。

宁波市奉化区溪口镇斑竹村境内),为明派祖。

俞珣携父定居五峰的乾符六年(879),俞稠51岁,俞珣27岁,俞玧24岁,俞玢21岁,俞玕年方18岁。

自此,"五峰俞氏"开枝散叶,其后裔今已遍布浙江、江苏、安徽、江西和福建等江南地区。

(二)家族历史文化研究须从读谱始

研究一个家族的历史文化,须从研读家谱开始。在五峰俞氏的历史上,正是因为有了堪称"国宝"的"金字谱"的存在,才使我们研究五峰俞氏及剡、杭、京、明四大支派俞氏,有了确凿可靠的依据。

除"金字谱"外,我们掌握的明派俞氏家谱主要有:

2021 年重修　燕贻堂《斑竹俞氏宗谱》

2011 年重修　追远堂《升纲俞氏宗谱》

2011 年重修　燕贻堂《鄞县桂林俞氏宗谱》

2010 年续修　滋德堂《鄞东俞氏宗谱·俞家山卷》

1944 年重修　树德堂《塘岙俞氏宗谱》

1939 年重修　敦叙堂《奉化俞村俞氏族谱》

1933 年重修　显承堂《奉川俞氏房谱(五柱)》

1932 年续修　桂隐堂《东吴俞氏宗谱》

1930 年续修　滋德堂《四明洋山岙俞氏宗谱》

1926 年三修　光裕堂《新盐场俞氏宗谱》

1925 年重修　诒谷堂《南郊段塘俞氏宗谱》

1916 年续修　明德堂《桃江俞氏宗谱》

1895 年重修　报本堂《北郭俞氏宗谱》

古琴堂(江苏宿迁)《俞氏族谱》

现代版(兰溪)《杨塘俞氏宗谱》

此外,还有疑似明派宗谱两部:2008 年俞阿毛等重修的中和堂《浙江富春俞氏宗谱》、1938 年俞朗然等重修的思敬堂《石姥山俞氏宗谱》。

因事涉明派俞氏祖源,我们同时参考了多部五峰俞氏剡派和杭派宗谱。主要有：1881年敦本堂《俞氏宗谱》①、1947年俞家骥手写本《绍兴潭底俞氏谱》、1934年维则堂俞赞撰《姚江古将坛俞氏宗谱》、2015年《五峰俞氏特恩祠宗谱》、2018年《俞氏学东长房谱》等。

要花大功夫认真阅读家谱文献。一方面，家谱中收录的林林总总的材料，均十分宝贵，要仔细阅读，认真梳理，甚至不能放过任何一个重要的细节。另一方面，即使是同一本家谱中的记述，也可能会前后相悖、矛盾迭出，遑论各支家谱了。特别需要注意的是，有一些微博写手，往往从家谱到家谱，或疏于考证而妄下结论，或抓住一鳞半爪而做无限联想。就俞氏历史文化研究而言，目前网络上错讹百出的文章比比皆是，造成谬误流传。

要认真走访、考察家族的聚居地，重视家族耆老口口相传的讯息。一个家族的聚居地，一般遗留了大量的古居、祠堂以及坟茔墓葬等，是我们研究这个家族历史文化必不可少的实证资料，弥足珍贵。但是随着城市化进程的加快，我国的传统村落正日渐式微，抢救性搜集记录古村落资料，变得十分迫切。在古代交通不便、信息闭塞，以及文人阙如的家族中，由具有一定文化素养的家族耆老口口相传的讯息，往往是颇为重要且最为本真的。因此，一般来说，本支本宗的记述往往比旁支的记载更上心，也更加可靠。

（三）充分挖掘史料文献资源

家族历史文化研究中的史料文献，包括正史（如二十四史等以纪传体为编撰体例的史书）、地方志、碑碣墓志，以及文人笔记等等。这些史料文献不仅能印证一部家谱的可靠性，有助于民间修谱续谱活动的正规化、科学化，而且可以极大地丰富家族历史文化研究的内容，从而实现家族历史文化研究的尊祖敬宗、弘扬中华民族优秀文化传统的初衷。

一个家族的历史名人，有些会在二十四史中被"列传"，如《宋史·俞充传》《宋史·俞献卿传》《明史·俞大猷传》等；也有些会在相关名人的"列传"中出现，如《史记·扁鹊仓公列传》中有俞氏人文始祖俞跗的传说、

---

① 五峰俞氏剡派十一世祖俞文应支合修谱。

《晋书·桓彝传》中有俞纵的记载等。但进入正史列传的毕竟是少数，而更多的家族地方名人会在地方志中列传，如在《乾道四明图经》《宝庆四明志》中，俞充、俞伟、俞爽等均进入"人物"列传。

碑碣墓志作为第一手史料，在家族历史文化研究中具有特殊且重要的文献价值。尽管不同时代的墓志规制不一，但一般都会直接记录铭主祖孙五服的传承世系。特别是宋代的一些墓志，往往上到曾祖、下到玄孙，旁及子孙辈的婚姻嫁娶，是我们追溯其祖源的重要依据。墓志还真实记录了铭主的生平事迹，特别是对其优秀品质的记述和颂扬，直到今天都可作为我们教育子孙后代的极好素材；墓志铭还会从某些特定的角度反映铭主所处时代的政治、经济和社会状况，往往可以丰富正史记载所缺乏的诸多细节。

此外还有碑记、题名等，虽然留下的文字极少，但我们仍然可以从中管窥记主的交游、任宦等情状。

家族历史文化研究要十分重视正史和方志外的其他文献，比如其他家族的家谱资料，本家族和其他家族中一些文人的文集、笔记等。其他家族的家谱资料，可能会构成证据链条中的重要一环。而历史名人的文集、笔记等，往往会收录一些诗词酬唱、信函往来等，真实地记录了一代人之间的交往情况。

（四）明派俞氏研究中的几个问题

一是尊重家谱，但又不唯家谱。读家谱这种历史文献，我们须怀着一种真挚的宗族情感、一种对祖宗由衷的敬畏、一种对祖先留下的宝贵遗产深深的感恩之情。家谱不仅得读，而且要细读。一方面，家谱中往往蕴藏着十分丰富的家族传承密码，只有细细品读，才会发现诸多奥秘。特别是由本家族中的文化名人纂修的家谱及谱文，是极为宝贵的文化遗产。另一方面，我们也应看到，现存的家谱经过多次传抄续修，鲁鱼亥豕，其错讹在所难免。特别是一些谱师谱匠纂修的家谱，侈大声华、阿私所好者有之，伪作谱序谱文、臆造世系世传者，更是俯拾即是，触目惊心。长久以来，在俞氏历史文化研究中，存在着一种从家谱到家谱的所谓"研究"，这是一条死胡同。应当指出的是，目前俞氏圈内一些自视颇高的微博写手的此类文章，在互联网上随处可见；还有一些小报小记，往往不加考据，不辨真伪,造成谬误流传。

二是依史梳谱,做到谱史结合。考察家族历史文化,特别是考察家族祖源问题,必然触及宗人观念深处的祖源认知,以及由此而生的宗族情感。而这种宗族情感的增强,往往会导致人们对自己的祖源认知出现偏差甚至讹误,形成刻板的思维模式,从而在很大程度上对家族历史文化的研究产生天然的抵触情绪。为此,我们在保持对家谱和家族足够的尊重外,还必须拿出足够分量的史实材料,努力让历史事实说话。我们力求从正史、方志、墓志碑碣、题名题刻、文集笔记,以及其他历史遗存中,寻找一个家族及其代表人物的各种蛛丝马迹。但需要注意的是,地方志中的有些记述本身就源于家谱,对其真实性必须进行仔细的分析和甄别。家族历史文化的研究也有别于一般的学术研究,它是一种以家谱为基本线索的、基于宗族情感的研究,并最终服务于敬宗睦族、修谱续谱。

三是分析综合,做好科学推理。在明派俞氏的研究中,尽管在历史上有一部有据可循的"大晦谱"存在,但由于世代久远,又加分迁转徙,虽经历代后人努力考据,然明派俞氏各支仍大多"以可据之祖为始",在祖源问题上各支各表。其中也不乏以讹传讹、张冠李戴、难于自圆其说之处。谱与史合方为信谱,依史梳谱才是家族历史文化研究之真诀。必须把我们的研究对象放到当时的社会历史大背景中,对上述各种文献资料进行全面分析、比对,做到去粗取精、去伪存真,求大同、存小异。这种基于确凿文献资料及证据链基础上的科学的判断与推理、归纳和演绎,是我们研究家族历史文化过程中必不可少的重要方法。唯其如此,我们才能接近甚至是无限接近于一个家族的历史真相。

在当今的信息化时代,千百年来人们形成的"家谱私藏"观念已然被打破,这就让我们有机会阅读更多的谱牒资料;同时,国家及有关部门古籍数字化工作的成果,给家族历史文化研究带来了一个前所未有的机遇,使我们有可能从浩瀚的历史文献中撷取一个家族的代表性历史人物及其活动背景的资料,从而完善甚至是还原一个家族传承的历史轨迹。

上篇

祖源考略

一、五峰俞氏明派概述

(一)明派俞氏创修谱概况

1. 明派俞氏主要谱系

目前，我们掌握的明派俞氏宗谱有 20 余部，已基本覆盖了可以确定的明派俞氏所有支系。此外，还有五峰俞氏剡、杭、京派及其他俞氏宗谱，共上百种。

综合明派俞氏谱牒文献，依据祖源世系，其大致可分为：奉系谱，包括大晦谱(斑竹谱和升纲谱，为十一世祖俞文唐支)、奉城谱(俞村谱、北郭谱、五柱房谱等，实为十一世祖俞文广支)；鄞系谱(更多的自称为"四明俞氏")，包括鄞西谱(桃义江谱和桂林谱等，以十世祖俞鼎为始祖)、鄞东谱(洋山岙谱、塘岙谱、新盐场谱、兰溪杨塘谱等，实为俞充支①)。

2. 明派俞氏宗谱记载的纂修谱情况分析

(1)创谱时间

按照谱载，其首修时间最早的是桃义江谱，修于宋崇宁四年(1105)，其次是塘岙谱(1130)和斑竹谱(1133)②。这一时期，正是我国历史上由官修家谱转向私修家谱而私修家谱之风又刚刚兴起的时代，一些世家大族中的文化人以修撰家谱为己任，探祖源，序昭穆，仿于欧苏，纷纷创制自己的家谱，形成了我国家谱创修史上的一个高潮。

---

① 新盐场始祖俞褒实为俞充胞弟，并非如桃义江谱等所载为俞充堂弟，但因其父佚名，故称俞充支。

② 通过后面的专门讨论我们将会明确：所谓崇宁桃义江谱系以冒俞充之名所作《四明俞氏宗支记》为基础的宗谱，而绍兴塘岙谱和斑竹谱实为一谱。

明派俞氏主要支系创修谱情况

谱系	始祖	始修时间	历修情况	最早谱序
斑竹谱	庄(684—736)	宋绍兴三年(1133)	南宋末年(茂林)、元明缺失、雍正八年(1730)、乾隆五十五年(1790)、道光三年(1823)、咸丰七年(1857)、光绪十八年(1892)、民国十一年(1922)	雍正八年(1730)俞培仁
俞村谱	庄(684—736)	雍正八年(1730)	雍正八年(1730)、乾隆五十一年(1786)、嘉庆二十三年(1818)、道光十八年(1838)、同治三年(1864)、光绪九年(1883)、宣统二年(1910)、民国二十八年(1939)	雍正八年(1730)俞培仁
桃义江谱(桂林谱)	鼎(976—1053)	崇宁四年(1105)	宣德八年(1433)、嘉靖十七年(1538)、万历二十三年(1595)、康熙六十年(1721)、乾隆四十三年(1778)、嘉庆九年(1804)、道光十四年(1834)	庆元五年(1199)汪大猷
塘岙谱(洋山岙谱)	鼎(976—1053)	建炎四年(1130)	南宋末年(舜申)、元明缺失、康熙壬寅(1662)、康熙丁丑(1697)、乾隆己丑(1769)、嘉庆庚申(1800)、道光戊戌(1838)、咸丰己未(1859)、光绪癸巳(1893)、宣统辛亥(1911)、民国二十一年(1932)、民国三十三年(1944)	宝祐四年(1256)史嵩之
新盐场谱	鼎(976—1053)	光绪十七年(1891)	宣统三年(1911)、民国十五年(1926)	高振霄

（2）最早谱序

按照谱中所载，其收录的最早谱序除俞村谱外均非首修时所撰，大多为后人从其他谱牒资料中辑录。如斑竹谱辑录的是宝庆元年(1225)俞君鼎的《渔隐手记》，塘岙谱辑录的是宝祐四年(1256)史嵩之所撰的序，桃义江谱辑录的则是庆元五年(1199)汪大猷所撰的序。这一切似乎表明，各支首修之谱在后人续谱时，已大多散佚或者仅有残卷遗篇。

（3）远祖记载

按照谱载，其记载世代最远的是奉系谱的斑竹谱和俞村谱，均从"五峰俞氏"鼻祖庄公(684—736)起，鄞系谱(四明谱系)的桃义江谱和塘岙谱，均以"五峰俞氏"十世祖鼎公(976—1053)为始[①]，两者相差了十个世

---

① 其实，包括塘岙俞氏、新盐场俞氏等在内的鄞东俞氏，均非俞鼎之后。

代、将近 300 年的时间。这一现象表明,虽然奉系俞氏和鄞系俞氏两地相隔不远,但早已没有了能称得上密切的联系;奉系俞氏与新昌俞氏尚有一些交往,而鄞系俞氏与新昌俞氏已久无联络了。

（4）续修情况

整个明派俞氏自宋代创谱以后,元明时期或续修无常,或湮灭不传,出现了明显的断代。进入清代以后,则大多沿袭了"三十年一小修,六十年一大修"的正常状态。

3.明派俞氏宗谱若干特点

（1）北宋之前的祖源各支各表

如鄞西系桃义江谱、鄞东系塘岙谱等,均以鼎公为始,但共同特点是祖源模糊不清。桃义江谱说:"我俞氏世居吴兴","讳鼎者参军录事镇明州,始家罂湖"。塘岙谱说:"世出蠡州之安源,复迁于台之宁海,我祖云一公以贤才举仕,官至明州观察推官,遂居于鄞之城市,生三子。"①康熙六十一年(1722)所修的《塘岙俞氏宗谱》中,就连几个主修人的说法也相互矛盾,署名"十一世孙天就"说:"吾先世由宁海而迁四明,始祖讳鼎,字克和,公生于建隆二年(961),后以贤良举仕,仕至明州观察推官,卒,卜居于奉川月岭之西北,为吾宁鼻祖。"而署名"十一世孙朝宪"则说:"稽吾始祖源出蠡州,迁于台之宁海,厥后有讳鼎者家于鄞城月湖之西北,生三子。"俞村谱、北郭谱和升纲谱则接错了祖源,直接关联到剡派去了。俞村谱说:"俞氏始迁之祖为文俊公,实新昌俞氏第十世祖伯深公后也。"北郭谱说:"第二十四世兴翁公以考槃为志,徙居奉之王游春而家焉,此俞氏自剡而奉之嫡派也。"升纲谱说:"至唐时,有俞文俊公自江宁星居于明州奉川之晓晦,系五世孙俞京宾公始迁于弹岭下斑竹园。"

（2）斑竹俞氏谱系传承有序

唯有斑竹谱,俞伸(即郡马公)于宋绍兴年间创谱(即"大晦谱"),其来孙俞茂林(即俞梓)于南宋末年续修后,到二十二世祖俞洪泽移居驻岭、二十三世祖俞文荣赘沈岩(明洪武二十四年,1391 年)时,尚有"小家谱"传世。正是这本"小家谱",才让于雍正八年(1730)续修《斑竹俞氏宗谱》的

---

① 从今天看来,我们认为塘岙谱对始迁祖这一迥异于桃义江谱的记述,已经隐含着两地不同始迁之祖的事实了。

俞培仁有了依据，使斑竹俞氏这个大晦俞氏本支世系连续而完备。直到道光四年（1824），三十三世祖俞维清在机缘巧合之下，得到了马岙谱（即"金字谱"等），重新获取了俞庄以下的十世祖源，"昔马岙固得大晦谱而渊源可溯，今大晦反得马岙谱而脉络可寻"，续上了五峰俞氏的完整世系。

（3）宋初数代的世系紊乱

这主要是指奉系谱和鄞系谱记载的差别。唐末五代战乱及北宋和南宋之交的社会动荡，导致此前所修的谱牒损毁殆尽。这几乎在所有考证祖源的谱序中均有提到。如斑竹谱说："自雍乾间之纂，尚未渊源可溯；至嘉道际之葺，始得脉络可寻；又至光绪时之举，乃觉班班可考、井井有条焉！"桂林谱说："明宣德间（1426—1435），道善公起而修之，得旧谱之缺不全者，无从考证，遂截去前八世，而以第九世平江公为始祖。"塘岙谱说："因城毁于夷，室家沦没，逃难野居，适慈东门、定海、崇坵、太坵，乃各保其一支，而统绪莫稽也。"其造成的直接结果是，明派各支对世系的记述尽管有许多相近、相似之处，但世代混乱、昭穆不清已成普遍现象。如对于"郡马公"俞伸，其本支斑竹谱和升纲谱均记为第十四世祖，而鄞系的塘岙谱和桃义江谱均记为俞鼎之孙，变成第十二世祖了，中间相差了两代。而对于俞伸直系，从十六世到十九世，奉系谱和鄞系谱又是惊人的一致了。这种现象似乎表明：在某一个世代（大约是在南宋后期）修谱时，明派俞氏曾有较为密切的交往，至少是曾有一部大家普遍认同的族谱（虽然还是存在各支各表的现象）。

明派俞氏各谱记载的斑竹世系

谱系	十世	十一世	十二世	十三世	十四世	十五世	十六世	十七世	十八世	十九世
斑竹谱	宾、鼎	文广、文唐、文庚	云盛、云茂	绰	景庄、景福、景寿	襄、仙	世杰、世彦	迈、造	道明、道泰	杞、梓
俞村谱		文俊		公绰、公权	景福	仙、伸	世杰、世彦			
桃义江谱	鼎	允谭、允诜	估、伟、伸			充、衮、襄	元隆、元亨	迈、造	道明、道泰	杞、梓
塘岙谱	鼎	允谭、允诜、允诚	估、伟、伸			充、衮、襄	元隆、元亨			

（4）奉系俞氏和鄞系俞氏是同宗同族

斑竹谱和桃义江谱的不同主要是在世代上相差了两代，如果在桃义江谱十一世以后加上两代，则两谱记述就基本一致了。据"金字谱"和斑竹谱记载，俞玗生四子：俞承资、俞承适、俞承奕、俞承登。长子俞承资生俞仁翱、俞仁翔，俞仁翔生一子俞宾；三子俞承奕生一子俞仁宜，俞仁宜生一子俞鼎。所以，鄞西谱系始迁祖俞鼎和奉系始迁祖俞宾为堂兄弟，而且鄞系的桂林俞氏和奉系的斑竹俞氏，堂号都叫"燕贻堂"。同宗同祖明矣！

（二）"五峰俞氏"史上的"大晦谱"

1. "大晦谱"的说法源于《渔隐手记》

在"五峰俞氏"家谱撰修史上，曾经有过一部具有重大影响的"大晦谱"。这部大晦《俞氏宗谱》由十九世祖、剡派的俞君鼎于宝庆元年（1225）从"四明大晦人"处访得，并抄录。那么，"大晦谱"究竟指的是哪一支明派俞氏所修之谱？为何人、何时所撰？

俞君鼎，字商佐，号渔隐处士，故后人称该序为《渔隐手记》。《渔隐手记》云：

> 谱牒，重事也。明谱牒，急务也。俗习浇漓忘本者，往往视谱牒为寻常耳。殊不知，其上昧祖考之流泽，下使宗族之睽心，皆由谱事之不重不明始也。余先世自乡入邑，又自邑复徙于乡，迄今子孙流漫，其支派日繁，而谱牒亦日荒坠。予之六世祖天透公来居于下龟坑，安于农业，笃教子孙，与居邑诸父行遂昌县丞俊龙气味相同。以遂昌手叙谱系，自五峰之祖奉议为始。谱载，奉议讳珣，娶欧阳氏，生二子二孙，长居马岙，皆旧谱之未载。今奉议至予凡十三世，而予之派与遂昌派别，至予又八世矣。今年春，偶际一叟于溪浒，肩货海错，叩之，为四明大晦人。复诘其姓，与予同也，因问其源流自来，答以有宗谱图，源流甚远，讳名悉备。余治茗延之，且约取谱来。其年十月，始酬所言，乃实为同族，五峰祖讳在焉！祖有三弟，行讳皆从玉，而上有六祖之讳，下有三祖之讳，又皆遂昌手叙之所未载，遂得抄而藏之。予念谱牒之重，久欲究寻源裔，庶几明祖考之德，合宗族之情。僻居

山角,不能历访,每会邑之族人,必以为嘱,亦未有能副予怀者。今先灵默祐,于立谈之顷,获知上世源深系远,积累之厚如此,虽未得详加订证,使谱牒大明于后,而祖有来历,又得于推广遂昌公之所未及,岂不幸哉!兹用重抄所藏五峰旧图谱,及遂昌所传谱,与今下龟坑谱共为四图以示子孙,并书所得之由,使后人识之。

宋宝庆元年乙酉腊月庚戌日,十九世孙君鼎谨识,字商佐,龟溪石壁派。

俞君鼎作《渔隐手记》的时间是宝庆元年(1225)十二月二十四日。就这样,记载了"五峰俞氏"庄公及以下十代先祖的"大晦俞氏宗谱",由"四明大晦人"带到了新昌龟溪俞氏手中,经俞君鼎誊抄后,又被俞浙撰成"金字谱",一直保存至今,成为"五峰俞氏"之族宝。①

2. 塘岙谱提供的线索

在民国版《斑竹俞氏宗谱》中,记载的最早修谱时间是南宋绍兴三年(1133),但遗憾的是修撰人已然佚名。

细读民国版《塘岙俞氏宗谱》,记载的最早修谱时间是宋建炎四年(1130),修撰人为"洁斋公"。"洁斋公"即俞伸、斑竹俞氏所说的"郡马公"。由此可以推定,有记录可循的明派俞氏宗谱的最早编修人,就是俞伸("郡马公"俞景福)。在民国版《塘岙俞氏宗谱》中,收录有一篇署名"赐进士出身中宪大夫姻生邵明仲"撰于宋咸淳六年(1270)的序文,云:

事若所轻而实系所重者,惟家之谱牒为然也。但谱牒之所作,所以维本支联族属,可视为细务哉。后世谱牒不修,而宗谊不讲,数传而后,相视如路人,其畴能厚宗族之礼,而崇其先祀也哉?惟俞氏宗谱,始修于洁斋公,再修于湛然公,至君凡三修矣。前之修,光禄大夫永国公史嵩之先生、学士公张即之先生皆为之序,如金如玉,置之于首。今又属予为序,予复何赘辞哉?盖俞氏世世业儒,冠冕相继,科甲相承,及其亲之显,宗之荣,族之盛,声垂光著,殆与日月同悠久矣,岂止于继本支而联族属哉。今之为子孙者,昧焉而不知所以尊祖敬宗之道,以视俞氏后裔,皆能缵先绪,继先业,其相去何啻霄壤。张子谓:"孙贤族大。"吾于俞氏有征焉。是为序。

① 详见俞建文、张伟:《俞浙与"金字谱"研究》,浙江大学出版社,2020年。

时在皇宋咸淳六年(1270)中秋月上浣谷旦,赐进士出身、中宪大夫、姻生邵明仲顿首拜撰。

邵明仲,《全宋文》第344册卷七九六一录有其文一篇,题为《宋两广总干李公墓志铭》。文后小传云:"邵明仲,庆元府鄞县人。嘉定十七年(1224)上舍释褐。淳祐间(1241—1252)以朝请郎主管建康府崇禧观。"

邵明仲序中所言"惟俞氏宗谱始修于洁斋公,再修于湛然公,至君凡三修矣","洁斋公"即俞伸(1053—1133),谱称"郡马公";"湛然公"即俞茂系,俞观省之子、俞夔之孙;"君凡"公即俞舜申,淳祐四年(1244)进士,官至监察御史,曾于咸淳六年(1270)编修家谱。上述序文,应该是邵明仲晚年应俞舜申之邀而作。

但值得注意的是,同一本塘岙谱,对作于建炎四年(1130)的宗谱,先后至少有三种说法:一是俞洁斋(俞伸)说。邵明仲撰于宋咸淳六年(1270)的序文中说:"惟俞氏宗谱始修于洁斋公,再修于湛然公,至君凡三修矣。"二是俞伯宁说。俞伯宁,俞充次子,生卒无载。关于俞伯宁修谱的记载,最早出现在嘉庆五年(1800)署名"嵩南朱充燕接"所撰的《塘岙俞氏重修俞氏宗谱序》中:"自大宋绍兴年间(1131—1162)伯宁公联谱以来,厥后谨公、舜申公、山寿公先后续之。"在此后的塘岙谱序中屡有提及。但就在此前的一篇撰于乾隆三十四年(1769)、署名"十一世孙朝禄"的《塘岙俞氏重修宗谱序》中,还是这样说的:"第溯吾家旧谱,系十世祖舜申公所作也。"此外,在明派各支谱中,我们均未能找到更多的关于俞伯宁曾修谱的记录。三是俞谨说。俞谨为俞充孙。民国版塘岙谱录有《〈四明俞氏宗谱〉远祖葺修宗谱考》一文,作于民国三十三年(1944),说宋建炎四年(1130)辑修宗谱的为六世孙俞谨。查桃义江谱得知,俞谨生于绍兴元年(1131),卒于嘉泰元年(1201);查塘岙谱则知,俞谨生于元祐六年(1091),卒于乾道二年(1166)。世湮代远,鲁鱼亥豕,"俞伯宁说"和"俞谨说"实难采信。

俞舜申,俞谨长子、俞伯宁孙、俞充曾孙。登淳祐四年(1244)进士,授婺源丞,转迁平江府常熟令,迁右正言,擢监察御史。宋咸淳六年(1270),俞舜申撰修《俞氏家谱》时,作《四明俞氏家乘一览记》有云:"吾宗世出蠡州之安源,复迁于台之宁海。我祖云一公以贤才举仕,官至明州观察推官,遂居于鄞之城市。"俞舜申时已经以云一公(俞鼎)为始祖,且其祖源之说与桃义江谱的说法已是南辕北辙,说明明派奉系俞氏和鄞系俞氏已经少有往来,俞舜申并未见过俞伸所撰"大晦谱"。俞舜申又说:"申不揣陋劣,妄意修辑,博搜广询,粗知其概。因得三世祖仲裕公、五世祖大任公谱,合之四明世传录。"塘岙谱中的"仲裕公"亦即俞伸。俞舜申的《四明俞氏家乘一览记》,从另一角度记录并证实了俞伸曾撰修过"大晦谱"的事实,成为我们今天判断"大晦谱"为俞伸所撰的重要依据之一①。

3. "大晦谱"有可能是由俞伸后人所撰吗?

民国版《斑竹俞氏宗谱》"历代修谱叙略"中,载有俞茂林修谱的记录。民国版《升纲俞氏宗谱》则录有一篇作者与时间俱失的《俞氏家谱序》,里面有一段是这样说的:

> 今重续此家谱者,乃作泉坑之茂林公也。七子十八孙,夜静有萝月之怀,昼长存抚琴之乐,诚拔萃乡村人中杰也。随世态之忧戚,圣贤之共处,念子孙流派如水逝而不返,命予将斑竹园俞公京宾为始祖叙起,编为宗图,以垂后世。

此序告诉我们,第十九世祖俞茂林修的是"小家谱",即以俞宾(京宾)为始的斑竹俞氏房谱,所以不可能是俞君鼎在《渔隐手记》中所说的"大晦谱"。

据此,我们认为,《渔隐手记》所说的"大晦谱",既不是俞衮、俞伯宁或俞谨所修之谱,亦不是俞茂林所修的小家谱,而是斑竹谱和塘岙谱所共同指向的明派俞氏最早的宗谱,由俞伸所修。"大晦谱"一直为大晦俞氏本支斑竹俞氏所保存,只是在机缘巧合之下,由"肩货海错"的"四明大晦人"带到了新昌,为剡派俞君鼎获知,从而成为"五峰俞氏"族宝"金字谱"的母本,流泽于俞氏子孙后代。

4. "大晦谱"损毁于何时

在"大晦谱"内容被剡派俞君鼎和俞公美、俞浙兄弟陆续记入宗谱后,"大晦谱"本身不久后即遭毁损。显而易见的是,俞茂林修的是"小家谱",其修谱时基本可以肯定已经没有"大晦谱"了。另一个依据是,尽管俞茂林生卒俱失,但其父俞道明(1200—1269)、祖父俞迈(1150—1217)、曾祖

---

① 鄞西俞氏宗谱载有冒俞充之名所作的《四明俞氏宗支记》一文。因该文系伪作,故俞充曾撰修家谱的说法不可采信。

父俞世杰(1094—1168)，均班班可考。俞君鼎作《渔隐手记》的时间是"宋宝庆元年(1225)乙酉腊月庚戌日"，在此后不久的一段时间里，斑竹俞氏一定突遭特殊境遇，致使"大晦谱"惨遭损毁。

那么，究竟是一种什么样的变故和劫难呢？在前述作者和时间俱失的那篇谱序中，我们似乎找到了某种答案：

> 万四知县公(即俞绰三子、俞伸之弟)长子俞庚一缘不睦地理，被刻邑史某厚受筋竹王家之贿，侵灭斑竹园俞氏之宗，冷言暗诱，默而信之，遂将茶坑口护宅龙山挑凿为田，风水泄漏，家速以废，遂迁于作泉坑回龙而居焉。

因"故宅斑竹园下沙挑断，护蔽不周，因之庐被火、人遭疫，不堪居处"，天灾人祸，最终导致斑竹俞氏纷纷外迁。俞文广后裔迁往俞村、呑底和奉城，俞文唐后人则在俞茂林(梓)带领下，迁到作泉坑(作船坑)而居，形成了大晦俞氏历史上的第二次大迁徙①。在这场大变故中，"大晦谱"也未逃厄运，最终损毁无存。时间就在宋元之交，社会大动荡、大变迁之时。

5. 俞茂林(梓)修"小家谱"

在阅读明派俞氏各支家谱的过程中，我们发现斑竹谱和升纲谱有一个独特的现象:修谱者对宋元时期本支子孙的迁徙情况记载得十分认真，在大多数情况下甚至会细致到某人、某时迁到某地。记载族人外迁的家谱很多，但像斑竹谱和升纲谱这般认真仔细的，在各种家谱纂修史上极为少见。更可贵的是，这些记载被一代代传承下来，直到今天。

那么，他们又是如何做到这一点的呢？我们在升纲谱中终于找到了答案:"尔时迁徙他处者不一，而小七公仍迁新昌，藉非负先祖家乘以归，何其某朝、某年、某祖迁某地分析离居，载之详且密也!"俞小七，俞茂林玄孙，与升纲俞氏始迁祖俞文荣同为俞正二的曾孙，在其兄俞文荣迁升纲时，俞小七迁居新昌。

那么，这份"先祖家乘"("小家谱")究竟是谁修的呢？就是十九世祖俞茂林所修。俞茂林，即明派各谱中的俞梓，生卒俱失，寿八十一岁，卒葬

---

① 明派俞氏在距今1100多年，自俞玗携族在大晦定居的前后，其子孙先后定居城内、城外，或徙象山，或宦居外地。到十世祖俞京宾自大晦迁居斑竹园后，完成了明派俞史上的第一次大迁徙。两次大迁徙的不同之处在于，第一次大迁徙主要发生在奉化境外，而第二次大迁徙主要发生在奉化境内。

斑竹月岩岭对岸山外,配曹氏,有七子十八孙。在斑竹俞氏上千年的传承发展中,俞茂林起到了承上启下的重要作用,"御家以四教勤俭恭恕,正家以四礼冠婚丧祭"。民国升纲谱载录了俞茂林姻亲曹孟光所写的一首挽诗,曰:

> 寿阅光阴八十多,岂期飞梦入南柯。
>
> 落花有恨难还树,逝水无情不返波。
>
> 侧耳莫闻前日语,伤心其奈老来何。
>
> 羊昙忍过西州路,愁听西风薤露歌。

俞茂林所修虽为本支的"小家谱",但对本族族人的外迁记录仍十分用心,为我们保留了宝贵的文献信息。如若没有俞茂林所接续的这种修谱传统,我们今天肯定再也无法考证如奉城俞氏等的确切祖源世系了。

6. 为什么"金字谱"对明派俞氏的记载少而不全?

十四世祖、明派俞伸修于绍兴年间的"大晦谱",是140余年后二十世祖、剡派的俞浙所修的"金字谱"的"母本"。"金字谱"正是在"大晦谱"记载的从"五峰俞氏"鼻祖俞庄开始的前十代世祖的基础上,加以完善而来。我们一直有一个疑问:既然"金字谱"源于"大晦谱",那么,为什么"金字谱"对明派俞氏的记载却比对杭派俞氏的记载要少得多,并且很不完备?在"金字谱"所载《江南俞氏统宗图》中,明派始祖俞玕的五个儿子仅记载了四个,即俞承资、俞承适、俞承奕和俞承登,漏载了俞玕的第二个儿子俞承文。而且在四个儿子中,也只记载了俞承资和俞承奕:俞承资生俞仁翱、俞仁翔;俞承奕生俞仁宜,俞仁宜生俞鼎。而对于大晦本支,就连十世祖俞宾都没有记载。按理说,撰修"大晦谱"时,十四世祖俞伸已年届八旬,一个22岁就生子俞襄的老人,无论如何都该有曾孙甚至玄孙了。所以"大晦谱"已经修到了十七、十八世,完全是在情理之中的事情。

这一结论表明:斑竹俞氏作为大晦俞氏即明派俞氏本支,其宗谱所载的由十四世祖俞伸及以下直系后裔世代的记载,都是真实可信的。尽管斑竹谱在元明时期看似有断续,当俞培仁于雍正八年(1730)续修时,实际上因为有俞茂林的"小家谱"和村中耆老俞瑞环对祖上二十世的清晰记忆,使俞宾以下的世系才完整可靠;到俞维清于道光四年(1824)修谱时,又从"金字谱"中获知俞宾以上世系,方才完善了自俞庄以来的全部世系。

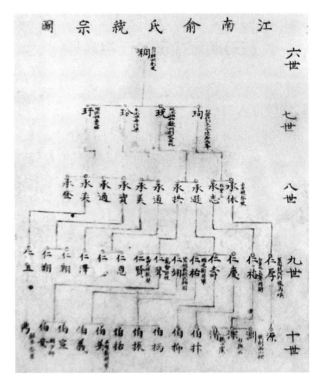

江南俞氏统宗图

　　那么,"金字谱"将明派俞氏仅记载到第九、第十世的原因又是什么呢?

　　我们认为,其原因不外乎两个:一是当初剡派的俞君鼎在抄录"大晦谱"世系时,因顷获祖上前十世谱系而兴奋异常,所以也就只抄了十个世代;二是俞浙在作《江南俞氏统宗图》时,明显存在着纸张版面有限的事实,只能录到俞鼎止,就连俞宾也没地方再录进去,更不用说俞承适和俞承登及其后裔了。从我们对"五峰俞氏"剡派谱特别是马岙俞氏谱和乌坑俞氏谱的考察看,上述第一种情况的可能性更大,即俞君鼎誊录的明派世系很不完整。而没有大晦本支第十世祖俞宾的记载,则第二种情况的可能性更大些,即使俞君鼎有完整的抄录,俞浙在其"金字谱"统宗图中也无法完整呈现出来。好在斑竹俞氏和升纲俞氏后人对自己的先祖有十分清晰的记忆,对"大晦谱"有比较完整的传承,否则,从大晦始迁到斑竹的俞宾也会与他的先祖一样,湮没在漫漫的历史长河中了。

(三)明派俞氏始迁祖俞玕

1. 俞玕是位谱传人物

俞玕(862—934),五峰俞氏始祖俞稠第四子、明派俞氏始迁祖,其生平事迹未见于史书,但在五峰俞氏各派的宗谱中,均有明确记述。

俞浙撰宋写本"金字谱"之《江南俞氏统宗图》的记载:

> 玕,明派祖,居大晦。

现代版《斑竹俞氏宗谱》的记载:

> 玕,字国用,行四九,生唐咸通三年(862)壬午二月初二日亥时,卒于后唐应顺元年(934)甲午三月十一日,享年七十二岁。公为人处己廉恭、勤俭、和睦,厥后投老归田,三宣不赴。及卒,葬于奉川小晦大智寺山之原,有香火祠院之碑存焉。仕明州大院判,明派祖。配韩氏,生子四。

杭派俞氏后人俞家骥手书本《潭底俞氏宗谱》的记载:

> 玕,行四九,娶韩氏,登进士,仕唐明州大院判,即居明州。

《潭底俞氏宗谱》还有俞玕五个儿子的具体记述:

> 承支(资),字仁,行圣七,玕公长子,配失传,子二:仁翱、仁翔。
> 承文,字义,行圣八,玕公次子,居象山。
> 承锡(适)①,字礼,行圣九,玕公三子,配失传,子仁宜,居鄞县湖田。仁宜,行方(缺),承锡公子,配失传,子二:垧、鼎,徙居鄞县之桂林。垧,行百一,仁宜公长子。鼎,一讳铭,行百二,仁宜公次子,官录事参军,封朝请大夫,配胡氏,卒葬鄞县桃源上陈山。
> 承奕②,字智,行圣十,玕公四子,居鄞县新盐场。
> 承登,字信,行圣十一,玕公五子。

---

① 误,此承锡应为承奕。
② 误,此承奕应为承锡。

民国版《石姥山俞氏宗谱》的记载：

> 玕，行五九，官明州大院判，生唐懿宗咸通三年（862）壬午二月初二日亥时，卒后唐闵帝应顺元年（934）甲午三月十一日，配韩氏，子五：承支、承文、承锡、承奕、承登。因黄巢乱，遂居明州。

2. 俞玕所任明州"大院判"辨考

考"大院判"这个官名，出现在唐末五代之际。史书记载的从盛唐到晚唐及五代的"院判"，有两则例子：学士院判官张居翰以及五代时盐铁院判官冯令頵。这说明了，自唐代始确有"院判"之官名。

学士院判官张居翰[1]：

> 张居翰，字德卿。咸通初，掖庭令张从玫养之为子，以荫入仕。中和三年（883），自容管监军判官入为学士院判官，迁枢密承旨、内府令、赐绯，昭宗在华下，超授内常侍，出监幽州军事，秩满诏归，节度使刘仁恭表留之。

五代时盐铁院判官冯令頵[2]：

> 冯令頵，南唐歙州盐铁院判官，裨将樊思蕴作乱烧营，火及令頵第。叛卒皆释兵救火，其得人心如此。

从家谱记载俞玕为"大院判"来看，其"大"或是后人对祖先的一种尊称，说明俞玕曾为明州判官，或明州盐铁院判官（因为唐末至五代时，各州都设有盐铁院）。其父俞稠在睦州刺史任上，于广明元年（880）黄巢别将攻陷睦州之前，与长子俞珣避乱隐居剡东。根据家谱中俞玕于唐昭宗时为大院判和隐居大晦的记载，当为明州判官。《中国历代职官别名大词典（增订本）》记载："判官：官名。唐代特遣大臣担任临时职务者，均得自选中级官员奏请充任判官，以资佐理。中期以后，节度、观察、防御诸使均有判官，亦由本使选任，佐理政事，然均非正官。宋代于各府、州沿置判官，选派京官充任时称签书判官厅公事，简称签判。此外，各路经略使、宣抚使、转运使和中央的三司使、群牧使等亦设判官，其地位略低于副使。"[3]

---

① （宋）薛居正：《旧五代史》卷七十二。
② （明）李贤等：《大明一统志》卷十六。
③ 龚延明：《中国历代职官别名大词典（增订本）》，中华书局，2019年。

3. 俞玕任职明州"判官"可能的时间

不管俞玕是明州判官还是明州盐铁院判官，都一定会与明州刺史有关联。为搞清俞玕任职明州判官的大致时间，我们先来看《宝庆四明志》卷一《郡守》对唐末至五代的明州刺史的记载[①]：

唐末：

> 刘文，中和二年（882）刺史，自台改授。见《赤城志》。
>
> 羊偘，黄晟墓碑作"羊"，《吴越备史》作"杨"。
>
> 钟季文
>
> 黄晟，佐理推忠去伪功臣、镇东节度行军司马、金紫光禄大夫、检校太子太傅、持节明州诸军事，守明州刺史（892），兼御史大夫，上柱国，江夏县开国子，食邑五百户。晟，鄞人也。僖、昭之间，盗贼蜂起，晟结群豪迁奉化，都护防遏兼佽飞都副兵马使。羊没，钟季文继之。钟没，众乃戴晟摄守，讨平邻寇，保护乡井。是时，董昌、钱镠更王，晟皆善事之，表奏为真。创筑罗郭，浮桥毁于寇，复新之，境内以安。历年二十，终于梁之开平三年（909）正月，与母齐氏、妻周氏俱葬于鄮县之隐学山中。事见墓碑。

五代：

> 沈承业，梁贞明二年（916）刺史，建城隍庙。
>
> 钱铧，吴越王镠之弟。
>
> 钱元珫，镠之子，贞明三年（917）刺史。敕赞正安国功臣，镇海军上右厅都指挥使，兼土客诸军安抚使，金紫光禄大夫、检校司徒。
>
> 钱传瓘，镠之子，唐同光二年（924）刺史，有惠政，卒于官。
>
> 钱元珣，镠之子，以顺化军节度为刺史，同光四年（926）罢。
>
> 仰诠，以镇海军兴武开道诸军都指挥使、检校太子少傅为刺史，晋天福四年（939）加同平章事，充宣州宁国军节度使。
>
> 阚璠，开运二年（945）刺史。以上六刺史并见《吴越备史》。
>
> 钱亿，吴越王俶之弟，汉乾祐二年（949）五月判明州诸军事。见碑铭。

羊偘，字公升，唐僖宗中和间（881—885）为明州刺史。唐末藩镇割

---

① 宁波市地方志编纂委员会整理：《宋元四明六志》，宁波出版社，2011年。

据,盗贼蜂起,刘文从台州来侵扰明州,被羊僎率兵打败,刘的余党流窜在奉化,羊僎派遣部下黄晟去剿灭。羊僎死后,钟季文守明州,当时,钟季文与刘文两人都觊觎明州这块宝地,只是因为羊僎在任,两人的阴谋不能得逞。羊僎过世,钟先得到明州,后被刘文夺取,后来钟又夺了回来。直至黄晟任刺史之后,才得保境安民。①

根据斑竹谱记载,俞玗是在唐昭宗时(889—904)出任明州"大院判"的。那么,与俞玗有交集的明州刺史,应该是这三人之后的黄晟。

4. 俞玗当于黄晟为明州刺史时任职明州"判官"

黄晟,字明远,唐代鄞县人。黄晟年少时骁勇善战,却因"矮陋"不被官府中选,唯羊僎慧眼识英雄,将他补为副将,后在征战中屡有建树。黄晟任明州刺史长达18年,其间"讨平邻寇、保护乡井",使明州免于战乱。他还首筑罗城,奠定了现在宁波的城市格局。以前,散布于城乡各地的羊侯庙,最初就是黄晟为报答羊僎而造的。据方志载,唐景福元年(892),明州刺史钟季文去世,其属将黄晟(时任奉化都护防遏兼伙飞都副兵马使或为散骑常侍浙东道东面副指挥使)自称刺史(一说由众拥戴摄守),政绩卓然。

黄晟在明州刺史任上的时间是892—910年,其中892—904年正好是唐昭宗时。钟季文在龙纪元年(889)为明州刺史时,俞玗年方29岁,即使此时出仕明州,也应该是稍低的官阶。而且,按宗谱记载的俞玗的性格和品行,他亦不会在钟季文时为明州院判的,因为钟季文被认为是窃据明州的"鄞贼"。俞玗出身于青州俞氏簪缨之家,六世诗书传家,从其父俞稠、其兄俞珣的情况看,俞玗断不会屈就为"鄞贼"下属。而三年后,即景福元年(892),钟季文死了,由黄晟接任明州刺史。

《九国志》卷五《吴越·黄晟传》记云:"晟好礼,尚文士,江东儒学之流多往之。辟前进士陈鼎、羊绍素以为宾介,颇加优待,筑居于城中,谓之'措大营'。董昌将僭窃,晟每移书谕之。及缪举兵,乃率众来应,破越州,晟功居多。"《万姓统谱》亦载,黄晟为明州刺史时,讨平邻寇,保护乡井,境内以安。黄晟尤能礼士,江东儒彦多依之,筑其居号曰"措大营"。

黄晟尚文好礼,尤其礼贤下士,优待前进士。在董昌将要称帝时,黄

① 周东旭:《写在旧时府衙大门对联里的六位太守——宁郡六贤守考》,见宁波都市传媒"甬上"App,2022年10月17日。

晟曾写信规劝,对唐有忠义之心。时"江东文士多来归,晟筑宅安置,称措大营"。所以俞圩出仕明州的时间,当在黄晟为明州刺史的任期之内,即892—904年。景福元年(892),黄晟33岁任明州刺史。不久,30余岁的俞圩应黄晟之召来到明州为官,后来又官至州判。当黄晟去世(909)后,不足40岁的俞圩便无心仕途,选择了自明州到剡东中途的大晦作为归隐之处,率族而居。当然,这主要还是缘于唐末世道混乱,特别是黄晟去世后,明州也很快被纳入钱镠的势力范围,进入五代十国的乱世。

5. 俞圩隐居大晦后因何"三宣不赴"?

近年发现的《钱匡道墓志》[①],从一个侧面揭开了明州刺史黄晟与吴越王钱镠的微妙关系。

黄晟和钱镠确是亲家。钱镠的弟弟钱镖的儿子钱匡道墓志出土,墓志载其三妹嫁给了"江夏黄氏,明州使君、太保之子"。墓志虽然佐证了黄、钱是亲家,却也揭露了一些残酷的事实:黄晟与钱镠虽然是姻亲,但反而多了一分警惕与戒备。这个墓志的完整标题是《大吴故钱府君墓铭记》,墓志上的各种年份,用的也都是吴国的年号。这是因为钱匡道的父亲钱镖早在天宝四年(911)就畏罪逃到了吴越国的邻国吴国。根据《钱匡道墓志》,钱匡道生于钱镖叛逃四年后,他的妹妹们也都是钱镖叛逃后所生。钱匡道虽然是吴越王钱镠的侄子,但已经是吴国人了;他的其他妹妹嫁的也都是吴国重要人物的子孙,比如四妹嫁给了吴国权臣徐温的孙子徐景逊,五妹嫁给了吴国大将周本的孙子。

黄晟的儿子是钱匡道的妹夫,因为吴国与吴越国的关系,黄晟虽然归附钱镠,明州却是半独立的存在,双方内心深处有一份戒备与警惕是难免的。后来黄晟的儿子也从吴越国叛逃到了吴国。黄晟死去多年之后,他的儿子为什么要叛逃?是不是说明,他对钱镠怀有某种怨念呢?所以,当初黄晟主动放弃子孙世袭明州为刺史,可能有先知之明,这里面肯定有不为人知的真相。明州刺史黄晟在世时主动放弃世袭,说明对钱镠是心存芥蒂的。作为明州通判(明州盐铁院院判)的俞圩,自然也谙熟其中的利害关系,隐藏在黄晟与钱镠关系表象下的瓜葛或矛盾,也影响到俞圩的抉择。所以,俞圩在明州通判明州盐铁院院判任上归隐大晦,投老归田,三召不赴。

---

① 刘刚、薛炳宏:《江苏扬州出土钱匡道墓志考释》,《东南文化》2014年第6期。

6. 俞玗于唐末五代初退隐大晦的另一个佐证

根据《斑竹俞氏宗谱》的记载,明派俞氏始迁祖俞玗在唐末辞别"大院判"任,率族隐居于大晦岭;俞玗去世后,后人又将其葬于"小晦大智寺山之原"。

关于"大晦""小晦"山之名的来历,黄宗羲著《四明山志》卷一《名胜》"大小晦山"条有明确的记述:

> 相传黄巢引乱兵过一峰下,天色将冥,谓之"小晦"。又过一峰下,天已深黑,谓之"大晦"。遂安营岭上,谓之"住岭"。按:雪窦虽有巢迹,亦是其逃死之日,不应引兵而来,若在转寇浙东之时,又不应违城郭而向穷山也。道书云:宋应则入此山,睹其景色明丽,再来则冥晦莫辨,因以名之。

黄宗羲的《四明山志》为大小晦山之名提供了两种不同的由来:一是因黄巢军而名;二是因宋应则而名。值得注意的是,此"宋应则"之"宋"非姓之"宋",指的是宋代的"宋",道书所称"应则"之姓已然失考。由此可知,既然俞玗于后唐闵帝应顺元年(934)谢世时就已经有了"小晦山"之名,那么,道书所称必然为误。

迄今在奉化溪口一带,仍有黄巢的民间传闻,甚至还有黄巢的相关遗存。

查考唐末王仙芝、黄巢起义的相关历史,黄巢军确曾转战江南,先后两次到过浙东一带。第一次是在乾符五年(878)八月,黄巢军进攻安徽宣州失利以后,转战浙东一带,十二月后经福建攻占广东。第二次进入浙东,则是广明元年(880),黄巢军攻占了杭州、睦州、衢州、金华等地。中和四年(884),黄巢军受朱温、李克用等部围剿。六月十七日,黄巢军残部入泰山,至狼虎谷,"谓林言曰:若取吾首献天子,可得富贵,毋为他人利。言,巢甥也,不忍;巢乃自刎"[1],黄巢起义失败。23年后,唐朝灭亡。

从《四明山志》所言"引乱兵过一山下"推断,黄巢军由"小晦""大晦"到"住岭"的时间,应该在第一次进入浙江时的乾符五年(878)八月,进攻宣州失利后,转战浙东的逃亡路上,过小晦岭、大晦岭,驻兵岭上,时称其地为"住岭",今称"驻岭"。在今奉化区溪口镇驻岭自然村,人们在其先人修建的"黄巢庙"的基础上,改建成"黄巢纪念馆",以纪其人其事。

---

[1]　详见《新唐书·黄巢传》。

黄宗羲《四明山志》卷一《名胜》"雪窦山"条有如下记载：

> 有含珠林①，在寺坟之前，当两涧合流处，圆阜若珠，松杉蓊郁，或以为即黄巢之墓也。然巢之来雪窦，即是常通其传言。坟于寺西南隅②，则非含珠林矣。且巢既称禅师，亦必从释氏之法而为坟矣。

关于黄巢的最终归宿，历来有两种不同的说法：一种是正史上的记载，新旧唐书和《资治通鉴》都采用被杀或自杀说；另一种是当时民间传说以及好几种笔记的叙述，即认为黄巢失败后并没有死，而是脱身遁入空门为僧得于善终。

最早提出黄巢不死观点的人，应该是唐末在李茂贞地盘上做官的诗人王仁裕（880—956）。他在《洛城漫录》一书中提到，黄巢昔日的部下张全义在做西京留守时，曾在一群僧人中间发现了黄巢。此后，黄巢失败后为僧的记载屡见于宋人的笔记中，如：陶谷（903—970）的《五代乱离记》、邵博（？—1158）的《河南邵氏闻见后录》、张端义（1179—1248）的《贵耳集》等等。按照这个故事情节，黄巢逃出狼虎谷后，直接去了洛阳，他本来是想投奔老实怕事的前部下张全义，不承想对方降唐后成了大官，所以两个人虽然互相认了出来却不敢有接触，但张全义还是给了黄巢一个翠微禅师的新身份，让他住在洛阳。后来，有感于中原地区战乱频仍，黄巢就迁居到了明州雪窦山，因此又取法号为雪窦禅师，并最终死在明州，葬于雪窦山上。据说，为僧期间黄巢非常低调，离世后，仅留下一幅身着僧袍的画像，以及一首《自题像》诗：

> 三十年前草上飞，铁衣着尽着僧衣。
> 天津桥上无人问，独倚危栏看落晖。

黄宗羲《四明山志》卷一《名胜》有"黄巢墓"条，辑录了两首诗。其中宋代诗人释鉴的《黄巢墓》诗曰：

> 图王争霸业，自古伐戈矛。
> 英风今何在，都成一古丘。

7. 大小晦山是明派俞氏发祥地

自唐以降，明州至剡东，有两条古道相通：一条是从奉化溪口沿剡溪

---

① 即今雪窦寺之下、千丈岩之上的松林处。
② 寺西南隅，即今自雪窦寺上妙高台之右侧山梁处。

九曲去新昌，为今 309 省道；另一条则是沿晦溪①九曲去剡东。晦溪九曲包括：一曲壶潭，二曲晦溪，三曲敏坑，四曲石门，五曲葛竹，六曲驻岭，七曲斑竹，八曲大晦，九曲马村。《宝庆四明志》卷十四《奉化县志》卷第一载："四明之水来自越，经大小晦山，过公塘，出泉口而合于大江，故曰江口。"讲的就是这条顺晦溪而下的古道。

公塘，后作"公棠"②。黄宗羲《四明山志》卷一《名胜》"公棠山"条云："孙兴公游四明山，得棠一本，植之于此，故名。按：棠即杜梨，兴公既有拾梨，见之梨洲山矣，又稍变其说而为植棠，是一事而分为二也。"公塘为九曲剡溪和九曲晦溪交汇之处。自公塘沿晦溪而进，约 5 里即为小晦。据《宝庆四明志》载，唐咸通十一年（870），僧乾奉建大智庵于小晦山旁的马村。宋大中祥符二年（1009）改名大智院，到了清康熙间又改名为大智寺，同治初为盗贼潜身之所，邑令郑侯拆而毁之。后又易地重建于俞村附近。自九曲马村逆晦溪而上，就是八曲大晦、七曲斑竹。这一段是 50 里晦溪中最为险峻之处，在绍熙（1190—1194）初毛居士凿通毛巅岭③之前，许是只能竹筏相通④，路人唯有翻越大晦岭方可抵达。

乾符六年（879），当 51 岁的五峰俞氏始迁祖俞稠和他 27 岁的长子俞珣定居剡东五峰山时，作为小儿子的俞玕年方 18 岁。所以，俞玕大概率也跟随其父其兄在五峰山居住过。到了景福元年（892）黄晟为明州刺史时，俞玕出仕明州，后官至院判；而当黄晟去世（909）后，则归隐大晦，卒葬"小晦大智寺山之原"。

大小晦山，岭高峰险，与世隔绝，而且风景秀丽，有"当界仙都"之称。与世隔绝的环境，既可避五代之乱，还有一条沿晦溪九曲去剡东的通道，与父兄的联系亦十分便捷。加上唐时在小晦已建有大智庵，香火已旺，适宜居住。

生活于北宋和南宋之际的诗人高元之，有《大小晦山》和《小晦岭》诗流传至今。

---

① 今改称"明溪"。

② 公塘为明派俞氏最早的居住地之一。斑竹俞氏后人、宋元之际的俞雷（叔可）被陈著称为"诗坛盟主"，其居处"苏墅"就位于公塘。清代尚有后人迁居象山。

③ 事见（清）赵霈涛：《剡源乡志》。

④ 1949 年蒋介石去五曲葛竹拜别外婆家时，从溪口到七曲斑竹这一段就是乘坐竹筏来回的。

大小晦山

大晦出小晦，过尽山峰翠。

寒云抱幽石，枯桧老濡瀨。

沿流路逼侧，当道屋破碎。

却立重回首，瀑布泄云背。

小晦岭

路自崎岖心自平，云扃无锁但徐行。

松风石溜今悲怨，中有樵夫度岭声。

"沿流路逼侧，当道屋破碎。""松风石溜今悲怨，中有樵夫度岭声。"尽管高元之吟诗大晦、小晦时，俞玕曾孙俞宾已经率族迁居大晦岭之南的斑竹园（即七曲斑竹），但这无疑仍然是最接近其居大晦时的生活环境、最能真实反映其生存状态的记录了。

研究至此，我们深以为，黄巢与俞氏似乎有着这么一个挥之不去的关联：黄巢别将攻下睦州，将时任睦州刺史的俞稠"逼"到了剡县；紧接着，又将时为剡邑令的俞珣及投靠其长子的俞稠一起"逼"出剡县县城，在剡东五峰山隐居，从此繁衍生息；在征战了10余年之后，黄巢自己也在雪窦寺劫后余生；20余年后，俞稠幼子俞玕却在因黄巢命名的大晦岭隐居成族，开启了明派俞氏俞玕一族在明州大地的千年传承。

（四）明派俞氏各支祖源述略

1. 始居明之大晦的俞玕

明派俞氏始迁祖为俞玕（862—934），在其父俞稠、长兄俞珣于乾符六年（879）定居剡东五峰（今新昌境内）时，年方18岁。唐昭宗时（889—904），俞玕赴任明州大院判。唐末不仕，定居大晦，距今已有1100多年。俞玕去世后，墓葬奉川小晦山大智寺山之原（今为亭下湖水库所淹）。

五峰俞氏七世祖俞玕生五子①：俞承资、俞承文、俞承适、俞承奕、俞

---

① 俞浙撰宋写本"金字谱"止载四子。

承登。俞承资、俞承登随父居大晦,俞承文居象山,俞承适佚,俞承奕居湖田桂林。

俞玗长子、八世祖俞承资,生二子:俞仁翱、俞仁翔。俞仁翱,庆历六年(1046)贾黯榜进士。对于俞仁翱一支,明派家谱罕有记载,许是俞仁翱举进士后在外为官,从此在外地繁衍生息,便失去了与明派俞氏的联系。目前所见谱载有两种说法:一是石姥山谱说俞仁翱徙居鄞东老界(新盐场),配史氏,生一子;二是有近人考察各支家谱后认为,富春俞氏和石姥山俞氏为其后裔①。而《新盐场俞氏宗谱》明确记载,其始迁祖为俞褒,故石姥山谱所说为误。

俞仁翔,俞承资次子,生、卒、配、葬俱失,生一子:俞宾。

2. 始居斑竹园的俞宾

(1)"斑竹第一大公"俞宾

俞宾,行伯一,号京宾,五峰俞氏第十世祖,生卒已失,寿八十岁。配剡邑东林王氏,生三子:俞文广、俞文唐、俞文庚。墓葬隔水前山。

自俞玗居"明之大晦"、肇启明派俞氏后,其曾孙俞宾因"不堪旋马,惭厥途之不可车骑,陡起出幽迁乔之念",于是携俞氏一族人众,择于奉化瑞岭之阳(即斑竹园)徙宅卜居,迁居易业。自此爱斯地而寓斯境,钓于水而樵于山,遁迹躬耕,不求闻达,随时取乐,宠辱不惊,真所谓"何必居城市州间之廓也"!

俞宾自大晦岭迁往大晦岭之南的斑竹园(都在今宁波市奉化区溪口镇斑竹村境内),被后人称为"斑竹第一大公"。俞宾长子俞文广生七子,因其二弟俞文庚无嗣而以其第三子俞云三继祀,均居斑竹园下宅;次子俞文唐生二子——俞云盛、俞云茂,均居斑竹园上宅。此后,斑竹俞氏渐渐形成了俞文广支和俞文唐支,均成世家大族。

(2)奉系俞氏俞文广支②

俞宾长子俞文广,生卒已失,配陈氏,生七子:云一至云七。其中俞云三出继俞文庚为嗣。

---

① 据《桐江缭岭俞氏谱》载:始祖道冲。始迁祖邦,字原一,北宋宣和三年(1121)迁入桐庐县质素乡缭岭村。

② 俞宾有三子,即俞文广、俞文唐、俞文庚。因俞文庚无嗣而以俞文广三子俞云三入继,故以下的叙述均将俞文庚之后并入,通称"俞文广支"。

十二世祖俞云一配逄氏,墓葬大晦龙山,历六代,十九世祖俞八二于元贞二年(1296)迁穿山(升纲谱作"川山")。

十二世祖俞云二配杨氏,墓葬茅洋山,历六代,其舅孙有二:俞八十一、俞八十二。十九世祖俞八十一生三子:俞守、俞小一、俞小四。俞守生三子:俞闻秀、俞闻锦、俞闻杰。俞闻杰子、二十二世祖俞聪迁南京,生二子:俞观祐、俞观保。二十世祖俞小四生二子:俞闻亮、俞闻奇。二十一世祖俞闻奇迁宁城水池边。十九世祖俞八十二于大德三年(1299)迁新昌。

十二世祖俞云三配陈氏,墓葬龟山,历六代,舅孙有四:俞八十、俞八三、俞八四、俞八九。十九世祖俞八三迁湖田、俞八四迁小溪。十九世祖俞八九生二子:俞守亮、俞守高。二十世祖俞守亮迁连岩石塔头。

十二世祖俞云四配颜氏,墓葬甄竹螺形山,历八世后,二十一世祖俞绮迁大壑。

十二世祖俞云五配范氏,墓葬父坟侧,历六代后,十八世祖俞益迁象山、俞再四迁镇海林碶里。历七世后,十九世祖俞良一迁温州。

十二世祖俞云七配奚氏,墓葬宅后山,历五代,有舅孙二:俞三四、俞三五。十八世祖俞三四生三子:俞八八、俞八九、俞九二。十九世祖俞九二生俞千十。二十世祖俞千十生四子:俞万五、俞万十、俞万十三、俞万十九。二十一世祖俞万十于元至元十二年(即宋德祐元年,1275年)由斑竹园徙居王村岙里,即今岙底,为岙底俞氏始迁祖。

十八世祖俞三五有子五:俞八五、俞八六、俞八八、俞九三、俞千百十三。十九世祖俞八五于皇庆间(1312—1313)迁新盐场;俞八六于至元八年(1271)迁北山庵(即大智庵)前,即今俞村;俞八八于至元十八年(1281)复迁下宅;俞九三生四子:俞千廿五、俞千廿九、俞千再四、俞千再五。二十世祖俞千廿五于大德十年(1306)徙居县东,生四子:俞万六、俞万再七、俞万再九。二十一世祖俞万再九生二子:俞寿二、俞寿三。二十二世祖俞寿三生四子:俞绍翁、俞兴翁、俞志翁、俞景华。二十三世祖俞兴翁徙居北郭四十都王游村俞家园,为北街派始祖。俞兴翁生二子:俞子昌、俞子敬。二十四世祖俞子昌为北街二世祖;俞子敬(号柏江)由北街徙居城内泮西,为今城内泮西俞氏始祖。

十一世祖俞文庚,以俞云三入继,历七世后,有仍孙四:俞八三、俞八四、俞八九、俞八十。十九世祖俞八三于大德二年(1298)迁居湖田,俞八四于至元五年(即咸淳四年,1268年)迁居小溪;俞八九长子、二十世祖俞守亮于淳祐四年(1244)迁居连岩石塔头。

（3）奉系俞氏俞文唐支

俞宾次子俞文唐，生卒已失，配赵氏，生二子：俞云盛、俞云茂。俞云盛生一子俞隐保，俞隐保生一子俞增寿，俞增寿生二子：俞贵芳、俞贵芝。十五世祖俞贵芳赘苏州昌桥马家。

十二世祖俞云茂配董氏，墓葬沈家岩里大廾山，生一子：俞绰。俞绰寿六十岁，年三十六岁登熙宁间（1068—1077）进士，山东、广西二道致仕，御史大夫，墓葬乌龟山，配唐氏，生三子：俞景庄、俞景福（仲）、俞景寿。

十四世祖俞景庄，字仲流，行万二，墓葬宅后龙山，配屠氏，生一子：俞庚五。俞庚五配汪氏，生二子：俞大员、俞细员。一同迁居县前唐溪；俞大员复迁驻岭上畈。

十四世祖俞景福，即"郡马公"（1053—1133），讳伸，字仲鸣①，行万三，墓葬茶溪口庵山，尚赵氏郡主、少夫人王氏，生二子：俞襄、俞佔。俞襄（1075—1138），配唐氏，生二子：俞世杰、俞世彦。俞世杰生一子：俞迈。俞迈生二子：俞道明、俞道泰。俞道明生二子：俞杞、俞梓（茂林）。

十九世祖俞梓即俞茂林，寿八十一岁，配曹氏，墓葬月岩岭对岸山外，生七子：正一到正七。俞正二配吴氏，生三子：俞祐福、俞祐祥、俞祐祯。俞祐福生一子俞友翁，俞友翁生四子：俞文荣、俞文华、俞文清、俞小七。二十二世祖俞文荣，行九三，赘枕岩（即今升纲）董氏，生五子：俞福缘、俞福庆、俞福寿、俞福高、俞福强。俞文荣为升纲俞氏始迁祖。俞小七迁新昌。

十四世祖俞景寿，讳营，字仲源，又字安之，行万四，年四十九岁始登黄甲，知南京应天府上元县事，告老归家，寿七十九岁。配祝氏，生四子：俞庚一、俞庚二、俞庚三、俞庚四。墓葬宅后，后迁茅山里岸笙竹坑口。俞庚三长子俞清之赘上山桥唐家。俞庚四配王氏，生三子：俞秀、俞祥、俞善。俞庚四就学慈溪，因迁居慈溪为家②。

3. 俞玗次子俞承文

俞玗次子俞承文，疑为民国陈汉章《象山县志》所载俞懋文（？—972）。

---

① 民国版《四明塘岙俞氏宗谱》为"仲裕"。
② 老慈城（今慈城）俞景福（俞伸）之弟俞景寿的第四子俞庚四在南宋初年"就学慈溪，遂家焉"。俞庚四有三个儿子。慈城俞氏的另一支据记载是从元初迁入的。至于这两支是否同一支，目前还缺乏史料证据。

该志根据所存宅志载:俞懋文生俞士达(? —1013),俞士达生俞承简。该志又据宗谱所载称:俞夔为俞承简之子或从子,俞承简八世、俞夔九世,此为误。让人颇觉怪异的是:陈汉章在《象山县志》中曾引述了王珪所撰《辜氏墓志铭》,但不知何故,不仅引述有误,且竟然没能发现俞夔之父为俞充的史实,把两支在不同时期迁居象山的明派俞氏混为一谈了。

俞懋文约生于大顺元年(890),卒于开宝五年(972),在唐末宋初迁居象山。俞懋文生俞士达,俞士达生俞承简。俞懋文官为侍郎,俞士达由省元官至左庶子,俞承简为大理评事。

民国《象山县志》记载:俞懋文和俞承简的墓葬都在象山。据雍正《象山县志》,侍郎俞懋文墓在县西南50里九都金家岙,即位于象山县泗洲头乡金家岙西大坟坛,背靠岳山。今栏圈墓碑均无存,封土亦平,未见发掘现象。大理评事俞承简,墓在县西南50里斛山,即位于象山县泗洲头乡杨大场村斛山麓。今栏圈无存,封土下塌,墓前残留石柱一方,高3.3米,宽0.41米。

这一支俞氏后人或迁徙他方,或湮没无传,至今下落不明。

4.明派俞氏鄞西俞鼎支

俞玨四子俞承奕,按马岙谱说法:俞承奕始居湖田,生一子俞仁宜。俞仁宜生一子俞鼎(桂林谱记为976—1053年,塘岙谱记为961—1024年)。俞鼎居湖田桂林,为鄞西俞氏之祖。俞鼎生子俞允谭①。俞允谭生子俞伟②。

十一世祖俞允谭(桃义江谱记为998—1078年,塘岙谱记为987—1059年),生子俞佶、俞伟。

十二世祖俞佶(1018—1085)居鄞城,为鄞城祖③,生一子俞光④;俞伟(桃义江谱记为1031—1102年,塘岙谱记为1031—1106年),熙宁六年(1073)余中榜进士,居湖田桂林。桂林俞氏为俞伟子俞裒后人,桃义江俞

---

① 鄞系谱载俞鼎生二子:允谭、允诜。按《辜氏墓志铭》载,俞夔是俞充的第四个儿子,故"俞允诜"实无其人。
② 鄞系谱均载俞允谭生三子:俞伟、俞佶、俞伸。有误。
③ 民国版《四明洋山岙俞氏宗谱》载,俞佶赘东钱湖下水史家,为鄞东俞氏祖。有误。谱载俞佶生平与《辜氏墓志铭》述的俞充父亲全无相同之处,故俞充之父并非"俞佶"、之祖并非"俞允谭"。
④ 鄞系谱均误载俞充为俞佶长子。

氏始迁祖俞常泓为俞衮后人。

鄞系谱记载的俞夔之父俞允诜（桃义江谱记为1003—1085年，塘岙谱记为990—1077年），实无其人。

5.明派俞氏鄞东、象山支①

俞充（1033—1081）②，嘉祐四年（1059）刘辉榜进士，宋史有传。俞充母亲辛氏，北宋名相王珪撰有《辛氏墓志铭》存世③。俞充有三个弟弟：一俞褒，一佚名，一早卒。生四子：俞次稷（稷）、俞次契（仲素）、俞次皋（伯谟）、俞次夔（夔）。俞充直系一支在宋代成就了"一门六代十余进士"的奇迹。

俞充长子俞稷（次稷）进士及第，曾官为兴宁军通判，随父戍守边陲。兰溪《杨塘俞氏宗谱》记载到俞稷孙为止，其后无据可考。

俞充次子俞次契（仲素④）于宋政和四年（1114）因元祐元符党人之祸，以太常博士谪任兰溪知县，后卜居瀫西之横山不返，为兰溪赤溪俞氏始迁祖。俞次契第六代孙俞思辟，乃兰溪古代一大慈善家。

俞充三子俞次皋（俞伯谟），元丰元年（1078）在华岳碑题刻"侍亲出帅华池"，随父俞充戍边，自称鄞江人。到元丰八年（1085），释道潜作《送俞伯谟宣德赴辟成都》，称"故乡回首海东头，兄弟十年官塞上。才高质美众所奇，杞梓豫章非冗长"，俞次皋和兄俞稷、弟俞夔随父西征，戍边十年。

俞充幼子俞夔（俞次夔），元丰五年（1082）黄裳榜进士，生二子：俞观能、俞观省。俞观能（1086—1162），绍兴十二年（1142）进士，生三子：俞茂系（1125—1189）、俞茂先（1131—1198）。兄弟二人同登乾道二年（1166）进士；还有一个俞茂元⑤。俞夔为明派俞氏另一支迁居象山的始祖。

俞充胞弟俞褒（桃义江谱记为1070—1131年，塘岙谱记为1058—1120年）⑥，赘鄞东梅墟张氏，为梅墟俞氏始迁祖，生一子俞元盛。其后人

① 因始居象山的俞夔实为俞充的第四个儿子，故以下通称为"鄞东俞充支"。

② 疑为明派俞氏始祖俞玗幼子俞承登之后，为五峰俞氏九世祖"仁"字辈，或十世祖"伯"字辈。

③ 让人疑惑的是，在鄞东俞氏洋山岙和塘岙宗谱的俞充世传中，均有"受知于臣相王珪"的记述，然而其俞充一支的世代记录，仍然与王珪《辛氏墓志铭》的记载大相径庭。

④ 《杨塘俞氏宗谱》称为"仲孚"。

⑤ 俞茂元在各谱中均失载。

⑥ 俞褒在鄞系俞氏宗谱中，均误为俞伟之子。

又先后迁居镇海俞范和鄞东东吴俞家等地。俞充的另一个弟弟或为俞光[1]，仍居城内。

(五)明派俞氏在今宁波境内的主要分布

在今宁波市奉化区溪口镇斑竹村境内的大晦岭上，矗立着一块由著名书法家马华林书写的"五峰俞氏明派发祥地"纪念碑。这里就是明派俞氏始迁祖俞玕最早率族居住之地。此后明派俞氏后人分迁徙居，在四明大地上（包括今舟山市境内）开启了千年传承。

明派俞氏在今宁波市的分布，主要集中在奉化区、鄞州区、海曙区[2]、镇海区、北仑区和象山县等。奉化区内主要有两支：一支是溪口镇斑竹村和升纲村的奉系俞文唐支；另一支是奉化城内的北郭和泮西的奉城俞文广支。原鄞州区境内也有两支：一支是今海曙区的桂林俞氏，因尊俞鼎为始迁祖，故称鄞西俞鼎支；另一支是生活于原鄞州区东部区域的俞充后裔（含迁居象山县的俞充四子俞夔），我们称其为鄞东俞充支。宋代的新盐场其地在今国家高新区和鄞州区梅墟镇的交界处，俞充的胞弟俞褒赘鄞东梅墟张氏，为新盐场俞氏始迁祖[3]，其后人又先后迁居镇海俞范和鄞东东吴俞家等地。

据俞正多先生多次踏访得知，在今高新区和鄞州区梅墟一带，曾有庄前、大漕、大池、澳加桥和老庙等自然村，聚居着大量的明派俞氏后人。后因宁波国家高新区建设和城市东扩，这些自然村已不复存在；今鄞州区南部的姜山镇，有新张俞、俞家埭、横山俞、朱碶俞、张家团俞等村落，新张俞据称来自三门县，俞家埭据称来自新昌等，或许既有明派俞氏，也有剡派甚至杭派俞氏。

今舟山市旧属宁波辖区，故今舟山市境内有诸多明派俞氏后人迁居。比较清楚的有岱山明德堂俞氏、定海五个堂沿、金塘岛树弄里俞家等，大

---

① 鄞系谱均载俞充有一个弟弟叫俞光，而误把大弟弟俞褒记到俞伟名下为子。

② 以今海曙区境内的桂林俞家为代表的明派俞氏，因其地原属鄞州，故仍称其为"鄞西俞氏"。

③ 由于鄞系俞氏宗谱均将俞充胞弟俞褒误为俞鼎曾孙、俞伟之子，故至今鄞东俞氏仍误称俞褒的梅墟俞氏为桂林俞氏后裔。

多自称为明派鄞西俞鼎支后人。但有很多近代自慈溪、镇海迁居的俞氏，如朱家尖等各岛，情况比较复杂，既有明派俞氏，也有剡派俞氏。

今余姚市旧属绍兴府，且今余姚与慈溪区域变动频繁，故其境内俞氏大多来自绍兴的剡派俞氏。如南宋时的俞友芷一族、明朝时（1460年前后）迁大俞村的俞友信的两个儿子，同为剡派十一世祖俞文应之后；元朝时迁余姚古将坛的俞光泽则为剡派静安坊俞文兴的后裔；十八世俞希长为剡派明伦坊俞文旺之后，南宋时迁慈溪鸣鹤俞家桥；剡派明伦坊二十世俞炳（字长孺）之后，则于明景泰七年（1456）迁居临山卫。

宁海县境内的马岙，是剡派俞氏最早的迁居地之一。剡派祖俞珣长子俞承休就开始居住于此，迄今已有1100多年的历史。俞浙撰写宋写本"金字谱"，至今依然完好地收藏于此。马岙俞氏后人今广泛分布于宁海各地，象山的新岙、昌国、洋北等，鄞南姜山的俞家埭，以及北仑区的俞王村等地。

五峰俞氏迁居在象山县的情形更为复杂。比俞充第四子俞夔更早在象山定居的一支明派俞氏是俞懋文。《象山县志》所载的俞懋文一族，似为明派始祖俞玕的第二个儿子俞承文。俞承文约生于大顺元年（890），卒于开宝五年（972），在唐末宋初迁居象山。俞懋文生俞士达，俞士达生俞承简。俞懋文官为侍郎，俞士达由省元官至左庶子，俞承简为大理评事。《象山县志》说"承简八世，夔为九世，子与从子，皆未可知也"，将俞懋文支和俞夔支直接扯上关系，是没有根据的。据对象山境内俞氏颇为稔熟的张则火老先生的研究，以及俞忠蔚的说法，剡派马岙俞氏于元末明初纷纷迁居象山：俞直学迁洋北、俞子昌迁象城、俞德谦迁新岙、俞文晟迁昌国会；同为剡派的俞仲康迁居象城（其兄弟俞仲庸迁三门悬渚，后裔也有很多迁象山西周、伊家山、石浦等地），俞仲殷（俞士吉父）居象城；余姚大俞俞氏亦有后人迁居在泗洲头。此外，杭派的俞光凝（1128—?）于绍兴二十八年（1158）任象山县令，其后人是否留居象山则无考。

在历史的长河中，有许多明派俞氏后人纷纷离开故土宁波，迁居他乡。比较著名的有：俞充的第二个儿子俞次契（仲素）罹元祐、元符党人之祸，以太常博士谪任兰溪县令，后为兰溪赤溪和杨塘俞氏之祖；明代倭寇蜂起，鄞县迭遭烽烟之苦，鄞西俞鼎后人有一支不得已迁往江苏淮安府山阳县石塘乡，嘉靖四十四年（1565），俞承岐又由石塘迁桃园县之崇河乡。此外，有研究认为，十世祖俞翱后人居浙西桐庐、富春等地繁衍生息，其中有一支后来又迁回余姚定居，即石姥山俞氏。

此外,我们在研究明派俞氏过程中找到的一些墓志铭则表明,除"五峰俞氏"外,还有一些俞氏甚至比明派俞氏更早就在今宁波市境内生活。如:唐大中十三年(859)十月的《唐俞暹墓志铭》记载,俞暹一族此前早就生活在余姚市的马渚一带。近些年发现的秘色瓷罐墓志铭,其记载的官窑管理人"俞勾押"等,也是早期在宁波境内生活的俞姓族人。这些,因文献阙如,其后裔情况也就不甚明了了。

二、脉络清晰的斑竹俞文唐支

（一）"郡马公"俞伸

1. 各谱各表的俞伸

俞伸（1053—1133）是明派俞氏一个十分重要的史传人物，被称为"郡马公"。据《乾道四明图经》记载，俞伸为元祐六年（1091）马涓榜进士。俞伸同时又是明派各支谱中记载差异最大的历史人物，以至于让人觉得明派俞氏在宋代有两个甚至三个俞伸、两个甚至三个"郡马公"。所以梳理俞伸的生平事迹，成为我们读懂、弄通明派俞氏世系的一个重要环节。

明派俞氏各谱对俞伸的名讳及其生卒配葬，奉系谱和鄞系谱各谱的记载少有一致之处，几乎可以看作两个人甚至是三个人。

明派俞氏各谱系所载俞伸（郡马公）

谱系	行讳	生卒	职官	配嗣	墓葬
斑竹谱	名景福，父绰，行万三，讳伸，字庆之，号营干，又仲鸣	生皇祐癸巳（1053）甲午日，卒绍兴三年（1133）十二月丙辰日	元祐进士，授河南巩县主簿，迁开封府通判，出判湖南转运致仕	尚安定郡王式之次女，少夫人王氏。生二子。女一，适三岭蒋楔，绍兴戊午进士	茶溪口庵山
俞村谱	名景福，父公绰，行十四，字庆之	生皇祐癸巳（1053）甲午日，卒绍兴三年（1133）十二月丙辰日	由上舍释褐进士，授河南巩县主簿，迁开封府通判，出判湖南转运致仕	赘安定郡王诘（式）之次女，少夫人王氏。生二子。女一，适三岭蒋神（楔），绍兴戊午进士	茶坑庵山父坟之下，建墓亭华表，有墓志碑铭

谱系	行讳	生卒	职官	配嗣	墓葬
桃义江谱	讳伸,父允谭,行万三,字仲鸣,奉川始祖	生景祐四年(1037)八月十八日酉时,卒建中靖国元年(1101)二月初七日	元祐六年(1091)进士,授扬州泰兴丞,迁湖州乌程及江西南昌令,仕至大中大夫,分居奉川	睦州郡马,娶奉川张氏,封淑人。生一子:襄	奉川晦溪山
塘岙谱	讳伸,字仲裕,行兆四,号洁斋	生宝元二年(1039)十一月初九,卒崇宁五年(1106)四月十八日	登元祐三年(1088)李常宁榜第二十九名进士,初仕开化县,提举翰林院修撰,转敷文阁学士	娶冯氏,封郡安夫人。生一子:襄。女一,夭	鄞东南姜山之原
俞家山谱	行兆三,号洁斋	生宝元二年(1039),卒崇宁五年(1106)	元祐三年(1088)李常宁榜进士,初任开化县事,提举翰林院修撰,敷文阁学士,朝奉大夫	配冯氏,封郡安夫人。生一子:襄。一女:楚,早亡	鄞东南姜山之原
石姥山谱	讳伸,行十一,章公之子,字道隆		元祐三年(1088)李常宁榜进士,赠朝奉大夫	睦州郡马,配杨氏,封淑人。子一	西山之原
	讳孟琦,道冲之孙,仁元之子,应顺年间建大智庵	生天复三年(903)癸亥,卒雍熙元年(984)十二月	长兴二年(931)卢华榜进士,翰林学士	魏国郡马,配黄氏,封魏国夫人。子二、女一	茶溪口

综合对俞伸的各种记述,其差异主要有三:一是世代差,奉系谱记载为第十四代,鄞系谱为第十二代;二是祖源不同,各支各表,奉系谱为十世祖宾公之玄孙、绰公之子,而鄞系谱为十世祖鼎公之孙、允谭公之子;三是其郡马身份的称谓不同,鄞系谱称"睦州郡马",而奉系谱称"安定郡马"。产生这些差异的主要原因,在于鄞西俞氏宗谱中出现了冒俞充之名所作的《四明俞氏宗支记》。

俞伸(景福)所处的宋代,明派俞氏人才辈出,可谓群星璀璨于四明大地。仅在《乾道四明图经》卷十二《进士题名记》载录的就有:

庆历六年(1046)贾黯榜　俞翱

嘉祐四年(1059)刘辉榜　俞充(1033—1081)

熙宁六年(1073)余中榜　俞伟

元丰五年(1082)黄裳榜　俞夒

元祐六年(1091)马涓榜　俞伸(1053—1133)

元祐九年(1094)毕渐榜　俞褒

绍兴十二年(1142)陈诚之榜　俞观能(夒之子)

乾道二年(1166)萧国梁榜　俞茂系(观能之子)

俞茂先(观能之子)

此外,《延祐四明志》中还有:

嘉定四年(1211)赵建大榜　俞畴

淳祐四年(1244)留梦炎榜　俞舜申

开庆元年(1259)周震炎榜　俞道明

2. 俞伸是一个史传人物

(1)有其所撰《罗汉殿记》碑存世

宁波江北区文保所藏有一块宋代明州慈溪普济寺《罗汉殿记》碑,碑记撰文者署名"河间俞伸",近 600 字,直碑,孙吘书并篆额,元祐七年(1092)立。据《乾道四明图经》记载,俞伸为元祐六年(1091)进士。在该碑文中,俞伸从某一个侧面向我们展示的是一位文采斐然的向佛士人形象。宋代熙宁年间王安石变法,在科举上废弃了以诗赋取士,而到元祐初则在以策论取士的同时,又重新恢复了以诗赋取士的做法,由此成就了俞伸的进士之路。

古慈溪县(今江北区慈城)城北有普济湖,普济寺面湖背山,曾是浙东最古老的佛寺之一。据宋《宝庆四明志》载,普济寺"本东吴太子太傅都乡侯阚泽书堂,后舍宅为寺"。《四明谈助》称"吴赤乌二年(239)阚泽舍宅为寺。唐大中二年(848)令李楚臣复立德润院,乾符(874—879)中敕赐应天德润寺。宋大中祥符元年(1008)改赐普济教寺"。古籍记载的阚泽,字德润,即《三国演义》第 44 回"阚泽密献诈降书"中的孙权谋士。唐开元二十六年(738),古慈溪建城后,城北的慈湖曾名阚湖和德润湖。宋慈溪普济湖的普济寺内,有罗汉殿。《罗汉殿记》碑记中说,皇祐二年(1050),邑令林侯肇,夜东望,恍惚间"见其(普济)乘虚而彼下也",既觉,召众议之,谓普济寺未有罗汉像者而为歉。林侯当即捐为四尊罗汉像而以倡之,并奔走百里劝告,得众人捐助后,516 尊罗汉像浩难而成,委事未觉者已几十年焉。元祐五年(1090)十二月十九日,慈溪县的颜氏文悦兄弟舍屋建为罗汉殿后,方若"天台赤城大阿罗汉所家"也。石桥危磴之作险,金雀茶花之显异,不特专美于天云。元祐七年(1092)有文撰记,时寺主传教赐紫智文立石,具名者为县令张伋等。碑记撰文者即元祐六年(1091)进士、明派俞氏第十四世祖、后人称"郡马公"的俞伸,自称其"河间"者,从其旧望也。富春人孙吁则书写了碑记。按北宋制度,新科进士授官以后,都有两个月左右的探亲假,碑记应该是俞伸授官之后回乡探亲期间所撰。

《罗汉殿记》碑文

　　章国庆在《宁波历代碑碣墓志汇编(唐、五代、宋、元卷)》一书中,对普济寺《罗汉殿记》考据如下[①]:

　　　　此碑(《明州慈溪县普济寺罗汉殿记》碑)原立于江北区慈城普济寺,1984年1月移入孔庙。圭首,高165厘米,阔88厘米,厚18厘米。碑额横立正书"罗汉殿记"四字;碑文行书,共19行,满行44字。石下截泐甚,每行脱四至五字。加阴影字样,依残留笔迹并结合上下

---

①　章国庆:《宁波历代碑碣墓志汇编(唐、五代、宋、元卷)》,上海古籍出版社,2012年,第97—98页。《罗汉殿记》全文见本书下篇。

文意思补之。碑阴刻明嘉靖二十二年(1543)赵文华撰《重修普济禅寺碑记》。

晚唐五代以来，罗汉信仰极为盛行。因此，当县令林肇"捐俸为四像以倡之"时，得到了广泛响应，并经过几十年努力，终于建成罗汉殿及五百十六罗汉像，可见其工程之浩大。而林肇在任期间，最重要的贡献是兴乡校，请杜醇为师教授诸生，使党乡学风为之一新，深得王安石赞赏。林肇，字公权，吴兴人，宝元中进士(《姑苏志》卷四十一)。

撰者俞伸，鄞县人①(光绪《慈溪县志》误作象山人)，元祐三年(1088)②进士。碑文虽泐失不少，未能观其全貌，然其言辞精炼不繁而意寓深刻的文风仍可略见一斑。至于其所题"河间"，盖从其旧望。

(2)有墓志文传于家谱

民国版(1922)《斑竹俞氏宗谱》世系总传中，有景福公"讳伸，行万三，字庆之，号营干，又仲鸣，登元祐进士，尚安定郡王式之次女"的记述，并有《景福公墓志》铭文。民国版《升纲俞氏宗谱》和《俞村俞氏宗谱》中亦有安定郡马景福公墓志碑铭的记录，并有"郡马公墓志"碑文，尽管与斑竹谱墓志文记录有一定差异，但基本事实仍相一致。可惜的是，此碑已失，唯余铭文如下：

公讳景福，又讳伸，字庆之，居于奉化之剡源，由上舍释褐进士，赘安定郡王式之次女③，授河南巩县主簿，迁开封府通判，出判湖南转运致仕。生于宋皇祐癸巳(1053)十月甲午日，卒于绍兴癸丑(1133)十二月丙辰日，寿八十一岁，葬茶坑庵山。配赵氏郡主、少夫人王氏。生二子：襄、伽。女一，适三岭蒋楧④。孙五：世杰、世彦、世昌、世奕、世芳。行谊备载，乡先生楼航所撰志文不叙。

宋绍兴癸丑(1133)冬月庚申日，主管成都府玉局观⑤蒋楧撰

蒋楧，俞景福(伸)女婿，《乾道四明图经》卷十二《进士题名记》有载：绍兴八年(1138)黄公度榜进士。蒋楧为奉化溪口蒋氏二十六世祖，民国

---

① 误，应为奉化人。
② 此有误。据《乾道四明图经》载，俞伸为元祐六年(1091)进士。
③ 民国版《俞村俞氏宗谱》将"式之次女"误为"诂之次女"。
④ 民国版《俞村俞氏宗谱》将"蒋楧"误为"蒋神"。
⑤ 民国版《俞村俞氏宗谱》将"玉局观"误为"王届视"。

版《武岭蒋氏宗谱》载:"棜,字子才,行六,珒长子,进士,官罗源县尹,葬青山,子六。"

（3）有诗作传世

民国版《四明塘岙俞氏宗谱》辑录了俞伸的两首诗:《宿衢州报恩寺有感》和《过桃花源洞》①。俞伸有二子:襄、仙。

而且,俞伸的墓葬遗茔尚在今斑竹村内的虹头山上。作为史传人物,俞伸的真实性是无可置疑的。

3.各谱所载俞伸的世代差讨论

（1）斑竹谱及其记述相对更为可考

由俞伸创修的明派历史上最早的俞氏宗谱"大晦谱",经剡派十九世祖俞君鼎后,为二十世祖俞公美和俞浙记录在《五峰俞氏大宗谱》中,且其便携简本"金字谱"一直保留至今。嘉庆十六年(1811)秋,斑竹俞氏三十三世祖俞维清从马岙俞氏宗亲手中得见"金字谱",遂抄而藏之,成就了"昔马岙固得大晦谱而渊源可溯,今大晦反得马岙谱而脉络可寻"的一段奇缘。再来看以塘岙谱为代表的鄞系谱,虽然其谱系亦源于俞伸所创"大晦谱",但自宋咸淳六年(1270)俞舜申三修后,直到康熙丁丑年(1697)方始续修,虽此后每每重修,但世远代湮,播迁转徙,其祖源已无从考据。因此,从谱系看,我们认为斑竹谱是最为系统和完备的;且相比较而言,其本支后裔对自己祖先的记忆更为清晰,谱载也就更为可信。

在民国版《斑竹俞氏宗谱》中,录有《观衮公所受赠章》:

> 诰曰:父以教忠为贤,式隆佑启;子以养志为教,务在显扬。剡腾风纪之臣,茂著激扬之绩,肆加衮恤,无间存亡尔。俞观衮乃擢殿中御史俞绰之父,山泽遗才,乡邦善士,清修雅操,博学多能,竭力事亲,岂但甘旨之奉,敦仕睦族,每多恩惠之施。剡遗经素,切乎义方,致令子峻登于台宪,养违三釜,报德之志,徒勤光贲九原,追恤之恩,宜厚用彰,潜德永慰遐恩。特赠济安郡公,尚期神爽之昭,益迓宠灵之至。
>
> 宋 年

同时,谱中还收录了一篇未署何人何时所作的《御史大夫绰公俞老先生传》:

---

① 对此诗作,我们将在后面作深入讨论。

天下有功在当时而名湮后世者,可胜道哉。粤稽吾里中有御史大夫俞公名绰者,考郡邑志俱无所传,仅于家乘留其芳躅,亦已微矣。

虽然其人有不没之真,则无不可溯流而穷源,见微而知著也。况御史大夫明明有世系可按,固非漫漶不可稽者。其时有县西知县王凤其人者,痛公之行而挽以诗焉。其诗曰"大展经纶佐圣明",歌公之功也。其落句又云"只应遗爱山东道,长使苍生恨不平",颂公之德也。王凤岂欺我哉!吾故于王凤之诗而想见公之为人,诚过人远矣。公父观衮,字云茂,赠为济安郡公,宠灵之至,光贲九原矣。藉非公有丰功伟绩,建树当时,亦焉能身登台宪、宠及前人?若是也,而乃泯灭无闻,一至于此,盖未始非稗官野史之疏于职耳!公嗣三:庆之、安之,二公均登黄甲,而庆之又尚郡主为藩戚,是继起者且又甲第簪缨,显耀当代矣。吾为公思,实有可见知于当时、传闻于后世者,而卒廖廖焉。是欲不屑屑以誉闻传也。今琳系同里后学,质虽不敏,不忍公之没没无闻,爰本所遗之诗与赠所之章,登于旧乘者,为公约略言之,以志不朽云。

谨录县西王凤知县挽御史俞绰公诗:

大展经纶佐圣明,乾坤扫涤瘴烟清。

百年台省尊耆旧,一旦朝廷失老臣。

骨冷青山空作梦,手拱红日尚留名。

只应遗爱山东道,长使苍生恨不平。

上述记录在《斑竹俞氏宗谱》中的"赠章"和"传略",虽则未署时间,"传略"也未署作者之名,但言之凿凿,当可佐证俞伸为俞宾之玄孙、俞文唐之曾孙、俞云茂之孙、俞绰之子的事实。此外,谱载的俞伸及其父、祖三代墓葬均在斑竹村境内,我们至今依然可以找到其遗迹。所有这些足以证明,鄞系谱所载俞伸为俞佶和俞伟之弟的说法,均系误撰,是完全站不住脚的。

(2)斑竹谱等对俞伸的生卒记载源于墓志

从俞伸的生卒记载看,斑竹谱、升纲谱和俞村谱均为:生于宋皇祐五年(1053)十月甲午日,卒于绍兴三年(1133)十二月丙辰日,寿八十一岁。塘岙谱的记载是:生于宝元二年(1039)十一月初九日酉时,卒于崇宁五年(1106)四月十八日辰时,年六十六岁。桃义江谱为:生于景祐四年(1037)八月十八日酉时,卒于建中靖国元年(1101)二月初七日,寿六十五岁。三者比较,生卒分别相差了 20 年左右,几乎相差了一代人。

对此,我们认为,斑竹谱的记载是真实可信的。因为斑竹谱的这一记载直接来源于墓志铭;而且即使是塘岙谱也承认,直到建炎四年(1130)俞伸还在修他的"大晦俞氏宗谱"呢!

(3)《乾道四明图经》的误载

鄞系谱均载:俞佶(1018—1085)、俞伟(1031—1073)、俞伸(1037—?)为俞允谞(998—1078)的三个儿子,俞充(1038—1110)为俞佶子,俞襃为俞伟子。通过后面的研究我们将证实,鄞系谱对俞伟、俞伸和俞充、俞襃的生卒及其亲缘关系的记述,都是错误的。撰于乾道年间(1165—1173)的《乾道四明图经》,之所以说俞伸为"伟之弟"、俞伟为"充之叔"等,我们认为,有两种可能:一是作者罗濬等人在当年采访时受着老口述或谱牒记载影响,出现误载;二是后人在刊刻《宋元四明六志》时,根据记载有误的俞氏谱牒而添注。后一种可能性更大,而且类似的案例还很多。如袁桷等撰《延祐四明志》卷第六《人物考下》时,亦误将俞畤记为"俞充曾侄孙"。而据民国桃义江谱记载,俞畤即俞君畤,为鄞城派七世祖,是俞充曾孙,而非曾侄孙。又如民国《鄞县志》对余姚大俞村的祖源记为"四兄弟分四房",导致以此志为凭的诸多著述均以讹传讹,等等。这些,都会给后人造成很大的混乱。

那么,《乾道四明图经》和《宝庆四明志》为什么会把俞伸写成"鄞人",并把他当作俞伟之弟,同时把开庆元年(1259)进士、斑竹俞氏十八世祖俞道明写成"鄞人"呢?

《宋元四明六志》卷首的说法[1],或可让我们明白其中的缘由:

> 《宝庆四明志》二十一卷、《开庆续志》十二卷(两淮盐政采进本),宋罗濬撰。濬,庐陵人。官赣州录事参军。《文献通考》作罗璿,盖传写误也。先是,乾道中,知明州张津始纂辑《四明图经》,而搜采未备。宝庆三年(1227),焕章阁学士、通议大夫、知庆元府兼沿海制置使,庐陵胡榘复命校官方万里因《图经》旧本,重加增订。如唐刺史韩察之移州城、唐及五代郡守姓名,多据碑刻史传补入。其事未竟,会万里赴调中辍。濬与榘同里,适游四明,遂属之编定。凡一百五十日而成书,前十一卷为郡志,分叙郡、叙山、叙水、叙产、叙赋、叙兵、叙人、叙

---

[1] 宁波市地方志编纂委员会整理:《宋元四明六志》,宁波出版社,2011年。

祠、叙遗九门，各门又分立四十六子目；第十二卷以下则为鄞、奉化、慈溪、定海、昌国、象山各县志，每县俱自为门目，不与郡志相混。盖当时明州虽建府号，而不置倚郭之县，州与县各领疆土，如今直隶州之体，特与他郡不同也。《宋史·艺文志》仅有张津《图经》十二卷及《四明风俗赋》一卷，不载是书。惟陈振孙《书录解题》载之，其卷数与此本相合，盖犹从宋椠抄存者。志中所列职官、科第、名姓及他事迹，或下及咸淳，距宝庆三四十年，盖后人已有所增益，非尽罗濬之旧。然但逐条缀附，而体例未更，故叙述谨严，不失古法。元袁桷《延祐四明志》亦据为蓝本，多采用焉。《续志》十二卷，则开庆元年庆元府学教授梅应发、添差通判镇江府刘锡所撰。共分子目三十有七。其自序称，《续志》之作，所以志大使、丞相履斋先生吴公，三年治鄞之政绩，其已作而述者不复志，故所述多吴潜在官事实。而山川、疆域已详于旧志者，则概未之及。是因一人而别修一郡之志。名为舆图，实则家传，于著作之体殊乖。然案《宋史·吴潜传》载，潜以右丞相罢为观文殿大学士，寻授沿海制置大使，判庆元府。至官，条具军民久远之计，告于政府，奏皆行之。又积钱百十七万三千八百有奇，代民输帛，前后所蠲五百四十九万一千七百有奇。是潜莅鄞以后，宦绩颇有可观。二人所述，尚不尽出于谀颂。至潜所著文集，世久无传。后人掇拾丛残，编为遗稿，亦殊伤阙略。此志载潜《吟稿》二卷，共古今体诗二百九首，《诗余》二卷，共词一百三十首，皆世所未睹。虽其词不必尽工，而名臣著作借以获存，固亦足资援据。故今仍与罗濬书并录存焉。

因对《乾道四明图经》和《延祐四明志》中的记载颇多错讹不满，到清朝末年奉化人赵霈涛撰光绪《剡源乡志》时，仍觉愤愤不平：

案：宝庆之前跸驻有陈殿中监，沙堤有樊监察、御史良忠，康岭有康孝子彦中，高岙有张佥判钦，董村有竺耕道兄弟，虽斑溪、榆林、石门、西晦溪董声仲、陈养直、毛仪卿、单君范诸人未出而其祖若父皆世世居此，何以《宝庆志》（指《宝庆四明志》）仅载三石等四村耶？是时主修者胡尚书仲方，庐陵人，作者方教授万里、罗参军璿（指罗濬），亦庐陵人，其他编类文字者十一人，或鄞人，或慈溪人，或不详里贯，均在郡城纂修。我奉无一人预其事者，亦何怪其简略也。

（4）方志之讹源自家谱

按照赵霈涛的说法，因为当时编纂《宝庆四明志》的是一帮"外来和尚"，主修者都是外地人（庐陵人），而编辑文字的十一人竟有许多都是鄞人和慈溪人，有些还不知道他们是哪里人。而且不到实地勘探考察，都在郡城里纂修。奉化本地人竟一个也没有参与，难怪简略。同时他们参照家谱的说法，照抄照搬，自然舛讹百出，谬误难免。

按理，俞伸与同属明派后裔的俞佶、俞伟和俞充等会有一些交集。但遗憾的是，我们迄今并未找到任何此类史料文献。

我们知道，古代文人或士人作文留名，都有从其旧望的习惯。如俞伸作《罗汉殿记》，即署名"河间俞伸"。而"五峰俞氏"均号称"望出河间、溯本青州、发祥五峰"。这清楚地表明了俞伸十分了解自己的祖源所在。与此不同的是，鄞系俞氏因受俞鼎"世居吴兴蠡山"之说的影响，我们并未发现有自称"河间"的明派鄞系俞氏。如《延祐四明志》载，嘉定四年（1211）赵建大榜进士俞畴被注为"充曾侄孙，贯湖州"，显然是受了"吴兴说"的影响。从更长远的世代发展看，迄今为止，鄞西俞鼎后人已到了第五十世（以庄公为一世）以后，误以俞鼎为始祖的鄞东俞氏也到了五十余世。而斑竹俞氏则刚到四十余世。若按鄞系谱把俞伸作为第十二世祖，那么，斑竹俞氏和鄞系俞氏的世代差更大了。这显然不是正常现象。

另据民国版《石姆山俞氏宗谱》所载"俞伟"云："字仲宽，宋进士，四明人。知顺昌府，戒杀好生，杨龟山称之。后赠太子少师。其侄伸亦进士，仕睦州郡马。又侄充，亦进士，赠侍郎，奉使高丽。"在这里，俞伸又成了俞伟之侄了，足见家谱记述之混乱。

4."郡马公"俞伸的祖源地讨论

俞伸是斑竹俞氏和升纲俞氏的直系祖先[①]。无论斑竹俞氏、升纲俞氏，还是俞村俞氏、北郭俞氏等等，其谱系都能溯源到俞伸及以上世代，直至"五峰俞氏"鼻祖庄公。俞村谱把明派源头接到马岙显然是经不起推敲的，实际上也找不到所谓"文俊公"的确切世系。按现有的资料推测，俞村谱、北郭谱等所说的文俊公，即俞京宾长子俞文广。因为俞京宾始迁斑竹园，生有俞文广、俞文唐、俞文庚三子，是"五峰俞氏"第十一世祖，"文"字辈行。而这也正好与第十一世祖剡派的俞文应始迁游谢乌坑即俞村谱所

① 甚至连俞文光后人俞村俞氏、城内泮西俞氏和北郭俞氏，也误以俞伸为始祖。

说的"锦（清）溪十里"相耦合。只是俞村俞氏当年修谱时与桂林俞氏一样，终究未能找到"大畈谱"与"金字谱"而失去了源头。民国版《俞村俞氏宗谱》载有《源流世系图引》一文，其中也有这种疑惑与矛盾："五峰分派九世图，虽查图中无文俊公之名，但有文兴、文旺、文雅、文应公等之文字行第，且图中有玕公及承登公迁居明之大畈等附注，是则源流所在，斑斑可考矣。"

《桃义江俞氏宗谱》撰于嘉靖十七年（1538）的《重修宗谱序》云："维我俞氏，山东以下谱系，仿于唐；鄞谱系仿于宋。鄞之俞氏，世居罂湖之南，其先讳鼎者，居吴兴蠡山，太平兴国中，仕为明州录事参军，家于兹……"可以看出其在祖源上承认来自五峰俞氏（山东世系）。只是因为有那篇冒俞充之名所作的《四明俞氏宗支记》，便迷失了宗源的方向。

而无论是以桃义江谱为代表的鄞西谱系，还是以塘岙谱为代表的鄞东谱系，自宋以后其祖源尽失，均以俞鼎为始，而误将俞伸作为分迁奉川的始祖。

我们再从另一个角度来分析。据《宝庆四明志》记载：毛巅岭，在奉化县西六十里，距斑竹东面十里的地方，南接大小畈，原是岖崎涧谷，行者艰阻。绍熙（1190—1194）初，有毛居士为方便民旅之往来，把悬崖凿通，这个被凿通的悬崖就被命名为"毛巅岭"。俞景福（伸）从出生到少年时代的斑竹村，正值北宋中期，这里群山环绕，毛巅岭还没有被凿通，应该更闭塞、更偏僻。试想，这里要不是俞伸祖祖辈辈生活的地方，贵为郡马、半生宦游于城厢的他，为什么要独独钟情于山重水复、路途奇险的斑竹，要从鄞城（桂林）迁到奉川（斑竹）？答案只有一个：他是大畈俞氏本支的子孙，这里曾生活着他的太祖、明派俞氏始祖俞玕，还有他的高祖俞宾。

北宋苏洵在《族谱后录》中说："圣人出而四海平一，然其子孙犹不忍去其父祖之故以出仕于天下，是以虽有美才而莫显于世。及其教化洋溢，风俗变改，然后深山穷谷之中，向日之子孙，及始振迅，相与从宦于朝。"[1]这段话有助于我们理解俞玕率族迁居"明之大畈"的深层原因，还可以解释俞伸的"从宦"之路与敬祖爱乡之情。前后时代背景不同，许多俊彦"不忍去其父祖之故以出仕于天下"，即使出仕，告老或隐退时也要回到故乡。俞伸也一样。从民国版塘岙谱记载的那首诗《宿衢州报恩寺有感而作》可

① （宋）苏洵：《嘉祐集》卷十四"谱"。

以看出，俞伸虽游宦在外，魂牵梦萦的依然是他的故乡。

5. "郡马公"俞伸的郡马身份讨论

（1）"安定郡王"赵从式是个史传人物

俞伸"尚安定郡王式之次女"中的"式"①，即赵从式（1007—1071），是个史传人物，在《宋史·列传》卷三和《宋会要辑稿》中均有记载。赵从式，秦王赵德芳之孙，英国公赵惟宪的第二子。天禧三年（1019）始赐名，授右侍禁，累迁至保康军节度使，封安定郡王。神宗四年（1071）十一月卒，追封荣王，谥安僖。

《宋史·列传》卷三：

> 惟宪字有则。
>
> 子从式，始封安定郡王，事见上；从演，礼宾副使；从戒、从戒、从湜，并内殿崇班；从贲，供奉官。
>
> 熙宁中，诏封楚康惠王之孙从式为安定郡王，奉太祖祀。

《宋会要辑稿》载：从式，太祖之曾孙，楚王德芳之孙，英国公惟宪之子，于诸孙居尊行。熙宁元年（1068）九月二日，以泾州观察使、舒国公从式为彰化军节度观察留后，进封安定郡王；熙宁四年（1071）十一月，安定郡王从式，辍一日；熙宁四年十二月九日，神宗幸睦亲宅临奠安定郡王从式丧；熙宁四年十二月，赠同平章事、追封荣王，谥安僖。

宋韩维《南阳集·荣王从式墓志》：

> 王讳从式，字智□，今皇帝之从伯父也，太祖孝明皇后生楚康惠王德芳，康惠王生昭信军节度使兼侍中英国公惟宪，王即英国公之第二子也。……英宗即位，正授磁州防御使。兄从古薨，袭封舒国公，进泾州观察使。上即位之明年，以王太祖之系属近且尊超，拜彰化军节度观察留，后封安定郡王。……后三年制授保康军节度使，其年十一月，病亟，上遣中贵人挟太医诊视，王一旦尽出玩好物，会宗族散之，曰："吾必不起矣。"后数日而薨，时熙宁四年十二月八日也，年六十有五。上闻震悼，为辍祝朝，即日临奠，追赠同中书门下平章事，封荣王。……夫人高氏，西头供奉日习之女，封高平郡君，有贤行。子男三人。长世谟，右骁卫大将军、窦州刺史，早卒，追赠随州观察使、

---

① 民国版《俞村俞氏宗谱》中"式"误为"诘"。

汉东侯;次世采,羽林右军大将军、茂州团练使;次世恩,右武卫大将军、梅州刺史。孙男十六人,令磋,右监门卫大将军。令祁、令祛、令亲、令驹,右千牛卫将军;令昼、令岳、令璋、令术、令振、令珸、令璨,右班殿直。五人未赐名。曾孙一人,子礼,尚幼。……

根据上述材料推论,俞伸最晚在熙宁七年(1074)"尚安定郡王式之次女",并于次年(1075)由赵氏生子俞襄。这一年,俞伸年仅21岁,离赵从式受封安定郡王7年、谢世4年。那么问题来了:凭什么年仅21岁的俞伸能得此荣幸,娶赵氏宗室之女为妻呢?

(2)俞伸"尚安定郡王式之次女"的可能性

据对俞伸的郡马公身份做过深入研究和考证的俞序良老先生所撰《斑竹村考》:"宋代名人俞云茂,二榜进士,皇帝御医,墓葬升纲岩南一里,原有石柱(现名石柱畈)。俞云茂生子俞绰,二榜进士,仕山东、广西二省,墓葬对头龟山,其墓尚在。俞绰长子(原文如此,应为二子)俞景福,郡马、进士,生于大宋皇祐癸巳(1053),墓葬茶溪口庵山,其墓尚在,碑坊被毁。宋代进士来乡祭祖探亲,都骑马归来,喂马饮水之井尚完好,现名'塘脚跟'。(宗祠)名曰燕贻堂,原有'郡马桑梓'之碑(匾),现存放在董村呑底。"

俞云茂(观衮)曾为"皇帝御医",这只是在斑竹俞氏后人中口口相传的一种说法,我们未能找到更多的文献依据。但俞绰为御史大夫,曾仕山东、广西二道,"明明有世系可按,固非漫漶不可稽者"。所以,从俞伸的身世看,其绝非泛泛之辈!

在著名宋史专家、美国纽约州立大学宾汉姆顿分校历史系教授贾志扬先生所著《天潢贵胄:宋代宗室史》一书中,不但有关于安定郡王赵从式行迹的零星记录,而且有关于宋代宗室制度等的诸多具体研究。"1029年,最早的宗室婚姻规则出台。它要求宗室诸宅上报18岁宗子、15岁的宗女名单,以便为他们考虑婚嫁之事。除了规定婚姻的运作程序包括任命太监作为监督,以及得到皇帝个人的批准外,诏令还强调婚姻对象应当从'衣冠士族'中选取'年龄与才干相当者',工、商、杂类、有叛逆行为的家族不得预选。"贾先生写道:"宋代开国三兄弟的所有父系后裔都平等地成了皇家大树枝干上的树叶。但由于宗室成员的激增,到了1067年,宗室的月开支超过7万缗(这还不包括生日、婚礼、葬礼和季节性赏赐等),而整个首都官僚的开支为4万缗。"宋神宗时期,皇室终于不堪重负,于熙宁二年(1069)颁发了"也许是宋代宗室史上最重要的诏书",因而也就成为王安石变法的一个组成内容。该诏书"剥夺了太祖、太宗的第五代后裔和魏王的第四代后裔以及他们的子子孙孙赐名、授官的权利"。①

由上可知,在俞伸尚赵从式之次女为妻前,五服以外的宋宗室成员其地位已经式微,宗女的地位更远不及公主那么显赫。安定郡王的女儿其实就是宗女,同皇帝的关系已远在五服之外。其实除了血统之外,经济情况并不好,有些甚至生活在贫困之中。当俞伸最迟于熙宁七年(1074)和"式之次女"结婚时,安定郡王赵从式早已过世 3 年多,且"王之次女"虽然贵为郡主,但其特权极为有限。一个没有了父王庇护的郡主,嫁一个御医的孙子、御史大夫的儿子,亦可谓门当户对,合情合理。

(3)鄞系谱的"睦州郡马"说于史无据

由于奉系谱有俞伸(郡马公)墓志碑铭文,且为史传人物、俞伸女婿蒋楝所作,我们认为,奉系谱关于俞伸的记载,以及墓志碑铭文中提及的撰写过郡马公碑记的楼航,是可信的。以桃义江谱为代表的鄞西谱系,除了记载为"睦州郡马"外,别无其他有关"睦州郡马"实际内容的任何解释或说明。值得注意的是,塘岙谱在所有明派宗谱中,对俞鼎及以后十个世代的记载是最为详尽的。但在对俞伸的记述中,则自始至终未提"郡马"二字。石姥山谱虽在其谱首冠于"郡马后裔"字样,但在对俞伸的记述中明显受到鄞系谱的影响,不但错把俞伸说成"元祐三年(1088)李常宁榜进士",还说俞伸为"睦州郡马"。我们遍查"宋朝王爵列表"和《天潢贵胄:宋代宗室史》,搜罗各类史传、碑传、志传和谱传等,均未找到"睦州郡王"的任何记载。既然在整个宋朝并无"睦州郡王"的任何蛛丝马迹,那么又何来"睦州郡马"呢?

值得一提的是,根据"五峰俞氏"研究专家、新昌俞见达先生的考据,石姥山俞氏为"五峰俞氏"杭派俞玞之子俞承拱的后裔。由于石姥山谱将明派和杭派世系掺杂在一起,造成是明派抑或杭派的模糊不清。但是,值得一提的是,就我们所见各类《俞氏宗谱》,《石姥山俞氏宗谱》虽然撰修于近代(1939),但其汇辑资料之丰富、记述之详尽,实属罕见。该谱《重建宗祠并创造家乘记略》中说:"乃丁丑(1937)之春,吾郎然公走访浙西,循枝追本,沿流溯源,据至临安白峰山鸿渐兄家,阅致中堂谱,渊源则同,而编

---

① [美]贾志扬:《天潢贵胄:宋代宗室史》,赵冬梅译,江苏人民出版社,2010 年。

有头绪也。"

《石姥山俞氏宗谱》编撰者俞朗然,名昕,字东晾,号廉三,"以代远年久,谱系残缺,恐视同宗为陌路",遂于民国五年(1916)发起修谱。远则采自江浙,近则访于城乡,并且调查神主,察看墓碑,殚精竭虑凡二十余年,始得告阙。俞朗然所修《石姥山俞氏宗谱》收录了大量俞氏各宗各支的谱牒资料,并一直保留至今,其价值不言而喻。

(二)俞伸行迹考略

1. 俞伸两首七律解读

民国版《四明塘岙俞氏宗谱》辑录了由"洁斋公"即俞伸所作的两首七律,一首是《过桃花源洞》,另一首是《宿衢州报恩寺有感而作》。尽管历史的长河已经流动了上千年,但是通过这两首诗,我们依然可以管窥俞伸的羁旅生涯,洞悉其丰富多彩的内心世界。

(1)《过桃花源洞》解读

过桃花源洞

三过桃源洞口村,不知何处是仙门。
迂回剩得江山在,指点空余野殿存。
王事独驱三伏暑,行旌再渡五溪云。
西风忽落梧桐叶,树底飞蝉欲断魂。

诗题中的桃花源洞,在湖南省桃源县西南桃源山下,又名秦人洞、白马洞,相传是东晋陶渊明(352—427,一说生于365年)所记桃花源的遗址,距常德34公里,距怀化五溪185公里。自陶渊明作《桃花源记》后,历代诗人留下了无数描绘桃源洞的诗篇,现仅举唐宋诗人的数首诗作如下:

(唐)张旭《桃源洞》

隐隐飞桥隔野烟,石矶西畔问渔船。
桃花尽日随流水,洞在清溪何处边?

(唐)曹唐《桃源洞》

渡水傍山寻绝壁，白云飞去洞门开。
仙人来往无形迹，石径春风长绿苔。

(宋)陈肃《桃源洞》

轻烟绿满溪，夭桃红夹岸。
春风吹百花，香逐春风散。
花落与花开，年光不知换。

(宋)毛渐《桃源洞》

洞门流水日潺潺，桃坞依然枕水边。
春色年年花自好，游人谁复遇婵娟。

　　历代诗人所作的咏桃源洞诗，大多描写的是桃源洞的美丽风景，吟咏的是所见所闻。但俞伸的这首诗却是个例外。他记述的是"过桃花源洞"，更多的是所感所思。作这首诗时，俞伸当在湖南转运判官任上，虽数次途经桃源洞，却总是公事在身，每次都是行色匆匆，全然无心于桃花源的迷人山水。

　　综合斑竹谱和塘岙谱等的记述，俞伸一生的职官履历为：初任开化县事、授河南巩县主簿、迁开封府通判、出判湖南转运致仕、提举翰林院修撰、敷文阁学士、朝奉大夫。章惇平五溪蛮时（1072—1076），俞伸年仅二十上下，而到舒亶平定五溪蛮叛乱时（1103），俞伸已年届五十。我们认为，俞伸是在舒亶平定五溪蛮的崇宁二年（1103），在湖南转运任上，经过桃源洞口村，由此留下了这首《过桃花源洞》。宋代的转运使、发运使下设判官，职位略低于副使，称转运判官、发运判官，简称"运判"。官虽不大，但很重要。宋代的转运使是无处不在的，不只是掌管一路财赋和漕运，更可以监察地方官吏，维持治安，清点刑狱，举贤荐能。实际上，到宋朝中后期，转运使这个官职就等于是地方的最高行政长官了。所以，当时俞伸所说的"王事"，用现在的话来说，就是为舒亶平定五溪蛮叛乱所做的后勤保障工作。俞伸三次路过桃花源洞口的村庄，在那里触景生情，即事抒怀，写下了这首七律。这一年前后，俞伸五十一岁，正值人生之壮年。

　　下面，我们将通过逐字逐句剖析隐藏在这首诗里的时代背景，管窥与俞伸有关的历史信息。

诗的首句："三过桃源洞口村,不知何处是仙门。"

"三过"说明俞伸那时是在湖南转运判官的任上,多次去过那个地方。那里山水闭塞,交通不便,他不是去那里游赏或凭吊东晋诗人陶渊明所描述的世外桃源风景和人文遗址。因为这首诗对举世闻名、吸引历代诗人吟诵的桃源仙景没作任何的描写。"仙门"是指神仙居住的地方。也许是公事在身,也许是旅途劳顿,俞伸只是用一句"不知何处是仙门",于行色匆匆之中在内心掠过一丝对陶渊明描述的仙境位置的关注。

颔联:"迂回剩得江山在,指点空余野田存。"

"迂回"写出了穷山恶水之间曲折的行程与一路的所见所闻。"指点"说的是向路人询问要去办公差的地方,涌现在眼前的,只是一片荒凉的野田存留。

"剩得"与"空余"二词,含蓄地写出了北宋熙宁年间(1068—1077)章惇平定五溪蛮之后,战乱带来的景象:眼前虽江山依然,但村庄的面貌已非,人烟稀少,只剩下荒芜的野田。章惇(1035—1105),字子厚,建州浦城人,累官银青光禄大夫,被宋史列入奸臣传。章惇曾与苏轼交厚,为王安石所重,经制南江、北江群蛮,命为湖南、湖北察访使。根据《宋史》等有关史料,章惇经制荆湖蛮事是在北宋熙宁五年(1072)到熙宁九年(1076),招降"梅山洞蛮""五溪蛮",击平"江南蛮",并遣别将熊本招降"四川诸夷",收复版图四五十州。

俞伸诗的颈联"王事独驱三伏暑,行旌再渡五溪云",交代了他路过桃源洞的原因。

先后三次路过桃花源洞,俞伸是受王命差遣去办公事的。究竟是什么"公事"?诗中并未交代。可以肯定的是,俞伸不是随章惇向五溪蛮发动平乱与征战。因为王事后面用了"独驱"一词,说明他是受派遣去某地而路过桃源洞口的村庄,而且是在一个酷热异常的夏暑天。"行旌"有两种意思:一是指官员出行时的旗帜,亦泛指出行时的仪仗;二是借以敬称出行的官员。显然这里的"行旌"是指后面一种意思,指自己的这次出行。"行旌再渡五溪云"这句诗非常重要,它是我们理解整首诗的钥匙、中心与诗眼。

南北朝时期北魏著名地理学家郦道元所著《水经注》云:"武陵有五溪,谓雄溪、樠溪、酉溪、沅溪、辰溪,悉是蛮夷所居,故谓五溪蛮。"五溪即今湖南省怀化市,以怀化为中心地带,包括湘黔渝鄂等省市的周边地区,共30余个县市。这一带是苗、侗、瑶、土家等少数民族与汉族杂居之地，故称"五溪蛮地"。而桃源又与五溪蛮地"接迹"，区域相近。《宋史》中有很多五溪蛮时叛时降的相关记载。到北宋后期，为了迅速镇压五溪蛮的叛乱，克服帅司在荆南，去边既远，又隔大江，难以支援的困难，将荆湖北路西部以及两军全部划入荆南路。

宋徽宗崇宁二年(1103)，五溪蛮叛乱再起，知荆南府舒亶平辰、沅猛贼，复诚、徽二州①。舒亶(1041—1103)，字信道，号懒堂，明州慈溪县石台乡大隐舒家岙(今属余姚市大隐镇学士桥村)人，英宗治平二年(1065)进士。据《宝庆四明志》卷第八《郡志》载，舒亶于崇宁元年(1102)正月起知南康军，"时方开边，蛮寇扰辰。七月除亶直龙图阁、知荆南府、荆湖北路都钤、辖辰州。……亶图上地形，募施黔土人，分七路遣将，授以方略，斩贼首并其徒党三千余级，俘数百人，破洞百余。遂分叙浦、辰溪、龙潭为三，以忠顺首领主之。既奏功，朝廷又诏亶兴复诚州，乃进屯沅州，兵未压境而渠阳五溪降。胡耳西道最为僻远，至是亦请命天子为之告庙，肆赦改诚州为靖州。亶复计议筑屯沅之洪江，分兵江之南，建若水、丰山、贯堡三寨。靖州跨大江，在飞山之东，猛人出入多以为障蔽，亶乃选形胜，得飞山福纯坡，建新城，最为扼要"。

《过桃花源洞》诗中的"再渡"二字，非常关键。写出了俞伸去目的地至少已是北宋熙宁九年(1076)之后的某个夏天。再渡，是指在舒亶平定五溪蛮之后，他路过这个地方，与前面描写战乱之后场景的颔联"迂回剩得江山在，指点空余野田存"相互呼应，构成了舒亶平定五溪蛮的历史背景与俞伸出行时间的互证。

诗的尾句："西风忽落梧桐叶，树底飞蝉欲断魂。"

俞伸是一个向佛的士人，这从其元祐年间为明州慈溪普济寺撰《罗汉殿记》即可证明。面对眼前的景象，夏天即将过去，秋天已悄然降临，或许是羁旅即将结束，宦海生涯也将到期，西风中忽然吹落了一片梧桐叶，树下传来飞蝉凄惨的叫声。俞伸把对历经战乱的五溪与对老百姓的深切同情，融入眼前的景象，借落叶和蝉声写出了当时的心境和北宋末年的黍离之悲。

---

① 后面我们会讲到：舒亶平辰、沅猛贼乱时，曾奏俞充四子俞夔为"幕府第一"。

（2）《宿衢州报恩寺有感而作》解读

宿衢州报恩寺有感而作

寥落江城古寺中，黄昏错听五更钟。

家乡有梦醒来隔，宦辙无情老去同。

月色正当良夜白，花容不比旧时红。

可怜僧舍空幽寂，到此番成一闷衷。

这是俞伸夜宿衢州报恩寺时所作的一首即兴诗。通读全诗，从风格、内容和气息上来综合分析，所反映出来的是诗人饱经岁月历练与宦海沧桑、历尽人生浮沉的落寞之感与思乡之情，绝不会是一位初入仕道、未谙世事的青年小伙所写。

衢州地处浙江、安徽、福建、江西四省要道，在北宋时陆路和水路都相当发达，是浙江通向江西、湖南的必经之路。诗中的衢州报恩寺，即现名天宁寺，始建于梁武帝天监三年（504），原名吉祥寺，唐玄宗时改为开元寺，宋代曾改名报恩光孝寺。报恩寺位于衢州市南街，西临衢江，南邻大南门遗址公园。据推测，北宋的报恩寺应在衢州的南大门之外。

"寥落江城古寺中，黄昏错听五更钟。"作为一个向佛的士人，俞伸选择在离驿道不远的报恩寺过夜。在寺院入睡不久，也许是归心似箭，就把黄昏时的钟声错听成五更天亮时的钟声了，急欲起程返乡。刚刚他梦见了家乡，但醒来家乡还是相隔千里。

"家乡有梦醒来隔"，想到踏入仕途以来，许多美好的年华过去，自己也渐渐感到老之将至，"宦辙无情老去同"。乡愁使他睡不着，索性起来在寺院里散步，月色很好，是一个美好的夜晚。但自己已经老了，不像年轻时出去为理想而奔走的那些像花朵一样鲜红的日子："月色正当良夜白，花容不比旧时红。"此刻他一个人在幽寂的僧舍，虽然离家乡渐近，但想起眼下（北宋末年）的战乱，甚至想到处于水深火热中的芸芸众生，郁闷的心情无法排遣："可怜僧舍空幽寂，到此番成一闷衷。"

因此，我们认为，这首诗是俞伸在湖南转运判官任上的即兴纪事之作，写作的时间与《过桃源洞》相近或更晚，甚至离他结束宦游生涯、告老还乡之时已不远了。

民国版《四明塘岙宗谱》所记录的俞伸的上述两首七律，从另一个角度证实了《斑竹俞氏宗谱》所记载的俞伸一生职官生涯的真实性，不仅让我们清晰地感受到先人深厚的家国情怀,同时也再现了斑竹谱记载的俞伸迁开封府通判、出判湖南转运致仕的跨越时空的历史真实。

2. 明派俞氏家谱中的俞伸

一部家谱的世传部分,都会对自己祖先的生平事迹作尽量详尽的记载。乍一看,民国塘岙谱、桃义江谱和斑竹谱所载的俞伸,几乎是风马牛不相及的两个人。但当我们将三个谱放到一起来考察,就能感受到,尽管各支各表、各说各话,但三派谱传中的俞伸明显讲的就是同一个人。这也充分体现了家谱文献极其复杂的一面。

(1)民国版塘岙谱

民国版塘岙谱对宋代先祖的生平记载既多且详。全文转录如下:

> 伸,第兆四,字仲裕,号洁斋,允谭公三子。公登元祐三年(1088)李常宁榜进士。初任开化县事,兼平江府提举,江西监运道西北较勘自阵,监潭州南岳庙、滁州全椒县伏岳祠、于德庆府端溪县令,监点检正,赡军激昂,酒库取糯米籴场充兵,枢密院编修官改宣教郎,罢差任建康府通判,改官主管台州崇道观,会朝论改置采石瓜埠,转盘仓主管,知州兼理太府寺事,除提举江东,翰林院修撰兼事中,转敷文阁学士,以朝奉大夫赐紫金鱼袋。所著有《太极图》《论易解文集》诸书。生宋宝元二年(1039)己卯十一月初九日酉时,卒宋崇宁五年(1106)丙戌四月十八日辰时,年六十八岁。娶冯氏,封郡安夫人,生宋庆历六年1046)丙戌六月十一日巳时,卒宋政和元年(1111)辛卯八月二十八日申时,年六十六岁。合葬鄞东南姜山之原,从杨木桥而进。子一,襄,女一,夭。

根据塘岙谱提供的俞伸官职与履历,我们查考的结果如下:

初仕衢州府开化县事(浙江),兼平江府提举(苏州,查,不详);江西舆运道西北较勘自阵(江西,较勘,职官名,宋代掌校书籍的官吏,一般指馆阁较勘。北宋前期置,以京官充任,为馆阁职事之一,掌校勘书籍,通常不许带职外补。元丰改制罢。元祐中复置。北宋只有馆阁较勘,没有江西舆运道西北较勘。自阵,费解);监潭州南岳庙(两宋时期,监潭州南岳庙的多在南宋);滁州全椒县伏岳祠(安徽,据查无伏岳祠);于德庆府端溪县令(广东,德庆府原名康州府,宋高宗赵构曾以康州为潜邸,绍兴元年即1131年诏升为府,改名为德庆府);监点检正(检正,宋代官名。中书省、门下省皆置，掌纠正省务。熙宁三年即 1170 年始置，旋罢，建炎、绍兴间屡置屡罢。但没有监点检正）；赡军激昂，酒库取糯米籴场充兵（和籴场，官署名。南宋置，属司农寺，掌行在临安府和籴事务，设监官、监门官等。酒库取糯米籴场，充兵，费解）；枢密院编修官（正八品）改宣教郎（徽宗政和三年即 1113 年改宣德郎为宣教郎，正七品）；罢差任建康府通判（南京，宋高宗建炎三年即 1129 年改江宁府为建康府）；改官主管台州崇道观（浙江台州，原名桐柏宫，宋祥符元年即 1008 年改名为桐柏崇道观，宋政和六年即 1111 年在后山按宫殿规模扩建，随后任命曾几、陆游、朱熹等领管）；会朝论改置采石瓜埠（南京，查不详）；转盘仓主管（查不详）；知州兼理太府寺事（太府寺，官署名。北宋神宗元丰改制后，仍以卿、少卿主寺务，掌国家财货的库藏出纳及商税、贸易、平准等，南宋建炎三年即 1129 年罢，绍兴初复置）；除提举江东（提举，官名。宋朝始置，"提举常平官"简称，除提举江东，一般为"除提举江东常平茶监"，而没有"除提举江东"之说）；翰林院修撰兼事中（给事中，属四品官）；转敷文阁学士（正三品，南宋绍兴十年即 1140 年置）；以朝奉大夫赐紫金鱼袋（北宋前期，为正五品下文散官。神宗元丰三年即 1080 年废文散官，用为文臣新寄禄官，取代旧寄禄官后行郎中，从六品）。所著有《太极图论》《易解文集》诸书。

综合上述查考，我们可以得出以下几个结论：

其一，俞伸公在塘岙谱内记载的为官履历很杂且乱，有衢州、苏州、江西、湖南、安徽、广东、南京、台州等地，时东时西，时南时北，宦海辗转，缺乏内在逻辑。如：最后以朝奉大夫（从六品）赐紫金鱼袋，正三品的官反而赐从六品朝奉大夫的紫金鱼袋了。

其二，许多官职都写错了或者不全，甚至是正史里所没有的。如：江西监运道西北较勘自阵、赡军激昂、酒库取糯米籴场充兵、会朝论改置采石瓜埠等。

其三，按塘岙谱所载俞伸已然谢世的年份，却仍然在为官。如敷文阁大学士（正三品）离塘岙谱自己记载的俞伸生卒年已过去了 34 年，离斑竹谱记载的俞伸去世的绍兴三年（1133）也过去了 7 年。再如，枢密院编修官（正八品）改宣教郎、改官主管台州崇道观，都在俞伸公去世以后。

其四，只有南宋才有的官衔，却频频套在生活于北宋的俞伸头上。如：德庆府端溪县令、罢差任建康府通判、知州兼理太府寺事、转敷文阁学士等等。

（2）民国版桃义江谱

民国版桃义江谱所记俞伸世传如下：

> 讳伸，行万三，字仲鸣。生景祐四年（1037）八月十八日酉时。登
> 元祐六年（1091）进士，授扬州泰兴丞，迁湖州乌程及江西南昌令，仕
> 至大中大夫，睦州郡马，分居奉川。卒建中靖国元年（1101）二月初七
> 日，寿六十五岁。娶奉川张氏，封淑人。生一子：襄。墓葬奉川晦溪
> 山。为奉川之始祖。

初授扬州泰兴丞。我们先来看一下泰兴的历史：宋建隆元年（960）至
祥兴二年（1279），泰兴县辖阴沙（今靖江市）；北宋徽宗宣和四年（1122），
泰兴县改属扬州；南宋绍兴初，再属泰州；绍兴五年（1135），仍改属扬州；
绍兴十年（1140）又属泰州；绍兴十二年（1142）又改属扬州。所以，泰兴最
早属扬州的时间是宣和二年（1120），而据桃义江谱记载，俞伸在靖国元年
（1101）已经去世，不可能在去世11年后再来做官。

迁湖州乌程令，据查，不详。

又迁江西南昌令。据《水经注》记载，汉高祖六年（前201），始命灌婴
定豫章置南昌县。唐乾元二年（759），废郡置"南昌军"，后又改置"南昌
县"。南昌在五代十国时期，经济与战略地位愈加凸显，南唐中主李璟于
交泰元年（958）升洪州为南昌府，并于宋建隆二年（961）将都城从江宁迁
往南昌，号"南都"。宋开宝八年（975）复名洪州，天禧四年（1020）属江南
西路。天圣八年（1030），江南西路的治所设在南昌。隆兴元年（1163），宋
孝宗继位前曾封建王于此地，故升隆兴府。据史料记载，南昌称为"南昌"
在历史上先后有六次：汉高帝五年（前202）置"南昌县"；唐天宝年间
（742—756）置"南昌军"；唐宝应元年（762）又置"南昌县"；唐末五代时升
洪州为"南昌府"；明代初年改洪都府为"南昌府"；1926年，北伐军攻占南
昌，正式定名为"南昌市"。所以，北宋只有洪州知府，没有南昌令的说法。
对照俞伸为元祐六年（1091）进士，北宋既没有南昌府，又哪来的南昌令？

大中大夫。大中大夫是明朝的称法，北宋称太中大夫。

睦州郡马。我们遍查"宋朝王爵列表"和《天潢贵胄：宋代宗室史》，遍
考各类史传、碑传、志传和谱传等，均未找到"睦州郡王"的任何记载。既
然在整个宋朝并无"睦州郡王"，那又何来"睦州郡马"呢？

综上所述，桃义江谱对俞伸官职的记述，如初授扬州泰兴丞，又迁江
西南昌令，仕至大中大夫、睦州郡马等，均无据可查。

（3）民国版斑竹谱

民国版斑竹谱所记俞伸世传如下：

> 景福,行万三,讳伸,字庆之,号营干,又仲鸣。生于宋皇祐癸巳
> (1053)十月甲午日,登元祐进士,尚安定郡王式之次女,授河南巩县
> 主簿,迁开封府通判出判,湖南转运致仕。寿八十一岁,卒于绍兴三
> 年(1133)癸丑十二月丙辰日。尚赵氏郡主,少夫人王氏,墓葬茶溪口
> 庵山。生子二,女一,适三岭蒋栐,绍兴戊午进士。

对此,我们将在后文作详细分析。

3. 俞伸仕宦履历考述

（1）从两首七律看俞伸的仕宦经历

斑竹谱和塘岙谱记载的俞伸职官生涯大相径庭。但有一处做官的地方都在湖南,俞伸在塘岙谱记载的官职是初仕衢州府开化县事兼平江府提举之后,由江西监运道西北较勘自阵,监潭州南岳庙。

监潭州南岳庙是一个闲散官（祠禄官）,品级不高,往往由正九品到从九品的官员担任。从塘岙谱的官职履历表来看,监潭州南岳庙应该是在俞伸初登仕途之时。但从斑竹谱记载推知,初入仕途为巩县主簿的俞伸,不可能去湖南监南岳庙。根据刘缙、严涵的《宋代衡山信仰探析》一文:从北宋时的国家五岳祭祀体制来看,南岳衡山在常规祭祀之外,较少得到政府的关注。南宋时期,由于在政治文化上与北方的金朝有"正统"之争,所以自秦汉以来代表王朝礼制的五岳祭祀,双方都很重视。南岳衡山的地位,在南宋时无可替代,表现出明显的上升趋势。[①] 监南岳庙的官员,多在南宋,如胡诠、朱熹等。所以俞伸曾监南岳庙的说法不能成立。这与历史大背景及官职的内容不合,更与塘岙谱俞伸的官职履历表不合,他那时还处于初仕阶段;而这个职务是一个闲职,只管好庙内的事,无须到处奔波。同时,这两首诗阅历丰富,情感深沉,感悟深刻,并非俞伸青年时代所写,而应在饱经沧桑的中年甚至仕途晚期所写。所以这个官职又与诗的内容和信息不合。

而在斑竹谱的记载中,俞伸经历了巩县主簿和开封府通判的任职以后,即在湖南转运判官任上,路过桃源洞办公差。所以斑竹谱记载的俞伸

① 刘缙、严涵:《宋代衡山信仰探析》,《宋史研究论丛》2018 年第 2 期。

任湖南判官一职，无论是为官职责还是时代背景、个人履历等，都与《过桃花源洞》和《宿衢州报恩寺有感而作》两首诗互为契合，相互印证。

（2）从上舍释褐到元祐进士

据俞村谱载《郡马公墓志》，俞伸公为"上舍释褐"，而斑竹谱的"世系总录"中记载俞伸为元祐进士。我们认为两谱的记载并不矛盾。俞伸应该是先得到了上舍释褐，后来去参加科举，在元祐六年（1091）考中进士。宋代太学分外舍、内舍和上舍，在一定的年限及条件下，外舍生得升入内舍，内舍生得升入上舍。上舍生考试成绩优异者直接授官，中等者直接参加殿试，下等者直接参加省试。

俞伸从上舍释褐到元祐六年（1091）进士，有一条内在的任宦轨迹。俞伸少年后随父在京城生活，其父俞绰在朝廷皇帝身边担任侍御史（言官）。熙宁年间王安石变法，推行三舍法。所以我们推测俞伸初仕巩县主簿是上舍释褐，时间是熙宁四年（1071）到熙宁八年（1075），这也与俞伸尚安定郡王式之次女、生子俞襄的这段履历相吻合。

（3）熙宁七年（1074）前后任巩县主簿（从八品至正九品）

县主簿，是县署的事务官，典型的文官，典领文书，办理事务。巩县是北宋王陵，俞伸以郡马身份踏上仕途的第一站是巩县主簿，据推测应该是在熙宁年间，由安定郡王王族推荐的。《宋史·列传》卷三载："熙宁中，诏封楚康惠王之孙从式为安定郡王，奉太祖祀。"所以王族安排他们的姻婿去那里，应该是最好的安排了。

贾志扬先生在《天潢贵胄：宋代宗室史》一书中说：天圣七年（1029）的诏令以后，"宗女因结婚而离开宗室，对她们的婚姻，王朝最关心的是这桩婚姻必须体面，婚礼的场面要配得上她们的高贵身份。宗女在婚前获得国家的俸禄，结婚时获得丰厚的嫁妆，她们的夫婿如果是白身人，将可或武阶官，如果是官员，则可或升迁"。但是后来又出现了另一个问题，"富家把宗女居为奇货，娶了她，就不再为谋取一官半职而费力"。所以，熙宁元年（1068）以后，"主张将宗女的配偶限制在现任文武官员中"，"规定必须一代以上有官才可以娶宗女"。[1]

---

[1] ［美］贾志扬：《天潢贵胄：宋代宗室史》，赵冬梅译，江苏人民出版社，2010年，第81—83页。

（4）元祐六年（1091）后任开封府通判（从六品）

宋初，为了加强对地方官的监察和控制，防止知州职权过重，专擅作大，宋太祖创设"通判"一职。通判由皇帝直接委派，辅佐州政，可视为知州副职，但有直接向皇帝报告的权力。知州向下属发布的命令必须有通判一起署名方能生效。通判之名，也因上下公文均与知州联署而来。通判的差选，初由朝廷选京官任职，后改由转运使、制置使及提举司等监司奏辟。通判是兼行政与监察于一身的中央官吏。

由于开封府在当时北宋的都城，是天子脚下的京畿之地，地理位置极其重要。所以我们认为，这一官职一定是在俞伸于元祐六年（1091）中了进士之后，那时他已经在宦海有了诸多历练。

（5）崇宁二年（1103）前后任荆湖南路转运判官（正五品）

转运判官一职，由宋太宗太平兴国三年（978）置于诸道，总管转运司庶务，兼督察属吏。在转运使、发运使下设判官，职位略低于副使，称转运判官、发运判官，简称"运判"。转运使负责的是一"路"政务。路可以理解为现在的省。通判大多负责的是一"州"政务。

总之，俞伸于熙宁七年（1074）前后任巩县主簿，元祐六年（1091）之后任开封府通判，崇宁二年（1103）前后出任湖南转运判官。由于北宋朝廷实行"三年一磨勘"的考核制，同时规定地方官任期以三年为一任，但随着科举取士、官员人数大量增加，为了解决人浮于事的问题，只好缩短地方官员的任期。到了元祐三年（1088），地方官的任期缩短为两年。所以在俞伸这三个任职的时间节点，特别是出任开封府通判前后，他应该还出任过其他的官职，因文献缺乏，我们无法做进一步的考证。

（三）《郡马公碑记》释读

1. 民国版《俞村俞氏宗谱》的《郡马公碑记》

民国版《俞村俞氏宗谱》收录了一篇《郡马公碑记》，《升纲俞氏宗谱》依据俞村谱转录时，题名为《景福公墓志》。全文如下：

> 公讳景福，字庆之，居于奉化之剡源俞村，由上舍释褐进士，赘安定郡王诘（式）之次女，授河南巩县主簿，迁开封府通判，出判湖南转

运致仕。生于宋皇祐癸巳(1053)十月甲午日,卒于绍兴癸丑(1133)十二月丙辰日,寿八十一岁,葬茶坑庵山。配赵氏郡主,少夫人王氏。生二子:佃、伸。女一,适三岭蒋神(楔)。孙五:世杰、世彦、世昌、世奕、世芳。行谊备载乡先生楼航所撰志文,不叙。

宋绍兴癸丑(1133)冬月庚申日,主管成都府王届视(玉局观)蒋神(楔)撰

民国版《俞村俞氏宗谱》的《俞村小志》[①],前四条均与"郡马公"有关:

(1)吾村大闾门向有郡马流芳匾一区,不知始于何代。清嘉庆年间(1796—1820)前房干首重修。当初系黑字白底,民国二十七年(1938)夏改为朱漆金字,以垂永久。

(2)郡马公墓在毛家滩西南,逾松门岭过毛家滩,沿虹头山前进里许,道右山脚露岩石,有泉涓涓拂岩而下,上岩数十武,见山腰平旷处,华表高矗者即郡马公墓,其地名曰庵山。闻古时有庵,今已圮。墓前围有石碑,上镌飞熊二头。云气缭绕,极生动。残碑伏墓前甚多,异日当扶植之,以复旧观。现规定每年清明前十日扫墓,凡我子孙必须亲莅祭扫,忽以途远而忽之。

(3)公绰公墓在郡马公右上五六武,前年毛家滩人斫坟山树,私将墓碑俞字改凿王字,但余字为阳文,独王字改为阴文,致不伦不类,致涉讼判,归俞姓承值。

(4)郡马公墓左手斜下,有俞姓祖坟二穴,无碑文,墓下偏左,有墓一穴。前有碑文,均由俞姓于清明前十日公祭。

《俞村小志》的记载,仿佛让我们看到了"郡马公"俞景福(伸)墓的确凿地理位置和当初的大致情状。由此我们认为:当初俞村人发现"郡马公"墓志碑时,好多字已经漫漶不清,如"式之次女"误为"诘之次女"、"蒋楔"误读成"蒋神"、"玉局观"误成"王届视"等;并将"郡马公"俞景福(伸)作为自己的直系祖先,对碑文做了一些"修改"。

2. 俞村人发现的是"郡马公"墓志

《郡马公碑记》是墓志(圹志)还是墓志铭?其实碑记的作者、俞景福(伸)的女婿蒋楔在行文里已说得很清楚了:"行谊备载乡先生楼航所撰志

① 录自民国版《俞村俞氏宗谱》。

文,不叙。"根据词典注释,志文,墓志铭;行谊,事迹、行为;备载,详细记载;叙,记述。其实蒋楧说得很明白:俞景福(伸)平生事迹,已详细记载在乡先生楼航所撰的墓志铭里,墓志就不再记述了。这就说明,出自蒋楧手笔的是一篇墓志,墓志铭另由乡先生楼航撰写。

据郑嘉励在《东方博物》所载文章《南宋的志墓碑刻——以浙江的材料为例》所述,墓志(圹志)与墓志铭有严格的界限,二者绝不混同称呼。凡称"墓志铭"者,文末必有韵文,体例较完善,内容也较圹志翔实,有更高的文体要求。一般来说,采用墓志铭的社会阶层通常较圹志更高。墓志铭多由名人执笔,而圹志多由墓主子侄或其直系亲属代笔,"书讳"者通常是墓主的亲戚,名前多冠以"亲末""忝戚"字样……①

所以,这篇《郡马公碑记》的体例是墓志(圹志),埋于地下,由亲属(女婿蒋楧)撰,乡先生楼航写的是墓志铭,详细记述了俞景福(伸)的生平事迹,可惜损毁已久,没有片言只字留世。据《宝庆四明志》与《四明楼氏宗谱》记载:楼航,政和五年(1115)何桌榜进士,鄞人,其先奉化人,故被蒋楧称为"乡先生",其他平生事迹失传。俞景福(伸)去世于南宋绍兴三年(1133),北宋灭亡不久,南宋刚刚建立,"泥马渡康王"——宋高宗赵构,在金兵追击之下,自身难保,疲于奔命,逃到江浙甚至宁波海上避难;而俞景福(伸)正辞官退隐,养老于斑竹村,且纂修"大晦谱"告竣不久。

综合奉系俞村谱《郡马公碑记》、奉系与鄞系俞氏宗谱所记载的俞景福(伸)世系,以及诸多历史文献资料,我们推定,位于奉化庵山(虹头山)之麓的郡马公之墓,当年不仅有墓志(圹志)、墓志铭,甚至还有神道碑。

3. 俞景福(伸)墓道或许还曾有神道碑

(1)俞村谱对《郡马公碑记》的误读

据俞村谱的世系图记载,安定郡马俞景福生二子:伸、佃。结合鄞系谱都把郡马俞伸当作迁奉始祖,后面五代人的世系及名讳基本都是一致的,所有信息都指向一点,即郡马景福公就是俞伸,而俞村谱记载的景福和俞伸,却成了父子关系,把一个人的名与字当成两个人了。我们推断:可能是碑发现时,字已残缺:把景福"字伸",误读为"景福子伸"了,把两个孙子世杰与世彦又当成儿子,并漏载了俞景福(伸)的儿子俞襄。

俞村谱俞景福(伸)公世图以及所录的碑记,其中第一段文字:"讳景

---

① 郑嘉励:《南宋的志墓碑刻——以浙江的材料为例》,《东方博物》2012 年第 4 期。

福,字庆之,居奉化剡源之俞村",有可能是根据墓志和神道碑留下的断碣残片,同时又根据他们对祖源的理解集成的。因为俞景福(伸)去世时,小晦的俞村还根本不存在,俞村的始迁者、十九世祖八六公在咸淳七年(1271)方始迁居到北山庵前(即后来的俞村),所以"俞村"二字是他们根据断碣残碑上的文字加上去的。

(2)俞道明建俞伸神道碑

那么,这个神道碑是何时由何人所建呢?根据俞伸后裔四代人的家族发展史,我们推断神道碑很有可能是俞道明在世时建的。

俞道明(1200—1269),斑竹俞氏十八世祖,俞伸玄孙,斑竹俞氏十九世祖俞茂林(梓)之父。俞道明的官职在奉系和鄞系谱的记载是:登开庆元年(1259)进士①,授福建兴化蒲田丞,历迁扬州泰兴令,广信府通判,除将作监主簿,转朝请大夫司农丞,主管华州云台观。据永乐《乐清县志》和《光绪乐清县志》记载:南宋咸淳年间,县令俞道明修葺"云门福地",请刘黻作记,内有俞道明"咸淳二年(1266)以少府摄县事"之记载。"少府"在唐代还是对县尉的称呼,比如初唐诗人王勃的《送杜少府之任蜀州》。少府是对县尉的称呼说明,俞道明是从县尉升为县令。同时,据乐清县志办郑源镛整理的《历代知县一览表》:俞道明在南宋咸淳二年(1266)任乐清县令。这个记载,居然明派奉系和鄞系所有的宗谱都没涉及。担任这个官职,离他逝世还有三年。俞道明逝世的1269年,已是南宋咸淳五年(元至元六年)了。俞道明去世后的第七年(1276)正月,元军大举进袭,婺、处、台等州相继沦陷。

从俞伸到俞道明,斑竹俞氏造就了六代簪缨相继的奉川旺族。正像俞村谱所说:"稽时甲第蝉联,姻尚宗室,门闾日大,人文蔚起,不可谓非奉之望族也。"为高祖俞伸之墓修建神道碑,是顺理成章的事,是家族发达的必然。斑竹俞氏俞伸一系,在南宋灭亡之前,达到了辉煌的巅峰。

神道碑的竖立,通常比下葬晚几年甚至是数十年。宁波奉化县溪口的南宋魏杞墓的神道碑,就是在其下葬数十年后,由丞相郑清之撰写,方才补立的。因为俞道明是庆元六年(1200)出生,在他离世的前三年(1266),还在乐清做县令。所以,可以推断俞伸墓前的神道碑在其玄孙俞道明生前才得以竖立的。这样,"庆元"作为宁波地名在碑记中出现,才得

---

① 这与《宝庆四明志》的记载相同。

以成立。

　　据郑嘉励的论述，"墓上立碑树碣，本是帝王高官的专利，于民间关防甚严。但神道立碑的做法，逐渐为南宋中下层官僚或富裕平民采纳，台州仙居县嘉定六年《宋处士林宓墓志铭》是墓表碑刻，据《台州金石录》录文及其'处士'的称谓，知其平民身份。可知南宋中期以后，'神道之碑'存在着向中下层社会渗透的倾向。可以附带说明的是，神道碑并非置于墓地开敞的空间，通常置于墓前的墓祠建筑（享亭、墓亭、享堂）内"[①]。

　　据俞村谱记载：郡马景福公葬斑竹茶坑口虹头山，因古时有庵亦称庵山，山腰平旷处，华表高矗，墓前有石碑，上镌飞熊二头，云气缭绕，极生动。

　　我们还可从庵山的地名中找到另一个佐证，即庵山原名为虹头山，因为山上有庵，又名庵山。山上的庵，可能就是俞景福墓前的坟庵。坟庵，即是为墓地而设的庙庵。有守护坟墓的庙庵，与碑亭及功德碑等设施相配套。这是宋代的习俗：坟墓旁兴建坟庵，岁时作为全族祭祀先人的场所，平时则请僧人在坟庵替他们诵经守墓。而大臣贵族死后，朝廷允许其家族建立功德寺。功德寺是坟庵的一种特殊形式，规模比一般的坟庵大。所以庵山的地名也从另一个角度证明了坟庙与功德碑的存在。

　　据杨树坤、游彪撰写的《何人可立神道碑——宋代神道碑刻资格的制度规定及实际执行情况论述》一文所述：宋代的法令对树立碑碣也有明确的制度规定。[②]《宋刑统》卷二十七"杂律"条记载："疏议曰：《丧葬令》五品以上听立碑，七品以上立碣。"今人整理的天一阁藏明钞本《天圣令》"宋26"条记载："诸碑碣，其文皆须实录，不得滥有褒饰。五品以上立碑，螭首龟趺，趺上高不得过九尺；七品以上立碣，圭首方趺，趺上高四尺。若隐沦道素、孝义著闻者，虽无官品，亦得立碣。其石兽，三品以上六，五品以上四。"[③]南宋宁宗时期，宰相谢深甫主持编纂的《庆元条法事类》卷七十七"丧葬"条的"服制令"规定："诸葬，六品以上立碑，八品以上立碣，其隐沦道素，孝义著闻，虽无官品，亦听立碣。"毫无疑问，这一法条是南宋时期一

①　郑嘉励：《南宋的志墓碑刻——以浙江的材料为例》，《东方博物》2012年第4期。

②　杨树坤、游彪：《何人可立神道碑——宋代神道碑刻资格的制度规定及实际执行情况论述》，见姜锡东主编：《宋史研究论丛》第26辑，科学出版社，2020年。

③　天一阁博物馆、中国社会科学院历史研究所：《天一阁藏明钞本天圣令校证》，中华书局，2006年。

直执行的制度,其中最为重要的变化,就是将树碑立碣的官品分别降低了一品,即六品和八品(即南宋改六品以上立碑,八品以上立碣)。

根据斑竹谱记载,俞伸最后是以湖南转运通判致仕,正六品。俞村谱的记载是湖南转运使致仕,正三品。按照南宋的制度,在两者之中,无论哪一品,他的坟墓都有建功德碑的资格。

(3)绍兴三年(1133)逝世的俞伸为何直到庆元以后才获立功德碑?

杨树坤、游彪在文章中还有如下论述:通常而言,宋代官员逝世后自己所能获得的官品(含致仕官和赠官)达不到当时礼令规定的立碑资格,则不能立碑,但是因为子孙关系获得的赠官达到规定的品级者,则可以补立神道碑,这便是很多神道碑是在碑主逝世多年后才获补立的原因。如北宋张澄生前无官,自无立神道碑的资格,因其子孙任官,追赠其至尚书工部侍郎,便获得了立碑资格,故在其下葬多年后才得以补立神道碑。① 《宋故赠尚书工部侍郎清何张君神道碑铭》记云:"宝元元年冬十一月庚戌,天子有事于南郊。还,乃赏公卿,行庆赐。自公以下位于朝者,其父母、祖父母既殁,咸有赠官,例也。明年春,知齐州军州事、尚书虞部郎中张公某,语其僚大理评事祖无择曰:'我先世本无官,某治毛郑《诗》,咸平三年擢第。自有位于朝,累赠为卫尉卿。今天子以圜丘之祀,均厘臣庶,又赠至尚书工部侍郎,按令当斫石为碑,表诸神道,愿得文章,以系以铭。'……侍郎讳澄,字仲容,实济人也。……咸平五年秋八月终,以明道元年秋八月葬于济之巨野县仁义乡仁义里,以宝元二年秋八月作碑于道。固自一命大理评事暨今尚书工部侍郎,凡六被赠典也。于是条其世系官阀,以状来请辞,刻于石。"② 张澄因为子孙关系在逝世后六次获得赠官,终于由平民赠至尚书工部侍郎,也达到了当时丧葬令规定的立碑资格,这是因子孙关系赠官得以立碑的显著案例。宋代的神道碑文中还有很多类似记载,证明即使生前官品达不到立碑要求,逝世后获得的赠官达到礼令规定的立碑官品后,也可补立神道碑。如果其本人生前官职及致仕官达到要求的品级,安葬时便可以立碑。

所以俞伸墓前的神道碑,也是因为他的直系后裔,经历了子俞襄、孙俞世杰、曾孙俞迈、玄孙俞道明四代人的人文积淀,有条件也有必要为高

---

① 杨树坤、游彪:《何人可立神道碑——宋代神道碑刻资格的制度规定及实际执行情况论述》,见姜锡东主编《宋史研究论丛》第26辑,科学出版社,2020年。

② (宋)祖无择:《洛阳九老祖龙学文集》卷九。

祖北宋安定郡马俞伸新立神道碑。俞道明在人生的辉煌时期，有精力为祖上修建神道碑，时间约在 1249 年，即南宋理宗淳祐九年前后，当时都称宁波人为庆元人了。

4. 俞景福（伸）墓道或毁于元初兵燹

在俞道明去世后的第七年，有"东南文章大家"之称、同居剡源乡的戴表元（1244—1310）写了一首《同陈养晦兵后过邑》：

> 搜山马退余春草，避世人归起夏蚕。
> 破屋烟沙飞飒飒，遗民须鬓雪毵毵。
> 青山几处杨梅坞，白酒谁家榉柳潭。
> 休学丁仙返辽左，聊同庾老赋江南。

这首诗前三联记叙了家乡屡遭兵燹之后的悲惨景象：万物皆毁，唯余春草，屋破沙飞，百姓憔悴，美妙的杨梅坞不复存在，榉柳潭边亦无家酿酒。尾联写自己本不该"兵后"返乡睹此惨景，该如当年庾信一样哀赋故国。元兵的侵入与蹂躏，对奉川剡源乡造成的破坏之大，损失之惨重，史无前例。

时间是南宋恭帝德祐二年，即元朝至元十三年（1276）。这和有关史料记载的相印证：宋恭帝德祐二年（1276）三月，沿海制置使赵孟傅降元，元兵侵扰剡源。居民死伤枕藉，室庐焚荡，田土蹂躏。

在元兵侵扰剡源乡（1276）前后，也是斑竹俞氏纷纷外迁的时期。据斑竹谱和升纲谱记载，此时的斑竹"宅遭火"，"人被疫"。俞伸坟墓的毁坏场景，直到清朝雍正年间，俞村谱的《俞村小记》中还有具体的描述。而俞伸所修的"大晦谱"的失传，也和宋元交替之际的兵燹有直接关系。这在俞村谱中同样可找到佐证："……即我御史大夫公绰府君以下，如鄞之湖田、新盐场、奉邑之学宫前、斑竹园数派，亦各自纂修。所遗旧谱，世远年湮，屡遭兵燹，其中详略如何？信辈因山川阻隔，未证舛讹，非姑待藐视，不过遵祖。郡马公之遗书，未敢牵缀附会，旁引实冑，以光氏族之意。独是祖宗，肇基于前，子孙继述于后，若因岁歉时艰，置祖事于罔闻，其究也，支派莫考，真伪不分，以致同根釜泣，阋墙兴变，其罪可胜道哉……"（俞村宗长俞君信撰《俞氏重修序》）虽有俞伸遗书（俞村谱所载的郡马公碑记，即蒋楸所撰的墓志）传世，但因为失去了楼航撰写的详细记载俞伸生平事迹的墓志铭、俞道明的神道碑文，"支派莫考，真伪不分"。

就在这样一个历史大背景下，因宅护被毁，俞道明之子、斑竹俞氏十九世祖俞茂林(梓)便无奈带着家乘小本,暂居作泉坑。

总之,民国版俞村谱所录的碑记,其中第一段文字"讳景福,字庆之,居奉化剡源之俞村",其实应该是:俞景福(伸)"讳景福,字伸,居庆元奉化剡源"。这样,以下四个长久困扰我们的问题,也就豁然开朗了:(1)为什么郡马公墓志(圹志),个别细节之处有待推敲,疑被俞村俞氏局部窜改过;(2)墓志铭和神道碑及坟庵的湮没无存;(3)俞伸在绍兴三年(1133)去世之前修纂告竣的"大晦谱"为什么会湮没无存;(4)斑竹俞氏为什么在宋末元初即1276年前后纷纷外迁他乡。

(四)俞襄其人其事

1. 俞襄是一个重要的史传人物

俞襄(1075—1138),是明派俞氏又一个重要的史传人物。据民国版斑竹谱记载,俞襄字君谟,行亿三,生于熙宁八年(1075)四月十九日亥时,授浙江税务司,迁台州在城商税务,升授将仕郎,任常州宜兴县主簿,卒于绍兴八年(1138)二月初三日,寿六十四岁,配唐氏,生二子。

民国版塘岙谱对襄公行谊记述颇详:

> 襄,第亿五,字公谦,号东洁,伸公之子。公以父恩初授将仕郎,历明州定海县丞,无为军司理参军,兼苏州常熟县事,改台州府同知。因割查不公,降同知之职,为吉安府通判,有父风烈节,劳费爱民,不畏权势,未几解绶而归,士论重之。生宋嘉祐八年(1063)癸卯六月十五日未时,卒宋政和七年(1117)丁酉三月二十一日申时,年五十五岁。娶胡氏,封令人,生宋嘉祐八年(1063)癸卯七月十六日申时,卒宋政和七年(1117)丁酉四月二十二日酉时,年五十五岁。合葬父茔之下。子二:元隆(即斑竹谱世杰)、元亨(即斑竹谱世彦)。

民国版桃义江谱载:

> 襄,行亿三,字君谟,万三公(即伸公)之子。生嘉祐八年(1063)四月十九日亥时。授浙江税务司,迁台州在城商税务,升授将仕郎,任常州宜兴县主簿。卒靖康元年(1126)二月初三日,寿六十四岁。娶唐氏。生二子:元隆、元亨。一女,适奉化宋景文。墓葬奉化晦溪

山父坟侧。

据《宝庆四明志》卷十二所引检正王庭秀著《水利说》，俞襄以生民计，力主废湖为田，不惜忤逆权贵，其心可鉴。

2. 俞襄的《送允文何君》诗

如前所述，民国版塘岙谱在辑录俞伸（塘岙谱称"洁斋公"）两首七言律诗的同时，录有其长子俞襄（塘岙谱称"东洁公"）的诗一首：

送允文何君

（何君，名维岩，河南人，丙子副榜）

十年书剑老风尘，千里遭逢谊最真。

道合不愁山隔断，交深惟此海成邻。

久知司马才非走，更羡苏公军后振。

今日骊歌情缱绻，青衫湿尽复沾巾。

这是一首抒写友情的七律，有副题"何君，名维岩，河南人，丙子副榜"。北宋的丙子年有两个，一个在宋仁宗赵祯时的景祐三年（1036），另一个就是宋哲宗赵煦的绍圣三年（1096）。根据斑竹谱的俞襄生卒，我们可以确定，宋哲宗在位时，俞襄与何允文有交往，当时何君已是一位国子监的贡生。何君成为国子监的贡生时，是绍圣三年（1096），俞襄21岁。根据诗中内容，两人交往成为知己，可能是之后很久的事了。

"十年书剑老风尘，千里遭逢谊最真。"十年书剑飘零，而自己在风尘里逐渐老去。"书剑"谓文人携带书剑，游学四方，到处漂泊。这个词既可用到襄公身上，又可用到何君身上。我们知道俞襄有为民请命、不畏权势的侠义心肠，从这一个视角来说，我们认为俞襄在写自己。但从全诗来理解，也可能是写何君。这首诗的历史背景应该是北宋末年，何允文从河南千里迢迢来明州游历，在偶然中与俞襄结成了知己。"道合不愁山隔断"：他们志同道合，忧国忧民，都想报效国家；因为有共同的理想，友情不愁被重山复水隔断。"交深惟此海成邻"：相交之深，即使隔着遥远的海洋，也像比邻一样。"久知司马才非走"：俞襄敬佩何君有司马之才。司马，指司马懿。"更羡苏公军后振"：苏公是指唐初建功立业的名将苏定方；这句写出了俞襄对何君投军的羡慕。"今日骊歌情缱绻"：分别之时各自唱起了骊歌，深挚的情感都难舍难分。"青衫湿尽复沾巾"：与知己分别时泪湿青衫。这首诗写俞襄与何君结下的友谊，俞襄对何君的才华的敬佩与期许，以及分别时二人惺惺相惜的真挚情感；同时，体现了俞襄珍惜友谊的深挚之情，以及心怀报国理想的崇高情愫。

3. 俞襄和广德湖兴废之争

明州城西的广德湖，虽然是鄞县重要的水利命脉，但在北宋末年被废湖为田。广德湖被废的直接导火索，就是郡人楼异当时奏请朝廷。废湖为田是多因素综合的结果。重农思想和以农为本的政策是废湖的指导思想和根本原则。唐宋以来，明州地区的经济开发和人口增加是围湖垦田的基本动力；广德湖的地理位置和自然条件为废湖提供了便利条件；它山堰的修筑则使废湖没有了后顾之忧，也是废湖最重要的理由；至于供给高丽贡使往来需要和驻军之费，则是废湖为田的一个直接借口，这也是郡人楼异当时奏请朝廷的理由。

楼异，字试可，楼郁之孙，宋神宗元丰八年（1085）进士。宋哲宗元符二年（1099）任登封县令。宋徽宗政和七年（1117），以馆阁学士知随州事。他在上任前向皇帝辞别时，奏请在明州设置高丽一司（即明州高丽使馆），依照宋神宗元丰年间旧制，重开中朝贸易。建议造海船一百艘，以备使者之用；建议将明州广德湖开垦为田，收其田租以给国用。他的建议受到宋徽宗的赞许，于是改任明州知州。楼异到任后，令尽泄湖水，废湖为田。垦辟湖田七万二千余亩，每年可收租谷三万六千石。

广德湖被废为田地时，并没有遭到鄞县西七乡人民的反对和抵制。唐宋以来，明州地区的经济开发与人口增加，引发人们对开垦农田的强烈需求，为了粮食增产，则要求扩大耕地面积，于是围湖垦田就成为正当的要求。楼异废湖为田受到百姓尊重，废湖之后仍受到百姓的祭祀，则恰恰是因为楼异解决了当时百姓的土地问题。

在楼异废湖为田之前，民众已多次上书，请求废湖为田。在这里，请求废湖为田的是一般的老百姓，也有州县强吏参与其中，说明废湖为田的措施还是有一定的民意基础的。奉化斑竹俞襄就是其中一个代表。据《宝庆四明志》卷十二所引检正王庭秀著《水利说》，俞襄曾以"四明重山复岭，旁连会稽，深阻数百里，万壑之流来为大溪而中贯之，下连鄞江，倾入巨海，沛然莫之能御"为由，"复陈废湖之议，守叶棣深罪襄。襄不得骋，遂走都省献其策。蔡京见而恶之,拘送本贯。襄惧,道逸"。[1]

也就是说,在楼异废广德湖之前,俞襄已出来呼吁废湖为田。

蔡京(1047—1126),崇宁元年(1102),为右仆射兼门下侍郎(右相)。叶棣,徽宗崇宁(1102—1106)初知明州,四年(1105)知福州。据王庭秀《水利说》,俞襄与叶棣和蔡京产生交集的时间点是1102年,时年27岁左右。当时他可能为浙江税务司的一个公差。北宋开基以来就非常重视税务,虽然现在还没发现"北宋浙江税务司"的说法,但国家和地方都有负责税务的官吏,相当于现在的税务局。例如,据记载,当时临海城内设有"通远坊",多为远方商人聚居之所,宋代台州的"税务"也设于此,即今古城税务街一带。当时临海的税务,"在州南一里,抵当库、平准务附焉";又抵当库,"在州治西二十步合同茶场左,嘉定四年(1211)……建。先是,军民当春冬雪寒,质贷多弗售,……自十月至三月,每质不过五百,拘息一分,为簿书油索费"。[2]

从俞襄的履历来看,崇宁元年(1102),他在"复陈废湖之议"时,还是一个地方基层税务小吏,但心系社稷和四明乡土,在北宋末年出于对国家经济发展的关心和对乡民生活的同情,为民请命,却受到地方与国家层面的当权者叶棣和蔡京的反对和厌恶。塘岙谱称其"有父风烈节,劳费爱民,不畏权势,未几解绶而归,士论重之",大概说的就是此事。

4. 升纲谱珍贵的"补遗"

民国十一年(1922)俞振芳先生在撰修《升纲俞氏宗谱》时,留下了许多宝贵的族谱资料,虽然在当时看来是断简残篇,但为我们今天的考据提供了极大的帮助。

《升纲俞氏发祥世传补遗》有如下记载:

> 旧谱卷首另有俞氏发祥世传,并图一页,专载襄公以下四代祖考,示补遗焉。然考前部发祥世传,茂林公为仙公一派之子孙,而于襄公乃伯叔祖也。系统歧异,莫能折衷,因将此图入备考类。
>
> 京宾→文广、文唐、文庚→云盛、云茂→绰→景庄、景福、景寿→襄、仙→世杰、世彦→迈→道明、道泰

世传列下:

---

[1] 详见本书下篇。

[2] (宋)陈耆卿:《嘉定赤城志》。

襄:景福公长子,字君谟,行亿三,生于熙宁八年(1075)四月十九日亥时,授浙江税务司,迁台州在城商税务,升授将侍郎,任常州宜兴县主簿,卒于绍兴八年(1138)二月初三日。配唐氏,生子二。

　　世杰:字元隆,行元五,生于绍圣元年(1094)九月十五日亥时,卒于乾道四年(1168)七月廿七日,享寿七十五岁。配曹氏。墓葬公棠山。生一子。

　　世彦:未录。

　　迈:字景庐,行亨十一,世杰公之子,生于绍兴二十年(1150)八月十六日酉时,以子爵封朝请大夫,卒于嘉定十年(1217)二月初二日,时寿六十八岁。配陈氏,封恭人。墓葬公棠山。生二子。

　　道明:行利廿四,生庆元六年(1200)七月初八日酉时,登开庆元年(1259)进士,初授福建兴化莆田丞,历迁扬州泰兴令,广信府通判,除作监主簿,转朝请大夫司农丞,主管华州云台观。卒咸淳五年(1269)二月十五,寿七十岁。配张氏,封淑人。墓葬庵山。生二子。

　　道泰:未录。

　　杞:道明公长子。

　　梓:字茂林,道明公次子。详前。

　　100年前,俞振芳先生撰修《升纲俞氏宗谱》时留下的这一"补遗",为我们留下了郡马公俞伸一支完整的世系,恰好为斑竹谱提供了有力的佐证。俞振芳先生之举,堪称谱界懿范。作为俞氏后人,我们深感庆幸。

(五)俞道明以少府摄乐清县事

1. 谱载中的俞道明

　　俞道明(1200—1269)是明派俞氏的又一志传人物,也是解开明派奉系俞氏复杂关系的一把钥匙。俞道明为斑竹俞氏十八世祖,郡马俞伸玄孙,斑竹俞氏十九世祖俞茂林(梓)之父。

　　斑竹谱和洋山岙谱所载俞道明的世传出现了惊人的一致:

　　道明,行利廿四,字承夫,亨十一公长子。生于庆元六年(1200)七月初八日酉时。登开庆元年(1259)进士,初授福建兴化莆田丞,历迁扬州泰兴令,广信府通判,除将作监主簿,转朝请大夫、司农丞,主管华州云台观。卒咸淳五年(1269)二月十五日,寿七十岁。娶张氏,封淑人。生二子:杞、梓。墓葬(斑竹)庵山(洋山岙谱作"奉化晦溪山")。

俞道明的职官生涯在奉系和鄞系谱的记载是:登开庆元年(1259)进士,授福建兴化蒲田丞,历迁扬州泰兴令、广信府通判,除将作监主簿,转朝请大夫、司农丞,主管华州云台观。

2. 宗谱漏载的宦旅生涯

在"乐清维科网"①上,载有乐清县志编委郑源镛先生整理的《历代知县一览表》,其中宋末的知县为:

(前略)

诸葛起潜　景定三年(1262)

俞道明　　咸淳二年(1266)

张□　　　佚名,失纪年

郑息堂　　?—德祐元年(1275)

陈□　　　佚名,失纪年

此记述可以证实,俞道明在南宋咸淳二年(1266)还在以"少府"摄温州乐清"县事"任上。根据俞道明的生活年代,乐清县令是他宦海生涯的最后一站。

而俞道明谢世前的最后一个任职,明派奉系和鄞系所有的宗谱中竟然都没有记载。俞道明逝世于咸淳五年(1269),去世后的第七(1276)正月,元军大举进袭,婺、处、台等州相继沦陷。

3. 刘黻撰《云门福地记》

据永乐《乐清县志》和光绪《乐清县志》记载,南宋咸淳年间(1265—1274),县令俞道明修葺"云门福地",刘黻(1217—1276)作《云门福地记》②。兹录于下:

县福地曰云门,界圜阓区中,东侵西轶,莽而不治者几寒暑矣。少府俞君道明摄县事,首访民瘼,且知兹土不克复其旧者,势家轧之也。俞君曰:"夫既谓之福地,则亦一邑之民望也。长民者不以怵而沮,则以懈而置,夫奚取。遂按《图经》,发蕃启塞而尽得之。周以垣

① 网址:www.yqwiki.com。

② (宋)刘黻:《蒙川遗稿》。

墉，揭以门扁，而求记于余。

嗟夫，福地之说不经见。道家者流有所谓"洞天福地"，云门其一也。福地以云门名，乐成之得名仿此欤？按《周礼》，云门，黄帝之乐也。云者，天之施，门名其所出，所以形德也。邑以乐著者，以云门也。虽然邑之福系乎长民者之官，福地，特其寓耳。鸾集其庭，蝗不入境，岂地云乎哉！有贤令尹心平，子其民，不畏强御，不惮劳勤，苟有以福吾民，则其身婴其冲而不暇顾，推是心以往，是即福地也。

《易》之作乐于豫，顺以动民，乐以悦民，顺民而动，悦莫大焉。孰谓云门之为乐，不根柢此哉。气伸则民舒，气郁则民悴。民舒，福也；民悴，祸也。是所谓以福地为福。余不敢自诡，因福地之沦于无而能还其有，是所以伸民气也。是心足以福天下矣。长民者，其懋之哉！

咸淳二年（1266）五月八日，秘书省正字刘黻记

"云门福地"原指云门寺，寺址在旧县署东首澄清坊内，明时毁于火。清嘉庆四年（1799），改筑为"东常平仓"。后又毁，改为生产园地，名仓基。"云门"传说为黄帝之乐，《周礼》注："其义盖言云之出岫，润益万物，为帝之德，无所不施。"故以"云门"名寺。"福地"是神仙的居所。云门寺建于南宋绍兴年间（1131—1162），后来坍圮了。咸淳年间（1265—1274），俞道明以少府摄县事，"首访民瘼"，按《乐清县图经》重建，同时修葺了城墙、道路、桥梁和护城河等基础设施。以前年久失修是因为受到了有权势的人的压制，而俞道明"不畏强御，不惮劳勤"，终于修葺竣工，并请刘黻写了《云门福地记》。

箫台八景（东成八景），其一为云门福地

刘黻是乐清大桥头人，南宋景定三年(1262)进士，时为监察御史。他在《云门福地记》中盛赞俞道明为"贤令尹"，"子其民，不畏强御，不惮劳勤"，"身婴其冲而不暇顾"，认为"推是心以往，是即福地也"。刘黻称俞道明作为乐清父母官心系百姓，不畏地方豪强，为子民辛勤付出，认为这就是福地的来源，是"伸民气"，"是心足以福天下矣。长民者，其懋之哉"!

幸亏刘黻留下了这篇记文，后世子孙得以了解俞道明的生平与为人。我们可以从中窥见俞道明和其高祖俞景福(伸)、曾祖俞襄、祖父俞世杰(鄞系谱称"元隆"公)一样，忧国忧民、不畏权贵与豪强、关心百姓疾苦，这可以说是一种家风与基因。

俞道明祖父俞世杰，鄞系谱名为元隆。据民国版塘岙谱记载，俞元隆以祖恩授桐城主簿，华亭县丞。其为官"谨身率先，明政化，公赏罚，任贤良，汰贪墨，恤惸独，民咸德之"。

自郡马俞伸的父、祖以来，官宦世家，历世簪缨。到俞道明生活的南宋末年，整个家族遭遇乱世衰落，他的两个儿子俞杞和俞梓无缘为官。元朝的科举到皇庆二年(1313)仁宗下诏后才恢复。延祐二年(1315)第一次开科取士，以后三年一次，直到元亡。所以俞茂林(梓)与科举无缘，加上正逢战乱，同时斑竹村又遭火灾与疫情，只好转迁作泉坑，从此与七个儿子一起幽居林泉，演变成四明山腹地一个普普通通的山民之家族。

(六)俞宾直系(斑竹园)墓葬群考察

在中国的祖宗崇拜传统文化中，家族墓葬地，往往构成了一个家族对于自己祖先的最直接的集体记忆。这也是我们考察一个家族的传承和发展轨迹的最直接依据。

明派俞氏始祖俞玗墓葬大晦岭北"大智寺山之原"、斑竹始迁祖俞宾墓葬斑竹"隔水前山"、俞文广墓葬塘青岙、俞文唐墓葬大晦岭上"岩坑"……斑竹俞氏先祖的墓葬，明显在今斑竹村(大晦)周边形成了几处集聚地。

1. 庵山(今名虹头山)墓葬群

民国俞村谱《俞村小记》载：

> 公绰公墓在郡马公右上五六武，前年毛家滩人斫坟山树，私将墓

碑俞字改凿王字，但余字为阳文，独王字改为阴文，致不伦不类，卒致涉讼判，归俞姓承值。

郡马公墓左手斜下，有俞姓祖坟二穴，无碑文，墓下偏左，有墓一穴。前有碑文，均由俞姓于清明前十日公祭。

需要说明的是，我国古代以六尺为"步"，半步为"武"。所以五六武即两步半。俞襄墓在郡马俞伸墓右上两步半的距离，大概是山势地形的关系，高出一点点，但总体上还是平行的。即郡马俞伸的墓在左边，俞襄墓在右边。

据桃义江谱记载：俞伸墓葬晦溪山（庵山），俞襄墓葬父坟侧。俞元隆（世杰）和俞迈的墓均在奉化公棠山（今奉化公棠村附近）。俞伸的玄孙俞道明也墓葬晦溪山（庵山），他的弟弟俞道泰墓在兄坟右侧。而斑竹谱记载：郡马俞伸之父俞绰"墓葬乌龟岩山里金钗形，有墓志碑记以立梁柱"。

庵山，今名虹头山，在茶溪口与晦溪（今称明溪）交界后，出斑竹自然村的晦溪西侧山岭，属自然环抱着斑竹自然村的"青龙手"。古时山上有庵，故称庵山。郡马俞伸的遗茔就在庵山的半山腰上。地理位置及墓址结构，在俞村谱的《俞村小记》中有详尽的记述。

庵山（今名虹头山）墓葬群除俞伸、俞襄父子墓外，整个墓葬群是以郡马俞景福（伸）的陵墓为中心而构成的。右稍上是他的儿子俞襄，下面是他两位玄孙。按照桃义江谱记载，左边的是俞道明，右边的是俞道泰。

2. 乌龟岩山（今称龟山）墓葬群

乌龟岩山，今称龟山。据民国版斑竹谱载，俞景福（伸）之父俞绰之墓在"乌龟岩山里"，并且有墓志碑记与立柱。俞绰墓葬斑竹龟山后，开启了龟山墓葬群。虽则俞茂林举族迁居作泉坑，但叶落归根，斑竹俞氏后裔在俞茂林之后，仍然有许多子孙安葬在龟山。

3. 塘青岙墓葬群

"斑竹第一大公"俞宾长子于文广墓葬斑竹塘青岙，开启了塘青岙墓葬群。此后俞敬一、俞敬二、俞敬三等都安葬在塘青岙。

4. 公棠山墓葬群

俞伸之孙、俞襄之子俞世杰（元隆）、俞世彦（元亨）兄弟之墓葬都在公棠山，俞世杰之子、俞道明之父俞迈，俞世彦（元亨）次子俞禧之，也葬在公棠山，构成了斑竹俞氏公棠山墓葬群。

5. 月岩岭外、坟当墓葬群

俞梓（茂林）开启了月岩岭外墓葬群。俞梓（茂林）长子俞正一葬在月岩岭外来龙山，三子俞正三也葬在来龙山，俞正三次子俞永寿葬在月岩岭对岸山。

俞正三之孙俞洪泽、其子俞志雅、长孙俞敬一等，都葬在坟当，俞洪泽开启了坟当墓葬群。

此外，斑竹郡马俞景福（仲）的后裔大多葬在斑竹周边的群山里，还有许多墓葬群，如宅后大坟、猛虎爪、岩头山、张家岇等。

（七）斑竹俞氏与慈城俞氏、鸣鹤俞氏

1. 俞庚四的三个儿子居慈城

据民国版《斑竹俞氏宗谱》记载：自斑竹迁慈城的是十五世祖俞庚四，为郡马俞景福（仲）之弟俞景寿之子，与俞襄同辈。事在南宋中后期，已临近元朝了。据民国版《斑竹俞氏宗谱》记载，俞景寿生四子，俞庚一、俞庚二、俞庚三、俞庚四，"庚四迁慈溪，生子三，分别为秀、祥、善"。俞庚四赴慈城求学，后家焉。同时，斑竹三十三世祖俞维清作于道光四年（1824）的谱序记载："因诣鄞之桂林、镇之梅墟、慈之鸣鹤场、新昌城之东西宅。遍观之，乃益信明州俞氏皆出于玗，与杭、剡、京、歙同本于庄者焉……"说明当时为了续修宗谱，俞维清等人曾去宁波境内许多俞氏聚居地，深入研读过这些地方的俞氏家谱。其中也到过当时与慈城同属于慈溪县的鸣鹤场。而慈城俞氏与鸣鹤场的一支俞氏也有密切关系，据说慈城俞氏常去鸣鹤场扫祖墓。这一支是不是从斑竹迁出去的那一支，因文献无据，难下结论。

南宋中期，正是大儒杨简生活的年代。杨简，号慈湖先生，与沈焕、袁燮、舒璘三大儒并称为"四明先生"。始建于宋咸淳七年（1271）的慈湖书院，是当时江南的重要书院。

赵偕是杨简的再传弟子，人称"宝峰先生"，他在慈城西面的大宝山下建宝峰书院，学生中有《三国演义》的作者罗贯中，《琵琶记》的作者高明，当时的慈溪知县更是执弟子礼，学术之盛蔚为大观。所以南宋中晚期时慈溪好教从学之风正盛，斑竹十五世俞庚四正是在这个背景下或这个时

期去慈溪求学并迁往那里的。

这支慈城俞氏很可能就是南宋中期时到慈城来求学的俞庚四的后裔,也即俞秀、俞祥、俞善三兄弟的后裔。当然也有可能是与鸣鹤俞氏有关的那一支,但祖源的大方向应该都是一致的,即斑竹俞氏三十三世祖俞维清所说的"明州俞氏皆出玕",因为道光四年(1824)之前,他去过鸣鹤场,看过鸣鹤俞氏的宗谱(可惜现在《鸣鹤俞氏宗谱》失传了)。

2. 慈城俞氏的记载

钱文华、钱之骁撰写的《天赐慈城:解读中国古县城的标本》一书,在介绍慈城望族与名人时,把慈城俞氏列为一望。[①] 书中写道:

> 俞氏自元初从外地迁往慈城,先居浮碧山东麓,后分居城内各处,其中以小东门倒墙缺俞家最为著名。明清中进士2人,中举人10人。有明三海关总兵俞茂才,清温州游击俞兆翀,清贡生、藏书家俞挺芝等。

> 倒墙缺俞家,坐落在慈城小东门,前临太阳殿路,西至太湖路,北至完节坊,是由多座院落组成的建筑群,现为宁波市重点文物保护单位。主体建筑为前厅、后楼、东西两厢房以及后厅,绣楼前有大门,左右还散布着大大小小的屋、天井,总占地面积10000多平方米,房屋100多间,合十多亩地,其规模为江北区古建筑的首位。1566年明嘉靖间湖广布政使冯叔吉所建,清初冯氏后裔卖给俞姓,康熙时俞氏经过修理,并在大门外河对面建造仓屋、船埠。俞氏置有很多农田,租谷甚多,慈城人有"冯家屋""俞家谷"之称。大门内左侧有一硬山式之高平屋,门开在南北两端之东侧;梁杂架呈东西向,三开间,进深三间,明间施五架梁与三架梁,脊瓜柱与承托,三架梁的两童柱下端皆呈舌形。主体建筑面阔六间,进深两间,有中柱,用先后两双步,有飞檐。前厅面阔十三间,进深六间,面阔39.9米,通进深12米,有中、东、西三厅相连,中厅为五开间,梢间较窄,明间梁架用五架梁,前后两端支于前后全柱上,其余檩间都有纹饰。东西厅面阔各四间,梢间安装楼梯,整个前厅,凡柱头作出圆斗的,皆用数根藤条加固。后楼重檐,梁架用中柱,前后又加两单步梁,明间以外,皆以薄板作出船篷

---

① 钱文华、钱之骁:《天赐慈城:解读中国古县城的标本》,宁波出版社,2018年,第132—133页。

顶。前厅、后楼、两厢风格基本一致，厢房有大部分瓦当，可能是原来之物，其纹为上端数条平行之锯齿状，弧线下为一对桃子。这是慈城一处占地面积最大的清代前期建筑。

3.鸣鹤俞氏或有多个祖源

据康熙三十三年(1694)浙江提督中协副总兵署理绍镇副总兵事、第三十三世祖俞奕龙所撰《姚江上林俞氏宗谱序》，鸣鹤俞氏另有一个剡派俞氏祖源。略文如下：

> 伯深→文应→益祖→七祖→十五祖→元一祖→十二祖→细二，庄公至细二已十七世。细二在嵊娶孙氏，生二子：友梅、友桂。后解粮至观海卫，再娶叶氏，遂居上林二都，是为慈溪、余姚之始迁祖。生一子，行名添八，讳克忠、字友芷。友芷生三子：大榛、大棣、大桂。细二垂老仍被接返归嵊，卒与元配孙氏葬乌坑下桥钟山。[①]

据此说来，居上林二都的俞氏这一支是剡派了：查乌坑谱可以确认友芷为十八世，其兄为友梅、友桂。且世系表因其析分鸣鹤场为祖，故不载下传。这一支鸣鹤俞氏无论是剡派还是明派，总的再向上追溯的祖源也是一致的，即俞维清所说的"同本于庄焉"，庄即五峰俞氏鼻祖俞庄。

（八）溪口蒋氏与斑竹俞氏

1.溪口蒋氏与明派俞氏俞文唐支

斑竹村是五峰俞氏明派发祥地，因十四世祖俞景福即俞伸为北宋安定郡马，故有"郡马故里"之称。俞伸是北宋第一任安定郡王赵从式的女婿，而俞伸的女婿即溪口蒋楧。

蒋楧，在《乾道四明图经》卷十二"进士题名记"有载，为绍兴八年(1138)黄公度榜进士。据民国版《武岭蒋氏宗谱》载："楧，字子才，行六，琲长子，进士，官罗源县尹，葬青山，子六。"

据蒋氏族谱，唐代时蒋机的第二十代孙蒋显(后唐时亦有蒋显同名)，由台州迁明州鄞县采莲桥(即今宁波南部)，任四明监盐官。蒋显生子蒋

---

① 上虞《虞东俞氏宗谱》。

光,为二十一世。光生子宗祥、宗霸,为二十二世。五代后周显德年间,宗霸于宁波小盘山参佛,称"摩诃居士"。北宋时期蒋宗霸之孙蒋浚明,为二十四世,始迁奉化禽孝乡三岭。蒋浚明字彦昭,官拜大理评事,迁尚书金部员外郎,因上书反对王安石变法而遭贬,授无为军司户,后赠金紫光禄大夫。蒋浚明有子二,长蒋璿,次蒋琉,均登进士,为二十五世,其故里在明州联桂房(今宁波白水巷),其坟墓在奉化禽孝三岭。蒋楑是蒋璿从侄,为奉化溪口蒋氏二十六世(由此推算,蒋楑是蒋浚明兄弟的孙子)。元代时蒋浚明的第七代孙也即蒋介石的太公蒋士杰,由三岭迁至武岭(现溪口),是为浙江奉化溪口蒋氏始祖。三岭蒋氏是溪口蒋氏的祖源。郡马公俞伸将女儿嫁给蒋楑,是斑竹俞氏有文字记载的与蒋氏结亲的首例。

斑竹俞氏娶蒋氏女最早的记载是二十八世俞廉泉,俞承懿长子,配蒋氏,无出,以其弟俞廉惠次子俞继相入继。因为俞廉惠长子俞继茂出生于顺治四年(1647),所以推测俞廉泉娶蒋氏是在明朝末年。这是斑竹俞氏娶蒋氏的最早记载。虽然没注明是溪口蒋氏,一般斑竹俞氏娶的蒋氏,都来自溪口武岭蒋氏。在谱中明确记载与溪口蒋氏通婚的是清道光、咸丰年间至民国前后,直到现在。斑竹俞氏"秉""道""立"等字辈中世代娶溪口蒋氏为妻或嫁女于溪口蒋氏。斑竹俞氏敬一公派二房绍宗后裔、三十五世俞秉鉴(1821—1898),配溪口蒋阿昌之次女,蒋氏生于道光六年(1826),卒于光绪二十年(1894),生一子俞道德(即俞晓松和俞小国的曾祖);三十五世俞秉衡(1823—1892)是俞教五次子,娶溪口武陵蒋氏为妻,生四子,道通、道周、道兴、道红。蒋氏之父蒋斯镐,与蒋介石的祖父蒋斯千同族同辈,两人都是溪口蒋氏斯字辈。据《武岭蒋氏宗谱》记载:"蒋斯镐,字从周,祁荣长子,清乾隆五十六年(1791)辛亥六月初七日未时生,道光十七年(1837)丁酉四月初九日卒。继配周氏,嘉庆四年(1799)己未七月廿九日巳时生,咸丰七年(1857)丁巳十二月十一日卒,合葬桃坑山。子四:肇卿,唐氏出;肇祯、肇祥、肇森,俱周氏出。女四:长唐氏出,次适前葛葛,三、四俱适斑竹园俞,俱周氏出。"蒋斯镐有两个弟弟,即蒋斯锦、蒋斯镇(殇),有四个儿子与四个女儿,第三、第四个女儿都嫁给了斑竹俞氏。俞秉鉴和俞秉衡是嫡堂兄弟,他们的远堂兄弟俞秉华生女一,适溪口蒋兴法。俞秉衡长子、第三十六世俞道通配溪口蒋开恩之女。敬一公派绍五房俞绍南后裔、三十七世"立"字辈的俞序良(1931—2017),曾就读于溪口武陵中学,后来做过中学教师,谙熟斑竹俞氏宗谱文化。俞序良是蒋介石的外孙女婿,即蒋介石同父异母姐姐蒋瑞春的孙女婿,其妻宋清月的父亲就是蒋介石的外甥。

据蒋氏宗谱①记载,蒋介石的父亲蒋肇聪,一生娶了三任妻子,第一任妻子徐氏,生下一子一女,儿子名叫蒋瑞生,女儿名叫蒋瑞春。蒋肇聪的第二任妻子没有生养,第三任妻子名叫王采玉,也就是蒋介石的母亲。王采玉嫁给蒋肇聪之后生下两儿两女,其中儿子名叫蒋瑞元(蒋介石)、蒋瑞青,女儿名叫蒋瑞莲、蒋瑞菊。因为当时的医疗条件不好,蒋瑞菊出生几个月就夭折,蒋瑞青也在四岁时夭折。也就是说,蒋介石长大成人的兄弟姐妹只有三个,分别是同父异母的哥哥、姐姐以及一个亲妹妹。这个同父异母的姐姐蒋瑞春,即俞序良之妻宋清月的祖母。蒋瑞春出生于同治十三年(1874),是蒋介石家同辈中最年长的。她对蒋介石颇为照顾。她出嫁时,蒋介石还是个孩子。她嫁给一个普通的宋姓农民,即俞序良之妻宋清月的祖父。蒋介石发迹后特别尊重这个大姐,有一次他回奉化老家时恰巧碰到姐姐,主动让出自己的轿子给姐姐,甚至亲自为姐姐扶轿。蒋介石曾经让蒋瑞春掌管奉化蒋家的财务,足见对她的信任。1946年,蒋瑞春去世,终年73岁。

2. 溪口蒋氏与明派俞氏俞文广支

据有关资料称,俞济时是蒋介石的外甥或表外甥。但我们未能找到确切的证据。据蒋介石为俞济时母亲周氏撰写的寿序,他们不仅是乡党,"且与济时谊属师生",这一点是可以确定的。蒋介石在《俞母周老夫人六秩寿序》②中写道:

> 锦溪俞氏,剡川望族,自来酝藉儒雅之风,好贤尚德之士,代不乏人,惟幼有大志、弱冠从戎,有功于国,有光于宗。若济时者,尤为杰出,不数数觏也。济时现任国民政府警卫第二师师长,其兄济民任首都警士教练所所长。今年国历八月十二日,为其母周老夫人周甲之辰,请序于余。余以其昆季之志可嘉,其行足述,且与济时谊属师生,军兴以来历征南北,从我也久,故于其家事知之綦详,是不可以无言。窃闻之易著坤厚载德之文,诗诵萱荣兴感之作,白华怀念乌鸟私情,原人子之孝思也。此其所以六十寿母欤。

居奉化城内的北郭俞氏和泮西俞氏,亦为俞文广支后人。据光绪版

---

① 民国版《溪口蒋氏宗谱》,天一阁藏。
② 民国版《奉川俞氏房谱》。

《北郭俞氏宗谱》载,北郭俞氏宗谱始修于万历乙巳(1605)春。光绪版北郭谱载有《追叙源流图》,自一世祖庄公以后的珣公派即刾派到二十世祖止。据考证,俞济时属泮西俞氏五柱永福公下一彬公派,其始迁祖俞兴翁实为五峰俞氏第二十三世祖,为斑竹俞氏十一世俞文广后裔。俞济时(1904—1990),字良桢,浙江奉化人,五峰俞氏第四十二世孙。

蒋氏父子与泮西俞氏的俞镇臣、俞国华父子,更是两代交厚、情同手足。俞镇臣,又名俞作屏、俞忠郊,与"民国三俞"中的俞飞鹏是远堂兄弟,同为五峰俞氏第四十一世孙;俞国华即为第四十二世孙,与俞济时为远堂兄弟。俞国华在龙津学堂的前身锦溪小学读高小时,与大他四岁的蒋经国是同学。

3. 一则来自民间的传说

蒋介石的母亲王采玉,其前夫姓俞,为曹家地俞氏。曹家地俞氏出自升纲俞氏,为斑竹俞氏十九世祖俞茂林的后裔。王采玉在前夫去世后,到葛竹村附近的金竹庵带发修行,不久经人介绍改嫁到溪口蒋氏。

王采玉旧居

蒋介石外婆家,俗称"上三房",坐落在村南,是典型的三合院。天井用鹅卵石铺就,照壁有山水人物彩绘。该院落为重檐硬山顶,五马头山墙,清中叶建筑,其廊柱柱头浮雕编蝠、花卉等,柱础为如意瓜棱状,反映出院子主人祈求福荫、生活如意的良好意愿。

蒋介石母亲王采玉清同治三年(1864年)出生于此,初嫁畔驻曹家地俞某为妻,不久,夫染时疫亡,遂回娘家,在村附近金竹庵带发修行。后经堂兄王贤东(玉泰盐铺帐房)说合,于1886年再嫁到溪口,生有二子二女,长子蒋介石。

王采玉旧居文字介绍

2019年10月5日下午4时多,我们陪同五峰俞氏宗亲俞尚林、俞卓敏、俞见达、俞焕苗、俞文军、俞立奇等访问蒋介石的外婆家——斑竹村附近的葛竹村(葛竹原属斑竹乡),在蒋母王采玉旧居遇到蒋介石二舅后人、时年84岁的王时新老人(与蒋母差四代,为蒋介石二舅曾孙)。据王时新老人说:蒋介石出生在门边的第一间(上三房三号),并在外婆家一直生活到三岁。后来溪口蒋家要把蒋介石接回溪口抚养,王家人提出需要与蒋同等重量的小金人来换,溪口蒋氏也答应了。蒋介石外公娶妻二房,生有五子。前妻生子三,后妻(即蒋母王采玉之母)也即蒋介石的外婆,生子二。蒋母王采玉初嫁跸驻曹家地俞某,不久因染疫而亡,遂回娘家,此后便在附近金竹庵带发修行。后经堂兄说合,再嫁溪口蒋氏。据蒋氏外婆家的老人述说,蒋介石在保定军校期间[①],王采玉先夫的儿子曾专程去找蒋,蒋虽未亲自接待,但嘱其友转赠一笔大洋让其带回老家,并说以后不要再来找他了。此后,这位异父异母的俞姓兄弟果真再也没去找过蒋介石。

4. 金井桥畔别斑竹

斑竹村口,有座石拱桥叫金井桥,为清朝中期斑竹俞氏所建,现为奉化区重点文物保护点。清朝乾隆年间,为方便行人,由斑竹俞氏三十一世俞遵信(字尔孚)与里人策划发起修建而成。金井桥于清光绪二十七年(1901)重修。桥面东西走向,长不到 30 米,宽不足 4 米,桥面结构考究,细鹅卵石砌成,石栏边缘雕琢着精细的花纹,栏上雕着八只雄狮,神态生动逼真。桥西头有三棵古樟,为斑竹俞氏三十三世俞维浩所植。

金井桥是当年蒋介石去葛竹村外婆家的必经之地。蒋介石到葛竹外婆家走亲,都要从这桥上经过并憩息。蒋介石常坐在桥上,留恋四周的景色,和妻子在经过此桥时留下许多故事。

1949 年 2 月,天气凛冽,蒋介石身穿长袍,头戴礼帽,手拿拐杖,带着儿子儿媳、孙子和近身要人,从葛竹探亲回来。走到金井桥,蒋介石坐在桥栏上,要儿子蒋经国给他照相,并交代把三棵古樟一道照下。蒋经国连忙取相机,照下两张。蒋介石走到桥下,坐在水边的一块大石头上,看着淙淙流水出神,儿媳妇蒋方良也给他照了几张。然后,他又走到桥上,对身边的村民说:"去村里给我要点烤芋头、烤番薯来。"这个村民怎么也不相信自己的耳朵,"委座"竟然要吃山野土产。村民让一位农民提来一篮烤芋艿和番薯,蒋介石在桥头吃得津津有味。孙子蒋孝文对他说:"爷爷,别吃了,回家吃好东西去吧。"蒋介石笑着递给孙子一块烤番薯:"吃,好味道,这是养命的根苗!"蒋孝文吃后说:"是好吃,香!"蒋介石吃完后,走到桥下伏身在溪水里洗手。然后,缓缓走向溪边竹筏,乘竹筏沿晦溪而下,经大晦、马村、公棠回溪口。他站在竹筏上,无限依恋地观赏着故乡的山水。此后,他逃离大陆,一去不复返。

这位为蒋介石拿来一篮烤芋艿和番薯的农民,即斑竹俞氏俞敬一派二房俞绍宗的后裔、斑竹俞氏三十八世俞诚丰,斑竹村原主任俞小国的父亲。

---

① 据查考,蒋介石在保定军校的时间是光绪三十三年(1907)。

三、误接祖源的奉城俞文广支

（一）雍正年间俞培仁连修三地俞氏谱

流传至今的升纲俞氏、俞村俞氏和斑竹俞氏谱系，均出自新昌宗人俞培仁之手。

1. 雍正七年（1729）修升纲谱

最先修谱的是升纲俞氏。俞培仁在撰于雍正七年（1729）的《俞氏宗谱序》中叙说了升纲谱的编修缘由：康熙五十三年（1714），俞培仁游奉川，就膳于宗村枕岩（即升纲），有宗翁俞在职以家牒相示，并有望其"缵述先世之绩"，方经始，而俞在职等相继谢世，其事遂寝。延及雍正五年（1727），俞培仁复西席马村，俞在直等偕侄欲继父兄之志，续其典章德业，"遂不揣固陋"，于雍正七年（1729）冬"累篇成帙"。俞培仁在谱序中所述祖源为：原出于姬姓，望属河间，唐时俞文俊自江宁析居于明州奉川之小晦，系五世孙俞京宾就产迁于弹岭下之斑竹园，不数世而俞茂林复迁于作泉坑之回龙。俞茂林以家谱续修昭明先德，自俞文荣赘居枕岩开创基业，成聚成族，迄今已有七世矣。

俞培仁虽将升纲俞氏自俞京宾以下世系做了系统梳理，但误将其远祖接到了唐代的俞文俊，甚为遗憾。

2. 雍正八年（1730）春修俞村谱

《升纲俞氏宗谱》修竣后不久，雍正八年（1730）春，俞培仁又马不停蹄地翻过大晦岭到了俞村，为俞村俞氏撰修家谱。因为有了修升纲谱的积累，这次俞培仁就按照升纲谱的模板，仅用了大半年时间，即完成了《俞村俞氏宗谱》的编修。俞培仁在给俞村宗谱撰写的谱序中说：俞村俞氏派析新昌龙图阁待制献可之裔俞希仲,自新迁于嵊邑锦溪十里,既而四世孙俞文俊复迁奉川剡溪乡之斑竹园,子俞公绰系熙宁间(1068—1077)进士,官御史大夫,历山东、广西道致仕。而俞景福乃俞公绰子也,尚安定郡王诰之次女,由进士仕湖南转运,归老以享余年。

因为有了撰修升纲谱的经历,俞培仁感到升纲俞氏和俞村俞氏实为同宗,但对于始迁祖均为俞文俊的来历却用了两种说法,前面说"析自江宁",后面又说"迁于嵊邑";而俞文俊之后世系,则完全模糊了俞村是何时、由何人迁俞村的,得出的世系为:文俊→公权、公绰→景壮、景福、景寿→仙、伸→世昌、世奕→如曾→命喆→子保、子贤→(下分四房)。最终还是没能厘清俞村俞氏的祖源,误将其接到了俞文俊(实则俞文广)和"郡马公"俞伸(景福)之下。

3. 雍正八年(1730)十一月修斑竹谱

修完《俞村俞氏宗谱》不久,俞培仁重越大晦岭,回到了斑竹园。在撰于雍正八年(1730)应钟月(十月)的谱序中,俞培仁写道:

> 雍正岁甲辰(1724),余西席其地,暇时谈及谱事,询其始迁之由。宗翁瑞环则曰:"吾于前世不知也,自余上推二十世,祖讳玕,由青社析居奉川大晦,京宾公由大晦析居于此,嗣后居作船坑,居驻岭,此始迁之由,传诸父老,载在谱牒,不爽也。"余展卷视之,翁言一如夫谱。以斯知翁之于事,能度其短长,权其轻重。人所视为故习者,翁独志之于心不忘,不诚加人一等乎? 且曰:"吾谱曾序于茂林公矣,因洪泽公移驻岭、文荣公赘沈岩,二公分迁,而谱止一本。并考其时,于今七世,年更远矣,岂不致有简断编残,支流莫辨者。先生既设教吾地,必为吾纂辑之。"事将始,而沈岩在职公谢世,驻岭又遇回禄,余亦迁遭俞村,其事遂寝。阅至戊申(1728),翁偕在职之子兆麟,仍以谱事丐余。余乐其继志之诚,遂不揣谫陋,嗣续其帙。

这篇序和俞瑞环的这段话,反映的是在元、明"大晦谱"湮没无着之后、在清道光初年找到"金字谱"之前的斑竹俞氏世系坐标和迁徙图。当时俞瑞环上推二十世,只知道俞氏始祖为俞玕居大晦,而俞京宾从大晦迁斑竹。这个信息非常重要和宝贵,记载在雍正八年(1730)撰修的斑竹俞氏宗谱的第一篇谱序中。当时还不知道"大晦谱"俞玕之前的世系,也不知道与新昌五峰的关系,只知道俞玕从青社析居奉川。俞培仁看了斑竹的房谱(俞茂林的"小家谱"),确认俞瑞环说的世系和小家谱的记载相一致。而俞村初修家谱时就没有这么幸运了,既没有"小家谱",也没有像俞瑞环这样的耆老,于是只能"度其短长,权其轻重"了。

俞茂林所撰"小家谱"的存在,真乃斑竹俞氏之幸、明派俞氏之幸也!

从前述三个谱序看,早在康熙五十三年(1714),俞培仁曾经应邀合修斑竹俞氏和升纲俞氏宗谱,后因沈岩在职公谢世,驻岭又遇火灾准备回迁斑竹园,暂且搁置。延及雍正五年(1727)到雍正七年(1729)冬,俞培仁修成了《升纲俞氏宗谱》,雍正八年(1730)春完成了《俞村俞氏宗谱》的编修,同年十一月完成了《斑竹俞氏宗谱》的编修。

4. 宗谱纂修的"培仁之憾"

由是看来,新昌籍的俞培仁先生对奉化俞氏,善莫大焉!然而可惜的是,无论是升纲谱还是俞村谱,溯源远祖时张冠李戴、近接世祖时疏于考证。特别需要一提的是,虽然我们已无法考证是否俞培仁所为,但俞村谱所载的《郡马公碑记》,一是释读差错连连,如"蒋楔"为"蒋神"、"玉局观"为"王届视"等;二是按照俞村俞氏的"需要"做了不少"修正"①。这给后人留下了极大的混乱和遗憾。

其实,"培仁之憾"在时隔56年后的乾隆五十一年(1786),当俞村续修宗谱时,俞村宗长俞君信的《俞氏重修序》中已经有所表露了:

> 余族宗谱,自新邑徙剡源、卜奉川以来,与新昌之明伦派、静安派以及宁海马岙、嵊邑乌坑等处,未统同宗。即我御史大夫公绰府君以下,如鄞之湖田、新盐场,奉邑之学宫前、斑竹园数派,亦各自纂修。所遗旧谱,世远年湮,屡遭兵燹,其中详略如何?信辈因山川阻隔,未证舛讹,非姑待藐视,不过遵祖。郡马公之遗书,未敢牵缀附会,旁引实胄,以光氏族之意。独是祖宗,肇基于前,子孙继述于后,若因岁歉时艰,置祖事于罔闻,其究也,支派莫考,真伪不分,以致同根釜泣,阋墙兴变,其罪可胜道哉!

这个谱序很重要,既说明俞村人知道与斑竹同宗,但不知道出自哪个分支,就把"郡马公"俞伸之父俞绰当成自己的直系祖宗了,却不知道他们的直系祖宗"文俊公"其实就是俞文广。同时说明,郡马公世系是清晰而真实的,因为有"郡马公遗书",有可能此时他们已找到了墓碑,为了把郡马公当作自己的直系祖宗,就改写了碑记。这篇序更反映出他们的不自

---

① 对此,我们已在前文做了系统论证。

信:"所遗旧谱,世远年湮,屡遭兵燹,其中详略如何?信辈因山川阻隔,未证舛讹。"

(二)俞村和呑底俞氏实为俞文广后裔

1.两块与"郡马公"俞伸有关的匾额

明派奉系大晦本支俞氏(斑竹俞氏、升纲俞氏)是第十四世祖俞景福(伸)的支系后人。而奉城俞氏(俞村俞氏、呑底俞氏、北郭俞氏、泮西俞氏)亦尊第十四世祖俞景福(伸)为先祖。地处大晦岭北东侧的呑底俞氏,至今仍保存着一块木制"郡马桑梓"匾额。

呑底俞氏所藏"郡马桑梓"匾

俞村俞氏对于"郡马公"俞伸的记忆尤为深刻。民国版《俞村俞氏宗谱》不仅载录了《郡马公碑记》,还载录了由俞茂镕所撰的《俞村小志》,文曰:

> 吾村大阊门向有"郡马流芳"匾一区,不知始于何代。清嘉庆年间(1796—1820)前房干首重修。当初系黑字白底,民国二十七年(1938)夏改为朱漆金字,以垂永久。

> 郡马公墓在毛家滩西南,逾松门岭,过毛家滩,沿虹头山前进里许,道右,山脚露岩石,有泉涓涓,拂岩而下,上岩数十武,见山腰平旷处,华表高矗者,即郡马公墓。其地名曰庵山,闻古时有庵,今已圮。墓前围有石碑,上镌飞熊二头,云气缭绕,极生动。残碑伏墓前甚多,异日当扶植之,以复旧观。现规定每年清明前十日扫墓,凡我子孙,必须亲莅祭扫,勿以途远而忽之。

有意思的是,我们在走访中了解到,"郡马"匾确有两块,一块为吞底俞氏所藏,另一块为俞村俞氏所有。吞底俞氏说,俞村俞氏所藏郡马匾的"马"只有三点,是"三脚马"(意为假的)。亭下湖水库修建时,整个俞村被分散安置于奉化境内各地,据俞正多先生查访,"郡马流芳"匾今收藏在俞村迁奉化西邬的俞氏族人手中。

俞村俞氏后人保存的"郡马流芳"匾

2. 假如当年俞培仁先修的是斑竹谱

俞村是何时、何人从斑竹迁居的?这是我们搞清明派奉系各支俞氏相互关系的一个关节点。俞村宗谱始修于清雍正八年(1730),主修者是自称"石城宗晚生"的俞培仁。俞培仁虽为新昌剡派宗人,但他对于自己的祖源及与明派俞氏的关系并不清楚。他在序中说:"今俞村俞氏,派析新昌,龙图阁待制献可公之裔希仲公,自新迁于嵊邑锦溪十里,既而四世孙文俊公复迁奉川剡溪乡之斑竹园,子公绰公系宋熙宁间(1068—1077)进士,官御史大夫,历山东、广西道致仕。因故居狭隘,素有迁乔之念。乃流览山川,审察地理,择湖山之麓,构室而居焉。遂以姓名其村。"就是说,俞村俞氏源出新昌、迁自斑竹、始于公绰。或许是俞培仁为新昌人之故,直接把俞村的祖源接到新昌去了,可惜的是先接到十一世祖杭派俞献可那里、后又转到剡派的剡东游谢乌坑的"锦溪十里"(清溪十里)也是十一世祖的俞文应那里了。特别是俞文俊始迁奉化的说法,此后长久地误导了明派奉系俞氏。

俞培仁修俞村谱给出的俞村俞氏世系如下:

文俊→公绰→景福→伷→世昌→如曾→命喆→子保、子贤(后分四房)

据该谱记载,俞文俊自剡迁斑竹后,俞公绰即迁俞村。俞公绰,斑竹谱作"绰",为俞宾次子俞文唐之孙,宋神宗熙宁间(1068—1077)进士;升纲谱为宋仁宗嘉祐戊戌科(1058)进士。俞村谱载:公绰,行小二,文俊公幼子,自斑竹园迁俞村,宋神宗熙宁间进士,官至御史大夫,迁山东、广西二道致仕,配夫人任氏,子一。墓葬茶坑庵山。有传并诗,另载文彦录。

俞培仁是在雍正八年(1730)黄钟月(正月)为俞村修的谱,而同年应钟月(十月)又应邀为斑竹俞氏修谱。历史没有假如。如果俞村和斑竹修谱的时间倒过来,俞培仁就能见到俞茂林所修的"小家谱",如若再按俞瑞环所言"上推二十世,祖讳玗"的世系严格考据,俞村谱也就断然不会找错祖源了。因为斑竹谱就在大晦岭的南侧,间隔一座大晦岭的北侧就是俞村,翻山越岭也就十余里地。历史在这里给俞村俞氏开了一个不大不小的玩笑:据俞培仁说,原来在接受修俞村宗谱任务前,斑竹与升纲曾有耆老邀请他修谱,后因升纲耆老俞在职谢世,斑竹耆老俞瑞环居住的驻岭又遭火灾,正忙于做迁回斑竹的准备,于是便耽搁了下来。而就在这时,俞村俞氏邀其修撰宗谱,这样便先修了俞村谱。

3. 俞村俞氏的始迁祖并非俞公绰

那么,俞村的始迁祖是俞公绰吗?

纵观整个俞村谱世传,以俞文俊为始到第十五世祖止,无一例外地失载生卒年月,一直到十六世祖开始,方才有了明确的生卒记录。如俞承冒生于明天启二年(1622),卒于康熙三十二年(1693);俞承彩生于康熙四年(1665),卒于雍正五年(1727);等等。我们不妨从两谱公认度最高的俞景福(伸)(1053—1133)算起,自俞景福到俞承彩共历十四代,时间跨度为整整 600 年。我们知道,28～30 年是为谱界所公认的代际年限,近 43 年的平均代际明显有悖于常理。如此看来,俞村谱的世系至少漏记了 6 个世代、170 余年。

据民国版斑竹谱记载,七世祖俞玗始居明之大晦,到十世祖俞宾迁大晦岭之南侧的斑竹园。俞宾生三子:文广、文唐、文庚。十一世祖俞文广生七子,名字从云一到云七。俞云七之后历五代,其舅孙有四个:八五、八六、八八、千百十三。十九世祖俞八六于元"至元间迁北山庵前"。

前面我们曾经提到,南宋末到元朝初,斑竹俞氏遭受了一次重大的生存变故,"庐被毁","人遭疫",无奈之下,纷纷迁离故土,出现了明派俞氏发展史上的又一次大迁徙。与俞玗之后的那次迁徙不同,这次迁徙主要发生在今奉化境内(当然也有迁往鄞、慈、新昌及省外等地的),而且呈现出两个明显的迁居方向:俞宾长子俞文广之后裔(包括过继给俞文庚为子的俞云三)往北越过大晦岭,迁往俞村、呑底、县东等,俞宾次子俞文唐的后裔则向南迁往作泉坑、枕岩(即升纲)等地。

4. 俞村俞氏系俞八六于1271年迁自斑竹园

在民国版升纲谱中,有一篇嗣孙俞维学撰于道光癸卯岁(1843)元月的《俞氏宗谱序》曰:

> 始祖文俊公,自新邑迁之奉川大小晦之间,曰西山头。今虽陈、胡、王三姓居住,而"俞家大井"之名犹传于三姓,则其迁西山头也无疑。自西山头迁大智寺,家业豪富,故万户六大人(八六大人)与妹丈陈福四老官人公舍山五十余亩,又自舍山三十余亩与寺僧,复徙居俞村。

民国版升纲谱还同时附有《城内派谱系图》,所录世系为:

> 文俊→小四→小十四→三四、三五→八六、九十、九三→千廿五→万六、万再七、万再八、万再九→寿二、寿三→绍翁、兴翁、志翁、景华→子昌、子敬。

其中,尽管世系有别,但俞八六于"元至元八年徙居北山庵前"的记述,与斑竹谱的记载基本一致。"元至元八年"即宋咸淳七年(1271)。

北山庵即大智庵。据光绪《奉化县志》载:"大智禅寺,县西七十里,唐咸通十一年(870)僧乾奉建,名大智庵,宋大中祥符二年(1009)改大智院,后改寺。"因大智庵位处大晦和斑竹园之北,故在斑竹谱中称为北山庵。

其实,大晦(斑竹)俞氏与大智庵具有颇深的渊源。在民国版斑竹谱和俞村谱中,均录有《祖遗舍书》和《据》文。

祖遗舍书

> 浙江明州府奉化县四十七都俞万户八六大人,同鄞县妹夫陈福四老官人,共舍山一所,在大智庵。其山东至吴英、徐代秀才宅后,直上至山峰为界;西至庵基地图直至行路,与桥为界;南至王舍四郎基地并行路田为界;北至镬底潭水坑,斜至山峰为界。四至内山坐落四十八都,土名洪村,排作一、二、三、四号,量计五十六亩,舍在大智庵内。去后如有庵僧消乏,邻人强占此山,子孙可告官。照勘舍书是实。
>
> 宋咸淳二年(1266)三月廿六日,喜舍山人俞万户八十六大人、陈福四老官人书

据

四十七都财主俞廿七老官人，有户山一所，坐落四十八都，土名瓦井头，算来二号山，量计三十亩五分。其山东至竺文才地嘞为界，西至水坑并行路为界，南至刘文太山为界，北至俞胜四山湾为界。今具字号四址，分明前山，舍在大智庵内，别无兄弟子侄争执、违碍等事。今欲有据，立书为照。

再批，此二处山，许住僧管业，烧香接众，永不许易卖。如若庵僧贫乏，资卖此山者，告官整治。又，不许无耻子孙去庵打揽、欺诈酒食、乱砍山场，作不孝罪论。

宋咸淳六年(1270)十月初三日，喜舍大智庵张融和尚收割管业

上述情况表明：一是大智庵附近的许多田地、山林为斑竹俞氏所有；二是斑竹俞氏先祖俞万户八十六大人和俞廿七老官人于迁居前的咸淳二年(1266)、咸淳六年(1270)两次分别捐地给大智庵，实际是在为咸淳七年(1271)的迁居做准备。

综上所述，我们认为，十世祖俞宾自大晦岭往南迁居斑竹园后，十一世祖俞文唐仍居斑竹，而十一世祖俞文广的后人则先后由斑竹再迁大晦岭北侧的岙底、俞村，以及奉化县城。这与光绪二十八年(1902)活字本、由赵霈林撰写的《剡源乡志》中的记载基本一致：

斑竹园俞氏迁自新昌五峰山；俞村迁自斑竹园；岙底俞氏元至正间迁自斑竹园；曹家地俞氏迁自沈家岩(即升纲岩)。斑竹宗祠：燕贻堂。俞村宗祠：敦叙堂、崇德堂。岙底宗祠：永言堂。沈家岩宗祠：追远堂。

5. 俞村始迁祖俞八六的世代考述

关于俞文广后裔俞三四、俞三五的世代，道光三年(1823)胡美辂所撰《重修俞氏家谱序》云：

虽然下远宾公四世者为云之子也，考其传后于绰公有二百余年之久，而乃与绰公同代，讵有相去若是之理？俞君维清兄因不敢复蹈其失，商于余曰："此必去云公甚远者也！以其以卑犯尊，不若悬数代以系之，或于存诚之意无妨。"余曰："此信谱也，即史阙文之意也。"遂于云一、云二诸公名下虚悬"某"字二代，为其祖者，将亦谓其当然也乎。

当年俞维清重修宗谱（房谱）时，已然发现了俞文广后裔世代缺失的问题，并本着高度责任感和客观的态度，毅然决然地以"某"字虚悬两代。但是从今天的实际情况看，仅仅虚悬两代还是未能补全世代，200余年至少有五个世代。

我们将俞文广与俞文唐兄弟两支世系放在一起进行比较，或许能看得更清楚：

文广→云七→某→某→某→某→某→三四→<u>八六</u>

（1271年迁俞村）

三五—九二—千十—<u>万十</u>

（1275年迁岙底）

文唐→云茂→绰→<u>景福</u>→<u>襄</u>→世杰→迈→<u>道明</u>→梓（茂林）

（1053—1133）（1075—1138）（1200—1269）（迁作泉坑）

从俞文唐支情况看，第十二世祖俞云茂到第十八世祖俞梓（茂林），中间相隔六代、近200年。俞文广为俞文唐之兄，而俞云七为俞文广最小的儿子，俞云茂为俞文唐的第二个儿子，我们假定俞云七与俞云茂年龄相仿，那么，俞云七应当历五世，其昆孙俞三四、俞三五与俞道明同辈，同为第十八世祖。

我们之所以说当年俞维清"虚悬两代"还远未加够世代、应当"虚悬五代"，其主要依据有：

一是俞文广支和俞文唐支一起长期生活在斑竹境内，前者居斑竹园下宅，后者居斑竹园上宅，前后历两三百年，所以其世代繁衍应大致相仿。

二是俞文唐支裔孙从俞绰、俞景福（伸）、俞襄到俞道明等，均为史传人物，其生活年代都是班班可考、真实可信的。

三是俞云七后裔俞八六于咸淳七年（1271）迁居俞村（北山庵前）、俞万十于德祐元年（1275）迁居岙底等，都是在升纲谱和斑竹谱中有明确记载的。

四是宋末元初，斑竹园因遭遇了"庐被毁""人遭疫"的劫难，发生了明派俞氏发展史上的第二次大迁徙，俞茂林徙作泉坑、俞八六徙俞村、俞万十徙岙底，等等，是符合这一历史大背景的。

五是俞道明的行字为"廿四"，正好与俞云七后裔"三四""三五"相吻合，他们为同辈堂兄弟。

综合斑竹谱、升纲谱、俞村谱和北郭谱等所载，经反复比对和考察，我们认为：俞文广后裔俞三四和俞三五应该是"五峰俞氏"第十八世祖，与俞文唐后裔、十八世祖俞道明、俞道泰同辈。

6. 呑底俞氏和俞村俞氏均迁自斑竹，同为俞文广之后

具体是：十一世祖俞文广生有七子，其中俞云七后历五代，其舅孙谱名叫俞三四、俞三五。十八世祖俞三四生三子：俞八八、俞八九、俞九二。俞九二生俞千十。俞千十生四子：俞万五、俞万十、俞万十三、俞万十九。二十一世祖俞万十于元至元十二年（即宋德祐元年，1275年）由斑竹园徙居王村呑里，即今呑底村，为呑底俞氏始迁祖。

十八世祖俞三五生四子：俞八六、俞九十、俞九三。十九世祖俞八六"因故居狭隘，素有迁乔之念"，先于咸淳二年（1266）舍山五十六亩给大智庵，后又"流览山川，审察地理，择湖山之麓"，于咸淳七年（即元至元八年，1271年）在北山庵前"构室而居"，后成大族，遂"以姓名其村"，即俞村。

因此，郡马公俞景福（伸）来孙俞梓（茂林）与呑底始迁祖俞万十是远堂叔侄关系、与俞村始迁祖俞八六是远堂兄弟关系，都是斑竹园始迁祖俞宾的后裔。呑底俞氏和俞村俞氏均自斑竹迁居。

（三）奉城俞氏亦为俞文广之后

1. 奉城北郭俞氏谱也接错了祖源

据光绪版《北郭俞氏宗谱》载，北郭俞氏宗谱始修于万历乙巳（1605）春。光绪版北郭谱载有《追叙源流图》，自一世祖俞庄以后的俞珣派即剡派到二十世祖止。此图接着列出二十一世到二十四世系，并将北郭俞氏始迁祖俞兴翁作为二十四世祖。

光绪版北郭谱所载世传为：

> 文俊→小四→小十四→三十、三二、三三、三四、三五→八六、九十、九三→千廿五→万六、万再七、万再八、万再九→寿二、寿三→绍翁、兴翁、志翁、景华。

显然，与俞村俞氏始修宗谱时找不到直系祖源一样，北郭俞氏不仅找错了直系祖源，而且将世代也搞乱了。按北郭谱和俞村谱的说法，上述世系中的"小十四"即为郡马公俞伸（1059—1133），而俞八六为俞伸之孙，且

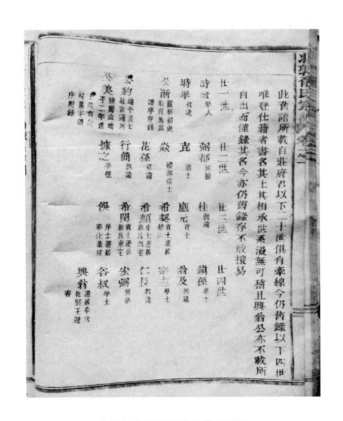

光绪版北郭谱所载世传（局部）

于至元八年(1271)迁居北山庵前(即俞村)，祖孙三代人逾200年，中间明显遗漏了好几代。

2. 北郭和泮西俞氏均为俞兴翁之后

综合斑竹谱和升纲谱所载，奉化城内北郭和泮西等俞氏先祖俞九三(十九世祖)，在他的长兄、俞村俞氏始迁祖俞八六于至元八年(1271)从斑竹迁居北山庵前(即俞村)时，仍居住在斑竹园，直到大德十年(1306)其长子俞千廿五(二十世祖)迁居城内县东，又历三代，其曾孙俞兴翁方才迁居北郭。具体为：

十九世祖俞九三生四子：俞千廿五、俞千廿九、俞千再四、俞千再五。二十世祖俞千廿五于大德十年(1306)由斑竹徙居县东，生四子：俞万六、俞万再七、俞万再九。俞万再九生二子：俞寿二、俞寿三。俞寿三生四子：俞绍翁、俞兴翁、俞志翁、俞景华。二十三世祖俞兴翁徙居北郭四十都王游村俞家园，为北街(北郭)派始祖。俞兴翁生二子：俞子昌、俞子敬。俞

明派俞氏研究

094

子昌为北街二世祖。二十四世祖俞子敬由北街徙居城内泮西,为今城内派始祖。

所以,今奉化城内各支俞氏并非迁自俞村,亦非郡马公俞景福(伸)之直系裔孙,而是与呑底俞氏和俞村俞氏一样,均为斑竹园始迁祖俞宾之后、"五峰俞氏"十一世祖俞文广之裔孙。

3. 俞兴翁实系五峰俞氏第二十三世祖

光绪版《北郭俞氏宗谱》载有首修时由任大治撰于万历乙巳(1605)的《俞氏剡派源流记》,文中我们未见其作任何考证就说"第二十四世兴翁公以考槃为志,徙居奉之王游春而家焉",将俞兴翁说成"五峰俞氏"第二十四世祖。综合斑竹谱、升纲谱和北郭谱的记述,我们可以确认,俞兴翁并非二十四世祖,实为明派俞氏十一世祖俞文广之后裔,"五峰俞氏"第二十三世祖。

而这一点,也可以从上述我们截录的谱图中得到印证,该谱图误将五峰俞氏剡派二十世祖的"俞公浙""俞公美"兄弟记作二十一世祖,显然是多记了一代。

(四)奉化"民国三俞"

1. 抗战名将俞飞鹏

俞飞鹏,讳忠穉,字丰年,号樵峰,俞德桂第四子。宁波师范学校及北京军需学校毕业。辛亥年(1911)入上海学生军参加革命,共和告成从事教育事业,旋任各部队军需正,福建松溪、浦城等县知事,黄埔陆军军官学校军需部副主任,粤军审计处处长,东征军军校兵站总站长,财政部国库主任兼广东省金库库长,国民革命军第一军兵站总站长,惠潮梅财政处处长,监运司副使,兵站总监,江西财政委员会主任,江海关监督总司令部经理处处长,军政部军需署署长,军事委员会经理处处长。奉国民政府颁给二等宝鼎章,晋给一等宝鼎章。生于光绪十年(1884)甲申十一月十三日卯时。娶城西呑徐氏,生于光绪二十年(1894)甲午三月十八日寅时。子一,良璋;女一,琏珠。①

---

① 录自民国版《奉川俞氏房谱》。

从1930年9月起,俞飞鹏历任交通部次长、常务次长、代理部长、部长。俞飞鹏任职交通部期间,协助或亲自完成的事务主要有:1936年建成了九省长途电话网,1936年开通了中英、中美国际长途无线电话,在国内开通了上海、汉口、广州之间的无线电话,改革航政管理,购买海轮,大大增强了航海业的运输能力。尤为显著的是,他为抗战交通做了许多准备。

1937年2月,中日矛盾日趋激化,国民党中央执行委员会第三次会议正式通过了"战备动员令",俞飞鹏负责制定了种种战时交通应急方案,为抗战初期国民党的大撤退做了准备。抗战全面爆发后,俞飞鹏受命兼任国民党中央军事委员会后方勤务部部长。1938年1月,交通、铁道二部合并,俞飞鹏专任后勤部长,直到抗战胜利。

全面抗战中俞飞鹏做得最出色的工作是整顿中缅公路。1941年11月,军事委员会决定成立中缅运输总局,取代原来的西南运输处,全权负责滇缅公路的一切事务,由俞飞鹏兼任局长。俞飞鹏上任后,对原来的一套管理体制进行了大刀阔斧的改革,使滇缅公路运输面貌焕然一新,其功效很快得到显示。1942年2月中国远征军入缅作战,俞飞鹏面临抢运外援物资和运送军队入缅的双重任务。在他的统筹调度下,运输车辆出则运送军队及军需物资,入则抢运存于仰光的外援物资,不仅确保了入缅远征军3个军的顺利出征,而且还在1942年3月8日仰光沦陷前将存放于该地的6.64万吨外援物资中的5.2万吨抢运回国。

2. 抗战名将俞济时

俞济时,讳良桢,名济时,号邦梁,俞忠和第三子。广东黄埔陆军军官学校第一期步兵科毕业。历任黄埔陆军军官学校教导第一团第一营见习官,教导第二团第七连排长,国民党军队第一师第三团第九连副连长,第三团上尉,侦探队队长,国民革命军第一军第一师步兵第三团侦探队队长,第一军步兵第九团团附,中山军舰少校助理员兼卫队指挥官,水陆巡察队少校队长,总司令部警卫团第二营中校营长,补充第四团团长,第一军第一师第四团团长,第九师第三十五旅副旅长,第六师步兵第三十一团团长,国民政府警卫团少将团长,警卫旅中将旅长兼警卫旅第一团团长,并兼中央宪兵司令,国民政府警卫司令兼第一旅旅长,警卫师副师长。蒙国民政府颁给"保护国家"四字,并给三等宝鼎章,旋升警卫军师长,调任八十八师师长。淞沪战役又蒙颁给"攘御外侮"四字,并给青天白日勋章,任浙江保安处处长。生于光绪三十年(1904)甲辰五月初一日巳时。娶陡门头陈氏,名花生,生于光绪三十三年(1907)丁未正月廿六日子时。子一,佩琨;女三,杭仙、湖仙、美仙。①

俞济时素以建军治军闻名,其创立的虎贲第七十四军,德械精锐第八十八师(后改编为第七十一军)是日军最畏惧的中国军队。特别是第七十四军,被日军战史称赞为"中国虎贲""中国王牌"。

1931年3月,国民党军队警卫师扩编为警卫军,俞济时任警卫第二师师长;年底,警卫第二师改称第八十八师,俞济时任第八十八师师长。1932年"一·二八"事变,率第八十八师赴上海参战。2月,在庙行亲率第八十八师与第八十七师及第十九路军发起反攻,重创精锐第九师团;歼敌3000多人。俞济时身负重伤,肠子被打穿,因功获青天白日勋章。

1933年,调任浙江保安处处长,组建了七个保安团;经过两年的励精图治,整编成日后威震抗日战场的第五十一师、五十八师。1937年第七十四军创立,俞济时任军长。8月,率部参加淞沪会战,与第十八军联手血战罗店一个多月,重创日军精锐第十一师团。白鹤港血战日军精锐部队第六师团第十一旅团三天。

1938年5月,指挥第七十四军参加兰封会战,收复罗王车站、内黄、毛姑寨等地。1938年10月,指挥第七十四军参加德安战役。万家岭大捷第七十四军血战张古山,成功击退日军第一〇六师团突围,为万家岭大捷立下大功,一战扬名天下。1939年升任第十九集团军副总司令,参加南昌会战,指挥第七十四军收复高安等失地。

1940年,调任第十集团军副总司令兼八十六军军长,指挥浙东地区的抗战。由于情报失误,对日军兵力估计严重不足,再加上兵力分散,导致镇海、宁波、绍兴、海门、温州等地相继失陷。

1942年,调任蒋介石侍卫长;1943年,随蒋介石出席开罗会议。1945年,任军务局局长。后去台湾,著有《时代新军人应有之修养》《孙子之战术战略思想采微》和回忆录《八十虚度追忆》。

3. 俞国华

俞国华,奉化大桥镇北门村人,为五峰俞氏四十二世孙,俞飞鹏的远堂侄,俞济民、俞济时兄弟的远堂兄弟。俞国华故居原尚存有一幢,于

---

① 录自民国版《奉川俞氏房谱》。

1947年奉城火灾时被焚毁，剩下柴平房一间（堆柴禾用），由其胞妹俞志坤保存，坐落在城里县前街上。俞国华的祖父俞德敬（发忠），生有三子，即俞济生（竹翰）、俞竹屏（宗教）、俞松鹤（竹新）。俞竹屏去日本留学。俞济生生四子：国英（良如）、良炯、良焜、国珍。俞宗教（竹屏）生子女七：国成（阿仁）、秉坤、国华、秀坤、志坤、国斌。俞松鹤生国蔚、国权、国栋。①

4. "民国三俞"祖源述略

俞飞鹏曾于民国二十二年（1933）主持纂修过《浙江奉川南门俞氏五柱房谱》，俞济时的哥哥俞济民亦于民国二十五年（1936）为俞村俞氏修谱撰写过《奉川弹岭下俞村里宅谱序》。然而遗憾的是，由于受历代修谱误接祖源的影响，明派俞氏奉系俞文广支后人，直到今天都未能找到自己真正的祖源所在。

综合"金字谱"及斑竹谱、升纲谱、俞村谱、北郭谱和五柱房谱等所载，自五峰俞氏第七世祖俞玕于唐末定居"明之大晦"后，其五个儿子俞承资、俞承文、俞承适、俞承奕、俞承登开枝散叶，开启了在四明大地的千年传承。俞承资生俞仁翱、俞仁翔，俞仁翔生俞宾。第十世祖俞宾自明派俞氏发祥地大晦岭"就产"迁往斑竹园，是斑竹俞氏始迁祖。俞宾生三子：俞文广、俞文唐、俞文庚。次子俞文唐为今斑竹俞氏和升纲俞氏之祖。长子俞文广生有七子，其名从云一到云七，因俞文庚无后，俞云三过继为嗣。

俞文广为五峰俞氏第十一世祖，其子俞云七历五代有昆孙二，俞三四、俞三五，为五峰俞氏第十八世祖。俞三五生有五个儿子，其中的第四个儿子俞九三生有四个儿子，次子叫俞千廿五，为第二十世祖，于大德十年（1306）自斑竹园迁居奉化城内（县东）。俞千廿五生四子，其第四个儿子俞万再九生俞寿二、俞寿三。五峰俞氏第二十二世祖俞寿三生四子，俞兴翁为俞寿三的次子。二十三世祖俞兴翁自县东迁居北郭，生二子：长子俞子昌，仍居北郭；次子俞子敬（字仲谦，号柏江）赘邢氏居泮西，为泮西俞氏始祖。故俞子敬为五峰俞氏第二十四世祖。

俞飞鹏纂修的《浙江奉川南门俞氏五柱房谱》，以俞柏江（即俞子敬）为一世祖，俞飞鹏为第十八世，那么俞飞鹏则为五峰俞氏第四十一世孙。

---

① 根据奉化档案馆所藏资料《关于俞国华家世与蒋介石的关系》一文整理。原件未署作者姓名和时间。

俞济时是俞飞鹏的堂侄。具体为：俞济时父亲俞忠和，祖父俞德怀，曾祖父俞宗祓。俞宗祓生有三个儿子：长俞德贤，次俞德怀即为俞济时的祖父，季俞德桂即为俞飞鹏的父亲。故俞济时为五峰俞氏第四十二世孙。

俞国华的世系，因未能找到其宗谱而不敢妄下定论。但可以肯定的是，俞国华与俞飞鹏、俞济时系同宗同族，均为泮西俞氏十三世祖俞孝芬的后裔。其主要依据是：

第一，泮西俞氏从第十三世祖俞孝芬始，确定了40字的行诗字辈，其前10个字辈为：孝友延宗德，忠良佩圣仁。俞国华祖父叫俞德敬（发忠），为泮西俞氏德字辈第十七世祖；俞国华父亲俞作屏（忠教）为忠字辈第十八世祖。

第二，俞国华祖居坐落在奉化城县前街上，与俞飞鹏、俞济时旧时居所相邻，并于1947年奉城火灾时被焚毁后，尚剩下柴平房一间，由其胞妹俞志坤保存。

第三，俞国华祖坟和父母墓葬均在奉化。1984年8月3日，浙江省委统战部发文（〔1984〕54号），由省财政厅拨款2万元予以修复。

第四，就我们所见各种文献资料，在讲到奉化"民国三俞"时均称俞国华为俞济时堂兄弟、俞飞鹏堂侄。所以，虽则俞国华没有俞济时和俞飞鹏的关系那么近，然而俞国华为俞济时的远堂兄弟、俞飞鹏的远堂侄，则确定无疑。故俞国华亦为五峰俞氏第四十二世孙。

附　录
宋元之际奉化籍"诗坛盟主"俞雷①考略

1.《本堂文集》中发现的俞雷

南宋学者、诗人陈著(1214—1297)的《本堂文集》,其卷八有题为《俞荪墅(名雷,字叔可)示以杂兴四首,乃用危骊塘所次唐子西韵因次韵》的一组诗。根据诗题和诗意可知,俞雷曾以杂兴四首示赠陈著,而陈著则以危积次唐庚之诗韵的形式,回赠俞雷。这组五言律诗,以转韵共分十章:

其一

小小山前屋,深深竹里门。
间关谙世梦,宽绰养天根。
趣涉诗书圃,名归耕钓村。
日长无一事,笑语子孙繁。

其二

羡君培早学,人十已千之。
燕雀谁知我,蛟龙自有时。
文章魁众后,计幕主相知。
天地如长泰,功名何可涯?

---

① 俞雷是我们在研究过程中新发现的明派俞氏的先祖之一,家谱和史志均已失载。俞雷,字叔可,号荪墅,曾官为运干。俞雷生活在宋末元初,与陈著(1214—1297)和舒岳祥(1219—1298)年岁相当,并交谊颇深。今舒岳祥文集《阆风集》中的《荪墅稿》,疑为俞雷的诗文遗稿。根据俞雷"荪墅"所在地公棠村是斑竹俞氏传统的墓葬地之一,我们基本可以确定俞雷是斑竹俞氏先祖、十世祖俞宾之后,大约在第十九世到第二十一世。但因文献阙如,我们又无法确定其是俞文广之后还是俞文唐之后,故以"附录"放在"俞文广支"和"俞文唐支"之后。

其三

乾坤今似许，燃祸自非材。
危活茅头米，惊愁笛里梅。
世方淫佛老，谁肯问参回？
太息复太息，吾徒何以哉！

其四

人生无足处，知足是良方。
自种苏成墅，时同云出乡。
江湖残梦杳，山谷本心长。
回首门前事，风潮战石塘。

其五

平平聊送目，咄咄不书空。
静见蜗争国，穷知马福翁。
逢人无眼白，耐是得颜红。
如此闲光景，何须到弱蓬。

其六

学得无名氏，游于何有乡。
熟眠胜醉酒，清虑当焚香。
富有书连架，贫无盗伏梁。
只应诗社友，时节到门墙。

其七

世运空更嬗，人生任覆翻。
浮荣归堕甑，真味计污尊。
见客不问事，学农时踏村。
兴公旧游处，长笑一招魂。

其八

我才虽不武，纵靶洛阳桥。

本是士行志，非因贫折腰。

天风吹劫火，国事付回潮。

待尽山深处，汗颜猿鹤邀。

其九

道路尘方暗，田园事岂差。

营巢难老鹤，谋啄拙饥鸦。

时有诗题壁，多因病在家。

学仙非骨相，枉是住丹霞。

其十

诗卷劳相寄，吟高欲和难。

澹情如水接，秀句共霞餐。

妄奏蛙声乐，叨盟马血盘。

岂能无牴触，一笑幸吾宽。

此外，《本堂文集》卷十七有《载酒过俞叔可运干夜话》七律一首：

晴边杖履学偷闲，十里溪山送入檐。

门外方争危处路，竹间自下旧时帘。

数杯同醉寒中暖，一枕高眠苦后甜。

何幸诗坛有盟主，狎相来往亦何嫌。

《本堂文集》卷八十五有《次韵张子华寄示正月四日，与其兄及俞叔可兄弟四人会饮诗》七律一首：

两家昆弟贺正来，投辖留连肯放回。

恰第四朝春正好，合三百岁老相陪。

有光西洛菜羹社，同醉东坡蕉叶杯。

何似添侬八十一，呼为五老共徘徊。

似乎意犹未尽，同一天，陈著又作《次前韵戏似》七言一首：

喜逢新岁带春回，四老过从贺泰来。

君欲燕毛分次第，我当鹤发领徘徊。

欣怀雀跃空相望，弱脚蹒跚阻一陪。

传语诸贤任抛外，百年夫妇自衔杯。

《本堂集》卷二十一有《答俞叔可运干生日》一文：

> 老夫无能为也，徒登希有之年，爱之能勿劳乎，乃辱过谦之誉，施笺郇云而孔缛，调郢雪以何高！副以列珍光于四壁，虽泛商南流羽歌之，莫致于红裙，醉酿饱鲜，幸甚！不辜于白发。

陈著，字子微，小字谦之，号本堂，晚年号嵩溪遗耄，时奉化县剡源乡三石村（今奉化区溪口镇）人，与"金字谱"撰者俞浙（1215—1300）颇有交谊。理宗宝祐四年（1256）进士。初调监饶州商税（今江西省鄱阳县），景定元年（1260）为白鹭书院山长，知安福县。四年（1263），除著作郎，以忤贾似道，出知嘉兴县。咸淳三年（1267），知嵊县。七年（1271），升任扬州通判，寻改临安府签判转运判。十年（1274），转临安通判，擢升太学博士。德祐元年（1275），迁监察御史，授秘书监。是年十一月，出知台州，未赴任。宋亡后，陈著避居奉化雪窦山西坑村。元至元十八年（1281），出任广平书塾山长。至元二十九年（1292），聘修《奉化县志》。元大德元年（1297）卒，年84岁。有《本堂文集》九十四卷，各本文字多残缺错漏，其中诗缺两卷。

从陈著《本堂文集》上述多首（组）诗中，我们不仅第一次发现了明派奉系俞氏中有一个叫"俞雷"的先祖，而且我们还可以大致勾画出俞雷的形象：

第一，俞雷，字叔可，号苏墅，生活在宋末元初之际，年龄大致与陈著（1214—1297）相当。

第二，俞雷的居所在剡源乡的公棠（旧时称"高公塘""公塘"）山下，"自种苏成墅"，在户畔植草莳竹，筑苏墅而隐居，身处乱世，耕读自足。

第三，俞雷善诗并擅交，陈著称赞他"诗卷劳相寄，吟高欲和难。澹情如水接，秀句共霞餐"，由衷地称俞雷为"诗坛盟主"。

第四，俞雷所居的"苏墅"与当时陈著隐居的雪窦山西坑村很近。俞雷曾做过转运司属下的小官"运干"，宋亡后，在家乡的山谷里隐居，并与陈著、张子华等"狎相来往"。陈著带着酒去访问俞雷，从雪窦山的西坑村出发，到俞雷的苏墅，仅相隔"十里溪山"。

2. 俞雷行迹考述

在历史长河中几近湮没的俞雷，是一个被同时代的著名诗人陈著称为"诗坛盟主"的奉化籍诗人。但是，在史志甚至家谱中，均名不见经传，其诗作更难觅踪迹，我们只能在陈著与他的唱和诗中，管窥俞雷的点点滴滴。所以，《本堂文集》中的上述几首诗，可谓弥足珍贵。

陈著的《俞苏墅（名雷，字叔可）示以杂兴四首，乃用危骊塘所次唐子西韵因次韵》长诗，让我们了解了宋末元初奉化籍诗人俞雷的居所、早年经历、为学、求仕、个人胸襟与学养，以及在宋元之交江山移主这样一个大背景中，战乱时的艰难生活、个人痛苦与黍离之悲。俞雷处宋末乱世而淡泊自守，在户畔遍种香草和竹子，"自种苏成墅"。这就像陶渊明建柳舍而遁世，耕读自足，践行了孟子"穷则独善其身，达则兼善天下"的人生态度与准则。这首诗中有陈著对俞雷人格和诗文的肯定与褒奖，也有对他身处劣境的安慰与鼓励。同时，也反映出陈著作为南宋遗老的艰难生活与苦闷的心情。从诗中可以看出，陈著是俞雷的知音，俞雷在陈著眼里，是一位出色的诗人。

此诗题中的"运干"，为转运使的辅佐之员，说明俞雷曾做过转运司属下的小官，宋亡后，在家乡的山谷里隐居，并与陈著、张子华等"狎相来往"。陈著带着酒去访问俞雷（叔可）从雪窦山的西坑村出发，到俞雷的居所——苏墅（在剡源公棠山下，有后面五律长诗的句子"兴公旧游处"为证），大约走了十里的山路——"十里溪山送入檐"。如果在古代走小路，直接翻山越岭，从西坑村到公棠村，应该只有十里的溪山，该两地和斑竹村在古代都属于剡源乡。所以此诗从另一个角度证实了俞雷的居所"苏墅"在公棠山的山谷里。

据《光绪剡源志》记载，高公塘，即公塘。全祖望《公棠辨》曰："剡源有九曲，而公棠为殿（疑堤字），说者以为孙兴公来山中，尝植棠，因以得名。姚江黄先生疑之曰：二百八十峰，以兴公得名者为梨洲，尔雅赤棠为梨，则有梨不应复有棠，是以一事而附会之两地也。予考之《宝庆四明志》，本作公塘。盖九曲之水会于晦溪而置堰于公塘，未成。堰之前先有塘，以潴水，故呼之曰公塘。《乾道四明志》述形胜，亦只及兴公之梨洲，而无树棠之说。《开庆四明志》吴制使于公塘，置寨防盗，则在当时为要地，不应并其名而有误也。以塘为棠，始于《至正四明志》，盖好事者为之。姚江但疑其雷同而未审其讹转之自耳。予初作《剡源九曲辞》，亦循传闻之说，贻误艺苑，山灵有知，当为齿冷。因是正之以补失言之羞。"

不过陈著在南宋宝祐癸丑（1253）所撰的《樊君复墓志铭》里已有"公棠山"之名。所以，从这句"兴公旧游处"，我们可以确定俞雷的苏墅，就在公棠山下。《光绪剡源乡志》还记载：公塘（向东南）即宝庆志公塘村，其后"塘"讹为"棠"。

斑竹(大晦)俞氏应该很早就有先祖居住在公棠了。据民国版《斑竹俞氏宗谱》记载,公棠山是斑竹俞氏先祖传统的墓葬地之一,斑竹俞氏十四祖、北宋安定郡马俞景福(伸)之孙俞世杰(字元隆)、俞迈父子的墓葬地都在公棠山。那应该是南宋初期到中期。据我们考证,奉系俞氏各派祖源都来自大晦(斑竹),虽然我们在斑竹谱和升纲谱里没有找到俞雷的名字,也许是俞雷除了字叔可、号苏墅之外,另有谱名。俞雷有可能是郡马公俞景福(伸)的旁支,因为斑竹谱和升纲谱记载的都是俞宾次子、十一世俞文唐的后裔。而俞文唐之兄俞文广这一支迁俞村、呑底及奉城内等地,除了他们的祖源之外,斑竹谱与升纲谱的记述不是很具体、详细。所以,俞雷也有可能是俞文广的后裔,到底是哪一分支,需要深入考证。但是不管怎么样,我们基本可以确定的是,俞雷是斑竹俞氏始祖(五峰十世祖)俞宾的后裔。

3. 俞雷的诗文集

俞雷既然能被陈著称为"诗坛盟主",除了其擅交好义外,首先必定是以诗见长,方能为陈著等一众诗人所推重。如此,定会有大量的诗文作品或诗文集存在。但我们遍查有关的文献,有关俞雷的诗文竟一无所获。古人诗文结集,大多以号名集,如陈著《本堂文集》、舒岳祥的《阆风集》、戴表元的《剡源集》等,故我们认为,俞雷既然以"苏墅"为号,那么,他的作品集就极有可能为《苏墅集》或其他的一个后缀字,如卷、稿、选、册、笺等命名。

这就自然涉及宋亡后也隐居在奉化的宁海人舒岳祥了。因为舒岳祥虽然不是以"苏墅"为号,却有一本作品集叫《苏墅稿》。

舒岳祥(1219—1298),字景薛,一字舜侯,人称阆风先生,浙江宁海人。幼年聪慧,能作古文,晚年潜心于诗文创作,虽颠沛流离,仍奋笔不辍。诗文与王应麟齐名。宝祐四年(1256)进士,授奉化尉。右丞相叶梦鼎曾以文字官荐舒岳祥入朝,以母丧离去。丧服满,适友人陈蒙总饷金陵,聘舒岳祥入总幕,与商军国之政,暇则谈文讲道,游览名胜,不烦以案牍之事。后陈蒙以移用军饷被去职,舒岳祥亦离去。军中将领争相挽留,舒岳祥说:"主我者以罪去,而吾固利独留邪?"辞不就。

咸淳九年(1273),友人谢堂欲荐舒岳祥入京师订正《通鉴》各家注释,事将成,奏入经筵备作讲读之士。后风景尹曾渊子又荐舒岳祥为户部酒务,此乃晋列朝士阶梯之职。贾似道时当国,亦闻舒岳祥之才,但以舒岳祥尚气简直,不肯对人作谄媚之言,不拟即刻任用,欲以盘折抑挫之法驯服舒岳祥,然后为己所用。舒岳祥获悉,毅然离京回乡。宋亡后,舒岳祥隐匿乡里执教,为赤城书堂长。与奉化戴表元、鄞县袁桷等交往甚密。

《四库全书》集部四"提要"中列有《阆风集》十二卷,我们从中找到了总纂官纪昀写给乾隆皇帝的一则奏章:

> 臣等谨案:《阆风集》十二卷,宋舒岳祥撰。岳祥,字舜侯,宁海人。宝祐四年(1256)进士,官奉化尉,终承直郎。宋亡不仕,教授乡里以终。《两浙名贤录》载,所著有《史述》《汉砭》《补史》《家录》《苏墅稿》《避地稿》《篆畦稿》《蝶轩稿》《梧竹里稿》《三史纂言》《谈丛》《丛续》《丛残》《丛传》《丛肆》《昔游录》《深衣图说》,凡二百二十卷,今诸书多佚不见。焦竑《国史经籍志》载岳祥《阆风集》二十卷世亦无传,检《永乐大典》中所载岳祥诗文,间题《篆畦》《蝶轩》《苏墅》诸集名,而题为《阆风集》者居十之八九,似当时诸稿本分帙编次,而《阆风集》乃其总名。今原书卷第已为《永乐大典》所乱,无可辨别,谨依类裒缉,厘为诗九卷、杂文三卷,仍其总名,以《阆风集》名之。又集中有《百一老诗序》,盖即所赋老渔、老猎之类,似原本亦别有一集,然所阙已多,不成卷帙,故亦不分析焉。岳祥少时以文见吴子良,即称其异秉灵识,如汉终、贾。晚逢鼎革,遁迹终身,乃益覃思于著作,其诗文类皆称臆而谈,不事雕缋。集中有《诗诀》一首云:"欲自柳州参靖节,将邀东野适卢仝。"又云:"平原骏马开黄雾,下水轻舟遇快风。"其宗旨所在,可以想见矣。
>
> 乾隆四十六年(1781)九月恭校上,总纂官臣纪昀、臣陆锡熊、臣孙士毅,总校官臣陆费墀

在这篇奏章中,我们看到了舒岳祥作品总集中有《苏墅稿》,颇觉诧异。此前王应麟为该书撰写序文,却从未提到过《苏墅稿》。纪昀特别强调:"今诸书多佚不见,焦竑《国史经籍志》载岳祥《阆风集》二十卷世亦无传,检《永乐大典》中所载岳祥诗文,间题《篆畦蝶轩》《苏墅》诸集名,而题为《阆风集者》居十之八九,似当时诸稿本分帙编次,而《阆风集》乃其总名。今原书卷第已为《永乐大典》所乱,无可辨别。"我们认为:同一时代、同一个奉化剡源乡小地方,曰"苏墅"者只可能仅此一家。同时,舒岳祥也断不会用诗友俞雷的名号来命名自己的作品集。

王应麟曾为舒岳祥的《阆风集》撰序,为保持原貌,谨录全文如下:

明派俞氏研究

舒先生既捐馆舍之十年，遗书有《梦蝶轩》《槁篆畦诗》已锓梓行世，独号《阆风集》者最为大全，板本既灾于兵，子叔献将复刊之，家婆甚，力不能任，且以三百年来诸公诗文论之，梅圣俞宛陵，苏子美吴中，欧阳永叔庐陵，苏明允父子成都建安九江，王介甫临川，曾子固旴江，陈同父婺郡，叶正则海陵，岂其家子弟为之哉！古儒先生也，门人父子，传其书，转相教授，及后来摹印简便之说（原阙），则乡党朋从与异世慕用之士，相与出资，货以给费。《阆风集》是三人者尽将刊之，先生负奇气，固伯仲诸葛孔明，王景略其视龊龊琐碎，虽达官贵人若遗涕唾，不肯一回顾少年，已擢巍科同时流辈往往涉足要津，已独凝立，却行不能以分寸为进，其文凌张文潜、秦太虚而出其上，其诗韩子苍、陆务观不足高也。至大四年（1311）龙集，辛亥三月，永康胡长孺序之于海上仙源观。读虞书赓歌，可以见诗之雅正，读夏书五子之歌，可以见诗之变风变雅。世道之隆污不同，而诗之正变亦异然，天典民彝之正，万古一心也。士生斯世，岂不欲以和平之声，鸣国家之盛时不虞氏也。遇合不皋陶也，于是离骚兴焉，傺诗作焉，曰指九天以为正，曰弟子勉学天不忘也，不求人知而求天知，一心之唐虞，岂与世变俱化哉！此陶靖节、杜少陵所以卓然为诗人冠冕，而谢灵运、王维之流不足数也。论诗者观其大节而已，余少时已闻舒景薛言语妙天下，景薛更字舜侯，擢丙辰第，与余弟仲仪为同年进士，然自重难进，阅群飞之刺天而无竞心，不得弦歌生民清庙之章荐之郊庙，又不得绅金匮石室，书续左马班氏之笔。晚岁涉坎险历，蹇难萍流蓬转，有陶杜所未尝，气益劲，思益深。胸中之书不烬，方寸之广居浩乎，其独存弄云月于嵁岩之下，友渔樵于寂寞之滨，固穷守道皓皓乎，白璧之全，其文如泉出，山达乎大川而放诸海，有本者如是，何谓本大节之特立也。余与舜侯，别二十余年，时得见其诗文，一日书来，以《辟地》《篆畦》《蝶轩》三稿惠教，读之如朱弦、疏越之音，一唱三叹，年进而学日进，学进而文日进，述酒之微婉，同谷之悲壮，友陶杜于千载德业之进，亦未艾也。三史纂言考订精确，惜不令作宋一经以垂无穷，尝以晚易名斋，探索三陈九卦之蕴，以处忧患颠沛流离，不能诎其志，厄穷憔悴，不能更其守。在贲之初九舍车而徒此贲之，所以为文岂椠人墨客所能识哉？舜侯赠余诗曰：从来明月无今古，此坡老所云"浮云世事改，孤月此心明"，余不足以当之，而教我之意厚矣。凡百君子各敬尔身，盖朋友相勉之诗也，愿相与切磋焉。

　　旃蒙协洽岁（1259）围阳月既望，浚仪遗民王应麟序王应麟(1223—1296)，南宋官员、经史学者。字伯厚，号深宁居士，又号厚斋。庆元府鄞县人，祖籍河南开封。宋理宗淳祐元年(1241)进士，宝祐四年(1256)复中博学宏词科。历官太常寺主簿、通判台州，召为秘节监、权中书舍人，知徽州、礼部尚书兼给事中等职。其为人正直敢言，屡次冒犯权臣丁大全、贾似道而遭罢斥，后辞官回乡，专意著述二十年。为学宗朱熹，涉猎经史百家、天文地理，熟悉掌故制度，长于考证。一生著述颇富，计有二十余种、六百多卷。所撰《玉海》两百卷，囊括当时科举考试所需的各类知识；笔记《困学纪闻》以考证为特色，居"宋代三大笔记"之首；蒙学著作《三字经》风行七百多年，流传海外众多国家。戴表元，少从王应麟、舒岳祥游。陈著、王应麟、舒岳祥、戴表元，他们之间的交往都很深。

王应麟的这篇序，不仅一字未提《苏墅稿》，反而说到了《阆风集》的"板本既灾于兵，子叔献将复刊之，家窭甚，力不能任"。在战乱中，《阆风集》的版本早就被毁了。所以，王序从另一个侧面证明了《苏墅稿》并非舒岳祥所作。

4. 俞雷在剡源的"朋友圈"

前面我们已经提到，《本堂文集》卷八十五有《次韵张子华寄示正月四日，与其兄及俞叔可兄弟四人会饮诗》七律一首：

> 两家昆弟贺正来，投辖留连肯放回。
>
> 恰第四朝春正好，合三百岁老相陪。
>
> 有光西洛菜羹社，同醉东坡蕉叶杯。
>
> 何似添侬八十一，呼为五老共徘徊。

在陈著八十一岁生日那天，即至元三十一年(1294)正月初四，俞雷兄弟和张子华兄弟同到陈著在西坑村的隐居处祝寿，"五老"共同饮酒赋诗，相见甚欢。

舒岳祥与俞雷交往颇深。舒岳祥《阆风集》卷二有七言诗《九日敏求与侄璋九万载酒苏墅邀予与胡山甫潘少白及华顶周服之道士周若晦作客欲摘蕊浮杯丛委草间未有消息悯然赋之》：

> 五柳先生贫欠酒，不说无花过重九。
>
> 杜陵野客酒可赊，只恨青蕊成蹉跎。
>
> 如今风物尤凄恻，绕丛觅蕊无消息。
>
> 寒螀相吊野水流，病蝶来偎寒日夕。

不见金钱将翠羽，惟有悲风吹蔓棘。

古人爱汝非无意，志士仁人例憔悴。

楚国无人屈子伤，陶杜凄凉唐晋季。

此日何日悲更悲，聊嗅青枝记一时。

往时好事环辙迹，建业钱塘华尽识。

就中内本碧玉杯，欲买黄金惜不得。

两都风景今何如，泪堕丛边和露滴。

上述舒岳祥诗题中的"苏墅"，既可指人，亦可指那个人的居所。共同指向的只能是一个，即俞雷，号苏墅，绝不是指舒岳祥自己。据此我们认为："苏墅"是俞雷（叔可）的村舍，敏求与侄璋九万邀请予（舒岳祥）与胡山甫、潘少白及道士周若晦等去那里做客，仿兰亭雅集（摘蕊浮杯，丛委草间）。但后来没有消息，舒便悯然写了这首诗。

在这首诗中，舒岳祥是把"苏墅"俞雷当作主角来写的，可以说是为俞雷留下了一张精神画像。他把俞雷比作东晋的陶渊明，唐朝安史之乱时的杜甫，甚至把他比作战国时的屈原，怀高洁而寂寞，历乱世而独立。在宋亡之后，俞雷与他们一样悲伤与凄凉，一样忧国忧民而人文卓绝，"志士仁人"在相似的境遇里，都一样"憔悴"。诗中还提到了"建业钱塘华尽识"，可能他们年轻时在南京和当时的京城杭州有过交集，如今看到"两都风景"已非当年，江山易主。回首往事，怎能不使人泪洒花丛，和露水一起滴落？此诗中的"病牒来偎寒日夕"，可能指俞雷当时已是桑榆暮景，贫病交困。这个和陈著在诗中称俞雷为"羡君培早学，人十已千之"的学问、诗文"吟高欲和难"的出类拔萃，以及描述俞雷"营巢难老鹤，谋啄拙饥鸦"和"时有诗题壁，多因病在家"的生存状况是一致的。

号为"嵩溪遗耄"的陈著与戴表元曾隔溪同隐。陈著隐退剡源后，筑本堂为居，创作诗文颇丰，现存1300余首诗。陈著年长戴表元30岁，相似的仕途坎坷、乱世经历和晚年隐居生活，使二人意气相投，诗文唱和，相互慰藉，结成忘年交。在剡源，与戴表元过从甚密者并不止于陈著。清史学家全祖望记："宋之亡，四方遗老避地来庆元者多，而天台三宿儒预焉……时奉化戴户部剡源在，其与阆风、正仲和诗最富。"[①]阆风、正仲即名列"天台三宿儒"的舒岳祥、刘樗园。前者和王应麟同为戴表元授业之

---

① （清）全祖望：《鲒埼亭集外编》卷十八。

师,戴表元深受其教益,元兵南下时他又和戴同避乱于台州峡石。刘是戴表元在太学时的同斋好友,二人过从甚密。

戴表元归剡后,舒岳祥以潜心诗文、授徒故里为乐,与戴表元的交往频繁,亦师亦友,情谊很深。刘梦园也是舒岳祥的好友,二人常结伴来剡源与戴表元相聚,曾同居于棠溪、榆林。全祖望曾主张在剡源建舒、刘之祠,纪念他们曾"流寓剡源"。

但从舒岳祥这首含有"苏墅"字样的诗题来说,我们认为苏墅即是指俞雷或俞雷的居所。此诗印证了陈著称俞雷为"诗坛盟主"的事实,即俞雷的苏墅经常会有一些南宋遗老或义朋诗友来聚集,饮酒赋诗赏花。这也和陈著写给俞雷的《载酒过俞叔可运干夜话》《次韵张子华寄示正月四日,与其兄及俞叔可兄弟四人会饮诗》一样,"苏墅"不仅是他们饮酒赋诗的理想场所,更是他们经常蜂拥而至的精神家园。

所以我们认为,和俞雷以诗酒交往的遗老很多,舒岳祥应该也是其中之一,只是目前还找不到更多相关的诗文证据。

我们认为,舒岳祥也曾在剡源榆林隐居,其年龄、经历和陈著、俞雷、张光华等人都相仿。有许多诗作都指向奉化剡源的山水人文,而舒岳祥的作品集特别多,有些或后人误把奉化剡源乡一带山水人文景观和内容相近的宋末遗老情怀的诗,放到舒的名下了。由于这些南宋遗老对元代朝廷怀着不合作的态度,远离官方视野,在宋末元初的战乱中,这些人的作品集的版本容易受到毁损;加之元朝统治者对南宋遗老的戒备与歧视,他们的作品更易受到冷落和遮蔽。在明初编《永乐大典》时,容易被不明真相的编纂者所混淆;而在清朝乾隆年间,以纪昀为总纂官的《四库全书》,也难免以讹传讹,以致真假难辨。

《苏墅稿》是否为俞雷以号名集的作品集?要进一步证实这一点,就必须找到这本《苏墅稿》原版本,深入研究其中的具体内容与信息。但是我们认为,通过对陈著写给俞雷的诗文及舒岳祥诗题中出现的"苏墅",已经可以得出基本结论了。

四、几被湮没的鄞东俞充支[①]

（一）《辜氏墓志铭》的发现

1. 民国《象山县志》中的线索

陈汉章（1864—1938），谱名得闻，字云从，别号倬云，晚号伯弢，浙江省宁波市象山县东陈乡东陈村人，国立北京大学、中央大学历史系主任，经史学家，教育家，一代鸿儒，国学大师。著有《中国通史》《尔雅学讲义》《周书后案》《论语征知录》等。其主纂的民国《象山县志》，堪称近代方志之范式。

为搞清明派俞氏象山俞夔支的来龙去脉，我们找到了由陈汉章主纂的民国《象山县志》。

据民国《象山县志》载：

> 俞夔，字尧臣，魁岸修伟，昼渔而夜读。登元丰五年（1082）进士第。舒亶平辰、沅寇，奏夔筹划功为幕府第一。终建德宰。《宝庆四明志》《延祐四明志》。雍正《宁波府志》始有功字。
>
> 案曰：宋建德县有二，一属两浙路建德府，一属江南东路池州，今陈文介所为《墓志》不传，无以定之矣。王珪《华阳集·辜氏墓志铭》云："子充、褒，褒孙[②]稷、契、皋、夔。"此鄞县之俞夔，非尧臣也。《宋

---

① 鄞东俞氏以俞充子"俞伯宁"为始祖，而象山俞氏始祖为俞充四子俞夔，故我们将鄞东俞氏和象山俞氏合称为"鄞东俞充支"，以对应"鄞西俞鼎支"。

② 此处引述有误，"褒孙"应为"辜氏孙"。此处或为重印时的刊误，文句中多出了一个"褒"字。

史·舒亶传》："崇宁初,辰溪蛮叛。蔡京使亶知荆南以开边功,由直龙图进待制。"《东都事略》："崇宁初,辰州蛮叛,亶以直龙图阁知荆南府。亶选形势,得飞山福纯坡,建新城为控扼之要,以功除龙图阁待制。"然则舒信道由假龙而得小龙,皆俞尧臣筹划之力矣。

民国版塘岙谱亦有"亶平辰、沅寇奏功,筹画为幕府第一"的记载。

2. 王珪撰《辜氏墓志铭》

根据民国《象山县志》提供的线索,在《四库全书》集部中,我们找到了《华阳集》卷五十七王珪撰"墓志铭"中的《辜氏墓志铭》。该墓志铭的发现,彻底打破了明派鄞系俞氏现有各宗谱的记载,完全颠覆了明派鄞系俞氏的现有谱系,是一个极为重要的发现。

现将王珪撰《辜氏墓志铭》原文照录如下:

> 著作佐郎知司农寺丞事俞充,既丧其母,予往吊之,泣以谓予曰:我家世四明人也。先妣姓辜氏,年十五以归我先人,能自承舅姑,不失其妇事。先人举进士,志不就以没,先妣日夜教诸子读书,使人毋堕先人之志。后十余年,充始行间得一地,归拜于堂上,而先妣无动色且谓充曰:学所以求仕矣,必求名誉于其身,使人知汝父之有子,夫然后吾以为乐也。方先妣在乡里时,治家最为有法。四明去朝廷远,其俗吉凶祭祀、冠昏聚会皆无法,先妣独为法不苟,又其事皆躬亲之,无有怠。子妇虽欲往助之,然亦不能有所为也。充皇祖蚤世,而祖妣陈氏再从人,及闻其丧,置几筵其家而哭之,为持丧三年,其家嫁族人之孤女,不异己所出。外家素有产,既绝无后,先妣以法当得之,其后族人有欲分产者,以法不当得。先妣曰:吾有子禄,足以为养矣。乃援法而弗予之。平卒分予之人,有素不足于己者,未尝蓄恚其心,见其贫且死反左恤之,惟恐有不至。以故数至不自赡,盖亦未尝为戚戚。晚喜读释氏书,其于性命之理,颇自以为得。若乃世俗之玩,皆非其所好也。熙宁三年(1070)九月己亥,终于司农寺,享年五十四,明年十月庚午,葬明之鄞县清道乡小江里。子男四人,长即充也,褒皆未仕,其一人早卒。女三人,以适进士、睦州青溪县任中孚,进士虞肩孟、张宷。孙男四人,长稷,次契,次皋,次夔。今葬既有日矣,生无以为养,没无以为礼,不求当世之能文以铭以图长存,是克重不孝不足以见我乡之人,敢告以先妣姓寿卒葬与夫?平生之所为铭之。
>
> 铭曰:

明海之湄，人则屡晦。矧曰妇德，职自治内。

显矣夫人，有子之良。名动朝廷，以大于乡。

晨昏奄违，予适往吊。作诗同藏，是其永耀！

《辜氏墓志铭》作者王珪（1019—1085），字禹玉，北宋名相，著名文学家。祖籍成都华阳，幼时随叔父迁居舒州（治今安徽省潜山市）。仁宗庆历二年（1042），王珪进士及第，高中榜眼。初通判扬州，召直集贤院。历官知制诰、翰林学士、知开封府等。哲宗即位，封岐国公。旋卒于位，年六十七，赠太师，谥文恭。王珪历仕三朝，典内外制十八年，朝廷大典册，多出其手。自执政至宰相，凡十六年，少所建明，时称"三旨相公"。《四库全书》辑有《华阳集》四十卷。

王珪与俞充交厚，《宋史·俞充列传》中有"充之帅边，实王珪荐，欲以遏司马光之入"之句。

3.《辜氏墓志铭》释读

《辜氏墓志铭》作于熙宁四年（1071）十月，俞充之母"辜氏"归葬明之鄞县"清道乡小江里"时。辜氏 15 岁嫁给俞充父亲，17 岁生大儿子俞充，去世时年 54 岁。她去世时俞充也只有 38 岁。俞充是长子，他有弟弟俞褒，一个弟弟早亡，还有一个未记名字，应该都还年幼。根据塘岙谱记载的俞褒生卒年，熙宁四年（1071）俞褒年仅 14 岁，可见辜氏的四位孙男长稷、次契、次皋、次夔，均为俞充的儿子。俞充长子俞稷见于其岳父母的墓志铭中，俞次契、俞次皋和俞次夔均见于正史记载。

王珪撰《辜氏墓志铭》包含了极为丰富的信息：

第一，俞充亲口对王珪说："我家世四明人也。"[①]说明俞充的出生地在"四明"，而且其祖辈一直生活在"四明"。

第二，俞充母亲辜氏生卒为 1017—1070 年，享年 54 岁。天圣九年（1031）15 岁时嫁入俞家，明道二年（1033）17 岁时生长子俞充，后又生次子俞褒，另外还有两个儿子，一佚名、一早卒。辜氏谢世那年，俞充 38 岁。

第三，辜氏去世时，俞充在司农寺丞事任上。辜氏是在俞充的官舍中去世的。

---

① 俞充的第三个儿子俞次皋在汉中石门留下了"元丰元年（1078）十月十三日，侍亲出帅华池，与友人鲜于㴐、宋彰恭谒祠下。鄞江俞次皋谨题"的字迹，俞次皋则称自己为"鄞江人"。

第四，辜氏知书达理，治家有方，贤惠、能干、勤劳，待人慈悲宽厚，急义好施，是后来造就明派俞氏俞充一支在宋代兴旺发达的第一功臣。

第五，俞充之父、之祖是谁并未留下名讳。只知道其父没考中进士就去世了，那时俞充尚未成年，只有十几岁；其祖亦"蚤世，而祖姑陈氏再从人"。可见俞充祖上家境贫寒。其外祖父母虽家境殷实，但无后嗣，辜氏为"孤女"。

第六，俞充为长子，有兄弟三人，大弟叫俞褒，此外一个未记姓名、一个早卒。姐妹三人，适进士、睦州青溪县任中孚，进士虞肩孟、张宋。辜氏的二个女儿均比俞褒大，是否有比俞充更大的则无据可考。

第七，俞充在其母故世时，已有四个儿子：俞稷（俞次稷）、俞次契（俞仲素）、俞次皋（俞伯谟）、俞次夔（俞夔）。

第八，辜氏去世后的第二年（1071），其灵柩运回四明，墓"葬明之鄞县清道乡小江里"①。

4. 比俞夔更早到达象山的另一支俞氏

（1）俞懋文、俞承简不可能是俞充之先人

按民国《象山县志》的说法，明派俞氏象山支原有谱。谱载俞夔曾祖俞懋文、祖俞士达，父（辈）俞承简为第八世，俞夔为九世，俞夔子俞观能，孙茂系、茂先。县志中没有提到俞充之名。而且俞士达卒于大中祥符六年（1013），俞充出生于明道二年（1033），不可能是俞充之父。所以，可以肯定的是，民国《象山县志》所载的俞夔世系为误。明派俞氏象山俞充支的世系应该是：俞充→俞夔→俞观能→俞茂系、俞茂先→俞冕、俞杲、俞昂→俞传之、俞俨之、俞俶之、俞宜之。此后失传。

《辜氏墓志铭》虽然明确了俞充和俞夔的父子关系，但是没有提供俞充父祖的任何信息。按民国版桃义江谱和塘峖谱，俞充之父为俞佶（1018—1085）、祖为俞允谭（998—1078）。查阅陈汉章纂民国《象山县志》，我们找到了"俞懋文、俞承简"条，一开始我们以为或与俞充之父、之祖相关，但最后，我们还是得出了否定的答案。条目内容照录于下：

① 清道乡在明州古城的西北，今高塘一带。然据《宝庆四明志》所载，"武康乡在府城下，管小江里"。同治《鄞县志》载，"小江里"属武康乡，在鄞县县治东二里，今海曙区靠近三江口一带。详见张如安点校：《同治〈鄞县志〉（点校本）》，浙江人民出版社，2020年，第33页。

康熙县志：县西九都金字山下。后迁邑城。乾隆县志按：旧志侍郎俞懋文，大理评事俞承简，出身、时代俱失考①，惟见宅墓志。今阅其宗谱，知懋文为俞夔之曾祖，卒于宋开宝五年(972)。钱氏纳土在太平兴国，则懋文死久矣，其为侍郎在吴越王时无疑。谱又云：懋文生士达，由省元官至左庶子，卒于大中祥符六年(1013)。《宋史》：真宗为太子，太宗但设太子宾客官，至仁宗升储，方设左右庶子二员及左右谕德。事在天禧二年(1018)，距士达之卒五年矣，不足据也。士达生承简，官大理评事，不言出身，而夔为承简之子，则谱无明文，盖承简八世，夔九世，子与从子，皆未可知也。案：《通志》引万历《象山县志》作侍郎俞懋文孙大理评事俞承简宅，康熙、雍正县志皆与万历志同。乾隆志"孙"字作"子"，非也。

陈汉章纂民国《象山县志》还有如下记载：

侍郎俞懋文墓②　雍正县志：县西南五十里九都金家岙。
大理评事俞承简墓③　雍正县志：县西南五十里斛山。
进士俞夔、俞茂先墓　嘉靖府志：俞夔墓在县西厉家洋。嘉靖县志：夔孙茂先，进士，葬谢家山头。

(2)俞懋文支和俞夔支并非直系亲属

经仔细阅读考究后，我们确认俞懋文并非俞充之祖。原因有二：一是按县志所载人物关系，俞士达应该是俞充之父，但俞士达谢世时(1013)，俞充母辜氏亦尚未出生(1017)。二是俞充自称"家世四明人"，虽则象山在宋代属明州境，但自唐置明州府后直到现今，唯有鄞人多自称为四明人，且俞充母辜氏亦归葬鄞境。所以，象山境内的俞懋文支和俞夔支并非直系亲属，俞懋文支比俞夔支迁居象山，还要早一两百年。

在光绪版《马坡俞氏宗谱》"俞氏居址"中，关于"明派"有如下记载：

古四明，即宁波也。稠公第四子玙公，仕明州院判，居鄞县，生五子，分仁、义、礼、智、信五派，仁居鄞县，义居象山，礼居鄞之湖田桂

---

① 此段文字《象山县志》断句有误，此作改正。
② 位于象山县泗洲头乡金家岙西人坟坛，背靠岳山。今栏圈墓碑均无存，封土亦平，未见发掘现象。
③ 位于象山县泗洲头乡杨大场村斛山麓。今栏圈无存，封土下塌，墓前残留石柱一方，高 3.3 米，宽 0.41 米。

林,智居新盐场、东湖、定海,信居奉化县大晦、驻岭、斑竹园各山。

在民国版敦本堂(文应公派)《俞氏宗谱》中,亦有"明派"的相关记述:

> 玕,稠公四子,字国用,行四十九,任明州大院判,居于明之大晦。配韩氏,生五子:承支、承文、承锡、承奕、承登。公卒于甲午年三月十一日,墓葬大晦。

> 承支,字仁,后迁居鄞城,生二子:仁翱、仁翔。承文,字义,后迁居象山;承锡,字礼,徙于鄞县湖田桂林;承奕,字智,后迁居于鄞新盐场,生一子:仁宵;承登,字信,徙居庆元大晦。

(3)俞懋文或为"金字谱"漏载的俞承文

从各种信息综合来看,我们认为,象山俞懋文(?—972)及其子俞士达(?—1013)这一支俞氏,极有可能就是"金字谱"漏载的明派俞氏始祖俞玕(862—934)的第二个儿子,即俞承文、字义。这一点,我们也可从剡派祖和明派祖的生活年代中得到某种印证。

派别	七世祖	八世祖	九世祖	十世祖
剡派	珣(853—933)	承志(883—953)	仁裕(907—976)	伯深(936—994)
明派	玕(862—934)	懋文(?—972)	士达(?—1013)	承简(?—?)
		承奕(?—?)	仁宵(?—?)	鼎(961—1024 或 976—1053)

设若俞懋文即俞承文的推断成立,那么,其迁居象山的时间,最早在俞玕(862—934)唐末不仕、率族定居大晦之后(唐昭宗光化到天复年间的900年前后),最晚在其吴越时仕侍郎之后。而俞夔定居象山的时间,最早在崇宁元年(1102)随舒亶平辰、沅寇之后,到北宋末年之间。

至此,俞充这一支的父祖,则因缺乏更多的史料佐证,仍然难下定论,我们将在后面专门讨论。

(二)《辜氏墓志铭》重现了北宋能臣俞充家族

1. 明派鄞系俞氏宗谱的误载

在明派鄞系俞氏的谱系中,对俞充世系的记载是一致的:俞充

（1033—1081）的父亲是俞佶，分居鄞城，为鄞城派祖；祖父为俞允谭；曾祖为俞鼎。

以塘岙谱为代表的鄞东谱和以桃义江谱为代表的鄞西谱均载：

> 俞鼎（塘岙谱记为 961—1024 年，桃义江谱记为 976—1053 年）长子俞允谭（塘岙谱记为 987—1059 年，桃义江谱记为 998—1078 年），生三子：俞佶、俞伟、俞伸。俞佶（塘岙谱记为 1020—1117 年，桃义江谱记为 1018—1085 年）居鄞城，为鄞城祖，生二子：俞充、俞光。俞伟（塘岙谱记为 1031—1106 年，桃义江谱记为 1031—1102 年），熙宁六年（1073）余中榜进士，居湖田桂林。生二子：俞衮、俞褒。

> 俞鼎次子俞允诜（塘岙谱记为 990—1077 年，桃义江谱记为 1003—1085 年），赘居象山县杨氏，生一子：俞夔。俞夔（塘岙谱记为 1038—1125 年，桃义江谱记为 1063—1125 年），生一子：俞观能。俞观能生二子：俞茂系、俞茂先。

上述明派鄞系谱系所载，有几个明显的舛讹：

第一，俞褒（塘岙谱记为 1058—1120 年，桃义江谱记为 1070—1131 年）为俞充亲弟而非堂弟，不是俞伟的儿子。俞充有兄弟四人，俞充居长，俞褒次之，一位早卒，还有一位没有记载名字。没有记载名字的弟弟是否为俞光（塘岙谱记为 1040—1106 年，桃义江谱记为 1042—1106 年）？姑且存疑。

第二，俞夔并非"俞允诜"之子，而是俞充的小儿子。俞充生有四子：长稷、次契、次皋、次夔。

第三，俞伸为斑竹俞氏，斑竹谱称"俞景福"，其父俞绰、其祖俞云茂、曾祖俞文唐，高祖即"斑竹第一大公"、十世祖俞宾。

2. 俞充父祖之谜

因陈汉章在"俞氏名贤传考"一文中称"旧谱"已失，故从俞玕到俞充之间的世系成谜。

那么，按照鄞系谱系的记载，俞充之父果真为俞佶、之祖为俞允谭吗？我们先来看一看塘岙谱和桃义江谱的相关记载。

（1）谱载俞佶世传

民国版塘岙谱所载俞佶世传是：

> 俞佶，第兆一，字仲祥，号淡然，允谭公长子，赘居鄞东下水，遂居

于下水焉。著有《周礼讲义》《野乐》百篇。生宋天禧四年（1020）庚申三月十一日未时①，卒宋政和七年（1117）丁酉八月初四日亥时，年九十八岁。赘鄞东万金湖下水史御史公之女，封恭人，生宋天禧二年（1018）戊午六月初九日申时，卒宋政和二年（1112）壬辰八月十六日申时，年九十五岁。合葬上水阳堂范峤山之原，有华表石柱一对。子二：俞充、俞光。女一，适城中进士楼钿，官至福建泉州府知州。

民国版桃义江谱所载俞佶世传是：

> 俞佶，行万一，字仲溪，千一府君（即俞允谭）长子。生于天禧二年（1018）十一月初三日丑时。以子爵封通议大夫，户部侍郎。分居鄞城。卒于元丰八年（1085）五月十八日，寿六十八岁。娶林氏，赠淑人，生二子：俞充、俞光。原墓葬桃源乡武陵山，为鄞城支始祖。

（2）谱载俞允谭世传

民国版塘峤谱所载俞允谭世传是：

> 俞允谭，第仍一，字文实，号朴翁。俞鼎长子。以子爵封朝议大夫。生宋雍熙四年（987）丁亥正月初二日午时，卒宋嘉祐四年（1059）已亥二月十九日丑时，年七十三岁。娶方氏，封宜人，生宋雍熙四年（987）丁亥六月二十三日丑时，卒宋嘉祐元年（1056）丙申八月十六日丑时，年七十岁。合葬四十七甲凤栖山之原。子三：俞佶、俞伟、俞伸。女一，适邑庠生翁友文。

民国版桃义江谱所载俞允谭世传是：

> 俞允谭，行千一，字维宝，一字继美，百二府君（即俞鼎）长子。生于咸平元年（998）四月二十七日戌时。以子爵封大中大夫。卒于元丰元年（1078）十月十四日，寿八十一岁。娶鄞城周氏，赠硕人。生三子：俞佶、俞伟、俞伸。一女，适鄞城吴希贤。原墓葬上陈山父坟侧。

仔细比较鄞东、鄞西宗谱所载的俞佶和俞允谭父子世传，除了其本人名字相同、生子相同，我们完全可以认为这是两对"父子"。

（3）俞佶、俞允谭均不符合《辜氏墓志铭》提供的特征

《辜氏墓志铭》告诉我们，俞充之父没有中过进士，且在俞充十几岁时

---

　　① 　民国版《四明洋山峤俞氏宗谱》为"生于景祐四年（1037）三月二十一日未时"。

就已经过世,俞充之祖亦因"鳌世,而祖妣陈氏再从人"。而以上两谱对俞佶和俞允谭的记述,从生卒、配、葬到身世、家境,我们居然无法找到哪怕是一点点俞充之父、之祖的印迹。因此,我们可以确认:俞佶和俞允谭并非俞充之父、之祖。

那么,俞充之父、之祖到底会是谁呢?我们几乎查遍明派俞氏家谱中的相关记载,竟然没能找到与《辜氏墓志铭》提供的特征相匹配的任何信息。

鄞东俞氏俞充支后人俞正多先生,20多年来,其足迹遍及宁波境内及江浙沪其他地区等,在俞氏圈内被称为"明派俞氏活地图"。作为俞充支后人,他曾一度特别关注谱载俞充之父"俞佶""赘鄞东万金湖下水史御史公之女"的真实性。但无论是文献查考,还是踏勘采访,最后仍是毫无头绪。

我们从《辜氏墓志铭》中王珪描述的俞充之父的特征看,完全可以否定"俞佶"为俞充之父的可能性。各谱所载之"俞佶",或为桂林俞氏之祖。但作为俞充之父的"俞佶",以及"俞史联姻"的故事,与作为俞夔之父的"俞允选"一样,许是当年哪一位谱师的描龙绘凤之作,史上本就不曾存在。一代名臣俞充之父、之祖的名讳和事迹,已然被漫漫的历史长河所湮没。

3.《辜氏墓志铭》让湮没已久的俞充家族重现辉煌

由北宋名相、著名文学家王珪撰于熙宁四年(1071)的俞充母亲《辜氏墓志铭》的发现,颠覆了明派鄞系俞氏的原有谱系。

从现有资料看,自俞充登嘉祐四年(1059)刘辉榜进士后,俞充的四个儿子中,俞稷、俞夔(次夔)相继进士及第。此后,俞夔(次夔)的儿子俞观能登绍兴十二年(1142)陈诚之榜进士,俞观能的两个儿子俞茂系、俞茂先同登乾道二年(1166)萧国梁榜进士;加上鄞东俞氏"俞伯安"之孙俞畴登嘉定四年(1211)赵建大榜进士、"俞伯宁"之曾孙俞舜申登淳祐四年(1244)留梦炎榜进士。在180余年的时间里,俞充家族直系六代先后出了10多名进士。

北宋名臣俞充一门在宋代六世十(余)位进士,简述如下:

俞充(1033—1081),《宋史·俞充列传》有载,《乾道四明图经》《宝庆四明志》载嘉祐四年(1059)刘辉榜进士。

俞褒(鄞西 1070—1131,鄞东 1058—1120),俞充大弟弟。鄞东梅墟俞氏始迁祖。

俞稷（次稷，约生于1053年），俞充长子。"府君（冯确）享年七十，以绍圣元年九月初五日卒；夫人享年六十有五，以二年正月二十日卒。男二人，曰泾，曰潜，举进士。女二人，长适进士俞次稷，次适进士杜波。孙男一人，女一人，皆尚幼。呜呼！府君、夫人相去不数月捐馆，而适俞氏女先府君而亡，泾亦后夫人不幸，天之报施善人竟如何耶！闻者伤之。"①

俞次契（仲素，约生于1056年），俞充次子，宋政和四年（1114）因罹元祐、元符党人之祸，以太常博士谪任兰溪知县，后卜居瀫西之横山不返，为兰溪赤溪俞氏始迁祖。

俞次皋（伯谟，约生于1059年），俞充三子。元丰元年（1078）在华岳碑题刻"侍亲出帅华池"，随父俞充戍边，自称鄞江人。到元丰八年（1085），以宣德郎赴辟成都，释道潜作诗相送，称"故乡回首海东头，兄弟十年官塞上。才高质美众所奇，杞梓豫章非冗长"。俞次皋和俞次夔兄弟随父西征，戍边十年。

俞夔（次夔，约生于1062年），俞充四子（幼子），《乾道四明图经》《宝庆四明志》载元丰五年（1082）黄裳榜进士。

俞元盛（1077—1139），字惟硕，号尚耕，俞充从子（弟俞褒子）。民国版《四明洋山吞俞氏宗谱》载：宋元符二年（1099）浙江乡试第十九名，会试第八名，殿试一甲三名②，仕至福建布政司。王应麟（1223—1296）为其撰写墓志。

俞观能（鄞西1086—1162，鄞东1071—1163），俞充孙、俞夔子，《乾道四明图经》《宝庆四明志》载绍兴十二年（1142）陈诚之榜进士。据嘉靖《江阴县志》记载，绍兴二十年（1150），俞观能在江阴县丞任上。

俞茂先（鄞西1131—1198，鄞东1088—1135），俞充曾孙、俞夔孙、俞观能子，《乾道四明图经》《宝庆四明志》载乾道二年（1166）萧国梁榜进士。据楼钥《攻媿集》卷一一一记载："十八日庚午，晴，四更起，天微明，即从副使到江干，先登舟以待。沈、严二君相送。晴和无风，俄顷至瓜洲登岸，未

---

① （宋）姚希：《宋故冯府君（确）莫氏夫人合葬墓志铭并盖》，见章国庆：《宁波历代碑碣墓志汇编（唐、五代、宋、元卷）》，上海古籍出版社，2012年，第104—105页。

② 查《北宋状元、榜眼、探花一览表》，元符三年（1100）状元、榜眼、探花为李釜、范致明、林遹。参见：http://www.360doc.com/content/16/0220/13/10886293_535948225.shtml。

几风作。胡抚干(仲文)、俞尉(茂先)、陆泰兴(况)相迓,俟行李上,坐船即行。薄暮,至扬州城中。"《攻媿集》卷一一二记载:"五日丙戌,雨。以沿路水涩,寸进甚艰。夜宿木铺坝里,季润,过仪真,俞县尉(茂先)相见甚款。"楼钥《攻媿集》卷十三有《俞通判(茂元)挽词》两首。

俞茂系(鄞西 1125—1189,鄞东 1096—1155),俞充曾孙、俞夔孙、俞观能子,《乾道四明图经》《宝庆四明志》载乾道二年(1166)萧国梁榜进士。据目前我国唯一现存的宋代县志、宋人黄岩孙所撰《仙溪志》卷二记载,俞茂系于乾道八年(1172)到淳熙元年(1174)以迪功郎任福建仙游县县尉。《宋会要辑稿》中有一则关于俞茂系的记载:"同日①,俞茂系已降四辖②指挥,更不施行。以臣僚论其不曾作邑,巧于干求,破坏成法。"俞茂系在庆元三年(1197)降级为掌管榷货务都茶场、杂买务杂卖场、文思院、左藏库的四辖指挥官,离他中进士时的乾道二年(1166)已是 31 年,离他任福建仙游县县尉时的乾道八年(1172)已是 25 年。从乾道八年(1172)到庆元二年(1196),这段时间他的宦历在任县尉之后,应该出任过其他官职。家谱虽记载有州判、通判和内阁学士等,但还没发现正史中有相关记载。

俞茂元,俞充曾孙、俞夔孙、俞观能的第三个儿子(宗谱漏载)。大致的生活年代为:卒于 1195—1208 年,因而出生于 1155—1168 年。四十岁时,英年早逝于和州通判任上,楼钥连作两首挽词悼念。

俞君珍(1115—1174),俞充曾孙、俞伯宁孙、俞谨长子。鄞东树德堂《四明俞氏宗谱》载,绍兴八年(1138)赐进士出身;鄞西谱无载。

俞君畴(鄞西 1173—1241),鄞西谱载:俞充曾孙、俞伯安孙、俞诚子;鄞东谱无载;《乾道四明图经》《宝庆四明志》载:榜名俞畴,俞充曾侄孙,嘉定四年(1211)赵建大榜进士。俞畴有一首《跋山谷书范滂传帖》诗存世。

俞舜申(鄞西 1173—1253,鄞东 1196—1271),俞充六世孙。鄞东塘峤谱载:俞舜申父俞姚(1173—1231)、祖俞汛(1140—1207)、曾祖俞君珍(1115—1174)、高祖俞谨(1091—1148)、天祖俞伯宁(?)、烈祖俞充。鄞西桃义江谱载:俞充曾孙、俞伯宁孙、俞谨子。《乾道四明图经》《宝庆四明志》载:淳祐四年(1244)留梦炎榜进士。

据王珪撰《辜氏墓志铭》,我们推翻了鄞系谱所载的现有世系,重建了

---

① 即庆元三年(1197)九月十二日。

② 宋赵升《朝野类要·四辖》:"提辖左藏库、文思院、榷货务、杂买场,谓之四辖,亦为储材之地。"

俞充家族世系。俞充家族对于明派俞氏来说是如此重要，从俞充、俞褒兄弟，到俞充的四个儿子俞次稷、俞次契、俞次皋、俞次夒，从俞次夒到俞观能，到俞茂系、俞茂先和俞茂元兄弟，再到鄞系谱载俞充后人俞君珍、俞畴、俞舜申，直系血亲一门六代十余位进士，这在整个明派俞姓家族中是绝无仅有的，在整个宋代恐怕都是叹为观止的辉煌。

（三）北宋名臣俞充

1. 俞充进入《宋史》列传

俞充于嘉祐四年（1059）登进士第后，任虞乡县令。宋神宗熙宁（1068—1077）初，擢都水丞，升为成都路转运使，集贤殿修撰。元丰元年（1078），王珪计划出兵西夏，命俞充为右正言、天章阁待制、庆州知州和怀庆路经略安抚使。元丰四年（1081）卒。俞充是唯一进入《宋史》列传的明派俞氏历史人物。

《宋史·俞充列传》载：

> 俞充，字公达，明州鄞人。登进士第。熙宁中（1071—1074）为都水丞，提举沿汴淤泥溉田，为上腴者八万顷。检正中书户房，加集贤校理、淮南转运副使，迁成都路转运使。茂州羌寇边，充上十策御戎。神宗遣内侍王中正同经制，建三堡，复永康为军，因诈杀羌众以为中正功，与深相结，至出妻拜之。中正还阙，举充可任。召判都水监，进直史馆。中书都检正御史彭汝砺论其媚事中正，命遂寝。河决曹村，充往救护，还，陈河防十余事，概论"水衡之政不修，因循苟且，浸以成习。方曹村决时，兵之在役者仅十余人，有司自取败事，恐未可以罪岁也"。加集贤殿修撰、提举市易，岁登课百四十万。故事当赐钱，充曰："奏课，职也，愿自今罢赐。"诏听之。擢天章阁待制、知庆州。庆阳兵骄，小绳治辄肆悖，充严约束，斩妄言者五人于军门。闻有病苦则巡抚劳饷，死不能举者出私财以周其丧。以故，莫不畏威而怀惠。环州田与夏境犬牙交错，每获必遭掠，多弃弗理，充檄所部复以时耕植。慕家族山夷叛，举户亡入西者且三百，充遣将张守约耀兵塞上，夏人亟反之。充之帅边，实王珪荐，欲以遏司马光之入。充亦知帝有用兵意，屡倡请西征，后言："夏酋秉常为母梁所戕，或云虽存而囚，不

得与国政。其母宣淫凶恣，国人怨嗟，实为兴师问罪之秋也。秉常亡将有桀黠者起，必为吾患。今师出有名，天亡其国，度如破竹之易。愿得乘传入觐，面陈攻讨之略。"诏令掾属入议，未及行，充暴卒，年四十九。

　　论曰：俞充制军禁暴，足为能臣，而希时相之意，倡请西征，使其不死，边陲之祸，其可既乎？

此外，俞充在《乾道四明图经》和《宝庆四明志》中，均有列传。

关于俞充因何"暴卒"而逝世？宋魏泰撰《东轩笔录》卷十有云：

　　余充①为环庆经略使，风涎暴卒。素善王中正，中正多意外称之。一日，上前言及充之死，中正曰："充素道理性至，其卒时并无疾痛，倏忽而逝。"上一日以中正之言称于刘惟简。惟简曰："以臣观之，恐只是卒死也。"

对于俞充的死因，与俞充交厚的王中正描述为"无疾痛，倏忽而逝"，刘惟坚据此说是"卒死"，魏泰则认为是"风涎暴卒"。说到"风涎"，三国时，神医华佗去给曹操治病，华佗认定曹操脑袋中有风涎，要给曹操开颅。在曹操眼里，开颅完全是不可能的事，脑袋掉了还怎么安上？曹操就直接把华佗给杀了。所以，所谓的"风涎"，用现代医学的术语，就是"脑卒中"（俗称"中风"）。俞充是因突发脑卒中而英年早逝。

2. 俞充还是一位著名的诗人

《宋史·俞充列传》让我们看到的俞充，是一位戍边西域的军事家。而俞充至今尚有多首诗作存世，是一位著名的诗人。

宋仁宗嘉祐四年（1059），27 岁的俞充考中进士后，出任虞乡县令。虞乡县，故治在今山西省永济市虞乡镇西北，是唐末文学家司空图的故乡。俞充将明州的兴教重学理念带到了这个地处中条山麓的小城，在这里，他用圣哲之书教化百姓，使百姓都能够自励，一时风气大为改观。意气风发的他，还留下了众多咏赞当地名胜的诗篇。如他在王官谷游览时，想到司空图曾在谷中写下包括《二十四诗品》在内的一批传世名作，并在谷中筑亭、修书、养德、涵性，不由得诗兴大发，在司空图命名的休休亭中

---

① 为"俞充"之误。

写下了充满感情的《贻溪怀古十篇》和《王官谷十咏（并序）》①。在《王官谷十咏》序中，俞充道出了作诗的原委：

> 王官谷山水之胜，甲于关右，由司空表，圣所常居，名尤著于天下。好事者道出虞坂必枉，辔以游之。洒涤尘虑，想慕清风，随其人所得皆有以为乐。题名满山岩屋壁，独诗篇未甚闻于世。岂骚雅之客，多牵于车马之劳，不暇作耶。抑有之不能传耶。不然何遗之耶。予为令，于此三年，暇日登览王官之景，尽得之矣。因成十咏自顾，其词之鄙俚，不足以暴人之视听，盖将以扬山川之清辉，发古人之潜德云。

贻溪，即祯贻溪。在今山西永济市东南四十五里王官峪村南。《旧唐书·司空图传》："司空氏祯贻溪之休休亭，本名濯缨亭，为陕军所焚。"即此。

此外，俞充的诗作还有《送灵岩法师》和《公馆见月》等两首存世。

3.《四明俞氏宗支记》是冒俞充之名的伪作

（1）以《四明俞氏宗支记》为基础的鄞系谱系

在鄞西谱的民国桃义江谱和现代桂林俞氏谱中，均收录了落款为俞充撰于"崇宁四年（1105）"的题为《四明俞氏宗支记》一文，其中说："我俞氏世居吴兴，以前原谱未见，不敢妄录。盖自尊祖讳鼎者，参军录事镇明州，始家罂湖，即当奉为始迁之祖。"俞鼎"世居吴兴"的说法，即肇始于此。

《四明俞氏宗支记》全文如下：

> 夫物本乎天，人本乎祖。世所谓鼻祖者，洪荒世远，莫可稽凭，独有所谓始迁祖者。自夫封建法废，世故相寻，士靡恒产之居，人多荡析之扰。故或仕、或商，或避地、或远戍，随所寓而寓，而创业以传之孙，均为始迁之祖，即为始祖。犹礼公子来自外国，亦为别子之义。夫有始祖即有大小宗，以一族人之心，尊尊亲亲，各自承其支派，亦共识其统宗，故不相混者，亦不相离。此欧苏两哲作谱之大意也。
>
> 我俞氏世居吴兴，以前原谱未见，不敢妄录，盖自尊祖讳鼎者，参军录事镇明州，始家罂湖，即当奉为始迁之祖。爰立百、千、万、亿行次，继之以元、亨、利、贞。现在子子孙孙，既繁且盛矣。但我叔祖千

① 俞充的诗作详见本书下篇"诗词歌赋"。

二百府君讳允诜者，已赘居象山，自为一支。我祖千一太中公为大宗，吾父万一通议公、叔父万二少师公、万三郡马公兄弟三人，当各为一宗，以开世系，是为小宗。即黄文节公所谓"自我所知，即为始祖"之义也。谨作"本宗始祖分派记"如左。

宋谱四明俞氏小宗分派：

始祖讳鼎，世居吴兴（今之湖州府）蠡山，宋咸平（998—1003）时来镇浙东，为明州录事参军，遂居罂豆湖滨，越三世而子孙众多，分为五支：一支分住明州鄞城，始自万一府君讳佶；一支分住明州象山，始自千二府君讳允诜；一支即本支世居桂林，系万二府君讳伟之后；一支分住明州鄞东四甲梅墟，始自亿五府君讳褒；一支分住明州奉化，始自万三府君讳伸。

崇宁四年（1105）菊月之吉，曾孙充百拜谨识

俞充（1033—1081）是明派俞氏，特别是鄞系明派俞氏一个十分重要的史传人物。俞充的世系无论是鄞西谱还是鄞东谱的记载，都与宋史所载相悖。

在今宁波南郊、机场路旁的藕池小区内，建有"俞圣君庙"，其祀主即为俞充。

（2）《四明俞氏宗支记》中的舛讹

《四明俞氏宗支记》一文，有几个颇为明显的漏洞：

一是所撰时间，"崇宁四年"即1105年。这一年离俞充1081年49岁英年早逝已整整过去了24年。

二是文中说："我祖千一太中公（即俞允谭）为大宗，吾父万一通议公（即俞佶）、叔父万二少师公（即俞伟）、万三郡马公（即俞伸）兄弟三人，当各为一宗，以开世系，是为小宗。"而据该谱同时记载，俞伟敕封"少师"的时间是绍兴元年正月，即1131年。即使俞充真的是于崇宁四年（1105）作此文，那也是20多年以后的事情了。

三是文内提到的"黄文节"，是北宋著名文学家、书法家黄庭坚（1045—1105）的谥号，俞充比黄庭坚去世还要早24年，而且"文节"的谥号为南宋咸淳元年（1265）的宋度宗所追赠，离俞充去世已180余年。

四是从行文风格看，该文根本不像宋代名进士所作，倒更像是距俞充的生活年代相去甚远且缺乏必要的史学常识的后人所撰。

五是明派鄞系谱对俞鼎的祖居地的记载，既有如《四明俞氏宗支记》

的"世居吴兴蠡山"的说法,也有"世居蠡州之安源"和"世居台州之宁海"之说。鄞系俞氏之祖俞鼎的"世居吴兴蠡山"之说,最早的源头正在于此。

(3)以《四明俞氏宗支记》为基础的明派鄞系俞氏谱系的谬误

以桂林俞氏和桃义江俞氏为代表的整个明派鄞西谱系,其在北宋时期的祖源世系,都是建立在《四明俞氏宗支记》的基础之上的;鄞东谱系的始迁祖俞佶之谜,也源于此。

根据《四明俞氏宗支记》架构的明派俞氏鄞系祖源世系,其谬误之处主要有:

其一,误记祖源,即鄞系俞氏之祖俞鼎的"世居吴兴蠡山"说。根据"金字谱"的记载,俞鼎为明派俞氏始迁祖、五峰俞氏第七世祖俞玗的曾孙,其祖为俞承奕,其父为俞仁宜,是五峰俞氏第十世祖。

其二,子为从叔,胞弟为从弟。《四明俞氏宗支记》为俞鼎虚构了第二个儿子"俞允诜",把俞充的第四个儿子(幼子)俞夔挂到"俞允诜"名下为子,这样,俞夔成了俞充的从叔;把俞充的大弟弟(俞充另外还有两个弟弟)俞褒挂到俞伟名下为子,亲兄弟成了堂兄弟。

其三,以孙辈为兄弟,编造了俞佶、俞伟和俞伸为俞鼎长子俞允谭的三个儿子。且不说"俞佶"其人是否为虚构,俞伸(俞景福)为明派俞氏始迁祖俞玗的七世孙,是随俞玗始居大晦的大儿子俞承资的六世孙。按辈分,俞伟为第十二世祖,俞伸则为第十四世祖。

其四,拆分了明派俞氏俞充一支,客观上把在宋代创造了"一门六代十余进士"辉煌的俞充支搞得支离破碎,几被湮没在漫漫历史长河中。

然而,更加让人不可思议的是,这个发端于《四明俞氏宗支记》的明派俞氏世系,竟然堂而皇之地进入了被奉为宁波地方文化圭臬的《宋元四明六志》之中!从《乾道四明图经》开始,其"进士题名记"的"熙宁六年(1073)余中榜"俞伟之下均标注着"充之叔","元祐六年(1091)马涓榜"俞伸之下均标注着"伟之弟",等等。

如此,问题就来了:究竟是《宋元四明六志》影响了明派鄞系俞氏宗谱,还是明派鄞系俞氏宗谱影响了《宋元四明六志》呢?

要解决这一疑问,就要进一步考证《四明俞氏宗支记》作伪于何时、由何人所为。

(4)《四明俞氏宗支记》由何人作伪于何时

对这个问题的探讨,我们是从对《四明俞氏宗支记》的内容及鄞西俞氏纂修家谱历史的分析、对《宋元四明六志》的编撰及历次校刻的分析这两个方面着手进行的。

据民国版《桃义江俞氏宗谱》"桂林派历世修谱名次"，鄞西俞氏历修宗谱如下：宋崇宁四年（1105）乙酉，纂修人为四世孙俞充；明代共三次修谱，分别是宣德八年（1433）癸丑十八世孙俞道善、嘉靖十七年（1538）戊戌二十二世孙俞文曦、万历二十三年（1595）乙未二十四世孙俞有家；到了清代则历经四次修谱。而从载于谱中的名人谱序看，有庆元五年（1199）的敷文阁学士汪大猷、淳祐五年（1245）的左丞相魏国公郑清之、德祐元年（1275）中大夫同知枢密院事陈宜中、成化元年（1465）翰林学士杨守陈等。这些名人谱序从内容看，似专为鄞西俞氏修谱所撰，但又与前述"桂林派历世修谱名次"的时间全然无关，让人难解。

该谱同时载录了一篇署名"二十八世毓甫锡樊氏"撰写于康熙六十年（1721）的谱序。该谱是鄞西桂林俞氏入清以后的第一修，离上一次俞有家（中石）修谱已有120多年。俞毓甫在序中全面回顾了桂林俞氏的历次修谱过程，我们或可从其提供的信息中窥见一些端倪。全文如下：

> 噫嘻！我先府君值沧桑兵燹之后，悯前代之宗牒废弛，后起之子孙失序，际此沿革流离，益致漫漶散亡，阖聚族贤三四辈，毅然以修谱为事。炙鸡分黍，节次邀盟。其如鼓兴者多，效力者少，谋始则易，图终则难。府君独力搜寻，原原委委，斯时所征信者，得什一于千百，未成全书，而襄事者，适以偾厥功，遂淹忽弃世以至今日。
>
> 甫（即本序作者）不敏，自问无稽古之藉，守拙数橡，曷敢肩此重任。而回念先志未遂，责有攸归，不惮穷岁积月，而殚心于是。但文献久湮，耳目鲜据。溯自前朝宣德间道善邑丞公、嘉靖间南湖都运公、万历间中石主簿公，先后增修，迄今读中石公《续谱辨正》一篇，乃知牵缀附会，殆不能为前人掩过。而其所手茸者，亦仅录序、释、记、跋数十纸，要亦零星散乱，犹未汇集成编，则其志焉未逮，亦可知已。阅世及兹，支派愈远，剿袭维艰，其似续盛繁者，庶克志其先远高曾，而朴遫衰微者，乃至不知祖祢之行次名号，又况有为亡秦之叹者比比乎！夫传信而厥疑者，史法也。家乘与国史同例，吾不能因疑而第存其信，即何敢取信而不载其疑。吾族自大宋以来，六七百年之记述，信者半，疑者亦半，安得起过往者而一一问之？惟是，于先府君所搜览而贮箧者，得"百千万亿、元亨利贞"八世之旧谱一本，此以宋讳鼎

者为我桂林始祖，即南湖公所云"宗人戍辽，于正德时（1506—1521）者携去复还"之物也；复得续谱稿本一帙，即道善公所续而未就者，经中石公多更删之笔，其行第自前八世不录，另立"万千世五十、再明祖道弥、仁慈与孝义、子孙有秉彝"二十字，而以讳乾者为始祖。夫既另尊始祖，即应以乾祖作"万"字第一行矣，而乃以其子讳益者为万一府君，正不能无遗议。

按成化郡志①并鄞邑志书，皆载"桂林俞宅"，注云："距县西二十里，宋俞鼎自吴兴来镇浙东，子孙遂居于此。"则鼎为我桂林始祖，与旧谱迳符。又况查乾祖所自出，即鼎祖之第八世孙、贞行讳濬者是也。水既有源，木既有本，何得略去旧谱尊乾为始祖耶？由乾始祖起，于义未尝不可，总不应谓是即始祖耳。盖桂林名目，不自乾祖始，自鼎祖始也。始祖既定，而世次斑斑可考。其间，自乾祖以后，为"万千世五十"，历劫消亡，正在元明鼎革之间，非复畴昔桂林之盛。幸而汤孙尚存一线，有"十"行讳墿者，生二子：一讳倔，为再十一府君，葬本里假山父墓侧，名曰"白坟"；一讳傅，为再十二府君，葬凤凰漕北母墓右，即今祠堂后，名曰"祖坟"。两枝并茂，子孙继起。于是桂林之人，因复济济焉。至今相沿，有"白坟""祖坟"之别，正自此昉也。

据"续谱"，道善公所修至"弥"行止，南湖公所修至"义"行止，中石公即南湖公子孙欲续未毕，今历年愈久，更不容缓。于是，追世系，查昭穆，询旁支之分派，核故老之传闻，信者存之，疑者阙焉，过往者备矣，现在者次第布之。而是谱告成，非惟不敢任功，亦且兢兢乎，唯恐受过。盖从前牵缀附会之失，势不能不仍其旧，此固道善、南湖、中石诸公之所无如何者，甫又乌能易辙而妄作之耶？后贤群起，参考而质证之，则幸矣！

该谱序告诉我们：俞毓甫修谱时手头主要有两份材料，一份是其先父搜览的被俞文曦所说的"宗人②戍辽，于正德时（1506—1521）者携去复还"之谱，其中有前八世的记载；另一份是俞道善所续而未就、经俞有家更删、前八世不录、另立二十字，以俞乾为始祖之谱。

据辽宁省档案局（馆）周璇撰写《明朝政府对辽东地区的统治述略》一

---

① 即成化四年(1468)《宁波郡志》刻本。
② 现代版《鄞县桂林俞氏宗谱》在誊录民国版《桃义江俞氏宗谱》时，将"宗人戍辽"误为"宋人戍辽"。

文,洪武年间(1368—1398),明朝在辽东的军政活动的核心目标是恢复元朝原有疆域,建立行之有效的防御制度,发挥"京师左臂、西拱神州、北连胡寇、东邻朝鲜"的边镇作用。明廷首先在辽东军事要冲设置卫所等防御重心,再修复通往四处的驿站体系,同时设兵屯守,将其连成一片。这些镇、卫、所、堡、驿站、墩台等军事堡垒具备戍守边防、交通运输、信息传递等功能,构建起辽东防御网络。[①] 俞文曦所云"宗人戍辽"故事,正是发生在这样一个历史大背景之下:明初,有桂林俞氏宗人携谱戍辽,大约一百年后,其后人"于正德时(1506—1521)者携去复还"桂林。

据此我们可以推定:明宣德八年(1433)俞道善修谱时,已然发现了俞鼎及以下八世世系存在作伪的问题(尽管俞道善"截谱"和俞有家"多更删"的原因在谱中讳莫如深),便毅然截去前八世,而以俞乾为始祖重修桂林俞氏宗谱。到嘉靖十七年(1538)俞文曦修谱时,正好得到了"携去复还"之谱,便据此谱重新加上了被删的前八世世系。而万历二十三年(1595),俞有家又"更删"了俞文曦所修之谱。这样,到康熙六十年(1721)俞毓甫修谱时,面对上述两份家谱,秉承"吾不能因疑而第存其信,即何敢取信而不载其疑"的宗旨,完成了沿袭至现代鄞西俞氏宗谱的总体架构。

显而易见的是,俞道善于宣德八年(1433)截去前八世之谱和俞有家于万历二十三年(1595)"多更删之笔"之谱,就是嘉靖十七年(1538)俞文曦在正德间"携去复还"之谱。一句话,包含"前八世"之谱即冒俞充之名作《四明俞氏宗支记》之谱!

那么,《四明俞氏宗支记》又产生于何时呢?

我国私修家谱始于宋代。由于政府支持,文化名人如欧阳修、苏洵、朱熹、文天祥等带头编修家谱,加以印刷术的进步,私修家谱一时蔚然成风。但由于宋元时期动乱等多种原因,家谱毁损十分之九以上。进入明代,朱元璋在建国初期即颁布谕旨:"孝顺父母,尊敬长上,和睦乡里,教训子孙,各安生理,毋作非为。"这就是有名的"圣谕六言"。"尊祖、敬宗、收族"的修谱宗旨为越来越多的家族所接受,加以明代全国经济特别是江南经济获得新的发展,编修家谱的文化习俗开始向各地普及,促使明朝编修家谱的数量大幅度上升,存世的明代家谱当数以千计。

避讳制度是封建时代的产物,它起源于周朝,至秦汉得以大成,唐宋

① 周璇:《明朝政府对辽东地区的统治述略》,《兰台世界》2017年第17期。

最为盛行,一直延续到清末才宣告终结,历时长达两千余年。而宋代的避讳更是历代王朝中最为严苛的,所规避的类别和范围空前绝后。避讳大致分为国讳和私讳两种类型。国讳也称公讳、圣讳,是指皇帝本人及其父祖的名讳,也包括孔子、孟子的名讳,举国之人皆须规避。私讳也称家讳,是指同一宗族的祖先名讳,族人和外人需要规避。宋徽宗赵佶与俞充之父"俞佶"的名讳相同,如果是南宋修的谱,完全应该避讳改名。

据此我们认为,完全可能是在明朝初年这样的历史大背景下,明派鄞西俞氏也开始尝试创修宗谱。但由于年湮代远,文献无征,且失去了与明派俞氏祖源(大晦)的联系,于是就在冒俞充之名作《四明俞氏宗支记》的基础上,完成了惊世作伪之谱。

至于此谱出于何人之手,明派鄞西俞氏"桂林派历世修谱名次"中甚至没有任何记录。一般来说,如果是俞氏本宗本派文化人,断不敢冒此天下之大不韪而为之。从《四明俞氏宗支记》的文字看,伪作之人显然缺乏基本的史学常识,东拉西扯,完全符合"谱匠"作谱的特征。

(5)对《宋元四明六志》的编撰及历次校刻的分析

在基本厘清了《四明俞氏宗支记》系何人于何时所作的问题后,尚有一个问题一直困扰着我们。这就是:查阅《乾道四明图经》《宝庆四明志》等,其"进士题名记"的"熙宁六年(1073)余中榜"俞伟之下均标注着"充之叔","元祐六年(1091)马涓榜"俞伸之下均标注着"伟之弟",等等。

那么,是《四明俞氏宗支记》及鄞西俞氏宗谱抄录了《乾道四明图经》《宝庆四明志》等方志之作吗?因《四明俞氏宗支记》确系伪作,故这一可能性已可完全排除。也就是说,地方志中的这一标注源于鄞西俞氏宗谱,为后人在刊刻《宋元四明六志》时所添加。所以结论应该是反过来,是《四明俞氏宗支记》及鄞西俞氏宗谱影响了《宋元四明六志》的校刊。志征于谱,谱据于志,志谱互证,舛讹千年。

《宋元四明六志》,是指宋《乾道四明图经》《宝庆四明志》《开庆四明续志》和元《大德昌国州图志》《延祐四明志》《至正四明续志》,以及清代徐时栋的《四明六志校勘记》。"六志"中被中国古代最大的丛书《四库全书》收录的有四种,即宝庆、开庆、大德和延祐四志。

从《四明俞氏宗支记》中"黄文节"谥号的出现可以推断,以俞充之名编撰的鄞西俞氏宗谱,时间至少在《开庆四明续志》成书(1259)之后、元《大德昌国州图志》成书(1298)至《延祐四明志》成书(1320)之间。因为黄庭坚的这个"文节"谥号是南宋朝廷于咸淳元年(1265)追封的。所以"伟之弟""充之叔"的标注最早是在元朝之后出现的;而从俞毓甫前述谱序中"成化郡志,并鄞邑志书,皆载桂林俞宅"的记述看,最迟在成化四年(1468)《宁波郡志》中,志和谱的记述已经一致了。

这一时间点的推测,正好与我们前面对鄞西俞氏宗谱的考察得出的时间节点相吻合,即冒俞充之名的伪作产生于元末明初。

为进一步证实这一结论,我们又详细阅读了徐时栋的《四明六志校勘记》。尽管未能找到明确的记载,但从下述几段文字中,我们或可得到一些启示。

之一:

（《延祐四明志》上）第一卷至第八卷佚文五十六条:余所见延祐志以庐本为最古,而亦错谬脱落,指不胜屈。今所采引者,惟《人物考》不能无疑,余皆当为延祐之佚。◎按:《人物考》佚文多采之蒋传。蒋传往往参合他书,因文附见,下既注明此书,中又间厕他籍,甚非法也。然吾谓樗庵是不晓著书体例耳,与作伪欺人者,迥非同科。今校丛残之书,而生樗庵之后,要不能决然舍去之也。◎陈子相曰:"观所引诸篇,有可决其非延祐旧文者,采用他书,直注延祐,不应蒋先生不晓体例如此,愚直谓写手随意狂注,意在炫旧志之名,以求善价耳。"按:陈君可谓善于回护前辈矣!然余家所蓄先贤传,是樗庵手稿,非传写本。陈君之语,殊未见然。

之二:

《宝庆四明志》二十一卷,宋宝庆五年①,尚书庐陵胡榘仲方知府事,命赣州录已经事参军罗濬重修。濬亦庐陵人也。

按:此书虽修于宝庆,而卷内叙事往往及绍定、端平、嘉熙、淳祐、宝祐,盖后人次第增入,非宝庆原刻之本。

之三:

四明志乘见于《宋史》者,惟张津《四明图经》十二卷,今略存于《四明文献》中,已非足本。若胡榘之《四明志》廿一卷、吴潜之《四明续志》十二卷,史家俱失书,盖宋志于地理一门,采摭多不备也。(钱

---

① 原文如此,宝庆(1225—1227)仅有三年。

大昕跋《开庆四明续志》）

之四：

> 四明有志久矣，而著述非一，可稽者惟宋乾道间郡守张津重缉，大观初所编为七卷，及宝庆间，庐陵罗濬复演为二十有一，而各以图冠其首。国朝袁翰林桷命十有二考以成书，盖变体也，文富事明，气格标异，诚为奇特，乃大掩前作。（重刻《四明志》）

总之，鄞西俞氏宗谱把俞充当作主角而进行修谱，并冒其名撰《四明俞氏宗支记》，应该在南宋德祐元年（1275）到明宣德八年（1433）的 150 余年时间里。而此后地方志又根据宗谱人文信息加上了标注，实现了志和谱的一致。

（四）俞充的四个儿子

1. 俞充长子俞稷（次稷）

俞充长子俞稷，鄞系俞氏谱均无载，曾因相关史料阙如，我们无从考证其生平。后来，我们在宁波天一阁博物院章国庆编著的《宁波历代碑碣墓志汇编（唐、五代、宋、元卷）》[1]中，终于发现了俞稷的蛛丝马迹。该书收录了署名"新授南剑州司户参军姚希"所撰《宋故冯府君（确）莫氏夫人合葬墓志铭并盖》一文，云：

> 府君讳确，字正叔，姓冯氏，慈溪人。五世祖行采□，钱武肃王时，为龙栖殿前都指挥使。其后以兵防静海，爱慈溪金川林壑明秀，因家焉。曾祖光遇，祖伦，皆潜德其间不仕。至父制，昆弟始欲以儒显，乃买书延士，劝诸子学。……夫人莫氏，越之余姚人。柔慧以正，年二十归府君。府君兄弟既荣第，而夫人诸妹亦多适仕官，意夫人适府君有不满者，逮归，独能忘去声势，从府君之志。园蔬社酒，邀致族亲，笑歌斟酌，优游于卒岁，良可尚也。
>
> 府君享年七十，以绍圣元年（1094）九月初五日卒；夫人享年六十

---

① 章国庆：《宁波历代碑碣墓志汇编（唐、五代、宋、元卷）》，上海古籍出版社，2012 年，第 104—105 页。

有五，以二年正月二十日卒。男二人，曰泾、曰潜，举进士。女二人，长适进士俞次稷，次适进士杜泼。孙男一人，女三人，皆尚幼。

呜呼！府君、夫人相去不数月捐馆，而适俞氏女先府君而亡，泾亦后夫人不幸，天之报施善人竟如何耶！闻者伤之。潜于二年十二月二十三日合葬府君、夫人于西屿乡石次里飞凫原，以从先茔，且属予为铭。余视府君、夫人实诸婿行也，义不可辞。……

绍圣二年（1095）十二月

墓志铭中的俞次稷，即俞充长子俞稷。俞稷为进士，娶慈溪人冯确（1025—1094）的长女冯氏为妻，冯氏于绍圣元年（1094）先其父母而逝。《宋故冯府君(确)莫氏夫人合葬墓志铭并盖》的发现，为我们进一步确定俞充四个儿子的生活年代提供了重要参考。

据民国版《杨塘俞氏宗谱》记载，杨塘俞氏是俞充次子俞次契之孙俞雾，始居兰溪杨塘后延续的一支。该谱记载，俞次契有一"弟弟"叫俞次稷。这是到目前为止，我们在家谱中第一次见到的有俞次稷名字的记录。尽管该记述有误，以兄为弟，但侧面证实了兰溪赤溪俞氏、杨塘俞氏确为俞充后裔。

《杨塘俞氏宗谱》记载的俞次稷四代世系如下：次稷（判永兴军）→虎（湖州丞）→守（字安远，以文学著）→斐（字同文）。

考察北宋与西夏的关系，从宋太宗开始到宋英宗，面对西夏的进攻，采取的都是以防御为主的对夏政策，在宋夏边境以分散兵力的方式，达到对夏攻略的全面防御，也导致了北宋西北边防兵力不集中，一直处于劣势。宋神宗即位后，开始改变这种战略防御的政策，集中人力、财力对西夏采取积极进攻的战略，其中在西北行政区划上做的最大的改变，就是将陕西路分为两路——永兴军路、秦凤路。永兴军路涵盖了鄜延路、环庆路、永兴军路三路。鄜延路与环庆路作为前沿，府一级的永兴军路作为后盾，形成了一种战略纵深的防御体系。永兴军路作为最高一级行政区划，其区域范围包括今甘、陕、晋、豫等部分地区，成为宋神宗经略横山军事战略的前沿，在北宋对夏作战中发挥着重要作用。

神宗后永兴军路作为进攻西夏重要的前线之一，战事频繁，武将众多。永兴军路下的武将群体分为五种类型：一为文臣将帅，二为将门出身武将，三为宦官群体，四为当地番将，五为行伍出身的武将。永兴军路的将臣成分复杂，他们在与西夏的战事中既相互配合又矛盾重重，形成了一个具有共同特征的武将群体。

杨塘谱载俞次稷曾"判永兴军",亦即永兴军通判。通判是"通判州事"或"知事通判"的简称,由北宋皇帝亲自任命到各州,辅佐知州一起治理各州事务,并可直接向皇帝禀报各州事情。在官职上,通判在知州下一级,但通判是用来监督、制约知州的。俞次稷既是进士出身,又为将门之后,追随其父俞充出帅怀庆路后,出判永兴军,与三弟俞次皋、幼弟俞次夔共同戍守西北边陲,建功立业,自是顺理成章之事。

2. 俞充次子俞次契（仲素）

（1）俞次契曾经生活在扬州

俞充次子俞次契,鄞系俞氏谱均无载。北宋的杜绾《云林石谱》载有《无为军石》①一文:

> 无为军石,产土中,连络而生,择奇巧者即断取之,易于洗涤,不着泥渍。石色稍黑而润,大者高数尺,亦有盈尺及五六寸者,多作群山势,扣之有声。至有一段二三尺间,群峰耸拔,连接高下,凡数十许,巉岩洞谷,不异真山。顷年,维扬俞次契大夫家,获张氏一石,方圆八九尺,上有峰峦,高下不知数,中有谷道相通,目之为千峰石。又米芾为太守,获异石,四面巉岩险怪,具袍笏拜之。但石苗所出不广,佳者颇艰得之。

维扬即今扬州。文中说"顷年,维扬俞次契大夫家,获张氏一石",应该指俞次契曾在扬州为官,他的官衔是大夫。杜绾,生卒不详,字季扬,号云林居士。越州山阴（今浙江绍兴）人。北宋矿物岩石学家,生卒年不详。但文中提到了北宋书画大家米芾（1051—1107）,俞次契和米芾的生活年代应该约略相当。

（2）因元祐元符党人案谪为兰溪知县

在正德《兰溪县志》中,记载着俞次契曾在兰溪任知县的史实。北宋政和四年（1114）,时为宰相的蔡京为兰溪马涧灵泉寺题额后,因元祐、元符党人之祸谪任兰溪知县的俞次契,和主簿朱恂、县丞赵朴、县尉吴师尹联名作了一篇记文,并刻碑立在灵泉寺内。康熙《金华府志》亦以《寺碑献

---

① （宋）杜绾：《云林石谱》,黄山书社,2016年,第24页。李修生主编的《全元文》就是根据此文,在介绍俞次契时说他是"苏州人"。

诔》为题记载了此事。又据《兰溪市志》所记,宋政和年间(1111—1118),今赤溪街道俞家村俞氏先祖俞次契,原官居太常博士,于政和四年(1114)谪降兰溪为知县。

另据有关谱载及《姓氏源流》记载,兰溪赤溪俞氏始迁祖俞次契,字仲孚。始居建康,官太常博士,南宋年间谪降兰溪知县,遂卜居瀫西之横山不返。"南宋年间"的说法显然有误。据正德《兰溪县志》所载,北宋政和四年(1114),俞次契已在兰溪知县任上。而此前他的官阶太常博士,应该在此前的大观年间(1107—1110)或更前的崇宁年间(1102—1106),断不会在南宋年间。

在《宋会要辑稿·职官六八·黜降官五》中,我们找到了俞次契的名字。在"崇宁元年(1102)九月十四日,诏开具元符三年(1100)臣僚章疏姓名",按照"邪上尤甚""邪上""邪中"和"邪下"的罪名,黜降了309名官员,在"邪下"中有俞次契的名字。原来,俞次契是因元祐、元符党人之祸,被黜降到兰溪任知县的。

太常博士,官名。秦、汉有博士,名义上隶太常,备咨询顾问,参议朝政礼仪典章。北宋初为寄禄官,真宗大中祥符(1008—1016)中置二员,后增至四员。神宗元丰(1078—1085)改制后定为正八品。掌议定五礼仪式,有改革则据经审议,拟议谥号,撰定谥文,祭祀时监视仪物,掌赞导之事。至北宋中期,太常博士渐渐变成官阶,不再具有实职。

靖康是宋钦宗的第一个年号,也是北宋的最后一个年号。宋高宗建炎元年(1127),高宗赵构即位,改江宁府为建康府,为陪都,直至南宋灭亡。北宋靖康(1126—1127)之前没有建康的说法,只有江宁府。所以始居建康,是南宋的说法,这来自家谱,谱载有误。太常博士是京官,俞次契在北宋政和四年(1114)已为兰溪知县,官居太常博士,应该是在为知县之前居北宋的都城汴京,而不是南宋高宗的陪都建康。

(3)俞次契为兰溪赤溪俞氏始迁祖

从宋史和正德《兰溪县志》推测,俞次契应该是在北宋政和四年(1114)之前,从汴京谪官到兰溪任知县的。后来,俞次契就定居兰溪,成为兰溪赤溪俞氏始迁祖。所以兰溪赤溪俞氏(今赤溪街道俞家村)及杨塘俞氏,均为俞充之后,属明派俞氏后裔。

民国版《杨塘俞氏宗谱》载,俞次契生一子俞莹,字尚融,行千九,居横山头。俞莹生子三:云、雪、雾。俞雾,字时胜,行万九,迁居杨塘市,为第一世祖,娶叶氏,生二子:显、赏。

俞次契第六代孙俞思辟,是兰溪古代一大慈善家。据《赤溪街道志》记载:"明正统四年,天下大旱,庄稼绝收,饥民以草根树皮充饥,姓俞村人俞思辟出粟 2220 石赈饥,活人无数。"此事在当时连明正统皇帝都被惊动了,于是下诏《旌浙江金华府兰溪县义民俞思辟》。皇帝诏曰:

> 书家施仁,养民为首,黎庶全生,足食为先,乃值凶荒之岁,正朕疾痛之时,兹尔俞思辟有出粟二千二百二十石,以助赈济,有司以闻,朕用嘉之。今特遣行人司范奇赍勒论尔之劳,赐之羊酒花采,旌为义民,仍免本户杂泛、差役,允导忠厚,表励乡俗,用副褒嘉之意。钦哉。故敕。

> 大明正统四年(1439)七月十三日下

此后,俞思辟更热衷于慈善事业。明景泰三年(1452)复上粮五百石助饷,为此授七品散官。据俞氏家谱《东溪桥记》所记:东溪桥(今章士线公路桥)原是木桥,思辟率诸兄弟思雅、思崇、思润、思链、思璋等于明正统年间各捐白金五十两,命石工叶世传等凿石新造三拱石桥。弘治二年(1489)又被洪水泛坏,予兄弟辈于西边另建一小桥计银四十两。至嘉靖年间(1522—1566),子侄各捐银十两购得青石长桥面十六块布于三拱石桥之上。俞思辟的慈善义举影响着俞氏家族一代又一代后人。清咸丰年间(1851—1861),俞氏族人又纷纷慷慨解囊重修东溪桥,至今刻有修桥碑文的石碑和石亭依然完好地屹立在东溪桥旁,与千年古樟相映成趣。近代教育家俞瑞鹤,抗战胜利后,为了创办兰溪第一所完全中学——辅仁中学,历尽艰辛,不但捐出自己所有积蓄,还捐出良田 500 亩,为兰溪教育事业作出了贡献。

(4)苏颂诗中的"太博俞仲素"即为俞次契

宋代苏颂(1020—1101)的《苏魏文公文集》卷六载有《和俞仲素[①]太博游茅山》[②]诗两首:

---

① 俞次契字仲素,杨塘谱字仲孚;其弟俞次夔据桃义江谱载字仲臣、塘岙谱载字仲和。

② 据《苏颂家族镇江史迹钩沉》(https://jsw.com.cn)一文记载:苏颂致仕居润州期间,还曾应润州知州龚原之邀,到州署聚会,与他一同参加聚会的,还有同时致仕居润州的王存、俞康直,苏颂有《润守修撰见招与左丞王公大夫俞公东园集会》诗。俞康直,《宋史》有传。据俞浙撰"金字谱",俞康直为五峰俞氏杭派第十三世祖。

宿明真观

平林行尽到岩扃，一昔恬然道味生。

爽籁远随林谷响，飞云时拂栋梁轻。

闲倾仙斝流琼液，高论神方鍊日精。

更想真游成不寐，坐听松韵到黎明。

马上初望茅峰

三士隐沧地，上林句曲前。

揭来思访道，属望赋游仙。

松引飞轮路，云收积玉巅。

华阳不知远，趣驾似行天。

《和俞仲素太傅游茅山》诗中记载的明真观，因年代久远，已荒废，无迹可寻。苏颂于哲宗亲政后以太子少师致仕，宋徽宗时进拜太子太保，封赵郡公。建中靖国元年（1101），苏颂故世，终年八十二岁。1093 年，宋哲宗亲政，复用王安石的变法措施，史称"绍圣绍述"。苏颂和太博俞仲素的这首诗，应作于他致仕之后于绍圣元年（1094）至崇宁元年（1102）的十年内。此时苏颂致仕居润州（江苏镇江），俞次契（仲素）和苏颂夜宿茅山，相互酬唱应和。

在江苏省境内，有两座茅山。一座在长江以南，称南茅山；另一座在长江北岸的兴化市，叫北茅山。据传在西汉景帝时期（前 156—前 141），茅盈、茅固、茅衷弟兄三人最初在北茅山隐居修道，因而称他们为"三茅真人"，称此山为三茅山。此后，句曲山改称南茅山，江北三茅山改称北茅山，简称茅。

（5）兰溪《杨塘俞氏宗谱序》之误

今兰溪市赤溪俞氏藏有《杨塘俞氏宗谱》，内有署名"赐进士第南京国子祭酒枫山章懋"撰于明弘治乙丑（1505）正月望日的谱序一篇：

当观秦汉以来，仕者不世其贤人君子，犹或识其先人，或至百世而不绝；无庙无族，而祖先不忘，宗支不涣者，则以有谱力也。稽俞氏得姓自轩辕始，曰俞拊者，有道之士也，以医术鸣，与岐伯雷公，咸为帝师，降自三代以还。在汉则有大司农讳玘，在晋则有镇北将军讳纵,在南北朝则有尚书左丞讳中公,在唐天后时则有侍郎讳文俊,在五代则有尚书讳公帛,在宋则令永丰讳昌言、翰林修撰讳拱。仕益蕃,宦益显,彬彬乎,盛矣!至南宋,有讳次契,字仲孚者,始居建康,官太常博士,谪降兰溪,遂居不返。其孙万九公,讳雾者,迁居杨塘。雾传五世孙,讳思辟。世济其美,义行于乡,而闻于朝。英庙以义民,旌之荣其身,复其家。俞族自是称甲焉。诚哉!吾邑望族也。若国初富户讳用者,则填实京师勒名金陵矣。兹六世孙曰溥、曰滂者,受业于予,其弟万石长曰潆者,实予次弟南岗居士馆甥也。予方受命南雄司成莅教事,而溥、滂二生,以贡举卒业国学。一日出其谱,丐予序。顾予也,姻且契,义不容默,即不敢妄作谩虚诩之,姑据其世载旧谱者,次列之,以叙其得姓之本始云。

章懋(1437—1522),字德懋,号闇然翁,晚年又号瀫滨遗老,浙江兰溪渡渎村人。自幼读书强于记忆。成化二年(1466)会试第一名进士,选为庶吉士,授翰林编修。因直言进谏而仕途坎坷,逝后追赠太子太保,谥文懿。著有《枫山章先生语录》、《枫山集》及附录。所纂《兰溪县志》,为兰溪现存最早的地方志。

章懋撰谱序追溯了兰溪赤溪俞氏一族的祖源所在。但又出现了两个明显的舛讹:一是俞次契是在北宋政和四年(1114)之前,从汴京谪官到兰溪任知县的,所谓"至南宋"则误;二是俞次契是在太常博士任上被谪兰溪的,故应自汴京而非建康到兰溪。

3. 俞充三子俞次皋(字伯谟)

(1)俞次皋在"西岳华山神庙碑"上的题刻

元丰元年(1078)农历八月,俞充为天章阁待制,环庆路安抚经略使,知庆州。十月十三日,随父赴任的俞次皋途经西岳华山,在名闻天下的"西岳华山神庙碑"上,率性涂鸦,留下了两行共34字的题刻:

> 元丰元年(1078)十月十三日,侍亲出帅华池,与友人鲜于溱、宋彰恭谒祠下。鄞江俞次皋谨题。

在清人王昶(1724—1806)所著《金石萃编》卷二二八中,收录了俞次皋所作的题名,并作考据曰:

> 俞次皋等题名(在"华岳颂碑"陈纮之下二行,十七八字不等,左行,行书),题云"出帅华池"者,知庆州也。华池以熙宁四年(1071)改

名合水,此存旧称。(《关中金石记》)

按:俞次皋,无考。题云"侍亲出帅华池",而自书其贯为"鄞江"。据《宋史·俞充传》云:俞充,字公达,明州鄞人,熙宁中累迁成都路转运使,后擢天章阁待制,知庆州。则次皋即充之子也。

"华岳颂碑"即《西岳华山神庙碑》,此碑刻于北周,以隶书写成,却篆意浓厚,兼有楷法,被誉为"汉隶第一品"。此碑书如行云流水、一气呵成,文则辞采飞扬、美不胜收,极尽笔墨手法之能事,尽情讴歌华山神佑之德,颂扬"皇帝"修庙之功。因而北周碑又称"华岳颂碑"。独有的碑文艺术魅力、文学艺术涵养,使该碑千百年来深得人们的推崇与赞许,被视为颂碑的楷模。

题记名跋遍及全碑,共达 45 处之多,它们密密麻麻地分布在碑文之间。至今已具备了另一难得的价值,即史料价值。在此碑上题记作跋的人员有官员、名贤、墨客、百姓各色人等,楷、草、隶、篆、行等各种书体齐全,其中不乏大家、名人手笔。内容涉及政治、经济、文化、科学、行政、职官、民情、世风、祈雨、修缮、祭谒等诸多方面。宋代欧阳修《华岳题名跋》就收录了该碑上的许多题记跋名。好多题记都具有证史、补史、存史之功用。该碑题记数量之多、内容之广、艺术价值之高、时间跨度之大、人员之庞杂,在西岳庙现存碑石中绝无仅有。此碑的题记名跋,亦是该碑的价值所在。

如俞次皋的题记就给我们留下了诸多信息:俞充于元丰元年(1078)擢天章阁待制、知庆州,俞次皋与其友人鲜于瀀、宋彰随父赴任途经西岳华山,俞次皋题款"鄞江人"等。特别是俞次皋说自己为"鄞江人",与其父俞充称自己"家世四明人"、其弟俞次夔在象山县蓬莱观题名"四明"人,虽然只是大同小异,但因事涉俞充祖辈的居住地,这就引发了我们的思考。

对于"鄞江"的说法,我们经查考多种文献资料、求证宁波地域文化研究的诸多行家,其结果大致有以下几种:一是"鄞江"在古代是一个大的区域概念,其范围包括今余姚江、奉化江和甬江流域,与宋代鄞人(明州人)习惯称自己为"四明"人相当;二是指今姚江入宁波城内段和甬江的统称,东西走向的称鄞江,位于古时鄞城和府城之北面(即今姚江);三是包括今鄞江入奉化江流域。据此,俞次皋所称"鄞江人",我们仍然难知其确切含义。根据明派鄞系俞氏宗谱所载俞充"居城内"的说法,结合《辜氏墓志铭》所载俞充母亲故世后葬"武康乡小江里"的事实,我们认为俞次皋的"鄞江"和俞充的"四明"并无二致,并且俞充祖上世代居住在鄞城,也是确定无误的。

（2）秦观为俞次皋代作的《御书手诏记》

元丰四年（1081），俞充上书西征十策。就在宋神宗"诏令掾属入议"后，俞充未及启行而"暴卒"在任上。宋神宗痛惜俞充的英年早逝，亲笔下诏褒谕俞充。元丰六年（1083），"侍亲出帅"、时为承务郎的俞次皋为感戴皇恩，并纪念父亲俞充，请北宋著名词人秦观（1049—1100）代作《御书手诏记》，文云："臣等衔奉遗训，夙夜殒越，念无以致区区者，辄求金石具刻明诏，以为不朽之传。"

在秦观《淮海集》卷三十八，我们找到了秦观为俞次皋代作的《御书手诏记》：

> 元丰元年（1078）八月，诏以先臣某为天章阁待制环庆路安抚经略使。三年（1080）四月，环州肃远寨慕家巴勒则等剽属羌构兵马乱，攻杀旁族，先臣遣第二将张守约走马承受陆中招降之，诛其不听命者，于是羌族始定。而亡入夏国者凡三百人，复遣守约屯塞上，檄夏人使归其众，夏人承命震恐，以其众归。初慕羌之叛也，附置以闻有诏，得亡者无小大长少，皆即其地斩之，至是斩其酋豪百二十有二人，而录其胁从幼弱妇女百四十有二人，请于朝，诏皆原之。既又别赐手诏褒谕先臣，跪捧伏读，感激涕下。退谓臣等曰：我本孤生，蒙上识拔，宠遇如此，自度无以报万一，惟与汝曹共誓捐躯而已。明年（1081）先臣下世，臣等衔奉遗训，夙夜陨越，念无以致区区者，辄求金石具刻明诏，以为不朽之传。盖亦先臣之念也，昔唐相权德舆尝读文宗所赐手诏，至流涕曰：君臣之际乃尔邪！臣以为万世之后，当有读明诏而感动复如德舆者矣！岂特今日为百，执事之劝哉！

秦观，字少游，一字太虚，号淮海居士，别号邗沟居士，江苏高邮人。北宋著名婉约派词人。从俞次皋邀秦观代作《御书手诏记》的史实看，二人交谊颇厚。

（3）释道潜赠俞次皋的三首诗

在《参寥子诗集》[①]里，我们还找到了释道潜写给俞次皋的三首诗，其一为《送俞伯谟宣德赴辟成都》：

---

① （宋）释道潜：《参寥子诗集》（全4册），北京图书馆出版社，2004年。

我生落拓如虚舟，万里江湖随演漾。

君今禄仕亦我同，南北悠悠无定向。

故乡回首海东头，兄弟十年官塞上。

才高质美众所奇，杞梓豫章非冗长。

辟书交飞上庙堂，肯使须臾事闲旷。

泰山峥嵘堑戎虏，自古征人愁怅望。

剑门栈阁天下危，去马来车魂欲丧。

羡君年少勇攀跻，足蹑青冥身益壮。

旧游陈迹想依然，感物怀亲情独怆。

（伯谟先公待制，尝为成都漕）

　　释道潜，北宋诗僧。本姓何，字参寥，赐号妙总大师，与苏轼、秦观诸人交好。俞充去世时，他曾写过两首悼诗。此诗题中的"宣德"，即宣德郎，神宗元丰（1078—1085）改制后，用为新寄禄官，从八品。秦观代笔《御书手诏记》时，俞次皋还是承务郎。承务郎，也是新寄禄官，从九品。宣德郎的官级比承务郎略高。从俞次皋的官衔来看，说明此诗写于元丰六年（1083）之后，诗后附小注，意为俞次皋之先父为待制，曾为成都转运使（漕，即漕司，亦即转运使）。由此可见写这首诗时，俞充去世已有几年了。释道潜称俞次皋"才高质美众所奇"，"慕君年少勇攀跻"，赞扬俞次皋为人亦如其父。诗题中的"辟书"即朝廷征召的文书。诗中记述的是俞次皋受朝廷征召去成都的史实。

　　另外两首题为《寄俞伯谟宣义昆仲》：

其一

谢家兰玉竞芬芳，千里南来未易忘。

犹忆娑罗双树院，月明相对坐胡床。

其二

多病侵寻鬓已霜，昔年交友半殊方。

吴台松柏今何似，想见龙蛇数尺长。

　　题中"宣义"即宣义郎，与宣德郎一样，从八品。排在宣德郎之后，说明这两首诗写的时间比前一首早。昆仲，即兄弟。"谢家兰玉竞芬芳"，说明这首诗是写给俞次稷、俞次契、俞次皋和俞次夔四兄弟的，比喻他们像东晋宰相谢安家的佳子弟。

(4)俞次皋褒斜石门等题名

绍圣二年(1095)乙亥仲春,俞次皋与贾公直、师赓、何贲等游历汉中,在石门内壁留下了姓名与摩崖石刻(高 2 尺,广 1.65 尺。五行,每行六字,正书),俞次皋题写,并留下自己的字"伯谟"。

上海市博物馆的陶喻之先生 2005 年在《四川文物》第 4 期发表了《两宋蜀士题刻校补》一文。文中写道:"拙稿《南宋褒斜石门题名蜀人事迹考》①所及汉中'石门题名十八段'之一俞次皋伯谟题刻②《金石苑》第五卷还摹绘有其熙宁九年(1076)绵州富乐山题刻一种,同卷乾道七年(1171)杨甲等题刻,则有及文同游富乐山事。又,《石门碑释补》摹绘,今佚之。另一玉盆题刻间,还有俞次皋伯谟题名一种。"③

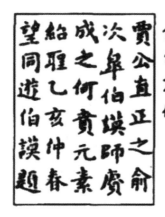

俞伯谟碑 玉盆题字

从俞次皋(伯谟)在不同的时间段、在不同的地区存有多处石刻题名看,其常年为官在外,而且生性活泼。故其最后定居何处、后人生活在哪里,因文献阙如,待考。

4.俞充的第四个儿子俞次夔(夔)

俞次夔即俞夔,是俞充的第四个儿子。但鄞系谱给俞夔编造了一个"俞允诜",说是俞鼎的次子、俞允谭的弟弟;给俞充编造了一个父亲"俞

---

① 陶喻之:《南宋褒斜石门题名蜀人事迹考》,《四川文物》1990 年第 1 期。

② 即本部分所说的"汉中题刻"。

③ 陶喻之:《两宋蜀士题刻校补》,《四川文物》2005 年第 4 期。

佶",说是"俞允诜"的哥哥俞允谭的长子长孙。这样,在鄞系谱中,俞夔的辈分比父亲俞充还要高出一辈。

(1)方志和家谱记载的俞夔生卒有误

俞充的第四个儿子俞次夔即俞夔。《乾道四明图经》《宝庆四明志》对俞夔及其子观能、孙茂系均有记载,曰:

> 俞夔,象山人。魁岸修伟,昼渔而夜读书,登元丰五年(1082)进士第。舒公亶平辰、沅寇,奏夔筹画为幕府第一,终建德宰①。子观能,字大任,绍兴初应诏诣阙上书,特授德安府录参,登十二年(1142)进士第。时二圣尚狩沙漠九重旰食,观能哀古今君臣孝弟数十事,曰《孝弟类鉴》,上之有旨召审察,授江阴军教授,改秩而卒。子茂系,字唐英,登乾道二年(1166)进士第,临政以平允称,终和州通判②。(见陈禾、何泾、楼钥所撰志行状)

由此可知,俞夔在北宋元丰五年(1082)中进士,而俞充之母辜氏去世是熙宁三年(1070),第二年由北宋大臣王珪撰写的《辜氏墓志铭》已写有俞夔的名字,即铭文里的"次夔",是辜氏最小的孙子。我们以俞夔20余岁中进士推算,辜氏去世时,俞夔已经有10多岁了。从家谱记载看,桃义江谱俞夔的生卒无载,民国塘岙谱则记载:俞夔生宋宝元元年戊寅(1038)③四月十五日寅时,卒宋宣和七年(1125)乙巳正月初一日,年八十八岁。如果按照塘岙谱,俞夔在熙宁三年已经28岁,而事实上此时的俞充年仅37岁,俞夔又是俞充最小的一个儿子,所以,塘岙谱对俞夔生年的记载显然有误。所以我们推断其祖母辜氏去世时,俞夔只有10余岁,出生于宋嘉祐七年(1062)前后。

(2)在《明州象山县蓬莱观碑》侧的题名

清人阮元撰《两浙金石志》卷三收录了《唐明州象山县蓬莱观碑铭并序》,以及"碑两侧"宋人题名三种④。其一为:

---

① 根据我们的研究,俞夔"终建德宰"的说法存疑。
② 根据我们的研究,俞茂系"终和州通判"的说法存疑。俞茂系和俞茂先兄弟另有一个失载的弟弟叫俞茂元,40余岁时英年早逝于和州通判任上。
③ 原作"景祐五年午寅",按景祐仅在位四年,故改正。
④ (清)阮元:《两浙金石志》卷三,见中国东方文化研究会历史文化分会编:《历代碑志丛书》第19册,江苏古籍出版社,1998年,19—48页。

吴郡丁执文、福唐林玮、四明俞䕫同酌炼丹泉。绍圣三年(1096)仲春十月(正书二行,字径一寸二分)。

时在绍圣三年(1096)农历十月[1],吴郡(今苏州)人丁执文来任职象山县令不久,其好友福唐(今福清)人林玮来访,便约请四明(今宁波)人俞䕫作陪,三人一起来到蓬莱观下方的炼丹泉小酌,乘着酒兴,便题名于蓬莱观碑之右以记之。署名"四明俞䕫",与其父俞充"我家世四明人也"的说法一脉相承,说明此时的俞䕫尚未定居象山。按照塘㘭谱的记载,俞䕫娶象山陈氏为妻。此时的俞䕫年在30余岁,作为半个象山人,与远道而来的友人同游象山县学,在炼丹泉旁共斟同酌,开怀畅饮,以尽地主之谊,不亦乐乎!

(3)《贾公墓志铭》表明俞䕫是一位北宋战将

在《四库全书》中,有邹浩《道乡集》卷三十四"墓铭",我们从中发现了一篇由邹浩撰写的《神龙卫四厢都指挥使宁州刺史贾公墓志铭》。铭主贾公即贾岩(1058—1100),字民瞻,开封人。《宋史》有传。[2] 按照邹浩在墓志铭中的说法:贾岩于元符三年(1100)谢世后,"承议郎、前权通判兰州军州事俞君次䕫"曾为其撰写行状。贾岩的后人正是拿了这份"行状"请邹浩撰铭的。邹浩在墓志铭中写道:"尝闻俞君言其先公天章阁待制克帅环庆时[3],力荐公于朝。天章没,公画像祠之,岁久益虔,盖不忘俞公! 如此宜其忠于报国,虽出万死而不顾也,是诚有过人者!"

《神龙卫四厢都指挥使宁州刺史贾公墓志铭》节录如下[4]:

元符(1098—1100)初,元哲宗皇帝躬揽之六年也。延见文武之士,殆无虚日,拔其尤者,以隆治功。于是皇城使威州刺史贾公,自权发遣河东路兵马钤辖召对大合旨超,授神龙卫四厢都指挥使、宁州刺史,权管当侍卫亲军马军司公事,旧城里都巡检使。一时将帅翕然耸慕,以为遭遇之异有如此者。三年春,哲宗升遐选为山陵都护时,公疾,殆矣不辞而行,遂以三月二十九日卒于河南永安之宁神院。天子

---

[1] 象山素有"十月小阳春"之说,故称"仲春十月"。

[2] 见《宋史·列传》卷一〇九。

[3] "其先公天章阁待制",即指俞䕫父亲俞充,曾"擢天章阁待制、知庆州"。根据《神龙卫四厢都指挥使宁州刺史贾公墓志铭》等推测,俞充知庆州的时间大约在"元丰初"(1078—1080),贾岩时年20余岁。

[4] 全文详见本书下篇。

闻之,恻然嗟悼,遣内东头供奉官宋某护丧以归,且敕葬事官为应副特赠雄州防御使,官其二子,又擢其长子为阁门看班祗候,录其季女之夫为三班借职常赙,外加赐白金千两,绢七百,所以恩恤,甚厚其孤。以明年建中靖国元年(1101)八月二十五日葬于开封祥符马店村,而承议郎前权通判兰州军州事俞君次夔状其生平曰:……予尝闻俞君言其先公天章阁待制,克帅环庆时,力荐公于朝。天章没,公画像祠之,岁久益虔。盖不忘俞公如此,宜其忠于报国,虽出万死而不顾也,是诚有过人者。于是序而铭之。铭曰:……

贾岩墓志铭的发现,不仅进一步证实了我们对俞充的四个儿子的诸多推测,如俞充母亲辜氏的四个孙男均为俞充之子、俞充的四个儿子出生于1053—1062年的近10年内,等等。俞夔曾官为承议郎、兰州军州事通判。通判州军事,宋官名。简称"通判",俗称"倅"。此官名始置于北宋乾德元年(963),通常每州设一人,相当于州府副长官。可见,俞夔和他的父亲俞充、大哥俞次稷、三哥俞次皋一样,是一位戍边西域、能文能武的北宋战将。

据《宝庆四明志》记载:崇宁元年(1102),舒公亶平辰、沅寇,"奏夔筹画为幕府第一"。俞夔权通判兰州军州事后,随舒亶平五溪蛮,是应舒亶之邀去做了幕府。时年舒亶知南康军,荆湖北路都矜辖。

释道潜《寄俞伯谟宣义昆仲》诗云:"谢家兰玉竞芬芳,千里南来未易忘。犹忆娑罗双树院,月明相对坐胡床。"所吟诵的正是随父征战西域的俞次稷、俞次皋、俞次夔兄弟。

(4)莫衷一是的象山俞氏俞夔支

象山俞氏是明派俞氏的一个重要分支。俞夔元丰五年(1082)登黄裳榜进士、俞观能绍兴十二年(1142)登陈诚之榜进士,以及俞茂系、俞茂先兄弟乾道二年(1166)同登萧国梁榜进士,成为明派俞氏在两宋时期辉煌历史的一个缩影。明派俞氏鄞西和鄞东谱系、剡派以及石姥山谱等,对象山支系的祖源和世传都有明确的记述。然而可惜的是,受鄞西俞氏谱系的影响,其祖源和生卒记载均有误。

综合、比较鄞系谱,我们发现对俞夔、俞观能、俞茂先和俞茂系的记载,其生卒、举进士时间和宦旅生涯等,均有很大差别。

我们先来看俞夔。桃义江谱和石姥山谱对俞夔的生卒均无载,只有塘岙谱有载:生宋宝元元年(1038)戊寅四月十五日寅时,卒宋宣和七年

(1125)乙巳正月初一日,年八十八岁。但这一说法与其"年十八入泮宫,至二十登黄裳榜进士"相矛盾。据《乾道四明图经》记录,俞夔为元丰五年(1082)黄裳榜进士。如果二十岁登进士属实,那么俞夔应该出生于嘉祐八年(1063)癸卯,其生卒为1063—1150年。桃义江谱载俞夔为"神宗元年(1068)进士",塘岙谱和石姥山谱均为元丰五年(1082)"黄裳榜进士",桃义江谱的记载有误。桃义江谱是将俞夔作为其父俞充的叔叔辈记载的,故其所有的记录在时间上都会错误地前推,这也是必然的。

俞观能,桃义江谱记载生元祐元年(1086)十月十四日未时,卒绍兴三十二年(1162)七月十八日,寿七十七岁;塘岙谱为生宋熙宁四年(1071)[①]辛亥六月十八日子时,卒宋隆兴元年(1163)癸未六月十五日寅时,年九十三岁;石姥山谱对其生卒无载。举进士时间,桃义江谱和塘岙谱与《乾道四明图经》相一致,均为登绍兴十二年(1142)陈诚之榜进士,而石姥山谱则刊误为宋绍兴二年(1132)登陈诚之榜进士。

另据嘉靖《江阴县志》记载,绍兴二十年(1150),俞观能在江阴县丞任上。

俞茂先,其生卒桃义江谱为生宣和七年(1125)四月十八日卯时,卒淳熙十六年(1189)八月初九日,寿六十五岁;塘岙谱为生宋元祐三年(1088)戊辰九月初七日子时,卒宋绍兴五年(1135)乙卯八月二十二日午时,年四十八岁;石姥山谱则无生卒记载。举进士的时间,桃义江谱和石姥山谱与《乾道四明图经》相一致,均为乾道二年(1166)登萧国梁榜进士,塘岙谱只说"丁卯(1147)举于乡"。

俞茂系,其生卒桃义江谱为生绍兴元年(1131)九月二十二日辰时,卒庆元四年(1198)二月十五日,寿六十八岁;塘岙谱为生宋绍圣三年(1096)丙子八月初六日丑时,卒绍兴二十五年(1155)乙亥六月二十八日未时,年六十岁;石姥山谱则无载。举进士时间,据《乾道四明图经》载,俞茂先和俞茂系兄弟为乾道二年(1166)同榜进士。桃义江谱与《乾道四明图经》相一致,为乾道二年(1166),塘岙谱为宣和二年(1120),而石姥山谱为乾道八年(1172)壬辰登黄定榜进士,各谱记载差别很大。

《宋会要辑稿》中有一则关于俞茂系的记载:"同日[②],俞茂系已降四辖指挥更不施行。以臣僚论其不曾作邑,巧于干求,破坏成法。"证明了桃

① 因俞观能父俞夔生于宋嘉祐八年(1063),故此生年显然为误。

② 即庆元三年(1197)九月十二日。

义江谱的记载是相对正确的。

（5）各谱漏载的俞观能第三个儿子俞茂元

除了俞茂先和俞茂系，俞观能还有一个儿子叫俞茂元，所有的明派俞氏宗谱均漏载。刚开始时，因"元"与"先"字形相近，我们曾怀疑"俞茂元"会不会是"俞茂先"的刊误。在仔细分析了楼钥所作《俞通判（茂元）挽词》中的"象邑推三俊"等句后，我们确认并非刊误，而是实有"俞茂元"其人。

楼钥《攻媿集》卷十三《俞通判（茂元）挽词》两首：

其一

强仕赋归去，频年亦漫行。

宦情虽淡泊，官事极精明。

赞画王公幕，监州亚父城。

佳儿守遗训，清白胜金籯。

其二

象邑推三俊，灵光赖此贤。

老成俄已矣，远迩为潸然。

孝敬心何极，公平录尚传。

佳城隔风浪，忍赋薤歌篇。

楼钥（1137—1213），字大防，又字启伯，号攻媿主人，明州鄞县人。南宋大臣、文学家。隆兴元年（1163），进士及第，授温州教授，迁起居郎兼中书舍人。韩侂胄被诛后，起为翰林学士，拜吏部尚书，迁端明殿学士。嘉定初年，同知枢密院事，升参知政事，授资政殿大学士，提举万寿观。嘉定六年（1213）卒，谥号宣献，赠少师。

下面，我们结合宗谱的记载，根据楼钥《俞通判（茂元）挽词》和《北行日录》等信息，具体分析"俞茂元"其人存在的理由。

其一，挽词首句即说："强仕赋归去，频年亦漫行。""强仕"在古代是人生四十岁的代称。楼钥所挽之人年仅四十就去世了，英年早逝。"亚父城"即历阳城，今安徽和县。《方舆纪要》卷二十九"和州"：历阳废县。宋代诸州置通判，亦称"监州"。"监州亚父城"即为和州通判，因为和州的州署在亚父城。综合楼钥的第一首挽词的内容，说的是"俞通判茂元"四十岁时故世于和州通判任上。俞茂元的英年早逝,令楼钥痛惜不已,连赋挽词两首。

其二,楼钥作《俞通判(茂元)挽词》时未署具体时间,但我们从其《攻媿集》收录的多首挽词的先后排列中,大致可以判断出其所作时间。《攻媿集》卷三在《俞通判(茂元)挽词》前,有《唐舍人(关)挽词》《徐少卿(子寅)挽词》《陆提刑(洸)挽词》《陆参议(沆)挽词》《蒋慈溪(鄂)挽词》《吴大监(飞英)挽词》,共六首。徐子寅的生卒年为1130—1195年,陆洸的生卒年为1124—1195年,这意味着《俞通判(茂元)挽词》最早作于庆元元年(1195)。之后,又有《陈崇道挽词》《鲍潮州(潚)挽词》。鲍潚的生卒年为1140—1208年,根据这一线索,俞通判茂元的去世时间最早在庆元元年(1195),最迟在嘉定元年(1208)。

根据《乾道四明图经》载,俞茂先和俞茂系兄弟为乾道二年(1166)同榜进士。假如俞茂先和俞茂系兄弟在二三十岁中进士,那么即使到庆元元年(1195)也早就超过了40岁。据此,基本可以确定,以"强仕"之年早逝于和州通判任上的,并不是俞茂先或俞茂系兄弟,而是另有其人。这个人就是俞茂先和俞茂系的弟弟俞茂元。

其三,楼钥在第二首挽词中说:"象邑推三俊,灵光赖此贤。""三俊"既可指具备刚、柔、正直三德的人,也可指三个并称的俊杰。此处显然是指象山籍的俞氏有三个杰出的兄弟。在楼钥的挽词中,对俞氏兄弟三人均有很高的评价,尤其对俞茂元,极尽赞美之词。写他的履历,做过"王公"的幕僚,写过《公平录》一书;说他"孝敬心何极",对父母长辈的孝敬心,其他人(兄弟)是比不上的;赞美他"宦情虽淡泊,官事极精明",对做官比较淡泊(这一点与他的二哥俞茂系留恋求取官位,被百官非议,极为不同),但对"官事"却非常精明。楼钥的挽词盖棺论定,为人、为官、为学问,俞茂元几乎是一个完美的人。

其四,乾道五年(1169),楼钥随二舅汪大猷(1120—1200)出使金国,全程写了《北行日录》。在楼钥《攻媿集》卷一一一中,《北行日录》上卷有如下记载:"十八日①庚午,晴,四更起,天微明,即从副使到江干,先登舟以待。沈、严二君相送。晴和无风,俄顷至瓜洲登岸,未几风作。胡抚干(仲文)、俞尉(茂先)、陆泰兴(况)相迓,俟行李上,坐船即行。薄暮,至扬

① 此为乾道五年(1169)十一月十八日。

州城中。"

次年（乾道六年，1170年）正月，完成出使金国任务后，从燕京出发原路返浙，于是《攻媿集》卷一一二《北行日录》下卷又有如下记载："五日[1]丙戌，雨。以沿路水涩，寸进甚艰。夜宿木铺坝里季润，过仪真，俞县尉（茂先）相见甚款。"

从乾道五年（1169）到六年（1170）、从出发使金到返回，楼钥两次与时任仪征县尉的俞茂先愉快相见。此时，俞茂元最多十余岁。而且楼钥与俞茂先、俞茂系和俞茂元兄弟三人均有交往，断不可能将俞茂先和俞茂元混为一谈。

其五，按照前述楼钥作挽词的日期推算，俞茂元卒于1195—1208年，因而出生于1155—1168年。俞茂先和俞茂系中进士时（1166）二三十岁，也就是说，俞茂元与两位哥哥的年龄相差二三十岁。楼钥（1137—1213）与俞茂先和俞茂系的年龄大致相当，因而他在挽词中称俞茂元为"佳儿"，也从另一个角度证明了俞茂元相对于两个哥哥比较大的年龄差距。按照谱载，俞观能高寿，生三个儿子，年龄跨度大，也在情理之中。

其六，为"和州通判"的是俞茂元，而非俞茂系，更不是俞茂先。《宝庆四明志》卷八有俞夔、俞观能和俞茂系祖孙三代传记，说俞茂系"临政以平允称，终和州通判"；明代凌迪知的《万姓统谱》则据宝庆志曰："茂系，夔孙，乾道二年（1166）进士，拜和州通判，临政以平允见称于时。"清代的《浙江通志》亦称"俞茂系，象山人，通判和州"。更令人啼笑皆非的是，撰于清代的《直隶和州志》，则将宋代的和州当作直隶和州，记上"乾道元年、二年俞茂系（通判有传）"，言之凿凿。

据宋人黄岩孙撰《仙溪志》卷二记载，俞茂系于乾道八年（1172）到淳熙元年（1174）以迪功郎任福建仙游县县尉[2]；《宋会要辑稿》则有俞茂系于庆元三年（1197）"已降四辖指挥"的记载；而新近发现的《俞茂系婿女合葬圹志》（暂名）则载俞茂系以"朝请大夫"致仕、累赠"开府仪同三司"。

综合以上信息，这个"俞茂元"就是俞茂先和俞茂系的弟弟。所以四明志、浙江通志和塘岙谱中记载的"和州通判"既非俞茂先，亦非俞茂系，而是他们的弟弟俞茂元，四十岁英年早逝，其时间在庆元元年（1195）之

---

① 即乾道六年（1170）正月初五日。

② 黄岩孙（1218—?），泉州人，宝祐四年（1256）进士，初授仙溪（今仙游县）县尉，与俞茂系任仙溪县尉相隔仅80年左右，因而是可信的。

后、嘉定元年(1208)之前。这个为各支俞氏宗谱所漏载的俞观能的第三子"俞茂元",曾"监州亚父城",在宋时的和州为通判。楼钥与俞茂系、俞茂先、俞茂元兄弟均十分熟悉,而且认为俞茂元是俞观能的三个儿子中最为出色的一个。读罢楼钥的"宦情虽淡泊,官事极精明""佳儿守遗训,清白胜金籯""孝敬心何极,公平录尚传"等句,一个淡泊名利、清正廉洁、精明练达、敬祖守孝的男儿形象跃然而出。

(6)余姚市丈亭俞家岙发现俞茂系后人遗踪

自俞充幼子俞夑居象山,经其子俞观能,孙俞茂系、俞茂先和俞茂元三兄弟后,竟不知所终。2022年7月2日上午,在象山籍著名诗人韩高琦的精心安排下,我们一行专程赴象山寻找明派俞氏后人。巧的是,当天午后,我们分别从不同渠道,得到了在余姚市的丈亭梅溪俞家岙发现俞茂系女儿有关碑记的消息,真让我们兴奋不已。现将慈溪高国民先生的《拓碑札记》照录于下:

> 昨天(2022年7月2日)上午,我在庵东老家,突然天一阁章(国庆)馆长打来电话,两人不谋而合,想到去拓梅溪俞家岙的一块干净志。那就说走就走,章馆马上从宁波出发,我马上返程上高架向梅溪方向驶去。志石的发现还得从2018年说起。夜风挡不住许永涛老师喜欢爬山,漫游慈溪及周边地区的角角落落,号称"慈溪徐霞客"。他有一次在爬山回途洗手时发现的,他把这个信息告诉我,我一直关注着。待我们第一次去俞家岙时,从大山入梅溪。那时高架尚未开通,那天职高叶伟老师同行,溪边还拔了野菖蒲。第二次去我想去拓了,随带了工具,因在溪边做洗衣板,天又潮湿,没有下手。之后一直记得,也把这事告知过余姚文保所,希望他们保护起来。也陪同余姚博物馆的同志特意去过一趟,丈亭文化站的同志还说放梅溪村文化宫内。事隔一年后还是老样子。昨天虽然天气炎热,章馆是极其认真,又细心严谨慎行。因是余姚地界,当地又不熟。我们十点半上纸,很快干了。显示出了仅有的三排字。志石基本刷平了,出土五十年来,每天洗衣服刷平了。两人各拓一件,拓毕时已是下午一点四十分。当地连快餐都没有,我们又从原省道找吃饭的地方,又是山岙又是不熟地,已过了吃饭时间,索性直接回家了。昨天晚上我在空调房里仔细看了拓本,终于看出了这几行字的信息:疾终于家,享年五十有九。娶俞氏朝请大夫、累赠开府仪同三司茂系之女,是年正月二十

五日卒。子男一人暝。即以闰月十四日合葬于县东龙泉乡凤栖山之原。

马谦刊。谨为记之。

宁波天一阁博物院章国庆研究员提供的《俞茂系婿女合葬圹志（暂名）》志文如下：

……季□□□□□□氏忱十年四月□□□□□□□□□年七月□□□□疾终于家享年五十有九娶俞氏朝请大夫累赠开府仪同三司茂系之女是年正月二十五日卒子男一人嵘即以闰月十四日合葬于县东龙泉乡凤栖山之原

马谦刊

这是迄今我们获得的明派俞氏鄞东俞充支、徙象山第四代后人的唯一实物史料。志主部分文字已被磨平。那么，俞茂系的这位女婿究竟是谁呢？

查俞充后人、鄞东俞氏《四明塘岙俞氏宗谱》，在俞茂系的世传中有"女一，适儒士吴天章甥奎，进士出身，官至郎中"的记述。根据该墓在俞氏聚居地的俞家岙、俞氏谱不书姓当指本氏等判断，志主应该姓俞，叫俞奎。

庆幸的是，该志的可见部分提供了几乎完整的明派俞氏信息：

一是俞茂系有女儿出嫁到余姚境内的龙泉乡俞家岙。象山和余姚地处一南一北，而且分属明州和会稽。在宋代，这个路程已不是很近了，可以用"远嫁"来形容。

二是"朝请大夫、累赠开府仪同三司"，是迄今新发现的俞茂系的新官衔。据《乾道四明图经》载，俞茂先和俞茂系兄弟为乾道二年（1166）同榜进士。民国版《四明桃义江俞氏宗谱》载俞茂系为：授乌程县臣、迁和州州判、转肇庆府通判。民国版《四明塘岙俞氏宗谱》则为"官至内阁学士"。据《仙溪志》卷二记载，俞茂系于乾道八年（1172）到淳熙元年（1174）以迪功郎任福建仙游县县尉。

据前引《宋会要辑稿》，知俞茂系在庆元三年（1197）降级为掌管榷货务都茶场、杂买务杂卖场、文思院、左藏库的四辖指挥官，离他中进士时的乾道二年（1166）已是 31 年，离他在乾道八年（1172）为福建仙游县县尉时已 25 年。从乾道八年（1172）到庆元三年（1197），俞茂系在任县尉之后，应该出任过其他官职。家谱虽记载有州判、通判和内阁学士等，但还没发现正史中的记载。据该文，他已收到朝廷给他降级为四辖指挥官的诏敕和命令，却不执行，引起了群臣百官的非议，说他没有任县令的资历，却巧于求取官职，破坏朝廷的既定之法。四辖官外补则为知州，内迁则为寺、监丞、簿，或直接升任杂监司，大概在六品之间。而此文用了一个"降"字，说明此前俞茂系的官职至少是六品。

志文所称俞茂系为"朝请大夫、累赠开府仪同三司"，虽为宋代的文散官，但都已是相当高的级别了。"朝请大夫"为从五品上，"开府仪同三司"在北宋前期为从一品文散官，元丰改制后用为文臣寄禄官，从一品，地位与改制前之"使相"相同。因"开府仪同三司"之称为"累赠"，我们可以据此推测，俞茂系的后代子孙中，一定有更杰出的人物出现过。

那么，这个人会是谁呢？

(7) 桃义江谱所载俞夔在象山的后人

鄞东俞充本支宗谱对象山俞夔后人的记载，仅有三世，到俞茂系等为止。而鄞西桃义江俞氏宗谱却有更多的记载：

> 俞夔生二子俞观能、俞观省。
>
> 俞观能生二子俞茂系、俞茂先；俞观省生一子俞茂实①。
>
> 俞茂系生二子②俞冕、俞杲；俞茂先生一子③俞昂；俞茂实生二子④俞昇、俞昺。
>
> 俞冕生一子俞俨之；俞杲生一子俞传之；俞昂生二子俞伋之、俞宜之；俞昇生一子俞靖之；俞昺生二子俞立之、俞竑之。
>
> 俞俨之生二子俞松、俞桂；俞传之生二子俞榛、俞材；俞伋之生二子俞懋、俞(佚名)；俞宜之生一子俞椅；俞靖之生二子俞椿、俞梅；俞立之无传；俞竑之生二子俞枳、俞朸。

根据谱载，俞夔居象山后，一直到其来孙辈俞松等十一人，均居象山。从谱载的俞茂系子、孙辈的世传中，似乎并无杰出人才。置此存疑。

(8) "象山县男"俞述祖

俞述祖(？—1352)，字绍芳，庆元象山人。元至正四年(1344)，由翰

---

① 民国版《四明塘岙俞氏宗谱》载，俞观省生二子俞茂实、俞茂芝。俞茂芝生卒、葬无考，未娶。

② 民国版《四明塘岙俞氏宗谱》载，俞茂系生一子俞进。

③ 民国版《四明塘岙俞氏宗谱》无俞茂先生子记载。

④ 民国版《四明塘岙俞氏宗谱》载，俞茂实生三子俞述、俞通、俞辽。

林书写调任广东元帅府都事,入国史院为编修。后出任沔阳府推官。十二年(1352)正月,徐寿辉部陷武昌,继攻沔阳,城陷被执。解至徐寿辉处,又缚其五岁儿,胁劝其降。不从,被杀。次年(1353),元廷追赠奉训大夫、飞骑尉、礼部郎中、象山县男,诏建祠于沔阳。《元史》有传。

《元史》列传第八十二《忠义》三:

> 俞述祖,字绍芳,庆元象山人。由翰林书写考满,调广东元帅府都事,入为国史院编修官,已而出为沔阳府推官。至正十二年,蕲黄贼迫州境,述祖领民兵守绿水洪,并力捍御之。兵力不支,沔阳城陷,民兵悉溃。述祖为贼所执,械至其伪主徐寿辉所,诱之使降。述祖骂不辍,寿辉怒,支解之。有子方五岁,亦死。事闻,赠奉训大夫、礼部郎中、象山县男。

明胡粹中《元史续编》卷十四:

> (壬辰)十二年①春正月,竹山贼寇襄阳,总管柴肃等死之(肃与监郡博啰特穆尔同死)。复召吕思诚为中书左丞。徐寿辉陷武昌沔阳,威顺王库春布哈及湖广平章和尚弃城遁走,推官俞述祖等死之。(寿辉遣伪将丁普郎陷汉阳兴国,邹普胜陷武昌,威顺王及和尚等并遁去。寿辉又遣曾法兴陷安陆府,知府超尔战不胜,宣死之,又陷中兴路。山南宣慰同知谔古埒实出战,众溃。宣慰使锦州布哈遁又攻沔阳,推官俞述祖领民兵捍御,力不能支,城陷,被执送寿辉所,诱之使降。述祖骂不辍,寿辉怒,支解之。评曰:和尚平章湖广镇守方隅弃城逃贼,则支郡莫能自守,而俞祖述一郡理官,领民兵捍御,奋螳螂之臂,以当覆车之辙,其忠勇盖有余矣! 彼方镇大臣宁不知愧哉!)

在古籍文献中查考俞述祖(绍芳),我们找到了他创作的一首诗《送傅与砺广州教授》②,还有一篇短文《挽范德原(有后序)》③。

俞述祖《送傅与砺广州教授》:

> 扁舟乘兴欲还家,分数宁辞瘴海涯。
>
> 未必杜陵成汩没,由来贾谊擅才华。

---

① 即至正十二年(1352)。

② 《古今图书集成·明伦汇编·官常典》卷六六二。

③ (元)王逢:《梧溪集》卷六。

红蕉绕屋含秋雾，丹荔垂檐炫晓霞。

万里何堪慰离思，好凭江驿寄梅花。

庆元俞绍芳《挽范德原（有后序）》：

> 鹗荐书长却，皋比坐始专。春风来学地，寒雨送丧天。范式车何
> 往，黔康被不偏。楼居敞晴雪，忆说贺翁贤。德原讳致大，崇德人。
> 修行博学，主无锡巨家，会淮张入吴辟儒教授，不赴，既陪臣于张者礼
> 置焉。德原曰：道固在耳，至则衿诵云翕雨应，不幸以疾卒。贺丞相
> 惟一尝延庆元俞（一作余）绍芳训其子，子不受教，朴误著其面微血，
> 子奔诉太夫人。太夫人怒，适贺公退省①，夫人曰：而祖留守建马上
> 功，无肤发挫挠，今吾孙奚过，师挞之甚耶。贺侍久出，命蒸羔具醴宴
> 绍芳，至执盏，再备金绣双段，徐谓曰：豚犬愚下，姑答鞭策劳耳。绍
> 芳继有荐除，临海翁仁德元由第进士，录事温州，妻早殁，二子知承
> 家。有汴宋赵宗室必欲以女配，仁力辞媒，因告方氏师昏之滥，乃佯
> 诺处之，别室半载。方氏定仍归之。呜呼！德原已矣。当时客楼霁
> 雪，西望九龙山，清寒洒面，而席上所言，犹在耳也。予并录诗后，俾
> 叔世晓贤者礼义所自出，二公其贤矣乎！

同时找到的友人写给俞述祖的诗文有三篇。

顾瑛《送俞绍芳还京兼寄沃㖞元常》②：

> 翩翩南国佳公子，莘莘高怀不可羁。
>
> 相府蚤传鹦鹉赋，儒林曾睹凤凰仪。
>
> 贾生名为吴公重，李白才因贺老知。
>
> 宾主东南推具美，云龙上下喜相随。
>
> 十年载笔依金马，万里乘轺访武夷。
>
> 朝野欣逢起遗逸，关山宁复厌驱驰。
>
> 嵇康懒惰真成癖，阮籍疏狂只自悲。
>
> 亲老每蒙朝士问，涂穷那免世人嗤。

---

① 考元史，贺唯一在至正九年（1349）七月被罢丞相之职，改任翰林学士承旨，后又被迫
西归奉元（今西安市），杜门谢客，以书史自适。到至正十四年（1354），红巾起义军首
领刘福通在亳州（今安徽亳州市）建立政权，元顺帝急忙下诏命起用贺唯一，授他浙
江行省左丞相职。故俞绍芳《挽范德原（有后序）》一文作于 1349—1354 年。

② （元）顾瑛：《草堂雅集》卷一。

黄河西畔平如掌，泰华云间翠入眉。

归见燕山刘户部，愿将忠孝答明时。

傅与砺《墨蒲桃歌为俞绍芳题》[①]：

大宛蒲桃连万区，贝丘蒲桃员十大。

宿昔仍闻植汉苑，见之坐右神森爽。

露余大实垂堪摘，烟际危藤引初上。

度海疑从博望槎，入林恐倚昙霄杖。

流沙飘飖岂易致，别馆芜废今谁赏。

萧萧素壁走龙须，风雨蜿蜒日应长。

忆作挥毫云正愁，炎天忽若对清秋。

玄珠满把君能得，绿酒千钟不用求。

古来豪富夸蓄积，肯贵翰墨相传留。

君不见扶风孟氏子，笑谈一斛买凉州。

傅与砺《清明日游城西诗并叙》[②]：

予资嗜幽澹，所遇名山水兴至辄脩然径造，兴尽即休，无留滞之意。客京师三年，闻西山之胜未至焉。乃元统二年（1334）二月二十五日为清明节，风和景舒，卉木妍丽，金华王叔善父，四明俞绍芳，同里范诚之，与予从一小苍头载酒殽共出游城西，遂至先皇帝所创大承天护圣寺，纵观行望寿安香山而还。先是约信宿，遍历山麓诸寺乃止，至是谓三子曰：是行适意尔。即一诣而穷其胜，岂更有余兴哉！相与登高丘，借草而坐。酒数行，约赋古诗五言六韵五章，道所得之，趣书二十字乱器中，人探五字以为韵。时诚之止酒，予又性不饮，叔善、绍芳脱冠纵酌，旁若无人。予亦吟啸自若，都人士游者，车服声技相阗咽，金壶玉盘罗列照烂，意若甚薄余数子者，而又有若甚慕者焉。既夕罢归，所赋诗各缮写为一卷，明日会余于杜氏馆中。夫予在同游间年最少，而好任意兴，三子不以予年少而夺之，诚之与予俱不举酒，而能从二子之饮，不厌其醉，是游不已，乐哉！叙以识之。

曜灵动若木，晨鸟鸣东窗。

---

① （元）傅与砺：《傅与砺诗集》卷三。诗题后自注"绍芳，名述祖，四明鄞县人"。

② （元）傅与砺：《傅与砺诗集》卷二。

兴言集俦侣,西郊出翱翔。
登高望荆吴,延目极三江。
密林何庵蔼,嘉树翳苍苍。
感此时节迁,慨然思旧邦。
乘风即清旷,薄使我心降。
出自城西门,未知道所穷。
并驱陟长阜,山川郁何雄。
累累道边坟,四顾生悲风。
茫昧万物始,晏晏天地终。
阴阳相推化,焉知抟埴工?
谁能同朽木,俱尽委蒿蓬。

梵宫何巍巍,白日耀流藻。
前楹交网树,阴阶被灵草。
宿昔构华丽,河沙施七宝。
丹霞通飞阁,清飙激驰道。
车马纵横至,虚空漫浩浩。
飞龙逝不返,令人伤怀抱。
游子爱良辰,出门各有携。
阳春发惠气,好鸟鸣喈喈。
芳花明曲陼,新杨拂大堤。
群物纷相悦,斯人多所怀。
飘彼陌上尘,化为水底泥。
百年亮如此,不乐复奚为。
长风度广泽,清辉泛遥甸。
曾宫岌崔嵬,落景驻遐眷。
群观各侈靡,金宝列丰膳。
幽赏聊共娱,谁云极游衍。
唼唼水中凫,翩翩云间燕。
微生亦何勤,志足①非所羡。

---

① 原注:或作"七非"。

今象山境内俞氏散处社区、乡村达二十余处,我们多方查考俞述祖的祖源无果。专注于搜集整理象山县百姓宗谱十余年的张则火先生告诉我们:俞述祖一族世居象城,为丹城俞氏;明代的俞士吉也是丹城俞氏,为俞述祖族后人;至今未见有丹城俞氏宗谱存世;就所见俞氏宗谱而言,他们大多为宁海马岙俞氏和悬渚(今三门县)俞氏,均属五峰剡派俞氏,也没有一家自认为是俞述祖、俞士吉后人的。

为此,我们只能转而从有关古籍文献中寻找俞述祖的祖源信息。

在傅与砺作于元统二年(1334)清明节到至元二年(1336)冬的这首《墨蒲桃歌为俞绍芳题》的诗题后,自注"绍芳名述祖,四明鄞县人",引起了我们的关注。

据1999年上海古籍出版社出版的《中国历代人名大辞典》介绍,傅与砺(1303—1342),元临江新喻人,初字汝砺,后改字与砺。少孤贫,刻励于学。工诗文。年甫三十,游京师,虞集、揭傒斯见其诗,皆大称赏之;公卿大夫,皆知其名。后以广州路教授卒。有《傅与砺诗文集》。从我们找到的资料看,傅与砺与俞述祖过从甚密,相知颇深。在《清明日游城西诗并叙》中,傅与砺说:"予在同游间年最少而好任意兴,三子不以予年少而夺之。"相与饮酒赋诗,其乐融融。有意思的是,傅与砺本应清楚俞述祖为"庆元象山人",却为何在《墨蒲桃歌为俞绍芳题》诗后注"绍芳,名述祖,四明鄞县人"呢?我们认为,这是建立在对俞述祖祖源熟稔了解的基础上的信笔而书,是从其旧望也!而这又自然使我们联想到绍圣三年(1096)在"唐明州象山县蓬莱观碑"侧的"四明俞夔"题名。虽然从北宋后期到了元代后期,时间已经过去了240年,但俞述祖对于自己属于明派俞氏的祖源认知仍然是清晰的。

通过前面的研究我们已经知道,北宋时期先后迁居象山的明派俞氏有两支,一支是八世祖俞承文(俞懋文),经俞士达、俞承简后,已完全失载。而且,俞承文完全可能是直接从大晦迁居到象山的,我们也从未发现这一支有自称为"四明人"的说法。另一支就是俞充的幼子俞夔迁居象山后,鄞西谱一直记载到俞充的来孙止,时间已经到了南宋中期。根据傅与砺所说"予在同游间年最少而好任意兴"的记述,俞述祖应该略大于傅与砺,俞述祖的生年当在大德四年(1300)前后。这样,距有宗谱记载的先祖的时间,在100年左右,按平均代际差,也就在三四代。

所以,我们基本可以确定:俞述祖、俞士吉这一支丹城俞氏,为明派俞氏;而为俞充迁居象山的幼子俞夔后裔的可能性则更大。

（9）外交名臣俞士吉

俞士吉（1354—1430，一说1360—1435），字周贞（又说字用贞），号栎庵，晚号大瀛海客，浙江象山人。明初，举为贤良方正。洪武三十年（1397），中举人，授兖州府学训导。建文中，上疏言时政得失，为朝议所允，晋监察御史，出按凤阳、徽州、湖广。成祖即位（1403）之后，进佥都御史。时浙西大水，命偕户部尚书夏元吉，往督农政。二年（1404），湖州灾，奏捐粮六十万石赈民。三年（1405）夏，浙西大饥，又随夏元吉发粟三十万石往赈。六年（1408），为襄阳知府。时仁宗在东宫，闻士吉善诗，询以古诗唐律，命作《圣节》诗各一体，援笔立成。宣德初，授南京刑部侍郎，越五年致仕。史传称其"仪表修洁，举止清雅，文采蔚然，谀之不喜，犯之不怒，伟度洪量汪如"。著有《栎庵自怡稿》，已佚，仅有《丹山十咏》等十余首诗存世。

永乐元年（1403），因政绩显赫，俞士吉被提拔为右佥都御史，奉命出使朝鲜。永乐四年（1406），俞士吉又受命以礼部侍郎的身份，出使日本，封其国山为"寿安镇国之山"。而关于俞士吉出使西洋，以前未见任何文献记载，仅有民间传说。后来，有象山地方文化研究者张则火先生在石浦《武氏宗谱》中发现了俞士吉所撰《凯亭（武胜）公传赞》一文，方始得到了佐证。永乐七年（1409），郑和第三次下西洋时，明成祖派刑部侍郎俞士吉为正使官，前往西洋诸国进行册封、访问。俞士吉奏请同乡昌国卫指挥武胜偕行。俞士吉撰《凯亭（武胜）公传赞》一文有小序曰："……永乐七年，钦赐蟒玉，同余出使西洋。永乐九年六月初一日回至南亭病卒，惜哉！"

《明史·列传》卷三十七：

> 俞士吉，字用贞，象山人。建文中，为兖州训导。上书言时政，擢御史。出按凤阳、徽州及湖广，能辨释冤狱。成祖即位，进佥都御史。奉诏以水利书赐原吉，因留督浙西农政。湖州逋粮至六十万石，同事者欲减其数以闻。士吉曰："欺君病民，吾不为也。"具以实奏，悉得免。寻为都御史陈瑛所劾，与大理少卿袁复同系狱。复死狱中，士吉谪为事官，治水苏、松。既而复职，还上《圣孝瑞应颂》。帝曰："尔为大臣，不言民间利病，乃献谀耶！"掷还之。宣德初，仕至南京刑部侍郎，致仕。

俞士吉为今人津津乐道的主要事迹，其实是先后出使朝鲜和日本，并曾随郑和下西洋。俞正多先生在2016年1月13日的《慈溪日报》上，发表了一篇题为《象山石浦"寻"侍郎》的文章，比较全面地反映了这段史实，全文如下：

从报纸上看到一则信息："宁波象山石浦渔港管委会将兴建不久的'俞士吉出使日本遗址纪念碑'纳入了象山旅游线路。……此前象山已在石浦渔港古城兴建了俞士吉故居,名曰'侍郎府'。府内展示俞士吉一生主要功绩……"这则信息引起了我的关注,俞士吉何许人也?为何象山石浦渔港有关部门予以立碑建府?因此我专程去象山石浦几次,寻访他的印迹。

"俞士吉出使日本遗址纪念碑"立在石浦镇溪坑路与渔港中路的交叉口,称南关桥的地方。据《明史》载,永乐四年(1406)俞士吉时年46岁,以礼部侍郎名义出使日本,舟发石浦南关桥,到宁波后与日本归国使臣一同出海。到达日本后,俞士吉宣读皇帝诏书,褒嘉日本捕盗修贡之绩,赏赐金印财物,封其国山曰寿安镇国之山,御制碑文,赐以铭诗,既促进了两国邦交,也显示了我国的风范。俞士吉归国时,日本又遣使者随同来华。此后几年,日本频频入贡,使得东海海疆有过几年平静。该纪念碑系石质,高约4米,阔约3米,厚约0.6米,置放在一个绿草如茵的大花坛内。底座形似快船,乘风破浪行驶在大海上,舟中间有一篷帆,帆正面刻有俞士吉身着礼服雕像和与出使有关的图案,上边还刻有"南关桥遗址"五个大字。篷帆背面为俞士吉生平事迹简解。该碑立意新颖,主题鲜明,雕刻也颇为细致。

侍郎府则坐落在石浦老街的北端,石浦老街现为旅游景点,要买门票进入。侍郎府顾名思义应是有侍郎官职的官员住宅,在封建社会中显示身份与地位象征。侍郎官职相当于中央一级干部的副职人员。报纸上写的侍郎府为俞士吉故居,实则不是,他在石浦没有故居,所以确切地讲,侍郎府应该称俞士吉纪念馆,或政绩陈列馆。现侍郎府房子为民国初期建筑,中式带有洋味,原为石浦富商人家住宅改建而成,占地面积大概700平方米,一幢式二层楼房,五间二弄,有前后两个院子,院子两边是厢房。馆内陈列着侍郎俞士吉的生平政绩和相关物品,楼上正房则有"出使厅",模拟俞士吉出使朝鲜、出使日本时,当地官员和民众欢送的场景。

根据纪念碑和陈列馆所述,我又查阅了《明史》(卷149)、《明宁波府志》(卷二十七·传三)、《象山县志》和《鄞县志》等相关资料。据这些相关资料记载,俞士吉,字用贞,号栎庵;另一说字周贞。浙江宁波象山人,出生于丹城凰门根,即现丹城东街上进路口。生卒为公元1360—1435年,另一说为1354—1430年。明洪武十八年(1385),俞士吉25岁,当时的他仪表修洁,举止文雅,文采华美,地方官几次以"贤良方正"向州郡"辟荐",但他没有接受,决意参加科举,要以真才实学取得功名。洪武二十九年(1396)秋,36岁的他终于在乡试中脱颖而出,中了举人。翌年二月,参加礼部主持的会试,中乙榜以贡士授山东兖州儒学训导,从此走上了仕宦之途。

俞士吉从山东兖州儒学训导开始到明宣德年间的刑部侍郎,有三十多年官宦生涯,历经明洪武、建文、永乐、洪熙、宣德五个年号,先后任过监察御史,安徽、湖广巡按,侍郎右佥都御史等职,其政绩主要表现在三件事情上。一是出使日本,上面已经提及,不再表述。二是出使朝鲜。据明史载,永乐元年(1403)朱棣登极之初,亟须派遣一批使臣去邻国宣告,俞士吉以右佥都御史身份,奉命率使团抵达朝鲜,至都城城郊时,朝鲜王李芳远率王族官员在城郊道左迎接。第二天,俞士吉宣谕永乐帝怀远睦邻之诏书,晓以和睦相处之理,打消了朝鲜王李芳远的疑虑,表示恪守贡职,派遣使者随同俞士吉诣京献贡朝贺。三是明洪武末,永乐初,浙西大水,俞士吉随户部尚书夏原吉等官员前去赈灾,并治理水患,监督农业事务。当时湖州受灾最严重,据《明史》载,"亏粮六十万石"。带去赈灾款粮与实际需要相差许多,一同去的官员说,我们发下去算了,相差这么多我们有什么办法。俞士吉则竭力主张以实情禀告朝廷,争取多拨款粮,以解百姓饥饿。后来皇帝批准了他的申求,增加了赈灾款物,当地百姓困难有了缓解。

由于俞士吉的才能和政绩,深得朝廷赏识。明永乐十六年(1418)他去京觐见述职,正逢吏部考核官员政绩,他被擢升山东左参政,负责监督疏浚黄河。

俞士吉的官宦生涯不是一帆风顺的。据《明史》记载,他曾两次入狱,差点丢了性命。第一次入狱是在浙西赈灾后,有都御史陈瑛所劾,说他们赈灾减免税收太多,有慷国家之慨嫌疑。为此俞士吉和有关官员入狱,其中大理少卿袁复病死狱中,俞士吉谪为事官,按现在说法,降职为办事员。后因浙西又闹饥荒,朝廷又要派人去处理,想起了他,官复原职,随同户部主管再去浙西。第二次入狱是永乐十八年(1420)二月,山东东部发生唐赛儿起义,从者数万。山东布政使、按察使都因失职下狱。俞士吉刚调任不久,况且负责督浚黄河,同僚认为可以说明情况,避免罪责,但他却说:"职责所在,背死逆命,非臣节之。"意思是说,既然为官,就要承担责任,推脱不是我的品行。这样他就主动投案入狱。结果布政使、按察使均遭诛戮,俞士吉开释出狱。几年后,至明宣德年间,他又得到朝廷纳用,任刑部侍郎。

在象山石浦期间,我顺道去象山县城,找到了象山县文管会的陈主任请教,咨询俞士吉的一些情况,他说他们掌握的情况也不多,"主要还是根据《明史》和《象山县志》来写的,同时俞士吉后来迁到府郡居住(即现宁波市区),他在象山丹城的故居和为他而立的亚卿坊,因时迁年久,象山县城变扩,早已拆除,无法找寻。象山县博物馆有象山名人介绍专窗,你可去看看"。谈到石浦侍郎府,他说俞士吉出使日本确在石浦南关桥发舟,建侍郎府则是名人效应。

据《象山县志》记载,俞士吉,字用贞,象山人,1396年举人,明洪武三十年丁丑科中礼部乙榜,仕刑部侍郎。雍正《象山县志》:俞士吉宅治东,仁济庙下,后迁郡城之湖西,亚卿坊为侍郎俞士吉立,县治南。《鄞县志》:俞士吉墓,郡城西四十里武陵山林村,士吉从象山徙居郡之月湖,故葬于此。《鄞县桃源乡志》:俞侍郎士吉墓葬于上阵武陵山大岩下,武陵山在鄞西四十里,四十七都,上有棋盘石(俗名大岩),今上阵岩下即此山。从以上史料看,侍郎俞士吉原住象山丹城,后迁鄞城湖西,归宿于鄞县桃源乡武陵山,即现宁波市鄞州区横街镇林村至上阵村一带的武陵山里。

又据石浦纪念碑上说,公元1409年明郑和第二次下西洋后,明成祖(永乐帝)曾派俞士吉为正使,前往西洋的一些国家进行册封、访问,以敦睦邻邦交,扩大影响。但《明史》无明确记载,只能供参考了。如果有的话,则为海上丝绸之路增添了新的一页。

(五)围绕俞充的若干推测

1.陈汉章《俞氏名贤传考》

在本书行将完稿之际,专注于象山县姓氏文化研究十余年的张则火老先生,给我们传来了民国二十五年(1936)的《昌国卫俞氏宗谱》。该谱收录了署名"象山陈汉章撰"的《俞氏名贤传考》一文,运用史书文献,对数十位俞氏先祖的生平事迹进行了较为详尽的考证。其中对"俞充"的考证"又案"曰:

旧谱既称俞充为俞玕后人，则鄞俞氏亦同族。宋王得臣《麈史》载，俞伟宰南剑州之顺昌，谕劝禁约县民溺子，活小儿数百，事甚详。王尚书作《四明七观》，亦详载之。《姓氏急就篇》俞氏下注宋俞献可、献卿、伟，是重伟之为人与献可兄弟等。伟，字仲宽，即俞公达从父也，旧谱录公达而失仲宽，未喻其故。

考察陈汉章的上述按语，我们可以发现其中包含着十分重要的信息：

第一，陈汉章作"俞氏名贤传考"一文的时间，应该在 1936 年之前，很大可能是在其承担《象山县志》总撰工作的 1923—1927 年。那时陈汉章看到过一份俞氏"旧谱"。但遗憾的是，陈在文中未详说该"旧谱"为哪支俞氏谱以及何人作于何时。

第二，"旧谱"载：俞充为俞玕后人。这是迄今我们看到的唯一记载俞充和俞玕关系的一份俞氏家谱，而且与目前我们所掌握的所有的族谱不同。

第三，陈汉章根据"旧谱"所载俞充为俞玕后人推定：俞充一族与"鄞俞氏亦同族"。此"鄞俞氏"当既指鄞西俞氏，也指鄞东俞氏，从而清楚地表明了鄞西俞鼎支亦为俞玕之后。

第四，"旧谱"仅载俞充，未载俞伟，可以确定该谱既不是鄞东谱，也不是鄞西谱。

第五，根据以上四点我们可以得出结论：该"旧谱"实际上是明派俞氏俞充支系的家谱，其完整性可与斑竹谱系相媲美；陈汉章作此文时见过该谱，但迄今或已失传。

第六，"伟，字仲宽，即俞公达从父也"，显见为误。而《象山县志》引述王珪《辜氏墓志铭》有误，或是其助手之失，而陈汉章未加考据。否则，陈汉章就不会有"旧谱录公达而失仲宽，未喻其故"的疑问了。

2. 俞充之祖是俞承登吗？

（1）俞充"家世四明人"

俞充的第三个儿子俞次皋从熙宁四年（1071）到绍圣二年（1095），在汉中等地留下石刻"伯谟"题名共四处，特别是元丰元年（1078）在"华岳颂碑"上留下了"鄞江俞次皋谨题"等 34 字，较其父俞充自称"家世四明人"，有了更为具体的居住地。

前面我们已经说过，虽然鄞东谱亦以俞鼎为始祖，但其记述的俞鼎生卒、官衔、祖源及墓葬地等，均与鄞西谱的记载不同。如果不是名讳和居住地相同,完全可以认为是两个不同的人。这自然也从一个侧面证明了俞充非俞鼎和俞承奕之后裔。

鄞东俞氏对于自己祖上的来源地的记忆,似乎既模糊又清晰。

(2)俞承登居大晦的记载或非空穴来风

在俞浙撰于德祐元年(1275)的"金字谱"中,记载了俞玕生有四个儿子[1]:俞承资、俞承适、俞承奕、俞承登。长子俞承资后人先居大晦,除俞翔外,大多分迁在奉化境内;三子俞承奕之孙俞鼎定居鄞西。而俞玕的第二个儿子俞承适和幼子俞承登,则去向成谜。俞充之祖或为俞承适[2]或俞承登?而这正好与《辜氏墓志铭》中"充皇祖畚世,而祖姚陈氏再从人",及其对俞充"先人举进士,志不就以没"的记述相符。通过《辜氏墓志铭》中俞充对其父、祖名号讳莫如深的记述,我们似乎可以看到,跟随俞玕徙居大晦的俞承登,不久便早于十世祖俞宾向西迁入斑竹园,向东回迁居到了今宁波城内(即"鄞江")。《四明塘吞俞氏宗谱》中,有俞充夫妇"合葬奉东许家井头之原,有华表石柱一对"的记述,似乎印证了这一迁徙的轨迹。

(3)《象山县志》所载俞夔为俞承简"子或从子皆未可知"或可旁证

按照陈汉章主修的民国《象山县志》"俞懋文、俞承简宅"条所载,大理评事俞承简,虽然其出身和时代俱已失考,但在乾隆年间修县志时尚有宅墓志可见,且有其宗谱云:俞懋文生俞士达,俞士达生俞承简,官大理评事。而俞夔是否为俞承简之子,则谱无明载。因此,"子与从子,皆未可知也"。

这一记载似乎表明:虽然难以确定俞夔为俞懋文直系子孙,但其肯定与俞懋文一支有关。如果俞夔为俞承登之玄孙的推测成立,那么,俞夔即为俞承简之从子也。

3. 俞充是五峰俞氏第十世祖吗?

(1)与五峰俞氏剡、杭两派先祖的比较

关于剡派俞氏,查考五峰俞氏宗谱可知,剡派俞氏、八世祖俞承志的生卒为883—953年,九世祖俞仁裕的生卒为907—976年,俞仁裕的三个儿子分别为:俞伯渊(932—986)、俞伯深(936—994)、俞伯潜(940—999)。俞伯深四子、十一世祖俞文应的生卒为969—1019年。

---

① "金字谱"阙载俞玕第二子俞承文。

② 关于俞承适及其后人的去向,近来有家谱研究者认为,其或早就远徙浙境之外。姑且存疑。

关于杭派俞氏，北宋张方平撰《赠贤妃俞氏墓志铭（并序）》[①]：

> 赠贤妃俞氏，仁宗皇帝昭仪也。吴越著姓，世仕藩朝。曾祖承逊，女为钱忠懿王俶（929—988）夫人，从俶归国[②]，终于睦州刺史。祖仁祐，东头供奉官、阁门祗候。父振（即伯振），左侍禁，姚陈氏，赠东海郡王洪进（914—985）之孙女。良奥成家，善祥保世，庆钟邦媛，光膺天福。景祐中（1034—1037），海寓熙宁，帝临御已久，而尧门未启，甲观尚虚，妃早序金环之渥，首当彤管之记，三年就馆，始生皇子。……治平元年（1064）六月薨，享年四十有四。……

俞贤妃为五峰俞氏第十一世祖，其生卒为 1021—1064 年，其父为第十世祖俞伯振，其祖为第九世祖俞仁祐。另据《宋史》卷六十六《志》第十九记载："大中祥符九年（1016）三月，杭州浙江侧，昼有虎入税场，巡检俞仁祐挥戈杀之。"可见，时俞仁祐正当人生壮年。再据《宋史·俞献卿传》载：俞献卿于景祐三年（1036）四月辛未，以"右谏议大夫、集贤院学士知杭州。暴风，江潮溢决堤，献卿大发卒凿西山，作堤数十里，民以为便"。俞献卿（970—1045）为五峰俞氏杭派十一世祖，其父俞伯安，祖俞仁声，曾祖俞承拱为俞贤妃之曾祖俞承逊之弟。

剡派九世祖俞仁裕的生卒为 907—976 年，十世祖俞伯深的生卒为 936—994 年，十一世祖俞文应的生卒为 969—1019 年；杭派俞贤妃为五峰俞氏第十一世祖，其生卒为 1021—1064 年，俞献卿为 970—1045 年。

由是可知，俞充如果为第十世祖，与剡派俞文应的生年相差 64 年，与杭派俞贤妃的生年相差 12 年、与俞献卿相差 63 年。

在五峰俞氏剡、杭、京、明四派始迁祖中，俞玕作为俞稠四个儿子中的幼子，其本身已经有了十余年的差距。设若俞充又为俞玕幼子俞承登的孙子，那么在经历了三个世代的繁衍后，有了约 60 年的代差，也属于正常的平均代际差范围。

（2）与其他明派俞氏的比较

鄞西桃义江谱载，五峰俞氏第十世祖俞鼎的生卒为 976—1053 年，塘岙谱载为 961—1024 年。按 25～30 年的平均代际计，九世祖俞仁宜的生年在 940—950 年。关于第十二世祖俞伟的生卒，桃义江谱载为 1031—

---

① （宋）张方平：《乐全集》卷三十八。
② 即所谓"钱氏纳国"于 978 年。

1102 年,塘岙谱则为 1031—1106 年。而根据我们在后面的考证,俞伟岳父周师厚的生卒为 1031—1087 年,岳母故世的 1111 年其尚在监察御史任上,故俞伟的生年当在 1050 年前后①。因此,同为明派俞氏,俞充的辈分要高于俞伟,自在情理之中。

据《乾道四明图经》《宝庆四明志》等记载,明派俞氏在北宋的第一位进士是俞翱,登庆历六年(1046)贾黯榜,而第二位是俞充,为嘉祐四年(1059)刘辉榜进士。据俞浙宋写本"金字谱"记载,俞翱是俞玕之孙、俞承资之子,为五峰俞氏"仁"字辈第九世祖。俞翱仅比俞充早 13 年登上进士榜。

(3)鄞东俞氏之祖"俞伯宁"并非伯字辈

鄞东俞氏如洋山岙、塘岙、俞家山等,均以俞充之子"俞伯宁"(疑为俞充三子俞次皋)为其先祖。包括桃义江谱在内的整个明派鄞系俞氏谱,都有俞伯安、俞伯宁为俞充之子的记载。而这正好与俞充三子俞次皋在汉中题名"伯谟"相互印证。但是,从俞充四个儿子的字看,除大儿子俞稷无确切史料外,俞次契字仲孚、俞次皋字伯谟、俞次夔字仲臣,"俞伯宁"似乎并非"五峰俞氏"伯字辈的第十世祖。

如果我们将鄞东俞氏先祖"俞伯宁"定位在五峰俞氏第十一世祖,那么,鄞东俞氏整体前推了两个世代。由此,发生在鄞东谱系中的"世代挤压"②现象,亦可迎刃而解。

(4)俞懋文支世系也是一个佐证

我们在前文已经提到的陈汉章主修民国《象山县志》,有"俞懋文生俞士达,俞士达生俞承简",俞夔和俞承简的关系"子与从子,皆未可知也",以及"俞承简八世,俞夔九世"等记载。这也佐证了俞夔之父俞充与俞承简是同辈堂兄弟。如果俞懋文确为"金字谱"阙载的俞玕第二子俞承文,那么,俞充即为五峰俞氏第十世祖。

刊载在民国版《昌国卫俞氏宗谱》中的陈汉章撰《俞氏名贤传考》一文,有"旧谱"载俞充为俞玕后人等。该"旧谱"想必是陈汉章曾经亲眼所见。有朝一日该"旧谱"重现于世,那么俞充的父、祖名讳及世系等,亦将大白于天下。

---

① 后面经我们进一步考证,俞伟出生于 1047 年,卒于 1118 年。一个显而易见的事实是,当年鄞西俞氏为了把俞充编造成俞伟的侄子,将俞伟的生年前推了近 20 年。

② 即代差过小。发生在鄞东俞氏的"世代挤压"现象,我们将在后文进一步讨论。

4. 俞充四个儿子的生年推测

俞充的第三个儿子俞次皋，生性活泼，曾在不同的时间、不同的地方留下了诸多石刻题名。① 绍圣二年（1095）乙亥仲春，俞次皋与贾公直、师赓、何赍等游历汉中，在石门内壁留下了姓名与摩崖石刻，由俞次皋题，并留下自己的字"伯谟"。由此可见，俞次皋与贾公直交厚。

贾公直（1045—1105②），字正之，北宋名臣范仲淹嫡外孙。根据2012年在郑州出土的北宋末年的《贾正之墓志》③，我们先来推测一下俞次皋及其三个兄弟的年龄。墓志详细记载了贾正之的生平、职官及北宋后期的一些历史事件，为我们留下了北宋后期的社会政治文化等重要信息。根据陕西汉中褒谷石门摩崖石刻，同时综合墓志记载的贾公直生卒可知，贾公直在绍圣二年（1095）乙亥时51岁。根据题名中俞次皋将贾公直名字放在自己之前的情状判断，贾应年长于俞。如前所述，如果俞充17—20岁结婚，俞充之母辜氏去世时的熙宁三年（1070），俞次皋只有10岁出头。如果俞次皋是12岁左右，那么俞次契约为15岁、俞稷约为18岁。其父俞充在元丰四年（1081）去世时，俞次皋约为23岁。那么在绍圣二年（1095）与贾公直游汉中时俞次皋为37岁左右；元丰元年（1078）在"西岳华山神庙碑"上留下"侍亲出帅华池"题名时，方才20来岁。如果与其弟俞夔相差3岁左右，那么俞夔在元丰五年（1082）中进士时为20岁左右。

如此可以推断：俞充20岁左右即皇祐五年（1053）前后生长子俞稷；23岁左右即嘉祐元年（1056）前后生次子俞次契；在26岁左右即嘉祐四年（1059）前后生三子俞次皋；在29岁左右即嘉祐七年（1062）前后生幼子俞夔。在元丰四年（1081）俞充去世时，俞稷约28岁、俞次契约25岁、俞次皋约23岁，俞夔约20岁。

民国《四明塘岙俞氏宗谱》在俞夔的世传中有一段话，印证了我们的上述推测。谱中说：俞夔"年十八入泮宫，至二十登黄裳榜进士"，"寿八十八岁"。根据《乾道四明图经》《宝庆四明志》的记载，俞夔为元丰五年（1082）黄裳榜进士。据此，我们可以确认：俞夔的生卒为1063—1150年。

所以，综合我们掌握的各种信息，已经可以推断，俞充的四个儿子出生于1053—1062年的近10年内。

---

① 陶喻之：《两宋蜀士题刻校补》，《四川文物》2005年第4期。

② 根据《贾正之墓志铭》推算。

③ 马强：《范仲淹嫡外孙贾正之家世生平事迹考略》，《陇东学院学报》2018年第4期。

（六）俞充的弟弟和妹夫

1. 俞褒居新盐场

俞充胞弟俞褒，在鄞系谱中均被误为俞伟的长子，就连俞褒本支的《新盐场俞氏宗谱》亦是如此。

民国版《新盐场俞氏宗谱》所载俞褒失传如下：

> 一世祖宽行，讳褒府君，旧行亿五，字君美，宋将士郎，镇江府金坛县主簿，迁宜兴丞，知扬州江都县事。生宋熙宁三年①(1070)庚戌十二月初七日寅时，卒宋绍兴元年(1131)辛亥四月十二日，享年六十二岁。配张氏恭人，生卒无考。葬龙山。一子元盛。公始居新盐场，为一世祖。

> 二世祖裕行，讳元盛府君，旧行元八，字天昌。宋将仕郎，监临安税务，改授常州宜兴丞，迁无锡令。生宋元符三年(1100)庚辰五月初四日子时，卒乾道元年乙酉七月十八日，享年六十六岁。配钱氏恭人，生卒无考。葬龙山。子二：长达，次遵。

《新盐场俞氏宗谱》创修于光绪十七年(1891)。有慈溪人王棣所撰《创修俞氏宗谱序》如下：

> 岁己丑，俞铭之茂才邀余纂修宗谱。铭之，余旧友也，世居鄞东之新盐场，其先世宋将士郎讳褒，是为将仕公，于元祐年间(1086—1094)始由本邑西乡俞家宅迁此，后分为八房。今其族之聚处者千有余家，派衍二十余支，而散处异地者，亦不下数百家。八房之中，惟老庙跟、元八房、大树下、澳嘉桥四支，自十七世以下旧有草创支谱，而名讳亦多阙如，其余支皆无记载。铭之与其族人上舍、金水、俊秀、丹扬、文学、安伯诸君，同任采访，余就所得者随时载笔，不得其详者阙之。阅两载，乃得就绪，自始祖起至十六世止，编为前谱，自十七世以下编为正谱。谱之体格，载在凡例。年湮代远，文献无征，补缺守残，幸而藏事。惜铭之已作古人，谱成而铭之不及见。后贤览之，其亦知

---

① 根据《辜氏墓志铭》记载，显然有误。

是举之不可缓也夫！

光绪十七年岁次辛卯六月，慈溪王棣顿首拜序

俞充大弟弟俞褒始迁新盐场后，未几即成大族。随着城市化进程的来临，原来的俞氏聚居地迎来了新的前途、新的希望。自20世纪90年代开始，新盐场迄今已建成国家高新区。新盐场已不复存焉！

2. 俞光或居城内

《宁波日报》2021年6月22日登载了宁波大学李广志的一篇文章，题目是《从新发现的史料看宋代明州城厢结构》。这份新发现的史料就是"明州鄞县东安右厢州南界使君坊增家汇第一保"俞姓家族供养文（中尊寺藏思溪版《法苑珠林》卷第八十一），上有"明州城下吉祥院大藏经"的藏经印章（中尊寺藏开元版《西字函音释·成实论》上帙卷十）。该史料现属日本中尊寺藏宋版《大藏经》的一部分，原为明州吉祥院所藏。

该经卷留白处用楷体墨书的《俞姓家族供养文》如下：

> 明州鄞县东安右厢州南界使君坊增家汇第一保，居住清信奉佛弟子俞宗爽，并在堂亲兼四氏娘、妻黄氏五十娘、花男子俞信、花女子俞八娘合家眷等，谨施净财，收赎《法苑珠林》十卷，舍入吉祥大藏供养。为四众看转，小集功德，乞保在堂母亲庄严福寿，次乞保安家眷兴隆、男女称遂者。
>
> 时绍兴十四年(1144)八月，中秋日开题

该"收赎《法苑珠林》供养"文中，详细说明了"明州鄞县"俞姓家族成员捐献吉祥院供养的缘由，有很高的史料价值。文中显示的鄞县城厢地名及人名，为历代史志所不见，对于解读宋代明州鄞县的社会、城市、宗族、佛教信仰等，具有一定的参考价值。[①]

我们认为，这支供奉"明州城下吉祥院大藏经"的俞氏族人，为北宋名臣俞充(1033—1081)家族的后人。其主要理由如下：

第一，在俞充家族后人、明派俞氏鄞东的《四明塘吞俞氏宗谱》《四明洋山吞俞氏宗谱》中，均有其先祖居明州"城内"的记录；明派俞氏鄞西的《鄞县桂林俞氏宗谱》《桃义江俞氏宗谱》中，亦有此记载。

---

① 有趣的是，文中"花男子""花女子"这种词语，我们未曾见于其他文史资料的记载，体现了古代宁波人使用语言的一个特征。

"明州鄞县东安右厢州南界使君坊增家汇第一保"俞姓家族供养文

第二，据王珪撰《辜氏墓志铭》记述，俞充之母辜氏在熙宁三年（1070）九月"终于司农寺"后，于"明年（1071）十月庚午"自汴京千里回葬"明之鄞县清道乡小江里"。这里的"清道乡小江里"为"武康乡小江里"之误。按《宝庆四明志》所载，小江里在"县东二里"，即今东门口到灵桥路一带。"武康乡小江里"为俞充家族的墓葬地，而俞氏族人"收赎《法苑珠林》""舍入吉祥大藏供养"的明州吉祥院，就在其附近。李广志根据专家的推测认为，"东安右厢州南界使君坊增家汇第一保"的位置，应该是今海曙区月湖以东的区域。

第三，俞充有两个弟弟。根据《辜氏墓志铭》推测，俞充的两个弟弟和四个儿子的年龄大体相当，在辜氏谢世时，均尚年未及冠。据民国版《新盐场俞氏宗谱》记载，俞充的大弟弟俞褒"为将仕公，于元祐年间（1086—1094）"迁新盐场，后分为八房，"聚处者千有余家，派衍二十余支，而散处异地者亦不下数百家"。

俞充的另一个弟弟在墓志铭中未载名字，我们认为极有可能就是鄞东、鄞西谱所载的俞光。

由此看来,居"明州鄞县东安右厢州南界使君坊增家汇第一保"的信佛弟子俞宗奭一族,就有了两种可能:一是俞充长子俞稷的后人,二是俞充的幼弟俞光的后人。综合各种情况判断,当以俞充的幼弟俞光后人的可能性更大。若此,那么俞宗奭即为俞充之从孙。

李广志研究认为,从开元寺版印刷的年代以及思溪版的《法苑珠林》供养文中的"绍兴十四年八月中秋日"等方面推测,吉祥院所藏宋版《大藏经》传入平泉的时间,应该是在 12 世纪中期至末期。

根据《宁波佛教志》记载,吉祥院始建于五代后晋天福五年(940),初名释天院,北宋太平兴国八年(983),赐额"吉祥寺"。① 南宋嘉定十三年(1220)毁于火,重建后至元朝至元年间(1264—1294)又三度毁于火灾。

因此,我们今天仍能一睹《法苑珠林》及俞充家族后人的供养文,实属幸运。

3. 俞充的三个妹夫

根据《辜氏墓志铭》的记载,辜氏有三个女儿,俞充有三个妹夫:"女三人,以适进士、睦州青溪县任中孚,进士虞肩孟、张寀。"

任中孚,睦州青溪县人,北宋进士,生卒无考。青溪县,在钱塘江上游新安江,水色特清,在淳安河段又名青溪,县名本此。属睦州。北宋宣和三年(1121),改青溪县为淳化县。南宋绍兴元年(1131)改为淳安县。故治在今浙江淳安县千岛湖。

虞肩孟,北宋进士,籍贯,生卒均无考。

张寀,北宋进士,左班殿直、检详官。《续资治通鉴长编》卷二四七有如下记载:

> 熙宁六年(1073)八月七日,提举编敕宰臣王安石上删定编敕、敕书、德音,附令敕申明、敕目录共二十六卷。诏编敕所镂版,自七年正月一日颁行。先是,诏以嘉祐四年已后续降宣敕删定,命大理寺法直官刘赓、左班殿直张寀充检详官,刑房堂后官刘衮充点对官,秘书丞胡瑗、太子中舍陈偲、大理寺丞张巨、光禄寺丞虞太宁充删定官,权大理少卿朱温其充编排官,翰林学士曾布、龙图阁待制邓绾、权知审刑院崔台符充详定官,安石提举。至是,上之。

① 宁波市佛教协会:《宁波佛教志》,中央编译出版社,2007 年。

明派俞氏研究

张寀由左班殿直充检详官,时北宋熙宁六年(1073)。

北宋时期同姓同名的还有另一个张寀。张寀(1081—1153),宋晋陵(治今常州)人,字泰定。张彦直子。与兄弟张宰、张宇同登大观三年(1109)进士。历任吏部郎中、直秘阁,转福建漕使,有政绩。这个张寀在熙宁三年(1070)俞充之母辜氏去世时还没出生。

所以前一个检详官张寀,应该是俞充的小妹夫。

(七)鄞东俞氏之祖

1. 鄞东俞氏谱载的世系

鄞东俞氏(包括洋山岙俞氏、塘岙俞氏和俞家山俞氏等)谱载以俞充的次子俞伯宁为始迁祖。鄞东和鄞西谱载相同的是俞充之父都叫"俞佶",但对"俞佶"生平的记述又各不相同。鄞西谱载,"俞佶"(1018—1085)分居鄞城,为鄞城支始祖;而鄞东谱则载"俞佶"(1020—1117)赘鄞东万金湖(今东钱湖)下水史御史公之女,遂居于下水。而我们在前面的研究中已经提到,按照《辜氏墓志铭》提供的俞充之父的特征,即便鄞西俞氏史上确有"俞佶"其人,也断无是俞充之父的可能。无怪乎被誉为"明派俞氏活地图"的鄞东俞氏后人俞正多先生,苦苦寻觅其先人"俞佶"的踪迹二十余年,最终还是憾无所获。

据民国版塘岙谱载,俞充生有二子:伯安、伯宁。其世传如下:

> 伯安,第元七,字惟静,号耐庵,充公长子。公以父恩授将仕郎,初仕无为军司户参军,改上海县丞。生宋元祐[①]八年(1093)癸酉四月二十一日午时,卒宋绍兴四年(1134)甲寅二月十五日子时,年四十二岁。娶姜氏,生宋元祐七年(1092)壬申三月二十一日午时,卒宋绍兴十年(1140)庚申二月十四日辰时,年四十九岁。合葬范岙山祖坟之右六十二步,有华表石柱。子二:诚、谅。

> 伯宁,第元八,字惟定,号樗斋,充公次子。郡庠生。生宋某年正

---

① 此处疑为刊误,为"嘉祐"或"皇祐"。因其父俞充的生卒年为1033—1081年。

月二十六日未时，卒宋某年①九月十一日子时，年六十七岁。娶张氏，生宋某年正月十一日丑时，卒宋某年八月十八日午时，年六十八岁。合葬洋山岙之原。子一：谨。

谨，第百一，字公谦，号湖园。伯宁公之子。公崇宁间郡庠生。宋建炎四年（1130）八月十六日金人陷明州，公具十余舟奉元八公入海避乱，兼招亲党九族，计二百余口，均令登舟以避之，皆给食，凡请贷告籴者，无不应给。时公舟中失资一囊，计数二百余金，公神色如故，并不稽查，独善诸家从行无恙，其用意之厚可知矣。金人既退，公奉父而归，修葺宗谱。至宋隆兴元年（1163）九月中，元八公卒，哀号不已。吊者不接一言，扶柩葬于本岙之原，结庐墓右，负土陪陇，触地泣血，乡党咸称其孝。生宋元祐六年（1091）辛未正月十六日巳时，卒宋乾道二年（1166）丙戌八月二十四日未时，年七十六岁。娶赵氏，生宋元祐七年（1092）壬申二月十七日午时，卒宋绍兴十八年（1148）戊辰九月二十四日未时，年五十七岁。合葬阳堂乡许家井头祖坟之旁，右华表石柱一对。子二：君珍、君璜。

王珪于熙宁四年（1071）撰写《辜氏墓志铭》时，俞充的四个儿子皆年未及冠，故其提供的信息非常有限。综合我们掌握的各种史料信息并最终推测，俞充的四个儿子出生于 1053—1063 年，具体为：俞稷出生于1053 年前后，于北宋末年判永兴军后，不见居于何处的任何记载；俞次契出生于 1056 年前后，后居兰溪；俞次皋出生于 1059 年前后，亦不见居于何处的任何记载；俞夔出生于 1063 年前后，后来定居象山，为明派俞氏象山支始祖。而无论是民国版塘岙谱还是桃义江谱的记载，俞伯安和俞伯宁的出生时间均要晚得多。我们认为，这是受鄞西谱编造的先祖世系的影响所致。

2. 俞次稷为"俞伯安"、俞次皋为"俞伯宁"乎？

通过我们对俞充四个儿子俞次稷、俞次契、俞次皋和俞次夔的考察，俞次契为兰溪赤溪、杨塘俞氏始迁祖，俞夔为俞充支迁象山俞氏之祖，这都是为史实和家谱记载所证实了的。

---

① 据该谱俞伯宁子俞谨的世传记载，俞伯宁卒于隆兴元年（1163）。由此推算，俞伯宁的生卒当为1097—1163 年。但该谱在其世传的按语中已然发现了此种讹误，故阙其生卒年。

按照姚希所撰《宋故冯府君(确)莫氏夫人合葬墓志铭并盖》的记载，俞次稷为进士，娶慈溪人(今宁波市江北区慈城一带)冯确(1025—1094)的长女冯氏为妻，而且冯氏于绍圣元年(1094)先其父母而逝。因此，在俞充的四个儿子中，俞次稷中进士后，至迟在宋哲宗时期(1086—1100)曾为永兴军通判，后仍返明州居鄞的可能性非常大。在《杨塘俞氏宗谱》中，载有俞稷的四代世系：次稷(判永兴军)→虎(湖州丞)→守(字安远，以文学著)→斐(字同文)。其中的"虎(湖州丞)"和"守(字安远，以文学著)"，我们依稀看到了俞充曾孙俞君畴的影子①。

因此，俞稷，俞伯安乎？

而俞次皋在其父俞充于元丰元年(1078)知庆州时，曾随父戍边。并在俞充谢世后，和其兄俞稷、其弟俞夔一起驻守在今兰州一带多年。直到北宋末年，社会动荡，兄弟仨才回到故乡明州。俞次夔即迁夫人家乡象山定居，成为第二支迁居象山的明派俞氏。

在鄞东《四明塘吞俞氏宗谱》中，俞伯宁的世传较为简单，而鄞西《四明桃义江俞氏宗谱》对"俞伯宁"的为人处世记载颇详：生元丰二年(1079)，豪侠好义，忧人之忧，乐人之乐，善吟诗，多高谈雄辩，卒绍兴二十年(1150)。

"豪侠好义，忧人之忧，乐人之乐，善吟诗，多高谈雄辩"，这不正是那位在名闻天下的"西岳华山神庙碑"上率性涂鸦、留下"侍亲出帅华池"题刻，邀请北宋著名词人秦观代作《御书手诏记》，在褒斜石门多次题名，被释道潜誉为"故乡回首海东头，兄弟十年官塞上。才高质美众所奇，杞梓豫章非冗长"的俞次皋的形象吗?!

此外，按照俞次皋生于嘉祐四年(1059)前后推算，"俞伯宁"子俞谨生于元祐六年(1091)，也是一个合理的代际差。但是，纵观塘吞谱所载世系行传，其实在北宋后期的元祐年间(1086—1094)，到明代前期的正统初(1438)，明显存在着"世代挤压"现象，即存在着代际差明显偏小的现象。我们若以俞伯宁为一世，到俞舜申为六世，时间跨度为1093—1196年，平均代际为17.3年；到有生卒记录的俞吉甫为十五世，时间跨度为1093—1345年，平均代际为16.8年；俞吉甫之后连续五代无生卒记录，到俞文福为二十一世，时间跨度为1093—1438年，平均代际为16.5年。特别是

---

① 后面我们将会讲到俞君畴曾在湖州为官。

从十五世俞吉甫的 1345 年到二十一世俞文福的 1438 年,七个世代共 94 年,平均代际为 13.4 年。这显然有悖于常理。鄞东塘岙谱之所以会产生这种"世代挤压"现象,显然是受到了俞鼎为"明派俞氏始迁祖"这种误载的影响,认为俞充是俞鼎的长子(俞佶)长孙。尽管塘岙谱已经将俞鼎的出生年较桃义江谱提前了 15 年,仍然难于自圆其说。

设若俞伯宁即为俞次皋,且生于 1059 年前后,那么,从俞伯宁一世到俞舜申六世,时间跨度为 1059 年到 1196 年,代际即为 23 年,就完全属于正常的代际差范围了。

如是,俞次皋(俞伯谟)即为"俞伯宁"——鄞东俞氏之祖乎?

3. 俞充曾孙俞君畴

(1)俞畴其人

俞充有个曾孙叫俞畴,谱名俞君畴,是个史传人物。《宝庆四明志》记载,俞畴为嘉定四年(1211)赵建大榜进士,并在其下注曰:"充曾侄孙,贯湖州。"我们不知道这一说法的依据是什么。

对于俞畴的世系,鄞东和鄞西俞氏谱的记载是一致的:俞充→俞伯安→俞诚→俞畴。俞畴是俞充的曾孙,且为四明人(鄞人)。大概属于旁系的缘故,民国版《四明洋山岙俞氏宗谱》仅载其世系而无世传。但在民国版《四明桃义江俞氏宗谱》中,则有俞畴的世传:俞畴,行利十四,字我植,亨三公(即俞诚)长子,生于乾道九年(1173),卒于淳祐元年(1241),登嘉定四年(1211)进士,初授江都丞,转秀州华亭令,迁平江府通判。

记载俞畴生平事迹的则有:

在清人陆心源撰《宋诗纪事小传补正》卷一中,有如下记述:"俞畴,嘉定四年(1211)进士,充曾侄孙,四明人,置湖州栗中守字蒙堂,除干人。"这里"充曾侄孙"的说法,应该来源于方志。

《宝庆四明志》所载俞畴为"充(俞充)曾侄孙",未知依据何来。桃义江谱和塘岙谱均载俞畴之祖俞伯安为俞充长子(俞稷),则俞畴为俞充之曾孙。若《宝庆四明志》载俞畴为"充(俞充)曾侄孙"确另有所据,则俞畴应该是俞充之弟俞褒或另一个在《辜氏墓志铭》中未载名字的弟弟(或为俞光)的曾孙了。

(2)俞君畴字惠叔

"俞君畴字惠叔"的记载,是我们从一些古文献中发现的。

俞畴与同时代的岳珂、楼钥和孙应时(1154—1206)等多有交谊。岳珂(1183—1243)，字肃之，晚号倦翁，江西江州（今江西九江）人，南宋文学家。岳珂进士出身，邺侯、权户部尚书，岳飞之孙，岳霖之子。岳珂撰《范碑诗跋》说"面命幼子治，录里士俞惠叔畴诗一篇，亟称其佳焉"，并称"二诗明白痛快，足以吊二老于九垓之期矣，独惠叔末章颇伤峻厉"。[1] 楼钥撰《跋二疏图》曰："开禧二年（1206），余年七十，乡党作会于敝庐。俞惠叔以此图为寿，爱玩不已。"[2]孙应时则有《与俞惠叔书》[3]，其文如下：

> 某再拜：惠叔贤良畏友，暑日甚！伏惟端居，感慕之余，奉太夫人起居万福！某比年虽数至仁里，然非故人不敢见，其于后来之秀，遂漠然不相接识。间得侍文昌楼公，楼公最能诱掖后进，不掩人之善，于某倾倒尤无所惜，而谈端无穷，或为他客剸之语，亦未尝及惠叔故。惠叔之才业，闻于州间，重于诸公长者，而某在邻壤未始知之，陋矣！近者邂逅张总戎之坐，方宾主论文衮衮如云，则见惠叔时于其旁，一语订之，辄犁然当于仆心，仆诚大惊喜。及酒阑稍接绪论，乃知惠叔在句章，于当今新进中如骅骝骥骤耳，非与众足较上下驷者也。归卧风月轩，为黄治中道之，窃自计是日不辞总戎之招，若或使之非偶然也。翌日登门庶几款语，而惠叔已出，然不敢再候于总戎之所。是日，见所和万卷阁诗于大资政赵公家，又见楚词两章于史高邮家，玩绎爱叹，不能去手。又次日，匆匆归余姚，甚恨。扣击之深，歉然如不夕食而未及属厌也。仆老矣无闻，虽慕交惠叔，何敢望惠叔之有意乎？仆而犹子继见得所遗书，衮衮逾千言，别缄所寄论著及书诗又十二篇，铿鍧如金奏，绚烂如云锦，其耸若山，其涵若渊。噫！何其兼人且多能也！何其意气必已出而不苟随也！岂非天才之高，加以志气之伟，卓然不受世俗埋没，而真以古人自期者欤！夫学必志于道，文必根于理，非以记问华藻夸流俗而已也。仆之喜得惠叔诚以此，而惠叔亦遂不余鄙而无隐于仆，岂亦意其可与上下此论者欤。若以记问华藻知惠叔，则仆等敛衽北面而已往。己亥庚子间（即淳熙六年、七年，1179—1180）始，交谢希孟于黄岩时，希孟亦二十四五，逸气如太阿之出匣，仆敬爱之。文昌楼公时为监州，亦甚爱之，惜其旷达终不受羁束。然其所见要自有绝人者，故纸中尚存其一二诗，谩往一观其间，

① （宋）岳珂：《桯史》卷十三。
② （宋）楼钥：《攻媿集》卷七十五。
③ 见（宋）孙应时：《烛湖集》卷六。

所谓举军皆惊将韩信。公固知我，如人疑闻惠叔受知文昌，亦颇类此。世道固然，不足怪也。然学者果从事于道理，则爱众亲仁不争不党，委身受攻而无可攻之处矣。惠叔以为何如？某得书后兼旬病喘无聊，今日拿纸信笔作报，姑以见情非文也。旦夕如鄞，悉俟面论，不宣。

孙应时在《与俞惠叔书》函中，盛赞俞畴的道德文章和才能，把他称作"贤良昆友"，比作周穆王的八骏骅骝。知道他与张总戎关系好，在总戎之所寻找过他，可惜不遇。在大资政赵公家看到他所和的《万卷阁》诗，又在史高邮家看到他书写的《楚辞》两章，赞叹不已，爱不释手。俞惠叔的诗文与才华，令他深为震动，"扣击之深"，产生了深入读惠叔诗文的欲望。不满足于这些，就像没有晚食而未感到饱足的地步。想与惠叔交往，又怕惠叔无意。在这个时候，俞惠叔通过他的侄子寄来千言长信，另寄论著及惠叔书写自己的诗作十二篇。孙应时对这些诗文赞不绝口，以"铿鎗如金奏"（韵律节奏）、"绚烂如云锦"（文采修辞）比之拟之。同时由衷地赞叹俞惠叔的诗文：气势"其耸若山"，思想内涵"其涵若渊"，"何其兼人且多能也"！孙应时对俞惠叔独立高标不屈于时、不与世俗同流合污的品行敬重不已："何其意气必己出而不苟随也！"他感慨于俞惠叔的"天才之高""志气之伟"，"卓然不受世俗埋没"，充满崇敬之情。同时，信中也提到了俞惠叔受知于文昌（楼钥）。

孙应时说谢希孟（1156—1227）的生卒与俞惠叔相近，那么俞惠叔的出生时间可推定为绍兴二十六年（1156）前后。那么俞惠叔中进士时，年在 55 岁了。正因为俞稠到了晚年始中进士，故其仅在湖州出任过低品级的官职。

（3）俞君畴的存世诗作

与其官居低品级相反，俞君畴在同时代的诗人中颇具诗名。仅凭一首存世的《跋山谷书范滂传帖》，便足以傲立诗坛。《跋山谷书范滂传帖》诗曰：

> 貂珰群雏擅天纲，手驱名流入钩党。
> 屯云蔽日日光无，卯金神器春冰上。
> 汝南节士居危邦，志划萧艾扶兰芳。
> 致君生不逮尧舜，死合夷齐俱首阳。
> 千年兴坏真暮旦，殷鉴讵应如许远。

安知后人哀后人，又起诸贤落南叹。

宜州老子笔有神，蝉蜕颜扬端逼真。

少模龙爪已名世，晚用鸡毛亦绝人。

平生孟博吾尚友，时事骎骎建宁旧。

胸蟠万卷老蛮乡，独感斯文聊运肘。

老子书名横九州，一纸千金不当酬。

此书岂但翰墨设，心事恨恨关百忧。

人言老子味禅悦，疾恶视滂宁尔切。

须知许国本精忠，不幸为滂甘伏节。

九原莫作令人悲，遗墨败素皆吾师。

从君乞取宜州字，要对崇宁党籍碑。

《范滂传帖》是北宋著名文学家、书法家黄庭坚（1045—1105）的书法精品之一。黄庭坚字鲁直，号山谷道人，晚号涪翁，洪州分宁（今江西省九江市修水县）人，生前与苏轼齐名，世称"苏黄"。俞畴所作的《跋山谷书范滂传帖》诗，颇得同时代的岳珂、楼钥和孙应时等的赏识。

(4)俞君畴的朋友圈

俞君畴（惠叔）与楼钥、孙应时等过从甚密。孙应时《与俞惠叔书》中有云："己亥庚子间（即淳熙六年、七年，1179—1180）始，交谢希孟于黄岩时，希孟亦二十四五，逸气如太阿之出匣，仆敬爱之。"此信是对俞惠叔来讲的，"希孟亦二十四五"，意指俞惠叔与谢希孟年龄相当，也在二十四五岁。也就是说，俞惠叔与上述孙、楼、谢生活在同一时代，年龄与谢希孟最为接近。谢希孟，台州黄岩人，淳熙十一年（1184）卫泾榜进士。希孟少豪俊，负才名，志向亦远大，尝言"行事不法，周公无志也；立言不法，孔子无学也"。孙应时誉之云"逸气如太阿之出匣"，并说不仅自己"敬爱之"，"文昌楼公时为监州，亦甚爱之"。楼钥与他们都有交往。

在这个以楼钥为中心的朋友圈中，还有一位黄岩人戴复古。在戴复古《石屏诗集》卷五，有一首《辛未元日上楼参政攻媿斋先生》诗：

东风入仗庆云翔，百辟朝元奉玉皇。

一代安危寄黄发，群生枯瘁转青阳。

梅花结果调勋鼎，柏叶宜年上寿觞。

宰相黑头天子圣，赖公同与措时康。

这首诗是嘉定四年(1211)正月初一,戴复古写给时任参知政事楼钥的。戴复古(1167—约1248),字式之,常居南塘石屏山,故自号石屏、石屏樵隐,南宋著名江湖诗派诗人,曾师从陆游。一生不仕,浪游江湖,后归家隐居,卒年八十岁余。著有《石屏诗集》《石屏词》《石屏新语》。戴复古的父亲戴敏才,自号东皋子,"以诗自适,不肯作举子业,终穷而不悔"①,与楼钥也有交往。楼钥应该是戴复古的长辈。

与《辛未元日上楼参政攻媿斋先生》诗同卷的,尚有一首《余惠叔访旧》诗:

> 扁舟访旧入横塘,新柳今如旧柳长。
>
> 室迩人遥春寂寂,风流云散事茫茫。
>
> 纵题红叶随流水,谁弄青梅出短墙。
>
> 政是沈郎愁绝处,杜鹃不断叫斜阳。

因这首《余惠叔访旧》诗放在《辛未元日上楼参政攻媿斋先生》的后面,且戴复古同时与楼钥和俞惠叔等均有交往,故我们认为:"余惠叔"即为"俞惠叔"之误②。

戴复古的这首《余(俞)惠叔访旧》,是写友人"余惠叔"乘扁舟到黄岩横塘探访自己,也写出了友人不得志的寂寞,可谓情景交融,意味深长。可惜这首诗把"俞惠叔"写成"余惠叔"了,也可能是后人刊刻之误。理由如下:

楼钥《跋二疏图》有云:"开禧二年(1206),余年七十,乡党作会于敝庐,俞惠叔以此图为寿,爱玩不已。"③

值得注意的是,在俞君畴的朋友圈中,我们发现了明州史氏的身影。

孙应时在前述《与俞惠叔书》中有云:"是日,见所和万卷阁诗于大资政赵公家,又见楚词两章于史高邮家,玩绎爱叹,不能去手。"这个"史高邮"即史弥坚④(1166—1232),字固叔,一字开叔,号玉林,别号沧洲,南宋庆元府(今宁波)鄞县人,为史浩幼子,宁宗、理宗两朝丞相史弥远的胞弟。

---

① (宋)楼钥:《跋戴式之诗卷》,《攻媿集》卷七十六。

② 在查阅古籍文献的过程中,我们经常碰到这种"俞""余"刊误的情况,有时在同一篇文章中也是"俞""余"不分,给我们造成了不少困惑。

③ (宋)楼钥:《攻媿集》卷七十五。

④ 据(宋)楼钥《皇伯祖太师崇宪靖王行状》(《攻媿集》卷八十六):崇宪靖王有女三,其中第三女"次新安郡主适朝奉郎直秘阁新权发遣高邮军事史弥坚"。

史家为书香门第、官宦世家。

史弥坚年少时师从杨简、郑清之。杨简（1141—1226）是南宋著名学者，"淳熙四先生"之一；郑清之（1176—1251）为南宋后期宰相。史弥坚好学上进，虽没有考中进士，以荫补入仕，却颇有政治才干，初入仕为临安军器监。嘉泰二年（1202），史弥坚任朝奉郎直秘阁新权发遣高邮军事史。此后，据《咸淳临安志》载：开禧二年（1206），史弥坚任两浙路转运判官，兼权知临安府，次年除权兵部侍郎。在其兄史弥远担任丞相后，为避嫌，嘉定元年（1208）出任潭州（今长沙）知府，兼湖南安抚使。在楼钥为其丈人赵伯圭撰写的行状里，嘉泰二年（1202），他新权发遣高邮军事任上，相当知高邮军。权发遣是宋代推行的一种官制。清袁枚《随园随笔·官职中》云："宋法判知之外，又有云'权发遣'者，则因其资轻而骤进，故于其结衔称'权发遣'以示分别。"史弥坚因为当时资历尚浅，实际上是知高邮军，但以权发遣称之。孙应时卒于开禧二年（1206），离他任职 4 年，而孙应时给俞惠叔写的信，应该是在他去世前的近两年时间里。

不仅如此，前文提到写《余（俞）惠叔访旧》诗的戴复古，另有一首写给史弥坚的《京口喜雨楼落成呈史固叔侍郎》诗。这就清楚地表明，俞惠叔与戴复古、史弥坚均有诗词唱和，再加上孙应时、楼钥等，共同构成了一个以乡谊为基础的朋友圈。

俞惠叔与史弥坚之间的交谊，是我们所能找到的整个宋代俞氏和史氏交往关系中唯一的史实。由此自然让我们产生联想：那个"虚构"的"俞估赘鄞东史家"的家谱故事，会不会与此有关呢？

4. 俞充曾孙俞君珍

俞充另有一个曾孙叫俞君珍，文献无征。据民国版《四明洋山峇俞氏宗谱》载，俞君珍为俞充次子"俞伯宁"的儿子俞谨的大儿子。

据《四明洋山峇俞氏宗谱》记载，俞君珍为俞谨长子，第千十八，字怀用，号丹植，生于政和五年（1115）三月十四日丑时，卒于淳熙元年（1174）二月二十三日辰时，享年六十六岁。配应氏，封宜人，生二子，长名汎，次名溥。墓葬福泉山大嵩岭下珠架山，坐卯向酉兼甲庚，有华表石柱。绍兴八年（1138）赐进士出身，亚中大夫，河南参政，前翰林院编修至东宫讲读。著述有《教民录》及《碧山诗稿》二十卷。

5. 俞充直系后裔俞舜申

在俞充的后人中，据《宝庆四明志》载，俞舜申（1196—1272）为淳祐四年(1244)留梦炎榜进士。俞舜申,文献无考。民国桃义江谱载为俞伯宁孙、俞充曾孙,其生卒为1173—1253年;而民国塘岙谱载则为俞充晜孙、俞伯宁来孙,其生卒为1196—1271年。两谱所记虽然生卒相差20年左右,但却相差了整整三个世代。需要注意的是,桃义江谱的俞舜申是作为旁系祖对其进行记载,而对鄞东俞氏来说,俞舜申则是其直系祖宗。

据民国版《四明洋山岙俞氏宗谱》记载,俞舜申,第义七,字世靖,号槐亭,生于庆元二年(1196)二月初二日辰时,卒于咸淳七年(1271)四月十一日丑时,享年七十八岁。配张氏,封恭人,生一子克绍,葬下水南岙山之原。淳祐四年(1244)登留梦炎榜进士,官至建康府同知,有惠政,民咸感其德,立祠以奉。咸淳四年(1268),元兵破襄阳,即乞骸骨归夷。考平时重修宗谱,著述有文集三十卷行世。

考《宋史》得知,襄阳之战是元朝统治者消灭南宋政权的一次重要战役,也是中国历史上宋元封建王朝更迭的关键一战。这次战役从南宋咸淳三年(1267)蒙古大将阿术进攻襄阳的安阳滩之战开始,经宋吕文焕反包围战、张贵、张顺援襄之战,龙尾洲之战和樊城之战,终因孤城无援,咸淳九年(1273)吕文焕力竭降元,历时近6年,以南宋襄阳失陷而告结束。襄阳之战开始后,年迈的俞舜申即乞归故里,亦属情理之中的事。

(八)俞充大事记

明道二年(1033)　出生在明州(今宁波)城内。

嘉祐四年(1059)　登刘辉榜进士。

嘉祐四年(1059)至嘉祐七年(1062)　出任虞乡县令,留下《贶溪怀古十篇》和《王官谷十咏(并序)》诗。

熙宁二年(1069)十月　任职编修官、著作佐郎。与大理寺丞李承之一起编修"中书条例",制定祖宗祖免亲孝赠例制。

熙宁三年(1070)　俞充母辜氏辞世,享年54岁,时俞充为著作佐郎、知司农寺丞事。

熙宁四年(1071)　俞充母辜氏归葬明州鄞县武康乡小江里。

熙宁中(1068—1077)　为都水丞,进直史馆,提举沿汴淤泥溉田。上《论河防事奏》。

熙宁中(1068—1077)　为检正中书户房、太常丞、集贤校理、淮南转运副使。

熙宁中（1068—1077） 为集贤殿修撰、提举市易。

熙宁八年（1075） 为集贤殿修撰、成都路转运使。

熙宁九年（1076） 按视成都路，上御戎十策，与王中正同经制，建三堡，雅州城以木为寨栅建城，茂州城建为土城，复永康（今都江堰市）为军，强化西南羌边防务。

熙宁十年（1077）七月 为直史馆、检正中书五房公事。

熙宁十年（1077）九月 上《乞差员办理汴河奏》。

元丰元年（1078）农历八月十一日 为右正言、天章阁待制、知庆州。此后三年间，在任上恩威并举，将士用命，百姓安居乐业。

元丰元年（1078）二月 上《乞于永兴军路皆置市易务奏》。

元丰二年（1079）三月 上《乞处置昌宁苏尼剌探边事奏》。

元丰四年（1081）五月 上表倡请西征，面陈攻讨之略。

元丰四年（1081）六月初七日 因"风涎"（脑卒中）卒于怀庆路经略安抚使任上。①

元丰六年（1083） 时为承务郎的俞次皋为感戴皇恩，以纪念父亲俞充，请北宋著名词人秦观代作《御书手诏记》，辄求金石具刻明诏，以为不朽之传。

元符三年（1100） 神龙卫四厢都指挥使宁州刺史贾岩去世后，邹浩所撰《神龙卫四厢都指挥使宁州刺史贾公墓志铭》写道："予尝闻俞君言其先公天章阁待制，克帅环庆时，力荐公于朝。天章没，公画像祠之，岁久益虔。盖不忘俞公如此，宜其忠于报国，虽出万死而不顾也，是诚有过人者。"

自嘉祐四年（1059）进士登科，到元丰四年（1081）在怀庆路经略安抚使任上英年早逝，俞充20余年的官宦生涯大致可分三个阶段：前十年，出任地方行政长官，如虞乡县令等②；从熙宁二年（1069）十月任职编修官著作佐郎到熙宁中后期，俞充主要在汴京任京官，后为成都路转运使，颇有政绩，其最高官衔为从四品的"检正中书五房公事"；元丰元年（1078）后为

---

① （宋）李焘：《续资治通鉴长编》卷三一三《知庆州天章阁待制俞充卒》。

② 我们只查到从嘉祐四年（1059）到嘉祐七年（1062）俞充为虞乡县令，而未能找到此后至熙宁二年（1069）间的文献记载。

第三个阶段,因王珪的推荐,俞充出任怀庆路经略安抚使。

北宋时期的对手辽国和西夏,分别在宋的北方和西北方。为了抵御外敌西夏,宋在西北方设置了五路军:鄜延路、环庆路、秦凤路、泾原路、熙河路。自宝元元年(1038)李元昊脱宋自立,建立西夏,直至北宋被金所灭(1127),宋夏双方征战近百年,先后爆发了八场战争:宝元二年(1039)的三川口之战、庆历元年(1041)的好水川之战和定川寨之战、治平三年(1066)的大顺城之战、元丰四年(1081)的灵州之战、元丰五年(1082)的永乐城之战、绍圣四年(1097)的平夏城之战、政和四年(1114)的横山之战。宋夏之间的八次大规模战争,宋军三胜五负。

俞充所在的环庆路统领庆州、环州、邠州、宁州、乾州,辖境相当于今陕西长武、武功、旬邑、礼泉等县间地和甘肃环江、马莲河流域以东地区。环州、庆州和原州处于西北极边之地,与西夏有很长的边界线,宋夏之间惨烈的军事冲突时常在这里出现。俞充于元丰元年(1078)到任,利用宋军大顺城之战获胜后取得短暂安宁的时机,制军禁暴,屡倡西征。可惜天不假年,俞充英年早逝。后人在总结元丰四年(1081)的灵州之战、元丰五年(1082)的永乐城之战宋军大败的原因时,一致的观点是:宋五路大军无主帅,缺乏统一指挥;长途奔袭,粮饷不继;主将不谙军事,各路大军不相统制,招致惨败。无怪乎《宋史·俞充列传》有论曰:"俞充制军禁暴,足为能臣。而希时相之意,倡请西征。使其不死,边陲之祸,其可既乎?"

附　录
俞充之弟俞褒的后人:俞范村俞家

《宁波晚报》2015年6月28日刊登了方名列撰写的《俞范村的俞家大屋、范家大屋》,现节录如下:

> 在镇海西北四公里处,有一俞范村。相传古代村民以捕鱼为主业,渔船扬帆出海,曾名"渔帆",后村民多姓俞、范,遂以姓名村。村中原有官塘,塘边有河,俞姓在塘河内定居,据传清乾隆初,俞姓先祖由定海金塘迁入。范姓在塘河外定居,范姓先祖自三北范市迁入。

> 河上一座范家桥连接两岸人家,在20世纪二三十年代,俞氏与

范氏的后裔旅居海内外经商者多,村中有气派的俞家大屋和范家大屋。

俞家大屋是宁波商帮中的佼佼者俞佐庭、俞佐宸兄弟的故居。大屋坐北朝南,自成院落,占地面积约 1200 平方米,建筑面积 1000 平方米,正屋楼房五间两弄四明轩,前有石板明堂,四周四五米高的围墙,正中开启大门一道,东西两厢有平房各五间,作辅助用房,木架结构,硬山顶屋面。

俞家大屋建于清末民初,系俞氏兄弟父亲的遗产。在 20 世纪 50 年代初期,俞家大屋被作为宁波劳改农场使用,1956 年后归镇海县棉场作工人宿舍之用,1975 年后为棉场所属五金厂工人宿舍。

俞氏兄弟的曾祖父曾任江苏省松江府知府,祖父因体弱多病,无意仕进,家道中落,父亲行医为生,晚年经营中药店,挂牌"俞庆堂"。俞氏兄弟姐妹十人,俞佐庭(1889—1951)排行老大,16 岁进余姚木行当学徒,20 岁进镇海镇余钱庄为职员,不久去上海恒祥钱庄任账房,1916 年回宁波先后任慎德、天益钱庄经理。1927 年后回宁波任财政局局长,宁波总商会会长,和丰纱厂董事长。

俞佐宸(1892—1985)排行老二,15 岁入宁波咸恒钱庄当学徒,后为账房,1915 年起前后任宁波元德、元益、天益钱庄经理、总经理,兼任宁波垦业银行、四明银行经理等职务。抗战初期和胜利后任宁波总商会会长。1949 年后历任宁波市副市长、市人大常委会副主席等,全国人大代表。

俞氏兄弟发达后,对家乡公益事业赞助甚多,1917 年俞佐庭为创办同义医院主赞者之一,1923 年修后海塘时,积极捐募筑塘款,与他人合建嘉燮亭,现亭内碑文上还刻着:此次募款俞氏兄弟功最多,实承其封翁之遗训。1974 年与人一同创办辛成初级中学,独资建造大礼堂,捐资俞范村开办志成小学,创设四明、镇海两孤儿院,组织水龙会,挖掘饮水漕等。

......

岁月流逝,目前俞家大屋和范家大屋均受到严重损坏,格局早已改变,但其高高的墙头,精致的窗格,雕花的梁柱,残存的假山,无不见证着当年两家大屋的辉煌。

五、扑朔迷离的鄞西俞鼎支

（一）俞鼎是明派鄞系俞氏的共同记忆

1. 鄞系俞氏谱公认的始祖俞鼎

在明派鄞西俞氏（桂林俞氏、桃义江俞氏等）和鄞东俞氏（洋山峇俞氏、塘峇俞氏等）的宗谱中，尽管其祖源地说法不一，但俞鼎是他们谱载相同的始迁祖。

（1）宗谱记录中的俞鼎

俞鼎，是明派俞氏，特别是鄞系明派俞氏一个十分重要的谱传人物。我们遍考各种历史文献，除了俞浙（1215—1300）撰"金字谱"有记载外，均未发现任何有关俞鼎的文献资料。从现有谱牒资料看，鄞东、鄞西俞氏大多以鼎公为始祖。

（2）各谱所载俞鼎的祖源

从明派俞氏各谱对俞鼎的记载来看，尽管斑竹谱和桃义江谱的记载几乎一致，但与其他谱则差异较大。鄞系谱均以俞鼎为始祖，但其祖源、生卒、职官、配氏和墓葬都不相同。对于俞鼎的祖源，鄞系谱的说法就有"吴兴蠡州说""蠡州安源说"和"台州宁海说"三种。显然，鄞系谱在最初或以后的修谱过程中，修谱人都没有找到过"五峰俞氏"这一真正的源头。

谱系	行讳	生卒	职官	配嗣	墓葬
斑竹谱	行伯二,字廷器	生太平兴国元年(976)正月十二日,卒皇祐五年(1053)七月初八日	咸平时(998—1003)为明州录事参军	配吴氏,赠淑人。生二子:允谭、允诜	葬桃源乡上陈山
桃义江谱	鼎为始祖,行伯二,字廷器,世家吴兴之蠡山,曾祖几、祖文明、父彬	生太平兴国元年(976)正月十二日卯时,卒皇祐五年(1053)七月初八日	举贤才,初仕扬州江都丞,迁明州录事参军,复迁浙东制置使,后以孙伟贵,封朝请大夫	娶吴兴吴氏,赠淑人。生二子:允谭、允诜	葬明州桃源乡四十八甲上陈山
塘岙谱	鼎为始祖,第云一,字克和,世出蠡州之安源,复迁于台之宁海	生建隆二年(961),卒天圣二年(1024)	淳化(990—994)初年以贤才举仕,至明州观察推官	娶宁海戴氏。生三子:允谭、允诜、允诚。女一:适尚书韩尚文	停枢鄞城月湖之西北,后葬奉川月岭凤栖山,子孙遂居焉
俞家山谱	鼎为宁始祖,字克和,行云一,世居台州府宁海县	生建隆二年(961),卒天圣二年(1024)	宋初庆元府观察推官,浙东制置使	配宁海戴氏。生三子:允谭、允诜、允诚	葬奉川月岭凤栖山,子孙遂徙于山之下居焉

注:奉系升纲谱、北郭谱和俞村谱均无俞鼎的记载。

　　其实,在鄞西俞氏(桂林俞氏和桃义江俞氏等)续修家谱的历史上,也曾经有俞氏后人找到过"五峰俞氏"的源头,而且真的差那么一点点就接上了。民国版桃义江谱和现代版桂林谱均载有《族谱纪原》一文,曰:

　　按谱传,世自征西大将军纵公,世居河间,晋永嘉末,从元帝南渡,居新安,为新安俞氏始祖。传至昱公,经仕宦,住居非一处。昱公由新安迁杭州,子三人:长一公居杭州,次四公迁越州,季稠五公迁湖州,唐湖、睦二州刺史,皆稠公之后。今我族祖徙自湖州蠡山,非即此支乎?故我祖南湖府君有"卜自宋朝枢密而轮奂维新,派列湖州蠡山而簪缨远绍"之联,亦本此也。要之,逆数而上,则玗之父稠、稠之父致昱、致昱之父彦晦(晖)、彦晦(晖)之父智元、智元之父祥正、祥正之父庄,为居青社之始祖也,传至玗而居宁之大晦。顺数而下,则玗之子承支(资)、承迁(奕),是为八世。承支(资)之子仁翔,承迁(奕)之子仁宜,为第九世。至第十世,谱遂不传。据叙谱传,翱之子为鼎,其第十世即鼎也。是翱为居罂湖之始祖，而鼎为本支之始祖也。

俞翱，斑竹谱称俞仁翱，"五峰俞氏"第九世祖，仁字辈，为俞玤长子俞承资之长子、俞仁翔之兄，桂林祖俞鼎之父俞仁宜之堂兄弟。据《乾道四明图经》记载，俞翱为庆历六年（1046）贾黯榜进士，是明派俞氏见诸志传的第一位进士。然而，无论是奉系谱还是鄞系谱，均对俞翱的记载阙如。

上述《族谱纪原》明明已溯源到了第九世俞仁宜，其子就是俞鼎了，却突然横生枝节，联到俞鼎的堂叔俞翱那里去了，殊为可惜。

该《族谱纪原》文之后，桃义江谱原有署名"嗣孙有家"撰于万历乙未（1595）的按语如下：

> 旧谱自初祖庄府君至向完世，原不立行次，止以一世、二三世传下嗣。鼎祖为居罂湖桂林之始祖，修谱者以前祖无行次、世系已远，无凭妄起行第，乃以鼎祖始立"百、千、万、亿、元、亨、利、贞"为世行第，至濬祖止。濬之子讳乾，乾之子讳益续修宗谱，乃立世行云"世、万、千、五、十、再、明、祖、道、弥、仁、慈、与、孝、友、子、孙、有、秉、彝"二十字，以益祖为"万"字行起传世次。今其别谱有异，楚庄而下列"百、千、万、亿"之行，相传讹也。

"嗣孙有家"为桂林二十四世祖，作"按"时间是万历二十三年（1595）。过了 210 年后，到嘉庆九年（1804），署名"本宗三十世庚介白氏"对此又作了一个"按"：

> 始祖本传世家吴兴之蠡山，先曾祖讳几，祖讳文明，父讳彬。是叙谱所传，翱之子为鼎之说，明明因庄公而下至第十世，谱遂不传，从而牵率附会，曾不顾本传之三代分明也。且即翱之子为鼎，五季开运二年（945）进士，亦有名鼎者，而我祖生于宋，其不可牵合也明矣。若翱则宋庆历六年（1046）进士有其名焉，是时，我祖年已七十有一矣，其人当生在我祖之后。中石公轻信叙谱之说，何其诬也。甚且以宋谱"百、千、万、亿、元、亨、利、贞"八世行次为修谱者妄起行第，独不思四世亿一公撰《宗支记》，明明谓"爱立百、千、万、亿行次，继之以元、亨、利、贞"，我俞氏当为谱之始，已有此八字行次乎！据叙谱而忘宋谱，得毋为冒昧也欤。

上述"庚介白氏"的按语说得很明白：桃义江谱（桂林谱）之所以无法将俞鼎之前的世系联到"五峰俞氏"，就是因为有"四世亿一公撰《宗支记》",即所谓由俞充撰《四明俞氏宗支记》。

（3）"金字谱"载俞鼎为"五峰俞氏"第十世祖

据"五峰俞氏"二十世祖俞浙撰于宋德祐乙亥（1275）的"金字谱"所载，俞鼎为"五峰俞氏"明派十世祖，其父为俞仁宜、祖为俞承奕、曾祖为俞玕，高祖即为"五峰俞氏"始祖、六世祖俞稠。

明派始祖俞玕（862—934），字国用，行四九。"五峰俞氏"剡派定居于剡东五峰的时间，据考证是在乾符六年（879）。那一年俞玕年方18岁。所以，俞玕有很大可能曾随父俞稠（829—905）、长兄俞珣（853—933）一起出剡县县城东门，逃往剡东并居住在五峰山下。十余年后，到了唐昭宗时（889—904），俞玕才赴任明州大院判。后辞任归里，其时父俞稠已逝。俞玕途经大晦岭，见山水秀美，便携家人居焉。卒葬小晦大智寺山之原（今为亭下湖水库所淹），遂为明派俞氏始迁之祖。

据光绪版《马岙俞氏宗谱》载"明派"：古四明，即宁波也。俞稠第四子俞玕（862—934），仕明州院判，居鄞县，生五子，分仁、义、礼、智、信五派。仁居鄞县，义居象山，礼居鄞之湖田桂林，智居新盐场、东湖、定海，信居奉化县大晦、驻岭、斑竹园各山。

根据俞浙的宋写本"金字谱"记载，俞玕娶韩氏，生四子：俞承资、俞承适、俞承奕、俞承登。俞承奕生一子：俞仁宜。俞仁宜生一子：俞鼎。俞鼎于宋咸平时（998—1003）任明州录事参军，成为今明派鄞系俞氏公认的始祖。俞鼎（976—1053），字廷器，行伯二，配吴氏，赠淑人，生二子：俞佶、俞伟。享年七十八岁，墓葬鄞西桃源乡上陈山。

因此，明派俞氏鄞西支存在两种可能：一种是当俞玕定居大晦时，其第三子俞承奕尚且年未及冠，便随同生活于大晦，不久后，俞承奕或其子俞仁宜、或其孙俞鼎又迁回鄞西；另一种是俞承奕一开始就在鄞西定居生活了。而从斑竹俞氏和桂林俞氏同为"燕贻堂"的情况看，我们认为，属于第一种情况的可能性更大。

（二）鄞西桂林俞氏先祖俞伟

1. 谱载中的俞伟

现代版《鄞县桂林俞氏宗谱》对俞伟的记载如下：

伟，行万二，字仲宽，千一府君（即允谭公）次子。生于天圣九年（1031）正月初三日丑时。登熙宁（六年，1073年）进士，授福建咸平府顺昌令。邑人生子多者皆不举，乃为《戒溺子文》，如召父老置酬，使规劝乡人。由是育子者，多以"俞"为字，后檄主他郡，还邑，有童稚数百，迎于郊。部使以其事上闻，降诏奖俞，反其秩，俾终惠民焉。民有蓐臣而贫者，捐俸出粟赈之。后顺昌人立庙以祀。卒于崇宁元年（1102）七月十六日，寿七十二岁。以子爵，封太子少师。娶鄞西戴氏，赠泰和郡夫人，生二子：衮、襃①。原墓葬鄞西三十九甲新石岙。

民国版塘岙谱对俞伟和俞衮父子的记载如下：

伟，第兆二，字仲宽，号默庵，允谭公次子。公登熙宁六年（1073）余中榜进士，授顺昌令，有惠政。邑人生子多者皆不举，公乃作《戒杀子文》，召父老列坐庑下，以余俸置醪醴，亲酌使规劝，乡人由是活者以千计，故百姓生子多亦"俞"为字。后檄往他郡，还邑，有童稚数百迎于郊。使者以其事闻，降诏劝谕，复进其秩，俾终惠焉。民有贫穷者，许其俸以赈之。官至监察御史。凡官九转，升刑部侍郎。著有《文集》五卷、《易究》二十卷行世。生宋天圣九年（1031）辛未四月初五日丑时，卒宋崇宁五年（1106）丙戌五月初一日卯时，年七十六岁。娶章氏，封恭人，生宋景祐元年（1034）甲戌九月初四日寅时，卒宋元丰八年（1085）乙丑八月二十二日丑时，年五十二岁。继娶崔氏，生卒无考。三娶毛氏，生卒无考。合葬奉邑大田山之原，有华表、石柱、翁仲。子二：衮、衷②。女一，适都御史汪文升（俱章氏出）。

2. 俞伟是一个史传人物

俞伟为史传人物。《乾道四明图经》为俞伟列传，曰：

俞伟，字仲宽，邑人也。元祐（1086—1094）初③，为南剑州之顺昌令。邑民生子多不举，伟乃集耆老，谕之以理，且伸约束曰：孕者登籍。邑人悔悟，遵其教。再期而阅其籍，欲弃而留者甚众。率以伟字名之。部使者状其绩以闻，朝廷嘉之，降诏奖谕，进秩再任。且许出

---

① 此误，俞襃为俞充胞弟，非俞伟之子。

② 原注：宣统谱作"襃"，误。俞襃为俞充胞弟，非俞伟之子。

③ 据考证，元祐二年（1087），其岳父周师厚故世时，俞伟尚在山南东道节度推官任上，为顺昌令的时间最早应该在元祐三年（1088）以后。

粟以赈其蓐卧而贫者，伟益恳恻，宣谕朝廷好生之意。数年间，赖以活者万余人。邑人廖峣为立德政碑，而郡人黄裳作《邑中步云阁》，亦纪其政绩，以循吏许之。

此后的《宝庆四明志》，则据《乾道四明图志》将俞伟放入俞充传的后半部分，其内容大同小异。许是受家谱记载的影响，只是将"邑人也"改为"充之叔父也"①。

宋张镃《仕学规范》卷二十九载有王得臣《麈史》，王为俞伟的儿女亲家。其中有俞伟的相关记录，照录如下：

> 闽人生子多者至第四子，则率皆不举，为其资产不足以赡也。若女则不待三，往往临蓐以器贮水，才产即溺之，谓之洗儿，建剑尤甚。四明俞伟仲宽宰剑之顺昌，作《戒杀子文》，召诸乡父老为人所信服者，列坐庑下，以俸置醪醴亲酌而侑之，出其文使归谕劝其乡人无得杀子。岁月间活者以千计，故生子多以俞为小字。转运判官曹辅上其事，朝廷嘉之，就改仲宽一官，仍令再任，复为立法，推其一路。后予奉使于闽，与仲宽为婚，家法当避，仲宽罢去。予尝至其邑，闻仲宽因被差他郡还邑，有小儿数百迎于郊，虽古循吏盖未之有也。

王得臣（1036—1116），北宋学者。字彦辅，自号凤台子。安州安陆（今湖北安陆）人。王得臣与程颐（1033—1107）友善，学问广博，以文学驰名当时。嘉祐四年（1059）登进士第。历岳州巴陵令、管干京西漕司文字，为秘书丞、提举开封府界常平等事、开封府判官。元祐二年（1087）后，先后出任唐州、邻州、鄂州、黄州知州，福建转运副使。绍圣元年（1094）回朝任金部郎中、军器少监、司农少卿。绍圣四年（1097）九月，以目疾管勾崇禧院致仕，赠太中大夫。政和六年（1116）卒，年八十一岁。王喜读书史，至老不倦。著有《江夏辨疑》一卷、《凤台子和杜诗》三卷、《江夏古今纪咏集》五卷、《麈史》三卷。今仅《麈史》三卷存世。《麈史》是王得臣晚年所整理的笔记，凡朝廷掌故、耆旧遗闻，耳目所及，咸登编录。其间参稽经典，辨别异同，亦深资考证。书中保存了不少第一手资料，其中尤以宋代典章制度为详。

---

① 这一修改似乎表明：《乾道四明图经》"进士题名记"中的人物关系说明，就是在修撰《宝庆四明志》时，由罗濬等人加上去的，并非张津等所为。这个结论对于判断冒俞充之名作《四明俞氏宗支记》的时间是一个重要的依据。

在《八闽通志》卷十九"顺昌县"中，亦有"济川桥在县治东。宋元祐中，县令俞伟始建浮桥"的记载。另据《陈瓘年谱》记载，元祐六年（1091）辛未，陈瓘年三十五，十一月二十七日作《顺昌济川桥记》。① 陈瓘是周师厚的三女婿、俞伟的小连襟②。据此可以断定，俞伟建顺昌济川浮桥，是在元祐六年，即1091年。

3. 俞伟友人留下的诗文

俞伟至今尚有多篇文字存世，如《人与物同》《众生爱恋性命》《五戒之首》《戒杀子文》等。此外，俞伟的生平事迹，亦散见于一些史料之中。主要有：

（1）释道潜《江行寄俞仲宽察院》③

> 潮回沙浦寒，月落山未晓。
> 驾言江上行，行远心亦悄。
> 茅屋两三家，鸡声闻缥缈。
> 轻风飓垂杨，芳枝何袅袅。
> 上有双鸣禽，下有蕙兰草。
> 蒸蒸物已繁，灼灼花更好。
> 时见赪尾鳞，跳波泳纹藻。
> 即事起幽情，情含结怀抱。
> 故交如参辰，咫尺旷烟岛。
> 红日已三竿，回辕白沙道。
> 但闻萧苇间，拿音飞杳杳。

道潜（1043—1106），北宋诗僧，於潜（今属浙江杭州市临安区）浮村人。本姓何，字参寥，赐号妙总大师。自幼出家。与苏轼诸人交好，苏轼谪居黄州（今湖北黄冈）时，他曾专程前去探望。元祐中，住杭州智果禅院。因写诗语涉讥刺，被勒令还俗。后得昭雪，复削发为僧。著有《参寥子诗集》。释道潜的这首《江行寄俞仲宽察院》，应作于崇宁五年（1106）之前，俞伟已在察院（御史台监察院）御史任上。

---

① 张其凡、金强：《陈瓘年谱》，《暨南史学》2002年第1期。
② 详见（宋）邹浩：《道乡集》卷三十七《高平县太君范氏墓志铭》。
③ （宋）释道潜：《参寥子诗集》卷五。

（2）韩驹《送俞仲宽赴宿倅》①

> 年少场中晚节寒，去年挥手下天关。
>
> 何人肯蹈风波路，自古难言骨肉间。
>
> 十里即应归汉阙，一帆从此别淮山。
>
> 舣舟如得僧伽印，未用将身付等闲。

韩驹（1080—1135），字子苍，蜀仙井监（今四川仁寿）人。早年从苏辙学。有《陵阳集》四卷传世，《宋史》卷四四五有传。"宿倅"为御史台的俗称。这首诗是韩驹在俞伟赴任察院御史时所作，当在崇宁五年（1106）之前。

（3）杨时《寄俞仲宽别纸》（三章）②

其一

闽之八州，惟建剑汀邵武之民，多计产育子习之成风，虽士人间亦为之，恬不知怪。某尝窃悼之，恨世未有诚意，足以感格流俗者与之广谕曲譬，使少变其习，近得吉甫解惑读之，隐然有得吾心，然尚恨其说似犹以利害告之也。若以利言则多男多忧，盖古语有之，非特今日也。孰若以理谕之，使民晓然知有不可为之义，则庶乎其惑可解矣。吾郡吾邑，此风唯顺昌独甚，富民之家不过二男一女，中下之家大率一男而已，小人暴殄，天理侮悖，仁义至身陷大恶而不知省，且为父而杀其子，虽豺虎犹不忍为，孰谓人而为之乎？某比乘舟过境，见有赤子暴尸洲渚间为乌鹰食者，恻然感之，有泄吾颖窃，惟仲宽仁民爱物出于诚心，计未有以此言闻于左右者，故辄及之莅事间，有衣冠之士傥或相接，愿以至言谕之，使少变一二，莫大之福也。狂瞽之言，何足仰裨高明万一徒用增愧耳。

其二

某软懦不立，迷方之学，无以趋今而望古益远，常惧自画为士君子鄙弃。每思得朋游共学，前引后驱，以进其不及，而所寓乃在乎小

---

① （宋）韩驹：《陵阳集》卷三。

② （宋）杨时：《龟山集》卷十七。

州下邑，僻陋之邦，贤士大夫罕至，其境乡党之与居，旦暮之与游，不过田夫野老，与夫后生晚学章句之儒辩，析声病为科举之文耳。以是而求道，几何不见笑于大方之家。比因经由得接教论，若将引至于道者，使驽钝之质，增激懦心，慨然知圣人之可窥，而忘其力之不足也。幸甚！幸甚！迫于之官不得款奉，徒深歉然耳。因风幸时见教，乃所愿望。

其三

顺昌之学，久不正师席，得长者留意，学者幸幸好德，云何有意相从否？邑令帅诸生诣门严师之礼，自近年以来未有如此者，固有道者之不宜辞也。某亦有书勉之矣。

杨时(1053—1135)，字中立，号龟山，学者称龟山先生。祖籍弘农华阴(今陕西华阴东)，南剑西镛州龙池团(今属福建省三明市将乐县)人。北宋哲学家、文学家、官吏。从内容看，杨时的《寄俞仲宽别纸》(三章)，应该作于俞伟任南剑州之顺昌令期间。清代陆曾禹编纂的《钦定康济录》卷三有如下记载：

绍圣元年(1094)甲戌，先生(杨时)四十二岁，赴浏阳任。

是年，有与游定夫书，与顺昌令俞仲宽书，寄仲宽子彦修论学①，书上毛宪，书寄翁好德书。

据此可以确定：杨时《寄俞仲宽别纸》(三章)作于绍圣元年(1094)。那一年，杨时四十二岁，俞伟仍在顺昌令任上。

4.《高平县太君范氏墓志铭》带来的疑惑

据邹浩《高平县太君范氏墓志铭》②，周师厚是北宋时期著名政治家、军事家、文学家范仲淹(989—1052)的侄女婿，而俞伟又是周师厚的大女婿。《高平县太君范氏墓志铭》节录如下：

夫人范氏，世为苏之吴县人，太子中舍仲温之女。资政殿大学士谥文正公仲淹之侄女也。中舍仕未显而逝，文正迎其嫂及诸孤以归，

---

① 根据我们的考证，俞伟与杨时生活于同一年代，故《与俞仲宽书》作于绍圣元年(1094)是可信的。而《与彦修论学》也在绍圣元年(1094)则或为误。理由是从《与彦修论学》的内容推测，其应该作于杨时的晚年，即宣和五年(1123)前后。

② (宋)邹浩：《道乡集》卷三十七。全文详见本书下篇。

尤器爱夫人,曰:异时当为择良婿。其后文正薨,其家追用先意,以夫人嫁四明周公师厚。……夫人以大观三年(1109)八月十日,卒于四明之里第,享年七十九。初封蓬莱县君,后改封高平县太君。子男三人,长锷,承议郎;次铢,台州黄岩县尉;次慧印,从浮屠氏。女三人,长适监察御史俞伟,次适奉议郎毛蒙,次适宣德郎陈瑾。孙男女十人。以政和元年(1111)十月八日葬于通远乡银山管金谷里,祔大夫之兆。锷与浩亲厚,远以铭见属。铭曰:惟文正,笃忠义,忘乃身,徇国事。

习见闻,逮女子,施于家,率由是。

自其夫,暨后嗣,助成之,靡不至。

要所存,似兄弟,若夫人,可无愧。

从《高平县太君范氏墓志铭》中,我们可以发现桃义江谱和塘岙谱对俞伟的记载有几个明显的错讹:

第一,配偶之误。俞伟夫人周氏,为范仲淹之兄范中温之外孙女、周师厚之长女。而桃义江谱载为"鄞西戴氏",塘岙谱载为"章氏""崔氏"和"毛氏",均无周氏。

第二,生卒之误。政和元年(1111)十月八日,俞伟岳母归葬通远乡银山管金谷里时,俞伟尚在监察御史任上。俞伟岳母范氏生卒为1031—1109年,岳父周师厚生卒为1031—1087年,而谱载俞伟与他的岳父母均同年出生[1]。因此,按常理,俞伟的生年当在皇祐二年(1050)之后。

第三,官职之漏载。俞伟岳母范氏于政和元年(1111)行葬礼时,俞伟尚在"监察御史"任上。桃义江谱无官监察御史的记载。两谱均无山南东道节度推官的记述。

清人徐时栋《烟屿楼文集》卷二十九有《周氏谱源考》一文,分世系、姻戚、科第、名位、生卒、茔墓六个方面,对周氏谱源进行纠谬,其中有曰:

谱言银青(即周师厚)女二,长适朱氏,次适史氏,妄也。银青女三,当其卒时,长女已适山南东道节度推官俞伟,次已适太庙斋郎沈公立,季尚在室(舒学士撰《墓志》),其后嫁陈忠肃瑾。忠肃与兄书云:"自到官,尤觉中馈不可无人。瑞奴等零丁,益可怜,不免议同年周户曹之妹。其家清贫,其人年长。贫则不骄,长则谙事。举家好

---

[1] 俞伟生卒,桃义江谱记为1031—1102年,塘岙谱记为1031—1106年。

善，故就之。"户曹者，南雄锷也。

由此可知，俞伟岳父周师厚故世时（1087），俞伟在山南东道节度推官任上，已娶周师厚长女为妻；而到其岳母范氏故世时（1109），俞伟则在监察御史任上。

5. 宗谱所载俞伟生卒有误

如前所述，俞伟岳母范氏生卒为 1031—1109 年，岳父周师厚生卒为 1031—1087 年；并且元祐二年（1087）俞伟为山南东道节度推官，俞伟在政和元年（1111）尚在"监察御史"的任上。谱载俞伟与他的岳父母均出生于天圣九年（1031），应有误。《乾道四明图经》载，俞伟为熙宁六年（1073）余中榜进士。再从与俞伟交往甚密的杨时（1053—1135）、邹浩（1060—1111）、韩驹（1080—1135）和释道潜（1043—1106）的生活年代看，我们有理由相信，鄞系谱所载的俞伟出生时间再往后推二十年左右，即皇祐二年（1050）前后，明显更为合理。如果按照谱载的俞伟享年七十二岁推算，那么俞伟的在世时间为 1050—1120 年，基本与杨时等人同一个时代。

而这一推测，也在与俞伟关系颇密的陈瓘和曹辅身上得到印证。陈瓘（1059—1124）是周师厚的三女婿、俞伟的小连襟，周师厚谢世时（1087），其幼女尚年幼未嫁。陈瓘（1057—1124），宋史有传，字莹中，号了斋，沙县城西劝忠坊（今属福建三明）人。宋元丰二年（1079）探花，授官湖州掌书记。历任礼部贡院检点官、越州通判、温州通判、左司谏等职。

曹辅，字子方，号静常，海陵（今江苏泰州）人。仁宗嘉祐八年（1063）进士，英宗治平间（1064—1067）为杭州司法参军，神宗元丰八年（1085）为鄜延路经略司勾当公事，哲宗元祐六年（1091）迁职方员外郎。尝知虢州，后提点广西刑狱，官至朝奉郎、守司勋郎中。《宋元学案补遗》卷九十九有传。曹辅与苏轼及苏门四学士多有交往，具体有苏轼《送曹辅赴闽漕》诗、黄庭坚《送曹子方福建路运判兼简运使张仲谋》诗、秦观《曹虢州诗序》等。苏东坡于元祐四年（1089）至七年（1092），以龙图阁学士的身份出知杭州。在这期间，苏东坡的好友曹辅正好在福建担任转运判官，其职责就包含北苑贡茶的生产管理与转运呈送。他将北苑的核心产茶地壑源所产头春第一道试焙的新茶，送了一些给这位嗜茶的杭州知府，并附赠了一首小诗。

由此，苏轼作《次韵曹辅①寄壑源试焙新茶》以答，留下了千百年来为后人津津乐道的"从来佳茗似佳人"的茶韵绝唱。正是在任福建转运副使时，曹辅作为时任顺昌令的俞伟的上司，他们才有了交集，发现了俞伟在顺昌的政绩，便竭力向朝廷举荐俞伟。

6. 俞伟生平考略

（1）俞伟与毕仲游"同寅"

毕仲游《西台集》卷九有《回宿倅俞察院启》，应该较我们前面提到的韩驹《送俞仲宽赴宿倅》诗成文稍晚。韩诗是送俞伟赴任察院御史，而毕作此文时，俞伟已然在察院御史任上了。毕仲游《回宿倅俞察院启》全文如下：

> 比缘承乏，获遂同寅，仍忝按章，备闻国议。虽抗论于出处，顾有累于高明，岂谓谦扬，远贻笺问，旨词并缛，感惕交深。某官懿行清规，茂猷远识，学有渊深之奥，名先台阁之英，履道从容，推诚恻怛，似矜迂拙，曲示诲存。捧土何知本，无裨于高大，断金为好期，永奉于周旋。载钦礼意之过隆，第觉心颜之增腼。素商在候，雅履为休，益冀护持，少符瞻祷。

毕仲游（1047—1121），郑州管城人。宋宰相毕士安曾孙。初以父荫补宗正寺太庙斋郎，熙宁三年（1070）与兄毕仲衍同举进士。历霍丘、柘城主簿，知罗山、长水县，哲宗时除军器监丞，改卫尉寺丞，后又任集贤校理，权太常博士等。其历仕神宗、哲宗、徽宗三朝，为官机敏干练、清廉独慎，颇有吏才。但因党争牵连，仕途不坦，坎坷一生。与司马光、苏轼等多有交游，工于诗文，其文章精丽、雄伟博辩，议论时政切中肯綮。著有《西台集》五十卷，已佚，清四库馆臣据《永乐大典》辑为二十卷。

毕仲游的《回宿倅俞察院启》一文告诉我们：毕仲游与俞伟"同缘""同寅"，并同朝"国议"，交谊颇深。因此可以确认，俞伟出生于庆历七年（1047），熙宁六年（1073）举进士，时年27岁。

（2）俞伟的暮年仕途

《湖州府志》卷六《职官表·州县》载，北宋政和（1111—1117）末到重

---

① 此曹辅非《宋史·列传》中的南剑州沙县（今属福建三明）人曹辅（1069—1127）。彼曹辅字载德，元符（1098—1100）进士。因两个"曹辅"生活年代相近，很多人解读苏轼《次韵曹辅寄壑源试焙新茶》诗时，将剑州曹辅误为海陵曹辅。

和元年(1118)及宣和(1119—1125)初,俞伟为湖州乌程县令。

由于《湖州府志》所载州县职官比较混乱,我们一度无法确定俞伟究竟是州官还是县令。后来,我们从宋代谈钥①所撰《嘉泰吴兴志》卷十五的记载中发现俞伟曾任乌程县令;将州县两志进行比较,并参考家谱记载,竟意外地推测出了俞伟的卒年。

《嘉泰吴兴志》是湖州现存最早、最完整的地方志。该书初修于南宋嘉泰元年(1201),由知州李景和主修,归安谈钥纂。书成后,继任知州富琄和归安周氏共同捐资付刻。宋刊本已久佚。清乾隆时从《永乐大典》中辑出,长期以来在民间传抄。民国初年,南浔嘉业堂刘承干校刻。嘉业堂本是留存至今唯一的也是最完整的刻本。《嘉泰吴兴志》卷十五《县令题名·乌程县》记载如下:

> **李团** 旧编云:本朝庆历四年(1044),县令李从始立"题名记"。自咸平元年(998)李团以前,皆追书之。继李从之后者,相续而录,以至于今。
>
> 徐宗孟、滕从、张鉴、薛耀卿、尚森、苏耆、张化基、滕乔、杨文友、阎见贤、方仲弓、赵宗古、关鲁、王陆、陆广、王稷、李咸、詹庠、李从[庆历四年(1044)立县令题名]、朱思道、史言、石元之、间丘立、吴咸、陈洙、梁端、李茂直、钱颛、周演、陈察、林愈、虞策、朱甽、孙云、施迈、胡彻、江翊、王玠、郭忠卿、俞伟、周定民、姚滂、林成、赵泽民、李仲愈、郭仪、姚沈、王居仁、钱令问、林玘、单莘、董时敏、王棠、向汲、霍文炳、邓植、赵善良、朱振、林思茂、陈深、李逴、陈宏、王兴慈、邵大宁、夏翼、王元圭、陶之真、潘渊明、詹仪之、范彬、俞友、俞端礼、萧德藻、王涓、庄璋、赵善兴、徐峻、陈序、张适、赵彦卫、叶巍、唐叔翰、鲁开、金之坚、潘霆、魏震。

俞伟曾为乌程县令。比较《湖州府志》和《嘉泰吴兴志》,我们可以得出结论:俞伟任乌程县令的时间大致是在政和七年(1117)。理由如下:吴兴志记载的俞伟前任叫郭忠卿,后任为周定民、姚滂,而湖州志记的是郭忠卿、王宁为"政和六年(1116)任";周定民、林思聪等一直到姚滂等为"宣和元年(1119)任"。据此可以推断,俞伟在乌程令任上的时间非常短。尽管《桃义江俞氏宗谱》所载俞伟的生卒为误,但如果其所载俞伟"寿七十二

① 宋淳熙八年(1181)进士。

岁"可信的话,那么,俞伟的生卒当为:生于庆历七年(1047),卒于重和元年(1118),享年 72 岁。

(3)俞伟的仕宦生涯

俞伟虽然 27 岁就高中进士,且在顺昌令任上多有政绩。但纵观其一生,仕途平平,并极有可能卒于宿州通判任上。现据史实,列俞伟仕宦生涯如下:

庆历七年(1047),俞伟出生。(毕仲游《回宿倅俞察院启》)

熙宁六年(1073),余中榜进士。(《乾道四明图经》)

元祐二年(1087),为山南东道节度推官。(邹浩《高平县太君范氏墓志铭》)

元祐(1086—1094)初①,为南剑州之顺昌令,一直到绍圣元年(1094)仍在顺昌令任上。(《乾道四明图经》《钦定康济录》)

政和元年(1111),在"监察御史"任上。(邹浩《高平县太君范氏墓志铭》)

政和七年(1117),为乌程县令。(《嘉泰吴兴志》)

重和元年(1118),为宿州通判。(毕仲游《回宿倅俞察院启》、韩驹《送俞仲宽赴宿倅》)

重和元年(1118),俞伟卒,享年 72 岁。(据《嘉泰吴兴志》及《四明桃义江俞氏宗谱》推测)

(三)宋代明派鄞西俞氏有两个俞袤吗?

1. 宗谱记载中的俞袤

现代版桂林谱对俞袤的记载如下:

> 袤,行亿四,字景廷,万二府君长子。生于治平四年(1067)十月初二日巳时。登元祐八年(1093)进士,授左承事郎佥事镇东军节度判官,未赴召,除秘书省正字、校书郎,起居舍人兼中书舍人,直学士,修国史,提举江州常平,改知抚州,除集英殿修撰,再除中书舍人兼集

---

① 据邹浩《高平县太君范氏墓志铭》记载,元祐二年(1087),其岳父周师厚故世时,俞伟尚在山南东道节度推官任上,为顺昌令的时间最早应该在元祐三年(1088)以后。

英殿学士,仕至中大夫,同知枢密院事。卒于绍兴八年(1138)三月十七日,寿七十二岁。娶桃源林氏,封齐安郡夫人,生二子:元吉、元显。一女,适鄞城周允详。原墓葬西三十九甲鼎岙。

民国版塘岙谱对俞衮的记载如下:

> 衮,第亿三,字公志,号东山,伟公长子。公登元祐九年(1094)毕渐榜进士,任衢州司刑曹事,凡官六转,仕至德安太守,屡赠兵部侍郎。素性纯笃忠诚,峭直刚毅。凡所莅临,即用爱人,故贵戚官宦莫不钦仰,而吏民亦咸服焉。生宋至和二年(1055)乙未三月十一日申时,卒宋政和六年(1116)丙申三月初六日丑时,年六十二岁。娶四明林氏,封东平郡太夫人,生至和二年(1055)乙未九月二十三日午时,卒宋政和五年(1115)乙未七月十八日戌时,年六十一岁。合葬鄞县东吴内三溪浦对山之原。子二:元吉、元显。女二:长适奉川邑庠生陈大昌,次适溪口将仕郎蒋学正。

2. 杨时《与俞彦修》

北宋哲学家、文学家杨时不仅与俞伟交厚,而且与俞伟之子俞衮仍保持着交往。在杨时的《龟山集》卷十七中,有《与俞彦修》两则(题注:名衮,仲宽子),照录如下:

其一

> 某昏蔽之久,无以自发。幸蒙君子不见鄙外,曲加奖引,猥赐示问,过自损抑,若将有求者,某何以当之?所谕方寸之间,暗浪时时,间作此病,岂独公耶?盖学者通患也。
>
> 从心不逾矩,孔子至七十而后能,况余人乎?苟未至七十,则犹须操而后存也。故孟子论不动心之道,亦曰持其志,无暴其气。曰持之,曰无暴,则是虽孟子,犹不敢任其自尔也。虽然忘之不可也,助长又不可也,其用力固有在矣。循是充之,使吾胸中浩然,则暗浪岂不自息欤!浼渎高明,非敢谓足以资足下之所须,姑欲取正,其是非耳,言之是耶!固愿与朋友共之,或未中理,幸明告我,庶警未悟。

其二

> 某愚无似无过人器识,又学未优而仕,为世累羁缠坚白,未能万

一于古人,而磨涅不已,几何而不至于淄磷钦。从游之徒又无箴规磨切之益,恐遂至于目盲齿豁,老死于无闻。故每逢学士真儒,则愧汗惕息发于颜面,岂意足下收怜,犹以君子望之。幸甚! 幸甚! 敢不刻意自勉,庶几不负所期耶! 未涯良晤,驰想何已。

以上两则《与俞彦修》文,当为杨时对俞衮来信讨论为学之道时所作的复函,从中可以看出俞衮对先辈大儒的敬仰,以及杨时面对后学俊才时的谦逊态度。同时,也让我们首次看到了俞衮字彦修①,为俞伟之子。

3. 陈亮撰《何茂宏墓志铭》带来的疑惑

南宋著名思想家、文学家陈亮撰《何茂宏墓志铭》的发现,却让我们对俞伟和俞衮的父子关系一度产生怀疑。

陈亮(1143—1194),原名汝能,字同甫,号龙川,学者称为龙川先生。婺州永康(今浙江永康)人。著作有《龙川文集》《龙川词》等。陈亮《龙川文集》卷二十四有《祭妻父何茂宏文》,卷二十八有《何茂宏墓志铭》②。《何茂宏墓志铭》节录如下:

> 公姓何氏,讳恢,字茂宏,得姓所从来甚远,而婺之诸何为尤盛,居城之东,而散出永康、东阳、义乌者,其分合之详不可得。而纪然义乌之族,自公而上,其可数者六世,而公又有子有孙矣。……娶同邑叶氏,子男三人:大辩、大雅、大猷。女六人,唐仲义、陈亮、宗楷、陈大同、俞衮,其婿也,幼未行。仲义与茂恭同年进士,以邵武之光泽丞上铨曹关升矣。孙男二人:兰孙、玉孙。女二人,尚幼。得年五十有九,以淳熙癸卯(1183)七月三十日卒。……

历史学家吴晗早年就读国立清华大学期间,于考证撰作之余暇,从方志、史乘、诗文集、笔记、碑帖中摘录有关浙江历代藏书家之零语断片,日积月累,积稿成帙,编成《两浙藏书家史略》三卷,起晋讫清,凡三百九十九人。何恢(字茂宏,1125—1183)之弟何恪(字茂恭,1128—1178)是四位义乌籍的藏书家之一。③ 义乌何氏为世家大族。何恢系何棨长子,字茂宏。何棨对两子期望甚殷,后何恪与兄何恢同应礼部试,何恪中选,而何恢未

---

① 桂林谱俞衮字"景廷",塘岙谱俞衮字"公志",均非"彦修"。

② 见文渊阁本《四库全书》,陈亮《龙川文集》卷二十八。全文详见本书下篇。

③ 北京市历史学会主编:《吴晗史学论著选集》第一卷,人民出版社,1984 年。

能登榜。此后何恢不再谋求功名,全力操持家业,不出几年财富便"积累至巨万"。何恢、何恪兄弟情感深厚,家业由何恢一力承担,何恪乃"得以专于文学","不问钱物为何事"。

何恢育有六女,陈亮(1143—1194)和俞衮(桃义江谱记为1067—1138年,塘岙谱记为1055—1116年)都是他的女婿。除幼女外,分别许配唐仲义(绍兴三十年即1160年进士,其二兄唐仲友生卒为1136—1188年)、陈亮、宗楷、陈大同、俞衮。唐仲义出身于金华城中望族,与何恪为同榜进士,授江西乐平县主簿。宗楷系北宋名将宗泽(1060—1128)曾侄孙,亦属名门之后。俞衮,鄞县人,进士出身,曾官抚州知府。陈大同,不知何许人,但也肯定不会是平头百姓。这当中,声名最著的当数陈亮,但其时陈亮极落魄,既未获得功名,家族亦萧条败落,将女儿许给陈亮,初时何恢很是犹豫。然何恪欣赏陈亮,百般劝说其兄,终说服何恢将次女许之。

根据上述材料,我们可以确定以下几个基本事实:

第一,俞衮夫人是何茂宏的第五个女儿,姓何。而桃义江谱载俞衮"娶桃源林氏",塘岙谱载为"娶四明林氏",均非何姓。

第二,俞衮和陈亮是连襟,俞衮娶的是何茂宏的第五个女儿,陈亮娶的是何茂宏的第二个女儿。

第三,俞衮的岳父何茂宏的生卒为1125—1183年,俞衮的连襟陈亮的生卒为1143—1194年。

由此看,谱载的俞衮生卒似乎有误。这也让我们觉得整个鄞西谱系至少从俞伟开始,其生卒年均前提了数十年;或者,在某一个阶段,漏载了若干个世代。

4. 俞衮其人变得扑朔迷离

俞伟长子俞衮,桃义江谱载生卒为1067—1138年,塘岙谱为1055—1116年。《乾道四明图经》载,俞衮为元祐九年(1094)毕渐榜进士。据陈亮(1143—1194)撰《何茂宏墓志铭》记载,俞衮的岳父生卒为1125—1183年,且陈亮为何茂宏的第二个女婿,俞衮为何茂宏的第五个女婿。据此,一般情况下,俞衮应该大致相当或略小于陈亮。而鄞系谱记载的俞衮,与陈亮根本就不是同一个时代的人。按桃义江谱,俞衮比陈亮大了77岁,陈亮绍兴十三年(1143)出生时,离俞衮去世的绍兴八年(1138)已有5年;按塘岙谱,俞衮比陈亮大了89岁。

按照清代陆曾禹编纂的《钦定康济录》卷三的记载:"绍圣元年(1094)

甲戌,先生(杨时)四十二岁,赴浏阳任。是年,有与游定夫书,与顺昌令俞仲宽书,寄仲宽子彦修论学,书上毛宪,书寄翁好德书。"杨时与俞伟父子的书信往来在绍圣元年(1094),那一年杨时42岁,俞伟48岁,而俞衮则在这一年中了进士,年在20余岁。

如此,随着杨时《与俞彦修》和陈亮《何茂宏墓志铭》的发现,明显在俞衮的生活年代,甚至于在俞衮和俞伟的关系问题上出现了无法解释的矛盾。下面,我们先提出两种不同的可能性,以作进一步的考证。

5. 俞衮的两种可能性

可能之一:俞衮是俞伟之子,且为陈亮的连襟。

其依据有:(1)整个鄞系俞氏宗谱的记载中,俞衮为俞伟的长子[①];(2)杨时《龟山集》卷十七中的《与俞彦修》的记载;(3)《乾道四明图经》载俞衮为"元祐九年(1094)毕渐榜"进士。

但问题是:如果杨时在70岁(1122)之后作《与俞彦修》,且俞衮时年20余岁,那么,《乾道四明图经》载俞衮为"元祐九年(1094)毕渐榜"进士为误;如果俞伟是在晚年(1115年以后)得子,俞衮要娶何茂宏(1125—1183)的第五个女儿为妻,仍然要比其岳父大10余岁、比陈亮(1143—1194)大30岁左右。

可能之二:为陈亮连襟的"俞衮,鄞县人,进士出身,曾官抚州知府",非俞伟之子,在南宋另有一个"俞衮"(而且不一定是明派俞氏)。这个俞衮应该是俞伟的孙子甚至是曾孙辈的人了。这个"俞衮"应该略小于陈亮,其出生至少应该在绍兴十五年(1145)之后。因此,这个"俞衮"不可能与杨时(1053—1135)有交集,更不可能是俞伟(1047—1118)的儿子。

总的来说,俞伟于元祐(1086—1094)初出任顺昌令、杨时给俞衮的信函、陈亮撰《何茂宏墓志铭》,这三条线索的时间节点都是确定无疑的;而且在时间轴上我们无论如何也找不到这三条线索之间的交集。因此,我们的基本结论是:此俞衮并非彼俞衮,陈亮所撰《何茂宏墓志铭》中的俞衮,或另有其人。其理由如下:一是杨时(1053—1135)是一位既与俞伟交厚,又与俞衮有交集的史传人物,确凿无疑。二是释道潜(1043—1106)是

----

① 即使按谱载,俞伟亦仅有一子。因为谱载的俞伟次子俞褒,实为俞充的大弟弟,并非俞伟之子。

一位既与俞伟有交集,又与明派俞氏俞充、俞次皋父子交厚①的史传人物,其生活年代也确凿无疑。

至此,作为明派鄞西俞氏先祖且生活于北宋时期的俞伟和俞衮的父子关系,我们更愿意相信其谱载是真实的。而生活于南宋时期且为陈亮连襟的俞衮,因相关史料阙如,姑且存疑。

6. 朱熹《致彦修少府尺牍》中的彦修是俞衮(彦修)吗?

为解开俞衮之谜,我们花费颇多时日,遍查各种文献资料,还一度以为找到了某种线索。

现藏于台北故宫博物院的朱熹书《致彦修少府尺牍》,纸本,纵 27.3 厘米,横 55.1 厘米,是一件重量级的文物。

朱熹《致彦修少府尺牍》

朱熹(1130—1200),字元晦,号晦庵,徽州婺源(今属江西)人,南宋哲学家,宋代理学的集大成者。朱熹继承程颢、程颐的理学,确立了客观唯心主义的理学体系,认为"理"是世界的本原,"理在先,气在后",精神派生物质。朱熹主张"性即理",提出"存天理,灭人欲"。朱熹学识渊博,对经学、史学、文学、乐律乃至自然科学都有研究,著有《四书章句集注》《周易本义》《楚辞集注》《诗集传》等。

朱熹在书学艺术上的成就,虽然难以与其理学相提并论,但在南宋书法史上所占的地位,仍然不容忽视。

朱熹书《致彦修少府尺牍》文字如下:

---

① 释道潜曾在俞充于元丰四年(1081)谢世时作挽诗一首,亦在俞次皋约于元丰六年(1083)后赴辟成都时赋诗三首。

熹顿首。彦修少府足下：别来三易裘葛，时想光霁，倍我遐思。黔中名胜之地，若云山紫苑，峰势泉声，犹为耳目所闻睹，足称高怀矣！然猿啼月落，应动故乡之情乎？熹迩来隐迹杜门，释尘梦于讲诵之余，行简易于礼法之外，长安日近，高卧维坚，政学荒芜，无足为门下道者。子潜被命涪城，知必由故人之地，敬驰数行上问，并附新茶二盏，以贡左右。少见远怀，不尽区区。熹再拜上问彦修少府足下。仲春六日。

　　这是朱熹写给远在贵州为少府（县尉）的友人彦修的一封信札，大意是说与朋友分别三年，贵州山水风景虽好，但猿啼月落，易生思乡之情。他写自己近来闭门谢客，政教都荒废了，"无足为门下道"。而子潜受命赴涪城，在途中要经过自己曾经涉足过的地方（或老朋友的居住）的地方，托其为好友彦修捎两盏茶叶问候。

　　那么朱熹笔下的这个彦修到底是谁呢？

　　我们知道，宋人特别重视礼仪，所以在名和字的称呼上十分讲究。在人际交往中，名一般用作谦称、卑称，或上对下、长对少的称呼。平辈之间，只有在很熟悉的情况下才相互称名，在多数情况下，提到对方或别人直呼其名，被认为是一种不礼貌的行为。平辈之间，相互称字，则认为是有礼貌的表现。下对上、卑对尊写信或呼唤时，可以称字，但绝对不能称名，尤其是君主或自己父母长辈的名，更是连提都不能提，否则就是"大不敬"或"大逆不道"，所以便产生了我国特有的"避讳"制度。

　　通过查阅各种文献资料，我们发现，整个宋代 300 余年间，字为"彦修"的文人共五位：刘子羽（1086—1146）、刘拯、元时敏、李处权一首五律里的彦修，以及俞衮。

　　第一位是朱熹的义父刘子羽。绍兴十三年（1143），朱熹之父朱松病逝于建瓯，临终前把朱熹托付给崇安（今武夷山市）五夫好友刘子羽等。绍兴十四年（1144），刘子羽不负朱松之托，将朱熹母子从建州（今建瓯市）城南迁到崇安五夫里居住，在自己的宅旁为朱熹母子造了一所宅居——紫阳楼，以供止宿读书之便。朱熹从 15 岁起在此定居，一直到晚年迁居建阳为止，共 50 年整。朱熹搬到五夫里时，刘子翚正在崇安讲学。朱熹跟随他到崇安，"朝夕于之侧"，"顿首受教"。因此，朱熹成为一代理学大师，是与刘子羽、刘子翚兄弟俩的教诲分不开的。

　　刘子羽（1086—1146），字彦修，建州崇安五夫里府前村人。资政殿大学士刘韐长子,南宋初年官员、将领。宋徽宗宣和中,父刘韐帅浙东,佐父主管机宜文字,以破方腊功,入为太府簿。后随父帅真定,以抗金知名。宋高宗建炎初,除枢密院检详文字。张浚宣抚川陕,辟为宣抚使参议军事。绍兴二年(1132),以功拜利州路经略使兼知兴元府。四年(1134),因富平兵败事与张浚俱罢,责单州团练副使白州安置。六年(1136),张浚还朝,起知鄂州、权都督府参议军事。八年(1138),再贬单州。十一年(1141),知镇江府兼沿江安抚使。以不附秦桧,十二年(1142)罢,提举太平观。十六年(1146)卒,享年60岁。南宋建炎三年(1129),刘子羽任直秘阁修撰兼知池州(今贵州)。而朱熹是在建炎四年(1130)出生的。在朱熹为刘子羽撰写的神道碑文里,朱熹称刘子羽为"少傅公"。这个彦修与朱熹信中的彦修信息不一样,朱熹信中的彦修在黔中(贵州)为少府,后又"被命"赴涪城(今四川绵阳一带)赴职。刘子羽在池州(贵州)任职时,朱熹还没有出生,且官职也不同。既然是义父,自然不会直呼其字,一般尊称为"义父"或称其官职"少傅公"。而绍兴十六年(1146)刘子羽去世时,朱熹只有16岁。所以朱熹这封信中的彦修,绝不可能是刘子羽(刘彦修)。

第二位是刘拯,字彦修,宣州南陵(今属安徽)人,生卒无考,神宗熙宁三年(1070)进士①。元丰二年(1079)知常熟县,六年(1083)为监察御史,后为江东、淮西转运判官②,提点广西刑狱③。哲宗绍圣(1094—1097)初,进右正言。元符二年(1099)权礼部侍郎,迁给事中④。徽宗立,黜知濠州,改广州。召为吏部侍郎,以失蔡京意,罢知蕲州、润州。大观四年(1110)复以吏部尚书召,旋出知同州,削职提举鸿庆宫,卒⑤。由此可以确定:这个李彦修不是朱熹笔下的"彦修"。这个李彦修故世时,朱熹应该尚未出生。

第三位是元时敏,字彦修,钱塘(今浙江杭州)人,见赵鼎《和长道县和元彦修梅词》。坐张天觉党,自户部员外郎谪监长道之白石镇。赵鼎(1085—1147),字元镇,号得全居士。解州闻喜县(今山西省闻喜县)人。

① 见光绪《安徽通志》卷一五四。

② 见(宋)李焘:《续资治通鉴长编》卷三三○、三三八、三六二。

③ 见嘉庆《广西通志》卷十九。

④ 见(宋)李焘:《续资治通鉴长编》卷五一七。

⑤ 见《嘉定镇江志》卷十五。

南宋初年政治家、文学家、宰相。宋周应合纂《景定建康志》卷一载："凉馆，在御教场内(元符间元时敏作记，今刻石在学士院)。"这个元彦修，应该是与米芾(1051—1107)同时代的人。又据北宋慕容彦逢《摛文堂集》卷四《通仕郎充详定一司救令所删定官元时敏可特授宣德郎差遣如故制》一文，元彦修与慕容彦逢(1067—1117)是同时代的人。宋诗文家。慕容彦逢，字淑遇，一作叔遇，宜兴人。所以元彦修生活的年代应该与米芾、慕容彦逢相近，都在北宋。

第四个叫彦修的人出现在北宋诗人李处权的五律诗《彦修席上命赋》中："何处难忘酒，南州盗贼多。黄巾方裂眦，白日敢持戈。不见韩擒虎，宁闻马伏波。此时无一盏，其奈客愁何。"李处权(？—1155)，徐州丰县人，徙江宁溧阳，字巽伯。李淑曾孙。徽宗宣和(1119—1125)间，与陈恬、朱敦儒并以诗名，卒年七十余。有《崧庵集》。李处权诗中的彦修与朱熹笔下的彦修至少相隔50年。

此外，在整个宋代，叫"彦修"的人还有《宋史》卷一九三中的开封少尹陈彦修、李心传《建炎以来系年要录》卷五十二中的陈彦修、贺铸《庆湖遗老诗集》卷一中的郏彦修、翟汝文《忠惠集》卷二中的《李彦端、陈彦修并除开封府少尹制》中的陈彦修、刘才邵《檆溪居士集》卷十二《曾氏墓志铭》中的萧彦修、刘一止《苕溪集》卷三十《知枢密院事沈公行状》中的沈彦修、王之道《相山集》卷十中的李彦修、李吕《澹轩集》卷一《送赵彦修》中的赵彦修、胡寅《斐然集》卷二《祭刘待制彦修》中的刘彦修、杨万里《诚斋集》卷七十六中的廖彦修，如此等等，林林总总不下20位，但竟然没有一位是可以和朱熹笔下的"彦修"对得上号的。

研究至此，我们一度以为我们找到了朱熹书《致彦修少府尺牍》中的彦修，即俞彦修(俞衷)。其理由：

一是杨时给俞衷的两封信，让我们确信俞衷为俞伟之子无疑，并且俞衷字彦修。因为，在明派俞氏鄞系谱中，现代版桂林谱记载俞衷"字景廷"，民国版塘岙谱记载俞衷"字公志，号东山"，均无彦修。二是通过杨时，使俞衷和朱熹产生了间接的交集。前面我们已经讨论过，俞衷曾写信给父亲俞伟的朋友、北宋大儒杨时，杨时复函两封，一起讨论为学之道。而朱熹的父亲朱松则是杨时的再传弟子。神宗元丰四年(1081)，杨时到北方从学于程颢，晚年一直在故乡南剑州讲学，朱熹的父亲朱松曾师从于杨时的学生罗从彦，并和当时的理学家交往甚密。三是俞衷和朱熹具有共同的理学信念。也正是这种共同的理学信念，几乎让他们有了一荣俱荣、一损俱损的相同命运。俞衮从小对儒学感兴趣，并受到了杨时的熏陶。因为家学渊源和年龄相仿，俞衮与朱熹成为同道是可能的。朱熹去世时，南宋朝廷把朱熹打成伪党头目，他的著作全部被销毁，并祸及他的门生及朋友。俞彦修很可能也是其中的一员，随后被谪到贵州（或许是贵安）为少府（县尉）。

但是，最后我们还是否定了我们上述研究的结论。我们依然以为：在宋代或许真的有两个俞彦修，一个是北宋与名儒杨时有交往的俞伟之子俞衮（俞彦修），还有一个则是南宋与陈亮为连襟的俞衮。

附　录
在北宋名人笔端的俞氏先祖俞叔通[①]考述

在研究明派俞氏的过程中，我们多次发现"俞叔通"的名字散见于北宋名人李之仪、许景衡、曾巩等的文集中。细读这些北宋名人笔端的文字后，一个"时贤公卿皆以为当得志于斯世"而又于青史寂寂无名、才华横溢而又屡试不第、有雄才大略而又身为主簿小官、品行高洁又常为人议论、勤勉于事业而又黯然归于故里的俞叔通形象跃然纸上，引起了我们的极大兴趣。

俞叔通，生卒无考，其生平事迹均不见于正史、方志和家谱，是与生活于宋末元初的俞叔可（俞雷，号苏墅）一样，被历史湮没了的明派俞氏先祖。从与俞叔通交厚的北宋名人留下的文字内容看，俞叔通生活于北宋中后期至南宋初年，当略大于许景衡（1072—1128）、小于曾巩（1019—1083），而与李之仪（1048—1117）相近。北宋元祐年间与苏东坡关系密切的著名词人李之仪称其为"四明人"，宋高宗时除御史中丞、拜尚书右丞的许景衡称其为"句章人"，即鄞人或四明人，故俞叔通当为五峰俞氏明派先人无疑。

有关俞叔通的文献史料分析如下：

① 根据我们的考证，俞叔通或为鄞西桂林俞氏先祖，谱名"俞通"。

1. 李之仪《与俞叔通教授》①

其一

暑中不审,旅舍何似瞻企,盛义无从请叩,区区可知高文,耸动荣观,然未敢广传,朝入瓯、暮遍天下矣。何时再幸占隶病躬修布疏略。

其二

寒色伏惟尊候清胜眷聚,无恙,至节日阻陪樽下为寿,可量倾祷,不肖职事粗尔,乍到冗琐,病躬不佳,每愧诲言,驰情不已,早晚西来奉有道君子,引企旦旦,不知其劳耳,盛寒珍重,时贶玉音。

其三

前日连获手教并盛文二篇,曛黑索烛,未及恍如在日围中矣。既而研味,高致非特,如仆命骚人不知三代以来作者,尚可分路扬镳已否? 神游不远,竦然数日脾气作愦愦如醉人,无缘款曲承诲,以悉别后牢结,可知舟从定在何日启行,毒热跧伏不易处,吾生不如意事十常八九,每于左右眷眷,尚觊新春东去,再寻杖履之适,自余不惜音驿交驰,惟君子勉强于我也,千万垂亮。

其四

近附递修记,当浼左右两日,连俸赐教,烂然礼意,兼幅不能尽略,其愚陋寻绎所况浩乎,若决天汉之潴而注之,广莫之野难堪眷遇,重为愧戴,伏惟待敌里中德,况佳裕眷聚宁胜,昔庞士元为南州士人之冠,以世论之,则兵戈之际与夫一道德同风俗,盖今日之盛也,吾不知贤士大夫能相亢高明以掠士元之善否? 区区愿亲之诚,非尺书可道,指日以俟,言款。

其五

伏蒙不鄙孤陋过示盛文大编,衍溢眩然,虽前日蹈海,未能若此文章,久不到此惜乎,先帝不与见也。然神游不远,固当有享,辄已传

---

① (宋)李之仪:《姑溪居士前集》卷十八。

录，愿少宽假数日，偶诵一二对，于同舍中。征索者纷纷，日不自给，瑰杰伟丽，一至于此。尤剧赏慕。

2. 李之仪《送俞叔通归四明》①

终军弃关繻，李斯逐黄犬。

功名事业自有时，咄嗟所得亦寒浅。

雷奔电掣千里雨，鱼变为龙如掌反。

侯嬴抱关谁复论，公子感之在一言。

担簦屦履遍列国，平揖相印须臾间。

箦中不死魏齐困，口中舌在天应旋。

莫叹髀肉消，休悲釜生鱼。

挥斥八极神不变，秦人岂识照乘珠。

气吁虹霓亘天地，有时一笑海可枯。

泰山排云天下小，纷纷何足论贤愚。

得君本如此，君知我无朱。

几年飞鸣共抢榆，长惭瓦砾参璠玙。

都城逾月同朝晡，蹩然别我还旧庐。

引君一杯酒，洗君衣上尘。

我歌虽促非酸辛，未忍祝别惟加飧。

直教探取虎穴子，西来射策黄金门。

李之仪，又作"李子仪"，字端叔，自号姑溪居士、姑溪老农，滨州无棣人，北宋词人。李之仪在熙宁三年（1070）中进士，初授万全县令，后到鄜延军任职。哲宗元祐初为枢密院编修官，通判原州。元祐末从苏轼于定州幕府，朝夕唱酬。元符中监内香药库，御史石豫参劾他曾为苏轼幕僚，不可以任京官，被停职。徽宗崇宁初提举河东常平。后因得罪权贵蔡京，除名编管太平州（今安徽当涂），后遇赦复官，晚年卜居当涂。著有《姑溪词》一卷、《姑溪居士前集》五十卷和《姑溪题跋》两卷。《宋史》有传。

李之仪曾任明州知府。有王安石之弟王安国（1028—1074）的一首七言律诗《送李子仪知明州》（见《宋词大典》卷三九八）为证："儿童剧戏甬东天，小别侵寻二十年。海岸楼台青嶂外，人家箫鼓白鸥边。哀容愁问州民事，胜概欣逢太守贤。为我剩题潇洒句，遥闻凤诏待诗仙。"根据李之仪与

① （宋）李之仪：《姑溪居士前集》卷十八。

王安国的生平推测,李之仪知明州的时间当在熙宁三年(1070)中进士、初授万全县令后,至王安国故世前的熙宁七年(1074)之间。但《宋史》和《宋元四明六志》对此史实均无记述。

李之仪与俞叔通的交往,应该始于李之仪任职明州期间。此后,两人相互仰慕,频频书信往还。到了元丰六年(1083)春,李之仪回京任职,根据李之仪写给俞叔通的信,两人又在汴京见过面。此时,俞叔通的身份为教授。

教授之名,始于宋太宗至道年间(995—997),而后在真宗咸平年间(998—1003)又设置了南宫教授、北宅教授,即睦亲宅教授、广亲宅教授,分别为太祖、太宗子孙与秦王廷美子孙的教授。至英宗朝治平元年(1064)六月,又有"大学教授"与"小学教授"之分。不过,这大学教授与小学教授,是依所教宗子的年龄大小划分,并无地位高低之别。之后,教授一词成为讲授儒家经典的讲授人的称呼。教授并非官员。宋代中央一级设有太学,属于官办的最高学府,在地方上有官办的州学。在太学和州学中,设置有教授一职。不知俞叔通为大学教授,还是小学教授。但可以推断的是:俞叔通在汴京为教授,是在熙宁(1068—1077)与元丰(1078—1085)之间,屡试不中。

在李之仪与俞叔通书信往来的这段时间,俞叔通给李之仪寄过自己的文章,李在信中说"前日连获手教,并盛文二篇",在另一封信中又说"过示盛文大编",并称赞俞叔通的文章富有激情,变幻莫测,"衍溢眩然",气势恢宏,"若决天汉之潴而注之,广莫之野难堪春遇",同时认为他的文采"瑰杰伟丽"。

在写给俞叔通的第四封信中,李之仪提到了庞士元和"一道德同风俗"。庞士元即庞统(179—214),字士元,号凤雏,汉时荆州襄阳人。东汉末年刘备帐下重要谋士,与诸葛亮同拜为军师中郎将。《三国志·蜀书·庞统传》载:庞统"少时朴钝,未有识者。颍川司马徽清雅有知人鉴,统弱冠往见徽,徽采桑于树上,坐统在树下,共语自昼至夜。徽甚异之,称统当南州士之冠冕。由是渐显"。庞统足智多谋,善于识人,在三国战乱时,也对道德与风俗的关系非常重视。到了宋代,王安石提出"一道德以同俗"的思想教育变革主张。它本源于《礼记·王制》,所认定的"一道德以同俗"是司徒一职的主要责任,所以王安石认为这是自古而然的思想道德教育传统。"一道德"即要牢牢把握思想道德教育的主导权。时人认为,只有通过"一道德"的教育,才能改变现实生活中思想道德的纷乱现象。"一道德以同俗"形成了宋代文明的共同体,得到普遍认同,事实上也是有效的。

李之仪与俞叔通讨论这个问题,实际上是看重俞叔通,有一种把俞叔通比作庞统的意味,并有意与俞叔通交好("早晚西来奉有道君子")。

后来俞叔通回四明时,李之仪还写了一首歌行体的诗《送俞叔通归四明》。在诗中,李之仪写到了为汉武帝时名臣的终军,少博学善辩,名闻于郡中,尝请出使南越;写到了"李斯逐黄犬"、侯嬴献计最终自刭而死的故事;写到了长途跋涉游说赵王的平原君和挂六国相印的苏秦;写到了有"髀肉之叹"的刘备。把俞叔通与这些历史上的人杰相比,可以看出在李之仪心目中俞叔通的才华之高。全诗寄寓了李之仪为俞叔通怀才不遇的人生经历和遭遇深抱不平。李之仪把俞叔通比作飞鸣的凤凰,把自己比作蓬间雀;把俞叔通比作美玉,把自己比作瓦砾。在诗的最后,李之仪还写到了自己与俞叔通几年的交往、深厚的情感以及对他离去的留恋和惋惜。

许景衡与俞叔通的交往比李之仪稍晚。许景衡写过《与俞叔通》《送俞叔通序》,他与俞叔通交往更久、更深,对俞叔通也更了解。

3. 许景衡《与俞叔通》①

言远几杖之侍,于是累月念积,勤颂仰,非笔语可既。而病故侵汩,逾时弗获,有献左右。虽门下了察非懈,未究诘斥,顾内省当如何耶?负荆未遑,尚冀濯去已往,使获继此以勤执事者,不胜幸甚!幸甚!

4. 许景衡《送俞叔通序》②

君子之于仕,未尝有所择也。夫君子之仕,綦大至于王公大人,綦小至于抱关击柝。大者禄足以仁族属、厚朋友,而小者升斗不足以活其父母、妻子。大者任道,小者任力。任道者使人,任力者使于人。其势之悬异至于如此,然君子未尝有择也。夫择则安,不择则不安,此人之情也。而君子于此,独有以异乎人哉?盖君子常病夫,所以在我者,而不病夫,所以在彼者。在我者,则未尝不勉也;在彼者,则听之而已矣。苟吾所学,不悖于圣人,而所行不愧于圣人,则虽死生祸

① (宋)许景衡:《横塘集》卷十六。
② (宋)许景衡:《横塘集》卷十八。

福之变,未尝有所择也,而况其下者乎? 故在众人,择则安,不择则不安;在君子,择则有所不安,不择则无所不安也。昔者,孔子以大圣人事业,其为尧舜,为禹汤,为伊尹、周公,适其所耳。而言不信于人,道不行于时,故为乘田,为委吏,然亦曰牛羊遂而已矣,会计当而已矣。后之君子则不然,有是志,则期于无所不至,有是能,则期于无所不为。其所怀者大,其所慕者远;其所怀者大,则其小者有所不屑,其所慕者远,则其近者尝羞道而耻为之,盖其所自择者如此。夫以孔子之圣,犹屑其小者,而今君子乃止欲为其大者,其可笑矣。夫句章俞叔通有学问,自弱冠时,声名已隐然为东南冠,其后屡以文艺进,当时贤公卿皆盛称道之,以为当得志于斯世。虽叔通所以自任者亦然,既而颠顿不售,与俗益龃龉,晚乃从吏部选,主温州平阳簿。议者以为叔通高才,主簿小官,以高才处小官,所怀当如何? 吾将见叔通缩手阁笔,不知所以事事矣。予因晓之曰:夫为其大者则喜,为其小者则悲,岂吾叔通之谓哉,叔通学孔子者也。夫学孔子则无适而不可,岂以彼此小大为择哉。叔通至邑,承前人废弛后滞讼山积,叔通为之尽力区处,两造廷下,指示黑白,众皆诚服。会其令忧去,叔通遂专县事,岂弟爱物而痛惩强梗为民者,皆相戒以为簿。公遇我属,厚其可挠之耶。异时吏治文书日夜不休,比叔通为之,率午刻廷无留人,然叔通于此得考,就除他官。邑父老重其去,相与状其事于州、于监司,冀其为岁月留,而州亦表于朝。未报,会诏至,迁某令于其行也。邑人相顾泣,遮道如堵,曰:天乎! 鄙我甚,乃不畀我以公耶! 今世俗益薄议论,益不一前日以为是,则今日以为非;前日以为可,则今日以为不可。如叔通之来也,议者固疑其不事事也。因晓之比,又观叔通所以惠爱其邑人,然后议者不复置疑其间。今天子仁圣求贤,如不及叔通去是,是将进为其大者矣。彼议者又将疑焉,以为叔通能为之于此,而不能为之于彼也,故欲余道其所以然。俾凡今之疑者,又将不复疑也。

许景衡(1072—1128),字少伊,人称横塘先生,温州瑞安人。平生奉公廉洁,刚直不阿,疾恶如仇,忧国忧民。这些崇高节行一直为后人所赞赏,人们尊他为"瑞安四贤"之一。许景衡不仅是一代名臣和杰出的政治家,在北宋做过侍御史,在南宋初做过尚书右丞,而且是一位学识渊博、精通古今的学者和诗人,是温州"元丰太学九先生"之一。著作有《横塘集》

《横山阁》《池上》等。

俞叔通与许景衡的交往，或许是在俞叔通平阳主簿任上。因为是温州人，许景衡对俞叔通十分了解。在《送俞叔通序》一文开头，许景衡这样评价俞叔通："句章俞叔通有学问，自弱冠时声名已隐然为东南冠，其后屡以文艺进，当时贤公卿皆盛称道之，以为当得志于斯世，虽叔通所以自任者亦然。"他认为四明人俞叔通有学问，从二十岁起，文章学问已隐然为东南之翘楚，并在以后更为精进。当时的贤公名卿纷纷称道，认为俞叔通一定能够得志，就连俞叔通自己也深以为然。由此可见，对于俞叔通的学问和文章，许景衡与李之仪的看法几乎完全一致。许景衡在文中还清晰地勾勒了俞叔通的人生经历："既而颠顿不售，与俗益龃龉，晚乃从吏部选，主温州平阳簿。"他年轻时屡次应试不中，科举把他挡在本来充满希望的宦途之外，以至于他逐渐与世俗格格不入，直到很久以后，才通过吏部荐举，到温州平阳县当了主簿。在这篇文章中，许景衡高度评价俞叔通的道德、人品和襟怀，认为俞叔通是以孔子的学问和人格为楷模，对自己怀高才而任小官的境况也全然不以为意。孔子做小官时，能够忠于职守，认真办事，最后深受长官以及百姓的信赖与支持。而俞叔通在平阳县主簿任上，也是像孔子那样做的，承担了前任应做而未做的事情，处理了堆积如山的讼案，每天尽心尽力地工作。官方治理的文书日夜不停，都出于俞叔通之手，他常常忙到将近第二天的正午，有时候县衙里几乎已没有其他的人了。他是这样处理诉讼公务的：当原告和被告到了县衙之后，他总是循循善诱，让人明白其中的善恶与对错，使众人都诚心敬服。他决断县事，一丝不苟，和乐平易；他爱护百姓，对那些骄横跋扈、胡作非为的人，严加惩办，决不姑息。后来，县令遇到了丧事，按照宋朝的丁忧制度，县令要辞职服忧。老百姓听到这个消息后，就一起向州府和负有监察之责的官署陈述俞叔通的事迹，希望俞叔通能够留下来（为县令），而州府也欲上奏章到朝廷。但奏章尚未报出，任命新的县令的诏书已经下来了。听到消息的乡里百姓相拥而泣，把道路都围得水泄不通，纷纷仰头叹息：天啊！（这样）看不起我们，不肯给我们以天理公道啊！

许景衡的《送俞叔通序》，让我们在时隔近千年后，还可以管窥俞叔通的才气、品德，以及怀大才而任小官后依然勤勉为民的胸怀。但遗憾的是，我们查阅了浙江省《平阳县志》（见台湾成文出版社有限公司《中国方志丛书》华中地方第五十七号），找遍历届县官和主簿名录以及文献，均没有找到俞叔通的片言只语。该志对北宋部分的人文历史记载不详。

5. 曾巩《与俞叔通教授》①

　　辱文采甚盛，所以应今之科选者，宜无不合，而乃尔滞淹，此鄙钝所未谕。迫行不得迎接，谨奉启，陈谢。

　　曾巩（1019—1083），字子固，出生于建昌军南丰（今江西省抚州市南丰县），后居临川（今属江西省抚州市），北宋文学家、史学家、政治家。嘉祐二年（1057）进士及第，曾于元丰元年（1078）出任明州等知州。曾巩文学成就突出，其文"古雅、平正、冲和"，位列唐宋八大家，世称"南丰先生"。

　　曾巩在信中称俞叔通很有文采，认为他中进士是情理之中的事情，对他沉抑于下而不得升进，颇为不解。

　　俞叔通长于诗文却屡试不第，连名列"唐宋八大家"之一的曾巩都为之惊奇。其实曾巩的科考之路也很艰难，其一生参加了三次科试，历时21年。在曾巩看来，俞叔通的遭遇和自己的科举之途一样曲折。俞叔通参加科举考试而屡试不第，或许与王安石对科举考试的改革有关。宋神宗熙宁四年（1071），是王安石变法的关键之年，对科举制度进行了大刀阔斧的改革，废除了以诗赋词章取士的旧制，代之以《春秋》三传明经取士。俞叔通与李之仪年龄相仿，结合上面的诸多信息，估计他参加科举考试的时间为熙宁四年（1071）至元丰年间（1078—1085）。曾巩与俞叔通的通信也在这一时期内。

　　所幸有李之仪、许景衡以及曾巩等人的文字，在历史上留下了这样一位才华横溢、品质高尚却被埋没的文章大家的踪迹，也为我们五峰俞氏明派记下了这样一位可敬、可仰亦可叹的先祖人物。

　　更幸运的是，在《五百家播芳大全文粹》卷六十六，我们竟然找到了俞叔通写给别人的两封信函——《与梁学士帖》和《与李嘉甫帖》。这为我们深入研究俞叔通提供了新的可能。

6. 俞叔通《与梁学士帖》

　　缺然承幸六年于兹，困伏余息远斥，穷海瞻望门墙，邈在天外，区区欲勤一日洒埽之役，不可复得矣。某鄙贱无取于世者，希遇幸合，既非所愿为而于恩盼教诲之旧德，窃亦自引于疏外而不敢为是，数数私布悃款其心非有他也，以谓士穷在下方，退听寂寞，谨分安命而事，余意外在所务，略不宜，更攀缘声势以召讥笑，虽道义推重，人人趋

---

① （宋）曾巩:《元丰类稿·补遗》。

赴，保无比疑矣。而顾犹赧然，诚以身世衰颓，犹或勉强似非其称是以一书之间，久不彻于麾席也。仰惟高谊，望末俗门下之列，有能以是自信者，得无舍其怠绝而怜其穷极耶，伏幸念之幸甚！不宣。

俞叔通早年在梁学士的门下六年，当年梁学士对他的眷顾与教诲以及德行善举，他一直不敢忘怀。梁学士那里，是他最乐意去做事的地方。对于当时被梁学士接纳，他虽然感到意外，但没觉得不合适。俞叔通认为自己与梁学士的疏远是有原因的。他认为，士不得志在下层，可以退让顺从，安于命运而行事。但如果投奔梁学士，他怕别人认为他投靠权势。一想到别人怀疑他去梁学士门下的初心，他就感到羞愧。

从这封信中可以看出梁学士对俞叔通的深情厚谊，也可以看出俞叔通的自尊与为人之道。

7. 俞叔通《与李嘉甫帖》

身世纷扰，日在驰走，人事应答，迩者尚失，则远者可知矣。故于公久别，略不能时为书问，以自见其跂念之情为恨为愧，良益悁悒，夏序已至，伏惟莅官余休奉亲多裕，某乡居如故，但以累日重衰，广忧深未易，晚去耳追昔握手之欢，岂可复得耶？官况必佳，更切练养，以须显擢匆匆上，状阻远言绪日深，思仰私事万端久矣，驰问何胜愧仄，比辱教墨达纸存抚过厚，尤为感戢，且承视事已赫休誉慰抃良剧不审，迩来气体何如，末由参晤，倍万珍啬，行对宠除。

这一封信应该写于俞叔通的晚年，他退居四明乡里，年老衰弱，并且有些忧悒。从信中可以看出，年轻时他与李嘉甫走得非常近。俞叔通怀才不遇，但作为好友，李嘉甫在官运亨通之际还常常写信安慰他。俞叔通真情地祝福他前途无量。李嘉甫，生平事迹无考。根据北宋诗人郭祥正（1035—1113）的《送李嘉甫朝散还台》一诗推断，李嘉甫曾为朝散大夫，或为台州人。

读罢上述诸北宋名宦大吏的存世文献，我们既为像俞叔通这样的先人被漫漫历史长河所无情湮没而深感惋惜，又为我们有机会能从浩瀚史海中还原其踪迹之万一而略感慰藉。

中篇

谱文荟萃

· 谱序选录

· 人物传赞

· 村庄名迹

一、谱序选录

（一）明派俞氏奉系俞文唐支

1. 谱序① 俞培仁 撰

圣谕有曰：修族谱以联疏远。则知谱也者，重事也，亦急务也！所以名家望族累修而累求其详且精者，亦以使后之人，皆知其统于万本于一，各尽其追远之诚，亲睦之义也。不然，欲于千枝而求其一本，于万派而求其一源，不可得也。雍正岁甲辰（1724），余西席其地，暇时谈及谱事，询其始迁之由。宗翁瑞环则曰："吾于前世不知也，自余上推二十世，祖讳玕，由青社析居奉川大晦，京宾公由大晦析居于此。嗣后居作船坑，居驻岭，此始迁之由。传诸父老，载在谱牒，不爽也。"余展卷视之，翁言一如夫谱。以斯知翁之于事，能度其短长，权其轻重。人所视为故习者，翁独志之于心不忘，不诚加人一等乎？且曰："吾谱曾序于茂林公矣，因洪泽公移驻岭、文荣公赘沈岩，二公分迁，而谱止一本。并考其时，于今七世，年更远矣，岂不致有简断编残，支流莫辨者？先生既设教吾地，必为吾纂辑之。"事将始，而沈岩在职公谢世，驻岭又遇回禄，余亦迁邕俞村，其事遂寝。阅至戊申（1728），翁偕在职之子兆麟，仍以谱事丐余。余乐其继志之诚，遂不揣谫陋，嗣续成帙。乃于昭穆之次，源流之远，靡不灿然明备，了如指掌也。书成，复勉瑞翁辈诸裔，曰：子子孙孙勿替引之，其在斯乎，其在斯乎！

雍正八年（1730）岁次庚戌应钟月之上弦，石城宗晚生培仁敬撰

① 录自现代版《斑竹俞氏宗谱》。

2. 俞氏谱序① 王秉琳 撰

族之有谱，所以辨亲疏，分等杀，序昭穆，别支流，溯本源也。故家之不可无谱，犹国之不可无史。自来贤人君子，名家望族，所由视为重器藏之，什袭者，其以此欤？然往往亡于迁徙，失于兵燹，而漫漶于世远年湮者，多也！安得如史之历数十百世，而修明大备也。兹按旧谱，俞氏出于周时姬姓，又改分芈姓，又因楚公子食采于南阳俞头亭，遂以俞为姓焉。自南阳流派以下，虽杂引郡邑名号，而祖宗嫡派未有纪载分明。至唐光宅间(684)，有俞公讳庄者，实山东益都县金岭下梅径村青社里人也，其六世孙稠为睦州刺史，捐官隐于剡之五峰，生四子：长曰珣，即古剡东新昌之始祖，次居杭，次居歙，而玕则居明之大晦，是大晦俞氏之祖。断自玕始，越四世，而京宾公复由大晦迁于弹岭下之班竹，谓可以奠厥居矣。乃未几，茂林公宅护被毁，卜宅于作船坑回龙林。之四世孙讳洪泽，自作船坑迁居于驻岭。俞氏先世不可谓开拓不劳矣，宜其不暇以谱为问也。迨我康熙暮年，瑞环与子文二公以祝融之变，奋然复居故土，并不旬年而创叙谱牒。二公殆可谓光前裕后者矣！虽然既创矣，而修之者不继不仍，至于无谱也乎？岁乾隆戊申(1788)春，侄妇翁尔孚齿尊于族者也，见余辑沈岩谱，亦聘余为任。阅其所录，亦南明培仁先生笔也，其世系止有川流而无统宗，与沈岩谱等。乃遍求各家祖先遗本，于士仁家得一小本，载有"郡马公碑记"，以斯知公有二子五孙，而旧谱载其万四公长子庚二入继，则误矣。然虽有遗本，究未能详且全也。翁将于凡氏俞者邀，余遍搜其源，乃越数月，而翁与世辞，斯亦俞氏之不遇也。余既肩厥任，不敢不终厥事。于是因旧谱而为之，增其不及，修其繁文，补其遗佚，序其失次，分为四卷，而于谱式亦颇备焉。至其无可稽者，亦惟付之文献无征，姑疑所疑，以等于春秋郭公夏五之例而已矣。后有兴者，当于是谱求之也，则几矣。是为序。

乾隆五十五年(1790)岁次庚戌桂月上浣之吉，锦竹邑庠生王秉琳谨撰

3. 重修俞氏宗谱序② 胡美辂 撰

思夫我圣祖仁皇帝，虑民之不能革薄从忠，刑仁讲让也，而以上谕十六条行之于世。其最先者曰：教孝悌以重人伦，笃宗族以昭雍睦。夫所以

---

① 录自现代版《斑竹俞氏宗谱》。
② 录自现代版《斑竹俞氏宗谱》。

教孝悌、笃宗族者,宁有如谱?谱者普也,普载其父祖曾高,以及夫祖所自出之祖者也,特视为后图而不克。创即创矣,而修之者无其人,则亦终归于残失而已耳。而尊祖敬宗之心,何由而起?今考俞氏,有晋征西大将军讳纵者,始居河间,继从元帝渡河,家于新安,凡氏谕俞莫不宗此。而余于班竹俞氏者,讵谓其不然,独其下无可继之祖,则虽贤而显、勇而忠,固无容叙为也。若庄公者,唐光宅时人也,下生祥正、祥生智元、智元生彦辉、彦辉生致昱、致昱生稠、稠生玕,其间共有七世,生卒配葬俱有可稽。缘玕公为明州院判,不复返青社,家于大晦,大智寺山之原,其墓也。越有三世,宾公复由大晦迁此,是宾公为班竹始祖无疑也。故由宾公而逆推于庄,得始祖所自出之祖者,有九世矣。虽河间之祖不续,亦复何恨。虽然下远宾公四世者为云之子也,考其传后于绰公有二百余年之久,而乃与绰公同代,讵有相去若是之理?俞君维清兄因不敢复蹈其失,商于余曰:"此必去云公甚远者也,与其以卑犯尊,不若悬数代以系之,或于存诚之理无妨。"余曰:"此信谱也,即史阙文之意也。"遂于云一、云二诸公名下虚悬"某"字二代,为其祖者,将亦谓其当然也乎?尔济翁齿尊于族者也,与其侄士正翁聘余,余乃得参其未备,悉俞氏之巅末,且获知夫纂修诸人,始终不倦,可下有以答宗祖之心,与上有以礼特颁上谕之意者,非第俞君维清兄一人已也。彼夫董其事者,有士杰、士翰、士都、士岩、士教、士宣、维翰、维乐、维昌诸公在也。例得并书,故序之,以弁其首云。

道光三年(1823)岁次癸未涂月望日,眷晚生胡美辂谨撰

4. 重修俞氏宗谱序[①]　俞维清　撰

按吾族之谱,一修于雍正八年(1730),再修于乾隆五十五年(1790)。修于雍正间者,瑞环公与子文公也,二公以前岂未有谱?有之,而或失于漫漶,或付之祝融也,皆未可知。然犹幸吾十九世祖讳茂林者,于播迁之余,汇而成帙,遗有小本,则知瑞环诸公之创所未创,未始非得力于此者,多也。惜传世既久,简断编残,未可云详。故二公沿其旧而述之,不敢于远世近世祖之徽号、生卒、昭穆、行次,与夫迁徙月日,漫有所增减者,亦有文献无征,付之疑以传疑之意而已。延之六十有四年,叔祖尔孚、尔岳、尔员,伯父士美诸公,复慨然有志于是,礼聘王秉琳先生修之、饰之。吾谱庶几其秩然有条乎!然犹未至于明且备也。岁嘉庆庚午(1810)春,适有人

---

① 录自现代版《斑竹俞氏宗谱》。

来自马岙者，彬彬乎有儒雅度。问之与余同氏者。遂询其谱，则曰：吾先世止知珣公为始祖，自十九世济商公获明州大晦谱，始得始祖所自出之祖，而宗支于焉不紊。余闻之，窃意吾祖宾公亦大晦至此，与其人氏者或与其人同派，因治饭延之。迄观其谱，且约以所来。是年秋，果不吝其宝，持之以来者，并有"金字谱"一册。阅其所作，乃有宋季渊公也。展卷读至《渔隐》一篇，不禁喟然叹曰：昔马岙固得大晦谱而渊源可溯，今大晦反得马岙谱而脉络可寻，是亦祖宗在天之灵，有以昭兹来许也！遂抄而藏之。至于今，复有事于谱，专其责者，外兄胡君美辂也。先事时，与服叔士翰、士教，长兄国藩，再于凡氏俞者，取而证之。因诣鄞之桂林、镇之梅墟、慈之鸣鹤场、新昌城之东西宅。遍观之，乃益信明州俞氏皆出于玗，与杭、剡、京、歙同本于庄者焉。夫岂漫援以为高，妄附以为荣哉？谱之作经始于癸未（1823）之秋，功竣于甲申（1824）之春，为记其事之巅末也，而言之。是为序。

道光四年（1824）岁次甲申如月，三十三世孙维清谨识

5. 重修斑竹园俞氏宗谱序[①]　俞春芳、俞秉恒　撰

为人之道，首在孝弟。孝弟也者，谓夫尊祖敬宗、敦本睦族也。然欲其尊祖敬宗、敦本睦族，则道莫先于修谱。余有修谱之志久矣，皆因公资亏乏，不能如愿。今年夏，余以公事过枕岩。枕岩余同祖族也。见其祠中重修家乘，余心不觉勃然动焉。归即邀集宗长维浩公、首事道通等，商议修谱之事。皆曰是，诚不可缓也。独虑众资不富，无如何耳？余谓吾族各房俱有小众，有小众者，动用众资，无小众者，每丁捐之，事可为矣。众皆曰然。于是检阅旧谱，考祖宗之所自出，究昭穆之所由分，旧者因之，新者增之。阅数月而采辑成编。乃延石君景桥梓印四部，分藏各房，使后之人知祖宗之源流，昭穆之次序，而生其尊敬之心，尽其敦睦之道，则宗谱之修岂可须臾缓哉？然而事赖共为，功非独任。是举也，经理资费者，道通也；同为对读者，秉周也。皆能尽心公事，始终不倦，亦足见孝弟之心矣。至于屡世迁徙之由，或城或乡，非一处；历祖功名之显，为将为相，不一人，旧序已详言之，余不必言矣。是为序。

光绪十八年（1892）岁次壬辰夷则月钟浣毂旦，三十五世孙春芳、秉恒敬志

① 录自现代版《斑竹俞氏宗谱》。

6. 斑竹园俞氏重修宗谱序[①]　周晋彝　撰

夫星源远溯,踵世本于前贤;云耳遥传,续系图于后裔,事实因而非创,任宜纂而兼修。然或世次不明,亲疏莫辨,如罗威之冒隐为叔,赵相之以巫为姑。将见支别派分,瓜瓞不知其始,年湮代远,葛藟难庇其根,势必至以一体为途人,视同宗如异类。此修谱之所宜亟亟也。予考俞氏先世,珣公为肇姓之宗,宾公为析分之祖。发祥之履历,先辈既已详言;分派之原由,后人毋庸赘述。然而,一编故守,登载寥寥;百室散居,遗忘落落。其何以叙世系、明宗支乎?族长教能翁同总理颍川君续辑,秉周君等缘议修谱,丏予为序,予惟俞氏之谱,大抵阅世一修,自雍乾间之纂,尚未渊源可溯,至嘉道际之葺,始得脉络可寻,又至光绪时之举,乃觉班班可考、井井有条焉。迄今民国成立,世事变更,美雨欧风,潮流日进。至于家乘一道,尤宜大加整顿。矧时值今春,适轮一世,子姓日繁,住居星散,或恐生卒难知,或虑墓茔靡稽,爰命梓工而再锓,因启缃牒以重翻,续旧增新,推岁月日时而纪籍;循名核实,合祖孙父子以成书,法遵乎旧章,义准于凡例;记序传文,务征诸实,鲁鱼亥豕,用正其讹;记百世之宗传,增卅年之胄齿。由是尊祖、敬宗、收族之道,从此而赅;丝联绳贯,脉注之文,于斯而绍。夫岂若义府之径连,赵郡正轮之求附城南哉。彝才惭崔蔡,学愧曹刘。方谓因人成事,敢矜自我操觚,因谱事之告厥成功,属予序以弁于简首。庶后之览是谱者,知瓜绵椒衍之继续,非枝峰蔓壑之钩连,有怀苏明、允孝悌之言,不致路敬淳衣冠之诮云尔。

民国十一年(1922)岁次壬戌荷月,通家愚觉父周晋彝谨撰

7. 俞氏宗谱序[②]　佚名　撰

尝谓天开于子,地辟于丑,人生于寅。于斯三才备矣!三才备,然后万物生。万物之中,惟人最灵。凡为人者,当知开辟之缘由,受姓之根本,祖宗之出处,迁徙之源流。求知此者,何以为然。乃国有史,家有谱,此谓古今之通谊也。盖国之无史,何以知存亡,家之无谱,何以知盛衰,犹若木之无本,水之无源也。其事可不重欤!苟使不然,或遇乡间叙话,或同亲戚讲论,问其自来之根由,祖宗之出处,有目而失明,有口而失言,俯仰愧之,无可措也。

---

① 录自现代版《斑竹俞氏宗谱》。
② 录自民国版《升纲俞氏宗谱》。原注:此序遗失作者姓名。

余观奉川俞氏旧谱序,俞氏者,周时原出于姬姓,后复为芈姓,楚公子食采于南阳俞头亭,遂以俞为姓。马自南阳出河间,屡分会稽、新安、杭州、江宁、歙县等处,流派不已。至唐时,有俞文俊公①自江宁星居于明之晓晦。系五世孙俞京宾公就产迁于弹岭下班竹园,不过数世,科甲绣衣、郡马相继簪缨。俞营干②英雄显世,功业流芳。至万四知县公长子俞庚一,缘不睦地理,被刽邑史某厚受筋竹王家之贿,侵灭班竹园俞氏之宗,冷言暗诱,默而信之,遂将茶坑口护宅龙山挑凿为田,风水泄漏,家速以废,遂迁于作泉坑回龙而居焉。富贵难企于石崇,子孙不胜其扬播,无心仕进,有志林泉,仰赖祖宗之德也。其散处者,或显或隐,或农或儒,枝茂而叶繁,盛衰不一矣。争奈世代悬隔,难于尽举。

今重续此家谱者,乃作泉坑茂林公也。七子二十孙,夜静有罗月之怀,昼长存扶琴之乐,诚拔萃乡村人中杰也!随世态之忧戚,圣贤之共处,念子孙流派如水逝而不返,命予将班竹园俞公京宾为始祖叙起,编为宗图,以垂后世子孙,藏于箧笥,览于耳目;使其长幼有序,昭穆不紊;免以强弱相凌,免以富贵相辱。宗祖簪缨,子孙清白,诗礼家庭,中和乡党。为臣者,当进思尽忠,退思补过;为子者,当入则孝悌,出则谦恭。显于门风,荣于妻子,美哉!盛哉!

8. 俞氏宗谱序③ 俞维学 撰

尝思木有本,水有源。余观新志,余族之本,源出于新邑。而新邑之本,源出东阳十里梅花焉。始祖文俊公,自新邑迁之奉川大小晦之间,曰西山头④。今虽陈、胡、王三姓居住,而"俞家大井"之名犹传于三姓,则其迁西山头也无疑。自西山头迁大智寺,家业豪富,故万户六大人与妹丈陈福四老官人共舍山五十余亩,又自舍三十余亩与寺僧,复徙居俞村。厥后自俞村迁之弹岭下班竹园居焉⑤。阅数世,而绰公、福公簪缨流芳,族大繁盛,故迁南京有人,温州有人,慈水有人,琏琳碛有人,琏岩石塔头有人,

① 此说有误。

② 俞营干即俞景福(伸)。

③ 录自民国版《升纲俞氏宗谱》。

④ 西山头即今吞底俞氏。此祖源叙说为误。吞底俞氏为十一世祖俞文广的第七个儿子俞云七的曾孙、谱名叫俞三四,十八世祖俞三四的曾孙俞万十,于元至元十二年(即宋德祐元年,1275年)由班竹园徙居王村吞里,即今吞底村,为吞底俞氏始迁祖。

⑤ 此说为误。应该是自大晦迁居班竹园,而后迁俞村。

宁波水池边有人，大涂有人，本邑北街有人。而余祖又自班竹园迁作船（泉）坑口汇（回）龙居焉。自文荣公入赘枕岩即室董氏，而族复寖昌寖炽焉。尔时，迁徙他处者不一。而小乞（七）公仍迁新昌，藉非负先祖家乘以归，何其某朝某年某祖迁某地，分析离居，载之详且密也！余族自培仁先生作谱以来，历溯俞氏甚详，而以迁奉川之始祖为江宁布衣。厥后王秉琳与王兰先生俱仍其旧，而与余所见者大相径庭，故志之，以俟后人删定。

夫家之有谱，犹国之有史也。史不可一日无其人，谱岂可一世失其修。自嘉庆戊寅至今，越二十五年矣，其间生卒嫁娶者甚繁，倘不急为编修，吾恐生卒无以知其年月，嫁娶无以知其姓氏。而且长幼之次，欲其如枕岩之长峙、菱池之长流也。得乎后，虽有仁人孝子寻其支分脉络，亦必向凤山左祠流涕，于断简残编之失修也。已故，因而重之，不敢于前人有所创而已。如华之重也，协帝辑而修之，亦不敢于前人有所略而已。如春秋之修也，堪惧绳其祖、武于万，斯年堪为是修赠焉。已今虽不见荣祖德、耀宗功，要之伦、毋相夺。庶几神冈时怨，神冈时恫。

是为序。

道光癸卯岁（1843）元月上浣穀旦，嗣孙维学拜记

9. 俞氏宗谱序[①]　俞成斋　撰

尝谓天象，以星纬列尔始昭，地形以山岳峙而始显，人生以世系垂而可稽，三才之道一而已矣。古今来，仁人孝子，莫不视谱牒为重大之器。苟非屡承缵述，则后虽有仁人孝子，将何以详始祖所自出，与长幼所由分也。恭惟我祖，系出河涧，节著唐藩。阅诸先生撰，觉俞氏之受姓，固已彰明昭著矣。其于流派，或屡分会稽、江宁，以及迁晓晦、迁班竹园、迁作泉坑。我俞氏支派之迁徙者，指不胜曲。惟吾祖文荣公卜居枕岩，迄今已十有五世矣。凡我始祖而上、始祖而下，载在谱牒者何，莫非天允乎？但思谱一修于雍正己酉岁（1729），再修于乾隆丁未岁（1787），三修于嘉庆戊寅岁（1818），四修于道光癸卯岁（1843），我先人固于谱乎三致意焉！今同治乙丑（1865）秋，会集宗房维因等，而欲谨议修谱，以联亲亲之情，别长幼之等，亦足见其感发于仁孝者深矣。特唤懋同肩厥任。懋遂详其旧撰，推其源流，觉文俊公系五世孙，即京宾公其人也[②]。无如俊公在唐武后之时，

---

①　录自民国版《升纲俞氏宗谱》。

②　此说为误。

至宾公不第五世，姑无论矣。即宾公至林公，其世次亦有未慊于心者焉。盖自宾公下五世，是谓景福公。福公生于皇祐癸巳（1053）秋，在南宋之前也。稽林公所迁之时，宋已将末。历而溯之，年已二百有余。则宾公以下，林公以上，岂止七世乎？此中世系，传授不克，实稽意者，其先世文献不足之故欤！抑将信以传信，疑以传疑，如孔子成《春秋》，姑阙其疑欤。懋思班竹园乃一祖所生也，遂至宗叔维昌家，即请谱。予从而阅之，不胜慨然叹曰："我先祖景福公之子，固绰公之孙也！长曰襄公，次曰伷公，讳已误矣。且不特误其讳，而又失襄公之子杰公，杰公之子迈公，迈公之子明公，明公以下始为林公，林公乃为景福公之孙，得毋以卑犯尊乎！"及归，予将易其祖讳，补其遗漏，庶可溯一本之源矣。无如予族之旧谱，亦先世所述，未知孰是，只得另序一图并志之，以示仁孝之后裔，核其实于篇首，而为之序。

同治乙丑岁（1865）元月上浣榖旦，嗣孙成斋汝懋谨志

（二）明派俞氏奉系俞文广支

1. 谱序[①]　俞培仁　撰

夫谱何为而作也？所以秩尊卑、昭疏戚、笃亲谊，统一人心也。欧阳公云："人能谨家牒而不忘其先者，孝之大也。"眉山苏氏曰："吾父之子，今为兄弟，数世之后，不知为何人。"盖言家之不可无谱，而谱之不可不修也。然则故家巨族、孝子顺孙，欲广孝思而不忍族人为途人者，可不于谱是重，而时辑之也哉！今俞村俞氏，派析新昌，龙图阁待制献可公之裔希仲公，自新迁于嵊邑锦溪什里，既而四世孙文俊公复迁奉川剡溪乡之班竹园[②]，子公绰公系宋熙宁间（1068—1077）进士，官御史大夫，历山东、广西道致仕。因故居狭隘，素有迁乔之念。乃流览山川，审察地理，择湖山之麓，构室而居焉。遂以姓名其村。而景福公者，乃公绰公子也，尚安定郡王诘（为式之误）之次女，由进士仕湖南转运，归老以享余年。嗣后孙枝挺茂，

---

① 录自民国版《奉川俞村俞氏族谱》。

② 以上其祖源说法为误。根据斑竹谱、升纲谱和北郭谱所载：俞村俞氏系十一世祖俞文广之后裔、十九世祖俞八六于至元八年即咸淳七年（1271）迁居，时其地称北山庵前，后改今名。

奕叶繁兴,肃肃雍雍,诗礼相承,振振绳绳,箕裘丕振,凤称甬上之豪门,奉川之望族也!其间勋名德业,表著寰区,德行文章,伏处潜修者,考不可考。由家乘久废,文献不足耳。兹族中国绍、礽之、挺之、文之、深之、迁之、君珮、君文、天爵诸公,念先世谱系毁于明季兵燹,其纲纪大旨惟承遗言,志其大概。岁己酉(1729),余忝居西席,爰叙及宗支,历以遗训,备告嘱予修辑。余不敏,逊谢再四,佥曰无辞,属在同宗,彰述先代谱牒,非子不可。因不揣固陋,为之溯流穷源,循叶究根,旁搜博访,汇而修焉。不诬所难稽,不遗所可据,虽万不及欧苏之例,而尊卑疏戚,谊统人心,亦约略可见矣,更有望焉!时代递积而久,支派繁衍而蕃,谱牒具在,世世修之则易,阅百年而修之则难。后之绍闻衣德,光前裕后者,嗣而葺之,不至世远泽湮,寻坠绪之茫茫者,则贤达之子孙不容诿责也。

夫是为序。

清雍正八年(1730)岁次庚戌黄钟畅月望日,石城宗晚生培仁拜撰

2. 俞氏宗谱序[①]　俞郊巡　撰

先君子有言曰:俞氏于新昌为宗最巨。南宋时,一支迁居台之宁邑马岙。二十世孙、宣教郎、监察御史俞浙有谱序存焉。又一支迁居鄞之湖田、塘岙,簪缨鹊起。明代犹有解元颖飚公及成名进士者,彬彬称缙绅家。一支迁居吾剡之俞村,郡马景福公而下,释褐为名进士者,三世相仍。皆远祖庄府君裔孙,避兵燹之乱故也。后二十四世兴翁府君,乃致昱府君少师公之后裔也,元季时,徙居邑之四十都王游春杨家山右,号曰俞家花园,生二子:子昌、子敬。子敬公,字仲谦,当洪武初入赘邑之邢氏,至永乐初,始卜址于孔庙西北,里居邑中央,盖喜其枕锦屏,面玉几,而诗书礼乐之风,可淑诸胶庠也。其在花园祖居者,皆子昌公、行小四府君之血胤,亦兢兢恪守先绪。而泮西俞氏,遂蕃昌其子姓。至于谱吾宗者,清之郑公辈,代有名手。而近世屡遭祝融之灾,传谱残缺失次,惟奎垣公得马岙谱,录其先世迁居支序,而俞氏之世系略备。迄于今有能述往古,思来者,修漏补遗,以肃我伦纪,以广大我宗祖,讵细故哉。余小子拜受命曰唯唯,亡何数奇,先君子无禄即世,饮泣读礼之余,笔墨都废矣。三载服阕,重理制科举业,而先母以风烛之年,旋复无禄即世,痛哉。亦惟跋涉山川相厥土,宜以经营先父母之藏宝,遑恤其他。辛未(1691)春,适宗房长命余以修辑宗

---

① 　录自民国版《北郭俞氏宗谱》。

谱之役，余受命曰：此我先君子之遗志也。遂携旧谱以归。尝思先王之制，诸侯不敢祖天子，大夫不敢祖诸侯，防乱本也。推之士庶，莫不当然，易之家人所为，致严于闲有家也。是故由一祖而分为列房，由列房而分为大宗小宗，由大宗小宗而至于服盛亲尽，礼也，亦势使然也。势之所然，而礼蔑矣，礼蔑而义衰矣，义衰而始之出于一本者，皆途人矣！谱之作，其原盖在是哉。遂操笔札从事。越明年秋，而谱乃告成。夫因陋就简，非余意也。妄意揣度，而肆志其笔削之权，又余之所不敢为也。惟是订正豕亥之讹，润色其朴拙之语，整理其添注改抹之弊，则余小子与有责焉。若夫书讳、书字、书号，所以严行列也；书原配、书继室、书庶妾，所以正嫡支也；书藏墓、书生死年月日，所以使孤子遗孙知所祭扫而报本也；书某先生、某公、某某，所以表其名实，而寓激扬之微辞也；书曰某府君、某孺人，所以推孝子尊亲之心，而勉从旧例，非敢干分也；书继子、继某、继某，所以定伦序而绝豪强，子孙紊争之端也；加之以传、赞、志、序者，上之所以兴起其忠孝友爱之心，次之可以感发廉隅羞恶之念，内之可以闻贞淑，守义旌，奖之荣名而阃行有端，恪从一之范，其有裨于风俗人心者至大。我先君子谓谱之作，匪细故者，胥由此也。于是，述往古，思来者，卒序列祖以降，至于今代，自庄府君始。

康熙壬申（1692）秋七月穀旦，裔孙郊巡沐顿首拜撰

3. 重修泮西俞氏五柱支谱序[①]　俞飞鹏　撰

粤维治平之世，风俗莫不醇美，岂尽以条教号令约束而范围之哉，亦教之以敦本睦族之道，使天下之人，不失其孝弟之心而已。人之一身，上之为祖父，又上之则为高曾。人之获事其高曾者，殆不数数觏，不得亲承高曾之色笑，而与同出于高曾者，讲亲亲之谊，犹亲其高曾也。故先王原本斯义，作服制以教后世。洎乎五世而亲尽，则又有宗法以联之大宗，百世而不绝，则宗人之相亲，亦久远而无极。孟子曰："人人亲其亲，长其长，而天下平乎！"至于人人亲其亲，长其长，而风俗犹有不醇者，未之有也。

自世禄不行而宗法废，将何以联其亲亲之情，而作其孝弟之心哉！于是，谱系之学，遂为史家所重。盖谱之作，犹有古人收族之遗意。谱存，则长幼亲疏之属，皆将观于谱，而油然生其亲亲之情、孝弟之心。故作谱者，非徒诵清芬而咏骏烈已也。周官小史，奠系世，辨昭穆；汉初，有《世本》一

①　录自民国版《奉川俞氏房谱》。

书,班史入之;春秋家,裴松之注《三国志》,刘孝标注《世说》,李善注《文选》,往往采取谱牒;魏晋六朝,仕宦尚门阀,百家之谱,悉上吏部;唐贞观(627—649)、显庆(656—661)间,奉敕撰《氏族志》,欧阳文忠修《唐书》,因之以立宰相世系,表开史家之创例,又称美唐之诸臣能修其家法。当时之重谱牒,有如此者。

五季以降,谱牒散亡,而宗谱遂为私家撰述。私家之谱,不登于朝寝,至支离传会纷纭蹭蹬,私造官阶,倒置年代,遥遥华胄,徒为有识者所讥。作者欲矫其弊,而义例尚焉矣。欧阳、苏氏二家之谱,义例谨严,为后世矜式,详备之中,尤贵精审而征信。故有合族之谱,又有分支之谱,盖世远则或嫌于伪舛,人繁则虑其混淆,惟支谱尚不失唐人遗法,何也?唐之韦、刘、崔、卢、王、李、裴、陆等族,亦可谓大族矣。而韦有平齐公房、阆公房、彭城公房、逍遥公房、郧公房、南皮公房、驸马公房、小逍遥公房;刘有彭城房、尉氏房、临淮房、南阳房、广平房、丹阳房、南华房;崔之出清河者有东祖、西祖、南祖、大房、小房、郑州房、乌水房、青州房,出博陵者有安平房、大房、第二房、第三房;卢有大房、第二房、第三房;王有琅琊房、京兆房、太原房,出太原者又别为大房、二房、河东房、乌丸氏;李之出陇西者,有武阳房、姑臧房、敦煌房、丹阳房,出赵郡者有南祖、东祖、西祖;裴有东眷、中眷、西眷,又别为洗马、为南来;吴陆有颍州枝、荆州枝、丹徒枝、乐安枝、谏议枝、鱼圻枝、太尉枝、侍郎枝。分别部居,不相离厕,此后代支谱之权兴也。揆其分纂之由,岂非以其近而易详、信而可征欤!

吾泮西俞氏,向分七柱,有合谱。而永吉、永福二公,子姓合为五柱。永福公下一彬公派,支谱断自孝芬公以下,民国十六年(1927)重修。余于从政之余,取而读之,见其详略存阙之间,尚有待于考订,加以数年之间,生齿日繁,子弟之材俊者努力革命,积功累伐,珥貂相望,簪绂云兴,门第日益广大,丁口事迹之类,更有待于增葺。夫谱之为言布也,布列其世次行事,俾后人以时续之,勿忘其先者也。然则重修之责,余不得辞矣!顾兹事体大,余深惧不克负荷。昔曾文正公有言曰:"君子慎度身世、信诸心,则蒙大难、决大计而不惧;未信诸心,则虽坦途而不敢轻试,其于临文亦若是焉耳。"又曰:"余尝欲重修家谱,述其可知者,差其可疑者。"余景仰文正,玩味斯言,尤佩其足为修谱、临文之轨范也。爰与族之长者,往复商榷,广为搜集,详其所当详,略其所当略,正其所当正,增其所当增,阙其所当阙,尊古人之义法,不敢有一溢美之辞,期于足以传信后嗣,而不致贻笑于大方。后之读是谱、续是谱者,并求其所以作谱之意而继之敦本睦族,以兴孝弟而厚风俗,虽传之百世,可也。

是为序。

中华民国二十二年(1933)岁次癸酉,十八世孙飞鹏①谨撰

(三)明派俞氏鄞西俞鼎支

1. 俞氏续谱辨正② 俞有家 撰

俞氏之有谱,旧矣。其行自百而千、千而万万而亿,继之以元、亨、利、贞,历肇太平兴国(976—983),迄于庆元(1195—1200)、嘉定(1208—1224),百二、朝请大夫讳鼎者,徙居四明之始祖也。其曰利六、太常公讳齐之之子、讳潏者,兄弟凡三十九人,虽分派不同,迁处不一,皆四明之支祖也。厥后,嗣兴蕃衍,愈分愈细。其有徙居外地者,惧族人外之乡人贱之,密携家谱以去,秘为私物,冀族人之不疏,为居乡之取重也。甚至门衰祚薄,往往衣食于奔走,而谱牒绝书,子孙不入系者,凡若干世。於乎!别亲疏、序昭穆之意微矣。大明宣德(1426—1435)中,道善公者,实百二以来一十八世孙也,以辟掾为镇江府丹阳县丞,悯家乘之废缺,锐意成之,不事诹核,徒据讹臆而作谱者,靡董狐、吴兢之笔,懵传疑传信之道,略无去取,阿谀成编。故其为谱自五世十字行而上,有可疑者,有可议者,盖前谱迄于嘉泰二年(1202)。

桂林所居之利六太常公,生于高宗绍兴十六年(1146),距理宗绍定(1228—1233)时后谱第五世讳墂者之生,才七十三年,计之不过三世耳。今后谱由十字行逆溯五世、四世、三世、二世、一世、初世(原注:以讳乾者为初世之称,不经之甚),以及夫前谱贞字行之世则为世者六,妄谬已甚。此必记墂祖之生年有误耳,其可议者一也。前谱云世居吴兴蠡山一世祖讳鼎者,生于太平兴国元年(976),后举贤才,初仕扬州江都丞,改明州录

---

① 综合斑竹谱、升纲谱、俞村谱、北郭谱和五柱房谱,俞文广为五峰俞氏第十一世祖,于大德十年(1306)自斑竹园迁居奉化城内(县东)的俞千廿五为第二十世祖,俞千廿五曾孙俞兴翁又自县东迁居北郭,俞兴翁次子俞子敬(字仲谦,号柏江)赘邢氏居泮西,为泮西俞氏始祖,故俞子敬为五峰俞氏第二十四世祖,俞飞鹏则为五峰俞氏第四十一世祖。

② 录自民国版《桃义江俞氏宗谱》。

事参军,遂居于鄞,卒葬桃源四十八甲上陈山,名迹未泯,后谱乃曰:"初世祖讳乾世居河间,任平江郡守升两浙副使出巡,终于奉化,遂葬是州小晦之覆盆山。"与前谱迥异,其可议者二也。又曰一世祖讳益者(原注:此行乃万千世五十之万一府君,去百二已九世矣),任山东济南太守,升两浙廉使,居四明鄞西桂林。夫桂林者,前谱三世祖讳伟、字仲宽、登熙宁(即熙宁六年,1073年)进士,扁其昉曰"桂林"也(原注:此乃百千万亿之万字行祖也)。历世虽久,刻石犹存,顾以为益祖始迁四明而不考桂林之所自,其可议者三也。宋无"副使""廉使"之衔,后谱乃以仕宋者而列此衔,其可议者四也。嘉靖间(1522—1566),我祖南湖府君欲修谱而未即,言其非姑为列行著讳,以为核实之,传其自用自专之失,既不免后人之议而舍旧图新之作,谓无非念祖之心,此但可为不知者耳。间有知之者,焉能关其口耶。敢以是纠正之,以俟后之有识者。

万历乙未年(1595),二十四世有家中石撰

原注:中石公疑塂祖生年有误,遂删去之而不载于谱。考塂祖于宝祐五年(1257)丁巳生长子偲,逆溯至绍定元年(1228)戊子,计三十六年、癸巳计廿五年,景定元年(1260)庚申生次子傅,去戊子计三十三年、去癸巳计廿八年,宜未必误。然其后书偲祖以淳祐九年(1249)生长子量,夫淳祐、宝祐皆理宗年号,淳祐十二年(1252)壬子以后,岁在癸丑,改元宝祐,是子反生在父前,颠倒错乱莫此为甚。此必误以"咸"为"淳祐"耳。要之,世远年久,谱更数手抄转缮,不能无误。其间年月讹舛,有难于究诘者,即存而不论,论而不议,亦不失为阙疑传信也。若夫前谱之始祖为朝请公,后谱之初世祖为平江公,其不合缘由,分明在后谱截去前八世之咎,此无足议者。独世居河间一语,为无稽之言耳。后谱有"副使""廉使"两官,中石公谓"宋无是官"。按:太祖建隆元年(960),以赵普为枢密副使。南渡,绍兴八年(1138),王庶为枢密副使;九年(1139)四月,胡世将为四川宣抚副使;十年(1140),杨忻中为淮北宣抚副使;十一年(1141),有岳飞副使;二十年(1150),有秦桧命两浙转运副使曹泳等文。安得谓"宋无副使"?惟"廉使"为不经见,不敢谓其有无,姑阙也。他如桂林之始末,南湖公释之详矣,兹不更赘。本宗三十世庚介白氏识。

2. 族谱纪原① 佚名 撰

按谱传,世自征西大将军纵公,世居河间。晋永嘉(307—312)末,从元帝南渡,居新安,为新安俞氏始祖。传至昱公,经仕宦,住居非一处。昱公由新安迁杭州,子三人:长一公居杭州,次四公迁越州,季稠五公迁湖州,唐湖、睦二州刺史,皆稠公之后②。今我族徙自湖州蠡山,非即此支乎?故我祖南湖府君有"卜自宋朝枢密而轮奂维新,派列湖州蠡山而簪缨远绍"之联,亦本此也。要之,逆数而上,则玗之父稠、稠之父致昱、致昱之父彦晦(晖)、彦晦(晖)之父智元、智元之父祥正、祥正之父庄,为居青社之始祖也,传至玗而居宁之大晦。顺数而下,则玗之子承支(资)、承迁(奕),是为八世。承支(资)之子仁翔,承迁(奕)之子仁宜,为第九世。至第十世,谱遂不传。据叙谱传,翱之子为鼎,其第十世即为鼎也。是翱为居罴湖之始祖,而鼎为本支之始祖也。

> 原注:旧谱自初祖庄府君至向完世,原不立行次,止以一世、二三世传下嗣。鼎祖为居罴湖桂林之始祖,修谱者以前祖无行次、世系已远无凭,妄起行第,乃以鼎祖始,立"百、千、万、亿、元、亨、利、贞"为世行第,至潃祖止,潃之子讳乾、乾之子讳益续修宗谱,乃立世行,云"世、万、千、五、十、再、明、祖、道、弥、仁、慈、与、孝、友、子、孙、有、秉、彝"二十字,以益祖为"万"字行,起传世次。今与别谱有异,楚庄而下,列"百、千、万、亿"之行,相传讹也。嗣孙有家识。

> 原谱注:始祖本传世家吴兴之蠡山,先曾祖讳几、祖讳文明、父讳彬。是叙谱所传,翱之子为鼎之说,明明因庄公而下,至第十世,谱遂不传,从而牵率附会,曾不顾本传之三代分明也。且即翱之子为鼎,五季开运二年(945)进士,亦有名鼎者,而我祖生于宋,其不可牵合也明矣!若翱则宋庆历六年(1046)进士有其名焉,是时,我祖年已七十有一矣,其人当生在我祖之后。中石公轻信叙谱之说,何其诬也!甚且以宋谱"百、千、万、亿、元、亨、利、贞"八世行次,为修谱者妄起行

---

① 录自民国版《桃义江俞氏宗谱》。

② 俞稠为唐末睦州刺史,俞稠孙、杭派俞承逊为吴越时睦州刺史。

第，独不思四世亿一公撰《宗支记》[①]，明明谓"爰立百、千、万、亿行次，继之以元、亨、利、贞"，我俞氏当为谱之始，已有此八字行次乎！据叙谱而忘宋谱，得毋为冒昧也欤！

　　嘉庆九年（1804）岁在甲子孟冬之吉，本宗三十世庚介白氏识

3. 桃义江新纂宗谱序[②]　　王秉钧　撰

　　崇德莫大乎追远，收族莫先乎敬宗。人生斯世，罔不食旧德服先畴，用高曾之矩剃，晓然知积累所自贻，而各道其祖德宗功于不置何者？本支不易而世系可考也。故欲永孙谋，不可不延祖泽。延祖泽，不可不勒家乘。然承累叶之旧编，而增修之者，易为力订前代之阙佚，而续合之者，难为功。则夫祖业中迁，谱牒莫存，而又加之年湮世远，于此而欲穷流溯源，汇为一编，俾历祖历宗之脉，传之千百世，而勿替引者，诚戛戛乎其难也。

　　乃今而得之于桃义江俞氏之宗谱。《俞氏宗谱》者，俞君正明所纂也。正明君与余为世姻好。其先君子茂其公讳方盛在日，常奉尊人良友公遗命，与诸季屡谋谱事，而渺无根据，有志未逮。正明君知世谱之当纂，而先志之当继也。爰以此为己任，先就各家祖遗契券、约据，查核年世、名字、行次，搜稽殆尽，约得十余世，节次编录。而必欲求其上祖之所自来，则为之旁搜博采者，已三阅寒暑，论者几谓其徒劳而罔功也。至去年春暮，访得鄞西桂林为俞氏世居，遂肃衣冠往诣其祠，祠额曰"燕诒（贻）"，有二人下帏其中，晋谒之，与通款曲，知即其祠之派裔，曰衍芳、曰式琦，并鄞诸生具以实告。二君见其人淳朴有礼，具尊祖敬宗之心，而为采本穷源之举，心窃嘉之。时芳君尊翁海国、文学为祠董，芳君为之具告，即偕琦君请宗长雍昌及云和学博西岚前辈之贤嗣、国学士觐文集于祠，而语以故诸矜者，亦嘉其志，取近年谱阅之，盖正明君固检有前明隆庆二年（1568）印契一纸，署名"文贵"，每挟以行，冀有所得，以为援证之资。及接阅桂林谱，

---

① 此处庚介白氏所说的四世亿一公撰《宗支记》，即指桂林谱和桃义江谱所载俞充撰《四明宗支记》，实系后人假冒俞充之名而作。桂林俞氏在清代的四次续谱，其祖源和整个宋元之际的世系架构，均建立在此伪作的基础之上。从我们对《宋元四明六志》的考察看，此伪作当在宋元之际已有之。志征于谱，谱据于志，志谱互证，舛讹千年。明代宣德八年（1433）十八世俞道善、嘉靖十七年（1538）二十二世俞文曦（南湖）、万历二十三年（1595）二十四世俞有家（中石）续修宗谱时，均发现《四明宗支记》系伪作的事实。

② 录自民国版《桃义江俞氏宗谱》。

至第二十二世老二房派世系，果有"文贵"其名者，顾其下阙如。核之明谱，年世相符，契以出验，群咤为异，知必非崇韬之祖汾阳也！遂许认族。因乞其谱归，语诸父，咸为惊喜，即偕诸舅玉、正法君辈，手录以还。已诹吉于四月诣桂林祠，为文贵公祖父兄弟进三代栗主，并捐百金为修祠之助。而演戏设祭，备极丰洁，当视桂林族规礼有加焉。此其族之幸事抑亦乃祖之所忻慰也，岂不懿哉！嗟乎！世之流离播迁，不数传而即失其所自来者多矣。纵令继起有人，缵承有志，追求其上祖之所自来而不得，而遽冒他人祖，附会而作谱，有不顾非我族类之不享吾祀者，何可胜悼。且即得所自来，支真派的，而时代既易，脱漏殊多，瑶瑶相接，未能源流一贯、脉络相通者，又比比然也。孰若兹，即契、证谱彼此吻合，源贯脉通，得以继继承承，相绵于勿替，是契直一发千钧之系。而正明君采访之苦衷，则固与文贵公在天之灵有默相感召者，俾之操券而得也。此余当日所为叹赏不置欤！

今考其所纂辑，则以桂林系传之第一世祖、宋朝请大夫鼎公起，至第二十世常泓公，即文贵公之祖，为桃义江始迁祖，盖有墓在，乃其合族所首祀者，黄文献所谓"丘陇现存者"，是也。常泓公三子：长慈胜，子文怔，文怔子水，为东房派祖；次慈腹无传，未知其有他徙者否；幼慈朋，子二文贵、文达，文贵子二，木为西房派祖，本为后房派祖，文达子源为中房派祖。皆有墓在，以各房世祀之，先后考之无异。此东、西、后、中四房之所由分也。而木子二钧为新屋派祖，铣为老屋派祖，是西房又分新老两支。此新俞、老俞两村之所由名也。老俞固西房铣工派裔，合东、后、中三房而并居，而新俞则惟西房钧公派裔居之，盖丁齿为较盛焉。其世第自常泓公以下，只载本支，而其余不旁及者，别桂林派而自为一支明乎，其不强为牵合也。常泓公以上，仍桂林之旧，以鼎公为鼻祖，而其下至十六世止，皆备载者，合桂林派而同为一本明乎，其不忘所自来也。凡桂林谱首所载，悉仍之以备参观，而世行字母皆与之准，亦以见禀承之有自，而兹谱非无本而妄作也。惟是，发凡起例，陈条设规，因地制宜，不必相袭。而又为之绘宅图一、祖像三，列于世系之前，补桂林谱所未逮。盖宅图以基业所在，即世泽所贻示后人，以不可轻相弃负也。祖像首鼎公，冠之以所自出；次常泓公，继之以所自迁；次辅周公，即正明君之曾大父，附之以著明德祠所自建。俾后之人一开卷而即识其本始也，于谱之义亦尽矣。

今年春孟，谱稿始付剞劂，至是告竣。正明君诸舅季因属余一言序之，余不文乌足以言序，况俞氏自鼎公而后，子孙鹊起，甲第蝉联，由宋阅明迄我国朝，名贤辈出，代不乏人，昭昭穆穆，本本原原，桂林谱序具在，言之历历，夫奚赘焉。第念茂斋公能承先人之志，今正明君庚能承祖父之志，收获本源，力任其巨，又得诸舅玉正法君辈其为参稽校订，协力赞成，以善继述，其无间昕夕者已两阅月，以一族之事，直任为一家，将三百年之坠、绪十二世之遗，支而举之，一旦蔚然承巨编，茂矣！美矣！叹观止矣！

斯谱之作于桂林，则曰因于桃义江，则曰创承先者自此始，启后者自此始，其有合于古圣人尊祖敬宗之道，以上副圣天子敦本睦族之化，于以见桃义江俞氏之方兴而未艾。此西岚前辈所为记其事，以立石于桂林祠。而余亦乐举其缘起而书之，以俟作者有识之士，幸无笑我掘也。是为序。

龙飞咸丰二年（1852）岁在元默困顿病月毂旦，敕授修职郎候选教谕道光庚戌恩贡剡东王秉钧衡堂氏谨序

4. 桃义江新纂宗谱序[①]　俞檀西　撰

亲亲之道，莫大乎尊祖。尊祖故敬宗，敬宗故认族，所以原本始而别亲疏也。然认族之后，尤宜纂谱。学士大夫，身膺簪弁，每不知其祖所自出，宗所由分，诚以谱牒之系多阙焉耳。故本源之亲疏而弥远，昭穆之序渺不可稽，则甚矣。知认族者，不可不纂谱也。

我俞氏自鼻祖百二公讳鼎者，世居吴兴蠹山[②]，宋咸平（998—1003）时来镇浙东，为明州录事参军，遂居鄮胭湖滨，而子孙众多，分为五支，详载宗谱，彰彰可考。递系而降，至二十二世，老二房派下有讳文贵公者，系慈朋之子、常泓公之孙，而其裔不传，越数百年莫为之后，今上御极元年（即咸丰元年，1851年）春王二月，有镇邑桃义江正明君者，欲溯上祖由来，至我本宗采访，奉持前明隆庆二年（1568）印契一纸，立名文贵，并挟小谱以相质证，我桂林祠董及绅耆诸贤达等，敬查本祠老谱文字，系二十二世兴字行之小行次，而文字行之孙有以金旁为行次者，质之正明君所挟小谱自文贵公后七十余年，亦以金旁之字命名为行次，即谱中讳钧、讳铣二公者，检阅之下，若合符节，则桃义江为桂林氏之分支明矣，正明君为文贵公之后嗣抑又确矣。然征信之中，不无存疑。公议桂林本祠，补入常泓公、慈朋公、文贵公，暨文贵公胞弟文达公三世栗主，一明桃义江追远之苦心，一明我桂林收族之素志也。至文贵公之后祐主，桃义江业已建祠奉

---

① 录自民国版《桃义江俞氏宗谱》。

② 此说为误。

祀,则桂林祠不必再行补祔,以昭慎也。夫传信而阙疑者,史法也。家乘与国史同例,故文贵公以上名之存于桂林老谱者,补进其主,所谓信以传信。文贵公以下名之轶于桂林老谱者,不补进其主,所谓疑以传疑也。吁!收族认族之宜慎,不于此而益见其谨与严哉。

今年春,正明君与乃兄正裕暨诸昆玉辈仰承先志,奉叔父方道翁、方桂翁命,纂系谱牒。其本支之分、昭穆之次,当必辨也;世系之明、行传之实,当必详也;宗法之著、族范之严,当必备也。美哉此举!俾三百年来,微茫坠绪,赖是谱之成,焕然一新矣!余以一官匏系,千里宦游,不获与桃义江诸翁君聚通宗谊,畅溯族情,此怀殊深耿耿耳!兹届暮春,谱工告竣,正明君造余敝庐,嘱小儿觐文,专函丏辞,以志缘起。余思我族宗谱自宋庆元敷文阁学士汪大猷先生序①后迄国朝道光甲午年(1834),计十有三首,原原本本,辨识详明,则桃义江新谱谅必备录,奚俟赘言。第念正明之祖良友公、父方盛翁并诸父昆弟三世认族之隐衷,与正明君独力采访之苦志,实当世不仅见之人,亦今日非易任之事也,是不得不表扬而称道之,以为世之数典忘祖者劝焉。

咸丰二年(1852)岁次壬子春三月吉旦,处州府云和学训导本宗三十一世孙檀西岚氏书于官署

5. 重修桂林宗谱序② 俞毓甫 撰

噫嘻!我先府君值沧桑兵燹之后,悯前代之宗牒废弛,后起之子孙失序,际此沿革流离,益致湮漫散亡,闿聚族贤三四辈,毅然以修谱为事。炙鸡分黍,节次邀盟。其如鼓兴者多,效力者少,谋始则易,图终则难。府君独力搜寻,原原委委,斯时所征信者,得什一于千百,未成全书,而襄事者,适以偾厥功,遂淹忽弃世以至今日。

甫不敏,自问无稽古之藉,守拙数椽,曷敢肩此重任。而回念先志未遂,责有攸归,不惮穷岁积月,而殚心于是。但文献久湮,耳目鲜据。溯自前朝,宣德间道善邑丞公、嘉靖间南湖都运公、万历间中石主簿公,先后增修。迄今,读中石公《续谱辨正》一篇,乃知牵缀附会,殆不能为前人掩过。而其所手葺者,亦仅录序、释、记、跋数十纸,要亦零星散乱,犹未汇集成编,则其志焉未逮,亦可知已。阅世及兹,支派愈远,剿袭维艰。其似续盛

① 桃义江谱和桂林谱均收录有署名"赐进士第、进敷文阁学士汪大猷"撰于"庆元五年(1199)八月"的《俞氏家谱序》。
② 录自现代版《鄞县桂林俞氏宗谱》。

繁者,庶克志其先远高曾,而朴邈衰微者,乃不知祖祢之行次名号,又况有为亡秦之叹者比比乎!夫传信而阙疑者,史法也。家乘与国史同例,吾不能因疑而第存其信,即何敢取信而不载其疑。吾族自大宋以来,六七百年之记述,信者半,疑者亦半,安得起过往者而一一问之?惟是,于先府君所搜览而贮箧者,得"百、千、万、亿、元、亨、利、贞"八世之旧谱一本,此以宋讳鼎者为我桂林始祖,即南湖公所云"宗人戍辽于正德(1506—1521)时者携去复还"之物也;复得续谱稿本一帙,即道善公所续而未就者,经中石公多更删之笔,其行第自前八世不录,另立"万、千、世、五、十、再、明、祖、道、弥、仁、慈、与、孝、义、子、孙、有、秉、彝"二十字,而以讳乾者为始祖。夫既另尊始祖,即应以乾祖作"万"字第一行矣,而乃以其子讳益者为"万一"府君,正不能无遗议。

按成化郡志并鄞邑志书,皆载"桂林俞宅",注云:"距县西二十里,宋俞鼎自吴兴来镇浙东,子孙遂居于此。"则鼎为我桂林始祖,与旧谱适符。又况查乾祖所自出,即鼎祖之第八世孙、贞行讳濬者是也。水既有源,木既有本,何得略去旧谱尊乾为始祖耶?由乾祖起,于义未尝不可,总不应谓是即始祖耳。盖桂林名目,不自乾祖始,自鼎祖始也。始祖既定,而世次斑斑可考。其间,自乾祖以后为"万、千、世、五、十",历劫消亡,正在元明鼎革之间,非复畴昔桂林之盛,幸而汤孙尚存一线,有"十"行讳塎者,生二子:一讳偋,为再十一府君,葬本里假山父墓侧,名曰"白坟";一讳傅,为再十二府君,葬凤凰漕北母墓右,即今祠堂后,名曰"祖坟"。两枝并茂,子孙继起。于是,桂林之人,因复济济焉。至今相沿,有"白坟""祖坟"之别,正自此昉也。

据"续谱",道善公所修至"弥"行止,南湖公所修至"义"行止,中石公即南湖公子孙欲修未毕,今历年愈久,更不容缓。于是,追世系,查昭穆,询旁支之分派,核故老之传闻,信者存之,疑者阙焉,过往者备矣,现在者次第布之。而是谱告成,非惟不敢任功,亦且兢兢乎,惟恐受过。盖从前牵缀附会之失,势不能不仍其旧。此固道善、南湖、中石诸公之所无如何者,甫又乌能易辙而妄作之耶?后贤群起,参考而质证之,则幸矣!

康熙六十年(1721)九月重阳日,二十八世毓甫锡樊氏敬序

6.江苏宿迁古琴堂俞氏族谱原序①

族之有谱,犹国之有史,典綦重矣。故韦候纪肇封,谢公咏祖德,古人

---

① 该序文由明派俞氏鄞西俞鼎支迁江苏宿迁后人俞翔提供。

每三致意焉。雍晋不敏,区区之心,费能自恝,念木本水源之意,有敬宗收族为怀。吾族原籍浙江宁波府鄞县石马里黄公林庙界人氏,自宋仁宗天圣元年,我始祖为明州录事参军,卜宅于斯。一时人文蔚起,由户部左侍郎充公、太子少师伟公,以及监察御史兼刑部侍郎及其余登朝堂、列显宦者,朝野杂载,斑斑可考。惜代远年湮,上溯本源难接,而历元迄明,隶籍于斯,为浙之族姓历世尚相传也。迨明世宗嘉靖十年,倭寇蜂起,鄞县实当其冲,迭遭烽烟之苦,不得已权迁江苏淮安府山阳县石塘乡。四十四年,承岐公又由石塘迁桃园县之崇河乡,遂世居焉,迄今百年有余,历更数代,子孙繁衍,设谱犹不修,而支公派别,绳绳相继,非特尊卑不知,班名颠倒,恐一脉流传,且有觌面不识,视宗族等于路人者,宗何由敬,族何由收。雍晋亦族中一分子,遂邀同族人集资创修,按派叙支,即以迁桃园系之承岐公为始祖,俾后世子子孙孙,知木本水源之有自,历是百世以及千万世,统系不紊,支派可寻也。是为序。

时籍浙江宁波府鄞县石马里黄公林庙界人氏,大清康熙五十六年(1717)岁丁酉孟春毂旦,六世孙雍晋熏沐谨撰

    注:江苏淮安府山阳县石塘乡现为江苏省淮安楚州区石塘镇(位于市区东北)。桃园县之崇河乡今为江苏省泗阳县众兴镇(泗阳县县城)。

(四)明派俞氏鄞东俞充支

1. 四明俞氏家乘一览记[①]　　俞舜申　撰

河涧(𤄕音)俞氏,夏商周三代时赵刘聪之后。士大夫不可以一二数,且其支派悠远,不可以三四述。盖吾宗世出蠡州之安源,复迁于台之宁海[②]。我祖云一公以贤才举仕,官至明州观察推官,遂居于鄞之城市,生三子,长讳佶,赘居鄞东之阳堂乡下水史氏;而居定海者,乃鄞东之所分;桃源桂林,是鄞城流裔;奉川月岭,乃大嵩之根源;老界乡新盐祥,是桂林

---

① 录自民国版《塘岙俞氏宗谱》。

② 此说为误。

之所赘①；东吴者，新盐场之分支。子孙蔓衍，均为巨族。因城毁于夷，室家沦没，逃难野居。适慈东门、定海、崇垿、太垿，乃各保其一支，而统绪莫稽也。

申不揣陋劣，妄意修葺，博搜广询，粗知其概。因得吾三世祖仲裕公②、五世祖大任公③谱，合之《四明世传录》，阙者补之，失者续之，分为福、寿、昌、宁四部，皆金字敕印。庶几宗支不紊，行字不讹，以备后之考据云。故记。

大宋咸淳六年(1270)端阳吉旦，赐进士出身任建康府同知裔孙舜申谨识

> 注：避讳，指的是臣民不得在文字和语言上书写和称呼当代帝王和尊长的名字。避讳大致分为国讳和私讳两种类型，国讳也称公讳、圣讳，是指皇帝本人及其父祖的名讳，也包括孔子、孟子的名讳，举国之人皆须规避。私讳也称家讳，是指同一宗族的祖先名讳，族人和外人需要规避。任何事物都会经历开始、发展、完善、终结的过程，避讳也不例外，它起源于周朝，至秦汉得以大成，唐宋最为盛行，一直延续到清末才宣告终结，历时长达两千余年。
>
> 宋代的避讳是历代王朝中最为严苛的，所规避的类别和范围也是空前绝后。宋徽宗赵佶与俞充之父"俞佶"的名字相同，如果是南宋修的谱，应该避讳改名。据此判断，此文或为元明时期甚至是清朝所撰的谱序。

2.塘岙俞氏重修宗谱原序④　俞天就　撰

夫家谱之设，以溯本原，以别支派，敦伦睦族，皆由此。于独吾家谱，久未葺修，甚至高、曾祖父而不知其何讳、何第，以致子孙之名而犯祖父、伯叔辈之名者，多有之。此因不纂修宗谱之故耳。今春，承弟检吾旧谱，多残阙失次，与予视之，不觉恻然心动。又承从弟钦德曰：失此(次)不修，则宗支分派，后将焉据。予然其言，用是逐一查对，宜续者续之。今已告

---

① 新盐场为始迁祖为俞褒，系俞充胞弟，故新盐场非桂林俞氏后裔，属明派俞氏鄞东俞充支。
② 仲裕公即俞伸(景福)。
③ 大任公即俞观能。
④ 录自民国版《塘岙俞氏宗谱》。

成,因自叙其原委。

吾先世由宁海而迁至四明,始祖讳鼎,字克和。公生宋建隆二年(961),后以贤良举仕,仕至明州观察推官,文行交著,素有声望。卒卜居于奉川月岭之西北,为吾宁鼻祖。至三世祖讳佶,字仲祥,赘下水史氏,因家焉以子贵封光禄大夫。传至十五世祖,讳得一,字得懋,登乡试第一名,官至右赞善。因史门卜葬叶氏,屋后风水相关,阖门有灾,不得已而逃居于洋山岙,遂为洋山岙始祖。迨二十三世祖,讳山静,字大嵩,公因永乐(1403—1424)初沿海不靖,星散不一,公亦有迁居之意。一日,公偕友游白云延祥寺,路过木龙山下,见其山明水秀,地沃人稀,爱得我所!遂徙居于此山之麓。嗣是,子姓日益盛,或仕或隐,或耕或读,咸为俞氏羡之。要皆吾祖积德之所致欤!第以忠厚,一脉吾家,世传子孙,尤宜力培。盖吾家官虽不显,而诗书累叶,颇有声名。若不克承先志,是忘本也。

今此之举,问谁主事?则不肖修历世之谱。问谁赞助?则吾弟钦德草创于先,吾侄权斌乐成于后。后之子孙,亦当谅吾之苦衷也。是为序。

大清康熙六十一年(1722)岁次壬寅仲冬月毂旦,十世孙天就谨识

3. 塘岙俞氏重修宗谱原序[①]　俞天叙　撰

谱之所系大矣哉!以联亲属,以笃恩义,以昭先德,以启后昆,非独区区世次昭穆之辨已也。是故,昌隆之家,借以观德;蕃衍之族,借以观仁。其世系统体,固不可一日废也。吾谱自舜申公修后,罹金元之乱,颇残阙失,难以尽悉。幸我二十三世祖山寿公草录本支,叙窃据遗传,以追溯及远而重修之。稽我祖云一公,恂恂雅饬士也,家台州府宁海县,宋淳化四年(993),以贤才举为明州观察推官,守己惟廉,治人以宽,刑罚不施,奸弊屏息,州民感之,庙祀若生。厥后,三世祖讳佶,赘居于阳堂乡下水史氏,生二子,长讳充,次讳光。而充公以进士出身,官至著作郎检正。至十世祖舜申公,字世靖,少甚聪俊,笃志力学,宋淳祐四年(1244)刘梦炎榜进士,仕至建康府同知,轻刑薄赋,视民若子,邑人号名父母焉。时元兵破襄阳,不可久仕,遂见机辞爵,乞骸骨而归。五传而至和十二公,字德懋,登浙江乡试第一名,官至右赞善。一日游大嵩岭,至洋山岙,见其地沃民饶,景致盈溢,忻然有乐就意。后因史门卜葬叶氏,阖门有灾,遂移居于洋山岙之原,以遂爱得我所之意。迨我大嵩公,因建文二年(1400)永乐起兵,

① 录自民国版《塘岙俞氏宗谱》。

沿海不靖，云飞星散，十存一二。公曰："世乱相仍，一至于此。"遂率家人择居于木龙山之张师墠焉，盖有羡乎此里之仁也。叙等子孙蕃衍，其德懋公垂之统哉，其大嵩公创之基哉！嗣是，而士显、士遇以及夫二十五世祖文福、文礼、文禧诸公，益为之浚其源；又如我行镠、行锦、行钟、行镶二十六世祖等，益为之洪其流；又如忠易、忠宾、忠荣、忠楷、忠樗、忠校、忠杲二十七世祖等，益为之继其绪；又如继炯、继俊、继宗、继心、继文、继川、继盛、继恩诸高伯叔祖，以及大法、大川、大益、大让、大礼、大峰、大宁、大光、大贤、大功、大雷、大岳、大贵、大奇、大鹏、大龙诸曾伯叔祖，与夫宗兴、宗华、宗良、宗才、宗礼、宗辅、宗备、宗俊、宗寿、宗虞、宗硕、宗参、宗勋、宗翰、宗盈、宗祚、宗祯、宗清诸先叔祖等，其人不可枚举。然或以德行著，或以材质昭，绳绳蛰蛰，相引弗替。要皆本祖功宗德庇荫而成。虽然莫为之前虽美弗彰，莫为之后虽盛弗传。凡我宗人，务须上承先德，下贻孙谋。庶几亲属联，恩义笃，而敦本睦族之道，垂诸奕祀无穷也。

是为序。

康熙六十一年（1722）岁次壬寅孟夏月穀旦，十世孙天叙谨识

4. 创修宗谱序[①]　俞起增　撰

我族自宋元祐间（1086—1094）一世祖将仕公[②]迁新盐场以来，迄今已三十余世矣。将仕公之后，分为八房。今族之聚居者千有余家，而散居异地者，亦不下数百家。苟不及今创立家乘，恐散处者固无从详其本源，即聚处者亦难免昧其支派。己丑春（1889），集族之长老贤哲而谋之，金曰善。于是聘慈邑王君樵云主纂修，族人金水、铭之、丹扬、安伯任采访，寒暑再易告厥成矣。至于累世以来子姓繁衍，间有不省，非我族类既已进而出之矣，不得入于谱，盖以守宗规云尔。

光绪十七年（1891）岁次辛卯季夏月，二十六世孙起增谨识

5. 创修俞氏宗谱序[③]　王棣　撰

岁己丑（1889），俞铭之、茂才邀余纂修宗谱。铭之，余旧友也，世居鄞东之新盐场。其先世宋将仕郎讳褒，是为将仕公，于元祐年间始由本邑西

---

① 录自光绪版《新盐场俞氏宗谱》。

② 将仕公即俞充弟俞褒。

③ 录自光绪版《新盐场俞氏宗谱》。

乡俞家宅迁此①。后分为八房,今其族之聚处者千有余家,派衍二十余支,而散处异地者不下数百家。八房之中,惟老庙跟、元八房、大树下、澳嘉桥四支,自十七世以下旧有草创支谱,而名讳亦多阙如,其余支皆无记载。铭之与其族人上舍金水俊秀丹扬文学安伯诸君同任采访,余就所得者随时载笔,不得其详者阙之,阅两载乃得就绪。自始祖起,至十六世止,编为前谱,自十七世以下编为正谱。谱之体格载在凡例。年湮代远,文献无征,补缺守残,幸而藏事。惜铭之已作古人,谱成而铭之不及见。后贤览之,其亦知是举之不可缓也夫。

光绪十七年(1891)岁次辛卯六月,慈溪王棣顿首拜序

6. 创造宗谱序② 俞霝勋 撰

吾族自始祖将仕公于宋元祐间由罂脰湖迁居于此③,至今八百有余岁矣。历年既久,生齿亦繁,聚族而居,守望綦切,特无如未立谱系。而欲序昭穆、别亲疏、明长幼、辨尊卑,茫乎而无所考证。是岂从前无有作之者乎?抑既作之而亡于兵燹乎?此皆不得而知之矣!乾隆辛亥(1791),我曾祖半江公惧夫本源之莫知所自也,因从族之尊长调元公、赤霞公、水轩公同往俞家宅,查阅宗谱,乃确知始祖将仕公所自出,并详核其时代以定其序次。于是,吾族咸晓然于本源之有自,而排行不至紊乱矣。斯时,本拟创立宗谱,而限于资无所出,因商于调元公,只就十九世祖元九公一支汇集成编,赤霞公亦就其近祖廿七公一支略分次序,而庄前、老庙跟、元八房亦各有支谱,盖皆限于势有未逮,故各就其本房而为之耳。嗣后议举是役,代有其人。然辄以事无依据,未免望洋兴叹。戊子(1888)冬,宗长起增公概然谓勋曰:夫惟族之有谱,而后可以明敬祖尊宗、敦本睦族之道,况我族宗祠中已四十年未进木主,若不先立谱牒,其何以妥先灵而示后裔乎,子盍勉而图之。勋思吾族子姓繁衍不下千余家,既无旧谱可因,而溯流穷源惟借采访,不由一二人倡之于前,以实心行实事,何能使与其事者之踊跃乐从乎!勋名微才弱,万难胜厥任。族叔祖铭之公盖夙学也,迁居于慈已三世矣,乃偕从兄塍绮同造其家而商之。铭之公曰:"是举也,不可不急为,而亦不易为。盖家乘无殊国史,笔削隐寓,褒贬吾见,族内人为之,未免议为情累,我与子不得不避此嫌也。吾友王茂才樵云先生秉性公

① 此说为误。
② 录自光绪版《新盐场俞氏宗谱》。
③ 此说为误。

直，敏事慎言，又极谙练姓氏之学，盍往而延之。"于是，其诣宗长起增公，且召族之诸尊长而汇商之。起增公暨诸尊长皆以为然，乃遂于己丑（1889）之春，开局于祠之东厢，而延樵云先生秉笔焉。起增公又命金水公、铭之公总其事，而使房长雍福公、雍贵公、雍第公、雍沾公、雍让公、雍馥公、雍德（公）、英和叔及雍清公、雍川公、雍肃公、熙和公、熙洽公、熙培公、熙元公、章瀛叔、石泉叔、丹扬叔、葆莲兄、塍绮兄同为采访，而勋亦与之。寒暑两易，乃克告竣，而勋不能无憾焉。盖以年湮代远，笔墨之流传盖寡，自始祖将仕公以至于今，其间十余世虽名讳亦无所考。其憾一，自仁字行以下虽有线可牵，而每世中之年齿多有未备，以致阖族之序次难分；其憾二，自宋迄今，如此其久，其中岂无录其行诣述其文章而有可为家乘光者，乃先人事实传者绝少，而高才硕德卒至湮没不彰；其憾三，勋故谓是编之成，粗具规模，而已然见之确而闻之真而后始录之，附会穿凿之弊吾知免焉。后有作者诚能得其旧藏，由斯谱而补所未备，则所谓敬祖尊宗、敦本睦族之道，快然而无憾于心。此尤子之所厚望也，已兹第乐夫。起增公之有志竟成，诸尊长之能其襄厥成也。因记其颠末如此。

　　光绪十七年（1891）岁次辛卯季夏月，三十世孙霱勋谨识

二、人物传赞

(一)明派俞氏始祖俞玗

俞玗,字国用,行四九,为五峰俞氏始祖、六世祖俞稠(829—905)幼子,生于唐咸通三年(862)壬午二月初二日亥时,卒于后唐应顺元年(934)甲午三月十一日,配韩氏,生子四:承资、承适、承奕、承登。俞玗为人处己廉恭、勤俭、和睦,唐末仕明州大院判,厥后举族隐居明之大晦,投老归田,三宣不赴。及卒,葬于奉川小晦大智寺山之原。

明州大院判玗公之赞①

论公才学,可勷王猷。

今居判职,素心未酬。

果断明决,泽沛一州。

民之父母,合郡蒙休。

——尚书黄度②赞

---

① 录自剡派文应公派《俞氏宗谱》。

② 黄度(1138—1213),南宋绍兴新昌人,字文叔。隆兴进士,知嘉兴县。绍熙四年(1193),守监察御史。宁宗即位,改右正言。尝与留正论事不合,韩侂胄欲使挤之,不从;数论劾侂胄,遂被黜。侂胄死,朝论欲函其首送金,他以为辱国。以龙图阁待制,知建康府兼江、淮制置使。至金陵,罢科籴输送之扰。迁宝谟阁直学士、礼部尚书兼侍读。著有《诗说》,叶适为之作序,今佚。存《尚书说》。黄度母亲为剡派俞氏之先人。

明派始祖玗公像赞之一①

慈眉善目气和融,不慕凌烟爱隐踪。
投老归田宣不赴,廉恭勤俭遗家风。

——三十九世孙俞强

明派始祖玗公像赞之二②

卜居大晦寄幽踪,立派开枝喜叶秾。
嫡脉千年传后嗣,宗思绵胜四明峰。

——四十五世孙(剡派)俞建文

(二)斑竹园始迁祖俞宾

俞宾,生活在北宋初年,生卒不详。五峰俞氏第十世祖,明派斑竹俞氏始迁祖。俞仁翔之子,俞仁翱之侄。字伯一,号京宾,寿八十岁。配嵊邑东林王氏,生子三:文广、文唐、文庚。墓葬斑竹园隔水前山。

明派斑竹始迁祖宾公像赞③

福寿双全八十翁,一生澹泊寄深衷。
卜居斑竹开繁叶,栖迹林泉继遗风。
钓水樵山耕且读,赏云吟月乐而融。
逸襟雅志垂千古,根脉绵延万载丰。

——三十九世孙俞强

(三)明派俞氏奉系俞文广支

1. 俞文广

俞文广,俞宾长子,五峰俞氏第十一世祖,北宋时人,生卒不详,寿七

---

① 录自现代版《斑竹俞氏宗谱》。
② 录自现代版《斑竹俞氏宗谱》。
③ 录自现代版《斑竹俞氏宗谱》。

十九岁，配陈氏，墓葬塘青岙，生子七。剡源俞村、岙底及奉化城内俞氏，皆为其后裔。

文广公传①

公讳文广，京宾府君长子也。七子十五孙，享年七十九岁。儿孙绕膝，泉石优游，乐可知也。乃忧民忧国，因公忿而暴卒，则其至性之过人，洵非凡庸等矣。故特表之，以彰奇节云。时小晦竺文吉诗以挽之，曰：

忧民忧国事纷纷，遭此无辜屈丧身。

英魄拟同天地老，万年千载不成尘。

注：俞文广七个儿子的后裔在宋元之际大多迁往斑竹之外，十八世俞益迁象山，俞再四迁镇海林碶里，十九世俞八二迁穿山，俞八三迁湖田，俞八四迁小溪，二十世俞闻奇迁宁城水池边，俞守亮迁连岩石塔头，二十一世俞聪迁南京，俞绮迁大墼。其中第七子俞云七的后裔，十八世俞八五迁新盐场，俞八六迁俞村，二十世俞千廿五迁县东，二十一世俞万十迁岙底。俞千廿五曾孙、二十三世俞兴翁迁北郭，长子俞子昌居北街，次子俞子敬赘居泮西。

2. 俞文庚

俞文庚，俞宾幼子，五峰俞氏第十一世祖，北宋时人，生卒不详。寿九十三岁，配王氏，墓葬四十八都荷叶山，以长兄俞文广第三子俞云三入继。

文庚公传②

文庚俞公者，京宾府君幼子也。生平、职守、儒业、文风远播，享年九十有三。于八月中秋夜，设酒馔呼群子孙赏月，将阑命之，曰：明辰我与世辞，汝等宜视我，早起皆罗立床前。遗命毕，遂瞑目而逝，人皆以为仙。

注：俞文庚继子俞云三后裔十九世俞八三迁湖田，俞八四迁小溪，二十世俞守亮迁连岩石塔头。

3. 俞三四、俞三五

俞三四，名喜，字子忻，俞文广第七子俞云七之晜孙（七世孙），五峰俞

①　录自现代版《斑竹俞氏宗谱》。

②　作者佚名，录自现代版《斑竹俞氏宗谱》。

氏第十八世祖。俞三五之兄。配竺氏,生三子:八八、八九、九二。俞九二生一子:俞千十。俞千十生四子:万五、万十、万十三、万十九。五峰俞氏二十一世祖俞万十,于元至元十二年(即南宋德祐元年,1275 年)由斑竹迁居王村吞里(即今吞底,五柱谱称"俞村里宅"),为今吞底俞氏始迁祖。

俞三五,名吾,字子巳,俞文广第七子俞云七之晜孙(七世孙),五峰俞氏第十八世祖。俞三四之弟。配刘氏,生三子:八六、九十、九三。葬板苍吞向北。迁居大小晦中锹八角井旁。

4. 俞八六

俞八六,俞文广第七子俞云七之仍孙(八世孙),五峰俞氏第十九世祖。配无考,生三子:千十七、千廿四、千廿八。咸淳二年(1266)舍山五十六亩于大智庵。咸淳七年(1271)由斑竹迁居大智庵(北山庵)前,为今俞村俞氏始迁祖。

5. 俞九三

俞九三,名文荣,字廷茂,俞三五之三子,俞文广第七子俞云七之仍孙(八世孙),五峰俞氏第十九世祖。元朝为主簿,官至侍翰。配张氏,生四子:千廿五、千廿九、千再四、千再五。

6. 俞千廿五

俞千廿五,俞九三之长子,俞文广第七子俞云七之云孙(九世孙),五峰俞氏第二十世祖。配无考,生四子:万六、万再七、万再八、万再九。元大德十年(1306),俞千廿五自斑竹徙居奉化城内县东,为奉城内俞氏始迁祖。

7. 俞兴翁

俞兴翁,俞千廿五曾孙、俞万再九孙、俞寿三二子,五峰俞氏第二十三世祖。生卒、配氏均无考。生二子:子昌、子敬。俞兴翁尝以考槃为志,不乐仕进,元季时由县东迁居奉川之北郭,其居莳花种竹,人皆称为俞家花园。是为北郭俞氏始迁祖。

8. 俞子昌、俞子敬

俞子昌,字仲盛,俞兴翁长子,五峰俞氏第二十四世祖。生、卒、葬均无考。配任氏,生六子。是为北郭俞氏二世祖。

俞子敬,字仲谦,号柏江,俞兴翁次子,五峰俞氏第二十四世祖。赘泮西邢氏,遂为泮西俞氏始祖。

9. 泮西始祖行略①

嘉靖二十九年(1550)五世孙贡士彦手札云：吾宗分自绍之新嵊，俗称十里俞，在宋时遭兵燹之变，移徙奉化俞村②，又有分徙鄞县湖田、塘岙，并入台之宁海马岙等处，不能尽述。惟俞村遗有郡马景福公及三代进士坟场，至今拜扫不绝，后传数代，又徙至本邑四十都王游村号俞家花园。至元时我鼻祖兴翁公生我高祖仲谦公，洪武初花园来赘邑中邢氏孺人，生二子，至永乐(1403—1424)初卜址于泮西，是为泮西俞氏。

10. 江辅勤撰《德怀公传(五柱)》③

德怀公者，余邻友俞子济民之先王父也。济民与予俱负笈北来，数载于兹，过从甚密，因知其家世极详。民国丙寅春，济民以翌年其族有纂修宗谱事，因倩余为其先王父传，余何敢辞，乃为之传云：

德怀公宗，宗祓公之次子也。公兄弟四人，处家庭克谐，以孝里郙多诵之。公性聪明，幼从塾师读，每试辄冠侪辈，甚为同学所器重焉。而慷慨好义，有君子风。方其壮也，适太平军光复汉族，岁辛酉大军下四明，秋九月，县尹出走，军队乘机入城，公即挈眷避难于山野间。盖公不忍弃其所亲亲而委之于沟壑也。而米珠薪桂，亦军兴时代之常情也。斯时，公仅负米一囊，宵夜奔走数十里而里郙从之者夥，咸饥甚且不得杂粮。公悉倾囊分饷之。其忼慨如此，是以至今里中父老犹盛称之。公工于书法，又通于数学，同治九年(1870)蒙邑侯徐公垂青，咨请省宪擢户科总账司。公经理阖邑邑库，毫厘不少爽，贫富无损，益其宅心正直，与处事谨慎有如此，岂今世倖进少年所能望其项背耶！充是职凡四载，后以病辞。当时父老绅商多以不获留公为憾。厥后公忿时势日非，遂隐居焉。由是每晨鸡鸣辄起，起则于斗室中静坐片时以清欲养身，故其精神康强，老而益壮。公雅好古物及文学，每于自酌之余辄读古文辞类纂，或玩赏奇石以自娱焉。公少贫，然公顺时安分、克勤克俭而总理家政，井井有绪，迄晚年家道已小康矣。公生于清道光十五年(1835)九月十一日巳时，卒于光绪四年(1878)四月十六日酉时，享寿四十有四，卜吉于邑之北郭外凤翼尖。元配戴夫人先公卒，继

① 录自民国版《俞村俞氏宗谱》。

② 此段叙述有误。

③ 录自民国版《奉川俞氏房谱》。"德怀公"即奉化"民国三俞"之一的俞飞鹏的二伯父、俞济时的爷爷。

室孙夫人无出公，有丈夫子一忠和先生是已，孙男四，长曰良松，次曰良椿，三曰良桢，季曰良材，皆非凡品，而传中所谓济民者，即良椿也。现逮镇威将军张君宗昌麾下，有勇知，方累迁至直隶保定警备总司令部邮务总稽查处稽查官兼直鲁联军第三路总指挥部中校参谋，陆军第五军中校参谋。闻济民之母弟曰济时者，即良桢君，从同乡蒋介石君奔走革命，亦迭建奇功，洊升至警卫团第二营中校营长。其伯兄济川即良松，近亦在江西饶州榷运分局会计员。其幼弟济昌即良材，方奋志于邑之高级小学校，头角峥嵘，后生可畏也。《书》云：皇天无亲，常与善人。《易》云：积善之家，必有余庆。此理之常也。余观济民家世，乃益信诸想及公之潜德幽光格于苍穹。虽不克有于其躬而赐爵受封显荣，褒大锡及三世，俾济民昆仲弱冠能立策名当世者，其来有自。余无学，勉徇济民之请为此传。

民国丁卯岁（1927）桃月中浣毂旦，世再侄北京大学学士江辅勤谨撰

11. 董仲修撰《德桂公继配范夫人六旬寿序》①

俞子飞鹏欲寿其继母范夫人，自京邮书来告曰："鹏今年三十余矣，忆范母归先君子时，鹏小在襁褓中，兄妹俱稚弱，日夜啼泣，母啖以饼饵，抚之若己出，提携鞠育，茕茕在疚，及先君子作古，家无一石储，母恃纺绩以为生，含辛茹苦，匪伊朝夕劬劳之状，莫可言喻，不肖历年落拓在外，半担琴书，一肩风雨，作东西南北之人，无以慰母氏心，母涕泣安抚，未尝以家事相责，幸上天报贶，北来借枝，京师年俸所入，差足事菽水之奉，而吾母则年六十老已。九月下旬，实为诞辰，乞吾子一言。"余愧不文无以表彰母德，而诸友之奉觞寿母者又以是请。夫飞鹏原名忠稗，与余交十余年，其兄曰忠秋，曰忠稠，曰忠穗，余皆识之于前。范夫人温和祗顺，勤俭慈惠。余闻诸俞氏之长老尤详，兹姑不具述第举余所亲亲一二事以佐百年之觞，或亦夫人所乐闻与？方余十五六岁与鹏读书乡校，尝夜过其家，夫人灯下治针，鬵鹏坐其旁伊，吾读《尚书》，针声与书声相和也。余至鹏道："《尚书》难读。"夫人则曰："书何难读者？自难之耳！汝不自责心粗曰书难，书难是犹世间庸医不自咎，学医不精而却怪病不易治。试问天当生如何好病以成庸医功乎？"噫！安得此有道之言，岂余与鹏浅识者所能及哉！辛亥八月，革命军起于武汉，天下震动，豪杰响应，陈英士先生组织上海学生军，鹏素有革命思想，服膺中山主义，慨然欲往从之时，余已作鸡窠中人，彳亍往送，见鹏酒酣，抵

①　录自民国版《奉川俞氏房谱》。"德桂公"即奉化"民国三俞"之一的俞飞鹏的父亲。

掌顾盼凌励，有不可一世之概，夫人从容笑谈，自旁鼓励之，抑恐若子胆怯者。鹏既出，夫人泪渍于面，向人曰："吾心焦急甚，儿在不欲馁其气耳。"余始知其向之抑于情也。今者鹏已出枪林弹雨之危，而就燕京当道之聘，审查图书，乐育英才。鹏一儒生，足以陶冶天下士，斯固夫人之所喜也。耶夫！以六十康健之体，得鹏兄弟之养冲夷，其神怡悦，其情固宜天予修龄，由是而耋而耄，而期颐特意中之事，是不可不举觞而为之贺也。

中华民国三年（1914）九月宜寿之辰，世愚侄董仲修鞠躬谨撰

12. 蒋中正撰《俞母周老夫人六秩寿序》①

锦溪俞氏，剡川望族，自来酝藉儒雅之风，好贤尚德之士，代不乏人，惟幼有大志、弱冠从戎，有功于国，有光于宗。若济时者，尤为杰出，不数数觏也。济时现任国民政府警卫第二师师长，其兄济民任首都警士教练所所长。今年国历八月十二日，为其母周老夫人周甲之辰，请序于余。余以其昆季之志可嘉，其行足述，且与济时谊属师生，军兴以来历征南北，从我也久，故于其家事知之綦详，是不可以无言，窃闻之易著坤厚载德之文，诗诵萱荣兴感之作，白华怀念乌鸟私情，原人子之孝思也。此其所以六十寿母欤。谨按夫人周氏同邑周正业公之三女，幽娴贞静，自幼即闻于乡，及笄而归俞忠和先生，相夫克家，遐迩咸称之。先生幼遭闵凶，五岁失恃，伯母戴氏与姒戴太夫人以同胞为娣姒，怜其孤弱，笃于抚养，视同犹子，不幸家道中衰，先生年十二复遭失怙之痛。继母孙氏寻亦相继谢世，零丁孤苦至成立。当夫人之来归也，翁姑已早世，舍宇仅存，门庭衰薄，而夫人视戴太夫人若己姑，朝夕奉事，唯谨绸缪家室中馈庖湢纤悉共举，内外肃睦，上下和顺。时先生贫乏无所资，以簿书升计之糈，终岁勤动，每虞竭蹶，夫人井臼躬亲，倍尝艰苦，篝灯纺织，每至宵深不倦。炎夏溽暑纫缉不辍，及至寒冬，凛烈风雪逼人之际，值先生以事暮夜未归，虽更残漏尽，亦必纺织以待。故综其行事事亲也孝，相夫也敬。闲家有则，与人有礼，克勤克俭。惟日孜孜茌苒，数载家业日隆，夫处贫困艰辛之时而能以勤俭肃雍自励者，求之于须眉丈夫不易得也，况巾帼乎？观夫人之于子女也，襁褓提携，躬自任之不假媪养，爱及长成，循循善诱，时有怠忽，不加谯让，喻之以礼

---

① "俞母周老夫人"系奉城泮西俞氏俞良松（济川）、俞良椿（济民）、俞良桢（济时）、俞良材之母，俞忠和之妻。"俞母周老夫人"名翠娥，为奉化城北周氏之女，生于同治十一年（1872），卒于1960年，寿八十九岁，育有四子五女，卒葬台北三张犁。该寿序刊于《泮西俞氏五柱房谱》《俞村俞氏宗谱》，文末均未署所撰日期。根据内容，当作于1942年。

义,使耻而知悔。盖寓教育于言谈之间,施教督不事鞭扑之劳,又为人所难能者,奚必此功于断机,象德于画荻者哉!夫人有子女各四人,孙七人。济时居三,其兄济川、济民,均有政绩,其弟济昌,亦已弱冠成材矣。夫际此斑衣舞彩之日,正禄养承欢之时,风诰增荣,海筹添算,婺星夜朗;东阁之慈云顿开,桃实朝辉,西池之紫气频至。绕膝为欢,跻堂称庆,非夫人之盛德曷克臻此?至若杯盘笑语,灯火平生,如忠和先生年近古稀,犹复矍铄精神,与夫人饮酒偕老,白首同欢,斯又雁弋与宜、虫飞同梦之足以传百世者也。余岂仅羡乎?此日之酒泛,麻姑筵开天姥也耶!爰为之序。

蒋中正撰

13. 于右任等《俞老伯母周太夫人六秩寿序》①

俞老伯母周太夫人六秩帨辰,等与哲嗣济民、济时同供京职,习谂淑行懿徽,拟登堂公祝,而太夫人谦德性成,一闻斯举,即进济民等诏之曰:目下湘赣各省遭匪蹂躏,老弱妇孺,颠沛流离,蒿目灾黎,未遑救济,緊余老妇,何忍援引年之古义,行祝嘏之虚文,其为余辞。济民等唯唯不敢违,退而申述慈意。等瞿然曰:仁矣哉!太夫人之言也。《论语》云"仁者寿",即此一端,益征其得寿为有由矣。虽然以太夫人之令德嘉言,曷可无文以纪,爰不揣谫陋,谨为叙述崖略,使济民兄弟持归献之堂上以博亲欢当亦太夫人所乐许乎。太夫人为剡川望族清乡宾周正业公之淑女,年媲于同邑忠和俞先生为德配,先生早失怙恃,幼从伯氏兄习簿书钱谷之学,时清政不纲,官吏庸权,多操自幕府不肖,幕僚与奸胥,上下其手,贪黩成风。先生秉性严峻,操行清廉,应聘各县政绝苞苴,案无留牍,一洗历来积敝,各邑人士至今称道勿衰。惟家本清寒,虽迭应州县上宾而廉隅自饬依然,两袖清风,全赖太夫人克勤克俭以持其家,举凡米盐之料,量钱布之出入以及井臼诸琐事,无间寒暑,靡不身亲先后举丈夫。子四,不惟躬身抚育,即褓褓襦履缝纫洗涤,方不假手嬬媪,邻里戚郮莫不啧啧称贤内助焉。迨诸子相继长成,均须出就外傅培养成材,以期为国宣劳。顾家非素封修脯或虞不给。先生商之,太夫人以学费所出,太夫人谓学业乃人生立身根本,观儿曹辈材尚可造,求学所需虽倾家亦勿恤。于是慨然脱簪珥整行装,分途遣令就学。诸哲嗣亦俱能善体亲意,勤苦淬励,发愤自雄,蔚成国器。即今长嗣济川,现任浙江嘉善县西塘公安分局局长。次嗣济民,卒业

① 录自民国版《奉川俞氏房谱》。"俞老伯母周太夫人"即奉化"民国三俞"之一的俞济时的母亲。

于前北京内务部高等警官学校，现任首都警士教练所所长兼首都卫戍司令部参议，历膺军警要职，循声卓著。三嗣济时，为黄埔军校高材生，追随蒋总座东征西讨，所向皆捷，累积丰功，荐擢至国府警卫军第二师师长，迭受勋章，渥膺荣典。四嗣济昌，现在本邑高中肄业。英贤济济，竞称俞氏四凤。观济民等或掌警权以保障闾里，成绾兵符以拱卫京畿，甫届英年，即成大器，他日积功累阀，其勋业隆盛，当不在李、郭、范、韩诸公下，以令子勋名如日之方升，在他人处之宜蹰躇志满，乃先生与太夫人犹自视歉，然常以卫国卫民，不伐不矜，诰诫诸子而其持己之俭约、待人之谦和，尤非常人所能及，以故济民兄弟纵德懋懋，官功懋懋赏恒谦抑自守，绝无夸言矜色訑訑拒人，卒至士夫钦其度量，部属怀其德惠，其所禀承为有自也兹者。先生年近古稀，太夫人龄周花甲，鸿案相庄，板舆迎养，融融泄泄，可谓极人伦之乐事矣。抑尤有进者，愿济民等本显扬之志，务高远之图，则建功立业未可限量。即太夫人之益寿增荣亦无纪极，将可由耄耋而臻期颐，不第见郎君之显贵，当更观孙曾之炽昌，其颂祷之词又岂仅如今兹云云也哉！谨为集延寿易林之句以颂之曰：

福祚之家，喜来从母，高明淑人，圣贤配偶。

贞良温柔，仁爱笃厚，宠贵日光，大喜在后。

鸣鸾四牡，龙子善行，伯仲叔季，明允笃诚。

为国藩辅，福禄来成，升擢有功，嘉其骊荣。

爱子多材，武立天柱，干旄旌旗，甲兵所聚。

奏为肤功，白龙赤虎，镇慰黎元，遨游仁宇。

伯歌季舞，赍福上堂，王母受福，长乐行觞。

金牙铁齿，茹芝饵黄，辞祈万岁，寿考不忘。

监察院院长于右任、考试院院长戴传贤、立法院院长邵元冲、参谋部总长朱培德、中央研究院院长蔡元培、军政部部长何应钦、内政部部长刘尚清、外交部部长王正廷、国民政府警卫军长顾祝同、陆海空军总司令部秘书长邵力子敬撰

中华民国二十年（1931）月恭逢

14. 俞飞鹏撰《从兄忠科公家传》①

公讳忠科，字丙臣，号子楣，五岁丧父哀毁如，成人见者，莫不异之，乡

---

① 录自民国版《奉川俞氏房谱》。"忠科公"即奉化"民国三俞"之一的俞飞鹏的大伯父之子、俞飞鹏的堂兄。

里称孝子焉。父德贤公精算术，司邑三库总帐，善钩稽，以廉明称公，绍先业亦为县库办理征解钱粮事宜，克举其职，为历任邑宰所重。性正直，善断。邑之讼者未诉于官，先诉于公。公为之辨曲直，明是非，片言而决一准诸天理人情，而告之以国法之可畏，毫不假借，实者心折，虚者气沮。邑之讼风以息，官民交称其贤。而心慈好善，尤重名节。以天下之穷民无告者无过于孤儿寡妇，爰捐款提倡设孤孀会。自有此会，而吾邑孀之赖以全节、孤之赖以成立者不可胜数，其有功于民教也。有如此者公之从弟忠和，少于公十余岁，五岁失母，育于公家。公之母戴太夫人视如己出，公与夫人刘氏亦善视之饮食、教诲如同胞之小弱弟焉，而所以教之者一以圣贤之道为归，特注重于孝弟、忠信、礼义、廉耻诸大端，并使入县库习实用之学，以为立身之本。忠和因此卓然有所树立，每与余道公教养之恩，未尝不感激涕零也。公先娶于刘氏，续娶王氏，母家皆贫，公扶植刘、王两家之子弟不稍吝，或贷以田，或假以资，俾得各遂其生。其他戚里之贫，而求助者无不量为周恤，盖蒙其润泽者不止三党之亲矣，其足以传之百世，为后人秝式者。尤在于处理吾族欠粮一事，缘吾族子姓有因家贫积欠钱粮者，官府责成宗族追征催租。吏之气焰汹汹然，急于星火，猛如虎狼，诚有如元次山所谓今被征敛者迫之如火煎之势，当时族中父老颇受其累，公大愤慨然兴起引为己责，首斥家财以为之倡劝导族众，捐集巨款购置田产收其租息，为贫苦族人完粮之用。从此贫者食其惠，富者免其累。吁！伟矣哉！卒年五十有五，善人未享大年，合邑共惜之，族人聚哭如失所恃焉。子良模，亦早卒。孙佩珩，供职于津浦铁路，英俊有为，前程未可量也。公积善之报，将于是乎。

中华民国二十二年（1933）仲春，从弟飞鹏谨撰

15. 梁启超撰《忠和先生六旬寿序》[①]

昔韩退之作《进学解》，有曰："占小善者率以录，名一艺者无不庸"。此盖谓在上之能用人也，推而言之，凡人之有一善，可名一艺，可录者苟无闻于世，亦人生之大憾焉。余在京寓，与俞生济民相往来。一日，济民谈及家世并述其尊人行事，知为乡之长者，不可无言以传之。而济民遂起而请曰："今年七月四日，为家君六秩寿辰，乞先生一言以为俦觞。"余欣然诺之。君字忠和，维惠其号也。行年五岁慈母戴夫人即见背，鞠于从兄忠科家。伯母戴氏、从嫂刘氏，均视若己出，饮食寒暖得免失调之患。先时，君

---

① 录自民国版《奉川俞氏房谱》。俞忠和为奉化"民国三俞"之一的俞济时的父亲。

父讳德怀公为前清征收房总帐司，出纳之间，不苟毫厘，家虽贫，晏如也。而君固日处从兄忠科家，其对于续母孙氏无不竭诚爱敬，视同生母。及年十二，父又弃养，续母孙夫人哀哭不欲生。君尤善言慰之，使弗过伤。凡所遣命，弥竭顺从。此可见君之生性惟孝有以然也。君家素寒，由从兄忠科出资入塾读书，质甚慧，颇有所得，惟迫于家计，不能卒读，无何年十六，奉伯母戴夫人命入库稿房学习公务，勤奋诚笃，为司事者所器重。而对于伯母暨从嫂，则惟命是从，不敢偶逆。从兄忠科有所遣使无劳不任，无微不至，盖以报抚育教养之恩也。不数年间，续母、伯母、从兄、从嫂，先后相继去世，君则视养不离侧，居丧克尽礼。闻者皆感叹为孝友恭敬，君竟备之也。而交友惟信，待人惟和，凡乡党有争斗，君必排解之，以消弭祸患。邻居有疾苦，君必救济之，以保全身命。夫孝亲恭兄既如是，解纷恤苦有如彼，得非善之可名乎？习勤公务见信于司事，得非艺之可录乎？娶同里乡耆周正业公第三女周氏为室，勤俭持家，得贤内助称生丈夫。子四，长良松即济川，曾充国民革命军警卫团辎重队会计员，广东黄埔水陆巡察密查员奉委国民革命军总司部警卫团第二营营本部会计员并委江西饶州榷运分局会计员。次良椿即济民，正科第三期毕业于北京内务部警官高等学校奉鲁督帅张委令调入直鲁联军第三路总指挥部中校参谋，兼陆军第五军军部中校参谋。三良桢即济时，步兵正科第一期毕业于广州黄埔陆军军官学校奉国民革命军总司令蒋委任国民革命军总司令部警卫团第二营中校营长。四良材即济昌，高级部正科毕业于本县县立初中学校。孙男三：佩琼、佩琪、佩珠，均各肄业于学校，峥嵘露头角，英俊有为，前途不可限量。于以知家声鹊起，其在此时故前段执政曾褒以义问，昭宣匾额，并锡以奖凭奖章等，知为善无不报宣其然，乎天佑善人大福期颐正未有艾也。是为言。

民国十三年夏月 日，前财政总长、粤东梁启超谨撰

16. 蒋中正撰《德桂公继配范夫人祭文》[①]

猗我乡里，习闻贤母，克相厥家，君子之偶。

教督诸子，佑启厥后，唯季最贤，实予之友。

本兹慈训，为予疏附，驰驱中夏，高堂色喜。

养不副志，剧归陇皋，遥望慈云，用奠尊酒。

尚飨。

① 录自民国版《奉川俞氏房谱》。

明派俞氏研究

17. 俞母宋太夫人千古①

义方足式

——张人杰②题

18. 俞母宋太夫人遗像③

温恭之度　式为女宗(篆体)

——吴敬恒拜赞

19. 俞母宋太夫人千古④

令德常昭

——林森

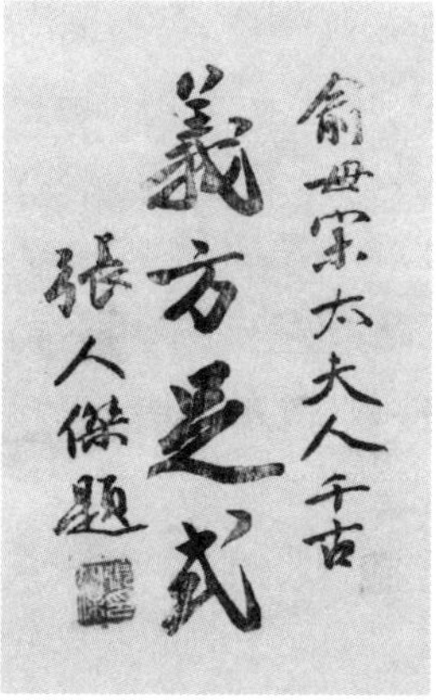

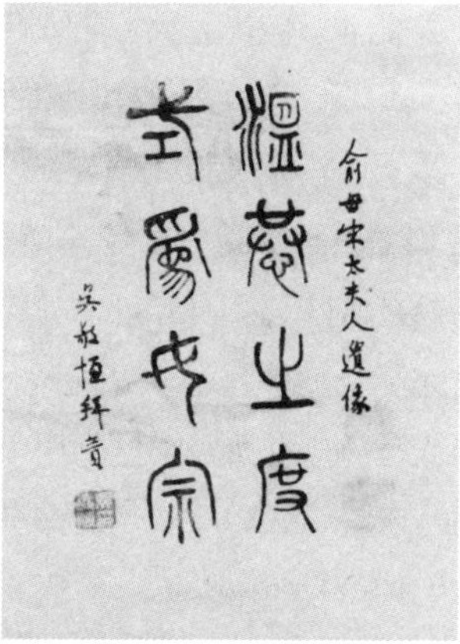

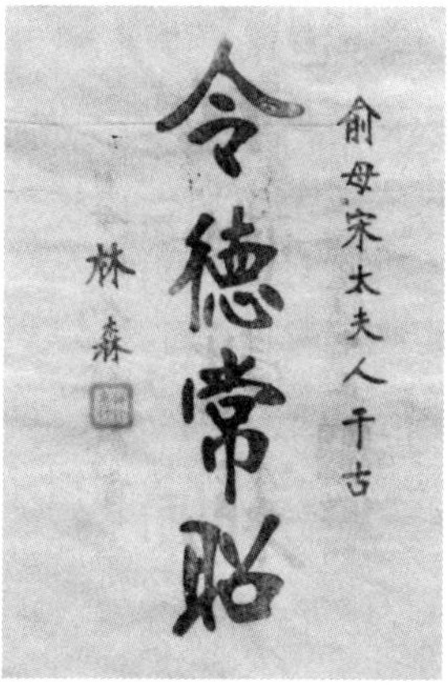

20. 俞韡撰《先母事略》⑤

先母之亡也，距今已五年于兹矣，生不能奉养以悦亲，心死不克临殁以侍亲侧，终天之痛，靡有穷极，抚育教诲恩勋莫报，何以为人？何以为子？呜呼痛哉！

---

① 录自民国版《奉川俞氏房谱》。

② 即张静江(1877—1950)。

③ 录自民国版《俞村俞氏宗谱》。

④ 录自民国版《奉川俞氏房谱》。

⑤ 录自民国版《奉川俞氏房谱》。

先母姓宋氏，同里思谟公之长女也。年十七嫔于先府君筱英公时，先大父已弃养，家道寒微。先祖母张太夫人犹健在，先母苦心操持纺织针黹，夜以继日，勤约自刻，惟姑之命是从。先府君稍壮，经商湖杭，晚及回乡，复躬耕南亩，手胼足胝，力作自给。先母性仁厚，耐劳苦任艰劬，虽饔飧不继，无怨色至，规划家政有条不紊，以是先府君得致力于外，无内顾忧，如是者数年家境渐裕，此皆先母勤劳之力为多。先母年二十一，适石家田王长姊生，年二十五，适马家滩王次姊生，年三十二，先伯兄坤旸生。年三十四，先仲兄坤晒生，年三十六，不孝昕生。先母气体向健康，只以家政操劳，鞠育子女，体遂羸弱，逮两姊先后出嫁，先母益自勤苦抚养，不孝兄弟之心未尝一日成懈也。越数年先伯兄年已弱冠授室，先母之心差慰，以承待有人，家中应处理琐碎事得以稍舒。时不孝昕年才十二，慕葛竹凤翥学堂堂长王贤甲教授王澄莹诸先生办理之善，先府君命遣肄业，嗣因时局变乱，改入龙津，后毕业于剡源高小学校，升入宁波工业学校，先府君与先母乃色然喜以为不孝昕或可造就将来为国家服务，可慰亲心也。讵己酉岁仲兄方肄业于龙津中学，不幸殇折，先府君与先母以殇子心切痛怀无已，因是先府君得心疾，加以积年营商，备受辛劳，于民国六年丁巳春先逝。先母哀痛骨立，气体益衰，时不孝昕年十九肄业于宁波工校。呜呼痛哉！谁知不孝昕遂为无父之人矣！由是，先母含苦茹辛，节衣缩食，复使不孝昕考入南京河海工程大学时，先母年近花甲矣！民国九年庚申冬，先伯兄坤旸又以积劳病殁，殁后三日，侄茂松生，未十日，伯嫂竺氏亦以痛夫继逝。先母益哭之，恸曰："我家累遭悯凶。夫既已殁，长嫂二儿又复先我而去仅一冢，妇尤不获待我以终余年，天何待我若是之酷也？"即指伯兄所遗子一女二对不孝昕而言曰："我生汝等兄弟三人，今伯仲已先我以去，汝嫂以痛夫以死，此两呱呱者，我在自当抚育，我死汝宜为教养，俾得成人以婚以嫁，庶不负同气友于之爱，汝兄泉下有知，亦当感激并不负我嘱之苦心，使此无父无母之子得以成家立业，绵汝兄千秋血食，侄子犹己子女也。叔父犹生父也，望汝善体我心以尽所职！"时不孝昕知先母言之深切而沉痛，尝志之不敢忘。今侄茂松年十六已肄业于浙江省立杭州中学。大侄女荷翠，年二十四，于归临安张氏。次侄女海菊，亦于归同里张氏，衣食教养，视同亲生，盖不敢忘先母之遗训也。先母居恒俭约，粒米寸薪，皆所珍惜。衣服破绽，非经补缀不易。方初归先君时，尝纺织以佐先府君之勤，每至夜分，机声轧轧，恒达旦不止，人以为苦，而先母独以为乐，其勤劳有如此者，既不孝昕卒业于河海工程大学服务社会，迁调迄无宁岁，偶或归省，亦为时甚暂，先母每以勤慎、廉洁，奉公守职等训相勖。不孝晧之能自树立得有今日，未尝有忝厥职者，盖皆禀先府君暨先母平素训诫之意耳。十二年冬，不孝晧服务胶济铁路，青岛风景殊佳，气候适宜，遂迎养先母居青年余，旋待游济南、南京、沪杭诸地，乃因数年未归，家中琐屑事急待处理，遵先母命侍送返里。二十年辛未夏，由铁部专员江苏建设厅技正，调任环湖路工处主任，离乡较近，虽舟车间日可达第，以公务匆匆，拟事归省未果，及冬十一月二十三日晨，接先母病危电告，急驰归视，而先母已于申刻，弃不孝晧而长逝矣。呜呼！痛哉！窃思服官食禄忠于职，而不克孝于亲，已蒙薄养之讥，奈又以国难方殷，未得给假营窀穸，偶一念及寝食难安，不禁泣数行下，其罪更无可逭矣。兹以措安有期用，敢粗述先母生平行略，泣求当世达人君子赐以鸿文，锡以铭诔，借光泉壤，稍抒人子之痛心，则存殁同感靡涯矣！

民国二十四年(1935)九月初七日不孝晧泣血谨述

注：俞晧，行坤晧，名炳福，字子光，民国辛酉年，全国水利局河海工科大学毕业，曾任胶济津浦等铁路工程司，南浔铁路工务处长，陇海铁路副局长，江宁铁路局局长，交通处铁道大队上校队长，铁道部专员，江苏省建设厅技正兼京杭公路等工程处主任，航空委员会荐任技正参谋本部技正兼上校工程股长，甘肃建设厅主任秘书兼第二科长兼全省公路管理处长并代理厅长职务。

21. 俞飞鹏①

俞飞鹏(1884—1966)，字樵峰，浙江奉化人。1908年宁波师范毕业后，曾任体育教员。1911年辛亥革命后投入沪军，任蒋介石的军需官。后被陈其美送入北京军需学校第一期。1913年毕业后，曾在北京师范学校、北京高等师范学校、浙江第四中学任教。1917年，随孙中山赴粤参加护法运动。1922年后，任福建省松溪、浦城县县长等职。1923年，任粤军总司令部审计处代理处长。1924年2月，任黄埔陆军军官学校筹备委员会委员，后又任军校筹备处军需部临时主任。1925年2月，任军校运输总站官，为东征军运输军需；7月28日至10月6日，任广州国民政府财政部国库主任；12月，任惠潮梅财政处处长。1926年2月，任黄埔陆军军官学校经理部主任；6月，任国民革命军总司令部兵站总监。北伐军攻克南

① 录自刘国铭主编：《中国国民党百年人物全书》，团结出版社，2005年。

昌后,兼任江西政务委员会和财政委员会委员长。1927 年 4 月,任财政部江海关监督兼上海地方财政委员会委员。1928 年初,复任兵站总监兼国民革命军总司令部经理处处长;11 月,任军政部军需署署长。1929 年 1 月,任军政部陆海空军抚恤委员会委员;3 月,任国军编遣委员会兼第一编遣区办事处经理分处处长。1931 年 1 月至 1932 年 1 月,任交通部政务次长。1933 年长城抗战时北上,主持华北兵站事宜。1934 年春,赴欧美考察交通。1935 年,兼任通讯兵学校副校长。1935 年,当选为中国国民党第五届候补中央执行委员(1937 年 2 月递补为中央执行委员);12 月,任交通部代理部长。1936 年 1 月,任军事委员会首都警卫执行部副主任兼第二组组长;2 月,主持陆军大学兵站勤务讲习班;10 月,任军事交通协会副会长。1937 年 3 月,特任交通部部长。抗日战争全面爆发后,专任军事委员会后方勤务部部长。1939 年 3 月,兼任屯粮监理委员会主任委员。1941 年,兼任运输统制局副主任及滇缅公路运输工程监理委员会主任委员;9 月,兼任中缅运输局局长。1945 年 1 月,任交通部部长;5 月,选任中国国民党第六届中央执行委员。1947 年 1 月,授陆军上将衔,并退为预备役。同年 7 月,任行政院政务委员兼粮食部部长。1948 年 5 月,任总统府战略顾问委员会委员。1949 年 7 月,任国防部东南区点验整编委员会副主任委员。到台湾后,曾先后任"东南军政长官公署"航委会主任委员、中国油轮公司董事长、中国国民党中华航业海员党部改造委员会主任委员、台湾当局行政部门政策顾问、招商局董事长、中国验船协会理事长等职,并被聘为中国国民党第七、八、九届中央评议委员。1966 年 12 月 19 日,在台北病逝。著有《抗日战争与后方勤务》等。

注:俞飞鹏为五峰俞氏四十一世孙,俞济民和俞济时之堂叔。

22. 俞国华[①]

俞国华(1914—2000),浙江奉化人。生于 1914 年 1 月 10 日。蒋经国表弟,俞济时堂弟,俞飞鹏之侄。早年与蒋经国同窗于奉化锦溪学堂。1934 年清华大学毕业后,任职于军事委员会南昌、武汉、重庆行营。1936 年,任蒋介石侍从室秘书。1944 年,赴美国、英国研究。1947 年,出任国际货币基金会副执行董事、国际货币基金会议顾问。

① 录自刘国铭主编:《中国国民党百年人物全书》,团结出版社,2005 年。

明派俞氏研究

23. 俞国斌①

俞国斌(1922—1974),字浩如,浙江奉化人。生于1922年3月25日。俞国华之弟。1944年毕业于复旦大学,后就读于美国加利福尼亚大学,获硕士学位。1945年3月入国民政府外交部工作。后去台湾,1974年9月13日遭狙击而亡。

24. 俞济民②

俞济民(1902—1957),字良椿,浙江奉化人。俞济时之兄。1944年3月任浙江省第六区行政督察专员兼保安司令。1946年11月任山东省政府委员。1947年9月任山东省鲁东行署主任。1949年1月任浙江省政府委员。后去台湾,1957年5月7日逝世。

25. 俞济时③

俞济时(1904—1990),字良桢,浙江奉化人。陆军上将俞飞鹏之侄。黄埔陆军军官学校第一期步兵科,陆军大学将官班甲级第一期毕业。历任黄埔陆军军官学校教导团和国民革命军第一军排、连、营长,参加两次东征和北伐战争。1927年,任补充第四团团长,后又升第九师第二十五旅副旅长。1928年第二次北伐后,任第六师三十一团团长。后任国民政府警卫旅旅长兼中央宪兵司令,国民政府警卫司令兼第一旅旅长。1931年,任警卫师副师长;5月,任国民政府警卫师师长;8月,参加阻击石友三之役。1932年1月至1933年1月,任第八十八师师长。1932年2月,参加淞沪抗战。1933年2月,任浙江省保安处处长兼浙赣皖边区"剿匪"纵队司令官,参加"围剿"赣东北红军。1935年,任第五十八师师长。1936年1月,授中将衔。1937年8月,任第七十四军军长,率部参加淞沪会战和南京保卫战及1938年的兰封会战和武汉会战,并任第三十六军团军团长。后又任第十集团军副总司令、第五军军长、第八十六军军长。1939年,参加南昌会战和第一次长沙会战。1942年11月,任军事委员会委员长侍从室侍卫长。1943年2月,选任三民主义青年团第一届中央监察会监察。1945年3月,任第三十六集团军总司令,未到任。1945年12月,任国民政府参军处军务局局长。1946年9月,选为三民主义青年团第二

---

① 录自刘国铭主编:《中国国民党百年人物全书》,团结出版社,2005年。

② 录自刘国铭主编:《中国国民党百年人物全书》,团结出版社,2005年。

③ 录自刘国铭主编:《中国国民党百年人物全书》,团结出版社,2005年。

届中央干事会干事。1946 年 11 月，为"制宪国民大会"中国国民党代表。1947 年，选任党团合并后的中国国民党第六届中央执行委员。1948 年 5 月至次年 2 月，任总统府第三局中将局长。1949 年 2 月，特任战略顾问委员会委员和顾问。后去台湾，1975 年退休。

（四）明派俞氏奉系俞文唐支

1. 俞文唐①

俞文唐，斑竹俞氏迁始祖宾公次子，安定郡马景福公之曾祖也。随父兄携幼弟，自大晦迁斑竹园居焉。草创之初，樵山汲水而吃苦耐劳，开基垦田而不遗余力，正当春秋鼎盛有所作为之时，不幸英年早逝，膝下遗下两子，尚在垂髫之年。墓葬岩坑蟠龙形，得风水宝地之贵格。惜哉！天年不遂，然子孙兴隆，后裔昌盛，祖荫福泽无垠也。乃以诗记之：

随父迁居弹岭下，千辛万苦拓途平。

开荒溪畔炊烟起，筑舍山前鸡犬鸣。

正遇英年堪鼎建，才过而立忽仙行。

蟠龙形穴长眠处，子子孙孙祚永荣。

——三十九世孙俞强撰

注：该文于辛丑年春斑竹俞氏重修百年宗谱时撰写录入。俞文唐，为北宋济安郡公俞云茂之父，御史大夫俞绰祖父，安定郡马俞景福（伸）曾祖，他的后裔一直生息在斑竹和升纲。

2. 俞云茂

（1）观衮公所受赠章②

诰曰：父以教忠为贤，式隆佑启；子以养志为孝，务在显扬。矧朕风纪之臣，茂著激扬之绩，肆加衮恤，无间存亡尔。俞观衮乃擢殿中御史俞绰之父，山泽遗才，乡邦善士，清修雅操，博学多能，竭力事亲，岂但甘旨之

---

① 录自现代版《斑竹俞氏宗谱》。

② 录自现代版《斑竹俞氏宗谱》。

奉，敦仁睦族，每多恩惠之施。矧遗经素，切乎义方，致令子峻登于台宪，养违三釜，报德之志，徒勤光贲九原，追恤之恩，宜厚用彰，潜德永慰遐恩。特赠济安郡公，尚期神爽之昭，益迓宠灵之至。

宋　年

（2）云茂公传[①]

俞公观衮先生，字云茂，御史大夫绰公父也。观其赠章，清修雅操，淹通经史，孝友传闻，闻于上矣。宜其受子之荣，而光宠无既也。公墓在枕岩之南里许，至今览柱石之森严，咸心服乎。公之为人者，千百年如一日也。松门蒙蹇子为诗，以吊之曰：闲闲十亩带云耕，中有当年恩宠荣。凤诰龙章无可索，一双石柱朗传名。

注：俞云茂曾被朝廷封为济安郡公，在斑竹俞氏代代相传的民间传说中，他做过皇帝的御医。可惜许多行迹已无考。

3. 俞绰[②]

（1）御史大夫绰公俞老先生传

天下有功在当时而名湮后世者，可胜道哉。粤稽吾里中有御史大夫俞公名绰者，考群邑志俱无所传，仅于家乘留其芳躅，亦已微矣。

虽然其人有不没之真，则无不可溯流而穷源，见微而知著也。况御史大夫明明有世系可按，固非漫漶不可稽者。其时有县西知县王凤其人者，痛公之行而挽以诗焉。其诗曰"大展经纶佐圣明"，歌公之功也。其落句又云"只应遗爱山东道，长使苍生恨不平"，颂公之德也。王凤岂欺我哉？吾故于王凤之诗而想见公之为人，诚过人远矣。公父观衮，字云茂，赠为济安郡公，宠灵之至，光贲九原矣。藉非公有丰功伟绩，建树当时，亦焉能身登台宪、宠及前人？若是也，而乃泯灭无闻，一至于此，盖未始非稗官野史之疏于职耳！公嗣三：庆之、安之，二公均登黄甲，而庆之又尚郡主为藩戚，是继起者且又甲第簪缨，显耀当代矣。吾为公思，实有可见知于当时、传闻于后世者，而卒寥寥焉。是欲不屑屑以誉闻传也。今琳系同里后学，质虽不敏，不忍公之没没无闻，爰本所遗之诗与赠所之章登于旧乘者，为

① 录自现代版《斑竹俞氏宗谱》。
② 录自现代版《斑竹俞氏宗谱》。

公约略言之,以志不朽云。

  谨录县西王凤知县挽御史俞绰公诗:

  大展经纶佐圣明,乾坤扫涤瘴烟清。

  百年台省尊耆旧,一旦朝廷失老臣。

  骨冷青山空作梦,手拱红日尚留名。

  只应遗爱山东道,长使苍生恨不平。

  注:俞绰,即安定郡马俞景福(伸)之父。北宋御史大夫。该传作者没有署名,但按文内自称"琳",应该就是乾隆五十五年(1790)为斑竹俞氏第二次修谱的王秉琳所作。

(2)明派斑竹俞氏十三世祖绰公御史大夫像赞

  羡君几岁列名宦,得绕龙鳞识圣颜。

  顾盼遄过丞相府,风流拟接令公环。

  朝天紫禁来欢舞,殊地黄麻超贵班。

  题柱终须岩砥石,藏身不籍有冰山。

——状元王玉京(疑为南宋状元方山京之刊误)

  注:这首诗大概是写俞绰36岁荣登进士榜之后。俞绰很早就当上了御史大夫,然后外出为官,担当重任(指山东、广西二道致仕)。

  此诗落款为"王玉京"。查考各类文献资料,南宋无名为"王玉京"的状元。综合有关文献与信息,应该是"方山京"之刊误。方山京(1215—1267),庆元府慈溪人,南宋景定三年(1262)状元。字子高,号砚庵,授平江军节度判官厅金书,后相继为翰林院大学士、金紫光禄大夫,死后赠魏国公。方山京出生于四明外公孙家(今宁波余姚梁弄姚巷),他小时候住过的外婆家余姚梁弄与奉化斑竹处于四明山腹地相近的地域,和道明公是宁波老乡。俞绰来孙俞道明(1200—1269),是开庆元年(1259)进士,和方山京是宁波老乡,而且是同时代的。方山京中状元时,俞道明时62岁,而方山京47岁。方山京给许多姓氏写过谱序,咸淳元年(1265)写过《楼氏宗谱序》《胡氏宗谱序》。据推测,这首诗赞可能是俞道明请方山京写的。

4. 俞景福[①]

(1)北宋安定郡马景福(伸)公传

公讳景福,字伸,号洁斋,绰公次子、云茂公之孙、文唐公之曾孙,为明派俞氏第十四世祖也。方志有记,为宋元祐六年(1091)进士。族谱入载,官授河南巩县主簿,迁开封府通判,出判湖南转运致仕。公撰《罗汉殿记》,署名"河间俞伸",碑藏于宁波江北文保所;诗作《过桃源洞》,感系世事沧桑,幸见诸鄞东塘吞俞氏谱。结束羁旅生涯后,公返故土斑竹园,垂暮之年创修《俞氏宗谱》,史称"大晦谱",完整记述自庄公以后世系,遂成五峰俞氏之族宝"金字谱"之母本,泽被百世,功德千秋。羡公之嘉名,鄞东、鄞西俞氏纷纷以公为其祖之昆仲;慕公之德业,晦北、奉城宗人常以公为其先而拜祭。公实乃明派俞氏之懿范也!公生于宋皇祐癸巳(1053)十月甲午日,越弱冠之年即尚安定郡王赵从式之次女为妻,继配少夫人王氏。生二子:襄、伷。女一,适三岭进士蒋楔。有孙五:世杰、世彦、世昌、世奕、世芳。卒于绍兴癸丑(1133)十二月丙辰日,享寿八十一岁。卒葬斑竹茶坑口虹头山,因古时有庵亦称庵山,山腰平旷处,华表高矗,墓前有石碑,上镌飞熊二头,云气缭绕极生动。今尚有郡马遗茔在焉。

——四十五世孙(剡派)俞建文敬撰

(2)安定郡马景福(伸)[②]公像赞之一

气度雍容不可量,紫袍玉带尚天潢。

豫湘游宦归桑梓,八秩春年福祚长。

——三十九世孙俞强撰

(3)安定郡马景福(伸)公赞之二

赵家郡马出幽村,三代书香耀宦门。

慈邑胜缘碑记在,桃源羁旅律诗存。

生创大晦祠中谱,卒伴庵山墓上云。

遥望茶溪流水澹,萧萧斑竹忆乡魂。

——三十九世孙俞强撰

---

① 录自现代版《斑竹俞氏宗谱》。

② 鄞系俞氏宗谱称俞伸为"睦州郡马",实为"安定郡马"之误。

(4)安定郡马景福(伸)公赞之三

斑竹村畔四围峰,长忆俞家郡马公。

元祐榜中文采显,慈溪记撰寺碑弘。

桃源独叹黎民苦,大晦赓传世系荣。

羁旅梦牵归故里,哪嫌山复路重重。

——三十九世孙俞强撰

5. 俞襄①

明派斑竹俞氏十五世祖襄公传

襄公,郡马景福(伸)公之长子也。其母赵氏夫人为安定郡王从式之次女。公生于熙宁八年(1075)四月十九日亥时,授浙江税务司,迁台州在城税务,升授将仕郎,任常州宜兴县主簿,卒于绍兴八年(1138)二月初三日,寿六十四岁。配唐氏。生二子:世杰(元隆)、世彦(元亨)。据塘岙谱记载,公有父风烈节,劳费爱民,不畏权势,未几解绶而归,仕论重之。据《宝庆四明志》卷十二所引检正王庭秀著《水利说》:襄公曾以"四明重山复岭,旁连会稽,深阻数百里,万壑之流来为大溪而中贯之,下连鄞江,倾入巨海,沛然莫之能御"为由,"复陈废湖之议,守叶棣深罪襄。襄不得骋,遂走都省献其策。蔡京见而恶之,拘送本贯。襄惧,道逸"。襄公以生民计,力主废湖为田,不惜忤逆权贵,其心可鉴,其勇可嘉。襄公立志高远,待友以诚,与同样心怀报国之才俊,丙子贡生、河南人何允文结为知己,交谊甚深。乃以诗赞之:

书剑飘零气亦雄,宦游辗转类飞蓬。

民生忧患常关切,道义担当每自躬。

献策废湖权贵忤,临途辞友挚情同。

虹头山畔茶溪口,雅操孤贞万载崇。

——三十九世孙俞强撰

① 录自现代版《斑竹俞氏宗谱》。

6.俞世杰①

明派斑竹俞氏十六世祖世杰(元隆)公像赞

谨身为则自当先,政化明明敢任贤。
赏罚公心传令誉,德才仕道赋佳篇。
矜贫恤独安民意,嫉恶汰贪警罪愆。
不忘祖恩勤勉甚,忠怀朗朗鉴光悬。

——三十九世孙俞强撰

7.俞迈②

明派斑竹俞氏十七世祖迈公像赞

生逢南宋历峥嵘,朝请大夫五品荣。
郡马曾孙文采继,奉川俞氏祖荫宏。
鞭挥宦路嗟归雁,鲤跃禹门看化龙。
一脉书香门户耀,赓传青社旧家风。

——三十九世孙俞强撰

8.俞道明③

明派斑竹俞氏十八世祖道明公传

道明公为宋元之交斑竹俞氏承先启后之人物。郡马景福(伸)公玄孙,襄公曾孙,世杰(元隆)公之孙,迈公之子。生两子:杞、梓。公为南宋开庆元年进士,谱载其授福建兴化蒲田丞,历迁扬州泰兴令,广信府通判,除将作监主簿,转朝请大夫司农丞,主管华州云台观。然据永乐《乐清县志》记载,咸淳初年道明公以少府摄县事。公传承家风,心系苍生,关心百姓疾苦,为县初即"首访民瘼",以福民为本,以启塞为先务。劬劳尽职,实心任事。时,秘书省正字、监察御史,乐清人刘黻撰《云门福地记》盛赞道明公为"贤令尹",为官一方,造福于民:"子其民,不畏强御,不惮劳勤,苟有以福吾民,则其身婴其冲而不暇顾,推是心以往,是即福地也。"褒扬公

---

① 录自现代版《斑竹俞氏宗谱》。
② 录自现代版《斑竹俞氏宗谱》。
③ 录自现代版《斑竹俞氏宗谱》。

"伸民气","是心足以福天下矣"。乃以诗赞之：

> 造福于民见赤衷,当年刘鞍记劳躬。
>
> 虽逢季世无颓志,不畏豪强有理功。
>
> 故迹易荒埋野地,丹心长耀伴星空。
>
> 乐清行迹留青简,薪火相承是祖风。

——三十九世孙俞强撰

9. 俞茂林 [①]

(1) 茂林公传

茂林公,乃郡马公来孙也。以护宅崒崩被毁,庐遂火,人皆疫。避一时之难而迁作泉坑回龙居焉。公生七子十八孙,御家以四教勤俭恭恕,正家以四礼冠婚丧祭。出则鸣鼓,入则击磬,虽公卿大夫皆以为不可及也。寿八十有一而终。姻亲曹孟光吊以诗曰：

> 方祝耄年世不多,夫何一梦入南柯。
>
> 落花有恨难还树,逝水无情不返波。
>
> 纵愧招魂无艺术,惟期作赋共吟哦。
>
> 王昙忍过西山路,愁听西风薤露歌。

(2) 明派斑竹俞氏十九世祖茂林(梓)公像赞

其一

> 宋末元初世事艰,故园回禄更难还。
>
> 松溪濯足随忧戚,萝月明心岂等闲。
>
> 脉记家乘传后裔,礼鸣磬鼓老苍颜。
>
> 作泉坑里迁新筑,人杰幽栖草野间。

其二

> 双溪交汇万山重,隐迹林泉未露踪。
>
> 垂钓水边听影寂,伐薪岭上望云溶。
>
> 琴闲不觉曛光晚,杯满常忘醉意浓。
>
> 七子诸孙枝叶旺,绕阶竹籁胜皇封。

——三十九世孙俞强撰

明派俞氏研究

---

① 录自现代版《斑竹俞氏宗谱》。

注:俞茂林是斑竹俞氏一个承先启后的人物,他生活的时代处于南宋末年,斑竹俞氏因为火灾与疫情,迁到附近的作泉坑居住。俞茂林是一个十分高逸、洒脱的人物,遗有小本家乘,是斑竹俞氏日后修宗谱的重要依据之一。

10. 俞敬一[①]

敬一公像赞

跋山涉水不辞劳,驻岭峰连万仞高。
昆仲三支分派立,祖恩泽远祚昭昭。

——三十九世孙俞强

注:斑竹俞氏至俞敬一时,分为三派,与他的二弟俞敬二、三弟俞敬三各为一派,现在的斑竹俞氏多为俞敬一后裔。

11. 俞敬三[②]

敬三公像赞

十里双溪绕岭峰,耕樵轮替亦从容。
虽为季弟能肩任,山水绵延比祖功。

——三十九世孙俞强撰

12. 俞瑞环[③]

瑞环老宗翁七旬寿序

己酉(1729)孟冬,为瑞老宗翁古稀初度,于是里闲名人乡党娴娅,莫不谋为宗翁寿。有寿以诗者,有寿以歌者,有寿以古文辞者,月方匝,遂珠玑满案,缥缃盈笥,猗有欤盛哉。特是寿则寿矣,犹未得宗翁之所以寿也。凡称人寿者,或曰天眷,或曰神听,或曰服食丹砂,或曰辟谷引年。而宗翁之所以寿者,概不在此。庄子曰:吾生也有涯,而知无涯,以有涯随无涯,殆已。若宗翁读书好言大略,不求甚解,即处躬涉世,以身之察察,受物之

中篇　谱文荟萃

①　录自现代版《斑竹俞氏宗谱》。
②　录自现代版《斑竹俞氏宗谱》。
③　录自现代版《斑竹俞氏宗谱》。

汶汶,庸何伤？此以浑而寿也。广成子曰:无劳尔形,无摇尔精,乃可以长生。宗翁功名富贵之念,不系于中;声色货利之私,已忘于外。甚得净宁一以养天真,此以贞而寿也。召康公曰:泮涣尔游矣,优游尔休矣,俾尔弥尔性,宗翁深得此旨,酌酒携朋,寄傲山水间。冬则围炉长饮,夏则高卧北窗,作羲皇上人。此以乐而寿也。商颂曰:寿考且宁,以保我后生。良以后嗣,未保父母之忧生。今宗翁继体者二人,肃聆庭训,以勤干造家。长令郎绍圣、幼令郎绍尧,并以英才敏捷,颖悟非常,行将高大,公家门闾,公之闻望,济济乎有传。宗翁顾之,喜可知已,此又以昌后而寿也。予自丙申设帐,课其长令嗣,复西席于马村、俞村,故得熟悉其生平。至如惇伦,以孝友创业,以丰裕接人,以谦恭仁爱。余不具论第,历论其寿所由来,以为嘉筵之祝,觉余之所寿,而非诸公之所为寿也。然宗翁以杖国之年,神益爽、气益清,酒兴不减陶彭泽,而矍铄犹如马伏波。知其永膺大年,方兴未艾。则宗翁之所以寿者,余测其所由来矣,又乌能测其由竟哉。

雍正八年(1730)岁在庚戌孟冬之望,石城宗晚生培仁顿首拜撰

注:俞瑞环是斑竹俞氏修谱史上一个关键人物,雍正八年(1730),斑竹俞氏初修宗谱时,他藏有斑竹俞氏的小本家乘,同时对斑竹俞氏为俞玕之后,迁自大晦,复迁作泉坑、驻岭的迁徙线路和上推二十世的世系记得十分清楚,避免了错接祖源的讹误,确定了正确的方向,为日后重新在"金字谱"里找回"大晦谱"世系,打下了扎实的基础。

13. 俞绍宗①

(1)子武(绍宗)公序

从来坊表足式,仪型可法,历久而令人思念不忘者,不必远求诸古也,我盖于吾太亲翁俞老先生而见之矣。翁之鼻祖讳京宾,由大晦而来,居于弹岭班竹,风土人情称美族焉。后因兵燹之祸,徙居驻岭,不得已之计也。乃居十余世而祝融之灾,告于宗人。翁遂慨然兴复祖之思,曰:前之废为荒烟蔓卉者,吾先人基业也;破瓦颓垣之有存者,吾先人遗迹也。谋及诸父、谋及兄弟,而旧址是仍,故土是复,翁之力瘁,而翁之愿以酬也。迄今地广人稠,聚族森严,苟得追迹于有宋衣冠文物之盛,翁之功居多也。且

① 录自现代版《斑竹俞氏宗谱》。

翁之继起者有四,皆箕裘是绍,克振家风。而三令嗣尔孚,舍侄妇翁也。述翁之遗行,而索序于余。余曰:太亲翁之德行仪度,俱臻于古,即求之古人中,亦不可以多得。余每尊之、仰之,而愧未能得其端焉。宜其寿介九旬,得征箕畴五福之一,累沐我朝尚齿之典也。童氏太孺人,翁德配也。三从是遵,四德无违。谓之为母而贤,讵有过欤?礼瞻遗挂,不觉跃然,忘其固陋而书之,以弁其端云。

乾隆五十三年(1788)岁次戊申荷月之吉,眷晚生王秉琳顿首拜撰

(2)绍宗公像赞

德行仪度足钦崇,寿介九旬气自雄。

故土重兴功绩大,箕裘相继振家风。

——三十九世孙俞强撰

注:俞绍宗是斑竹俞氏在康熙暮年,从驻岭重新迁回故地斑竹的重要人物,为重建家园立下了汗马功劳。

14. 俞士全[①]

士全翁行状

为节妇难,为义士尤难,盖妇不可以二夫,而士不嫌于二妻也。且为义士而出于诗书之第固难,为义士而出于懋迁之门则更难。读圣贤书,而见夫王少府之师曾子,或可以勉而能也,遂熙攘中,而见夫饼家之子有美色,终不免背而驰也。全翁者,周之妻父也。忆予方髫龄时,始约婚于翁家。而妻母已沉疴不起,而遂以终焉。生三子一女,长维礼、次维乐、三维射。吁!吾翁当刘子庐杖之日,正东山高卧之年,矧老母犹在,季子谁恃?手携稚子夜归寝,月冷空房不见人,信足为吾翁赋矣。当日者岂不怜镜奁弦柱之皆空,亦岂无修态娇容之堪择,或从而劝之曰:君不再娶,若幼子何?翁喟然曰:君过矣,吾甚不喜亡妻者窃假养子之论,用为再娶之地也。向若襁褓之儿,必资惟房之继,则世之无继母者,俱不克为鲜。民之得所生,世之有继母者,必不至于如穷人之无所归也。虽有母命,吾不敢从矣。遂进女而训之曰:汝代母以事姑,事姑之余,抚厥幼弟。吾不能以闺训训汝,汝其以姑为法,无异法女母焉。尔其勉之!厥后,太孺人告终,生前所

---

① 录自现代版《斑竹俞氏宗谱》。

制衣服被窃无余，遂命以女之嫁服作姑之殡衣，而女亦从命而不辞，斯皆翁之教，有以成之。实翁之义，有以感之也。吾故曰：为义士难，而翁之为义士也更难。

道光三年（1823）岁次癸未黄钟月縠旦，婿增广生王模周拜撰

15. 俞维清①

剡川之胜，有晦岭焉。由大晦而前，山明水秀，别开生面。识者谓其地灵则其人杰。是以高贤硕德，代有其人。如庚金单公者，端方正直，世称大儒。其后道学一派，绳绳勿替。盖尝于班竹之俞翁，而复见其人矣。翁讳维清，字圣和，士达公之三子。实士炎公之继子也。初，士炎公年四十无子，见其贤而且能，乃于临没时手书遗嘱，一纸取以为继。越数年，果选入泮宫。族之人，莫不以士炎公有知人之明。今翁年逾五旬，而考其生平行事，敦诗说礼，排难解纷，不趋炎而附热，不凌弱以欺贫。凡族有不平事，敢出公论以剖之。此闾里间不可少之人，亦儒林中不可多得之品也。且究心孔孟者，复从事岐黄，则近自本乡，远如嵊邑，莫不造庐相邀。而翁则辨症切脉，断不敢以利是图。非实有其好生之德者不能。配胡氏孺人，曰幽闲，曰贞静。此虽孺人本然之善，亦由我翁刑于所及也。笃生四子：长教庠，次教序，三教廉，四教庭。各量能授职，大成可卜，非翁之积德行仁，有以致之乎？余素知翁之植品，甚高。今又忝居西席，而翁之三子从学焉。因得瞻道范，聆德音，笔之家乘，以垂不朽云。

道光三年（1823）岁次癸未黄钟月吉旦，眷弟许岸增广生张锡介顿首拜撰

> 注：俞维清在班竹俞氏修谱史上也是一个十分重要的人物，是他找到并发现五峰俞氏的"金字谱"与"大晦谱"的子母关系，并重接了"大晦谱"中的直系世系，同时发现俞宾长子俞文广后裔世代缺失的问题，以"某"字虚悬两代，为我们今天的考证提供了依据。

16. 俞维乐②

维乐公像赞

懿德嘉行福祚丰，祖荫庇护子孙隆。

① 录自现代版《班竹俞氏宗谱》。
② 录自现代版《班竹俞氏宗谱》。

双溪水接三江浪,喜看云帆济海东。

——三十九世孙俞强撰

注:俞维乐的后裔在清末民初以来人才辈出,中国贸促会原会长俞晓松、我国著名肿瘤内科学专家俞鲁谊、浙江工业大学化工专业教授俞晓梅等名人,都是他的后裔。

17. 俞教五[①]

教五俞翁六旬荣寿序

今岁五月二十七日,翁之六旬悬弧诞辰也。惟时韶光明媚,淑景融和化日,醉席上蟠桃,和风拂庭前。玉树烛荧星耀,香篆烟浮。萧鼓匈匈简简,佳气雍雍穆穆,宾朋咸契跻堂祝庆,烹野雁、擎松鲈、涤兕觥,以侑劝,彬彬济济,甚盛美也。余于贵族修葺家乘,适值翁之六旬大寿,虽学浅才疏,颇觉翁之行至,谊于拮据起家,阡陌连云,奂轮鸟革,家室鸳俦。此翁之才也,固无容赘,其持己以正直而不失之诡诈,其持家以恩义而不流于偏胜。其与人交,以和平为主,德若此而又年登花甲,宜乎!功分有相称,故得承天子之宠眷,顶带荣身,古所称保介不是过焉。乃者德配王氏,虽去世有年,克子承家,令孙俊秀,岂非寿与福俱!而德有以操其券欤,从此而耄耋,而期颐,又乌可量哉!因为之赞曰:

忻逢胜会气何淑,道报西池桃正熟。

爰呼九老花轮祝,会看三星照华屋。

青鸟舍传云母幅,麻姑日丽县终旭。

霞觞韶光春霭馥,海寿千波筹添幄。

方君皎皎颜如玉,神仙已往长春牍。

诗颂九如风韵穆,对来三祝兼称续。

我向熟读瑶池录,试为君家赓三曲。

咸丰七年(1857)岁次丁巳仲夏月全浣吉旦,葭浦蒋绍烈顿首拜撰

注:按寿序,俞教五是当时斑竹最富裕的人,拮据起家,却很有经营之才。做过乡宾,顶带荣身。同时为人正直,持家以恩义,有德有操。

---

① 录自现代版《斑竹俞氏宗谱》。

（五）明派俞氏鄞西俞鼎支

1. 俞鼎[①]

俞鼎,字廷器,俞玗三子俞承奕孙、俞仁宜子,为五峰俞氏第十世祖。生于宋太宗太平兴国元年(976)[②]正月十二日卯时,卒于皇祐五年(1053)[③]七月初八日,寿七十八岁。举贤才,初任扬州江都丞,迁明州录事参军,复迁浙东制置使,后以孙伟贵,封朝请大夫。娶吴兴吴氏,赠淑人,生二子:允谭、允诜[④]。原墓葬明州桃源乡四十八甲上陈山。为明派鄞西俞氏始祖。

2. 俞伟[⑤]

俞伟,行万二,字仲宽,俞允谭子,为五峰俞氏第十二世祖。生于天圣九年(1031)正月初三日丑时,卒于崇宁元年(1102)七月十六日,寿七十二岁[⑥]。登熙宁六年(1073)进士,授福建咸平顺昌令,后为山南东道节度推官、监察御史。娶鄞西戴氏,生二子:衮、褒[⑦]。原墓葬鄞西三十九甲信石岙。有《戒杀子文》等多篇文章存世。

3. 俞衮[⑧]

俞衮,行亿四,字景廷,俞伟子。生于治平四年(1067)十月初二日巳

---

① 综合俞浙"金字谱"和桃义江谱撰写。塘岙谱所载差异较大。
② 民国版《四明塘岙俞氏宗谱》为建隆二年(961)。
③ 民国版《四明塘岙俞氏宗谱》为天圣二年(1024)。
④ 据考,允诜其人并不存在。
⑤ 综合宋代大学者邹浩《高平县太君范氏墓志铭》和桃义江谱撰写。
⑥ 据邹浩《高平县太君范氏墓志铭》,俞伟为北宋名臣范仲淹侄女婿周师厚(1031—1087)的大女婿,周故世时(1087)俞伟在山南东道节度推官任上,其岳母范氏故世(1109)并归葬时(1111),俞伟尚在监察御史任上。据考证,俞伟生卒为1047—1118年。
⑦ 原谱载如此,有误。应为"娶鄞西周氏,生一子:衮"。据王珪《辜氏墓志铭》,俞褒为俞充(1033—1081)胞弟,非俞伟子。
⑧ 综合陈亮《何茂宏墓志铭》和桃义江谱撰写。

时,卒于绍兴八年①(1138)三月十七日,寿七十二岁。登元祐八年(1093)进士,授左承事郎金事,镇东军节度判官,未赴召,除秘书省正字校书郎,起居舍人兼中书舍人,直学士修国史,提举江州常平,改知抚州,除集英殿修撰,再除中书舍人兼集英殿学士,仕至中大夫,同知枢密院事。娶桃源林氏,生二子:元吉、元显。原墓葬西三十九甲丁峇。

4. 俞通

俞通,行亨四,字景明,俞元吉之子、俞衮之孙。生于靖康元年(1126)九月二十一日卯时,卒于绍熙五年(1194)三月初八日,寿六十九岁。娶方氏,生二子:及之、约之。墓葬丁峇祖坟侧。

俞通疑为生活于北宋和南宋期间,与李之仪、许景衡和曾巩等交厚的"俞叔通"。

5. 俞倔②

俞倔,行再十一,字士伸,号景新,俞㘭长子,五峰俞氏第二十四世祖。生于宋宝祐五年(1257)丁巳闰四月十二日寅时,卒于元天历二年(1329)己巳正月二十六日子时,寿七十三岁。娶谢氏,继娶孙氏,生四子:晖、旬、管、昭。原墓葬本里假山父坟左,在柏堂之左,今称白坟。因置庆元城,毁兹垣,遗址名。是为鄞西俞氏白坟派祖。

6. 俞傅③

俞傅,行再十二,字士圣,又字大卿,号景文,俞㘭次子,五峰俞氏第二十四世祖。生于景定元年(1260)庚申二月初十日酉时,卒于至正十二年(1352)壬辰九月初一日酉时,寿九十三岁。娶陈氏,生三子:升、帜、朗。原墓葬凤凰漕母周氏墓右,今称祖坟。现所称老祖祠,为府君前之享庭。是为鄞西俞氏祖坟派祖。

7. 俞常泓④

俞常泓,行仁十三,字仁溥,俞谔之子,桃义江谱第二十世祖、五峰俞

① 按陈亮《何茂宏墓志铭》载,陈亮为何茂宏的二女婿,俞衮则为何茂宏(1125—1183)的第五(小)女婿,故谱载俞衮的生卒、配氏以及《宋元四明六志》所载举进士年份,均存疑。
② 录自民国版《桃义江俞氏宗谱》。
③ 录自民国版《桃义江俞氏宗谱》。
④ 录自民国版《桃义江俞氏宗谱》。

氏第二十九世祖。由鄞西桂林迁镇西（即今镇海区西部）桃义江为始祖。娶张氏，生三子：慈胜、慈腹、慈朋。墓葬本里桃江狮子坟向南。是为桃义江俞氏始迁祖。

8. 子良公传[1]

太史公曰："里巷之人，非附青云之士，乌能施于后世哉？"吾以为国史固然，而家乘不尔也。又岂知时事日非，人心寝薄，即一宗谱牒，亦且有同慨者欤？我谱载有前明万历二十九年钦差巡按河南监察御史徐金星所撰《桂林世系图跋》。其文曰："余自垂髫，与子良同学，师事南川蔡夫子、宁江朱先生，雅相善也。自金星侥幸科名，契阔者有年，今正邂逅近于道，因得款留，倾倒平生之雅。子良出所纂《桂林世系图》示余。余凤仰桂林人文渊薮，阀阅辉煌，今捧其图与其序而谛视之，所见适如所闻，故为之跋。时赤水屠公、渐堂朱公，皆子良亲友也，亦在座，请书以志其后。"是知子良之为人，虽未能博取科名尊爵，吐气扬眉，而善事名师良友，与贤士大夫相交游，盖亦一磊磊落落，自命不凡者也，故慨然以谱系自任，自为之序，而且乞序于名公巨卿，不亦可谓吾宗之不数觏者欤？而康熙间，锡樊公修谱，逸其序而并失其人，惟存徐金星所撰《世系图跋》一篇迄今。按徐公之跋，以求子良之人，而系传皆杳无其名字，是修谱者失之矣。夫磊落如子良，犹且不免于泯灭，况其为汶汶无足称道者，遗漏可胜悼者。是则子良之得不泯灭于谱者，特赖徐公之跋耳。不然，几何不至于泯如耶？惜乎文献无征，世系终莫得而联属，令人徒抱一无可如何之憾也。倘以子良无可系属，而并去徐公之跋，是忍而弃之也。呜呼！可存徐公之跋，而不有子良之人，是跋为无稽之言也，又呜呼可必也？有子良之人，而后可以为徐公之文，是子良于世系，虽莫可联属，而其人固必不可不传者也。故为之传，且以志修谱者之失，俾后之秉笔者，知所警惕焉。

嘉庆九年（1804）岁在甲子，本宗三十世庚介白氏撰

9. 亦涛俞先生传[2]

先生，南受业师也，名渊，字巨源，号亦涛，居鄞邑桃源乡之桂林，盖世多显达云。性极孝友，父厚庵公，育先生兄弟四人，皆怡怡庭乐，深得堂上欢，质敏悟，而器宇更重，不苟笑言，生平无疾声，无厉容，故接人不严而

---

① 录自民国版《桃义江俞氏宗谱》。
② 录自民国版《桃义江俞氏宗谱》。

自惮。少读书，日诵数万言，及行文，格趋遒上，一守先正矩矱。弱冠游庠，未几，辄膳廪饩。父母厚期之，而先生自期，亦良不肯居凡下也。奈数奇，困顿场屋三十载，屡荐屡蹶，所谓才丰而遇啬者非欤！于是息意进取，而思所以教育焉。新江林公凤枝，固先生道义交，嗣君二：长梨州，名永清；次碧山，名昂宵，皆隽永不凡，林所厚望者。先以梨洲聘先生爱女，后复延致家塾训迪。不二载，乾隆乙丑，并受知于学使陈公。于是从先生游者，日填林氏之门；而南于丙寅亦得忝居末座焉。先生之为教也，先行艺而后文辞，以故门下士儇薄者绝鲜。时南方十七，初业制义，未能高接其准绳，但知戒儇薄，至今犹率先生之教也。以需次贡成均，旋铨授江山学训导，不及迟报者一月，而竟以疾终，年六十岁。一时士林共惋惜之。元配周孺人，甫育一女，未及媲林，辄谢去，旋继潘氏、韩氏、李氏三孺人，相庄皆不及数载；后娶沈孺人，举二嗣，而先生即谢世。时长君英相，年十五，辄弃举业而承其家；次英植，年十龄，性笃孝，质亦醇颖，出语多惊名宿。重先生者，均谓其有后起乎！而无如不永其年，先生著有《桂林塾课》，凡若干卷，士林所争重者。梨洲方将刊传以示人，奈志未酬而身亦早世，凡先生一生身名终结类如此。嗟乎！以先生之品诣、文章、不及邀一命之荣，且叠遭伉俪之痛；晚既获哲嗣，而尚未成其光前之志。天之于先生，果有意乎？天意乎？此南读骚经而直废《天问》者也。今年甲子，俞氏重葺宗谱，嗣君以立传请于南。南故不文，敢承是役哉？但自揆受业以来，阅今六十载，不特先生之故旧无存，及门诸子六，只南一人在，故深知先生之梗概，且得荣附先生之末光，敢辞笔哉？虽自丙子荐于乡，辄不慕荣利，甘老溪山，不能仰副先生与林公之属望，此临文而不禁感愧之交集者焉！

时嘉庆九年（1804）岁在甲子，受业门人晓山周南顿首拜撰

10. 节孝俞母周孺人传①

孺人周氏，系出鄞西名族，余友瑶辅之伯姊也。幼失恃，事父翠庭先生，一一尽职。比长，适太学生俞讳熙聪。其始归也，已不逮事舅，而其事姑也克谨，人咸谓俞氏得妇矣。结缡一载，而夫遘疾，孺人衣不解带者岁余。比疾革，稽颡北辰，愿以身代。未几，夫死，孺人哀恸欲绝。念迈姑在堂，叔幼未娶，巾栉、箕帚之事，无所托，遂隐忍苟活，时年才二十三岁耳。

---

① 录自民国版《桃义江俞氏宗谱》。

厥后事姑益加谨，姑尝涕泣对孺人曰："汝能守志，则吾子虽死犹生也。"越十余年，姑亡，孺人擗踊哀号，几不欲生。岁已亥，叔举一子，孺人即卵翼之如己出。曰："此吾子也。"一切抚摩、鞠育、饮食、教诲，皆身任之。厥后叔氏连举三子，孺人亦视之犹子，诸侄亦各事之如母。盖咸沐孺人保抱携持之恩也。嘉庆癸亥，孺人年五十有四，距夫死凡三十一年，嗣子方初以母之苦节上闻，甲子腊月八日已获颁旨旌表，所以恤孺人清声者亦云至矣。予与孺人之弟瑶圃为莫逆交，而且以女配孺人之侄，故得与知孺人之巅末，因叹成天下之事功者，或可勉而为之；立天下之节义者，不能强而致之。况节义之在须眉，或成于一时之感激，而巾帼之所守，又非一朝一夕之事也，且有子而守义，与无所出而誓志者，更有难易之分。故于孺人之节，不惜赘一言，以为巾帼中树之鉴云。

嘉庆九年（1804）岁在甲子仲冬年，姻家侍生幼竹徐晼顿首拜撰

（六）明派俞氏鄞东俞充支

1. 俞充①

俞充（1033—1081），字公达，明州鄞城人。嘉祐四年（1059）登刘辉榜进士，任虞乡县令。宋神宗熙宁（1068—1077）中擢都水丞，升淮南转运副使，迁成都路转运使，集贤殿修撰。元丰元年（1078），王圭计划出兵西夏，命俞充为右正言、天章阁待制、庆州知州和怀庆路经略安抚使。俞充上"御戎十策"，诏令掾属入议，未及行，于元丰四年（1081）暴卒，年四十九。俞充是明派俞氏唯一进入《宋史》列传的历史人物②，至今尚有多首诗文存世。

根据《辜氏墓志铭》的记载，俞充的祖父"盖世"、"祖妣陈氏再从人"；俞充的父亲"举进士，志不就而卒"时，俞充年仅十余岁。可见，俞充祖上家境贫寒，按照秦观为俞充的第三个儿子俞次皋代撰的《御书手诏记》的说法：俞充自称"我本孤生"。就此，对照鄞西俞氏宗谱所载俞充祖父俞允

① 综合《宋史·俞充列传》《辜氏墓志铭》《乾道四明图经》及鄞系俞氏宗谱等撰写。据推测，俞充或为俞玕三子俞承适之子，或为五子俞承登之子。若此，俞充当为五峰俞氏第十世祖。

② 见《宋史》卷三三三《俞充列传》。

谭、父亲俞佶的信息，可以确认记述为误。俞允谭、俞佶非俞充的祖、父，俞充非鄞西俞鼎的直系后裔。俞充的父、祖是谁？姑且存疑。

俞充的母亲辜氏（1017—1070）15岁嫁入俞家，17岁生俞充，后又生三子：俞褒，一佚名，一早卒。还有三个女儿，在辜氏故世时均已出嫁。据此，俞褒为俞充胞弟，并非如鄞西谱所载的俞伟的儿子，梅墟俞氏非鄞西俞氏直系，而是俞充支俞氏的外系。

俞充的母亲辜氏故世时，俞充已有四个儿子：俞稷（次稷）、俞次契、俞次皋（伯谟）、俞次夔（夔）。俞充的四个儿子后来均为进士及第，居外为官。大儿子俞稷（次稷）举进士后，娶慈溪人冯确（1025—1094）的女儿为妻。二儿子俞次契于政和四年（1114）因元祐、元符党人之祸，以太常博士谪为兰溪知县，定居兰溪，为兰溪赤溪俞氏始迁祖。三儿子俞次皋曾侍父俞充"帅边西域（怀庆路）"。四子俞次夔（夔）官为承议郎、兰州军州事通判，后迁居象山，为明派俞氏象山始迁祖。

2. 俞褒①

俞褒，第亿四，字公元，号东陵，俞充弟。生嘉祐三年（1058）戊戌正月二十四日辰时，卒宣和二年（1120）庚子八月二十一日，年六十三岁②。授将仕郎，任镇江金坛县主簿，知扬州江都县事。赘鄞东梅墟张氏③，遂家焉。生一子：元盛。女一，适殿中侍御史朱友仁。卒葬鄞东四甲龙山，为梅墟支始祖。

俞元盛④，行元九，字天昌。以伯父荫授将仕郎⑤，监临安税务，改授常州宜兴县丞。迁无锡县令。生于元符三年（1100），卒于乾道元年（1165）。娶钱氏，生二子：达、遵。墓葬鄞东龙山。

俞达生一子：俞能之。俞遵生一子：俞得之。

俞能之生一子：俞江。俞得之生二子：俞瀚、俞清。⑥

---

① 综合王珪《辜氏墓志铭》及民国版《四明塘岙俞氏宗谱》、民国版《桃义江俞氏宗谱》撰写。
② 按桃义江谱载，俞褒生卒年为1070—1133年。因其母辜氏卒于1070年，可判断桃义江谱所载为误。
③ 按塘岙谱载，俞褒娶茅氏。
④ 录自民国版《桃义江俞氏宗谱》，与下文塘岙谱所载"俞元盛"迥异。
⑤ 桃义江谱误将俞褒记为俞伟次子、俞衮弟，故此"伯父"者误为俞衮。
⑥ 桃义江谱记述至此，俞褒支此后无谱传。

3. 俞伯安、俞伯宁①

俞伯安，第元七，字惟静，号耐庵，充公长子。公以父恩授将仕郎，初仕无为军司户参军，改上海县丞。生宋元祐②八年（1093）癸酉四月二十一日午时，卒宋绍兴四年（1134）甲寅二月十五日子时，年四十二岁。娶姜氏，生宋元祐七年（1092）壬申三月二十一日午时，卒宋绍兴十年（1140）庚申二月十四日辰时，年四十九岁。合葬范岙山祖坟之右六十二步，有华表石柱。子二：诚、谅。

俞伯宁，第元八，字惟定，号愕斋，充公次子。郡庠生。生宋某年正月二十六日未时，卒宋某年③九月十一日子时，年六十七岁。娶张氏，生宋某年正月十一日丑时，卒宋某年八月十八日午时，年六十八岁。合葬洋山岙之原。子一：谨。

4. 俞夔④

俞夔，第兆三，字仲和，号月城，俞充第四子。公自幼好学，家贫无力买书，常从邻里借观。纵有书，苦无灯烛。每自叹曰："人生斯世，宁与草木同腐哉！"益奋志读书，经夜不寐，卒成学业，未敢矜人，见亲朋每以谦恭逊顺，乡党莫不景仰。年十八入泮宫，至二十登黄裳榜进士，时为元丰五年（1082）⑤。根据《贾公墓志铭》记载，俞夔曾为承事郎、权通判兰州军州事，后随舒亶平辰、沉寇奏功，筹画为幕府第一，是一位有勇有谋、能文能武的北宋战将。著有《月城文集》。生宋嘉祐八年（1063），卒宋绍兴十年（1140），年八十八岁。娶象山陈氏，封硕人，子二：观能、观省。女一，适御史史大有。合葬乡邑玉几山。

---

① 录自民国版《四明塘岙俞氏宗谱》。根据塘岙俞氏宗谱记载，俞伯安、俞伯宁为俞充的儿子，俞伯宁为鄞东俞氏直系祖。但从其记载的生卒年看，均为误。鄞东谱均误以俞鼎为一世祖、俞充为四世祖。

② 此处疑为刊误，为"嘉祐"或"皇祐"。因其父俞充的生卒年为 1033—1081 年。

③ 据该谱俞伯宁子俞谨的世传记载，俞伯宁卒于隆兴元年（1163）。由此推算，俞伯宁的生卒当为 1097—1163 年。但该谱在民国修纂时已然发现了此种讹误，故其世传中阙其生卒年。

④ 综合民国版塘岙谱和《辜氏墓志铭》撰写。

⑤ 据此推断，俞夔的生卒年为 1063—1140 年。

5. 俞元盛①

俞元盛,第元四,字惟硕,号尚耕,褒公之子。公点政和二年(1112)探花②,后官至福建承宣布政上书,终养归里。橐中装甚厚,里中人羡之。父东陵公怒,及发箧以视,皆书籍也。并著述有《易解》《野语》等书,广事文聚,详尚书王应麟墓志。生宋熙宁十年(1077)丁巳七月二十六日辰时,卒宋绍兴九年(1139)己未九月十八日亥时,年六十三岁。娶冯氏,封安人,生宋熙宁十年(1077)丁巳八月二十九日午时,卒宋绍兴五年(1135)乙卯九月初二日卯时,年五十九岁。合葬慈水鸣鹤山之原,建云水祠,奉祀香火。子一:道。女一,早卒。

6. 俞观能③

俞观能,第亿六,字大任,号东坡,夔公长子。公登绍兴十二年(1142)陈诚之榜进士,应召诣阙上书,哀古今君臣孝悌,上特授龙安府,官至山东道御史大夫,迎养中途,闻讣父卒,即奔跣至父尸所,哀恸几绝,扶柩还葬,结庐墓旁,惟哀号泣血而已。著作有《漫录》五十卷,《外集》二十五卷,及《论语口语》《尚书天官讲义》等书。生宋熙宁四年(1071)辛亥六月十八日子时,卒宋隆兴元年(1163)癸未六月十五日寅时,年九十三岁④。娶杜氏,封恭人,生宋熙宁四年(1071)辛亥七月十九日丑时,卒宋乾道元年(1165)乙酉七月十六日卯时,年九十五岁。合葬象山父域之次,有石人、石兽、排门、华表石柱。子二:茂先、茂系⑤。

7. 俞茂系、俞茂先⑥、俞茂元

俞茂先,第元九,字国昌,观能公长子。公昆季十一,序居其九。而与胞弟元十一公齐相有名,年十六入郡庠,丁卯⑦举于乡,授台州天台县居

---

① 录自民国版《四明塘岙俞氏宗谱》。按桃义江谱载,俞元盛生卒、配、葬、生子和任宦行迹等,均与塘岙谱迥异。

② 经考证,北宋政和二年壬辰科的状元为莫俦(1089—1164)、榜眼为陈桷(1090—1154)、探花为李纲(1083—1140)。李纲,字伯纪,号梁溪先生,常州无锡人,祖籍福建邵武,系两宋之际名臣。故此载有误。

③ 录自民国版《四明塘岙俞氏宗谱》。

④ 据俞观能之父俞夔(1063—1140)生卒推测,此其生卒记载有误。

⑤ 根据我们最新发现的资料,俞观能生三子,即俞茂系、俞茂先、俞茂元。

⑥ 录自民国版《四明塘岙俞氏宗谱》。

⑦ 丁卯为绍兴十七年(1147)。

官。以教养为事,平易近人。任开垦,得田六千亩,复筑乾溪,共得饶田万亩,春耕则缓征徭,停勾摄,俾民力作行。之数年,狱讼屏息,民肖像而祝之,并著有文集行世。生宋元祐三年(1088)戊辰九月初七日子时,卒宋绍兴五年(1135)乙卯八月二十二日午时,年四十八岁。娶某氏(姓未详),封孺人,生卒无考。葬无考。

俞茂系,第元十,字国英,号湛然,观能公次子。公幼时甚敏,与兄元九公同受业于云川先生,见而异之,曰:"吾辈人也。"及教以经传,即知讲解。先生甚钟爱之,呼为伶俐十盖,其行居十也。著述有《论语句解》、《易经讲义》、《诗稿》二十五卷。后登宣和二年(1120)进士,官至内阁学士。生宋绍圣三年(1096)丙子八月初六日丑时,卒绍兴二十五年(1155)乙亥六月二十八日未时,年六十岁。娶王氏,封华国夫人,生宋元符三年(1100)庚辰九月二十日戌时,卒绍兴二十六年(1156)丙子二月十八日未时,年五十七岁。子一:进。女一,适儒士吴天章甥奎,进士出生,官至郎中。奉皇上特恩,造坟于象邑玉几山,建祠奉祀。

俞茂元,俞观能第三子,鄞系谱均失载。楼钥《攻媿集》卷十三有《俞通判(茂元)挽词》两首存世,其中有"象邑推三俊,灵光赖此贤"句。从挽诗中我们可以看到:楼钥与俞观能的三个儿子俞茂系、俞茂先、俞茂元都十分熟悉,俞茂元曾"监州亚父城",在今安徽和县为官。而且楼钥认为俞茂元是三俊中最为出色的一个。读罢楼钥的"宦情虽淡泊,官事极精明""佳儿守遗训,清白胜金籯""孝敬心何极,公平录尚传"等句,一个淡泊名利、清正廉洁、精明能干、敬祖守孝的男儿形象跃然而出。

8. 俞谨①

俞谨,第百一,字公谦,号湖园。伯宁公之子。公崇宁间郡庠生。宋建炎四年(1130)八月十六日金人陷明州,公具十余舟奉元八公入海避乱,兼招亲党九族,计二百余口,均令登舟以避之,皆给食,凡请贷告籴者,无不应给。时公舟中失资一囊,计数二百余金,公神色如故,并不稽查,独善诸家从行无恙,其用意之厚可知矣。金人既退,公奉父而归,修葺宗谱。至宋隆兴元年(1163)九月中,元八公卒,哀号不已。吊者不接一言,扶柩葬于本岙之原,结庐墓右,负土陪陇,触地泣血,乡党咸称其孝。生宋元祐

---

① 录自民国版《四明塘岙俞氏宗谱》。鄞东谱均误以俞鼎为一世祖、俞充为四世祖。由此,俞谨为六世祖。

六年(1091)辛未正月十六日巳时,卒宋乾道二年(1166)丙戌八月二十四日未时,年七十六岁。娶赵氏,生宋元祐七年(1092)壬申二月十七日午时,卒宋绍兴十八年(1148)戊辰九月二十四日未时,年五十七岁。合葬阳堂乡许家井头祖坟之旁,右华表石柱一对。子二:君珍、君璸。

9. 俞君畴①

俞君畴,行利十四,字我植,又字叔惠,亨三公长子②。生乾道九年(1173)正月十六日卯时。登嘉定四年(1211)进士(榜名俞畴),初授江都丞转秀洲华亭令,迁平江府通判。卒淳祐元年(1241)十月初三日,寿六十九岁。娶姜氏,生二子:源、淮。墓葬斤竹坑父坟侧。俞君畴有诗文存世。与楼钥、孙应时等交厚。

10. 俞君珍③

俞君珍,第千十八,字怀用,号丹植。谨公长子。公绍兴八年(1138)赐进士出身,亚中大夫,河南参政,前翰林院编修,至东宫讲读官。著述有《教民录》、《碧山诗稿》二十卷。生宋政和五年(1115)乙未三月十四日丑时,卒宋淳熙元年(1174)甲午二月二十三日辰时,年六十岁。娶应氏,封宜人,生宋政和五年(1115)乙未九月二十日子时,卒宋淳熙三年(1176)丙申七月二十九日未时,年六十二岁。合葬于福泉山大嵩岭下珠架山,坐卯向西兼甲庚,有华表石柱。子二:汎、溥。

11. 俞舜申④

民国版《四明塘岙俞氏宗谱》载:俞舜申,第义七,字世靖,号槐亭,姚公之子。登宋淳祐四年(1244)刘梦炎榜进士,官至建康府同知,有惠政,民咸感七德,立祠以奉。至咸淳四年(1268)元兵破襄阳,即乞骸骨而归夷。考平时重修宗谱,著述有文集三十卷行世。生宋庆元二年(1196)丙辰二月初二日辰时,卒宋咸淳七年(1271)辛未四月十一日丑时,年七十六岁。娶张氏,封恭人,生宋庆元二年(1196)丙辰八月初九日未时,卒宋咸淳六年(1270)庚午七月十五日午时,年七十五岁。合葬下水南岙山之原。

---

① 录自民国版《四明塘岙俞氏宗谱》。俞君畴,塘岙谱无载,《宝庆四明志》载嘉定四年(1211)赵建大榜进士,榜名俞畴。
② 即俞君畴为俞诚长子、俞伯安长孙、俞充曾孙。
③ 录自民国版《四明塘岙俞氏宗谱》。
④ 录自民国版《四明塘岙俞氏宗谱》《桃义江俞氏宗谱》。

子一:克绍。

民国版《桃义江俞氏宗谱》载:俞舜申,行利十五,亨十公长子①。生乾道九年(1173)八月十六日卯时,登淳祐四年(1244)进士,授婺源丞,转平江府常熟令,迁右正言,擢监察御史。卒宝祐元年(1253)三月初二日,寿八十一岁。娶周氏,封孺人,生二子,凡、溥,一女。原墓葬上陈山荸桑岙。

12. 俞得一②

俞得一,第和十二,字德懋,号东门,仲孙公长子。登元后至元己卯(1279)浙江乡试第一名,仕至朝散大夫,知建德府,封鄞县开国男。自宋宣和三年(1121)因史门卜葬叶氏,至元至正廿一年(1361)十一月,阖门有灾,不得已而逃居于洋山十一甲一图,后为洋山岙始祖。生元至元十九年③(1282)壬午五月初九日辰时,卒至正三年(1343)癸未三月初三日丑时,年六十二岁。娶郑氏,封宜人,生元至元十九年(1282)④壬午七月二十九日未时,卒元至正元年(1341)辛巳十月二十三日酉时,年六十岁。合葬丁家岙新坟头。子二:仁、义。

13. 俞山静⑤

俞山静,第重二,字大嵩,号龙山,凤孙公次子。公祖居大嵩岭之下十一甲一图,与延寿王寺郑二卿故址相峙,名洋山岙。因明时永乐起兵以来,沿海不宁,洋山岙逼近海口,星散非一,公亦有意于择木而栖焉。一日,游白云寺,路过木龙山下,四围周望,见其土沃民醇,碧山环拱,清流急湍,松竹茂密,可耕可读,可樵可渔,遂欣然有适彼乐郊之意。于是,择吉徙居,卜筑于张师碃东首湾脚住焉。一以耕读为事,绝意外缘,暇则置酒与邻翁聚首言欢,熙熙待老。故虽身系孤旅,里人莫不爱而敬之也。今为俞家塘岙开山始祖。生卒无考。娶赵氏,生卒无考。合葬本岙张师碃之上,有拦土石一块,永远为据。子三:士显、士达、士遇。

---

① 即俞谨长子、俞伯宁长孙、俞充曾孙。
② 录自民国版《四明塘岙俞氏宗谱》。
③ 原注:原作中统四年。
④ 原注:原作中统四年。
⑤ 录自民国版《四明塘岙俞氏宗谱》。

14. 俞述祖①

俞述祖,字绍芳,庆元象山人。由翰林书写考满,调广东元帅府都事,入为国史院编修官,已而出为沔阳府推官。至正十二年,蕲黄贼迫州境,述祖领民兵守绿水洪,并力捍御之。兵力不支,沔阳城陷,民兵悉溃。述祖为贼所执,械至其伪主徐寿辉所,诱之使降。述祖骂不辍,寿辉怒,支解之。有子方五岁,亦死。事闻,赠奉训大夫、礼部郎中、象山县男。

15. 俞士吉②

俞士吉,字用贞,象山人。建文中,为兖州训导。上书言时政,擢御史。出按凤阳、徽州及湖广,能辨释冤狱。成祖即位,进金都御史。奉诏以水利书赐原吉,因留督浙西农政。湖州逋粮至六十万石,同事者欲减其数以闻。士吉曰:"欺君病民,吾不为也。"具以实奏,悉得免。寻为都御史陈瑛所劾,与大理少卿袁复同系狱。复死狱中,士吉谪为事官,治水苏、松。既而复职,还上《圣孝瑞应颂》。帝曰:"尔为大臣,不言民间利病,乃献谀耶!"掷还之。宣德初,仕至南京刑部侍郎,致仕。

16. 俞士遇③

俞士遇,第敏五,字际可,山静公三子。公恪守先业,其言行可坊可表,真隐君子也。山静公卒,公赘居于茅岗山,虽柴扉竹垣荣逾锦地,布袍蔬食美溢官家,优游于青山绿水间,一觞一咏,以乐天年而已。生卒无考,娶某氏,姓与生卒俱无考。合葬八面山方丘之第三冢。子四:日辉(即文辉)、日光(即文光)、日明(即文明)、日晃(即文晃)。

茅岗山即今俞家山也。其后裔详载俞家山谱。

17. 题赠俞大利④

民国二十九年(1940)夏,岁大饥,俞塘尤甚。余主乡政,谋平籴既商于管江乡之方前村,得允买食谷数千斤。越日,命族人数十名担谷回经管江,经堂乡长杜某,率暴徒百余人力阻,继以猎枪射击。族侄大利中弹毙命,时人心大愤,弃谷缉凶,获暴徒杜某送于官。讼半载,凶犯正法有日,适倭寇围鄞城,监犯脱逃,遍缉无踪,血海深仇,至今未报!呜呼!恸已为

---

① 录自《元史·列传》第八十二《忠义》三。
② 录自《明史·列传》卷三十七。
③ 录自民国版《四明塘岙俞氏宗谱》。
④ 录自民国版《四明塘岙俞氏宗谱》。题目为作者所加。

题额以志记念，"每饭不忘"。

中华民国三十四年（1945）五月，鄞县东钱区区长俞志清为已故俞大利题赠

附　录
《南郊段塘俞氏宗谱》选录①

1. 翰林公传略

翰林公讳良智，字本，明天顺三年（1459）举人，仕至翰林院检讨。为人性刚毅，不肯要结权贵，卒为权贵人所阻，退归林下，家居治产业，通宾客，尝筑别业于南塘。生一子，讳天民，孙男三：长凤鸣、次凤喈、三凤和。即葬于南塘看经寺东南杨家桥之原。

2. 南塘公传略

南塘公名讳因旧谱缺失无考，相传为翰林公之裔，因庶出，为嫡母所妒，因与所生母居于南塘别业，子孙遂世籍焉。生二子：长文显、次文明。文显公即本支祖，文明公即今之称隔岸人者，实其后焉。

3. 俞得儒传②

俞得儒，字大雅。九岁补诸生，登永乐九年（1411）进士，选入兵科，改庶吉士，授行在监察御史。时西南蛮贡使至境，命得儒往莅其事，惟以庭实上供其珍异，悉贮公帑，弗献或言贵州藩镇阴结蛮酋，敕往按为辨其诬，诛告者。十九年（1421），绍求直言与给事中柯暹，率同官历陈六卿旷官事，上命六卿与言官辨难，六卿十不得一，以是为大臣所忌。出知宾州，宣德（1426—1435）初，征交趾，师止浮梁江不得渡。得儒建议用藤缆布桥，遂济。后论奏广西副使李立贪暴，立谪。戍云中，秩满乞归，卒。子泽，天顺元年（1457）进士，历四州佥事。

注：俞得儒（1384—1461），字大雅，浙江宁波人，明朝政治人物。永乐九年（1411）辛卯科三甲第六名进士，改庶吉士，官至监察御史。后迁宾州知州。正统元年（1436），乞求归乡。

---

① 民国版《南郊段塘俞氏宗谱》自叙为桂林俞氏之后，据考未详，故另立为附录。

② 原注：载县志。

烈士俞佩钦：

牺牲时年仅 21 岁，有关他的史料只有寥寥几十个字[①]

为有牺牲多壮志，敢教日月换新天。俞佩钦，是奉化中学的进步学生，宁波已知的参加八一南昌起义的少数几位英雄之一。1927 年，俞佩钦随竺扬等革命青年到南昌参加起义，不久后在江西会昌的一场巷战中牺牲，当时只有 21 岁。

他没有留下照片，没有留下后人，也不知安葬在何处，就连南昌八一起义纪念馆的英雄墙上，也找不到他的名字。关于俞佩钦的事迹，如今除了老战友的零星回忆外，只有史料上的只言片语。

英雄事迹

（1）在奉化走上革命之路

俞佩钦是宁波少数几位参加过八一南昌起义的英雄之一，但有关他的资料，实在是少之又少。

"俞佩钦，奉化大桥镇奉中居民区人，1906 年出生，八一南昌起义部队战士。1927 年 5 月参加革命，同年牺牲……"关于俞佩钦烈士的资料，记者只在奉化档案馆里保存的一张烈士表格上，看到这寥寥几十个字，连一张照片都没有。

不过，有关他参加南昌起义的经历，还可以在奉化籍老一辈革命家竺扬的回忆录里，找到一些与之有关的记忆。

奉化区新四军历史研究会副会长竺松民是竺扬的孙子，他告诉记者，他爷爷和俞佩钦相识于 1927 年 2 月，当时俞佩钦是奉化中学的学生，也是奉化学生联合会成员，作为进步学生被国民党当局逮捕。竺扬当时是宁波学联代主席，遂以宁波学联的名义发公函抗议，要求释放俞佩钦等人，并获得成功。从此，俞佩钦跟着竺扬一起干革命，直至牺牲时，两人都在一起。

（2）英雄墙上没有他的名字

据竺扬回忆录记载，1927 年 5 月，竺扬和俞佩钦以及其他党团的同

① 原载《宁波晚报》2017 年 8 月 1 日。

志一起从宁波转移到武汉,住在江浙流亡同志招待所。俞佩钦和竺扬一起,参加了由张秋人(曾任中共浙江省委书记,1928年牺牲)主办的训练班。

他们学习了一个月,"七一五"事件爆发,汪精卫叛变革命,武汉形势险恶,大部分同志都转移撤离了。竺扬和俞佩钦去了贺龙领导的国民革命军二十军三师教导团当兵。当时教导团里有很多进步青年学生、工人和农民,虽然很多人都缺乏军事知识和武装设备,但大家凭着一腔热血凝聚在一起,战斗力还是很强。

到教导团几天后,俞佩钦和竺扬一起,跟随部队从武汉到了南昌。南昌起义时,教导团还没有领到武器,大家都隐蔽在一所学校里。听到枪声响起,俞佩钦和战友们呐喊着冲出去,缴获了大量的武器。

竺松民告诉记者,为了寻访祖辈的战斗足迹,他曾多次到南昌寻访。2011年,他在南昌八一起义纪念馆内的英雄墙上,看到有两个宁波人的名字——柴水香和裘古怀。90年前,参加南昌起义时有2万多人,但因为种种原因,只有800多人在英雄墙上留下了姓名。

"我爷爷竺扬的名字没有刻上,因为这是烈士墙,我爷爷没有在战争年代牺牲。而俞佩钦的名字没有刻上,可能是因为牺牲太早,没有详细的记载。"竺松民说。

(3)烈士身份几十年后靠战友帮助认定

1927年8月3日,南昌起义结束后,起义军按照中共中央在起义前的决定,开始撤离南昌,南下广东。8月下旬,俞佩钦和战友们南下到会昌,起义部队攻打会昌城,在会昌城一条巷子里遭遇了激战。

据竺扬回忆,那场战斗格外惨烈。子弹在身边乱飞,竺扬目睹俞佩钦中弹牺牲。竺扬的脚踝也被子弹击中负伤。

英雄俞佩钦的故事到此戛然而止。因为竺扬自己也身受重伤,这之后竺扬并不知道俞佩钦的后事是如何处理的,又被安葬在哪里。不过战友牺牲在自己面前的景象,一直深深印在他的脑海里。

这以后,竺扬拖着残腿又随着部队南征广东汕头。部队被打散,最后竺扬被救回到宁波,继续从事党的工作。新中国成立后,竺扬又投身到建设新中国的事业中。

1966年,"文化大革命"开始,竺扬回到家乡奉化,想去看看老战友和他们的后人。竺扬发现,不少为革命牺牲的老战友都未被列入烈士名录,其中就有俞佩钦。

"当时要证明是烈士,必须 2 个人以上写证明才能认定。"竺松民说,他爷爷辗转又找到一位知情人,两人一起作证,最后经省政府批准,当时的奉化县民政部门收录俞佩钦为革命烈士。

记者寻访

(1)位于奉化俞家阊门的故居

竺松民告诉记者,俞佩钦出生和居住的地方在奉化老城区,叫俞家阊门①。冒着 7 月的酷暑,竺松民带着记者去寻访俞佩钦的故居。

在奉化城西一片低矮的平房里,竺松民带着记者一路打听俞家阊门的具体位置。如今这里多是租住在此的外地人,很多人都不知这一带的老地名。辗转了半个多小时,我们终于在当地一位老奶奶的带领下找到了俞家阊门。门牌号为俞家阊门 14 号、15 号,是一幢低矮的上下两层连排旧瓦房,全木结构,斑驳弯曲的老木柱、裸露的电线和房檐下交错的蛛网,很有年代感。问遍了俞家阊门的住客,大家都不知道俞佩钦的名字。

今年 69 岁的林婉儿老人告诉记者,48 年前她嫁到这里后,就一直生活在此,过去住在这个老屋的人都姓俞,后来很多俞姓人都搬离了老宅。对于一个叫俞佩钦的英雄,她只在老一辈口中听到好像有这么一个人,但具体的名字和事迹她都不太清楚。闲聊中,记者得知,老人的公公叫俞佩芬,从名字上看,与俞佩钦是一个辈分。她公公俞佩芬 1914 年出生,1961 年去世。至于两人之间是否有亲属关系,当时她未曾在意,现在更不能确定了。

(2)英雄城里寻访英雄足迹

英雄城南昌,是八一军旗升起的地方。近日,记者专程前往南昌,寻访俞佩钦烈士战斗的足迹。八一广场、八一学校、八一大道、八一公园……如今的南昌城里有太多以"八一"命名的地方,"八一"已经成为这座城市最骄傲的符号,融入了普通市民的生活当中。

根据史料记载,俞佩钦所在的二十军三师教导团,90 年前驻扎的地方是南昌的大营房。随着城市的扩容,如今南昌城的版图已经扩大了很多倍,记者在南昌多方寻找,终于确认,当年的大营房就在八一广场一带。

南昌八一广场一带,过去是南昌城的东大门顺化门。顺化门外的大营房,就驻扎着二十军教导团,与敌七十九团为邻。据史料记载,1927 年

---

① 俞家阊门俞氏为第十一世祖俞文广后裔。

8月1日凌晨2点,起义指挥部一声令下,教导团兵分两路向大营房敌七十九团、老营房敌八十团进攻。战斗持续到拂晓,敌七十九团、八十团整团守军被全部歼灭,缴获的各种枪械堆得像座小山。

竺松民说,俞佩钦被收录为革命烈士,他爷爷竺扬希望在第一时间将这个好消息通知其家人。因为俞佩钦在奉化没有直系亲属,竺扬找到了当时在宁波市公安局工作的俞佩钦的外甥,将此消息告诉了对方。而记者在采访过程中,试图多方寻找俞佩钦的亲属,但因为年代久远且缺乏有价值的线索,都没有成功。

对于这位英雄,我们没有他的照片,不知道他高矮胖瘦,更不知道他埋骨何处。但我们相信,俞佩钦的故事会一直感染着我们,并激励我们前行。

三、村庄名迹

（一）明派俞氏奉系俞文广支

1. 洪村庙记①

　　洪村庙为呑底、西山头、马村、白壁、环潭及本村六堡公共之庙，异时刘公筑堰辟路有功于吾村者，独多其传，虽录于庙中帏屏及《刻源乡志》，但未刊入本谱，殊为遗憾。至今修谱之便，特命松儿济女抄录原文，刊入谱中，俾后世子孙得永远崇功报德之至意云尔。

　　民国二十八年（1939）秋，俞昕敬志

　　生当封侯，死当血食。今于刘公见之矣。公姓刘氏，讳涛，字致远。世居四明之奉化，幼孤岁冠始读书，过目辄解大义。及壮，该贯经史，中宋绍兴五年（1135）进士第，调严州寿昌县尉兼主簿。公至邑发摘无隐，人皆惊服，盗贼屏迹。境内安，堵岁满阅升从政郎，授徽州黟县令。邑之小民旧苦浮费贫困惟甚，公悉搏节摩抚，庑倪苏息，襦裤欢谣，声溢于道。任满，改宣教郎知处州龙泉县。土风吏滑民犷，族多诬诡，公延籍凶役，为民害者，摘而治之，终公任无一敢肆恶者，一邑皆称为神明。磨勘转承议郎，充淮东安抚司干办公事，赐五品服。皇帝登极覃恩转朝奉郎，磨勘转朝散郎，通判抚州郡。昔饥疫民物故者，众不能具棺瘗埋之野，往往风土不厚，道旁白骨相属，间有未化者，为犬豕所噬。公过之恻然，募民收掘，得数千骸，命浮图氏作善果埋之义冢，毕事梦有谢者，吁亦异矣。临川令漫不省事，械系满狱，公临决三十二事，纵所不当罪者八十余人。时欢呼歌舞，道

---

① 　录自民国版《俞村俞氏宗谱》。

路腾诵。公罢归,民皆遮道焚香罗拜。越磨勘转朝请郎,通判处州。丁母忧遂不赴,居邑比里曰:公棠。厥土燥刚禾鲜登,公乃捐己钱三百余缗,募民数百,界市中凿河直亘五千余丈深寻一广寻二,上引六诏、左溪二水灌溉民田一千余亩,映带廛居三百余家,自兹稼穑屡丰斛抱咸便,复于镇东建石桥,开义井甃,辟道途直逾晦岭,延袤二十余里,居民行客无不德之。晦岭之西土田尤广,公复捐己资一百余缗,筑王村、俞村等堰,沾浸两岸二千余亩,堤防损坏者悉加完补。由是民富物饶,益有感公之德,立生祠于岭巅思以报,祀恩甚盛哉免袤,通判漳州,转朝奉大夫,次临漳俄感疾而卒,实乾道八年六月初九日也。享年七十有二,以九年十二月庚午葬于剡源乡张岙之原,已而父老相与踵门而请曰刘公施惠吾民,既溥且博,念不著其功、绵其祀能无愧于心乎? 剡先生知吾公出处为详,请记其事为不朽传。予考之祭法,凡有功于民者,宜在祀典,遂述其始末以昭后世,乃作诗曰:惟公莅政,广明公勤,归于故乡,惠及生民,生民如何? 立祠崇祀,庙食一方,千秋万纪。

大宋乾道九年(1173),致仕郎赵敦临撰

2. 本村种树记[①]

吾村居四明之阳,背山面水,风景优雅。先祖公绰公偶经其地,留恋不忍归,因以家焉。尝读谱载,先贤竺起蛟、胡绍鸣二先生诗云"桃李芬芳欣共陟,竹松清秀快先登",又云"苍翠万里重,松门岭上松"等句,令人神往不置。余感于本村风景之急须培养,是以造濂志桥,年自风水园桥头新碾子等处特雇坤大兄种植苍柏数百株,四石田东原有篁竹一丛,仍请原主继续培养,不许砍伐,使苍柏绿竹交相舒媚,各业主等均能深体余意,乐为赞助,嗣廿七年由余添植垂柳、樱花、碧桃、梅花数百株,念八年春,复经镕侄添植桃花百本于经堂地黄泥同等处,他日花树成林,余当扶杖逍遥其下,簪花攀柳,其乐为何如也。尚望后之人善自护植也可。

民国二十八年(1939),俞旸撰

3. 前后房祖堂前空场并大道地弹砌卵石记[②]

吾八世祖子保、子贤二公以子孙蕃衍,宅基狭溢,乃各兴筑垣宇永垂基业。时,子保公于湖山之下太史岩之西鸠工庀材,建楼三楹,即今所谓

---

① 录自民国版《俞村俞氏宗谱》。

② 录自民国版《俞村俞氏宗谱》。

后房堂前也。堂前空地本宽广,徒以邻近住户多务农业,不知公共卫生为何物,柴草杂物,狼藉满地。甚至划地私筑,放牛牧豕,牛粪猪矢秽臭不堪,不特有玷瞻观,且于公众卫生大有妨碍,昕有鉴于此,故于民国廿七年冬邀集前后房房长干首会议,勒令瓜棚猪厩各自迁移公地,仍还诸公众并为永久防患计,将瓦砾污泥除去,铺以卵石,整理沿阶。亲自督工,计堂前宽市尺广市尺,堂后宽市尺广市尺。又前房祖堂道地虽无后房祖堂之纷乱,但未铺砌卵石,泥浆恶浊则一。故昕于民国廿五年夏,请从兄坤大督工整理,由堂前虎首屋墙直出建一砖围墙与小阊门,接连围墙外,即为宽市尺,之大路,并将堂前道地铺砌卵石,计广市尺宽市尺,又后房长埭屋前大道地与后房堂前情形完全相同,由昕任劳任怨于廿五年请从侄如佳督工,铺砌卵石,计宽市尺广市尺,村中乃焕然一新。从此炎夏乘凉,严冬曝日,长幼游息,各得其便。父老皆称快也。务望后嗣常为洒扫修理,永保清洁,俾是项广场得垂永久。

民国二十八年(1939),俞昕撰

4. 敦叙堂记[①]

余族发祥河间自嵊邑至奉川卜宅俞村,迄今二十余世矣,纵各房向有祖堂,而不立宗祠,终以玷先人为憾,故道光年间会议创建以后,房丁口兴,前东六三房相仿佛议以对造,于是或出众资,或出丁费,而画岩之侧,村落之前,卜其地焉。嗣后兆符龟契度慎鸠工,经始于咸丰乙卯五年,越七年丁巳落成,有邑增生黄冈竺林先生颜曰:敦叙堂,取敦宗睦族彝伦攸叙意焉。夫八统驭民,首曰亲亲,凡所以教本也。且读尚书,惇叙式文,命之敷而肇修人纪必观德于七庙,知尊祖敬宗之地大率敦秩叙为先,兹堂以敦叙名,非显示夫登斯堂者,先河后海敦亲疏远近之伦,左昭右穆,叙长幼尊卑之次哉。今缘辑谱,宗长公嘱余以记,余学类涂鸦,才惭绣虎,敬谢之不获,命无已,则试引伸敦叙之意,以笔于简端,谅不独松门,拱于前茅,踔拥于后鱼山,环于左虎阜,峙于右志,佳名胜概已也。

清同治甲子岁(1864)夷则月中浣之吉,嗣孙乾克谨识

5. 俞村《村居图引》并图[②]

史地二科篇,为现在学校必修之课。史者,记一国古今兴亡之大事;

① 录自民国版《俞村俞氏宗谱》。

② 录自民国版《俞村俞氏宗谱》。

地者,记山川形胜疆界之经纬。故今之大学院中研究史地者,必为一系。盖二者不可分也。家谱为一族之史,史既修矣,奈独地图可不载乎?本族修谱向无村图,昉以为遗憾,故今乘修谱之便,本拟亲自向甬上工业学校借经纬仪、平板仪,测量本村之平面图。奈以中日战事,甬城迭遭敌机轰炸,各校皆迁避乡村,故不能如愿,只有俟诸异日再作明确之图,兹略绘村居一图,弁诸谱首,虽不能详载一切,亦可窥其大概,俾后世得了然现在之形势云耳,是为引。

民国二十八年(1939)中秋月,裔孙昉沐手敬绘

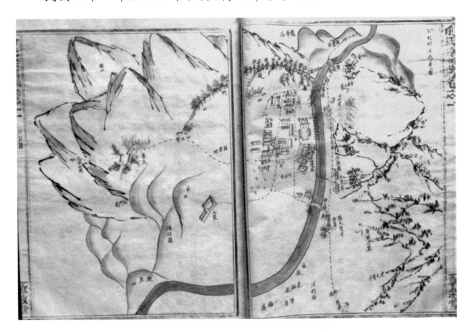

今为亭下湖水库所淹的俞村村居图

6. 俞村小志①

(1)吾村大阊门向有"郡马流芳"匾一区,不知始于何代。清嘉庆年间(1796—1820)前房干首重修。当初系黑字白底,民国二十七年(1938)夏改为朱漆金字,以垂永久。

(2)郡马公墓在毛家滩西南,逾松门岭,过毛家滩,沿虹头山前进里许,道右,山脚露岩石,有泉涓涓,拂岩而下,上岩数十武,见山腰平旷处,华表高矗者,即郡马公墓。其地名曰庵山,闻古时有庵,今已圮。墓前围

---

① 录自民国版《俞村俞氏宗谱》。

有石碑，上镌飞熊二头，云气缭绕，极生动。残碑伏墓前甚多，异日当扶植之，以复旧观。现规定每年清明前十日扫墓，凡我子孙，必须亲莅祭扫，勿以途远而忽之。

（3）公绰公墓在郡马公右上五六武，前年毛家滩人斫坟山树，私将墓碑俞字改凿王字，但余字为阳文，独王字改为阴文，致不伦不类，卒致涉讼判，归俞姓承值。

（4）郡马公墓左手斜下，有俞姓祖坟二穴，无碑文，墓下偏左，有墓一穴。前有碑文，均由俞姓于清明前十日公祭。

（5）吾宗分自绍之新嵊，俗称十里俞。在宋时遭兵燹之变徙居村，年远日久，子孙乔居异地者甚多。在邑有泮西俞氏，在鄞有湖田俞氏，在宁海有马岙俞氏，在安吉有递铺俞氏，均经谱上载，斑斑可考。

（6）缸窑弄古为窑场，相传陶工作器入窑变成玉，事闻于上，责其岁输玉缸，工惧，封穴逃走。今发掘其处，尚有碎陶片甚多。村人营藏，得茶壶一具，类宜兴紫沙器。

（7）太史岩俗称狮子岩，青鸟家毛剥皮，以村中时遭火灾，为狮子喷发所致，因就其喉凿孔一处，即今之泥孔。孔深五六丈，高丈余，人入其中，冬暖夏凉，为村儿游息之所。又四房中有井一口，亦用以制祝融云。

（8）相传前房祖堂后退堂有井一口，有明季年村人俞国泰倡议御清兵失利死于节，余众将戈矛等投井，实土以灭众口。

（9）相传吾祖曾由斑竹园迁西山头，再由彼处卜地俞村。是以西山头之井，仍名为俞大井。

（10）俞村石步头大堰始于宋刘知远，故赵敦临撰。洪村庙记有筑俞村王家堰等语。

（11）俞村风水园堰成于民国二十三年，由村人贵和督工，共费一百二十余金，先时每逢耕种，农户架木水注，由对岸水沟引水过河，循今水流入村前坂，春夏水发装拆甚烦，今则四季水流不绝，村民称便焉。

（12）俞村濂志桥成于民国二十四年，共费四千余金，由晔叔倡议，集资筑成。费时半载，先时有板桥一条，架太史岩，前后为便利计易今地，然桥脚不固，每逢大水辄遭漂没，有事于水东岸者，须由后门山或岙底过广通桥，周折良多。今桥基稳定，终年康庄，夏秋暑夜纳凉者群集桥上，耳聆清流，胸领凉风，饶有佳处。

（13）俞村风水园有大枫树二株，香樟树一株，栲树一株。水圊门头有白果树二株，此杏树由京泰公手植，后房路旁有白果树一株，皆千年古物，祖宗林养子孙须有世世保护，勿得摧毁。相传始祖游山至吾村遗饭包，白果树上经若干日复来发之，尚热气蒸腾，因知此地藏风纳气，可为族系发祥之所，遂留寓焉。

(14)俞村水滨柏树，于民国二十四年盽叔手植并出资二十金，由王应叔督理其事，今已枝繁叶茂，临流舒翠矣。

(15)村后前众山有松木万干，枝叶葱茏，望之蔚然，为吾村景色佳处，建濂志桥年以经费不足，本拟货去，盽叔阻乃已，后之子孙当知村景培养不易，对于乔木，勿加毁伤也。

(16)太史岩又名画字岩，岩上题刻名人诗词甚多，历年既久，漫漶特甚，余曾命手民推拓，得明进士戴愚斋题句字，类鲁公气势浑厚，邑志载其善擘窠大字及画布袋和尚戴进士为剡源夫子裔孙，声名重一时，今其后人衰落，书画不复多见，吉光片羽，巍然岩阿间，亦吾村之幸也。辞云：太史岩，辛巳冬日，樟溪戴洵书。偶尔经行处，天然削险岩，青岚笼古木，彩日绚澄潭，栖鸟语方闹，游鱼戏正酣。所如皆惬意，吾欲此投簪。辛巳冬日，往董村见道左岩石奇峭，顾而乐之，晚宿姑夫架峰庵口，宅卧不能忘，侵晨亟趋，至岩下婿竺大松携酒追至，坐岩痛饮，忆李青莲，祈官湖之意，戏名此石曰太史岩并赋此，命婿刻之石壁，万历九年十二月六日，樟溪戴洵书。

(17)村后旂山俗名鸟嘴山，高插霄汉，望之若大纛然，上有尼姑山。吾先祖樵采其地，曾得自然铜一拳，重五六斤，色地红润，绿衣绣错，置案头间如静对千岩万壑，饶有致数，异日开发当可得不少金矿，亦吾乡宝藏也。

(18)村前官印山，俗名鲇鱼山，邻村麻厂人耕山顶，曾得一藏发之获开元钱数斗，铜绿翠润，为唐物。想当年避世乱，故埋藏是处，千载而下，复来人间，岂偶然哉。

(19)洪村庙神刘涛字致远，因有功于吾乡，宋季村人立庙祀之，朝廷敕赐衣冠一袭，其冠年久色沉，前有双龙，系铜质，远近多重视之。每年春季观光者不绝于途。有萧王庙摆一庙，不如洪村庙一顶帽之谚。

(20)有明季故国遗老多遁世吾乡，当时山水胜处，寺院特多。村西旂山有龙华寺，村东大桥有大智寺，村西后门山有经堂，村北大岩下有架峰庵。

(21)刘公致远卒于宋乾道八年，翌年十二月，地方耆士单公美竺颀、张奕、戴祎、俞世英、王永首等资建洪村庙，致仕承郎赵敦临撰记，左奉议郎王管鄜州崇道观赐绯鱼袋杜育德书碑，右迪功郎赣州赣西尉王管学，事巡捉丝茶监矾兼催钢舒辙篆额。嗣经世乱，庙宇颓圮，清乾隆五十一年俞启忠公倡议重新扩为三殿，即今洪村庙。

（22）去吾村北数百步龙王堂对面金字山麓有竺硕夫墓，其碑铭为宋沈焕撰，孙应时书，王虞英篆额，蒋椿模刻石，字大五分，笔势挺秀，类九成宫，实吾乡可宝之文献。该碑清季已截为数段，在龙王堂砌墙。乡丈孙玉仙经过见之，携归是处云。

（23）明亡四明有志之士群集大岚，崖谷万重，清兵不敢进窥据山为国者凡十余年。廷议进剿，大军云集，恣意掳掠，偏裨不能禁止，远近村落蹂躏殊甚，堂构毁于兵燹，老赢转于沟壑，文献、谱牒湮于岩阿，亦吾乡之厄也。

（24）小晦岭为吾村屏幛，迤南有麒麟山，峭壁崎险，下临深潭，群峰环拱，气象万千。今晖叔营别业于其上，明季乡人醉睡翁单遂之先生故宅也。邑侯鹅湖胡友蠡探胜登临，颜曰通性轩，郡城水莹旭先生避乱来居，题曰罴翠龛。周唯一囊，莹先生每经过，访书"霞明雪皎"四字。单学仙安国有诗曰："芊芊宿草往来稀，深暮猿啼兔尚肥。十日酣醉犹未倦，亭旁苔石已霏霏。"

（25）宋竺大年名重江南，著有《礼记订议》等书，墓在大智桥山麓，清初某村人鄙，侵僭其坟山，将墓碑拔去投亭下荷花池内。民国初年大旱，水涸，碑复出水，卒被村夫窃，将原文磨去脱售，千年古碑遭斯厄运，亦吾乡文献之不幸也。

（26）吾村东南望有浮图，巍然云表为亭下巽峰塔，该塔筑于民国二十五年，惟查旧籍，明时尝有是塔，乡人单道伦有诗云：浮图崒崋势巍然，绝顶层峦耸翠鲜。品崎东南占第一，凌空云雾锁村烟。今复旧观，亦有心人也。

（27）吾乡代有艺人，惜少记载致缺焉无闻。清道光年间姚虞亭凤翥善画龙、虎、鹰、熊，用笔沈着老练，不落时蹊，惜赝品充斥，真者少见，乡氓未能赏识，亦争宝之。每逢喜庆，常张姚画以为荣。

（28）民国二十三年风水园堰成，村人群谋凿池停蓄之，因将众田若干与十石田，主人互易，就田凿池，碧水一泓，四季常盈。二十八年春，余复就井外筑以长堤，上植龙柏四株。他年绿阴成林，景色当更可人矣。

（29）吾村货房屋创于清光绪年间，坤甫叔董其事，计楼屋三楹，厨房一所，今村人婚丧等事无房屋逼仄之患，皆先贤之力也。

7. 俞村小志补后①

(1)太史岩之左有毛颠岭者,俗称毛跣岭。岭外杂树丛生,并有巨樟一株,树叶葱郁遮蔽天日,下临深潭,游鱼可数,登岭一望,全村在目,亦为吾村风景之一,故先贤竺起蛟、唐可规、毛凤喈诸氏皆有诗以纪其景于民国五年。有人以其岭高陡,行旅险阻,特将路改筑于岭下,故深潭即被冲塞,至今路虽平坦但风景毁灭矣。兹录《剡源乡志》记"毛颠岭记"于后,俾知是岭之由来云尔:县西六十里四明山之南接大小晦,崎岖涧谷,行者艰阻。宋绍兴初年有毛居士者凿崖以便民旅之往来(《宝庆志》十四),遂以名岭(《延祐志》)。竺君大本题其崖曰"凿破岩崖砥样平,要令民旅得通行。为君题作毛颠岭,留取毛颠千古名"(《宝庆志》十四)。但余至今遍觅岩崖,并未见其题字,或恐年久石剥字蚀,抑为路工所破坏耶?

(2)相传前房二脚有国泰公者与志士吴奎明、胡双奇等倡议欲图规复明室,聚集遗民,抵御清军,战败死节,至今余遍查谱中无国泰之名,想当时恐遗祸于族,故将其名削去,但查到《剡源乡志》,则有略述吴奎明、胡双奇等反清之事,于国泰无闻也。

(3)大智院原在大智桥,闻当时规模颇大,今已毁,见《新大智寺记》。兹录《剡源乡志》记大智院如下:大智院在县西七十里(《延祐志》十七),唐咸通十一年(《宝庆志》十五)僧乾奉建,名大智庵(《康熙志》),宋大中祥符二年赐今额(《宝庆志》),今改寺(《康熙志》)。同治初为窃贼潜身之所,邑令郑侯锡澡拆而毁之。

(4)本村溪流过濂志桥后即东流过花田头,直冲麻厂而去,于民国壬戌年(1922)大水时即改道转向潘村岭至鲇鱼山成潭,再转湾东流,现在水流更直向潘村岭,而岭下高数丈之黄土已冲去,而岩石已露矣。据青鸟家说是水在鲇鱼山转湾成潭,有利于俞村风水云。但以水利家目之,水道改湾,水流不畅,恐一旦山洪过大冲田地定不少云。

(5)吾村向以木工名于本乡,近之如春生建雪窦寺之天王殿,岳山建栖霞坑之式毂堂并精造一切木器,如来木精造水库梨,如利川之雕花闻名于甬江,即后辈亦有后起之秀,以劳工手艺闻名于世,亦难得矣。

(6)吾村以俞姓名村,故住户皆以本族人为多,外姓颇少,即有之,亦为姻亲关系,而移居亦不能数传也。最近外姓住本村者有毛、石、王、宋、

---

① 录自民国版《俞村俞氏宗谱》。

竺等姓而已，其人丁亦不繁兴，三四十年前《剡源乡志》所载本村外姓户口亦并未见增加。

8. 情畅庐记①

民国二十六年（1937）俞子光先生官甘肃省政府建设厅代厅长，越明年春然有退休之志。去职来归，乃筑庐亭下情畅岩，因名之曰"情畅"。亭下号千家之市，可四三百家，人烟稠密，为奉西重镇，而庐独高居岩上，与市间隔。今年九月，余与敷弟往省之。先生喜吾人至，瀹茗具食，相与周览风物，命余作文以为记。余观夫庐之胜状，其北则妙高台翳然而深藏，高与天际，忽隐忽见，其上有浮图居焉。南则丹霞洞窈然而幽暗，野老言潜通高岙之白龙潭者，其语放诞不足信也。西则晦岭，隆然而秀起，相传有朱子之遗迹，而东有巽峰塔，矗然而特立，左蛇山，右龟山，隔溪对峙如相克然，则剡源之奇观矣。庐高以明宽而容春和夏凉，秋爽冬温，四时之间惟情之畅。敷弟谓余：吾乡多佳山水，若此境者不可得而求，岂非天造地设，所以慰藉贤而隐于斯者。余笑以为幽胜之域，尤与读书之士为宜，尝考异时嵩溪书院设立于此，莘莘学士远近咸集，把卷歌诵，书声琅琅，固极一时之盛。奈何颓垣碎瓦，荒荆断棘，鼯鼪嗥音，鸟兽悲啼，而故学士皆老死，盖科举废弃之日久矣，而先生即其遗址庀材命匠逾时而告成，转瞬之间，山容水声，潇洒出尘，朝晖莫阴，气象万变，其最异者庐后小园，数丈余修竹，千竿遗世独立，飘飘乎羽化欲仙，而先生左对孺人，顾弄稚子，治乱不闻王，不与易也。虽然，国难方殷，民焉托命，先生深伏岩穴，固无求于世，而世或有求于先生，将援古训相责难，吾恐欲畅其情而终不得也。

（民国）二十八年（1939）九月十二日，世家子竺陈含谨撰

9. 创办叙文学校记②

自科举废以后，吾乡最先成立学校者，为先表伯赵醉仙、陈鹤亭二先生所创办之剡源中学，嗣后风气渐开，先父乾濂公目击本村私塾之陈旧，教本不合时代，急须改良，乃倡议兴学，为子弟树百年教育之大计。爰于民国二年夏邀集本村宗房长及干首等会议，复经坤岐、坤传、坤简、坤旸、茂均、贵和诸兄侄等协同赞助，于是创立叙文小学一所，并廷茂均为校长，其经费由前房众拨款壹百伍拾元，前房大脚众拨款伍拾元，前房萃祀众拨款壹百元，

---

① 录自民国版《俞村俞氏宗谱》。
② 录自民国版《俞村俞氏宗谱》。

后房庙众拨款壹百元,后房祠众拨款壹百元,后房彪祀众拨款壹元,后房彬祀众拨款壹百元,保婴会拨款伍拾元,共计洋柒百伍拾元作为基本金,存本生息。初则议定存息壹分计,每年收息洋七十五元,作为经常费之用,其不足之数,再向学生酌收学费,如确系贫困子女等微特豁免学费,且酌给书籍以便贫人子弟亦得就学,以示普及教育之意。但前议之息壹分距今已二十余年,生活程度与日俱高,则各众存息自须酌量增加,而本村各众众产微薄居多,即增加经费亦属有限,故每年只能聘请教员一员,学童则有五六十人之多,欲期教育之完美,自属不易。余造濂志桥之后,本拟设法建筑校舍,添置校具,增加经费,俾本村青年子弟皆得受优良之教育,无奈适逢中日战事致不果,尚望后之贤者继起办理,则幸甚矣!是为之记。

中华民国二十八年(1939)秋,十三世嗣孙晆敬记

10. 新大智寺记[①]

自东汉明帝提倡佛教以来,至唐益盛。虽其间韩文正公力主辟佛,然佛说深入社会,已根深柢固,牢不可拔矣。故当时各处创建寺院不一而足,吾乡大智庵即于唐咸通十一年(870)由僧乾奉应时而建,至宋大中祥符二年(1009)改赐大智院,后改大智寺。迨至清同治(1862—1874)初,住持非人,遂为窃贼潜身之所,邑令郑锡镍拆而毁之。此非寺院之罪,亦非教义之可恃,实住持之不得人也。郑令竟将其寺毁之,实大智寺之不幸也。晆常游其旧址,尚有遗迹斑斑可考,且其地小溪环绕,竹篁林立,风景幽雅。寺后山上有小船山,土地平坦,再上有大船山,其顶平坦可数十亩,与雪窦寺千丈岩、妙高台等隔溪相对,实亦僧道隐修之静地也。夫佛教能流传数千年,自有其存在之价值,当今人心漓薄,为非作恶,法以律之,森严而绳,愚夫俗子尚觉不易,佛说因果循环之义,深入人心,潜移默化,似可补法律之不逮。故先父乾濂公于咸丰年(1851—1861)倡议移建大智寺于村之东黄泥同,即今所谓新大智寺也。计建屋三楹,中塑佛像,左塑土地像,右塑关公像,左右二厢一为暑天烧茶之用,一为堆积杂物。再前建一凉亭,俾旅客得憩息之所,而村中老妇每于暑天在寺礼拜,作为修身念经之所,是则老大智寺虽毁,而新大智寺仍不失为庄严圣地也。今秋家乘告竣,晆以斯寺甚古而夙无记载,因略述源委以备后世有所稽考焉。

民国二十八年(1939)秋,俞晆谨撰

①　录自民国版《俞村俞氏宗谱》。

11. 濂志桥记①

濂志桥位于吾邑俞村,其水发源于四明山之梨洲北溪,间经三折岭栖霞坑,越董村,而至俞村。复注剡溪,汇甬江而入海。是桥也,西通岙底松门岭而至新嵊诸县,其东达亭下,至邑城而通鄞县,盖奉之西多山,夏秋之间往往山洪泛溢,交通阻绝。民国二年俞公乾濂矜行旅之苦,斥资建一木桥,众皆德之。二十年桥毁于大水,距濂公之去世已十余年矣。其哲嗣坤昹慨桥之毁,秉承遗志,建水泥钢筋桥于旧址,长百余尺,宽十尺,高二十尺。二十四年秋兴工,并建一汽车路,直通后房堂前,其年冬落成。斯役也,坤昹臂划督工,不辞辛瘁,需银四千余金,村中人有输金资助者,亦纳之,但不捐募。桥成,名曰濂志,示不忘也。余感濂公能利彼行旅而坤昹复能光大之,并能不却输助善与人同至其村人之乐,善不可没也。遂濡笔记之,以昭来兹云耳。

民国二十四年(1935)冬月,邑人王正廷谨撰

12. 创建俞氏义仓启②

尊祖者必敬其宗,敬宗者必收其族。古人尝谓:宗法行则民俗醇而国本固。中山先生亦谓:恢复民族精神,要善用中国固有之团体,如家族团体及宗教团体,大家联合起来成为一个大国族团体,苟能结成国族团体,共同奋斗,则无论民族处于任何地位,皆有恢复之希望。由是言之,欲强大其民族者,先须各自培植其家族,乃古今不易之理也。然宗法之不行久矣,一般士绅家累巨万,其近亲或不蒙其润泽,况疏远之族属乎?其相凌侮,相并兼,号呶诟诨如仇敌者比比皆是也。求其饥寒相恤,死病相救,共甘苦、通有无,殆如凤毛麟角,家族之涣散也,如是国族何由而团结哉?无惑乎外人之诋我中华民族如一盘散沙也。飞鹏等幼读圣贤之诗书,长习中山之教义,深知家族为民族之基础,慨国家外侮之日,亟念民族地位之日危,益觉培植家族以固国本之不可须臾缓。故于服官之余,每与我族中父老昆季从事于睦宗族之谋,宗族之间以任恤为首务。范文正义庄之设立,足为恤族之程式,但其救济贫困资助婚丧诸端固属善举,可以仿效,至其逐房给米,计口授衣,则足以长人依赖之风,堕人自立之志,不合于现代教育之原理,未可盲从而因袭。朱文公义仓之成法亦系赒恤之良规,但为

---

① 录自民国版《俞村俞氏宗谱》。
② 录自民国版《泮西俞氏房谱》。

一乡一里所共有,非为一姓一族而设。今斟酌于二者之间,仍用义仓之名而冠以姓氏,创建俞氏义仓以备俞氏族人之穷乏者于水旱灾祲之年,有所恃而不恐青黄不接之际借贷以济急需,以为俞氏恤族事业之嚆矢焉。然恐地方人士之笑我私于一族也,则于管理章程之中规定放借成数为俞氏六成,地方四成,以分亲亲仁民之序而为本末先后之别,兹由飞鹏捐谷一千石,忠和捐谷五百石以为倡,凡我族人有乐捐者,各随其愿,不限多寡,倘能众志成城,自然泽宏利溥,则吾宗之大、吾宗之昌可于是焉卜之矣。更有望者人之好善,谁不如我?假如中国之人咸知敬宗收族之重要而殚精竭虑以赴之,各自联合其家族,蔚为强大之国族,以实现中山之学说,岂非中国民族复兴之一线曙光欤?谨启。

中华民国二十二年(1933)一月,忠和、飞鹏撰

13. 俞村八景诗①

(1)跰岭通衢

岭名茅跰古传称,磊石重重最上层。
桃李芬芳欣其陟,竹松清秀快先登。
遥通南北云山径,暗杂晨昏野市灯。
偶向松门高处望,画岩岚气似云蒸。

(2)风水名园

水碧山青抱旷原,既幽亦雅果名园。
阴晴欣有松杉植,寂静正无燕雀喧。
避暑只从风弄竹,贪凉何候月盈轩。
偶来小憩中情逸,童冠偕行我勿缓。

(3)大智古刹

大通智胜佛传名,寺即以斯作鉴衡。
松径茅檐绿旧设,莲台妙像复新成。
晦峰影对空虚色,筠水滩过钟磬声。

① 录自民国版《俞村俞氏宗谱》,原谱仅录七首。

香顶于今犹结篆,名留邑志甚非轻。

筠溪竺起蛟谨识

(4)画字奇岩

笔架峰连处,岩如峭壁稠。

画图天地设,字迹古今留。

妙句夸黄绢,真楷认铁钩。

有人频拭目,读向碧江头。

(5)棋盘胜地

不辨仙凡地,棋盘旧名有。

新苔遗画迹,落叶误敲声。

合驻谈元叟,应迷烂斧生。

喧尘毫不染,一着让谁争?

(6)松门高岭

苍翠万千重,松门岭上松。

会逢新雨霁,时有白云封。

路接桃岩月,人听雪窦钟。

登临舒一啸,素志感从龙。

胡绍鸿谨识

(7)象山

十二楼峰外,谁知有象山。

野花开石涧,山鸟聚沙湾。

小径皆低缓,平峦在仰攀。

何如狮子岭,高出在人间。

补录道光十八年(1838)谱,胡绍鸣谨识

14. 新增八景诗①

（1）风水幽林

卜宅湖山聚族居，风藏水抱乐何如。
林深籁静曾鸣鹤，潭澈波澄可数鱼。
和气徐嘘花馥郁，清流倒映竹箖箊。
个中幽景天然异，散步闲吟胜读书。

（2）棋盘仙境

个中片石类棋盘，藓迹天然子路宽。
年往年来敲不了，花开花落局难残。
旁观曾否来王质，对弈何须待谢安。
境拟方壶无甚异，村烟遥度讶烧丹。

（3）松门月照

松门岭峻峙村东，嘉号相传万古同。
四季风声喧不断，千林月色照玲珑。
皮皱龙化鳞觇黑，枝密鹤栖顶露红。
最好冬来多丽景，行吟雪际赛蟾宫。

（4）茅岭花封

卜宅湖山若画图，丹青翠黛莫须敷。
试看茅岭通衢处，最好花封若锦铺。
马过曾不啼欲衬，客登定有杖常扶。
方春杜鹃红千紫，赛入桃源信可娱。

（5）鱼山赏月

村去鱼山里许多，闲吟玩月乐如何？
但观林际排青翠，喜见空中见素娥。
来陇风翻疑鼓浪，桂宫子落讶吞波。
何如跳向龙门上，泽遍苍生万姓歌。

---

① 录自民国版《俞村俞氏宗谱》。

（6）虎阜吟风

谁把者山虎阜名，岂真一啸有风生。
卞庄复出也难刺，冯妇虽来莫敢撄。
冬怒曾疑林际吼，春狂果否穴中鸣。
毛松斑竹岩牙爪，如此捍门触目惊。

（7）狮岩书字

峭壁狮岩峙水涯，何人得意乐题诗。
书成铁画银钩妙，字露虫形鸟迹奇。
偶读浑疑全不识，徐观尚有半堪知。
风嘘苔藓葱茏动，恍似作威大吼之。

（8）智寺茶烟

亭建施茶智寺边，轮烧经历已多年。
香烟时逐香风散，活水还须活火煎。
寒热两樽凭客饮，清凉一剂赛仙传。
灵禽护法曾不避，几缕悠扬直上天。

宣统二年（1910），石斋氏毛凤喈谨识

15. 太史岩诗（外一首）①

辛巳冬日，往董村见道左岩石奇峭，顾而乐之。时宿姑夫架峰庵。宅卧不能忘，侵晨趋至岩下，婿竺大松携酒追至，坐石痛饮，忆李青莲郎官湖之意，戏名此石曰太史岩并赋此，命婿刻之石壁云：

偶尔径行处，天然削险岩。
青岚笼古木，彩日绚澄潭。
栖鸟语方闹，游鱼戏正酣。
所如皆惬意，吾欲此投簪。

万历九年（1581）十二月十八日，樟溪戴洵书

……

莫道无奇异，原为画字岩。

---

① 录自民国版《俞村俞氏宗谱》。

鸢飞苍汉秒，鱼跃碧波潭。

昔是仙人隐，今逢太史酣。

胜游如赤壁，满坐尽缨簪。

月山俞宗铭和

原注：吾村之东有巨岩焉，望之若渴狮狂饮于溪，生气翼翼，故谓之狮子岩。明万历间戴愚斋先生来游，尝与其婿竺大年痛饮于此，爱之，赋诗刻其上，戏更之为太史岩。余幼与从子子良读书村校，每日久辄相游，息岩下手摸其文，满壁仿效以为戏。及长宦游四方，倏忽二十年。儿时意象，回忆颇有可笑者，今岁休养于家，重修家谱，率松儿、济女携纸墨往拓之，松儿济女之齿已过余与子良嬉游之年矣。岁月久远，石刻剥蚀，而戴先生诗完整可喜，有若神护，已载《剡源乡志》中。其余和诗若干首，模糊已甚，识知不易，阙其疑明者著之。余乃采而内之家谱，后之君子得览观焉。

民国二十八年(1939)九月十五日，俞晅谨识

16. 乐水亭茶碑记[1]

人当家居之时，尚欲烹茶以止渴，而况长途远行，岂可无茶以解渴哉！俞村向有乐水亭，每当夏秋之间，虽施茶不绝，但经费由劝募而集，不免苦于支持。欲垂久远之计，非有恒产不可。兹特捐助田亩，开列于左，以志弗替云：

俞乾濂公妻宋氏善福，助田五箩，土名柏树坟前桑树丘

后房八房，助田五箩，土坐上畈

后房福房户，助田四箩，土坐方丘

又助田五箩，土坐田耳朵系桥下

民国十八年(1929)夏五月 日立，三石陈德生撰

① 录自民国版《俞村俞氏宗谱》。

(二)明派俞氏奉系俞文唐支

1. 茶溪金井桥记①

县治西七十里,有地曰茶溪,发源于四明芙蓉之峰南。中有龙湫金井洞,洞外二里余,路通于溪,若逢淫雨濡涨,行者病涉焉。其遗址有石眼桥柱之迹,想古有木桥,而不识创于何代,废于何时,远无可稽矣。我国家之盛也,桥梁道路靡不修治。矧此乃邑西形胜之地,更为台绍来往之要津,既无舟楫可施,而非桥何以济乎?里中人相与谋曰:是诚不可无桥。遂各捐己资,醵财鸠工。谋始于乾隆戊申(1788)之仲夏辛未,讫于季秋庚午。告成,名之曰"金井桥",仍其故也。由是,往来行人,靡不称快。而同事者又曰:我里中上有汇溪,亦屡阻于行,尤不可不谋。所以济之。然其溪散慢,桥难石建,爰众所乐助钱文置田,公议一人耕,获于岁之秋冬,架木编柴以成桥,春夏洪水涨漫则收藏,而无使漂流,亦仿古徒杠与梁之制也。是役也,创议者俞君尔孚,而成谋者胡君赞元与之殿华诸人也。顾桥既成,而无文以志诸,久则后之与者,无由识其颠末,遂嘱余为记,以书其事如右。

乾隆己酉(1789)仲春,王秉琳谨撰

2. 斑竹园村景诗十三首②

(1)峰回驻岭

王秉琳一首

七十二峰西复东,迥环驻岭觉尊雄。

万家烟火罗如掌,四面溪山立若童。

林外青苔时润水,村前绿竹自翻风。

等闲凭眺松涛里,几若挑云站半空。

---

① 录自民国版《斑竹俞氏宗谱》。金井桥,位于奉化区溪口镇斑竹村境内,为明派俞氏第十一世祖俞文唐支后裔居住地。

② 录自民国版《斑竹俞氏宗谱》。

王模周一首

何风吹驻此幡龙,却又回旋峙一峰。

谁料洞天开别面,阴阴花柳一村逢。

(2)金井

龙溪丁渎一首

瑞采曜长庚,天文柳次横。

月曾留印小,风亦纳波平。

东井分灵觊,南金焕石英。

清冽寒可食,流注福苍生。

胡美辂一首

西有龙湫传名盛,湫外金井圆如镜。

无风无波浅且清,夜来恰与月光映。

时遇天炎雨不兴,洞中泉比秋水净。

多少祈雨往复来,一回揽胜一回敬。

(3)龟山

南明陈仍然一首

深崖临水曲,对面识龟山。

朱字烟霞里,青毛竹树间。

窠居离卷耳,甲刻露苍颜。

况有灵符在,谁曾蹑翠还。

王模周一首

忽把平中一突耶,龟山盘郁气佳哉。

当今无复唐潜在,异样青毛孰献来。

(4)仰天插翠

佚名一首

一岫伊谁插,穹窿独仰天。

秋来诚瘦峭,春至却鲜妍。

竹韵飞银汉,松涛泻玉泉。

临潭波动处,欲扑翠微巅。

王模周一首
气象峥嵘独占先,高峰翠插碧霞边。
前身应喜观星象,化作青山也仰天。

(5)班竹成文

王秉琳一首
参差秀竹出人寰,遥列纷披绕屋间。
岂是钟灵斯地最,先分点缀此君斑。
妆添霞照轻罗美,笑看风来碧玉弯。
节劲何妨霜且雪,长与松柏共班班。

胡美辂一首
似因不可居无此,故把村边作竹湾。
万干铺成槐阴绿,千枝缀合饶痕斓。
窗前清籁声声韵,户外浓阴点点斑。
节劲心虚君子德,山居饶有意相关。

(6)香泉

丁汯一首
深涧碧流长,泉甘味更香。
倚山花浣露,傍石乳凝芳。
饶有南皮胜,宁徒慧水方。
日高人未醉,应得傲琼浆。

(7)汇溪

王秉琳一首
激湍清流合,左溪夹汇溪。
枕岩村以北,驻岭屋之西。
九曲源由溯,三泉涌出齐。
盈科能渐进,有本足提撕。

王模周一首

盈科涧水各西东，行到此间浩淼濛。

试借古人佳句赋，夕阳明灭乱流中。

3.当代诗人俞强斑竹园诗词选①

(1)戚氏—奉化溪口古村斑竹

拂岚烟。茶溪源远溯危巅。

曲折迂回，激湍金井泻潺湲。

溪湾。远尘喧。双溪交汇胜桃源。

群山四面围绕，古桥雄跨巨樟妍。

春景秋霁，岩花灿烂，气清霞蔚天宽。

忆斑筠翠色，俞氏千载，明派源渊。

安定郡马家园，珠辂马疾，紫气绕乡关。

蓬瀛景、晦溪九曲，峡谷三泉。

看龟山。傍水夹岸悠然。碧霭渺渺无边。

四明绝巘，古洞龙湫，溪水遥注村前。

澹荡盈科涧，枕岩蓊郁，驻岭盘旋。

古有刘纲伉俪，得灵经秘笈忽升仙。

黄巢驻跸晚曛间。枕戈野宿，营畔看星转。

蒋氏踪、桥上乡情恋。外婆家、从此无还。

老宅空、燕语堂前。傲风霜、映日晓松坚。

进杯中酒，豪情未减，酩酊忘年。

(2)斑竹古村 七律，新韵

四围峰岭入云间，金井桥边碧色妍。

流水潺湲萦岔道，巨樟矗立眺庵山。

寂无尘响惊渔笠，却有溪斑胜海鲜。

一枕秋凉藏午梦，数声鸟语筱枝闲。

① 录自现代版《斑竹俞氏宗谱》。

(3)鹧鸪天·山行

晓觅幽踪石径斜。群峰叠翠失云涯。
坡前松雨穿枝落,溪畔筠风入壑遐。
檐下话,桌边茶。雨洋声海绕人家。
山中一晌浮生忘,取伞来时满霁霞。

(4)踏莎行·与建文兄至溪口斑竹村
小国哥家夜聊俞氏文化

水绕青山,岚融碧宇。乘车又上湖边路。
重湾过后复层峰,迂回转过溪深处。

月照幽滩,桥傍古树。双溪伴响随闲步。
千峰夜色寂无声,灯前漫把红茶煮。

(5)霜天晓角·斑竹之晨

群峰萦绕。溪畔晨来早。
满户日辉映照,天气冷、惊啼鸟。

香袅。空气好。忽闻炊味妙。
窗外风光清绝,碧影里、千山渺。

(6)蝶恋花·与建文兄同游斑竹村

四面青山萦绕处。晨鸟轻啼,淡月临云树。
樟伴古桥寒与暑。清溪西岸人家住。

曲径通幽闲信步。故址遗痕,户外谁凝伫?
满眼霜林冬日煦。重峰直向天涯去。

(7)千秋岁·寻谒祖茔:猛虎爪与岩头岭,
建文兄和小国哥陪同

危巅峻岭。翠色侵幽径。云鸟迹,霜林影。
曛光层岭渺,天籁群峰静。凭目处,雄狮猛虎形相竞。

忆卜居幽境。斑竹萦千顷。时序远,乡愁永。
双溪灵秀地,四面峥嵘景。桑梓意,青山万脉长绵亘。

(8)风入松·谒北宋安定郡马景福公墓址, 小国哥与立奇陪同

虹头山下绿阴浓。流水淙淙。
斜阳掩映霜林醉,已千年、溪绕群峰。
极眄天清云澈,幽思水复山重。

陡坡荒地觅遗踪。柏树葱茏。
天潢姻眷当年事,又多少、春月秋风。
古道悠悠草茂,远巅寂寂岚融。

(9)行香子·斑竹村小国哥家中晚餐

云映青天,山夹幽溪。忆当年斑竹千枝。
枫沾冷露,草沐晴晖。
对桥边树,亭边屋,径边畦。

远堂兄弟,持杯同醉,渐烟岚弥漫崔嵬。
有缘便见,无语相知。
任水闲流,叶闲落,鸟闲飞。

(10)苏幕遮·斑竹夜雨

疾风来,寒雨起。绵亘中宵,席卷层林里。
帘外飘摇惊梦寐。灯灭楼空,犬在村中吠。
寂无眠,时有思。斑竹萧萧,总是乡愁系。
金井桥连亭下水。汇合双溪,应向千山外。

(11)曲游春·次施岳原韵《清明湖上》, 咏溪口斑竹村

七曲溪边路,入众山烟霭,春韵交织。
水影花香,满目蜂蝶舞,暖阳檐隙。

翠渺千峰隔。偶驻足、岸边闻笛。

有巨樟、掩映孤桥，厮守满园筠色。

此刻。云天映碧。忆三月三时，曾拜弥勒。

村口恬然，与堂兄对酌，午烟蒙幂。

土特皆珍食。待暮返、曲途幽寂。

见晚樱、醉似彤霞，欲携不得。

(12)赴溪口斑竹途中 五律，平水韵

斜阳山水际，遥望起乡情。

暝霭千峰合，澄波两岸萦。

源追唐宋远，脉数晦茶清。

亭下湖深处，当年是驿程。

(13)清晨与小国哥同登虹头山，
谒郡马公墓地遗址 五律，平水韵

幽径入苍苍，齐腰草木长。

沿山溪水曲，满壑桂花香。

柏树森然立，山茶艳且芳。

凭高重嶂远，碧宇映秋阳。

(14)大晦岭即景

小村山呑里，杂荫映墙檐。

相问非同姓，探寻已远年。

幽思唐末事，感慨岭前烟。

明派源渊地，风光别样妍。

(15)咏郡马故里奉化斑竹古村 新韵，七律

毛巅岭内有幽踪，烟霭层层绕万峰。

唐末迁居因乱世，溪前筑舍为清泓。

奉川俞氏千年睦，大晦本支一卷荣。

郡马遗茔今尚在，山村僻静胜珠宫。

(16)夜宿斑竹村 <small>七律,新韵</small>

双溪阒寂众峰深,近腊寒来夜气侵。
炭火熏煨茶郁馥,灯光照耀室温馨。
远离尘世心愉悦,暇在山村意更醇。
金井桥东鸡晦段,群星灿烂映青衿。

(17)点绛唇·晨别金井桥

嫩绿虬枝,古桥两岸人家住。
藤梨悬处。潋滟双溪注。

村口遥望,翠耸千峰聚。向东去。
层林鸟语。挥手云边路。

(18)踏青游·又近清明

又近清明,金井古桥春晓。
俊鸟啭、绿阴盈道。
望群峰,起岚翠,双溪喧闹。
祖地好。千年衍蕃深杳。明烛上香飘渺

一脉相连,是处叶繁花俏。
四海远、遗垄心扫。
忆幽踪,天籁响,斑筠痕皎。
幽思杳。人间至情难了。满山杜鹃萦绕。

(19)夜游斑竹村,访祖宅旧址 <small>五律,平水韵</small>

四隅层岫远,小巷画亭迎。
樟影融桥影,风声汇水声。
思源临故地,寻迹见新甍,
黯淡溪山寂,街灯路畔明。

(20)减字木兰花·溪口斑竹村

秋风细细。亭下湖长云弄霁。

绿径迂回。车向群峰影里来。

千年祖地。金井桥边樟影翠。
无限乡愁。汇合双溪碧水流。

(21)桃源忆故人·访斑竹祖居旧址

青山悄立痕犹在,但见檐紫云霭。
已是人家门外,踯躅情难解。

苔埋梦影思无奈,金井当年泪洒。
桥畔巨樟如盖,记得千峰黛。

(22)霜天晓角·过大晦岭

漫天雾发。隐约青山凸。
望处雨枝苍翠,村迢递、云轻抹。

鸟绝。人迹灭。车向隧道越。
亭下湖过廿里,大晦岭、林泉澈。

(23)赴奉化斑竹,过大晦岭

仲春新雾踏青来,车与樱花一起开。
幽壑环湖新绿发,清风馥郁入山隈。

(24)眼儿媚·晨游茶溪

青嶂回环壑中开。沙径绕溪崖。
覆盆莓艳,酸根草茂,嫩筱苍苔。

晨阳流景群峰灿,沙径净无埃。
忽然路转,幽潭岩陡,翠壁泉来。

(25)卜算子·庚子暮春斑竹之行即景

日灿照双溪,四面山含黛。
又见危桥映香樟,凝伫千峰外。

夹岸寂无人,石静听幽濑。
晦岭遥连亭下湖,缥缈生烟霭。

(26)苏幕遮·斑竹村冬夜

夜深深,山莽莽。无限峰连,地僻双溪傍。
山里宵寒星闪亮。门外无人,草茂寒风响。

叙亲情,追往曩。多少深衷,难对乡邻讲。
金井桥边当日怅。海角天涯,谁晓长思量?

(27)满庭芳·斑竹古村

　　近日读黄宗羲《四明山志》,收录了沈明臣的《四明山游记》,沈文中有"南望为大小晦,小晦近丹崖青壁,信当界之仙都"句,乃填词曰:

雪窦山巅,妙高台上,南望群壑烟霞。
阴晴变幻,似翠沁莲葩。
赢得临风叹羡,信当界、绛阙仙家。
诸峰外,源连亭下,斑竹古村遐。

哗哗。林籁起,绿潮翠浪,天际云涯。
有幽梦千重,感思交加。
双岭双溪过处,拱桥近、景色尤嘉。
乡愁漾,泛舟七曲,水木最清华。

(28)眼儿媚·与华林、建文、小国三兄
晚饭后漫步斑竹园

明月临空照溪滩。岸畔水潺潺。
逛游斑竹,漫登驻岭,一抹庵山。

四围空旷群峰渺,灯映古村闲。
悠然夜寂,蛙声隐隐,人影姗姗。

（29）一萼红·奉化溪口斑竹

涧溪临，入重峦迭嶂，九曲古源寻。

金井桥边，芙蓉峰上，水溯万仞之心。

驻足处、峰回驻岭，七十二、群壑绕云深。

四面溪山，百家烟火，隔绝尘音。

遥想当年帝影，有潇湘翠色，渐远犹侵。

飞艇漂流，凭阑遣兴，何仿落帽还斟。

叹今古、风流多少，怎如这、相约共游吟。

笑对霜枫透时，醉染层林。

4. 当代诗人俞强赋三章①

（1）明派俞氏发祥地赋

五峰俞氏始祖稠公第四子玗，唐昭宗时仕明州大院判，肇基于明之大晦，为明派之祖。据《斑竹俞氏宗谱》载："玗公，字国用，行四九，生于唐咸通三年壬午二月初二亥时，卒于后唐应顺元年甲午三月十一日，享年七十二岁。公为人处己廉恭勤俭，和睦厥后，投老归田，三宣不赴，及卒葬于奉川小晦大智寺山之原，香火祠院之碑存焉。"其迁居地，即今奉化斑竹之境内也。乃为赋曰：

明派俞氏，始于玗公。源追青州，脉溯五峰。宝牒孤藏，源渊分明。珣，琮，玢，玗，大晦谱光彩共耀；剡，杭，京，明，金字谱薪火相承。明派一脉，枝叶茂盛；承字四支，脉络兴隆。顺藤寻根，幸渔隐之记；誊稿续卷，数默翁之功。玗公曾孙，京宾公乃斑竹之祖，世传繁兴；天潢贵戚，景福公为安定郡马，身沐恩荣。自奉川城南城北，后嗣徙于四邻；从浙江域内域外，令胤遍及八纮。渐行渐盛，欣俞氏之祥瑞；且壮且美，喜人文之登丰。

大小晦岭，七十二峰，地势相连，山水交融。曲径迂回，集甘余里之殊胜；迭嶂绵亘，展千百年之繁秾。大晦岭上，林壑尤美，藏耕读之幽踪；小晦岭畔，烟岚凝翠，守先人之遗垄。大智寺山之原，玗公永眠之处，古桥悠

① 录自现代版《斑竹俞氏宗谱》。

悠;斑竹园村之境,明派发祥之地,初日瞳瞳!双溪水接海峡浪,金井源通芙蓉峰。虽千秋而血脉连,纵万里而情愫同。

(2)奉化溪口斑竹园赋

遥峰秀叠,山光冷浸;碧溪迢递,烟岚环萦。层峦簇拥,自溪口向西北过数十里,景益清绝;古桥横卧,于塊畔往村内行几十步,境愈通莹。村曰斑竹,郡马故里;桥名金井,香樟翠屏。霭色醒目,映照古道之悠长;澄漪濯意,交汇双溪之琤琤。瀑飞龙湫,碧荡迂回;鸟语龟山,翠叠峻嶒。旅游胜地,卵石斑斓,流光溢彩;游乐佳处,汀步兀立,溅玉泻银。或曦光璀璨,绮霞郁蒸。或花香阵阵,霏雾层层。闲云幽鸟,往来之自如;空翠倒景,闪烁于空明。晦溪九曲之源,岩峡夹峙,山中岛屿;茶坑四季如春,芳蕤点缀,人间蓬瀛。

村屋百户,田塍一亭。亭曰源远,俞氏所名。考先祖之来历,勘古村之美称。遥想当年,满山竹林之簌簌;今观此处,遍地草木之菁菁。遂忆鞭根破土,生龙翥之势,犹思劲节凌云,发凤吟之声。苍苍孤吟意,挺如昆仑;斑斑相思泪,灿似玉绳。登岭而望,揽大晦,小晦之峥嵘兮;乘筏而晒,泛晦溪,茶溪之澄清。千古幻灭,苍梧旷莽,怅舜帝之痕渺;万般牵挂,潇湘杳茫,叹两妃之涕零。外婆家,邻接咫尺,雪化鸿飞,高墙映晓雯之缥缈;天涯路,澹瘗烟霞,人去楼空,危栏沐暝霭之绵蒙。逝者已逝,惟青山绿水之长在;来者初来,欣遒竿劲叶之常青。

萧萧翠筠,点点斑痕。继根脉,栽良种,映连甍。倚垣摇曳,窗含风中鸣佩之清逸;沿阶凝伫,庭留雨后添膏之娉婷。溽暑不躁,满地光影交加;尘喧可避,数里林涛纵横。至若星夜归来,有美酒暖壶;金秋相遇,丹枫当庭。月出花落,自成幽趣;山空人闲,便有雅情。最是大雪封境,炉火取暖;良友叙夜,佳茶解酲。观满园袅娜,实乃神仙之眷侣;赏半帘朦胧,胜似瑶宫之双成。三径葱茏,地僻藏胜迹;九霄湛蓝,心淡忘绳营。念天地之遥远,感时光之温馨。妙哉!良辰美景,此乐同享;快哉!高山流水,逸怀共倾。

(3)晦溪九曲赋

过奉化、余姚二邑之交界兮,以秀尖山为源。
处剡溪上游之佳处兮,展九曲之奇观。
有小山峡之美誉兮,为亭下湖之伸延。

夹两岸之重嶂兮，含近百里之潺湲。

经山谷雨潦之冲濯兮，积乱石而成滩。

引水流而改道兮，抱深壑而蜿蜒。

挹群峰之翠色兮，烘浮云之悠然。

惊山崖之陡峭兮，嗟石壁之难攀。

仰飞瀑之清冽兮，击巨岩之溅溅。

凝翡翠之水光兮，漫两舷之涓涓。

汲层林之苍翠兮，糅繁蕤之斑斓。

感幽芳之弥漫兮，放遐思于湛蓝。

任幽径之迢递兮，融山水之恬恬。

与绮霞之共纛兮，和天地之无言。

启逍遥之遨游兮，胜蓬岛之神仙。

真天下之绝胜兮，叹世人之未谙。

沁壶潭之清寂兮，渺古村之炊烟。

步钢索之吊桥兮，惊过客之心肝。

入重峦之怀抱兮，翳古木之参天。

掬晦溪之碧漪兮，吟晦翁之遗篇。

仁廊桥之阒寂兮，慕隐逸之散闲。

水潺潺而远逝兮，路悠悠而回环。

眺敏坑之幽景兮，望四面之群山。

瞻古庙与石桥兮，嵌绿荫与明镜之间。

眄清波之潋滟兮，疑画屏之贯连。

入石门之险绝兮，见峭壁之高骞。

山若牛头饮水兮，似候得道之老聃。

瞩牛脊之耸峙兮，可一夫而当关。

跋葛竹之胜境兮，涉曲折之水湾。

藏王宅之深院兮，锁民国之云烟。

诗咏溪壑之秀异兮，太白梦笔而吐青莲。

勘驻岭之来历兮，追黄巢之营盘。

欣生态之完好兮，悦幽禽之呢喃。

抚斑竹之古桥兮，傍香樟之磐磐。

谒郡马之故里兮，听幽篁之翩翩。

溯金井之源远兮，话蒋氏之倚栏。

考大晦之地名兮，因暝色而憩鞍。

记俞氏初迁此地兮，幸谱牒之独全。

得孤本之传承兮，续世系之绵绵。

惜马村之无觅兮，惟溪流之湍湍。

留轿筏弄之故事兮，为游客之闲谈。

出狭隘而境阔兮，渐柳暗而花嫣。

岸萦幽径，赏一路之景色；水泛轻舟，拨万山之霭岚。择闲暇之时，赏人间之至美；携挚诚之友，享尘外之清妍。吾以诗赞曰：

一曲壶潭

清溪萦绕过桥墩，应是瑶池傍古村。

三邑界交偏僻处，崇山峻岭绿盈盆。

二曲晦溪

源头活水入溪来，自遇朱熹境界开。

独过廊桥尘世远，无人知此隐鸿才。

三曲敏坑

四面环山绕碧流，洞桥古庙画屏悠。

参天乔木溪边拥，胜似桃源妙境幽。

四曲石门

巉岩壁立石门开，饮水青牛颈欲抬。

过岭入村风景异，洞天别有眼前来。

五曲葛竹

群山绕壑水淙淙，之字汊湾绿意浓。

蒋氏外婆家里事，都归庵畔郁葱茏。

六曲驻岭

黄巢驻跸地名传，草木秾繁鸟语穿。

石级横斜通岭顶，左溪水入晦溪涟。

七曲斑竹

金井桥前忆影踪，双溪汇合溯芙蓉。

四明山入咽喉处，俞氏村居祖荫浓。

八曲大晦

黄巢当日过双岭,不觉天曛夜已濒。

俞氏五峰迁此地,传家孤本世无伦。

九曲马村

急湍小峡羊肠道,轿筏通过壁垒深。

村落幽踪今不见,风吹亭下碧沈沈。

  注:晦溪又名西晦溪,今改称明溪,全长 25.5 公里。位于浙江省奉化溪口镇西端,与余姚、嵊州三地交界。发源于余姚与奉化交界的秀尖山,是剡源的支流,甬江的源头,沿途有钟灵毓秀的九曲胜景。

5. 枕岩记①

  古人卜居必择胜地。浙东山川莫胜于剡。昔戴逵居剡而徽之访之,非特重其人,抑亦以地胜也。余世居剡地,生长于斯,几忘其地之胜矣。至余族邻居有沈家岩者,为剡之深处。俞氏由斑竹园迁居于此,是亦知其胜而居之者也。与余家相距仅一舍,亦第知其名为沈家岩而习而不察焉。意者以为其先或沈氏之所居乎,然而无可稽矣。丁未春,俞君士元以族谱嘱余修辑而示以旧本。余览其本末,按其命名而方知沈家岩之为枕岩焉。因对士元曰:美哉名也!夫有名必有实,可知此地之先必有贤人君子枕石高卧,隐居其中。如易所谓:不事王侯高尚其事者焉,是名所以命也。盖顾石思义而知名区望族、郡邑乡镇,莫不皆然。即如我郡因定海而号宁波,取海定波宁之意。我邑因俗厚而名奉化,取奉行王化之义。由此而推,则知名固实之宾也。枕岩之卧隐士也,复何疑欤?然而又谓沈家者何也?盖人之一身亦有行讳字号,而况其为村居之境地乎?观夫嵩溪之呼为亭下,云南村之呼为童村,而余族本名锦竹,亦呼为毛家滩,是也,夫名以义起。古句有云:偶来松树下,高枕石头眠。隐士之言也。余观枕岩之地,环居皆山,路转峰回,又有清流激湍,乔木扶苏,鲜可食,美可茹,宅之左右皆岩。春则登其岩而凭眺卉木之芳荣,秋则坐其岩而仰视烟霞之摇曳。客至则扫地而烹茶,稻获则汲泉而酿酒。官租输毕,苛政不闻,是所谓"桃花流水杳然去,别有天地非人间"者,非斯境也耶!以是言之,则剡

---

① 录自民国版《升纲俞氏宗谱》。枕岩,亦称沈岩,位于奉化区溪口镇升纲村境内,为明派俞氏第十一世祖俞文唐支后裔、第二十三世祖俞文荣后人居住地。

地之胜,莫枕岩若也。而居斯地者,能无乐乎?士元笑而纳之,予遂珥笔记焉。

乾隆五十二年(1787)岁次丁未阳春月,松门王秉琳记

6. 重建荄池庙记①

荄池庙者,驻岭下斑竹园洎沈家岩三村之人奉祀之,其尊神并不详。其姓氏稽古高禖之祀,肇自三代降及后世,则尤甚焉。兹奉荄驰而祀之者,亦既有历年所其,犹高禖之流风欤?然尊神英爽赫濯,凡村之人有缓急祷之莫不响应。以故男女杂沓,岁时伏腊无虚日。盖其受命上天,血食一方,得烝尝于千秋而弗替者,其区区爵秩名号正不必为下民所指而目也。庙建于沿山冈之麓,故不甚宏敞。求其始于何代,则邑志家乘之中记略缺如无从考。据兹亦姑不具详,但迄今已不知阅几多星霜而轮奂缺折,殿宇倾圮矣。光绪丙戌,沈家岩宗长俞国鸣等就故址重建,且恢而大之,并少移其向于南,鸠工庀材,开基拓址,壤材尽撤,丹艧载施,迨六阅月而工始告竣,计费缗钱千余贯而驻岭下斑竹园不与焉。至于经而营之,始终其事者则俞秀武辈十一人,俞从尧、从雾、财林、开云、秉道、乾生、周庆、分银、道东,同总干首梦熊与舆有,力已落成。后嘱余为之记。

光绪壬辰年(1892)夷则月上浣穀旦,邑庠生竺庆堂谨识

> 原按:发祥世传京宾公曾孙、行八九公世传载,因病舍山地一共六亩在庙,今创荄池庙等语。查八九公为元至元间人,则荄池庙之始于元代,自有文献足征。而竺庆堂先生此记谓庙始于何代,则邑志家乘之中记略缺如,无从考据云云,是殆未执谱文细捡耳。俞振芳谨识。

7. 升纲岩记②

我族所居之地,俗呼沈江岩。乡邑志作沈家岩,历谱则称沈岩,夫居人姓俞,并无沈氏。奚待谓之沈家岩?乡邑志俱失命名之实也,历届谱文称曰沈岩。此不过文人笔墨随意变化,别取名号以适雅观而已。终于未得循名核实之义。至俗呼沈江岩云者,我村姓俞未得谓沈,我剡皆溪,未得谓江。庸俗之称,固不是证,虽然巷歌里谈其来有自一名一物,俱非无

---

① 录自民国版《升纲俞氏宗谱》。荄池庙,在奉化区溪口镇升纲村境内,为明派俞氏第十一世祖俞文唐支裔、第二十三世祖俞文荣后人居住地。
② 录自民国版《升纲俞氏宗谱》。

明派俞氏研究

因，至前稽古者，往往于蛛丝马迹间，得寻其真义也。考《宝庆奉化志》十五纪异"梨洲"条案《十道四蕃志》，即刘纲与夫人升仙处，据此则俗呼我村为沈江岩，其字虽非，音近是。盖沈江乃升纲之讹。升纲云者，谓刘纲于此升仙也。刘纲为三国时吴人，任上虞令，与夫人樊氏居四明山（《丹山图咏》），师事白君，历年学成（《嘉泰会稽志》）将升天，大岚山有皂荚树，纲升树数丈，方能飞举。夫人平坐如云气之升（《图咏》），夫四明大岚之称所概甚广，吾剡源西北诸山，皆得以四明大岚名之。当时所称四明大岚者，必指吾村附近之林峦丘壑而言也。况吾村之北有梨洲坞，南有荚山（俗呼荚山地下），梨洲坞实当时之梨洲也，荚山乃当时产皂荚树之山也。遗迹具在，历历可证。沈江岩之为升纲岩，自可不言而喻。予曾名村南尚书埠头之桥曰刘仙桥，亦取此义。昔匡庐山因周时有匡氏兄弟结庐于此，故名匡庐。河阴之战，万俟洛一军不动，西人畏而去，高祖因名其地曰回洛城。古来名胜之地，岩壑清幽，溪流澄澈，无尘氛之扰，宜幽人之栖，即无刘樊遗踪，亦仿佛神仙之境况乎。数千年前固是仙阙也，即白居易诗云"大夸州宅似仙居"，高适诗云"仙宫仙府有真仙"。其皆为我升纲咏之欤？居是此者，能无乐乎？爰濡笔为之记。

民国十一年（1922）壬戌岁六月，第十四世（五峰俞氏第三十六世）孙郡庠生振芳廷枫氏谨撰

8. 建祠序①

闻之家礼君子将营宫室，必先立祠堂于正寝之东。则祠之重于天下也，自古为昭。元自始祖文荣公迁居枕岩数世于兹矣。始祖而上、始祖而下之祖，莫不聚处于堂，左昭右穆，固秩如也。然半已后实之谓之室，半已前虚之谓之堂，则堂连于室不免以污秽之物触吾祖，诟诤之声扰吾祖也。以妥先灵其惟祠乎？缘集族之人议建祠，而吾兄士方家长也，遂以余言为然，且告之曰：令公私木朽蠹于山，何如断度以成寝。是时嘉庆岁戊辰也。此议立，遂令弟辈士开、士旭、士道、士刚、士颖、士泮、士鹤、士绥、士化，侄辈维盈、维尧、维孚、维炯、维奎与侄孙国治为干而士开诸人等亦竟同心勠力，不畏艰辛，其更可幸者，在职公有祀银百余千，而其子孙竟慨然为建祠资，是轻财而重祖者也。今岁辛未冬，祠告竣矣。虽不与閟宫同其实实枚枚，亦颇蒸尝有所昭穆有序，而登斯堂者，且油然而生孝弟之心矣。元志

---

① 录自民国版《升纲俞氏宗谱》。

之,亦以使后之人得知建祠之有由焉耳。

嘉庆辛未岁(1811)孟冬上浣榖旦,嗣孙士元谨识

9. 枕岩宗长士方士元二公等议建祠堂记[①]

今夫有不可不沔之事为之,而迁延岁月迟疑不决者皆由于见之不明,力之不定,而仅为一身一家计也。闻之礼君子将营宫室必先立祠堂于正寝之东,则事之不可不为者,孰有亟于营建祖祠乎?嘉庆丁卯春,予设帐月川,闻枕岩俞氏宗长士方公与士元公倡议建立祖祠。士方公即谓侄辈维盈、维绍、国治曰:予祖在职公茔钱百余千,盍为建祠资,而维盈诸人慨然从命,均无吝色。爰集士开、士纲、士鹤、士旭诸君同为酌议,议定且告族人曰:是举也,无忧材木之不足,忆始祖文荣公卜居斯四百余年于兹矣,遗留公私材木不啻徂来之松,新甫之柏,不可胜用也,无忧董事之乏人,如士开、士旭、士道、士颖、士泮、士鹤、士绶、士化以及维尧、维孚、维炯、维奎、国治诸君,事一仔肩,虽经困苦而不辞,任一负荷即历辛勤而不瘁,况建立宗祠非异人任有不汲皇从事踊跃趋功者哉。予闻之不禁叹美枕岩俞氏气运之隆,人才之盛而因以知士方、士元二公尊祖敬宗报本追远之诚,畜诸心者,非朝伊夕以视世之无定识定力,而仅为一身一家计者,不大相泾庭欤?越戊辰,果鸠工建立则见,经之以度其地,营之以正其位者,若而人断之以成其质,度之以审其宜者,若而人且莫不公而忘私,祠而忘家。更越辛未,予与同学诸子步至枕岩访友人,因得见俞氏宗祠盘基之巩固,结构之奢密,登其堂见夫始祖而下,左昭右穆,别尊卑,序长幼,秩如也则閟宫之诗所云:实实枚枚,孔曼且硕。《斯干》之四章所云:如跂斯翼,如矢斯棘,如鸟斯革,如翚斯飞。五章所云:殖殖其庭,有觉其楹,哙哙其正,哕哕其冥。殆可为祠颂美也。乎而时适见士方公令嗣维勋,因称道其令尊翁与士元公议建宗祠之美,而维勋忽然流涕曰:吾父于立议之丁卯冬逝世矣,予小子因吾父倡议于初而不获睹斯堂之落成也,悲夫!虽然生死人鬼一而二,二而一者也。尔为令尊翁悲,安知令尊翁不睹斯堂之落成,而含笑乎?呜呼!枕岩俞氏气运之隆,人才之盛,竟未有艾。而士方、士元二公尊祖敬宗报本追远之诚,不仅得之于所闻,而今且得于斯见矣。予因述其始末而之记。

嘉庆辛未岁(1811)黄钟月上浣榖旦,嵩溪单南亭撰

---

① 录自民国版《升纲俞氏宗谱》。

振芳谨案：我始祖文荣公卜居年代，旧谱不载。读此记至四百余年于兹矣一语，乃知始祖卜居升纲在明洪武时也。盖南亭先生记作自嘉庆辛未，推而上之至明洪武二十四年辛未岁，凡七越辛未，其为年计四百二十，与记称四百余年于兹矣一语，自相符合，是文荣公卜居升纲在明洪武时，当不谬也。壬戌(1922)七月朔日注。

10. 重建升纲俞氏追远堂记①

古无祠堂之称也，天子至于官，师其祀祖之处名曰庙，如七庙、五庙、一庙皆是也。而庶人则无庙，自秦尊君卑臣，官师无敢营宗庙者，故汉人多建祠堂于墓所，此则称宗庙为祠堂之滥觞，然仍为有爵者言之，而庶人要无敢干越焉。降及后世，祠既不定在墓所，礼亦不专与有爵，而庶人乃合一族之主而总祀之，其礼简而所及者，普一似融合古今庙制而变通得宜者，功令亦不复为之程限，俾人人有所报本，是亦仁至义尽者欤？我族当乾隆以前其祀祖之处，仅仅一室，即今所谓上堂前者是焉。为寝在是为堂亦在是，制甚简陋。嘉庆戊辰，我曾祖维绍公等将八世祖在职公茔资百余贯同意乐输，以为创建祠堂之需。经此提倡，而我族遂乃有祠相传为水木堂，升降拜跪乃得尽其仪矣。讵料咸丰癸丑(1853)淫雨为灾，波臣肆虐，全祠垣宇尽付东流。越数年乃图再建，未几，遂复旧观，改名追远堂，盖取《论语》民德归厚之意也。惟是沴灾迭见，溪身日渐壅积，祠基转形低洼，历年既久，栋宇湿腐，山门廊庑，日濒坍倾。民国五年(1916)丙辰，集议改建，众谋金同，翌年丁巳前总干道阴鸠工庀材，就其旧基从事改造，迨至工垂过半，以瓜满卸事，振芳承诸父老过爱，委为继任总干，辞不获，已乃即督理祠工，接续营造，晨夕勿敢稍懈，以竟前总干未竟之功。两阅春秋，祠乃告成，其堂额仍以追远名之。时则民国十年(1921)辛酉七月也，而同事之房干则为道泮、道乾、道雷、立父、诚化、道澄、道赓、道宋、道月、从产等十人，落成之日振芳因之有感焉，盖自嘉庆以来一百二十年间，我族祠堂凡经三建，遭际亦云困矣。然而历次梁栋大木悉求之，公私坟荫不给价值，皆无难色，此以见我俞氏子姓，不吝私物，富有孝思，其特殊之美性，为他族所未有。今则址基高爽，栋宇崔巍，奕奕崇祠，堪垂万世。我历代先灵安息其间，有不顾而乐之者乎？而我族之寖炽寖昌方且翚然高望矣。是为记。

---

① 录自民国版《升纲俞氏宗谱》。

民国十一年(1922)壬戌六月中浣穀旦,第十四世孙郡庠生振芳廷枫氏谨识

是记之成在六月十一日,不料至十四日夜,大雨倾盆,山洪暴发,平地水深数丈,我村屋舍除上车门及中央车门两处外,其余尽成泽国。冲毁漂没,不堪悉数,而此簇新之追远堂,其山门戏台东廊皆漂没一空,所剩者惟后殿与西廊,然亦墙宇坍尽,椽柱欹斜矣。尔时如住岭之胡祠、马村之张祠,亦皆逐浪以去,彼此欷吁极,同病相怜之。叹沴灾奇重,千古罕闻,天实为之夫复何尤,恢复原状端籍继起者。

六月廿八日振芳又识

11. 广积庵记[①]

广积庵,我升纲之香火庵也。位于雁山之麓,与境庙相毗连,正殿五楹,厢屋二楹,其创建年分因旧谱从未记及,故无人能言之者,惟徐光天先生所撰予六世祖贵荣公传,载康熙十四年(1675)正月遭胡双骑乱,屋庐被焚,暂居庵中,即时重造房舍云云。而庵中旧遗供桌亦书有"康熙五十几年住僧某建"字样,乃知清康熙间业已有此,盖三百年于兹矣。其间风雨摧残,不知几经修造,而使壮严佛像岿然犹存也。惟居住无僧,相沿已久,兰若空虚,但供我村修行妇女拜诵佛经之用。予故额其门曰"俞氏广积经堂",亦纪其实耳。夫三教流行,与二仪并丽,故东南名刹,棋布星罗,不可以更仆数,然而昔日之精蓝,今多禾黍矣。广积庵则历久如常,古刹禅灯,为数名胜者所屈指,此其间或有数存焉。是安可以不记。

民国十一年(1922)壬戌岁六月,郡庠生俞振芳撰

12. 升纲村景诗十七首[②]

(1)升纲仙迹

王慕兰一首

刘纲夫妇此修仙,金灶丹炉尚宛然。

山色不随人事改,桃花犹似旧时妍。

四明图说真灵境,九曲名题小天洞。

---

① 录自民国版《升纲俞氏宗谱》。

② 录自民国版《升纲俞氏宗谱》。

闻道餐霞能返老，誓抛尘网习延年。

（2）广积禅灯

王慕兰一首

尘世休嗟黑暗深，智灯朗照古丛林。
参来广大无边法，悟彻光明不染心。
一穗珠旒垂宝蕊，有时钟磬发清音。
白毫宛转琉璃相，未许罡风入夜侵。

（3）紫嗣晴岚

王慕兰一首

葱葱郁郁叹佳哉，旭日光摇锦嶂开。
重叠翠岚成彩色，有无紫气自东来。
临风欲作倾城笑，拨地还推造物才。
险要可能同大别，感时抚事一低徊。

（4）黄巘积雪

王慕兰一首

天工玉戏遍嶙峋，照眼寒光景又新。
高士探梅饶雅兴，老僧扫石倚吟身。
沉沉睡觉游仙梦，片片花飞大地春。
试问九巘秋色里，何如此境绝红尘。

（5）杏潭印月

王慕兰一首

旧游胜景忆西湖，月点波心若画图。
十里红云花正闹，一潭碧玉水平铺。
化身坡老归何有，照影嫦娥见也无。
静夜详观何所似，赤瑛盘里捧明珠。

（6）梨嶂插云

王慕兰一首

冈峦往复断犹连，高插云霄势凛然。

兀立孤峰能障日，削成翠嶂欲摩天。

梨花冷艳堪娱目，老树婆娑不计年。

放眼试观千里外，海天一色望无边。

（7）凫渚朝烟

王慕兰一首

遥望非烟却似烟，依依摇曳晓风前。

鹭汀蟹舍通幽境，红蓼白蘋少俗缘。

几处饷耕炊饼饵，谁家煮茧足丝绵。

老翁稚子闲无事，高话义皇钓石边。

（8）雁山夕照

王慕兰一首

秋色苍茫隐翠微，满山红叶映斜晖。

峰名回雁由来久，地隔衡阳往事非。

自爱书空排笔阵，可能系足寄征衣。

纵教晚景黄昏近，图画天然识者稀。

（9）升纲仙迹

卓慈沛（雨亭）一首

四明自有雨梨洲，此处刘纲古迹留。

蓬岛高悬沧海日，壶天常驻洞庭秋。

人疑沙渚遗苍鹤，我爱溪边泛白鸥。

何幸萍踪游到此，神仙遗事识从头。

（10）广积禅灯

卓慈沛（雨亭）一首

红尘紫陌夜光凝，广积初明佛院灯。

迢递几讶藜杖火，依稀照彻白云乘。

鸡窗默对舍情客，梵呗圆参人定僧。

会待蒲牢三五响，当檐露出塔层层。

(11)紫崱晴岚

卓慈沛(雨亭)一首

青山不老放晴虹,淡抹浓妆趁日烘。
浴水赤鸟飞上下,向阳灵鹊噪西东。
白云遥接神仙府,碧瓦高蟠帝子宫。
何必琅环寻胜境,此间相与武陵通。

(12)黄嶷积雪

卓慈沛(雨亭)一首

试望黄嶷玉积梯,东风过后又成泥。
梅花庭院曾相识,杨柳楼台未许迷。
一派晴添新水活,万峰浓压宿云低。
冲寒好访南枝信,不使银沙没马蹄。

(13)杏潭印月

卓慈沛(雨亭)一首

浮云扫尽月行天,红杏枝枝映水边。
满幅冰轮离瀚海,一涵金水放渔船。
龙宫献璧光难揜,鲛室遗珠魄自圆。
惟愿清风生两腋,翱翔云汉会琼仙。

(14)梨嶂插云

卓慈沛(雨亭)一首

梨洲坞自隔尘氛,碧嶂三千杳入云。
天远那知霄汉路,峰尖常搁夕阳曛。
玉钗拔地浮岚叠,宝盖撑空积翠分。
间煞寻幽豪杰士,吟余多少好文诗。

(15)皂渚朝烟

卓慈沛(雨亭)一首

皂渚晨光动水村,朝烟幅幅锁重门。
云断淡泊仙人掌,香雾轻销玉女魂。

绕树赤乌飞不速,腾空白马怒争奔。

人间岁月何须问,静钓矶头酒一尊。

(16)雁山夕照

卓慈沛(雨亭)一首

极目岚光接水光,朔风吹雁到衡阳。

铜钲暂挂疏枝柳,金镜斜穿古寺杨。

一幅浮图供晚眺,数枝落照撼新凉。

晴空微露蛾眉月,衬出秋山淡艳妆。

(17)升纲即景

俞振芳(廷枫)一首

宅边桑竹绿缤纷,景似桃源静不氛。

水碓寒舂千嶂月,村居斜傍一溪云。

林间寺古无僧住,岩下烟开见鸟翁。

前岸幽津堪画处,白鸥三两泛残曛。

(三)明派俞氏鄞西俞鼎支

1. 桂林释①

按《鄞县志》第宅考:桂林俞宅(注云:县西二十里,地名桂林。吴兴俞鼎来镇浙东,卜居于此)。按《续谱》云:一世祖讳益(实始祖讳鼎之第十世孙也),居四明城西之桂林。又按崔植《柏屋记》云:鄞西去二十里许,曰"桂林",宋忠宣公俞瓛由姑苏来镇浙东,见其土壤沃而人物秀,遂家焉。又按杨文懿公诗云:"俞氏古华宗,始自忠宣公。于今五百年,奕叶俱丰隆。美哉惟和氏(注云:惟和乃千二府君讳允说之表字,系讳瓛者之父、讳伟之叔父也),朝暮观经史。卜筑屋三间,设帐训诸子。此地桂萧森,蔚然成茂林。以之颜其屋,香泽久而深。振振忠宣孙,他时效郄诜。高折丹桂枝,光耀前人门。"夫桂林者,地名也,在鄞西鄮湖之南。讳瓛者,宋谱所

① 录自民国版《桃义江俞氏宗谱》。

载,分居于象;讳益者,又后于夔五世,尝居桂林有之。而崔、杨二公谓其始居,不征于宋谱,不考其居之转迁、世之先后,而臆为之说耳!且始祖讳鼎,夔为鼎之孙,科第显荣,记事者录其尤特,亦恒情也。正德间(1506—1521)宗老锄地,得石匾,镌刻不磨,题曰"桂林"。其纪曰:"熙宁六年(1073),进士俞伟持之而归,圬于院墙之南。"夫讳伟者,鼎之孙,夔之从兄,仍居罂湖之南祖宅者也①。居桂林不自夔始,明矣。夫信讹传而不核其实,则将祖非其祖,而孝敬之心不获致诚于所尊焉。述谱者为此惧也,作"桂林释"。

嘉靖二十年(1541),与行嗣孙文曦敬识

2. 柏堂释②

柏堂,即旧传植木堂,盖"植木"乃当时堂匾之名,而旧谱名"柏堂",记传中又称"柏屋",皆别名耳。然事虽传,而迨今二百数十年,其堂且泯灭无存矣,是可慨也。因按《续谱》云:"明一府君葬本里植木堂之左。"又幼时闻之宗老曰:"府君之弟明四府君,家资累万,尝植木若干本,比次不乱,培养成林。大者径尺余,细者拱把,结构枝叶,为屋三间。其下列石床檠几,陶罐瓦缶,日与高士名人宴游其中,于是相传"桃源一境人间有,柏屋三间天下无"之语。又观《四明图志》亦载其略,且言"久富俞烂钱之家"。又见崔公《柏屋记》附录于宗谱中,而诗歌记颂连篇累牍。鸣呼!固先代一盛迹也。而今若斯,宁能已于戚戚耶?抑有大焉者!明一府君,曦之六世祖也,因堂以地志葬,堂既泯,后世将遂忘其地,弗以先垄视之,宁忍不志其所自耶?故作"柏堂释"。

嘉靖二十年(1541),与行嗣孙文曦敬识

3. 祠堂祀田记③

始祖朝请大夫百二府君,传至七世祖再十一府君、再十二府君④,析为两大支,立祠修祀,迄今三百余年,不为不远;两支之子孙合而奉祠者且三百余,支不为不多;一载之内,凡四举祀事,不为不时。而能绵绵勿替,饮福且周者,赖先世多置祭田耳。否则有将望丘垅而不登者,夫物盈则

---

① 此说为误。俞夔为俞充幼子,非俞鼎之孙、俞伟之从兄,世代都是鄞县人(见《辜氏墓志铭》)。

② 录自民国版《桃义江俞氏宗谱》。

③ 录自民国版《桃义江俞氏宗谱》。

④ 即俞及之、俞约之。

损,损则虚矣。虚则益,益则盈矣。势之所趋,而赢缩见焉。稽诸旧谱,凡祀田若干亩,奈何中更衰削去者已半,今嗣孙鹤仙翁逮石溪翁主祠事,复稍稍增益,亦各置若干亩,度田之入,以供一岁四祀之需,其足也。乎虑其不足而又莫益之,或削之大可患也。于乎吾慎而识之,爰于石碑之隐二,其田亩之数,使世有守焉。自今以后,有能荐羞以时,而恢廓祀事者,其不失孝敬之心也欤。不可以弗与有怀隐壤之术,以徇赢缩之私者,其不孝不敬之行也欤。不可以弗殛。

嘉靖二十年(1541)春王正月,二十三世叔夔拜手谨识

4. 祠庙志[①]

圣女黄姑祠,俞家宅跟,祀横街林村昭惠庙黄伯玉之女。旧在黄公林,清康熙间庙毁,奉像于控湖桥侧之永庆庵,道光七年(1827)移建今地。旧例八月二十三日,里人迎神至俞氏老祠堂,晚即复回殿。是日演戏赛会,以志庆祝。(录鄞县县志)

萧刚禅寺,距俞氏宗祠东百余米,建于清康熙年间。清道光五年(1825)永孝重修,光绪十四年(1888)善明募修。现存大殿,天五殿、厢房,后大殿1966年时拆除。(根据《鄞县通志》整理)

5. 古桥志[②]

俞家宅跟自西至东全长一华里,街河剖村而过,古桥横跨,流水潺潺,素有一里十桥之称。计有:横桥、古桥志、控湖桥、跳湖桥(1927年重修)、西津桥(一名古香桥,1886年重修)、桂林桥(1929年重修)、东汇桥(1827年俞氏十九房重修)、井龙桥、仙圣桥(1927年重修)、凤尾桥(已拆)、祠堂桥(1924年重修)。又:座落在鹅颈曲与福谦小学间的鼎新桥(一名同春桥),建于1923年。

6. 明德堂祠记[③]

明德堂者,镇西桃义江俞氏之宗祠也。俞氏世居鄞西罂脰湖滨之桂林,其始祖宋朝请大夫讳鼎者,系出吴兴蠡山,太平兴国中,仕为明州录事参军,迁浙东制置使,爱其地土壤沃饶,风景清美,遂家焉。自是累叶相承,子孙蕃衍,甲第联翩,终宋之世,俞为最盛。惟有元一代,其子孙以田

---

① 录自民国版《桃义江俞氏宗谱》。
② 录自民国版《桃义江俞氏宗谱》。
③ 录自民国版《桃义江俞氏宗谱》。

园自乐,潜德勿耀。越前明以迄国朝,复见名贤继起,代有传人,故郡邑各志备载俞氏,鄞志宅第考亦特书桂林俞宅。而桃义江俞氏,则自宋鼎公递传之前明,第二十世讳常泓者,于嘉靖年间由桂林而始迁焉,今遂为镇西著姓云。常泓子三,慈胜、慈腹、慈朋,为第二十一世。慈腹仅三子而下遂无传,慈胜子一,文怔,慈朋子二,文贵、文达,为第二十二世。文怔子一,水,为东房;文贵子二,木为西房,本为后房;文达子一,源,为中房。此第二十三世。而俞氏派自此分为四房矣。西房木子二,钧、铣,系第二十四世。传至康熙年间,西房钧派一支,凡第二十七世光字行者,徙居于桃义江之东,名曰新俞。于是铣派一支与东、后、中三房居江之西,始迁旧基者遂名为老俞。而俞氏居又自此分为两村矣。其先四房有祖遗公共祀田一丘,计二亩,名后长爿,未几画为四区,东房坐东南隅,西房坐西南隅,后房坐西北隅,中房坐东北隅,各房分管,轮流值祭,由来已久。当日凡遇时祀,则集族房长于轮值之家拜祭之而已,盖向固无其祠也。迨二十九世新俞派辅周公讳贤相者,成奎公之第四子,而良友、良勋、良瑞诸公之尊翁也,念宗祊之不立,慨祀事之不明,无以妥我先灵也,夙有建祠志,而厥费甚巨,计无所出。惟时,去桃义江十里外,有濒海荒地,一带六十四亩,向系西、后、中三房轮管培样,薪刍为樵牧之场,其守为世业者旧矣,非东房所得分也,培样久而土肥厚。乾隆四十八年(1783)间,有近海居民乞租垦种者,辅周公爰为集议,将每年所得海地租花,存放生息以备公用。众皆唯唯,遂立议据,并仁字号总理簿一本,分四柱轮管,而辅周公总理之,即自乾隆四十九年(1784)为始,既而尝谓三房族人曰:果善经理此,即可谓建祠地也。众亦欣诺。不意至嘉庆三年(1798)八月,而辅周公竟以无疾终也,惜哉!计自四十九年起,其为总理者凡十有四年,约积二百金。其临终若先自知也者,召友勋二公曰:吾将辞汝曹而去矣,惟念宗祠不及建,死有遗憾,所翼汝曹善为经理,能成厥祠者,方足为吾后,有巳田六分,愿助为基,毋废吾命。二公合应声而即溘然,盖时年已八十有一矣。于是长友公属弟良勋公接理之,方年余即谋起建,度助基不足为置,毗连之翁氏田三亩,以故余存无多,计不敷所需,又念宗祠为东房所宜合建,此海地租花,非东房所得分,则建祠费若干。东房派当出四之一,谋诸东房,东房不与勋公,若有难色。友公瞿然起曰:建祠固吾父志也,我三房既有同志,则东房姑置之勿论,若公资不足,且先以己资垫发可也,尚其诹吉兴工,渐次图成,以慰先人于地下,毋踌躇不举也。遂如父志,将助田并所置田量度基址,相其阴阳,先就助基,建正寝及左右偏屋,此嘉庆五年(1800)间事也。厥费系友公垫发居多，而三房族人亦遂乐以海地竟作祠产，将其花息偿前垫，而续后图。于嘉庆七年（1802）间，复议立义、礼、智、信四柱，簿各一本，与仁号总理簿，公同登记以示无私。至嘉庆二十二年（1817）间，计有余存，为建前进屋以与正屋配，而友公爰命子方盛即其出继长瑞公者，查理西、后、中三房各支祖，及近世各祖考妣为之次第立祏主，于嘉庆二十四年（1819）二月恭送入祠，昭与昭次，穆与穆次，尊卑上下，厘然秩然。于是堂之上足以妥先灵，而堂之下足以承祀事矣。二公其无憾矣乎！而二公之志犹未也，复计建厢屋若干间，而年皆七十有余，若倦于勤，乃于道光元年（1821）属其从子方烈，即辅周公次兄贤佐公孙也，为任总理事。而方烈克踵其美，奉二公命，遂于道光二年（1822）建东西厢屋，又建西夹厢以为守祠所，而俞氏祠于是观美备焉。噫！是祠也，承辅周公志也，越年二十，事经两手，三次落成，凡鸠工庀材，良勋公与从子方烈身任之。而厥费则良友公垫发为先，可谓善作善成矣。方今纂谱，即设局于其祠，而又摹桂林始祖像以悬于上，俾族人咸知祖所自来。谱所由纂，则自鼎公以递传之常泓公而下，及三房派祖，其未经立主者，行将补进其祏主，以追祀于一堂矣。祠正寝三间，左右各一间，配以前进五间，中为大门，东西厢各三间，又西夹厢五间，守祠者居焉。祠基外有余田，归守祠者耕种，不取租，借供洒扫以致洁也。岁祀三期，春清明，秋中元，冬长至日，祭惟其时，礼有其节也。盖自有此祠，则俞氏世世祖考妣得以常享明禋。而西、后、中三房子子孙孙得以永承祀事，而妥我先灵也。谓非辅周公不匮之孝思锡类焉，以相引于勿替哉。颜其堂曰明德，《周书》有之曰：黍稷非馨，明德惟馨，诚以神所凭依在德，愿世世子孙明德以荐香，以期神之勿吐云尔。余自道光己酉（1849）夏初膺宁波郡学篆，阅今四载。于桃义江氏虽无知交，其为镇西著姓，固耳熟久矣。剡东王子秉钧曩剡山书院主讲，时从游士也。今从俞氏姻好，家过访道，寒暄毕，而王子辄称俞氏子孙之贤，不置旋出所作谱序稿，并以良友公子方道、方桂、方华，良勋公子方卿，方烈子正刚，方盛子正裕辈所述建祠事，具略而属为之记。余阅其序，观其略，而不禁叹俞氏子孙之知尊祖敬宗者，果代不乏人也。炽昌之势，其殆与桂林媲美也欤。因不揣谫陋，乐即其略而润色之，俾垂诸俞氏家乘云。

是为记。

龙飞咸丰二年（1852）岁次壬子季春之月，赐进士出身敕授文林郎、宁波府儒学教授，衢江郑邦立千仞氏书于学署

7. 桃义江俞氏宅图说①

镇邑之西三十里,曰桃义江,又曰桃义港,为俞氏所聚族,又名俞家坂。云江自北而一直之南,南界施家桥,出王家堰,至骆驼桥,桥东去逾大市堰而抵镇西城,南去逾鄞定堰而至引仙桥止,各三十里,北界画船港北折而之东,则东大河而杜塘坂槐花港、学产港通焉。北折而之西,则通檡木港,出南则香山港、芳港,皆慈地。复南折而西出,直达慈江之丈亭,凡七十里。亭西去抵越之姚江三十里,而亭之东则达甬江之桃花渡六十里。由是而之镇海口又六十里,合计凡二百里,与海一水相通,潮汐应候而至,殆无虚日,舟楫往还至便焉。是桃义江亦行旅之通途欤。俞氏派分东、西、后、中四房,俞家坂分新老两村,江自北而南界两村之中间,东西各分支流。今西房得半之铣派裔,与东、后、中三房居江之西者,曰老俞盖、老俞固,前明常泓者由桂林始迁之旧址,初无其名。自西房得半之钧派一支,于康熙年间徙江之东,别建新屋居焉,于是新俞名,而老俞亦名,人烟相望,仅里许耳,是桃义江固两村之交界也。江之半,跨石为梁,两村之所以便行者。其先累小石而为之,名桃港桥,年久石解而桥以圮。自道光甲午(1834)春,新俞茂斋、方盛翁者起而新之,易以石板较固焉,名则仍基旧云。桥之东南,俞氏建有宗祠,颜其堂曰明德,春秋享祀,两村子姓汇萃犹一家焉。村周围阡陌交连,绣壤相错,资江之水为灌溉者以千计,而俞氏世业居多,是桃义江尤俞氏之所利赖也。顾既曰江矣,何又名港?余则曰:此固港也,非江也。江者,水深且广,帆樯往来不相触,碍如甬江、慈江、姚江然。此则广仅三丈余,水视潮汐进退为浅深,仅可容一舟,则名江不如名江之为是,即其北之画船港,东之槐花港、学产港、西南之檡木港、香山港、芳港可例焉。而兹曰江、曰义江者,意者居人获灌溉之利,有共济之义存焉,而不欲以港小之耳。然既有义存,则港虽小而义大矣,则谓之义江也可,即谓之义港也亦可。而冠之以桃者,于义何居意?其地故树桃而名之欤。抑其水与桃花渡相通,类推而名之欤。而相传已旧,则亦桃之而已有,无庸深论者。今举俞氏宅而图之,亦不过于尺幅中略见一斑,垂之家乘,俾后之览者,知为祖宗基业所遗,当世守之而弗失而尤望,贤达者起而光大其门闾也。是又属之图者,所殷殷致望焉,意在笔先有俟之善会者耳。而或徒以浓青淡墨,侈画笔之工,为形胜之观,是亦浅之乎测斯图

① 　录自民国版《桃义江俞氏宗谱》。

也。余家与桃义江俞宅桑梓相望,仅六七里,亦尝游其地矣。俞子正朝君素相识者,其从弟正邦君又系内家亲,兹偕刻友王君衡堂来访。衡堂盖曩游刻时,相与莫逆者,因留宿而送之,旋经明德祠谱局设焉。适绘宅图成,而属之图者,又属为之说焉,遂率书数行以应属之者,谁? 正朝舅季是也。

咸丰壬子(1852)暮春谷雨后二日,镇如陈鸣铮书于桃江谱局

(四)明派俞氏鄞东俞充支

1. 树德堂记[①]

民国纪元三十四年(1945)四月,倭寇陷鄞城,县丞俞公济民与敌激战于四明山之麓,炮震肉飞,血瀑石壁,掷千百人之性命,以争尺寸之土,何其伟也。既而敌增援,兵声势愈大,遂引军入宁海城东,伍练技以图攻克。时志清任本乡乡长,方治民团,保卫乡里,奉委为东钱区区长,区辖十六乡镇,吾俞塘其一也。鄞城既陷,狂寇所至,刈人如营,县治八十八乡镇相继屈服,大好河山沦为异域,三纲九法扫地尽矣。独东钱一区,气节彪炳,称为完土。尤以吾俞氏子姓,临难不苟,历艰险而戡大乱,蹈百死而不辞者,何哉? 岂非吾俞氏代有忠良,祖宗之德泽所被,气机鼓动而不能自已也钦! 越二年,敌势稍挫,地方粗安。志清谋建宗祠以光祖德,商于族人,咸曰:可! 遂兴工矣。吾俞塘之有俞氏,始于明永乐初年,而山静公实为建族之祖,厥后生齿日繁,析为天、地、人三房人,之后又析为礼、乐、射、御、书、数六房。御、书、数皆有支祠,曰桂林、曰蒙荫,而天地房虚矣。古者尊大宗庙,在其家支庶不祭,所以明宗也。今大宗无祭室而支庶有支祠,岂圣人制庙之意钦? 且各祀其祖视周亲如秦越,天下之大患也。遂以人书房之原祠五楹,拓而七移人御人数两支祠之旧材,为左右庑楼,之前七楹亦楼与庑楼通,庭峙歌台,傍附寝休,庖湢诸舍,经之营之,越一年而工竣,因取《尚书》树德务滋之义,名其堂曰“树德”。方倭寇之来吾乡也,叫嚣东西,隳突南北,炮声起处,石裂铁飞。志清守土有责,相持数年之久,干戈扰攘,欲求一日安宁而不可得,何其苦也! 及夫祠成之后,春祀秋尝,子孙瞻拜,左昭右穆,堂势尊严,凭楼远望,江山依旧,旷然若不复知兵革之未

① 录自民国版《四明塘峁俞氏宗谱》。

息者，又何乐也。时乎困苦虽智者难免于蹩躠，时乎安乐虽愚者亦事半而功倍，凡事之成功与否？夫岂不以境哉？爰粗述抗战之经过及建祠之缘由，书于屏，后生小子览斯文也，忠孝之心能不油然而生乎？

中华民国三十四年（1945）四月，裔孙志清谨撰

2. 俞氏重建树德堂碑记[①]

鄞县县治之东南二十余里，有大浸曰"东钱湖"。环湖而棋布者，凡十六乡，置东钱区以辖之。吾友俞君志清任区长。湖之南十余里有木龙山，山下有溪曰亭溪。背山面溪，筑室而居者数百家，曰塘岙，俞氏君之族也。其先盖台之宁海人，赵宋太宗朝有湖亭公讳鼎者，为明州观察推官，遂家于州治月湖之西北[②]。州治者，今之鄞县治也。其后有淡然公讳佶者，由州治迁居阳堂乡之下水，有德懋公讳得一者，由下水迁居洋山。迨有明成祖朝，沿海不靖，有潼州知州大嵩公讳山静者，乐木龙山山水之胜，遂避居山麓，是为塘岙俞氏之始祖。自始迁至今，五百有余年矣。岁久齿繁，蔚为大族。而宗祠未建，岁时烝尝，各于私室。今年春，君谋于族之人曰：寇势方张，国难未已。众人熙熙，咸以此为乐土，各私其私，不知求所以合群御侮之道，吾甚惧焉。欲建筑吾俞氏之宗祠，以合一族之人心，而为民族之基础可乎？众曰：诺。谋乃定。初大嵩公析为天、地、人三房。人房又析为礼、乐、射、御、书、数六房。御、书、数各立支祠，以奉其所出，乃以书房支祠为之基。左右益以御、数二支祠之旧材门墙廊庑，则门辟地而推扩之。旧祠材木之朽败者，改葺之；瓦石之破碎者，弥补之；髹垩之不鲜者，重新之。越一年而工竣，名其堂曰"树德"。即今之竦峙于亭溪之北者也。君既乐宗祠之成，恐后之人徒见庙貌巍峨，而忘其所以建祠者，嘱余记之。余为叙俞氏先世之源流与建祠之由，书于碑。后之人览斯文也，油然生敬宗睦族之感，穆然而兴民族之思，则宗祠之建为不虚矣！是役也，计费陆百余万金。由天房捐输之。御、书、数三房既供支祠之旧材得不输。董其事者，吾友俞君志清，而嘉增、增勋、增秀、光世诸君子，亦与有力矣。

中华民国三十四年（1945）四月，同县汪焕章撰于鄞县通志馆

---

① 录自民国版《四明塘岙俞氏宗谱》。

② 此处祖源叙述为讹误。明派俞氏鄞东支其可据之祖为俞充（1033—1081）。而根据王珪（1019—1085）撰于熙宁四年（1071）的《辜氏墓志铭》，虽则不能确定俞充的父祖为谁，但可以确定的是，俞充并非鄞西桂林俞氏之祖俞鼎的孙子。

3. 建造宗祠议单[①]

俞氏系出蠡州[②]，历宋元明清，代有显宦，其支派分布于各地者，无虑数千家，要皆异派而同源者也。吾塘峁之有俞氏，始于明永乐初年，而山静公实为建族之祖。嗣是生齿日繁，别籍以天、地、人，而人房之后尤大，又析为礼、乐、射、御、书、数，分立支祠以奉其所自出，各祖其祖，视周亲如秦越。盖去本愈远，枝叶愈岐，而宗族观念亦愈狭，其势然也。今年春，志清属宗老而告之曰：国之起点在于家，积家成族，积族成国，欲求国之统一，不可不谋家族之团结。吾俞氏卜年五百余载，聚族百数百家，应建立统宗之祠，上以慰列祖列宗在天之灵，下以联系一族之人心，毋或缓也。宗老皆曰可。议成，而又苦于经费之不易，又经合族同意，以人书房支祠原有前后五楹拓而七，左右益以人御、人数两支祠之旧材。前层两廊亦辟地推扩，中峙歌台，外立围墙，栋楹梁槛板桷之腐黑挠折者，改葺之盖瓦；级砖之破缺者，弥补之赤白之；漫漶不鲜者，重新之。所需经费，由天房负责捐募，御、书、数房既供支祠之旧材，不再出资，工役则由各房义务轮派，并取《尚书》树德务滋之义，名其堂曰"树德"。民国三十三年（1944）四月择吉兴工。此次建造宗祠，完全为肃穆敬祖、亲睦敦族，革数百年疏慢涣散之陋习，凡我叔伯兄弟姊妹，务各踊跃从公，共襄厥成，是所厚望。

中华民国三十三年（1944）三月

立合同议据：

宗长玉惠、天房房长树康、地房房长玉铉、人房房长玉惠、御房房长树礼、书房房长树升、数房房长树棨、总干志清、协理增勋。

撰书 忻启陶

4. 俞氏新筑塘垣记[③]

东钱湖之南，由韩岭迤逦而前十里许，地名塘峁。俞氏卜居于此，聚族者数百家。其地瘠而风淳，凡有兴作，靡不齐其心力焉。岁乙卯（1855），曾筑塘于其族之东偏。今年（1859）冬，将欲勒石以垂后，而求记于余。余讯之曰：凡坡塘之兴作，必有文以记其事者，所以著勤劳示久远也。然必实有关于地方要害与一乡水利之所在，乃足以勒贞珉而登志乘，

[①] 录自民国版《四明塘峁俞氏宗谱》。

[②] 此说为误。

[③] 录自民国版《四明塘峁俞氏宗谱》。

兹塘之建其何以为辞？金曰：吾族素患贫乏，数年来稍觉赢余。术者咸谓地脉隆起，沙土回环，皆兹塘形胜之助，盍即是意以记之。余闻是言而因有感焉。夫人情逸则思淫，劳则向善。旦夕辛勤，则食用减约，而家道必为之丰裕。俞氏俗尚勤俭，数年来所以得享赢余者，皆其土瘠风淳之所致，是固人心有以进乎善，而非尽地脉之有以效其灵也。然作，工资浩瀚，而有利于族，不惮齐心力以为之，则异日家尽素封，户皆殷实，出其所余以为有，神地方之举其踊跃从事，必有远过于是役者矣。则兹塘之建，讵非俞氏兴隆之一验哉！爰不禁忻忻而为之记云。

咸丰九年（1859）岁次己未黄钟月中浣穀旦，同里王信德拜撰

5. 大嵩支创造堂序①

我祖之神座不宽容也久矣。因数百年前曾无积蓄故也。迨后百年博、厚、高、明四房祖，拟接四房内之祀产，拨与公钱作为存放，今得子母钱数千余金，又置田产十余亩，理可创造祠宇，以安神座之宽容也。然而谈非容易，有其金而无其人，不能也，有其人而无其力，又不能也。若吾兄树材自有创造之精神，朝夕不辞其劳苦，于民国八年（1919）月择日开创，至民国十三年（1924）二月祠未甫竣，身已一病，便辞。幸有吾弟树本勤慎可嘉，凡经理公事，必达稳固之途，此亦赖吾祖之福也。余今添居支长，因早出外慈邑业已二十余年，于今六月初返观本祠内，竟有不期然而然者，所有围屏门扇等件，务求别处美物装合本祠，尤为得宜。及堂匾柱对书之甚善。又篾房下树联兄，颇觉有志帮助，愿出己洋二百三十五元乐助本祠创用，方知日后联为一本之亲，无分彼此诸此、兄及弟矣，为常人所不易。深堪嘉尚，故乐为之偕序。

民国甲子（1924）六月吉日，支长树根谨序、侄增大撰

6. 新建宗祠记②

嗟乎！宗祠之建，吾先人盖有志焉而未逮也。盖吾二十六世行钥公有羹饭田五六亩，房内每家二人享馂，群议折钱以充公用，十余年间盈钱二百余千。堂兄慈增谋于众曰：祖堂逼近村居，人烟错杂，脱有不测，何以妥神灵？且东西两庑神位挨簇颠倒失序，尤非所以肃观瞻，盍创建宗祠乎？于是择地于本庙之左，计地价洋玖拾元，又益以吾祖永亨公祀田陆

①　录自民国版《四明塘岙俞氏宗谱》。
②　录自民国版《四明塘岙俞氏宗谱》。

分、土名桥头，计价洋陆拾元，其费皆吾行钥公祀中出也。顾谓九皋曰：汝为董事，凡木人、石人、圬人之所需，与线币之通济，俱总摄之。谓树璋曰：汝为督理，凡夫工之勤惰与丁钱、口钱、灶钱有不遵公祠之条规者，汝其禀呈，酌其情之大小轻重而行罚焉。议既定，播告于各柱之干事曰：成大事者需大费，一木之难支，不如众擎之易举。吾始祖亨一公之祀，自经讼事耗败已尽。今各房之祀产具在，盍搏节之以备不时之需乎？金曰如律。岁丁酉(1897)聚族之子姓，鸠工而筑焉。厥基既固，大木斯构广，乃勤丹雘，乃筑垣墉，经之营之，竭蹶赴功。越明年十一月祠成，乃涓吉奉香火，序昭穆，肃明禋焉。是役也，自始事以迄藏事费钱二千缗，费工二千工，而族人无怨咨之者，当事之处，置浃人心故也。龄于是作而言曰：言事非难，任事为难，地方公益之事，无力者不能为，有力者可为矣。而其人贪鄙近利，遇公事望望然，去之若将浼焉。虽有力而终不肯为，创建宗祠之议多，历年所类，皆奋发于临时，而畏葸于事，后卒无人。挟定力，排群议，而毅然为之者，独慈增、九皋、树樟三人，力任之而其事卒成。后之人处可以有为之地，慎毋畏其难，而不知所兴起哉。

大清宣统元年(1909)岁次己酉，三十六世孙宾熊谨识

7. 梅墟盐仓基记略①

梅墟盐仓基，吾族世业也。元明之间，吾族多以煎盐为业，盐成而置其地以储之，故曰盐仓。

国朝因之其计基地量计八亩五分三厘六毫零计竃课银壹两壹钱伍分叁厘，按年向清泉场完纳归鄞县报解后，因梅江水淡，盐无可煎，由清泉场详明，盐院改为市集，我族披盖房屋收租抵课。乾隆年间被镇邑竃匪夏斐文、陈再荣等图夺。是地吾族天奇公智臣公五培公等控官求理，不谓夏斐文等又纠匪党毛静远、陈昆山、朱子晶狡展图翻，是以缠扰二十余年，案犹未结。至乾隆五十二年，智臣公等又求府县案详监院札催清泉场大使诣勘绘图核实申详，丈得实地六亩七分零与输粮之额缺地一亩七分零，但相因已久，智臣公等心存忠厚，故不深究，惟所丈实地，蒙道宪批饬我族照旧管业。咸丰元年，地兆焚如，经宗长万清公暨首事德耀公、安之公、允恭公、春熙公、赓三公、金水公、楚桥公等协力起造且有赔资以干事者，旋有竃匪陈忠善、胡新祚、俞能贵等籍夷扰卷毁，又值监案滋事复图占，案经吾

① 录自民国版《新盐场俞氏宗谱》。

族开奇公、起隆公、鸿法公、德康公、丙熙公、祝三公、莓斋公等呈案上控，又蒙顾大使勘实具详并荷，段太尊给示勒石嗣后，虽有钱濂、袁茂芬等捏词诬控，究竟水落石出，业归故主。盖自奉宪钉界以后而吾族得安故业可无他族逼处之患矣。顾是地前被霸匪占夺，诸前辈之匐匍讼庭非伊朝夕，后又于咸丰辛亥及同治丙寅辛未等年遭火三届，诸前辈之度地鸠工，经营筹画，更不知若何劳瘁矣。然而僻壤荒区，变为市集，此虽由地势使然，不可谓非我先祖之遗泽长也。凡我子姓，须知创业艰难，守成非易。因记其事并录各宪示谕以备稽考而示不忘云。

鼎勋谨识。

附　录
宁波俞氏三胜迹[①]

2017 年 12 月 2 日，周六，适逢农历十月十五，我和立奇约上正多先生作向导，一行三人，驱车走访拜谒了宁波境内以俞氏先人为祠主的三处祠庙胜迹：俞山庙、俞家娘娘庙和俞圣君庙。在今海曙区一个不大的区域内，如此密集地分布着与同一姓氏先人有关的三处祠庙，实属罕见。这是一种独特的俞氏文化现象。

俞山庙地处宁波城区西约 60 公里的四明山上，今属海曙区章水镇字岩下村境内，细夹线在祠庙和一座叫做俞山的小山之间穿行而过。据民国《鄞县志》载：俞山庙于清乾隆三十四年（1769）重修，嘉庆十一年（1806）复圮（毁坏、倒塌），道光九年（1829）重修。而俞山庙始建于何时，县志并无明确记载。有戴姓护庙人告诉我们：俞山庙建庙至今已有 360 多年历史（据此推测，当始建于清顺治年间的 1650 年前后），于 21 世纪初，从原址往山脚下移了 50 米左右重建。俞山庙倚山而建，面朝俞山，分前后两井，左侧建厢房三间，右侧一口古井，泉水清冽。祠庙正厅供奉的是一位叫俞吉庆的大俞村人（大俞村属余姚市大岚镇）。大俞村离字岩下村约有 20 公里地，是著名的"江南五峰俞氏"剡派后裔聚居地。据传，当年俞吉庆与供奉在大俞村判官庙内的王判官一起，行走在四明山的村村落落，为

---

① "五峰俞氏"四十五世孙俞建文撰于 2017 年 12 月 22 日。

黎民百姓问医送药。俞吉庆经常在字岩下一带治病救人,被当地百姓奉为神医。俞吉庆去世后,当地百姓便在俞吉庆经常行走的山路旁立祠供奉,山称俞山,庙叫俞山庙,至今香火不断,据说还十分灵验。揖别俞山庙,我们一行驱车从皎口水库、鄞江古镇来到了著名的"桂林俞家",拜谒位于海曙区古林镇俞家村内的俞家娘娘庙。俞家娘娘庙原称圣女黄姑祠,与黄柏庙(昭惠庙)、黄姑林庙(黄公林庙)渊源深厚。据《鄞县志》记载,黄柏庙(昭惠庙)始建于三国时期吴赤乌(238—251)、魏青龙(233—237)年间,"因庙前有黄柏二章,故名黄柏庙"。庙主为东汉时期的齐国琅琊人,姓黄名瓘字伯玉,"淹贯六籍,兼医药星舆诸秘","常以医药济人,水旱祈祷,罔有不应"。黄伯玉夫妇得道成仙后,乡人感其"能御大灾,捍大患,则祀之",遂立祠于圣女山巅,后又移于林村。宋端平(1234—1236)间敕赐"昭惠庙"额,淳祐十二年(1252),特封"灵祐侯"。

位于海曙区章水镇字岩下村境内(细夹线黄岩头村与字岩下村之间)的俞山庙

位于海曙区古林镇俞家村的俞家娘娘庙

《鄞县志》记载，黄伯玉"志慕清静，天游浸寻至此，遂成流寓"，"构居于随山潭上"，娶里人潘氏，生有一女叫黄姑，"神颖不凡，孝诚备至"，其父过世后，守孝于庙侧，每有乡人"恳药于黄姑者，乃以侯祠香烬付之，罔有不念"，"后姑卒，亦肖像于侯之庙中"。民感其惠，乃相谓曰："能御大疫，捍大患，则祀之。黄姑之孝，足以范于乡者也；黄姑之祛瘟疫，能御大灾者也""相与即其墓旁之地立庙祀之，遂以之称其庙"。后来，"因黄姑像坏，召匠重肖，无所依据。有忆形容者，谓俞氏某女颇类，匠为之仿，其女遂亡"。由此，嘉靖《鄞县志》将黄姑林庙"讹为""祀桂林俞氏女"，也就属事出有因了。清康熙二十三年（1684），知府李煦奏请改黄姑林庙为黄公林庙。

在"桂林俞家"村西、眺湖桥头，于明洪武年间建有永庆庵。清康熙年间（1662—1722），林村昭惠庙毁。当时，俞家村所在的黄公林与昭惠庙所在的林村同属桃源乡，"时偶遇疫疠，乡人求近灵祐侯像以镇之，诸人毋允，乃以黄姑像迎之归，时疫顿息"。俞家村人遂奉黄姑像于永庆庵祀之。后永庆庵又遭水毁。清道光七年（1827），在永庆庵旧址兴建圣女黄姑祠，直至"文革"被毁。2012 年，重建俞家娘娘庙。

从横亘桂林俞家的中塘河往东 10 余公里，在机场高架东侧，是古林镇布政藕池，俞圣君庙就坐落于藕池村内。俞圣君庙坐北朝南，五开间，占地 900 多平方米，殿前广场空旷开阔，造型精致的戏台与大殿相对而建，每年九月二十二日前后，开庙会、演诞戏，热闹非凡。俞圣君庙于 2015 年获批浙江省民间信俗活动场所。大殿正厅供奉的是"五峰俞氏"明派十四世祖、宋应纪侯俞充。俞充（1033—1081），字公达，号毅菴，嘉祐四年（1059）进士，授著作郎，改左正言，官至通议大夫、户部侍郎，以功迁成都路转运使。元祐元年（1086），赐应纪侯。据考证，在清嘉庆年间（1796—1820）到道光初（1827 年前），一场罕见的洪灾，冲毁了俞家村内的永庆庵和俞家祠堂。据传，洪水将供奉在俞家祠堂内的俞充神位木牌卷入中塘河，一直冲到藕池村西的漕嘴口，久久徘徊，翻卷不去。有村人捞起，见是俞充牌位，均以为有缘，遂在中塘河边兴建俞圣君庙供祀。从此，村人每有疑难杂事、病痛灾患，必到庙中祈求神灵护佑，护邑人平安，佑家业兴旺。同治十一年（1872）重修俞圣君庙，后毁于"文革"。1992年，在原址重建。2003 年，另择新址，建成了今天我们见到的俞圣君庙。

位于海曙区启运路 129 号藕池新村内的俞圣君庙

结束一天的寻访之行，我们三位俞氏后人的内心被深深震撼，顿感祖功之浩荡、宗德之厚重。俞者，仁德善医；俞者，仁慈敬医。

水库淹没的千年古村，老照片中的样子[①]

宁波市奉化区溪口镇亭下湖水库，1978 年 1 月动工开建，1985 年 9 月竣工蓄水。

水库建成后，俞村、马村、麻厂、环潭、白壁等大小十多个古村落，四散分迁到溪口、方桥、江口等地，古村遗址从此淹没于浩瀚的水面下。

亭下湖水库由明溪和筠溪，两水相汇而成。

明溪一侧的水库尽头是溪口镇斑竹村，筠溪一侧的尽头则是溪口镇的舍底村和董村，毗邻拆迁后的俞村遗址。

俞村，原本是一个一千多年的古村落，规模庞大，村内牌坊古宅众多，村民以俞姓为主，故名俞村。

历史悠久规模庞大的俞村，在亭下湖水库建成后，被历史和水库淹没了。俞村历史，还有每一个被水库淹没的村庄，只能追忆了。

现在从一些老照片中，还能依稀看到曾经的样子。

老照片中的俞村一角，白雪覆盖，古树立于村头，照片拍摄于 20 世纪 30 年代，照片中的场景，现在无迹可寻了。

① 本文作者：颖之星语（刘颖）。收录时略有删改。

被水库淹没的俞村 俞村一角

俞村祠堂前的祭祀活动，村民云集，非常热闹，祠堂门楼的雕刻精美，刻满了光阴的故事，然而这一切都已烟消云散。

那时候的村民，与世无争。照片中的主人公，可能是当地的大户人家。

俞村祠堂前的祭祀活动 俞村村民

濂志桥，是俞村的地标，建于民国时期，是早期钢筋水泥桥的代表。

俞村通往董村的古道，连通栖霞坑古道，曾经是进入四明山的一条交通要道，照片中的人物背后就是濂志桥。

濂志桥

现在的栖霞坑古道，被认为是著名的唐诗之路的宁波段，从董村、经俞村而至溪口的古道，被公路和水库改变。

亭下湖水库建设期间，濂志桥两头的地面都被挖平，因此，我们现在看到的濂志桥，要高于地面。

筠溪之上原本还有一座廊桥，名叫广通桥，连通了俞村和董村之间的筠溪两岸，曾经是筠溪上游村民进山出山的必经之桥，也是栖霞坑古道之隘口。广通桥最早由北宋时期的竺大年所建，竺大年是董村人，官至太子太傅，即皇太子的老师。

竺大年为方便乡人进出，出资修建了广通桥，历代屡经整修，到了清代咸丰八年，即1858年，生员竺林等人再次筹资重建，上覆屋九间，成为一座非常壮观的廊桥。

广通桥   广通桥

遗憾的是，20世纪50年代，廊桥失火，壮观的廊桥毁于一旦。

重建时改建成了水泥桥，现在水泥桥也不见了踪影，只剩下两端的桥基尚存，桥梁遗迹无寻。

今亭下湖水杉林

岁月变迁，太多改变。俞村遗址，只有濂志桥和水杉林，成为现在的景观。

下篇

辞章辑佚

· 诗词歌赋

· 文章著述

· 史料文献

一、诗词歌赋

（一）明派俞氏奉系俞文广支

1. 俞村敦叙堂谱牒重光之喜①

泮西俞村，南门北郭。

追祖溯宗，如珠贯索。

昭穆具在，谱牒无错。

际兹重光，尤怀棣萼。

爰赘数语，用志大略。

他日登堂，乃荐清酌。

民国二十八年（1939），奉化县政府教育科长、族孙国光谨拜撰题

2. 樵公次长五旬寿诗一②

岁星明向海门涛，昼锦堂开拥彩旄。

雪窦风云钟间气，阮家咸籍擅龙韬。

山公启事储材富，萧相忧时转饟劳。

大衍齐登欣举按，寒梅香发晋芳醪。

宋庆琛鞠躬敬祝

3. 樵峰次长五秩暨德配徐夫人四秩寿诗二③

光彩照人似玉山，中年犹有少年颜。

① 录自民国版《俞村俞氏宗谱》。

② 录自民国版《奉川俞氏房谱》。

③ 录自民国版《奉川俞氏房谱》。

峨峨器宇汪汪度,应是凌烟将相班①。

生平出处系安危,飞挽能供百万师。

汉室论功谁第一,鄬侯勋绩冠当时②。

敬宗收族费经营,谱牒仓储取次成。

宏奖人才精藻鉴,满门桃李狄怀英③。

齐眉相对庆芳辰,弧帨合成九十春。

更有赏心并乐事,庭前兰蕊玉璘珣④。

癸酉(1933)仲冬,门下士毛恭祥、薛雪、史济寅同鞠躬敬祝

4. 樵峰总监五十寿诗三⑤

縶维俞公,天被尔禄。俾寿而康,惠此邦族。

嗟此邦族,无岁不兵。乱离瘼矣,民不聊生。

恭恭蒋公,整师沮征。公实佐之,次第敉平。

军绌饷糈,惟公筹之。民靡室家,惟公忧之。

人中龙虎,本为时出。国步艰难,雨沐风栉。

终岁驰驱,尽瘁国是。百年大计,半自今始。

海内人物,风徕云戢。公为苍生,屹然山立。

越山苍苍,越水泱泱。愿公之寿,山高水长。

愚弟董仲修敬祝

5. 樵公次长五秩寿诗四⑥

昔岁事北伐,岭表誓出师。

军行先辎重,转输公优为。

梯航一时集,满载皆军资。

肤功乃克奏,制胜在帷幄。

豫章一鼓下,政治贵设施。

前席借箸筹,公复掌度支。

---

① 原注:公美仪容,风度端凝,有李伉真贵人之目。

② 原注:公历任兵站总监、交通次长,体国公忠勋劳卓著,国民政府颁给一等宝鼎章。

③ 原注:公效法范文正修家谱,建义仓以惠族里。尤喜奖拔人才,有狄梁公满门桃李之风。狄字怀英。

④ 原注:夫人善于持家,称贤内助,生子女各一,如芝兰玉树。

⑤ 录自民国版《奉川俞氏房谱》。

⑥ 录自民国版《奉川俞氏房谱》。

田赋问农歉，捐税若焚丝。

此中有利弊，一一烦勾稽。

报最期月可，制宜诚因时。

义师出金陵，羽檄日飞驰。

关中赖转馕，量沙策亦奇。

士饱并马腾，提挈算无遗。

萧刘谁与比，功业竹帛垂。

戎马仓皇间，我曾鞭镫随。

河山告统一，与公相暌违。

岁时一展谒，慰问多温词。

值公揽揆辰，怦然有所思。

五十服官政，事业正无涯。

公勋钟山高，公寿钟山高。

春酒为介眉，愿公进一卮。

王震丰鞠躬敬祝

6. 樵峰五十寿诗五 [①]

天保定尔，亦孔之固。

俾尔单厚，何福不除。

俾尔多益，以莫不庶。

天保定尔，俾尔戬谷。

罄无不宜，受天百禄。

降尔遐福，维日不足。

天保定尔，以莫不兴。

如山如阜，如冈如陵。

如川之方至，以莫不增。

吉蠲为饎，是用孝享。

禴祠烝尝，于公先王。

君曰卜尔，万寿无疆。

神之吊矣，诒尔多福。

民之质矣，日用饮食。

---

① 录自民国版《奉川俞氏房谱》。

群黎百姓,遍为尔德。

如月之恒,如日之升。

如南山之寿,不骞不崩。

如松柏之茂,无不尔或承。

俞文芬、董兆锜拜祝

7. 樵峰次长五秩寿词(调寄庆千秋)①

腰笛来时,看云霄一鹤,高唱南飞。

恰逢岭梅放后,玉琯春回。

弧星照澈,喜江山,龙虎增辉刁斗静,

貔貅万幕凯歌,好劝衔杯。

回首沧桑换劫,赖飞刍转粟懋展才。

争传俊姿飒爽,曾画云台。

千秋盛业,祝瀛寰,文轨宏开。

凭记取,华年大衍海筹,正纪蓬莱。

杨子毅、许炳堃同拜祝

(二)明派俞氏奉系俞文唐支

1. 俞伸②

(1)过桃花源洞

三过桃源洞口村,不知何处是仙门。

迁回剩得江山在,指点空余野殿存。

王事独驱三伏暑,行旌再渡五溪云。

西风忽落梧桐叶,树底飞蝉欲断魂。

(2)宿衢州报恩寺有感而作

寥落江城古寺中,黄昏错听五更钟。

---

① 录自民国版《奉川俞氏房谱》。
② 录自民国版《四明塘岙俞氏宗谱》。

家乡有梦醒来隔，宦辙无情老去同。

月色正当良夜白，花容不比旧时红。

可怜僧舍空幽寂，到此番成一闷衷。

注：据《四明塘岙俞氏宗谱》载，俞伸，号洁斋。

2. 俞襄①

送允文何君 _{何君，名维岩，河南人，丙子副榜}

十年书剑老风尘，千里遭逢谊最真。

道合不愁山隔断，交深惟此海成邻。

久知司马才非走，更羡苏公军后振。

今日骊歌情缱绻，青衫湿尽复沾巾。

注：据《四明塘岙俞氏宗谱》载，俞襄，号东洁。

3. 俞晓松、董锡林②

（1）金婚敞怀(1966—2016)

金婚欢庆聚一堂，半个世纪不平淡。

清华同窗定良缘，婚前相盼近十年。

当年婚礼很特别，简朴情深永留念。

文革风浪吹不散，越受冲击情越坚。

夫妻信任是根本，互敬相依是心愿。

生儿育女陪老人，四世同堂孝为先。

夫担重任算领导，政协委员民意传。

妻精专业任总工，各类奖项获称赞。

亲朋学友情谊深，五洲畅游乐开颜。

兄弟姐妹常相聚，骨肉情浓世代延。

虽已白头心不老，身心康健是期盼。

感谢众亲来祝福，寄望后人更向前。

---

① 录自民国版《四明塘岙俞氏宗谱》。

② 录自俞晓松、董锡林自传《松林漫忆》（未出版）。

（2）同窗四川行——游后有感自吟

同学情谊深似海，诚意相约聚蓉城。

美国学友归心急，飞越大洋跨秦岭。

四十年前同窗情，小班期盼聚会成。

院士博导加会长，排开繁忙四川行。

九寨沟景胜过画，老友畅游心境佳。

峨嵋金顶观云海，心胸顿开容天下。

都江堰流千年传，古人智慧福万家。

武侯祠里品对联，青城山绿赛氧吧。

三星堆中难解谜，还待后人再研发。

同窗攀谈话不断，共享夕阳寿年华。

（3）上海世博：2010 年 6 月

注：上海世博会，俞晓松申办有功，约几十位同学到上海。其夫人董锡林有感，作诗一首。

上海世博成功办，誉满五洲齐称赞。

五国选一多艰难，夫君争办有贡献。

百年追梦梦成真，浦江两岸布展馆。

几代期盼终如愿，万国旗帜世博园。

沪上同窗情谊重，邀聚外滩共浏览。

世界菁华多荟萃，各国展馆竞争艳。

东方之冠中国馆，学友相约留影念。

民强国富好时代，互祝健康庆百年。

4. 俞强

（1）大地之舫①

梦见大地之舫

满载五谷、风俗与农谚

---

① 录自《绿风》1997 年第 6 期。该诗入选上海辞书出版社文学鉴赏辞典编纂中心编：《新诗鉴赏辞典（新一版）》，上海辞书出版社，2017 年。

在流逝的时间里沉浮

梦见弯曲的河道沉积千年的瓷片

被波光磨砺得更加质朴与沉着

发酵的阳光　　披裹远方的村落

和每一个孤独的坡面

黧黑的泥土　　黧黑的睡眠和古谣

弥漫在大地的肌肤内

祖先的经历被风中的麦芒静静叙述

被犁铧反复咀嚼的泥土

在植物的根须下长久沉睡的泥土

桃花。绿茵。黄叶。飞雪

这四季的波浪

在大地厚实的胸膛上　　此起彼伏

饱览沧桑的天空下面

升起一道深黑的脊梁

（2）一个女人在电视里哭泣[①]

一个穿着时尚的年轻女子

她蹲下来

纤长的手臂抱住了性感的双腿

她面对着我

和我一样

很孤独

她哭泣着

她很孤独

和我一样

泪眼蒙眬

她与我只隔着一张床铺的距离

近在咫尺

---

① 录自王蒙主编：《新中国 60 年文学大系·诗歌精选》,长江文艺出版社,2009 年。

却比千里的路程
更加遥远
我只能靠着床头抽着烟
静静地倾听她的哭泣

各人的经历与每个人的内心
就像在真实与虚拟之间
永远缺少一扇沟通的门
她面对着我
双肩一起一伏地抽搐
满眼泪水
仿佛望着自己久违的亲人
但她对我的世界
一无所知
而我对她
更是爱莫能助

一个年轻的女子在剧情里
与屏幕外
一个同样孤独的男子
隔着的不只是
一块易被忽视的薄薄的玻璃
在同一个房间里
什么也不会发生

(3)桥,远景①

一条简单得不能再简单的石桥
我喜欢它首先成为一个远景
在抵达之前
或经过之后

---

　　① 录自《人民文学》2005 年第 2 期。

两岸的房屋、砖缝、破瓦罐、倒悬的植株
　　与倒影一起
在一个闲散的时刻
准确地到来

我总是一个人慢慢地骑着自行车
远远地看到它忠实地守在另一端
和四周的事物融汇在一起
在流逝的岁月里
像一个笨拙但牢固的、结实的载体
我更喜欢欣赏它在倒影中的造型

我总是骑着自行车缓缓向它靠近
偶尔也会碰到许多过桥的人
擦肩而过互不妨碍
除了片刻的骚动与热闹
更多的时候
它似乎静静地在等待我一个人经过

一个平常得不能再平常的场景
引起了我长时间的注视
在上班之前或下班之后
因为走久了的缘故
同时又成为中景与近景
成为生活中亲切的不可匮乏的部分

多年后它将成为谁的远景？

（4）山里①

有人要摘花，有人说

---

① 录自程庸等主编：《中外笔会国际诗文选》，香港中和出版社山顶文化公司，2022 年。

寺里摘花要经得师傅的同意

师傅说去问花吧：

花同意,我也同意

(5)**秘色瓷器赞** 七律,平水韵

越泥秘釉上林名,堪比群峰翠色明。

轻润春花烟雨渺,巧含秋月桂香盈。

胎经窑火千般烈,魂得湖波万缕清。

何惧流光埋寂处,惊鸿一矞阆巅鸣。

(6)**咏罗汉谷瀑布** 七律,平水韵①

直上烟岚石壁开,当年曾有洞仙来。

激岩声震千山动,借势形成万态瑰。

残局半盘随远鹤,长箫一曲向高台。

飞流过处松筠翠,五岳归时月满苔。

(7)**重游春晖中学,谒晚晴山房** 七律,平水韵

万顷幽园秋意淡,晴空杨柳绿参差。

翠湖似忆当年梦,黄鹤应忘此地诗。

几度斜阳孤咏处,数重碧树暮归时。

红尘半世云踪远,忽闻樨香未算迟。

(8)**紫薇花** 七律,平水韵

浓阴摇曳醉流霞,数簇瑶华未见瑕。

倦作洛阳金殿影,爱临海地绿窗纱。

卧龙篱畔双株艳,游凤云间一曲遐。

莫负浮生闲半日,深园但伴紫薇花。

(9)**无题** 以玉溪生原韵作

已识尘心万象空,不妨蜗角大槐中。

---

① 录自俞建文:《四明·大俞山志》,浙江大学出版社 2021 年。

曾经酒醉眠垆畔，怎似茶悠看竹丛。

庄子知鱼濠上乐，坡仙携月浪前风。

劳生何处无羁绊，怅咏式微幽意同。

(10)初秋竹影拂晴空 七律，平水韵

初秋竹影拂晴空，灿烂流光泻叶中。

隔牖明明飞翠色，映楼籁籁舞幽丛。

子瞻逸笔能留骨，原济清笺可写风。

青眼相望枝欲语，与君物外古今同。

(11)点绛唇·雪鹭

逸格清标，翩然爱在杭湾住。

孤翎凝伫。皎似芦花素。

雪影飘飘，玉立滩涂处。更无语。

众禽喧聚。顾自还飞去。

(12)定风波·初夏

雨后浓阴映夏花。风前娇影绕窗纱。

日灿乔柯园鸟啭。轻婉。浒城五月好芳华。

午睡初醒消困倦。茶满。且将俗事付烟霞。

案牍劳形诗兴在。不改。端居足以慰生涯。

(13)阮郎归·四明雪舞净无埃

四明雪舞净无埃。松筠倚榭台。

飞泉迸溅绕云崖。巴蕉映玉阶。

炉始热，水初开。泡茶等客来。

欲弹锦瑟对皑皑。千山曲径埋。

(14)哨遍·日照四明，赠俞建文兄

日照四明，重峦峻崖，二百余峰累。

迷晓岚,万丈激泉飞。钓鳌东来滞留此。

半盘棋。回眸烂柯无觅,遥望惟见长流水。

嗟异木珍葩,危岩绝壁,神经仙笈潭底。

有璧台璀璨紫霞飞。洞畔叹五丁鬼斧奇。

鸾侣飞升,古猿攀援,洞藏仙气。

时。刘阮幽栖。闭花羞月天仙子。

山中过一日,人间倏忽千岁。

笑富贵尘埃,虚荣暗霭,浮生但重真情意。

嗟窟宅成空,佳人影渺,暗香零落盈地。

独留踪迹掩映翠微。但满谷幽篁任风吹。

大俞溪、清漪难止。

秦皇长眺何处?

枉遣君房去,纵然采得蓬瀛瑞草,何似相斟共醉。

浮槎海澨到山隈。且来寻、康乐诗味。

(15)竹居赋①

浒城南郊,横河北隅;门对绮园,窗临浓阴。路傍通衢,入感环境之偏僻;地近闹市,藏涵风物之清新。高厦蔽护,挡尘嚣之浮华;绿树簇拥,得天籁与馥芬。一溜篱笆,隔开塍埒;两棵银杏,杂跻重林。院中鸡爪槭,春际逢春之露,无霜亦红;井畔枸骨树,伞上撑伞之形,有蜂益馨。院外栽以丛竹,培以菜蔬;畦边种以青樟,植以香椿。苍竹挺拔,约数十竿;翠色纵横,对二三邻。时闻众鸟枝上婉啭,从旦至夕,清脆悦耳;更见一树蹊边自生,自暑及寒,葱茏可人。

若夫晨沐阳光之灿烂,倩影摇曳;晚挹月色之澹淡,溽气湮沉。或夜雨滂沱,添静助眠;或清风吹拂,送凉宜人。绕芳树,春蝶之舞影;萦阶砌,秋蛩之清音。黑犬护笋,遇惊狂吠;黄鹂憩巢,逢爱悠鸣。偏陬僻地,若桃源之幽境;良辰暇时,咏辋川之微吟。读书渐倦,芳华有意;煮茗而遐,逸思无垠。景因竹而清逸,境因竹而幽深;居因竹而珍贵,人因竹而安贞。综观区域,风光皆因竹而生焉。岳母莳弄,十载蓊郁,秉农家之辛勤;路人

① 录自《中华辞赋》2020年第6期。

称赞,三径清凉,感岚翠之氤氲。

　　地属公有,荫为私屯。然墙有左右之隔,景无你我之分。箨龙矗升,不辨咫尺;碧凤翱翔,若遨乾坤。浓兮淡兮,有景物之远近;融兮和兮,无风光之主宾。巷陌狭窄,让三尺何妨;心物和谐,任四季闲斟。舍得而妙有,栖一枝之逍遥;离相而从容,感万象之缤纷。东坡珍物,逸气满怀;板桥挚友,知己一生。卷帘,独坐,意任绿霭之漫濯;凭栏,凝伫,志与高节之共伸。宁静自无俗物,寂寥幸有此君。

(16)溪兰赋①

　　性本高洁,喜溪山之幽迹;香独馥烈,爱服媚之昵名。碧叶浥露,瑰姿摇阶;素心含秀,淑气生庭。迎旭日而汲灵气,沐东风而绽繁英。严寒酝酿,吐春芽之灿烂;炎暑孕育,舞秋蕊之娉婷。柔条展而翠影斜,纤茎伸而清芬盈。远萧艾而近重涧,栖空谷而临回汀。三湘云渺,傲群芳而独茂;九畹月飞,映霁景而俱明。思达蓬仙种,沧海霞蔚;忆伏龙玉蕤,孤岛潮萦。行藏适性,迹寄临皋;情景隔空,痕留兰亭。海地僻而江湖忘,鸥盟结而吾道馨。莞尔一笑,若窈窕之双成;怡然相契,似绰约之飞琼。王者之香,境遇难夺夙愿;君子之德,尘喧岂改衷情?玉人纫佩,高士吟咏;紫韵交辉,秘色争萌。切磋交流,同好雅聚;观赏品味,知交共鸣。集花苑之精粹,舒天籁之性灵。

(三)明派俞氏鄞西俞鼎支

1. 俞伟

(1)应召诗②

　　松下小山螺一拳,微风吹腊韶冷然。

　　深培梁栋材俱大,久傲冰霜志益坚。

　　廊庙正需今有日,林泉未许老残年。

---

① 录自《中华辞赋》2021年第8期。
② 录自民国版《四明塘岙俞氏宗谱》。

蓬莱佳气青云接,暂泊兰舟饯别颜。

(2)释道潜作《江行寄俞仲宽察院》①

潮回沙浦寒,月落山未晓。

驾言江上行,行远心亦悄。

茅屋两三家,鸡声闻缥缈。

轻风飐垂杨,芳枝何袅袅。

上有双鸣禽,下有蕙兰草。

蒸蒸物已繁,灼灼花更好。

时见赪尾鳞,跳波泳纹藻。

即事起幽情,情含结怀抱。

故交如参辰,咫尺旷烟岛。

红日已三竿,回辕白沙道。

但闻萧苇间,拿音飞杳杳。

  注:俞伟,字仲宽。此诗标题证明俞伟当过察院(御史台监察院)
御史。诗中描写远离世尘的风景和对友人的思念,从诗中可以看出
诗僧释道潜与俞充和俞伟都有交往,而且与俞伟称"故交"。

  另据《高平县太君范氏墓志铭》记载:高平县太君范氏,周师厚之
妻:"女三人,长适监察御史俞伟,次适奉议郎毛蒙,次适宣德郎陈
瑾。"俞伟是周师厚的大女婿,至范氏去世时(宋徽宗政和元年,1111
年),官已至监察御史。

(3)毕仲游作《回宿倅俞察院启》②

  比缘承乏,获遂同寅,仍忝按章,备闻国议。虽抗论于出处,顾有累于
高明,岂谓谦挹,远贻笺问,旨词并缛,感惕交深。某官懿行清规,茂猷远
识,学有渊深之奥,名先台阁之英。履道从容,推诚恻怛,似矜迂拙,曲示
诲存。捧土何知本,无裨于高大,断金为好期,永奉于周旋。载钦礼意之
过隆,第觉心颜之增腼。素商在候,雅履为休,益冀护持,少符瞻祷。

  注:毕仲游(1047—1121),郑州管城人。宋宰相毕士安曾孙。初

① 录自(宋)释道潜:《参寥子诗集》卷五。
② 录自(宋)毕仲游:《西台集》卷九。

明派俞氏研究

以父荫补宗正寺太庙斋郎，熙宁三年（1070）与兄毕仲衍同举进士。历霍丘、柘城主簿，知罗山、长水县，哲宗时除军器监丞，改卫尉寺丞，后又任集贤校理，权太常博士等。其历仕神宗、哲宗、徽宗三朝，为官机敏干练、清廉独慎，颇有吏才。但因党争牵连，仕途不坦，坎坷一生。与司马光、苏轼等多有交游，工于诗文。其文章精丽、雄伟博辩，议论时政切中肯綮。著有《西台集》五十卷，已佚，清四库馆臣据《永乐大典》辑为二十卷。

诗题中的宿偻，是指御史台。北宋诗人王令也写过一首七律《寄宿偻陆经子履》（见《广陵集》卷十八）。陆经，字子履，在北宋嘉祐二年做过侍御史，由此可推断宿偻即御史台。

前四句是说，自己与俞伟成了御史台的同事，履行御史的职责。

据考，毕仲游在淮南转运副使任上入元祐党籍，降监嵩山中岳庙。后出籍，管勾西京留守御史台，提举南京鸿庆宫，致仕。宣和三年（1121）卒，年七十五岁。西京留司御史台，官署名。北宋置于陪都西京（今河南洛阳），设管勾台事一人，以朝官以上充任，掌拜表行香，纠举违失。这个节点在宋徽宗在位的时间段，既然此时他是俞伟的同事，即管勾西京留守御史台时，俞伟为御史台察院御史也应在宋徽宗时。由此可见俞伟的仕途经历基本可以确定为：顺昌令、山南东路节度推官、监察御史。

2. 迺贤作《月湖竹枝词四首题四明俞及之竹屿卷》①

其一

丝丝杨柳染鹅黄，桃花乱开临水傍。
隔岸谁家好楼阁，燕子一双飞过墙。

其二

五月荷花红满湖，团团荷叶绿云扶。
女郎把钓水边立，折得柳条穿白鱼。

————————

① 录自（元）迺贤：《金台集》卷一。

其三

水仙庙前秋水清,芙蓉洲上新雨晴。

画船撑著莫近岸,一夜唱歌看月明。

其四

梅花一树大桥边,白发老翁来系船。

明朝捕鱼愁雪落,半夜推篷起看天。

注:据民国版《桃义江俞氏宗谱》载,俞及之,行利七,字智夫,亨四公俞通长子、俞元吉之孙、俞袤曾孙、俞伟玄孙。生绍兴二十七年(1157)正月十九日,卒于嘉定十七年(1224)三月初二日,寿六十八岁。由贤才荐辟授安庆军望江尉转无为军无为令。娶吴氏,生一子,沔,一女,适鄞西戴文英。原墓葬丁峇祖坟旁。

迺贤(1309—1368),也名纳新、乃贤,字易之,别号河朔外史,为葛逻禄氏,属色目人。因葛逻禄为突厥族姓氏,汉译为"马",故也叫马易之。迺贤有诗集《金台集》。

从谱载俞及之生卒和迺贤生卒看,二人并非同时代人。或此俞及之非彼俞及之?或桂林俞氏谱所载有误?录此存疑。

3. 俞文禧作《题万柳塘(七古)》①

五柳先生何许人,不为五斗全天真。

但得百年三万六千醉,富贵浮云安足论。

今年村兼万余柳,中有台沼锁松筠。

主人憩息时过此,世外风光别一新。

朝朝独坐云回合,年年孤卧草生春。

仲宣楼头月皎皎,醉翁亭伴壁嶙嶙。

秋风欲解枝头叶,莫教辜负漉酒巾。

4. 张邦奇作《送俞懋敬之官南京》②

甬水西驰二十里,遂有奇气生人英。

---

① 录自民国版《四明塘峇俞氏宗谱》。

② 录自现代版《鄞县桂林俞氏宗谱》。

桑榆阴中识名姓，蒹葭倚从论风情。

昔予未发偶计机，感君提携重君谊。

本期篱鸡披苍鹰，翻使庸驽迟神骥。

去年南京正春月，彭城南头贮消息。

忽持荐剡喜则剧，果有文章传四国。

秃垣一堵临高坡，每见君来啸且歌。

火云五月流炎暑，送君别矣心如何？

凤凰台上江水静，此中久动诗人兴。

为我预造五石酒，来共豪吟适情性。

　　注：张邦奇（1484—1544），字常甫，号甬川，别号兀涯，浙江鄞人。弘治十八年（1505）进士。授检讨。出为湖广提学副使。嘉靖初，提学四川，迁南京祭酒，以身为教，学规整肃。改南京礼部右侍郎。改掌翰林院事，充日讲官，加太子宾客，改掌詹事府事进礼部尚书，改南京吏部尚书，又改南京兵部尚书。卒赠太子太保，谥文定。邦奇之学宗程朱，与王守仁友善。著述甚富，有《学庸传》《五经说》《兀涯两汉书议》等。

5.《俞氏家谱》赞颂诗①

湖桥余麟

尝谓万物本乎天，人本乎祖。非天无以生长万物，非祖无以庇佑子孙。故宗族之所以繁盛者，良由源深本固，而支流远大也。丹阳少尹道善俞君，居四明之罂湖，克念其先，续成宗谱。一日造余终慕堂，以谱系示之。余嘉其能不忘所自，因为之赞云：

粤稽俞氏，起家宋时；系本河间，所居分支。

云孙道善，才膺荐剡；木之梗楠，玉之瑚琏。

前人种德，奕叶绵绵；既蕃且茂，阀阅光前。

尊祖敬宗，善述善继；珍护斯图，永沿千世。

临湖孙尚珩

吴兴君子云礽美，世居于兹仁厚里。

五字排成后世行，秉彝为终万为始。

---

① 录自现代版《鄞县桂林俞氏宗谱》。

昭穆宗祧序次秩,祖父子孙粲然列。
本源深固支派长,世代绵延等瓜瓞。
于今蕃衍十数世,不废诗书并种艺。
蓝田有玉瑞气浓,桂林佳植当菁葱。
丹阳佐县道善公,夙由家学观九重。
莅政公余思本宗,谱牒重修绍厥隆。
政比甘棠仁祐时,躬行阡陌慰父老。
闲休闲作十余年,转运征收宽有道。
皋比座上彦诜氏,蚤暮琅琅讲经史。
两班清侍玉笋齐,尽是名流佳子弟。
族贤辈出风醇古,懿德芳声难历数。
悉由孝弟继家声,总为勤劳立门户。
种艺读书作生计,礼乐农桑传后裔。
能知创业事为艰,并念守成良不易。
多少世家昧肯綮,只为来苗不循轨。
厥父肯堂厥子颓,阿兄成家阿弟圮。
我今行年将七旬,俞氏家法素所识。
当年宗祖励忠孝,近代儿孙善继述。
缙绅士族争矜羡,满帙诗文尽黄绢。
笥箧携来我索题,研露濡毫趋春宴。

东岑钱奂

四明复出东南方,期间山水多辉光。
古堇建置尤名邦,鄞西之乡罂湖旁。
从来风物逾寻常,故家乔木摩穹苍。
大宗万一紫芝芳,抱贞毓秀畴能量。
贻谟诗句云锦章,一言一字明纲常。
乃知积善骈余庆,木根深固枝叶昌。
大明振起再明行,簪缨累世增辉煌。
维时屡易几炎凉,十有三世仍彭彭。
琼枝玉树发天香,公今筮仕莅丹阳。
化行俗美民物康,熙熙百里饶农桑。
厥声戴道厥德扬,琴堂画静鹤翩翔。

聿思我虽官始郎，亦山祖宗流泽长。
虑兹世远人云亡，同源分流成渺茫。
谱图一一躬修装，承前启后心允臧。
缙绅赞颂皆琳琅，光摇黼黻声铿锵。
公能缵绪衍宗祊，宛若高冈鸣凤凰。
我今披阅增慨慷，效颦强欲搜枯肠。
愿言来裔能珍藏，本支百世休无疆。

夏溪王士华
古木翡翠交，繁阴蔽林扃。
长江下班莹，洪涛入沧溟。
本固未必盛，源洁流自清。
举目即所观，谁复知此情。
科甲重门第，奕叶蜚英声。
白璧不为宝，黄金何重轻。
所志在本原，亹勉复屏营。
有开恒必先，五服分且明。
爱敬良端始，道义随发生。
厥修永弗磨，百世相仪型。

西村丰庆
鄞西俞氏古名族，奕世缙绅善承续。
一门礼乐盎如春，庭前芳树森蓝玉。
先世系从河间分，仕宋遂从平江渍。
衣冠振肃有光辉，英望历历人间闻。
鼻祖宦游按浙东，芝兰生长家始隆。
椒衍既繁各涣逸，奉川象麓皆云宗。
道善考献更征文，解组归来修谱勤。
昭穆了然如指掌，世次虽远遵旧闻。
宏敷手泽传宗盟，光前振后劳精神。
会见谱系所籍者，声明表表列簪缨。

兰桥杜谟

桂林乔木势参天，招凤颐虬不问年。
种德根深宗系远，溯流源远派支绵。
义同燕国张公艺，谱拟眉山苏老泉。
嗣美忠宣应有待，行看胤祚福骈骈。

西峰章绘

谱牒开时姓氏香，人传孝秀际明良。
墨濡简册留余韵，泽衍诗书式旧章。
丛桂婆娑应不老，庭兰生长正流芳。
柏堂古茂云礽永，世启人文守义方。

对湖陆谦光

翩翩贵胄莅丹阳，移孝为忠答圣王。
祖述不忘云礿意，世居常挹胭湖光。
徽言丽日章章在，翰墨濡霞字字香。
族谱已彰千载事，箕裘勿替泽弥长。

山桥鲍经

谢政归来属暮年，纂成谱牒示家传。
参宵古柏根由地，比屋丹犀香接天。
奕世诗书遵旧训，当年冠盖尽名贤。
水源木本详推究，惟孝儿孙敬厥先。

凤山王行

一脉祖承谱牒存，序分昭穆重天伦。
源源不竭流芳泽，叶叶长垂绍旧闻。
几代凤占征世系，百年燕翼到云孙。
尊宗敬祖光名教，共羡鄳湖诗礼门。

杨守陈

投簪归去有余情，谱牒殷勤自纂成。
昭穆千年明次序，本支百世显开承。

忠诚耿耿存遗训，公族振振报育婴。

通籍自今逢圣代，书田无税足深耕。

杨文懿

前氏古华宗，始自忠宣公。

于今五百年，奕叶俱丰隆。

美哉惟和氏，朝暮观经史。

卜筑屋三间，设帐训诸子。

此地桂萧森，蔚然成茂林。

以之颜其屋，香泽久而深。

振振忠宣孙，他时效郊诜。

高折丹桂枝，光耀前人门。

(四)明派俞氏鄞东俞充支

1. 俞充

(1)王官谷十咏(并序)①

王官谷山水之胜，甲于关右，由司空表，圣所常居，名尤著于天下。好事者道出虞坂必枉，辔以游之。洒涤尘虑，想慕清风，随其人所得皆有以为乐。题名满山岩屋壁，独诗篇未甚闻于世。岂骚雅之客，多牵于车马之劳，不暇作耶。抑有之不能传耶。不然何遗之耶。予为令，于此三年，暇日登览王官之景，尽得之矣。因成十咏自顾，其词之鄙俚，不足以暴人之视听，盖将以扬山川之清辉，发古人之潜德云。

其一，竹径

入谷修竹密，苍翠连前山。

车马迹不到，鸡犬音亦闲。

蔽日清影合，迎风碎声寒。

渐近居士庐，溪水流潺潺。

---

① 录自《古今图书集成·方舆汇编·职方典》卷三二八。

其二，贻溪

濯缨溪流上，清心共澄澈。

人存鱼自跃，人亡鱼亦竭。

此意虽冥冥，可与仁者说。

遗音竟谁继，十里闲风月。

其三，表圣影堂

事去惟山存，遗祠临水曲。

峻节凌雪霜，英颜莹冰玉。

至今崖壁间，尚耐尘埃辱。

清风满林泉，千载仰高躅。

其四，休休亭

洗耳谢市朝，构亭得余址。

三径草长深，一毫尘不起。

支肘看青山，引鹤听流水。

独有爱君心，时时拟纶旨。

其五，天柱峰

擎天有八柱，是峰居其一。

根蟠地轴壮，群山俯为硕。

共工触不折，万古耸崒崒。

幽人步绝顶，引手攀星日。

其六，莹心亭

野老传此水，源与洪河透。

潺潺浩难穷，雨雹洒晴昼。

岩头白龙挂，滩前寒玉漱。

不见莹心人，客衣冷如沤。

其七，双人石

屹立高峰东，峭直如昔贤。

夷齐耻周食，巢由傲尧天。

不畏风霜侵，所依松柏坚。

五老静相对，森森莫知年。

其八,司空氏旧居

孤鹤去不还,云间犬空吠。

犹闻溪鸟衔,尚有里人爱。

岩花无开落,世事几兴废。

我乘幽兴来,静邀秋月对。

其九,石砚

尝读表圣诗,云是秦王成。

悯时著密史,对此潜经营。

新雨净如洗,乱苔生复平。

应误山中客,浪近翰墨名。

其十,机碓

谁凿浑沌死,智者争出力。

悠悠蚁在磨,双轮转何极。

机心连机械,随流还不息。

莫笑抱瓮翁,终日亦饱食。

注:宋仁宗嘉祐四年(1059),27岁的俞充考中进士,成为鄞县最早的进士之一,被任命为虞乡县令。虞乡县,故治在今山西省永济市虞乡镇西北,是唐末文学家司空图(837—907)的故乡。俞充将明州的兴教重学理念带到了这个地处中条山麓的小城。在这里,他用圣哲之书教化百姓,使百姓都能够自励,一时风气大为改观。意气风发的他,还留下了众多咏赞当地名胜的诗篇。如他在王官谷游览时,想到司空图曾在谷中写下包括《二十四诗品》在内的一批传世名作,并在谷中筑亭、修书、养德、涵性,不由诗兴大发,在司空图命名的休休亭写下了充满感情的《王官谷十咏(并序)》《贻溪怀古》。

(2)贻溪怀古十篇(并序)①

唐衰,全忠僭窃,士之有忠义之心者,皆深嫉之,而能洒然脱去,不污其身,得全其节者,表圣一人而已。予令于虞,表圣之居,适在境内。造其祠,拜其像,想慕其平生,为之赋王官谷十咏。又别成一篇,邀能诗者和

---

① 录自《古今图书集成·方舆汇编·山川典》卷三十五。

之，以扬其潜德。奈何士之知表圣者，以休休莫莫而止耳。予近得表圣《一鸣全集》，观之，至于一歌、一咏、一亭、一榭、意皆有谓非若世之隐者，自弃于山林之中，无心于及物也。信乎全出，处之大节，踵夷齐之高风矣。复成《贻溪怀古》十篇，亦别吟一篇，求和于诸贤。以表圣之德，固不待夫歌咏，而后见于世人之知与不知，岂足恤哉。然予区区反覆之若是者，盖示其仰慕之切也。咏其名而扬其实，庶几有激于贪懦，将归写于休休亭，以遗谷中之民。使春秋社会，樵童牧子，相与歌于祠之下，以奉先生之祀。虽愚夫愚妇，皆知先生之德，久而不忘其祀焉。

其一，濯缨亭

皎皎居士缨，岂有尘可濯。

爱兹沧浪清，偶以斯名记。

转谷群鸰归，衢岸游鱼跃。

檐头碧梧枝，秋来垂影薄。

其二，览照亭

杖藜高山头，历览众景会。

泰华屹若屏，黄河泻如带。

幽怀逐冥鸿，万事寄天籁。

不见玉京春，荒烟起萧艾。

其三，三诏堂

猛虎正横行，孤猿发长啸。

名高世人间，三枉鹤书诏。

借笏趋朝参，天意独难料。

咫尺首阳山，清光静相照。

其四，莹心亭

妖气满世间，莹心兹得地。

瀑布岩前飞，势猛鸥鸟避。

洗涤无纤尘，澄虚全浩气。

清风林表来，千载有余意。

其五，九篇室

仙术秘丹经，昔人藏九篇。

幽栖白云根，保此一炉药。

吟残溪雨来，梦断岩花落。
万虑正坐忘，未能看舞鹤。

其六，修史亭

吁哉土德衰，群奸恣蟊贼。
欲加萧斧诛，修史乃其职。
谁知深山中，法若春秋直。
俄惊济阴变，绝笔幽岩侧。

其七，拟纶亭

大厦不可扶，诰命已云绝。
老臣坐深林，有泪化为血。
拟成丝纶言，救世心独切。
溪流今尚清，夜夜澄孤月。

其八，挂鹤台

污俗正朋亡，归来卧空谷。
养鹤不成双，相从守幽独。
素羽信非群，孤唳杳无续。
高台委荒榛，追想人如玉。

其九，一鸣窗

天寒松柏青，厩闲骥骥老。
潇洒竹窗前，超然鸣以道。
惟有岩上月，时来伴幽讨。
兹意不可忘，还将拾残稿。

其十，东渠亭

二渠日夜流，利厚争所起。
先生坐东亭，立法书在纸。
老农到今守，后来谁敢毁。
斯人不可见，空听竹间水。

注：贻溪，即祯贻溪，在今山西永济市东南四十五里王官峪村南。《旧唐书·司空图传》："司空氏祯贻溪之休休亭，本名濯缨亭，为陕军所焚。"即此。

(3)送灵岩法师①

战士长戈赴荔原，谋臣献策庙堂间。

吾师倜傥浮屠隐，不事王侯事经论。

两街推许住灵岩，百鸟衔花待师信。

清风一振海潮音，旷劫曾蒙祖师印。

穷秋别我欲何言，珍重详师指一弹。

  注：齐州灵岩寺兼宗教圣地与名胜古迹于一体，自东晋朗法师创建以来，至北宋时已有五百年左右的历史，是海内四大禅寺之一。历史悠久，文化深厚，自然环境奇秀，卞育《游灵岩记》记载："齐有灵岩寺，居天下四绝之一。海岱间山水之秀，无出其右者。"周驰在《十方灵岩禅寺田园记》中写道："济南灵岩自法定禅师肇建道场，于今几千载矣。峰峦奇秀，祠宇雄丽，号天下四绝之一。"灵岩寺以其独特的山水自然景观与悠久的佛禅文化内涵而成为历代文人游览吟咏的对象。清代阮元《山左金石志》卷十六载录熙宁三年(1070)金秋十月行祥赴寺时，"朝贤送禅师住持灵岩寺诗刻"。其中署名"充"的，阮元认为是俞充之作："首款书充，考其诗有俞充者，字公达……熙宁中为都水丞即其人。"俞充在熙宁三年曾以著作郎编修中书条例，也许在行祥赴寺时，在京城任职的他也与朝臣一起赋诗相送。②

  据立于北宋熙宁三年的灵岩寺《敕赐十方灵岩寺碑》记载，朝廷敕封行僧人行祥接替永义为灵岩寺住持。俞充这首诗送的应该就是行祥法师。"详师"疑为"祥师"。

(4)公馆见月③

乡国离情楚巫初，今宵重见月如梳。

源头古树花何在，洞口秦人迹已无。

官辙十年琴鹤冷，家书万里雁鸿疏。

① 诗见胡孝忠：《北宋山东〈敕赐十方灵岩寺碑〉研究》，《北京理工大学学报(社会科学版)》2011年第2期。

② 参见马银华：《文化视野中的北宋齐鲁诗坛研究》，山东师范大学2010年博士学位论文，"附论"。

③ 录自民国版《四明塘岙俞氏宗谱》。

生来不觉增惆怅，酒罢踟蹰只影孤。

（5）秦观作《俞公达待制挽词（二首）》①

其一

词场英妙气如虹，出入青云见事功。
流马木牛通蜀漕，葛巾羽扇破渠戎。
风生使者旌旄上，春在将军俎豆中。
诏墨未干人奄忽，伤心江汉日倾东。

其二

一麾出守著威名，凶讣西来上为惊。
玉帐笑谈成昨梦，锦囊书札见平生。
衣冠渐散红莲府，铠马还归细柳营。
可道风流回首尽，芝兰庭下粲朝荣。

注：秦观（1049—1100），字少游，一字太虚，号淮海居士，别号邗沟居士，高邮军武宁乡左厢里（今江苏省高邮市三垛镇少游村）人。北宋婉约派词人。秦观善诗赋策论，与黄庭坚、晁补之、张耒合称"苏门四学士"。尤工词，为北宋婉约派重要作家。著有《淮海集》《劝善录》《逆旅集》等。

宋神宗元丰四年（1081）的一天，俞充准备赴京向皇帝面呈破大夏国之策，不料突然去世，年仅 48 岁。消息传到汴京（今开封），皇帝和大臣们都痛惜不已。秦观与俞充父子交厚。在诗中，秦观赞扬俞充的文采与智慧，把俞充比作"出师未捷身先死"的三国蜀相诸葛亮，寄托了哀思与怀念之情。

（6）释道潜作《俞公达待制挽辞（二首）》②

其一

金铎哀传静列营，将星飞坠汉蕃惊。
森森气与秦山在，奄奄魂随陇水倾。

---

① 录自（宋）秦观：《淮海集》卷四十。
② 录自（宋）释道潜：《参寥子诗集》卷三。

塞路箫笳悲部曲，海天风雨湿铭旌。
堪嗟未勒燕然石，遽失连云万里城。

其二

东吴佳气久氤氲，果见雄才出海滨。
屡试干将羌破胆，忽摧梁木士沾巾。
人间梦断黄粱熟，天上楼成白玉新。
零落山邱今古事，情钟我辈谩伤神。

> 注：释道潜（1043—1106），北宋诗僧。本姓何，字参寥，赐号妙总大师。於潜（今属浙江杭州市临安区）浮村人。自幼出家。与苏轼诸人交好，苏轼谪居黄州时，他曾专程前去探望。元祐中，住杭州智果禅院。因写诗语涉讥刺，被勒令还俗。后得昭雪，复削发为僧。著有《参寥子诗集》。

> 释道潜与俞充交谊甚厚。在第一首诗中，他将俞充比作追击北匈奴，出塞三千里的东汉大将窦宪，悲叹他"燕然未勒"，而英年早逝。第二首诗赞扬了俞充的家乡地处"东吴佳气"和"海滨"的鄞县这一方土地，孕育出这样一位为国镇守边境平定叛乱的"雄才"。

（7）邵雍作《和成都俞公达运使见寄》①

前年车从过天津，花底当时把酒频。
此日锦城花烂漫，何尝更忆洛城春。

> 注：邵雍（1011—1077），字尧夫，谥康节，北宋理学家、数学家、诗人，生于林县上杆庄（今河南林州市刘家街村邵康村，一说生于范阳，即今河北涿州大邵村），与周敦颐、张载、程颢、程颐并称"北宋五子"。

> 此诗说明邵雍与俞充有交往，曾在汴京的春天一起饮酒吟和。

（8）吕陶作《送俞漕》②

积有儒林望，聊从使节行。
高文自经纬，壮志欲澄清。

---

① 录自（宋）邵雍：《伊川击壤集》卷十五。
② 录自（宋）吕陶：《净德集》卷三十三。

地镇三峨重,江波万里平。
阔难求畛域,深不为功名。
吉象光图籍,祥风卷旆旌。
巢阿瞻凤彩,运海见鹏程。
事外神锋晦,胸中宝鉴明。
渊源千虑极,肝胆一言倾。
德业期康济,咨询属老成。
定知前席对,有以泽群生。

注:吕陶(1028—1104),字元钧,眉州彭山(今属四川)人。仁宗皇祐年间进士,任太原府判官。神宗熙宁三年(1070)知彭州。贬监怀安商税。元祐二年(1087),涉党争,贬为梓州、成都路转运副使。元祐七年(1092),召回,入为起居舍人,迁中书舍人。哲宗时又外放,知陈州、潞州。崇宁元年(1102)辞归在萧县隐居并终老。著有《吕陶集》六十卷。

俞充曾为成都路转运副使。"地镇三峨重",三峨,即四川峨眉山三个部分。

(9)杨杰作《天章俞待制挽诗(三首)》[①]

其一

材与时相会,声华孰可攀。
东堂升秘籍,内阁叙清班。
余庆千年远,浮生一梦还。
故乡闻讣日,云黯四明山。

其二

熙宁治百川,献议辟民田。
平昔不毛地,于今大有年。
至忠期报国,上策在安边。
士论追贤业,临风一泫然。

其三

节制当方面,恩威号令明。

---

① 录自(宋)杨杰:《无为集》卷六。

黜羌知效顺,叛俗乞归耕。

一夕流星陨,中年逝水倾。

祠堂严岁享,耆旧致精诚。

注:杨杰,字次公,无为人。少有名于时,举进士。

2. 俞次皋

(1)释道潜作《送俞伯谟宣德赴辟成都》①

我生落拓如虚舟,万里江湖随演漾。

君今禄仕亦我同,南北悠悠无定向。

故乡回首海东头,兄弟十年官塞上。

才高质美众所奇,杞梓豫章非冗长。

辟书交飞上庙堂,肯使须臾事闲旷。

泰山峥嵘堑戎虏,自古征人愁怅望。

剑门栈阁天下危,去马来车魂欲丧。

羡君年少勇攀跻,足蹑青冥身益壮。

旧游陈迹想依然,感物怀亲情独怆。

(伯谟先公待制,尝为成都漕)

注:释道潜与苏轼、秦观诸人交好,俞充去世时,他也写了两首悼诗。此诗题中的"宣德",即宣德郎,神宗元丰(1078—1085)改制后,用为新寄禄官,从八品。秦观代笔的《御书手诏记》里,俞次皋还是承务郎。承务郎,也是新寄禄官,从九品。宣德郎的官级比承务郎略高,从俞次皋的官衔来看,说明此诗写于元丰六年(1083)之后,诗后附记意为次皋之先父为待制,曾为成都转运使(漕,即漕司,亦即转运使)。由此可见写这首诗时,俞充去世已有几年了。释道潜称俞次皋"才高质美众所奇",赞扬俞次皋为人亦如其父,同时说"羡君年少勇攀跻",说明当时俞次皋很年轻,这与我们为他推算的年龄相合。诗题中的"辟书"指征召的文书。诗中记述的是俞次皋受朝廷征召去成都的史实。

① 录自(宋)释道潜:《参寥子诗集》卷七。

（2）释道潜作《寄俞伯谟宣义昆仲》（两首）①

其一

谢家兰玉竞芬芳，千里南来未易忘。

犹忆娑罗双树院，月明相对坐胡床。

其二

多病侵寻鬓已霜，昔年交友半殊方。

吴台松柏今何似，想见龙蛇数尺长。

　　注：诗题中的"宣义"即宣义郎，与宣德郎一样，从八品。排在宣德郎之后，说明这两首诗的写作时间比前一首早。昆仲，即兄弟，说明这首诗是写给俞次皋及俞夔兄弟俩的；而从"谢家兰玉竞芬芳"这句来看，是写给稷、次契、次皋、次夔四兄弟的，比喻他们像东晋宰相谢安家的佳子弟。

3. 俞观能②

（1）花月吟（两首）

其一

月瞰花虚落万井，小窗坐月弄花阴。

花如待月仍争采，月似怜花故不沉。

漫插花枝乘月舞，好凭月夜插花吟。

惜花爱月今宵事，咏月吟花百世心。

其二

春花秋月价千金，恍复春宵花月阴。

云散月圆花正发，露沾花坠月将沉。

风来月下看花醉，月到花间照客吟。

花月满庭人共赏，莫教花月负人心。

　　注：据《四明塘岙俞氏宗谱》载，俞观能，号东坡。

---

① 录自（宋）释道潜：《参寥子诗集》卷四。

② 录自民国版《四明塘岙俞氏宗谱》。

（2）归田侍母

一官十载自应还，何必逢人说苦艰。

小园花发春无限，老去霜飞鬓已斑。

昨日犹愁罗网密，今朝才脱利名关。

江山此去有真主，母子相看百岁间。

4. 俞茂实

游大涤①

未了烟霞痼，来从大涤游。

一区藏世界，九锁閟林丘。

寒翠霏霏起，春波慢慢流。

人间空岱岳，海上谩瀛洲。

隐迹悲猿鹤，祥光射斗牛。

有人相领略，何地不夷犹。

好景行行得，遗踪细细搜。

山根云欲瀁，石镈凤仍留。

琴瑟听泉奏，珠玑看瀑流。

山灵应有识，鄙句含包羞。

逸兴那能已，奇观谩此酬。

会须寻石室，相继筑菟裘。

注：据《四明塘岙俞氏宗谱》载，俞茂实，字国诚，号肯堂，俞夔长子俞观省之长子，官至泉州府同知。

5. 俞茂系②

题画石

烟霞千岁骨，移傍顾长康。

拜尔应呼丈，经秋独自芳。

---

① 选自古诗词网，https://www.gushici.net/mingju/351/351681/1934306.html。

② 录自民国版《四明塘岙俞氏宗谱》。

注：据《四明塘岙俞氏宗谱》载，俞茂系，号湛然，俞观能长子，俞夔孙。

6. 俞茂元

俞通判（茂元）挽词①

其一

强仕赋归去，频年亦漫行。
宦情虽淡泊，官事极精明。
赞画王公幕，监州亚父城。
佳儿守遗训，清白胜金籯。

其二

象邑推三俊，灵光赖此贤。
老成俄已矣，远迩为潸然。
孝敬心何极，公平录尚传。
佳城隔风浪，忍赋薤歌篇。

注：楼钥（1137—1213），字大防，又字启伯，号攻媿主人，明州鄞县人。南宋大臣、文学家。隆兴元年（1163），进士及第，授温州教授，迁起居郎兼中书舍人。韩侂胄被诛后，起为翰林学士，拜吏部尚书，迁端明殿学士。嘉定初年，同知枢密院事，升参知政事，授资政殿大学士，提举万寿观。嘉定六年（1213）卒，谥号宣献，赠少师。

俞茂元，塘岙谱和桃义江谱均无载。据上述二谱载，俞观能生有二子，即俞茂系、俞茂先。一开始，我们以为"俞茂元"系"俞茂先"之误。但从楼钥所作《俞通判（茂元）挽词》中"象邑推三俊，灵光赖此贤"句，我们推测：第一，"俞茂元"并非"俞茂先"之误，实为宗谱所漏载的俞观能的第三个儿子，且曾"监州亚父城"，在今安徽和县为官。桃义江谱中，关于俞茂系于乾道二年（1166）进士及第后，"授乌程令，迁和州州判，转肇庆府通判"的记载，其实是把俞茂系和俞茂元混为一谈了。第二，从挽诗中我们可以看到：楼钥与俞观能的三个儿子俞茂系、俞茂先、俞茂元都十分熟悉，而且认为俞茂元是其中最为出色

---

① 录自（宋）楼钥：《攻媿集》卷十三。

的一个。读罢楼钥的"宦情虽淡泊,官事极精明""佳儿守遗训,清白胜金籯""孝敬心何极,公平录尚传"等句,一个淡泊名利、清正廉洁、精明能干、敬祖守孝的男儿形象跃然而出。

7. 俞畴

跋山谷书范滂传帖①

貂珰群雏擅天纲,手驱名流入钩党。
屯云蔽日日光无,卯金神器春冰上。
汝南节士居危邦,志划萧艾扶兰芳。
致君生不逮尧舜,死合夷齐俱首阳。
千年兴坏真暮旦,殷鉴讵应如许远。
安知后人哀后人,又起诸贤落南叹。
宜州老子笔有神,蝉蜕颜扬端逼真。
少模龙爪已名世,晚用鸡毛亦绝人。
平生孟博吾尚友,时事駸駸建宁旧。
胸蟠万卷老蛮乡,独感斯文聊运肘。
老子书名横九州,一纸千金不当酬。
此书岂但翰墨设,心事悢悢关百忧。
人言老子味禅悦,疾恶视滂宁尔切。
须知许国本精忠,不幸为滂甘伏节。
九原莫作令人悲,遗墨败素皆吾师。
从君乞取宜州字,要对崇宁党籍碑。

　　注:综合民国塘岙谱及桃义江谱记载,俞畴谱名俞君畴,字我植,父俞诚、祖俞伯安、曾祖俞充。登嘉定四年(1211)进士,初授江都丞,转秀州华亭令,迁平江府通判。《宋诗纪事小传补正》卷一中,有如下记述:"俞畴,嘉定四年(1211)进士,充曾侄孙②,四明人,置湖州粟中守宇蒙堂,除干人。"《古今图书集成·方舆汇编·职方典》卷七九三有如下记载:"栖真观,在汪口。宋景定三年(1262),司户俞畴建。元至正壬辰(1352),兵毁。明洪武间(1368—1398),孙文威重建。"栖真

① 录自(清)厉鹗:《宋诗纪事》卷四十九。
② "充曾侄孙"的说法与《宝庆四明志》同。均误。

观在徽州的汪口。按此记载，宋景定三年(1262)俞畴尚在徽州司户任上。而民国版桃义江谱载俞畴生于乾道九年(1173)，卒于淳祐元年(1241)，显然有误。

范滂(137—169)，东汉官员与名士，字孟博，汝南征羌(今河南漯河市召陵区)人。少厉清节，举孝廉。曾任清诏使、光禄勋主事。按察郡县不法官吏，举劾权豪。见时政腐败，弃官而去。后汝南太守宗资请署功曹，严整疾恶。桓帝延熹九年，以党事下狱，释归时士大夫往迎者车数千辆。灵帝初再兴党锢之狱，诏捕范滂，范滂与其母诀别，留下了一段著名的对话：

滂白母曰："弟仲博孝敬，足以供养，滂从家父归黄泉，存亡各得其所。惟大人割不可忍之恩，勿增感戚。"

母曰："汝今得与李、杜齐名，死亦何恨！既有令名，复求寿考，可兼得乎？"

滂跪受教，再拜而辞。死狱中，时年三十三岁。

黄庭坚(1045—1105)，字鲁直，号山谷道人，世称黄山谷、黄太史、黄文节、豫章先生。宋江南西路洪州府分宁人(今江西省九江市修水县)人。祖籍浙江省金华市。北宋著名文学家、书法家，江西诗派开山之祖，在诗、词、散文、书、画等方面取得很高成就。与张耒、晁补之、秦观都游学于苏轼门下，合称"苏门四学士"。他的诗被苏轼称为"山谷体"。作品有《山谷词》《豫章黄先生文集》等。苏轼病逝常州后，他写过一首《跋子瞻和陶诗》怀念他的老师："子瞻谪岭南，时宰欲杀之。饱吃惠州饭，细和渊明诗。彭泽千载人，东坡百世士。出处虽不同，风味乃相似。"他们亦师亦友，相知很深。

晚年的黄庭坚贬官至宜州，生活逼仄艰难，深得通判余若著的同情与敬佩，认为他就像汉代受党锢之祸的范滂等贤臣，并请求其书写《后汉书》中的《范滂传》。《范滂传帖》即为黄庭坚允诺书成。苏轼少年时代读《范滂传》时，与其母程氏有一段以范滂和范滂之母为楷模的对话，黄庭坚书写此帖，也可能有怀念苏轼的意味。这是黄庭坚书法作品中的名篇，为后世历代文人所珍视。

俞畴的这首七言古风，是为黄庭坚的书法名篇《范滂传帖》作跋而写的。从东汉桓帝时的贤臣和名士的遭遇写到北宋末年的文学和书法名家黄庭坚的被谪经历，赞美了范滂和黄庭坚不畏权贵、坚持正义的铮铮铁骨和殉节的精神，语言悲凉而又铿锵有力，自有一种威武不能屈的气势和力量。

8. 俞元盛^①

七旬自咏

养素甘贫七十年，一官落拓鬓皤然。

山水怡情长抱膝，弈棋得趣可忘眠。

桂枝挺秀香先萎，兰萼含芳色未妍。

且喜得酬婚嫁愿，诸孙二十满堂前。

注：据民国版《四明塘岙俞氏宗谱》载，俞元盛，号尚耕。

9. 俞舜申^②

题春夏秋冬四景画以祝显妣陈老孺人八旬悦旦

其一

上苑新罗献玉鸠，满山红紫不胜收。

露光树杪晨初滴，花气阶前暖正浮。

野店茶烟兼笋蕨，高堂彩色上帘钩。

喃喃紫燕相将喜，飞自先朝十二楼。

其二

小院阴浓月正阳，芳菲此日映霞觞。

花间舞蝶轻沾粉，竹外流莺巧弄簧。

雨过重添萱草绿，诗成不觉野夫狂。

拟将荷叶承香露，吸尽琼筵琥珀光。

其三

碧梧金井雨初收，晓阁径行爽气浮。

天际雁横潭影乱，林端月上练光流。

笙吹夜半疑仙乐，菊撒筵前错酒筹。

漫说蓬瀛无觅处，罗帏香渡白蘋洲。

① 录自民国版《四明塘岙俞氏宗谱》。

② 录自民国版《四明塘岙俞氏宗谱》。

其四

北牖风吹琴自鸣,拥炉不觉夜寒并。

山头雪霁看垂白,野晓烟笼欲放清。

橘熟多时娱蔗境,鸟栖稳处静寒声。

焚膏呼酒听宫漏,独坐梅花月正明。

注:据民国版《四明塘岙俞氏宗谱》载,俞舜申,第义七,字世靖,
号槐亭。

10. 俞述祖

(1)俞述祖作《送傅与砺广州教授》[1]

扁舟乘兴欲还家,分数宁辞瘴海涯。

未必杜陵成汨没,由来贾谊擅才华。

红蕉绕屋含秋雾,丹荔垂檐炫晓霞。

万里何堪慰离思,好凭江驿寄梅花。

(2)顾瑛作《送俞绍芳还京兼寄沃呀元常》[2]

翩翩南国佳公子,荦荦高怀不可羁。

相府夤传鹦鹉赋,儒林曾睹凤凰仪。

贾生名为吴公重,李白才因贺老知。

宾主东南推具美,云龙上下喜相随。

十年载笔依金马,万里乘轺访武夷。

朝野欣逢起遗逸,关山宁复厌驱驰。

嵇康懒惰真成癖,阮籍疏狂只自悲。

亲老每蒙朝士问,涂穷那免世人嗤。

黄河西畔平如掌,泰华云间翠入眉。

归见燕山刘户部,愿将忠孝答明时。

---

① 录自《古今图书集成·明伦汇编·官常典》卷六六二。

② 录自(元)顾瑛:《草堂雅集》卷一。

(3)傅与砺作《墨蒲桃歌为俞绍芳题》①

大宛蒲桃连万区,贝丘蒲桃员十大。
宿昔仍闻植汉苑,见之坐右神森爽。
露余大实垂堪摘,烟际危藤引初上。
度海疑从博望槎,入林恐倚昆霄杖。
流沙飘飘岂易致,别馆芜废今谁赏。
萧萧素壁走龙须,风雨蜿蜒日应长。
忆作挥毫云正愁,炎天忽若对清秋。
玄珠满把君能得,绿酒千钟不用求。
古来豪富夸蓄积,肯贵翰墨相传留。
君不见扶风孟氏子,笑谈一斛买凉州。

(4)傅与砺作《清明日游城西诗并叙》②

予资嗜幽澹,所遇名山水兴至辄翛然径造,兴尽即休,无留滞之意。客京师三年,闻西山之胜未至焉。乃元统二年(1334)二月二十五日为清明节,风和景舒,卉木妍丽,金华王叔善父,四明俞绍芳,同里范诚之,与予从一小苍头载酒殽共出游城西,遂至先皇帝所创大承天护圣寺,纵观行望寿安香山而还。先是约信宿,遍历山麓诸寺乃止,至是谓三子曰:是行适意尔。即一诣而穷其胜,岂更有余兴哉!相与登高丘,借草而坐。酒数行,约赋古诗五言六韵五章,道所得之,趣书二十字乱器中,人探五字以为韵。时诚之止酒,予又性不饮,叔善、绍芳脱冠纵酌,旁若无人。予亦吟啸自若,都人士游者,车服声技相阗咽,金壶玉盘罗列照烂,意若甚薄余数子者,而又有若甚慕者焉。既夕罢归,所赋诗各缮写为一卷,明日会余于杜氏馆中。夫予在同游间年最少,而好任意兴,三子不以予年少而夺之,诚之与予俱不举酒,而能从二子之饮,不厌其醉,是游不已,乐哉!叙以识之。

曜灵动若木,晨鸟鸣东窗。
兴言集俦侣,西郊出翱翔。

---

① 录自(元)傅与砺:《傅与砺诗集》卷三。题注:绍芳,名述祖,四明鄞县人。
② 录自(元)傅与砺:《傅与砺诗集》卷二。

登高望荆吴，延目极三江。
密林何庵蔼，嘉树翳苍苍。
感此时节迁，慨然思旧邦。
乘风即清旷，薄使我心降。
出自城西门，未知道所穷。
并驱陟长阜，山川郁何雄。
累累道边坟，四顾生悲风。
茫昧万物始，晏晏天地终。
阴阳相推化，焉知抟埴工？
谁能同朽木，俱尽委蒿蓬。

梵宫何巍巍，白日耀流藻。
前楹交网树，阴阶被灵草。
宿昔构华丽，河沙施七宝。
丹霞通飞阁，清飙激驰道。
车马纵横至，虚空漫浩浩。
飞龙逝不返，令人伤怀抱。
游子爱良辰，出门各有携。
阳春发惠气，好鸟鸣喈喈。
芳花明曲陼，新杨拂大堤。
群物纷相悦，斯人多所怀。
飘彼陌上尘，化为水底泥。
百年亮如此，不乐复奚为。
长风度广泽，清辉泛遥甸。
曾宫岌崔嵬，落景驻遐眷。
群观各侈靡，金宝列丰膳。
幽赏聊共娱，谁云极游衍。
唼唼水中凫，翩翩云间燕。
微生亦何勤，志足非所羡。

11. 俞士吉^①

（1）丹山十咏

其一，蓬岛春光

碧桃春醉地仙家，蓬岛晴光丽物华。

丹井砂明金作底，石田烟暖玉生芽。

庭前鹤映三珠树，洞口人酣五色霞。

更倚东风望瀛海，楼船应是到天涯。

其二，黄溪夕熙

雨过黄溪日未沉，群峰影里半村阴。

霞光弄水一川锦，鸦背入林千树金。

春杵人家闻笑语，落帆舟楫送歌音。

沙头白叟浑无赖，独对斜阳忆古今。

其三，石浦秋霞

五色残霞远出峰，影摇寒浦浸秋容。

紫丝步幛来天外，红锦缠头舞镜中。

孤鹜飞边齐缥缈，夕阳低处映瞳眬。

西山吹散归何处，城郭楼台赤水东。

其四，丹山夜雨

云卧丹房刻漏迟，竹风吹雨打山扉。

松间老鹤秋无寐，溪上龙游夜末归。

玉洞桃花香欲滴，石田芝草绿应肥。

道人咒笔书瑶简，驱得晴红起翠微。

其五，姜屿晴岚

非雾非烟涨碧空，舟人对面不相逢。

凝如蜃气吞朝旭，散拟鲛绡飏晚风。

东郑楼台浓淡里，西周花木有无中。

收将好景归吟笔，雕琢新诗夺画工。

① 录自象山俞忠慰提供的《俞士吉诗存》。

其六,陈山晓渡

五夜潮声渡口吞,片帆轻似马嘶奔。
橹声摇落黄溪月,鸡唱传闻白屿村。
贾客推蓬探曙色,棹工钻竹备晨飱。
古今来往人如许,又见扶桑送晓暾。

其七,东村牧笛

十里烟村雨乍收,牧儿吹笛解咿呦。
夕阳牛背才三弄,春草岗头第一流。
折柳漫倾尘俗耳,落梅徒送古今愁。
不知帝力乾坤大,日日风前得自由。

其八,西沪渔歌

泛泛天涯海浪前,放歌西沪日陶然。
数声欸乃山如黛,一曲沧浪月满船。
绿蚁酣时还声楫,白鸥眠处漫敲舷。
朝廷尚觅元真子,狼藉新腔烂漫传。

其九,海口涛声

潮生海口浪涛喧,拍胆惊寒夜不眠。
二月春雷鲛室外,万松秋壑蜃楼前。
云根喷薄偏宏怒,地轴崩翻欲倒悬。
料得扶桑应解拔,秦人何处下楼船。

其十,湖头夜色

雨过湖头野色新,倚楼如见画图春。
浓犹靛泼晴偏好,淡似烟铺晚更匀。
天接空青双去鸟,桥分平绿独归人。
何当善画王摩诘,写人韩符笔有神。

(2)汉江鸭绿

落日行大堤,爱此春江绿。
谁云可染衣,华我襄民服。
谁云可作醅,取我襄民足。
临流不敢唾,聊以鉴眉目。

轻风生微澜,胡能照心曲。

无端双白鸥,飞来镜中浴。

试问沧浪翁,借尔槎头宿。

飞梦绕天河,弗顾鳊鱼熟。

(3)走马塘

茅山山色翠嵯峨,千古文章炯不磨。

柏府清荫铺锦里,柳桥流水绕忠河。

祖孙接踵登瀛贵,父子捐生效节多。

唯有故家千秋树,春风秋雨长危柯。

(4)咏丹山

为访蓬莱到此山,晓披浓雾重跻攀。

紫藤乱挂苍苔磴,绿树重遮白石关。

岭上群羊何日起,云中白鹤几时还。

现价犹是成荒址,尘世营营总是闲。

(5)隆中草堂

三顾门前□□深,风云千古英雄心。

山林尚护龙虎阵,松韵如闻梁甫吟。

管乐才名同寂寞,刘曹王霸总销沉。

荒亭绿树倚欲遍,空忆少陵诗满襟。

(6)陈琏作《和刑部侍郎俞士吉致仕南归韵》

七十年华古所稀,风姿犹自带霜威。

谢官已遂悬车志,满路人夸衣锦归。

三径菊松原自好,故乡桑梓倍光辉。

赐金散尽无留囊,筐里惟存旧绣衣。

注:陈琏(1370—1454),字廷器,别号琴轩,广东东莞人。洪武二十三年(1390)举人,入国子监。选为桂林教授。严条约,以身作则。永乐间历许州、扬州知府,升四川按察使,豪吏奸胥,悉加严惩。宣德初为南京国子祭酒。正统初任南京礼部侍郎。致仕。在乡逢黄萧养

起义,建镇压制御之策。博通经史,以文学知名于时,文词典重,著作最多,词翰清雅。有《罗浮志》《琴轩集》《归田稿》等。

12. 俞吉甫①

解元和十二公赠郑年翁

旧植园林桃李枝,移栽大邑受春私。

交因世笃兰同臭,德辛邻成大可期。

却愧拙才悬墨绶,爱知家学擅鸿词。

丹山碧水名贤地,会见皋夔复踵时。

  注:据民国版《四明塘岙俞氏宗谱》载,俞吉甫,字盖臣,号耕野,至正二十三年(1363)乡试登副榜第一名,授青田县儒学,不就,杜门读书。

13. 俞山寿②

题帐上画梅花 七绝四首

其一

昨夜驱蚊试剪裁,红罗无力布为胎。

下来似觉风难透,故写梅花带雪开。

其二

腊月寒枝六月床,清姿冰映玉壶香。

下帷胜有真风味,雪里羹从醉里尝。

其三

疏星淡月照床前,朵朵鲜新倍可怜。

曾忆小孤山上见,花开几树早春天。

其四

桂馥兰芬总异时,君何终岁傍书帷。

自怜玉骨晶莹甚,两两相期素有知。

---

① 录自民国版《四明塘岙俞氏宗谱》。
② 录自民国版《四明塘岙俞氏宗谱》。

注：据民国版《四明塘岙俞氏宗谱》载，俞山寿，号东望。

14. 俞士显①

葬亲地得墓前赋病已

风木悲伤泪未干，转思随痛病难焉。
牛眠且喜兹山好，他日从亲死亦安。

注：据民国版《四明塘岙俞氏宗谱》载，俞士显，字敏三。

15. 俞行鐇②

题画

亭溪曲曲水融融，可有飞禽入涧中。
浴罢不难舒六翮，上林春柳间桃红。

16. 俞行镶③

游宝福寺偶题

宝福由来久，怀人随步探。
腥风深户出，醉偈众禅参。
佛欲名高北，僧知律在南。
谅无超箸意，空自说瞿昙。

17. 俞忠校④

祈雨率作

何事封郊赤及土，纷纷问天天无语。
不如转向人情求，翻覆手时成云雨。

① 录自民国版《四明塘岙俞氏宗谱》。
② 录自民国版《四明塘岙俞氏宗谱》。
③ 录自民国版《四明塘岙俞氏宗谱》。
④ 录自民国版《四明塘岙俞氏宗谱》。

18. 俞大法①

昼卧舟中有感而作

驱蚊昨夜计何穷，手渍丹砂尚未融。
漫道两眶交不得，而今一体倦难攻。
风飘帆影几回曲，日掩浮云午正中。
鼾睡未须安设榻，已分清梦到南宫。

19. 俞邦宗②

忆读书白云寺山居 五古

出入才五里，世情便尔违。
罗坑澄止水，梅岭引斜晖。
虎迹新蹄遍，柴门旧竹园。
当年读书处，犹记白云归。

　　注：据民国版《四明塘岙俞氏宗谱》载，俞邦宗，名宗，字璜友，顺治六年(1649)至康熙五十八年(1719)。

20. 俞邦晋③

(1)咏雪

雨声才歇屋凝流，倏忽飘来白满头。
莫道南天寒未甚，堂前人尽拥重裘。

(2)作本境庙联四对

其一

生为名臣，死为神圣，赫赫哉！威镇蟠龙垂万祀
隆以庙祀，报以馨香，洋洋乎！德歌翔凤到千秋

---

① 录自民国版《四明塘岙俞氏宗谱》。
② 录自民国版《四明塘岙俞氏宗谱》。
③ 录自民国版《四明塘岙俞氏宗谱》。

其二

显赫神威左达管江安海国

巍峨圣德右通亭岭固山城

其三

移东过西,位镇四方证佛国

坐南朝北,化行南土奠龙山

其四

塘岙山回森森然,翠竹苍松栖凤鸟

罗岩泉涌滚滚乎,碧波白浪起蛟龙

21. 俞邦俊[①]

夜泊曹娥

行路余三百,曹娥夜息机。

风尘看白眼,清梦薄朱帏。

暑气帆初落,闲情天半归。

从兹无限意,长与暮云飞。

22. 俞天就[②]

游白云寺题壁

岩际白云僧寺幽,光风霁月遏清流。

山辉射户青环几,水色迎门绿满丘。

静坐明窗参贝落,闲登白石望沙洲。

此中美景诚难再,曷不委心任去留。

注:据民国版《四明塘岙俞氏宗谱》载,俞天就,字成玉,康熙二年
(1663)至乾隆八年(1743)。

---

① 录自民国版《四明塘岙俞氏宗谱》。

② 录自民国版《四明塘岙俞氏宗谱》。

23. 俞天授[①]

田家词

仕宦远出,礼法拘绊。商贾逐利,天涯海岸。

争如农圃,逍遥散诞。一家聚首,六亲会面。

蚕熟新丝,禾登香饭。篱笋溪鱼,紫茄赤苋。

鸡鸭盈群,牛羊满栈。私债既偿,官租亦办。

倦对渔樵,闲看书卷。钱不妄用,酒随量劝。

滋味虽薄,淡嚼已惯。愿常太平,皇图千万。

> 注:据民国版《四明塘岙俞氏宗谱》载,俞天授,字岂凡,康熙六年(1667)至乾隆六年(1741)。

24. 俞天叙[②]

(1)自咏

龙山祖居,世守非易。屏绝繁华,崇尚俭素。

衣不美丽,食不兼味。事不虚假,饮不强醉。

中篝勿谈,外事勿议。持己以恭,待人以恕。

瘦竹疏梅,月明风细。静坐行吟,任真率意。

缅想予怀,大概如是。

(2)泗水亭伟立师坐雪窦送院适遇雨雪停留数日

为送知音归雪窦,负囊经过白岩头。

遇寒提榼沽村酒,坐雪敲棋解客忧。

高台美景环红树,千丈奇峰透碧流。

自古名山多胜致,游人来往未曾收。

> 注:据民国版《四明塘岙俞氏宗谱》载,俞天叙,字怀玉,康熙六年(1667)至雍正五年(1727)。

[①] 录自民国版《四明塘岙俞氏宗谱》。

[②] 录自民国版《四明塘岙俞氏宗谱》。

25. 俞天仪[①]

自咏

尔貌不扬，尔体不长。

十年萤火，有负义方。

不凌贫寡，不媚豪强。

品固碌碌，志则昂昂。

注：据民国版《四明塘岙俞氏宗谱》载，俞天仪，字逵吉，康熙五年（1666）至乾隆三年（1738）。

26. 俞天培[②]

秋日访友

十里秋山看已频，峰回路转石嶙峋。

不辞更向岩阿里，欲觅苍葭白露人。

注：据民国版《四明塘岙俞氏宗谱》载，俞天培，字因德，康熙十二年（1673）至乾隆十年（1745）。

27. 俞天环[③]

清明扫墓遇吴君山一驻话

久别忽邂逅，惊喜出非常。

未审缘何到，相看无别商。

话因扫墓断，情为故人长。

明日汤山会，邀君醉一觞。

注：据民国版《四明塘岙俞氏宗谱》载，俞天环，字世玉，康熙十五年（1676）至乾隆元年（1736）。

---

① 录自民国版《四明塘岙俞氏宗谱》。
② 录自民国版《四明塘岙俞氏宗谱》。
③ 录自民国版《四明塘岙俞氏宗谱》。

28. 俞朝宪[①]

(1)得吴君山一书

一雁忽飞来,寒窗春意馥。
未遑开缄看,便知无复读。
微微只数言,无穷妙含蓄。
固知故人情,来书已预卜。

(2)东窗自咏 五绝二首

其一

东窗临月色,兀坐静长思。
酌酒不知醉,杯空独自持。

其二

对影诚虚度,惭深六十余。
何堪屈指数,漫把鬓毛梳。

　　注:据民国版《四明塘岙俞氏宗谱》载,俞朝宪,字全斌,顺治十八年(1661)至雍正十二年(1734)。

29. 俞朝遴[②]

忆父而作

夜深灯火近无光,独坐寒窗雨过墙,
乍检遗编声未扬,倏尔风木悲我肠。
言犹在耳心岂忘,惨惨追思情弥伤。
记得远近向他邦,终须有日归故乡。
胡为一别莫相望,空怀地久与天长。
蓼我三复泪沾裳,眼底模糊质在旁。
痴心幸见幽魂翔,岂知转眼成茫茫。
吾弟幸归喜非常,聚首欢言慰彷徨。

---

① 录自民国版《四明塘岙俞氏宗谱》。
② 录自民国版《四明塘岙俞氏宗谱》。

注：据民国版《四明塘岙俞氏宗谱》载，俞朝逊，名日，字启忠，天球公长子，康熙十七年（1678）至乾隆某年（待考）。

30. 俞光龙①

题落花 七律二首

其一

莫向东风证夙因，又吹庭院草如茵。
青衫迟暮怜文士，黄土徘徊葬美人。
扫径惟留诗赠别，折枝犹借画传神。
殷勤重订明年约，为我园林报早春。

其二

东皇无力护群芳，薄命红颜最可伤。
落去未能忘故态，飞来犹是带余香。
明妃曲唱空垂泪，金谷魂消枉断肠。
狼藉满园人不扫，随风片片送斜阳。

注：据民国版《四明塘岙俞氏宗谱》载，俞光龙，清同治四年（1865）至民国十三年（1924）。

31. 俞志清②

（1）俞塘竹枝词

其一

俞塘古族著吾鄞，前后青山隔水分。
莫道乡居无乐处，向阳住宅一冬温。

其二

巍峨校宇在塘西，近水门墙不碍低。
闲向绿槐深处过，书声爱听一声齐。

---

① 录自民国版《四明塘岙俞氏宗谱》。
② 录自民国版《四明塘岙俞氏宗谱》。

其三

新开烟厂傍山边,轧轧机声彻夜传。
两面人家应有恨,春闺好梦不能圆。

其四

东钱区署位村东,十六镇乡管辖中。
实施战时新政令,万民领导仰前锋。

其五

俞塘公所辖千家,保甲推行旨可嘉。
最是片言能折狱,申冤何必到官衙。

其六

新建宗祠气象宏,冬时向日夏临风。
祖宗也有三分乐,难得勾留在此中。

其七

红男绿女喜非常,拜岁同登树德堂。
堪笑张郎与李老,也来冒饼认孙行。

其八

两枝红烛一枝香,约得邻家姊妹行。
裴肃庙中同守岁,来生修到好爷娘。

(2)五十书怀 未是稿

　　百岁韶华今已一半,叨祖宗之庇荫,得获残年,惭岁月之虚延,觍颜人世,追怀往事,感慨良多。因赋十律,聊以自遣,大率粗豪,有伤忠厚,诸希斧正并乞玉和。

其一

一篱丛菊斗芳姿,是我呱呱堕地期。
五秩光阴悲短鬓,万方烽火苦吟诗。
欲赓流水高山调,正待抛砖引玉时。
自笑崛躬多傲骨,寸心羞许世人知。

其二

莫道买臣得志迟,乱离身世费猜疑。

抽书架上我寻事，运甓斋头天赐时。
宦久每多归里梦，愁深惯读送穷诗。
原知短绠苦修汲，勉强精神尚可支。

其三

满腔孤愤有谁知，陈檄抛来读杜诗。
笔下难能春在手，镜中易见雪生髭。
山川纵眺惊烽火，苍赤饥驱哭乱离。
斯世崎岖无直道，买臣事业我何期。

其四

荏苒光阴年复年，世间万事等云烟。
生无特笔草同腐，身处危邦瓦独全。
五秩杖乡遵古训，三秋称寿愧前贤。
老来衣食无多费，莫向人前乞盗泉。

其五

自悔平生但读书，而今何地可饥驱。
入山每见蛇当道，至野喧传虎负隅。
如此江湖存傲骨，无多才略展宏图。
年年过去年年活，不识先贤笑我乎？

其六

老来斫地学王郎，不恤桑麻十亩荒。
卫国只能存半壁，保民未许约三章。
毁家纾难嵇生愤，借酒浇愁太白狂。
行到水穷云又起，钱湖秋色正苍苍。

其七

丈夫生世不逢时，兵满乡关雪满髭。
一派湖山愧管领，五洲风雨写忧思。
怅怀故国诗千首，痛饮家人酒一卮。
当日悬弧今学圃，回头往事觉全痴。

其八

五十光阴一刹那，徒增马齿补蹉跎。
骨经锻炼身方健，眼阅兴亡泪更多。

世事炎凉云变色，宦情冷暖浪翻波。

残生历劫心灰尽，剑匣尘封久不磨。

其九

自从胡马到宁波，独木难支唤奈何。

未死肯灰填海志，固穷仍唱读书歌。

不堪浩劫从头数，多少奇灾到眼过。

四载主区无政绩，东钱依旧好山河。

其十

二十韶华赋结褵，相投意气幸齐眉。

最难老去称双寿，却喜晚来添两儿。

永夜哦诗怜我苦，不时茹素笑卿痴。

生当乱世保名节，乐与家人醉一卮。

(3) 甲申九月十二日五十生辰吟

五十年华浑一瞥，回首往事何堪说。

过去光阴不可追，将来天赐岁月有所别。

赐我杖于国，愿与范增示玉玦。

赐我杖于朝，愿与尚父同行列。

九十能传经，伏生天下杰。

百岁未归田，人瑞称罗结。

人谓文章与命憎，岂知我文投时拙。

傲骨之性成自天，至今垂老不改辙。

偶而检点旧书卷，满箧文字满腔血。

血中文字诉与谁？松间明月梅间雪。

家人为我赋介眉，有酒盈樽味清冽。

我饮斯酒乐且悲，大叫一声动天阙。

中岁失怙恃，蓼莪徒呜咽。

晚岁遭丧乱，黍离长惙惙。

问今是何世？胡马纵横蹄如铁。

纾难毁家何足论，爱国之心我亦切。

备尝苦辣甜酸味。栖尽东西南北穴。

一日敌不去，一日志不灭。

呜呼！国难何日平？

丈夫且励节，君不见马伏波，老益壮，穷益坚！

千载昭人以忠烈！

注：据民国版《四明塘岙俞氏宗谱》载，俞志清，俞光龙子，抗战时任浙江省第六区行政督察专员，公署参议，东钱区区长兼俞塘乡乡长。光绪二十一年（1895）生。

附　录
陈高作《赠医者俞明远》①

俞君昔儒冠，读书四明下。

简册夜钻窥，词章昼挥洒。

苦厌功效迟，迂缓世所舍。

闭门习方伎，探赜非苟且。

贯穿岐黄篇，出入卢扁冶。

业成无全牛，开户应求者。

投剂始下咽，愈疾犹解瓦。

活人术有神，利物功岂寡。

声名在公卿，邀请致舆马。

养生理自足，交游贵不假。

移家九龙山，泉石趣仍雅。

寻山陟嵚岑，采术瞰幽閒。

予药或焚券，种杏当满野。

吾衰苦多病，坐久痿及胯。

肌肤日已枯，颜色何由赭。

刀圭倘可分，相依作邻社。

注：陈高（1315—1367），温州平阳人，字子上，号不系舟渔者。顺帝至正十四年（1354）进士。授庆元路录事，明敏刚决。不满三年，自免去。再授慈溪县尹，亦不就。方国珍欲招致之，无从得。平阳陷，

　① 　录自（元）陈高：《不系舟渔集》卷三。

浮海过山东,谒河南王扩廓帖木儿,论江南虚实,陈天下之安危。扩廓欲官之,会疾作卒。著有《不系舟渔集》《子上存稿》。

医者四明俞明远,元代人,医术高明。然不知其为哪派哪支,故录之以存疑。

二、文章著述

（一）明派俞氏奉系俞文广支

1. 俞昕

瞻谒新昌俞氏大祠堂六世祖稠公遗像记[①]

昕之发愿，瞻仰新昌俞氏大宗祠也，远在民元二十四五年间。当其时，昕衔中央之命，往赴镇海兴修要塞，得获交于镇海炮台俞总队长隐民，一年之间，日夕相处，公余之暇，叙及身世，始悉予二人者原本一家。且悉予俞村俞氏之上祖，实由新昌迁徙而来，探木寻源，晋谒之念油然兴起。嗣以人事流转，宦游关陇二载有奇，宿愿未偿，衷心耿耿。今幸走线道经峨嵋，循巫峡，还四明，徜徉于间阎间。而宗人隐民先生方指挥奉宁南象等县，札驻奉城。缘得约期赴新，导瞻祖祠，罗拜先人，仰望六世祖稠公遗容。但见庙貌雄伟，香花顶礼之余，不觉手之舞之、足之蹈之也。敬读新昌俞氏谱牒，有七世祖玗公于唐昭宗时仕明州大院判，迁居四明大晦，又有一谱于玗公名下并未注迁居四明大晦，只于八世祖承登公下注有迁居大晦。无论其七世祖、八世祖，其迁居大晦则一也。大晦者，去吾村不过四五里之一岭耳。复查吾村谱中，自迁奉一世祖文俊公[②]至七世祖命喆公之墓，皆在大晦岭附近三四里之间，与新昌宗谱相合，是源出一祖则无

———————

① 录自民国版《俞村俞氏宗谱》。

② 文俊公误，应为第十一世祖俞文广，俞宾之子、俞翔之孙、俞承资之曾孙、俞玗之玄孙。

疑矣。晤承族众公推为修谱总裁,缘记其事,亦追本思源之义乎。

民国二十八年(1939)岁次己卯中元节,裔孙晤沐手敬撰

注:俞晤,行坤,名炳福,字子光。民国辛酉年(1921)河海工科大学毕业,曾任南浔铁路、陇海铁路、江宁铁路等处长、副局长,后官至江苏省建设厅技正、航空委员会技正、甘肃省建设厅代理厅长。与俞济民、俞济时兄弟交厚。其母宋太夫人谢世时,民国要人纷纷题字拜祭。

2. 俞飞鹏

五十自序[①]

余行年五十矣,回忆五十年之经过,发生种种之感想,适值重修族谱。爰将经过与感想泚笔记之,载之谱牒以示子孙焉。余年甫六龄,先母弃世,蒙继母抚养成人,才及弱冠而先父又逝,食指众多,家无担石之储,境遇极为困穷。余刻苦自励,毕业于师范学校,办理教育,薪水无多,仍不足以供事。蓄之资,当是时也,余私心窃计长此教学以糊口欤?则前途永无发展之望,抑或升学以求深造欤?而学费又无从出,困心衡虑以谋出路而不可得。及革命军兴,乃投笔从戎。逮军事结束,余决计入军需学校以求专门之学识。毕业之后,佐理军需于各部队,只以资格尚浅,地位不高,薪饷所入,仍属寥寥。余颇以为苦欲再从事于教育,回复教学生活,继思办学,既无成设,办军需又无成,则余终身将一无所成,如欲有所成就,惟有对于事务加以深切之研究,以求治事之方,略对于职守,加以忠勤之努力,以博长官之信任而已。余循此途径,殚精竭虑以赴之,对于军队经理事宜,遂尽得其窍要。厥后北伐讨逆、剿匪、抗日诸役所有后方勤务,率多由余担任,十数年来,恪恭将事,措施调度,尚协机宜国府,鉴斯微劳,迭次颁给勋章。由是观之,假使余经济不窘,未必艰苦求学。假使余立志不坚,余必半途而废。假使余经济不窘,未必艰苦求学。假使余立志不坚,余必半途而废。假使余研究不精,未必有治事之能力。假使余奉职不忠,未必能得长官之信任。故膏粱子弟鲜能奋发,意志薄弱,鲜能有成。持器不利,难善其事。不忠于职,难获乎上此就。余半生经过事实所生之感想而认为一定不易之理者也。民国十九年以后,余又转入政界,颇欲以革命之精神,从事整理,以期有所建树。顾纷纭错杂机诈百出,受环境之拘牵,不

---

① 录自民国版《奉川俞氏房谱》。

易有所展布。昔韦苏州有诗云"邑有流亡愧俸钱"，余以薄德幸跻高位，而于国家政治无所补益，亦何能免于韦公之愧也哉！

3. 俞隐民

奉化俞氏重修宗谱序①

丁丑(1937)之秋，抗战事起。逾年，余奉命分防奉、宁、象南四邑。适其时，奉化俞村俞氏重修谱牒告成，宗贤子光先生以宗谊过余防次，并携谱稿见示，属弁言于其端。按谱，俞氏始迁之祖为文俊公，实新昌俞氏第十世祖伯深公后也②。新昌俞氏自唐季珣公为剡邑令，避黄巢乱，隐居五峰，后徙邑城，迄今四十五世矣。绵瓜衍瓞，族盛而丁繁。其间流分派析，徙居他方者，稽诸旧牒，不一其书。当日为珣公兄弟行，同时引避寇氛，分途投止者，如琬公居杭，玢公居汴梁，玗公居大晦，无论矣。厥后，由新他徙，则有仁贤公迁东阳，伯源公迁马岙，伯渊公迁乌岩，伯潜公迁上虞，文雅公迁东山，侣公迁龟溪，俱各谋新舍旧，分奠厥居。文俊公之迁俞村③，亦此物此志也。然九派河流同源，星宿回溯畴曩，固一家伯叔昆弟也。我俞氏宗人念之哉，人类之依托世界也。由竞争而来，能竞争则以生，以存否则以灭，以亡而其道则在合群。吾国宗族主义，为环球所无，前人旧说，不过曰顾念一本收族敬宗而已。处今日之势，正可利用此天然之群。首先集合，互相蟠结，互相提携，咸晓然于竞争时代，非合群无以图存，而非挟持有具即无以与世界相见。人人尊旧道德，人人求新知识，吾族虽散处异方，声气应求联络，自易组织果臻完善，成效自必卓著，蔚然如汉十三家法，海内慕望，史册流传，岂非一姓之光荣也哉！余承乏戎行，与异地同宗不期而聚晤，实深欣幸。爰述先世踪迹之分离，谋后人精神之结合，诠次其说以应誰诿，并致区区期望之深心焉。

民国二十八年(1939)，宁波防守司令部右地区指挥官新昌裔孙隐民敬撰

---

① 录自民国版《俞村俞氏宗谱》。
② 此误。
③ 应为俞文广之后人迁俞村。

4. 俞济民

奉川弹岭下俞村里宅谱序①

国必有史，犹家必有谱图，古也。家之不可以无谱，犹国之不可以无史也。史或无焉，则国统、君治、臣才、民俗，与夫礼乐、刑政之详，理乱、兴亡之故，皆闃寂而无传，虽当时嗣主，亦何以征其数、纪其典、绳其武，而况于易代旷世之远哉。夫谱所以明本源、辨昭穆、序尊卑、别亲疏，启尊祖睦族之心，兴象先遗后之道，信不可无也。无之则本不得而明也，昭穆不得而辨也，尊卑亲疏不得而序与别也。于上祖疏族皆莫知其为谁，而安得尊之、睦之，远愈则愈失之矣。故古者，家必有谱，若州间史之所藏图谱皆是也。近世谱学废矣，惟旧族惇古者，乃能重此，或作或述，而故家名族不觖掌于事焉。然则谱有关于世族甚大也，其可以无哉！

四明奉川俞氏出于叔虞之后，姬姓之分支也。晋有讳纵者，为征西将军，歙县人也。前赵有讳容者，为中常制。至唐有讳简、讳骧、讳岩、讳当、讳彦谋，而登科第，多矣。及至宋，有讳献可者，仁宗朝为龙图阁待制，献卿为侍御史擢刑部侍郎，与王安石不合政道，告官归故乡。献可子希仲隐德弗耀，玩览山川，晦迹于剡之什里之山，创业起家，云礽隆盛。曾孙文俊②又迁于奉化斑竹园居之，五孙跨窀，迁守不一。或住祖宅，或徙新居。三二府君与三五府君迁大小晦之中锹八角井旁，余皆祖宅居之。上宅而出景福公之为郡马，下宅而出文荣公之为侍翰。淳祐甲辰（1244）遭术者任端之诳，伤阴阳地脉，之龙火燎其庐，人亡十九。至乙丑年（1265），憾恶术之毒，诛任贼之身，鼠牙雀角以殃家，回禄天灾而壤室，人咸星散，遗址荒芜。自此，上、下二宅，并皆废弛。八三府君徙于鄞之湖田，八五府君迁于鄮之新盐场，八四府君住于小溪，八九府君家居莲岩，八六府君筑舍于北山庵前，八二府君徙居象山洋巴，千十五府君赘居苏州昌桥，春斋府君徙居定海大涂，千廿五府君卜居县东学宫之右，万十府君徙于王家岙乡，人曰俞村里宅③，是皆一派之宗支也。

兹因旧谱蠹佚，更宜修之。水源木本，粲然可见，亲疏隆杀，昭然可知，子子孙孙相传勿替，此谱之所以不可不修也。为子孙者，当修之。修

---

① 该序原载民国版《石姥山俞氏宗谱》。

② 从"及至宋"开始，到"曾孙文俊"，为误接祖源。

③ 即今岙底俞氏。

之者,孝也。夫人之行,莫大于孝,孝者所以事君也。人能思孝,不失其本,不忘其先者,孝之大者也。俞氏之先,积德之厚如此,而今子孙善继善述,克念厥初,则其后之蕃衍盛大,讵可量乎!

民国二十五年(1936)岁次丙子四月既望,宁波公安局总局长俞济民谨识

(二)明派俞氏奉系俞文唐支

1. 俞伸

(1)明州慈溪县普济寺罗汉殿记①

罗汉殿记(题额)

明州慈溪县普济寺罗汉殿记

河间俞伸撰

富春孙吁书

罗汉以六通八解,普现无碍,而慈心所属,恒沙并摄,等无有异。故巨迷炽恼,纤悲匿苦,皆我之所怜□;□荡高廓,盖覆罅隐,皆我之所临照;岑台骞宇,鹪巢蚁穴,皆我之所栖泊。夫何专一方,系一域,蔽蔽然然,滞□□□□众生自障,罕得亲近,唯愿洪缘合,则不约而冥契。则普济之殿,其兴也宜有由矣。

皇祐二年,县令林侯肇夜□□□门,霜鬃云缕,魁岸异特,环谒栖止。林曰:"莫如普济。"应声锡东望,恍恍间,若见其乘虚而彼下也。既觉,召诸□□□□未有能为罗汉像者,林谓:"今梦以幸,予可不任哉?"念无完力以擅乃举,即捐俸为四像以唱之,因以□□□□□□君贵叶□者力其事。于是百里走应,相为告劝,为像五百一十有六,亦已浩而难成矣。而其既成,人不亦□施□□□贪而□□也。集像傍寓,委其事于未竟者凡几年。颜氏文悦、文溥相与慨然,愿得屋而殿之,缉熙前功,竭□□□继然□哀募焉,逾年而殿成,元祐五年十二月十九日也。

---

① 录自章国庆:《宁波历代碑碣墓志汇编(唐、五代、宋、元卷)》,上海古籍出版社,2012年,第97—98页。

噫！何其事重而工速耶？慈之为邑，眇介江浒，望若□□□雄会巨镇，弥跨竦峙。谒栖之梦，不即彼而唯是之辱，何哉？岂以其俗朴愿，趋善避罪，积洽既久，而所谓愿洪缘合，□□有□□多劫不可穷之际。不然，安得憩真仗而集胜果，以为一方福田乎？然后知林侯发之，二颜承之，间□于□□余年，乃获完就，岂偶然也哉！天台赤城，大阿罗汉所家也，石桥危磴之怪险，金雀茶花之显应，著为异事，旧□□□夫兹殿既辟，其仙游相望，浮空往来于两者之间，而俗奉愈久而益虔，则金雀茶花之应，将不特专美于天□□□云。

元祐七年（1092）九月二十七日记

寺主传教赐紫智文立石

慈溪县尉兼三班借职监慈溪茶盐酒税张□

慈溪县令张伋

　　附记：此碑原立于江北区慈城普济寺，1984年1月移入孔庙。圭首，高165厘米，阔88厘米，厚18厘米。碑额横立正书"罗汉殿记"四字；碑文行书，共19行，满行44字。石下截泐甚，每行脱四至五字。加阴影字样，依残留笔迹并结合上下文意思补之。碑阴刻明嘉靖二十二年（1543）赵文华撰《重修普济禅寺碑记》。

　　晚唐五代以来，罗汉信仰极为盛行。因此，当县令林肇"捐俸为四像以唱之"时，得到了广泛响应，并经过几十年努力，终于建成罗汉殿及五百十六罗汉像，可见其工程之浩大。而林肇在任期间，最重要的贡献是兴乡校，请杜醇为师教授诸生，使党乡学风为之一新，深得王安石赞赏。林肇，字公权，吴兴人，宝元中进士（《姑苏志》卷四十一）。

　　撰者俞伸，鄞县人（光绪《慈溪县志》作象山人），元祐三年（1088）[①]进士。碑文虽泐失不少，未能观其全貌，然其言辞精炼不繁而意寓深刻的文风仍可略见一斑。至于其所题"河间"，盖从其旧望。

（2）蒋椗撰《郡马公碑记》

公讳景福，字庆之，居于奉化之剡源俞村，由上舍释褐进士，赘安定郡

①　此有误。据《乾道四明图经》载，俞伸为元祐六年（1091）进士。

王式之次女①,授河南巩县主簿,迁开封府通判,出判湖南转运致仕。生于宋皇祐癸巳(1053)十月甲午日,卒于绍兴癸丑(1133)十二月丙辰日,寿八十一岁,葬茶坑庵山。配赵氏郡主、少夫人王氏。生二子:襄、仙。女一,适三岭蒋楔②。孙五:世杰、世彦、世昌、世奕、世芳。行谊备载乡先生楼航所撰志文,不叙。

宋绍兴癸丑(1133)冬月庚申日,主管成都府玉局观③蒋楔撰

> 注:"三岭蒋楔",即今溪口蒋氏先人。据民国版《武岭蒋氏宗谱》载:蒋楔为奉化溪口蒋氏二十六世祖,"楔,字子才,行六,排长子,进士,官罗源县尹,葬青山,子六"。据《乾道四明图经》卷十二《进士题名记》载,蒋楔为绍兴八年(1138)黄公度榜进士。

3. 俞强

斑竹俞氏宗谱百年重修序④

《斑竹俞氏宗谱》百年重修的缘起

据现有的文字记载,《斑竹俞氏宗谱》曾修于南宋绍兴三年(1133),即十四世祖、安定郡马景福公(伸)(1053—1133)修的谱,当时称"大晦谱"。宋元之交,又经十九世祖茂林公等编纂,至清康熙暮年酝酿、雍正八年(1730)再修,此前从元到明的这段历史的修谱情况是模糊的,并非没有修纂,而是历经兵燹与火灾,失之于漫漶。此后至乾隆五十五年(1790)续修,后历代每有重修。至民国十一年(1922)重修,是清初以来的第六次重修,至今已历经百年之春秋,然因种种情况一直没能续修,时间跨度较大,世事沧桑,人文历史也有了丰富的积淀。在此形势下,前年下半年,斑竹俞氏开始商议并确定第七次重修之盛事。近年来因"金字谱"与"大晦谱"的渊源关系,更因为大晦(现在斑竹村境内)是五峰俞氏明派(大晦派)的发祥地,五峰剡派俞氏及省内外其他不同宗派的俞氏也数次到斑竹考察,随着俞氏有识之士的探研,许多被历史瘗埋的信息与脉络重被发现,并得到了深入的梳理与整合。特别是宁波社科院原副院长、研究员,俞氏谱牒

---

① 民国版《俞村俞氏宗谱》将"式之次女"误为"诘之次女"。

② 民国版《俞村俞氏宗谱》将"蒋楔"误为"蒋神"。

③ 民国版《俞村俞氏宗谱》将"玉局观"误为"王届视"。

④ 原载现代版《斑竹俞氏宗谱》,收录时做了删减。

研究专家俞建文的学术专著《俞浙与"金字谱"研究》（列入宁波文化研究工程，由浙江大学出版社出版），专门勘探并详细叙述了南宋末年监察御史、五峰剡派二十世祖俞浙（1215—1300）在南宋德祐年间主修的"金字谱"之前世今生，以及"大晦谱"与斑竹俞氏在俞氏历史长河里的特殊意义，前所未有地扩大了《斑竹俞氏宗谱》在姓氏文化上的辐射力与影响力，并成为研究五峰俞氏的枢纽与桥梁。十一年前我得到了《斑竹俞氏宗谱》并复印了十余本，分送慈溪图书馆与档案馆收藏。从那时起我结识了许多俞氏宗谱的研究专家，如新昌五峰的俞尚林、俞伟新、俞见达、俞焕苗、俞卓敏等宗亲，尤其是与热心于俞氏谱牒搜集的宁波宗亲俞正多、俞立奇交往，受益匪浅。这两位宗亲不吝其宝，把许多明派俞氏宗谱的复印件寄给我，为建文兄和我系统性地研究斑竹俞氏宗谱创造了良好的条件。

这次百年修谱由族兄俞晓松提议，成立了以俞小国为主任的宗谱重修编委会，文化顾问由建文兄和我担任。经过周密策划，广泛发动信息征集及财力的筹备，正因为近两年来事无巨细的积累，特别是建文兄总揽全局，将全谱内容辑为五卷，录旧谱新，穷搜博采，拾遗补阙，考证核实，使这套有着"大晦谱"辉煌传统与基因的《斑竹俞氏宗谱》百年重修本，在辛丑年之春终于编纂成功。

大晦在奉化溪口斑竹村境内，斑竹村既有五峰俞氏明派发祥地和安定郡马故里的特殊地理位置，"大晦谱"是斑竹谱的前身，又是"金字谱"的母本，所以这套斑竹谱百年重修本，在群星璀璨的俞氏谱系里意义重大。相信它的出版不仅仅是斑竹俞氏的一件大事，为五峰俞氏各宗诸派也为全国其他俞氏所关注。特别是放在卷二的建文兄与我合著的《明派俞氏各支祖源记略》一文，对五峰明派（宁波）俞氏包括奉化俞氏以及鄞东鄞西俞氏的世系，以墓志、正史、地方志和大量文献为参照，对祖源、世系及时间进行了深入的考证和梳理，为明派俞氏从大晦出发勾勒出迁徙路线和世系图，便于有识之士进一步研究。

五峰俞氏明派发祥地，"大晦谱""金字谱"和斑竹谱的关系

斑竹是五峰俞氏明派发祥地。斑竹俞氏是新昌五峰俞氏的一支，以庄公为一世祖，为山东青州簪缨望族，五世皆为进士，出外为官。六世祖稠公（829—905）为晚唐睦州刺史（他的孙子俞承逊也做过吴越国睦州刺史，祖孙的任职时间常被后人混淆），避黄巢之乱而退到新昌与为剡令的长子珣公一起隐居；在五峰岭下留有父子合墓，现为新昌重点文物保护单

位。他有四子，皆为五峰俞氏七世祖，长子珣公（853—933）、次子琓公（856—923）、三子玢公（859—923）、四子玗公（863—934），因任职的属地而分别为剡派、杭派、京派和明派。七世祖玗公唐末为明州大院判，后迁至大晦，为明派始祖，墓在大晦大智寺之原。十世祖京宾公为玗公曾孙，北宋初从大晦迁斑竹，为斑竹俞氏始祖，堂号为"燕贻堂"。

据宝庆乙酉年（1225）五峰俞氏十九世祖俞济商（新昌谱中为俞君鼎）所作的《渔隐手记》一文记载，五峰俞氏曾因大晦俞氏的《大晦俞氏宗谱》而复得宗谱图与源流："五峰祖讳在焉！祖有三弟，行讳皆从玉，而上有六祖之讳，下有三祖之讳……"南宋末年俞浙把这些内容誊录在"金字谱"里，使"大晦谱"成为"金字谱"的母本，为整个五峰俞氏的世系起到承上启下的作用，而历经沧桑的《金字谱》也成为国宝级的文物，意义深远。

大晦岭在斑竹村境内，离村居不过五里。自五峰俞氏七世祖、明派俞氏始祖玗公迁居大晦，他的曾孙十世祖京宾公从大晦迁到斑竹，按现在的观念来说，其实在同一个地方，就像从村东搬到村西。斑竹俞氏宾公长子文广公一支后裔，后来迁俞村、峃底，乃至迁到奉城。宾公次子文唐公一支后裔、郡马景福（伸）公直裔在十九世祖茂林公的带领下移居作泉坑，嗣后又迁居驻岭、升纲等地，可能在迁徙途中，大晦宗谱失于漫漶而统宗莫辨，所幸十九世祖茂林公遗有家乘（房谱），随着时间的变迁，这本记载着郡马公本支世系的遗本，结合家族耆老代代口传，在斑竹俞氏的记忆中仍保持了完整的脉络。虽然如此，但只有川流，没有宗统，终究遗憾！而幸运的是当《斑竹俞氏宗谱》分别经历了雍正和乾隆年间的两次纂修之后，岁在嘉庆庚午（1810）秋，在再修之际，有五峰俞氏宗亲应约携"金字谱"从马峃至斑竹，接下来的故事与《渔隐手记》里记载的殊缘如出一辙，只不过此时主宾互换了角色，大晦后裔的"斑竹谱"因"金字谱"而复得昭穆世系。正像斑竹俞氏三十三世祖俞维清在道光四年（1824）撰写的《重修斑竹俞氏宗谱序》中所述："展卷读至《渔隐》一篇，不禁喟然叹曰：昔马峃固得大晦谱而渊源可溯，今大晦反得马峃谱而脉络可寻。"可见"大晦谱"融入"金字谱"已久，而斑竹俞氏又从"金字谱"里找回了大晦的世系，偶然中蕴含着必然。"是亦祖宗在天之灵有以昭兹来许也，遂抄而藏之。"令人喟叹不已。

斑竹村的自然胜景，俞氏现状及外迁情况和未来

斑竹村位于宁波溪口镇西北角，距溪口镇区 23 公里，现为宁波市级

历史文化名村。目前的斑竹村是 2004 年行政村撤并时在溪南、溪北、斑竹、驻岭四村的基础上组建而成的。村庄处晦溪七曲,四面群山围绕,堪比桃源胜地。三棵巨樟的浓荫掩映着金井桥,晦溪和茶溪在桥下汇合,流向远方,金井桥是通向蒋介石外婆家葛竹的必经之地。1949 年 2 月,蒋介石在离开大陆前夕,最后一次去葛竹探亲,带着儿子、媳妇、孙子和随从,回来坐在桥栏上吃了一只煨熟的芋艿,是俞小国的父亲拿来的(有人给他拍照留念),然后望了望无限秀丽的溪山,快快地登上晦溪的竹筏返回溪口,他站在竹筏上,最后一次眺望金井桥,双溪水从此连接着海峡,漾动着无垠的乡愁……斑竹确是美丽的,远处的龟山,近处的庵山,在远山近水的层层烘托中,显出苍翠的轮廓。走在环村流过的溪滩上,到处都是钟灵毓秀的景点,斑竹,特别是境内的大晦岭和附近的小晦岭,以自然风光的秀丽闻名于世。宋代诗人高元之有《大小晦山》诗为证:"大晦出小晦,过尽山峰翠。寒云抱幽石,枯卉老壖濑。沿流路逼侧,当道屋破碎。却立重回首,瀑布泻云背。"明朝文人沈明臣写有《四明山游记》一文,称从雪窦山妙高台上"南望为大小晦,小晦近丹崖青壁,信当界之仙都"。斑竹在他的笔下是烟霞缭绕的神仙之地,所以,不难理解当年明派俞氏也是大晦俞氏始祖的玕公为何迁到此地隐居了。

风景这边独好!也许是对山外现代化和城市化的节奏难以抗拒吧,近年来斑竹俞氏的年轻一代都选择离开斑竹外迁,或到溪口,或到大桥,或去宁波市区及杭州、上海,甚至是去更远的海内外。留在村中的大都是一些中老年人,人数不过百人,且逐年减少,所以这次百年修谱的意义显得不言而喻了。考虑到斑竹俞氏后裔分散在全国各地的现状,以后想要再集中起来重修家谱,其难度就更大了。

诚然,对于一个偏僻的山村来说,生态和经济是一对矛盾。斑竹村的自然资源是独特的,人文历史内涵是丰富的,但匮乏的是经济发展之动力与产业的支撑。既要发展,又要保护好环境,两者之间的矛盾如何来解决呢?最近斑竹俞氏在大晦岭上立了"五峰俞氏明派发祥地",在斑竹村门口立了"郡马故里",在虹头山(庵山)脚下立了"郡马遗茔"等三块石碑,请了著名书法家马华林先生书写成马体行楷,镌刻于坚硬的花岗岩上,黑底金字,熠熠耀眼,初衷是缅怀祖功宗德,同时能让祖宗的恩泽庇护我们每一位斑竹俞氏后裔,以人文历史掌故为载体,促进斑竹的绿色旅游业,吸引对地域历史和姓氏文化情有独钟的游客,带动整个村的经济效益和社会效益。大晦是五峰明派俞氏的"根据地",是迁往各地的"集散地"。斑竹俞氏的本族宗亲虽分布在天涯,唯愿怀有敬祖之心,牢记自己生命的出处与来历,莫忘俞氏诗书明礼、廉恭勤俭、和善待人、勤劳开拓、澹泊豁达的基因与家风,莫忘中国文化的传统,在外创业成功回报家乡和祖居地,为家乡的繁荣昌盛、国家的统一和民族的复兴而努力,使斑竹俞氏能够继续壮大、再创辉煌!在《斑竹俞氏宗谱》百年修纂告竣之际,特敬撰此文并以新韵作七律贺之:

> 雪窦霞飞晦岭西,群峰环绕漾双溪。
>
> 庵山日灿千枝翠,金井樟秾百鸟啼。
>
> 郡马梓乡宗脉茂,俞家嗣胤宇寰齐。
>
> 百年盛典迎祥瑞,紫气东来景更奇。

(三)明派俞氏鄞西俞鼎支

1. 俞伟

(1)戒杀子文①

吾窃思邑之杀子者,或因多而愁鞠育之苦,或因贫而虑衣食之亏,所以转相告语,忍于杀子。若谓今日一忍,可免后悔。而合邑以此成风矣,不知此乃禽兽不如也。夫禽兽尚知子母之情,岂人为万物之灵,反无仁义之心乎?昔郭汾阳厥后最多可以风矣。余守是邑,晓谕邑人,诚有一片惨恒苦衷,满望吾邑人民,不失仁义之心,而全其天性之恩。今有生子多而杀之者,重惩罚之,而士类益严加摈斥。盖为士者,必明大义,自有恒心,果能力挽颓风,各勉其乡里之人,使不至昧心残忍。阖邑之人民,岂终不知悔悟,而为禽兽不如之行乎?尚其憬然悟废然返哉!

> 注:北宋时不少地区杀婴成风,特别是福建西部山区问题特别突出。具体原因较多,有些是因为多子不堪养家与纳税的经济压力,虽是万不得已,但终究残忍与违背人伦。元祐年间,俞伟为顺昌令,作《戒杀子文》,劝谕百姓"无得杀子,岁月间活者以千数",受到朝廷嘉奖。有一次,他因官差去别郡,回来的时候,有数百个小孩在郊外迎

---

① 录自民国版《四明塘岙俞氏宗谱》。

接他。顺昌百姓很感激俞伟,都用他的姓氏"俞"字,给儿子取小字。俞伟在顺昌县戒杀子以及这篇《戒杀子文》积德深厚,影响很大,他的事迹在《麈史》《仕学规范》《纯正蒙求》《延祐四明志》《福建通志》中都有记载。俞伟的《五戒之首》《人与物同》及《众生爱恋性命》等,应该也是他任职顺昌县时写的,不仅劝人戒杀子,也劝人戒杀生。可见他有慈悯万物、劝人为善的尚佛之心和爱惜生命的仁爱情怀,从中也能看出他为官善于治理和长于处事的能力。

(2)五戒之首①

佛言五戒,以杀戒为首。佛言:十业以杀业为首。《楞伽经》云:若一切人不食肉者,亦无有人杀害众生。由人食肉,故屠者杀以贩卖,若能悉舍不食,是真修行。堪受一切人天供养,若于食肉未能尽断,愿且以渐次方便除去杀心。或者不食四等肉,一者曾见杀则不食;二者曾闻杀则不食;三者人专为我杀则不食;四者家所自杀则不食。如是而戒,既不废常食,且于众生,无杀害意至一。蚤虱蚊蚋,形虽微小,其遭杀受痛亦与牛羊一等。勿谓微小,便轻杀之。至于蛇蝮蜂蝎,偶现前,未曾伤人,勿谓螫毒便轻杀之。至于笼养飞鸟,击闭走兽,为其音声形状可以悦吾耳目,为我玩乐,令彼忧愁,又何不仁也。若放之山林,使得自在,何异罪囚得脱牢狱。今日自戒矣,遂生慈心;慈心既坚,当世世无杀物之意。一身自戒,则一家必不杀;一家不杀,则一乡必渐效之。其为功利,不可称量。佛语:无虚理。又明白仁人君子幸垂听,而无忽也。

县令俞伟撰

(3)人与物同②

贪生畏死,人与物同也。爱恋亲属,人与物同也。当杀戮而痛苦,人与物同也。所以不同者,人有智,物则无智;人能言,物则不能言;人之力强,物之力微弱。人以其无智不能自蔽其身,以其不能言而不能告诉,以其力之微弱不能胜我,因谓物之受生与我,轻重不等,遂杀而食之。凡一饮一食,不得肉则不美,至于办一食,又不止杀一物也。食鸠鸽、鹌雀者,

---

① 录自《古今图书集成·博物汇编·神异典》卷二一二"放生部总论"。
② 录自《古今图书集成·博物汇编·神异典》卷二一二"放生部总论"。

杀十余命方得一羹食；蚌蛤、虾蚬者，杀百余命方得一羹。又有好美味、求适意者，则不止据现在之物，顺平常之理，杀而食之。或驱役奴隶，远致异品；或畜养鸡鱼犬彘，择肥而旋杀。生蟹投糟，欲其味入；鞭鱼造脍，欲其美细。聚炭烧蚌，环火逼羊，开腹取胎，刺喉沥血，作计烹煎，巧意斗钉。食之既饱，则扬扬自得；少不如意，则怒骂庖者。嗟乎！染习成俗，见闻久，惯以为饮食合当如此，而不以为怪。深思痛念，良可惊惧。

县令俞伟撰

（4）众生爱恋性命[1]

《经》云：一切畏刀杖，无不爱寿命。故王克杀羊，羊奔客而拜诉；邹文立杀鹿，鹿跪而流泪；惊禽投案，请命于魏君；穷兽入庐，求生于区氏；近者沈遇内翰通判江宁府时，厨中杀羊，屡失其刀。窥之，乃见羊衔刀而藏之墙下。周豫学士尝煮鳝，见有鞠身向上而以首尾向汤者，剖之，见腹中有子，乃知鞠身避汤者，以爱子之故。杨杰提刑，游明州育王山，因昼卧梦：有妇女十数人执纸，若有所诉，密遣人往视行厨，果得蛤蜊十数枚，诉者乃蛤蜊求生也。有生爱恋其情如此，当其被擒执时，前见刀杖，乞生无由；旁见亲聚，欲恋不得。抱苦就终，衔悲向尽。既受屠割，复受鼎镬，种种痛苦，彻入骨髓。当此之时，彼心如何。今人或为汤火所伤，或为针刀误伤，手足痛已难忍，必号叫求救。至暂时头昏腹痛，或小可疾病，便须呼医买药，百般救疗，于我自身爱惜如此。至于杀物，则恣意屠宰，不生怜悯。未论佛法明有劝戒，未论天理明有报应。若不仁不恕，惟知爱身，不知爱物，亦非君子、长者之所当为也。谛观物情，当念众生，不可不戒！不可不戒！

知县俞伟撰

2. 俞庚

俞氏宗派辨[2]

俞氏子姓，多远宗征西大将军河间讳纵者。谓永嘉末从元帝南渡新安，遂居焉，为新安俞氏始祖，嗣后有迁居杭州、湖州、严州、越州、永丰者，皆自新安分派，为江南无二俞之说。有祖唐时讳庄者，谓居山东益都县金

---

[1] 录自《古今图书集成·博物汇编·神异典》卷二一二"放生部总论"。
[2] 录自民国版《桃义江俞氏宗谱》。

岭下梅径村青社里。庄之子颐正、祥正。颐正之派不传，祥正之子智元，智元之子彦辉，中乾符间(874—879)进士。彦辉之子致昱，仕至少师。致昱之子稠，稠之长子珣，四子玗。珣官奉议大夫，自青社迁杭入剡而居焉。新昌五峰古称剡东，即以珣为居新昌之始祖，今宁、绍、台、温、嵊县皆本于此。玗任明州院判，居鄞县，生五子，分仁、义、礼、智、信五派。仁居鄞城，义居象山，礼居鄞之湖田桂林，智居新盐场、东湖、定海，信居奉化。玗之子承支、承奕，承支之子仁翔，承奕之子仁宜，有谱系者凡九世，至第十世谱遂不传。更有宁海马岙一派，谓自青社迁居五峰之第九世讳仁厚者，始居焉。仁厚为承休之子，承休官至银青光禄大夫，按其世行与珣、玗两派颇合。若塘心叶岙沙栋，象山羊邑、新岙，则又为马岙之分支焉。详察各谱，虽言之凿凿，而其间世系之断续阙失，皆有不可掩者。是诸说举不足信也。我俞氏宗谱，断自百二朝请公，而不更追远祖，黄文献所谓"以丘垄现存本邑者为始祖"之义也。第详本宗而不旁及别派者，取法于老泉苏氏世谱也。迩来近乡近邑，俞氏颇多，大率多称为桂林分派，及查其世系图谱，则彼处所为始祖者，我谱并无其派。东南乡蔡郎桥上俞埭祖，下俞埭祖普忠，其二世觉华、觉义。西南乡后俞漕祖、板桥祖子望，字季贤，其二世孙瑞，凰岙市祖孙泓，湖田后俞两派异祖，若张俞祖文震，字豪相，以我谱第七世讳舜申者为上世祖，而无世系。新昌五峰祖珣，马岙祖仁厚，塘心沙栋并祖珪，叶岙祖赟，新岙祖表，五地各异祖，皆非我桂林宗派明矣。而其间有袭我桂林近代行次，子孙有秉、彝、雍、熙、英、俊、誉十字以为行者，附会为同祖，即取行次为征，而不顾祖上之不合，此好事之妄也。乾隆戊戌年(1778)，我族修谱，有鉴于前谱之少，子孙挟之以他徙，谱几中绝，因而印刷一十四部，分存各房。旧冬有不肖者，凭人向板桥说合，要钱若干，将宗谱贲与彼处抄录，教其从中插入为后可联谱之说，幸彼处不受其愚。今年往板桥查问世谱，得闻其事，是前谱若少，而后谱转嫌其多也。倘更有不肖，踵其事而为之，后之修谱者将不免因收族而反贻乱宗之憾。即使俞氏之先未始不出于一本，然而世系已不可考有，虽明知其为同本而无可如何，不敢漫收，第付之存而不论者。况夫取荒远无征之族，从而附会之，不亦诬乎？是不可以不辨，爰综别派之所为始祖者，分别明白端详，辨正防后患也。

三十世孙庚谨识

3. 刘鲲

桂林认族祭文①

咸丰元年(1851),岁次辛亥,四月丁巳朔,越初九日乙丑,嗣孙正法、正明等谨以牲醴庶馐之仪,致祭于始祖考宋朝请大夫讳鼎公、始祖妣宋赠硕人、吴太硕人暨历代昭穆祖考之神位前曰:伏以银潢璧水,探星海而同源;玉叶金枝,接天根而一本。懿维我祖,河间著望,甬上卜居,诗礼承家,簪缨华国。历九百年之久,绵氏族于桂林;递二十世之传,衍支流于桃港。村遥路隔,莫考宗祊;代远年湮,未通谱牒。正法、正明等承先有志,数典不忘。食德已深,敢致前型之缈?识名有自,如操左券之珍。寻里社于梓桑,瞻依幸遂;溯本根于葛藟,阴庇同叨。憾抱从前,尚蒸尝之有缺;感深此日,惟灵爽其式凭。用切寅恭,爰诹亥吉。迎神谱曲,赋有泒于閟宫,备物告虔,卜孔安于寝庙。萃假而祈,予烈祖同联两地之宗;升香而妥,我先灵其附千秋之祀。洁苾芬而肃荐,奏鼕鼓以和鸣。陈其器,设其衣,益凛高曾矩矱怃乎闻,僾乎见,如亲宗祖音容。庶几是凭是依,永拜瞻于枚枚实实,行见以似以续,勿替引于继继绳绳。尚飨。

咸丰壬子(1852)暮春之吉,世谊芷芗刘鲲拜撰

4. 俞舜民

桂林俞氏宗谱纂修补遗

俞氏宗谱始作于宋朝崇宁四年(1105),四世裔孙讳充纂修②。从本册卷一《历代桂林谱序跋》考证:宋朝庆元五年(1199)、淳祐五年(1245)、德祐元年(1275)各修谱一次,故宋朝共修谱四次。明朝纂修宗谱三次:宣德八年(1433)十八世裔孙道善;嘉靖十七年(1538)二十二世裔孙讳文曦;万历二十九年(1601)二十四世裔孙讳有家。清朝纂修六次:康熙六十年(1721)二十八世裔孙讳毓甫;乾隆四十三年(1778)二十九世裔孙讳经;嘉庆九年(1804)三十世裔孙讳庚;道光十四年(1834)三十一世裔孙讳檀(以上明、清纂谱序跋,本册卷一《历代桂林谱序跋》有记述);同治三年(1864)三十一世裔孙讳椒;光绪二十年(1894)三十一世裔孙讳隆楣。民国修谱

---

① 录自民国版《桃义江俞氏宗谱》。
② 此说为误。

一次：民国十三年(1924)，由三十二世裔孙讳昌任重修。1967年起，宗谱被视为封建糟粕而遭毁(按：辛巳十月得甲子谱卷九残本一册)。我俞氏族人若有携外保存者，望告于故乡宗人，以续补之。

　　二〇〇一年辛巳桂月，三十五世[①]裔孙舜民补于甬上

(四)明派俞氏鄞东俞充支

1. 俞充

(1)乞差员办理汴河奏(熙宁十年九月)[②]

　　勘会汴口取黄河水，经出京师，应副东南漕运。久来选任能吏增置兵力，广聚物料，以为缓急之备。后多裁减，事难济办，合其申请。

　　一，汴口久来差大使二员，内或小使臣一员勾当，并兼京西都大巡检汴河堤岸、贼盗、斗门。近岁兼管勾洪田，仍一员官高者，同河阴县兵马都监，以便缓急差借河阴县教兵士。昨因裁减，日差小使臣二员，改作勾当汴口，管勾京师汴河堤岸、斗门、淤田。况勾当汴口使臣所管地方，自京城西至汴口一百里，事责重于京东都大提举，权轻任卑，难为集事。欲乞差谙晓河事大使臣一员，仍留见在小使臣一员勾当汴口，并兼京西都大巡检汴河堤岸、贼盗、斗门，管勾淤田。内大使仍同河阴县兵马都监。其替罢小使臣，却与河上一等差遣，不为遗阙。河阴、管城县等沿夹河巡检，自汴口至赵桥地分约五十里，并河阴县雄武埽黄河巡河，旧有使二员通管，近减罢，令勾当汴口使臣兼行管勾。缘勾当汴口使臣，常须在本口调匀水势，岂可更令兼管夹河巡检公事？欲乞比旧裁减一员，只差小使臣一员，自汴口至赵桥汾汴夹河巡检，专切修护堤岸，兼河阴县雄武埽巡河，乞本监选举。

　　一，京西都大巡河司及汴口旧管部役使臣四员，内差使臣管押人船，般运巩县山滩柴草，二员专管勾汴口上下约堤埽外，有一员诸处部役。近裁减都大司部役，只留汴口二员，全然阙人。欲乞依旧添差部役使臣二

————————

①　此以俞鼎为一世祖计。若按五峰俞氏俞庄为始计，俞舜民先生则为第四十四世孙。
②　录自《全宋文》卷一七六五"俞充"。原载《宋会要辑稿·方域》一六之八，又见《续资治通鉴长编》卷二八四。

员,从本选举。

一,汴口旧管河清三指挥,广济、平塞各一指挥,并以八百人为额,计四千人。昨减并平塞并河清地三两指挥,欲乞只将见管河清、广济三指挥并依添作八百人为额。据见少人数,乞下外都水监丞司,于北京以下埽分割,移河清人兵千人,赴汴口填配,余数即令招填,比旧亦减一千六百余人。

一,汴口官吏,务减调匀水势,固护堤埽。近经裁减,赏格却以减省工料为重,调匀水势为轻,官吏务减省工料,不顾水势,以致汴水多不调匀,不阻行运。欲今后汴口官吏任满,减省工料,虽应赏格,仍须埽岸、斗门无虞,水势调匀,不阻行运,方与酬奖。凡诸勾当汴口,兼管雄武埽官员任满,埽岸、斗门无虞,调匀水势,不阻行运,方有赏格。

(2)乞于永兴军路皆置市易务奏(元丰元年二月)[①]

永兴军路当两川、秦凤、熙河、泾原、环庆冲要,乞皆置市易务,与经制熙河路边防财用司所置市易相为表里,以牵客旅往来。仍许借内藏钱四十万缗为本,候收秦州等市易钱拨还。

(3)乞处置昌宁苏尼剌探边事奏(元丰二年三月)[②]

蕃部昌宁为西界守领使诈归投来剌边事,续来理索;并熟户蕃部苏尼,亦入汉界剌事。若依法处置昌宁,恐生其疑,乞牒还西界。苏尼乞剌配近里州军。

(4)请面陈西征攻讨之略奏[③]

夏酋秉常为母梁所戕,或云虽存而囚,不得与国政。其母宣淫凶恣,国人怨嗟,实为兴师问罪之秋也。秉常亡,将有桀黠者起,必为吾患。今师出有名,天亡其国,度如破竹之易。愿得乘传入觐,面陈攻讨之略。

① 录自《全宋文》卷一七六五"俞充"。原载《续资治通鉴长编》卷二八八,又见《宋会要辑稿》食货三七之二六。
② 录自《全宋文》卷一七六五"俞充"。原载《续资治通鉴长编》卷二九七。
③ 录自《全宋文》卷一七六五"俞充"。原载《宋史》卷二三三《俞充传》。

(5)请征西戎奏①

西戎跳梁已久,自仁宗朝欲平荡之,未得其策。近奉诏伺贼巢穴,秉常之事臣不辍遣人深入觇伺,尚未得实,或曰秉常已为民所杀,或曰见存不豫政事,为母所囚。以臣愚虑,秉常存亡恐不足计,虽存亦虚名耳。年二十一,而未得豫事,虽在外国,乃朝廷策命守土之臣,因欲行汉礼以事大国,有何可罪?而其母怒之,遂被幽囚,杀其左右,恣为淫乱。家道如此,国人恶之,众必离怨,此正可兴师问罪之时也。秉常亡,则桀黠者起首为边患以图自固,臣窃忧之。是以言之至于再三,朝廷出师惟患无名,今有名矣。天亡其国,神献其策,破其巢穴如破竹之易,此不可不为也。李靖有言:兵贵神速,机不可失,惟疾雷不及掩耳乃可成功。臣料今之议者,不过欲先招纳羌人。此策若行,其机必露,使贼得为备。贼若先动,则为害不细。康定覆车,今日可诫。昔李靖破突厥止用锐兵三千,盖谋之当、行之果,所以胜也。臣平时守边,惟慕羊祜及其伐国,志为李靖而已。经营于此已三年矣,策求万全,一举而就,恢复汉唐两河之地,雪宝元康定之耻,以成国家万世之利。其费不过五年岁赐。秉常之数,其历日亦不久,臣欲乞乘传入朝,面陈攻讨之略上禀睿断。不敢久留京师,倍道兼程,往复一月足矣。又言,近奉诏候王中正到应副钱帛。今中正在延州,臣若俟其来而议之,则日月差迟,其机已泄,事不可成,后悔无及。臣欲乞入奏回,与中正会议诏充所陈边事,如不可形于文字,令走马承受或机宜官入奏。

(6)论河防事奏②

水衡之政不修,因循苟且,浸以成习。方曹村决时,兵之在役者仅十余人,有司自取败事,恐未可以罪岁也。

---

① 录自(宋)李焘:《续资治通鉴长编》卷三一三。根据李焘《知庆州天章阁待制俞充卒》辑录,题目为作者所加。

② 录自《全宋文》卷一七六五"俞充"。原载《宋史》卷二三三《俞充传》。

2. 俞蘷

月城公谩语①

问生之谓性曰离,生以言性固不可即,生以言性亦不可生,安得谓性乎? 生不得得性,无生得谓性乎? 曰无生,又安得谓性乎? 耳目口鼻,形也;视听运动,气也。形胶于迹,气滞于有性。立于形气之先,而舍形舍气,性又安从附丽以形气? 言性将使人骛于情欲而不止,舍形气言性,将使人逐于空虚而无据,知生之不谓性,又知无生知不谓性,则知性矣。

问告子不得于言,勿求于心;不得于心,勿求于气。曰告子不为无见,但只到得,勿求地位,不曾到得求的地位。仰而思之,夜以继日,圣人之所以求诸心也。迁善改过,惩忿窒欲,圣人之所以求诸气也。说得心与气明白,求不求才有下落。

性命,只是一件性也。有命焉,命也有性焉。此是孟子簸弄人处,看得性命不破,便从孟子返。两句话,生出许多见解,何益性命。

3. 俞观能

(1)太平禅寺佛殿记②

宣和五年(1123)八月十五日,太平禅寺大佛殿成。妙高居士过而登之,因稽首曰:"昔我大父为大长者,家故饶财,在天禧(1017—1021)中捐其金钱,率厥豪强尝建斯殿,殆今百有余年。住持仲瑛易而新之,巍特高广,逾于旧制。顾我家贫如石女儿、如焦谷芽,求其堪舍,一无所有。念吾祖吾父诒厥后者,过庭有训,盈屋有书,种学绩文,罔敢堕失,愿以文字施殿,用记永久。"谨熏涤毫研而记之曰:

寺兴于建隆三年(962),甲乙相继,其徒至寡。绍圣四年(1097),释梵宣以十方住持,历昌粹、道辉,至瑛为四代,自瑛之至也,辟田以足粒,导泉以广汲。凡寺之宇,兴隳补弊,昔无今有。日与其徒拈槌举拂,撞钟击鼓,作大佛事。于是,太平为大禅刹。视其殿,则库陋倾欹,不足以示尊显。瑛曰:"是诚在我。"时则有僧仲良,精进勇猛,志同谋协,共历檀越,劝导布

---

① 录自民国版《四明塘岙俞氏宗谱》。原注:摘录数段。据该谱记载,俞蘷字仲和,号月城。

② 录自《乾道四明图经》卷十。

施,靡不翕从,衰其资金,抡材命工,不逾期年,迄新宝殿。去庳就爽,斥隘成廊。而其殿中释迦牟尼、文殊普贤、难陀迦叶,相安好严妙,光辉映发,见者闻者生大欢喜。时有比丘作如是言:我佛如来昔现世时,于摩揭提国菩提场中,成等正觉,殿曰普光。时有文殊说十信法,上升须弥,殿曰妙胜;时有法惠说十种住,升夜摩天,殿曰宝庄严;时功德林说十行法,升兜率天,殿曰一切妙宝庄严;时金刚幢说修学去来,见在一切佛,回向在它化自在天,殿曰摩尼宝;时金刚藏说过去、未来、现在诸佛智地,今此宝殿妙好严特,名字何等,当说何法,愿为敷演。居士告言:佛子智身寥廓,遍周十方,法界圆融,终始无际,是以如来正觉初成,九天同届,普光一集,十处咸登,今古无差,旧新一念。故不离果德大宅,普应十方,而为一时一会,本无去来,则汝今者,自心之力,念念之中,信知此身,与十方诸佛齐成正觉,转正法轮,则普光即殿,殿即普光。既信此心,住于佛住,法界空虚,广大无二,则妙胜即殿,殿即妙胜。学三世佛,常行万行,利益众生,不可思议,则宝庄严即殿,殿即宝藏严。发广大愿,充满法界,救护众生,智慧自在,则妙宝即殿,殿即妙宝。住菩萨住,入佛智地,究竟修行,成最上道,则摩尼宝即殿,殿即摩尼宝。如是言之,则帝纲重重,鉴象相入不动,智佛常坐道场。诸大菩萨,游戏三昧,则此殿者当何名为? 汝其谛观,作正思,惟普光法堂正在此处。时诸大众闻居士言,得未曾有,咸作是言:"善哉! 居士快说法要,我等今者信解受持,愿并书之,作将来眼。"居士曰:"不亦善乎!"

宣和六年(1124)十一月望日,俞观能记

注:"太平禅寺"又称"太平广福寺",在今宁波市象山县境内。据《宝庆四明志》载:太平广福寺,县西南五十里,皇朝建隆三年(962)置,熙宁元年(1068)赐额。俞观能撰《佛殿记》。常住田四百五十三亩,山一千五百七十亩。

(2)宋故姜助教(稷)墓志铭①

【碑文】

宋故姜助教墓志铭
左从政郎充江阴军军学教授俞观能撰

---

① 录自章国庆:《宁波历代碑碣墓志汇编(唐、五代、宋、元卷)》,上海古籍出版社,2012 年。

右迪功郎新授靖州司理参军李茂篆并书

公讳稷，字虞佐。其先镇江人，五代避地，因家于四明象山。曾祖林，祖满，父立，皆潜隐弗仕。世以资雄于乡，力农勤桑，寖致丰衍。公之父宽厚长者，喜儒学，尝以不业术有愧于志，训公以尚学之理。时公之仲兄，少有才颖，父奇而爱之，趣使与公执经师席。崇宁间，诏行舍法，仲兄奋志鼓箧，偕公游郡庠，一时名彦咸所推详。不幸仲兄早丧，父继捐馆，公居丧毁痛，喟然叹曰："禄所以养亲，今无及矣，克家干蛊得无介意可乎？"于是，为白圭治生之谋，料理家事务先勤约，凡指画商订出人意外。性孝友，事母益谨，尝药省膳，时得欢心。建炎间，衣冠南渡，有造门而假馆者，公一见之倾盖如故，以旧庐与之居，而资给尤加厚殊无吝色，且复从容樽俎，俾释流落羁困之怀。系是高谊之名得闻于搢绅间。绍兴初，朝廷颁降诰敕，众谓首应命非公不可。公从之，遂补吉州助教。母夫人喜曰："一命虽小，亦可以光吾门地。吾老矣，幸及见之。"公秉志卓迈，好论古人之有名节者，凡所挟册，每会意处则欣然辩悟。尝自谓："美身之道，无过于学。"遂辟馆为讲肆之所，延师儒以教子侄，晨昏督其程课，俾之磨砻奋发，识者异之。间岁旱潦，民苦凶荒，有负逋而窜者，公不忍追之，至贫困不给者，又得赖以赒郦。故村疃老弱，莫不德公之赐焉。生平信因果说，通佛老书，仍绘饰其像，抑见为植善根计。晚年尤嗜恬静，厌劳生梦幻，且曰："安得杖履之乐，笑傲云泉以适吾之愿耶？"乃治第之东敞为斋阁，环列图史，手莳花木，时与亲朋把酒剧饮，酣歌方幸，悠然自得。惜乎！未几感疾而卒，实绍兴二十二年(1152)二月十六日也，享年五十。以明年十二月三十日甲申葬于县西凤跃山之原，从新卜也。娶胡氏。男三人：曰邦俊，曰邦能，曰邦基，习进士业。女二人：长适潘之望，次许嫁徐良佐，皆邑士。男孙二人：曰嗣功，嗣贤。女孙三人，皆幼。

呜呼！凡人之操修，莫善于处心行事。惟公天资忠实，内无媚忌。闻人善，不啻如自己得，尤重然诺而走（赒）人所急。考其平日所为，诚有可书者。葬有日，其子邦俊泣血叙行状，求铭于予。予既熟公之为人矣，义弗获辞。谨为之铭曰：

奉亲以孝，抚下□慈。务先勤约，驯致家肥。

处心行事，著诚去伪。名闻搢绅，咸推高谊。

见善则迁，独贯其全。嗣续必大，吾卜之天。

山名凤跃，气象□□。篆此铭诗，质于冥漠。

绍兴二十三年(1153)十二月，黄璋刊

附记:二〇〇五年四月,象山县文物办在县城西部凤跃山一宋墓中抢救性清理发掘时出土,同时出土有铜镜一面、龙泉窑刻花大碗一只、砚台一方等文物。志石高八十九厘米,阔六十八厘米,厚十三厘米。志文正书,共二十八行,满行三十五字。书法健劲有力。石断为若干截,接缝处字样大都可识。

志文内容较为全面,言词肃括简练,然亦属时人循套。其中尤为可读的是,志主对于"造门而假馆"的建炎南渡士子"倾盖如故",并以其丰厚家资给予厚待,使之"释流落羁困之怀",因此补吉州助教。

撰者俞观能,象山人,绍兴十二年(1142)进士。《万姓统谱》卷十二载:"(俞)观能裒古今君臣孝悌事曰《孝悌类鉴》凡七卷上之,授审察江阴军教授,改秩而卒。"

4.俞述祖

挽范德原(有后序)①

鹗荐书长却,皋比坐始专。春风来学地,寒雨送丧天。范式车何往,黔康被不偏。楼居敞晴雪,忆说贺翁贤。德原讳致大,崇德人。修行博学,主无锡巨家,会淮张入吴辟儒教授,不赴,既陪臣于张者礼置焉。德原曰:道固在耳,至则衿诵云翁雨应,不幸以疾卒。贺丞相惟一尝延庆元俞(一作余)绍芳训其子,子不受教,朴误著其面微血,子奔诉太夫人。太夫人怒,适贺公退省②,夫人曰:而祖留守建马上功,无肤发挫挠,今吾孙奚过,师挞之甚耶。贺侍久出,命蒸羔具醴宴绍芳,至执盏,再备金绣双段,徐谓曰:豚犬愚下,姑答鞭策劳耳。绍芳继有荐除,临海翁仁德元由第进士,录事温州,妻早殁,二子知承家。有汴宋赵宗室必欲以女配,仁力辞媒,因告方氏师昏之滥,乃佯诺处之,别室半载。方氏定仍归之。呜呼!德原已矣。当时客楼雾雪,西望九龙山,清寒洒面,而席上所言,犹在耳也。予并录诗后,俾叔世晓贤者礼义所自出,二公其贤矣乎!

① 见(元)王逢:《梧溪集》卷六。署名俞绍芳(即俞述祖)。
② 考《元史》,贺唯一在至正九年(1349)七月被罢丞相之职,改任翰林学士承旨,后又被迫西归奉元(今西安市),杜门谢客,以书史自适。到至正十四年(1354),红巾起义军首领刘福通在亳州(今安徽亳州市)建立政权,元顺帝急忙下诏命起用贺唯一,授他浙江行省左丞相职。故俞绍芳《挽范德原(有后序)》一文作于1349—1354年。

5. 俞士吉

（1）惠川公传赞[①]

从明太祖平定，功授管军千户，予世袭本贯南直，凤阳寿州人。少不羁，从太祖皇帝起义建功，升授万户，追年老解组，以子胜公袭职，又以公筋力未衰，复召入命，往山西万全卫，查军屯田，厥后致仕，以寿终于家。赞曰：天挺人豪，英迈盖世。负剑从龙，荡平海瀣。标绩旗常，叨荣浠毳。宠遇聿隆，延于后裔。

刑部侍郎奉敕往封西洋正使官本邑栋庵俞士吉拜撰

（2）凯亭公传赞[②]

为人豪隽绝伦，夙娴韬略。自袭父职以后，屡立战功晋爵，昌国卫指挥使仍世袭。洪武廿七年（1394），甫受事即疏请徙旧卫至今处，筑城浚池，人民咸踊跃赴功。因相地凤凰山下，遂家焉。永乐七年（1409），钦赐蟒玉，同余出使西洋。永乐九年（1411）六月初一日，回至南亭病卒。惜哉！赞曰：颢气凌霄，忠勇冠军。民难樵汲，卜筑殷勤。西洋捧日，南亭乘云。天宠以渥，彝鼎铭勋。

俞士吉再撰

---

① 录自民国丁卯版《武氏宗谱》。本件由象山张则火老师提供。

② 录自民国丁卯版《武氏宗谱》。本件由象山张则火老师提供。

三、史料文献

（一）明派俞氏奉系俞文广支

1. 祖遗舍书①

浙江明州府奉化县四十七都俞万户八六大人，同鄞县妹夫陈福四老官人，共舍山一所，在大智庵。其山东至吴英、徐代秀才宅后，直上至山峰为界；西至庵基地图直至行路，与桥为界；南至王舍四郎基地并行路田为界；北至镬底潭水坑，斜至山峰为界。四至内山坐落四十八都，土名洪村，排作一、二、三、四号，量计五十六亩，舍在大智庵内。去后如有庵僧消乏，邻人强占此山，子孙可告官。照勘舍书是实。

宋咸淳二年（1266）三月廿六日，喜舍山人俞万户八十六大人、陈福四老官人书

2. 据②

四十七都财主俞廿七老官人，有户山一所，坐落四十八都，土名瓦井头，算来二号山，量计三十亩五分。其山东至竺文才地塝为界，西至水坑并行路为界，南至刘文太山为界，北至俞胜四山湾为界。今具字号四址，分明前山，舍在大智庵内，别无兄弟子侄争执、违碍等事。今欲有据，立书为照。

再批，此二处山，许住僧管业，烧香接众，永不许易卖。如若庵僧贫乏，资卖此山者，告官整治。又，不许无耻子孙去庵打揽、欺诈酒食、乱砍

---

① 录自民国版《斑竹俞氏宗谱》。俞八六为俞文广后人。

② 录自民国版《斑竹俞氏宗谱》。

山场,作不孝罪论。

宋咸淳六年(1270)十月初三日,喜舍大智庵张融和尚收割管业

注:上述情况表明:一是大智庵附近的许多田地、山林为斑竹俞氏所有;二是斑竹俞氏先祖俞万户八十六大人和俞廿七老官人于迁居前的咸淳二年(1266)和咸淳六年(1270)两次分别捐地给大智庵,实际是在为咸淳七年(1271)迁居北山庵前做准备。

3. 章炳麟撰《奉化俞公墓表》[①]

奉化俞飞鹏以其先人俞公状来求表,其墓状甚略。余曰:有余事乎?曰:无余也。增一字者是诬其亲,余辞不工独序事,不能为溢尤。喜飞鹏无僭言,故乐为道之。俞公者,讳德桂,字丛山。自署曰丹崖。直清之季性淡恬,善数术,不务末业而能约己,撙用不求仕而好振民之疾苦。常言不患遇穷患,所学不至不患,事剧患应事无术仁民爱物,吾之志也。奉化故农邑,然傍山海地境埆,常置社仓以丰歉发敛,公主其事筴核出入,未尝失铢分,又尝督治栗树塘桥,亲视灾楗事,举而功倍,邑人利赖焉。飞鹏所状如此,余闻之传称千人曰俊,万人曰英。今县之大者,口至十余万,然则英俊者,乡亭之良耳。其人或犷袍布裳徒行持苦,盖出入未尝敢自耀,然发一言旄倪娼妇皆相拊应,有所召募力过官府,发征不谓之英俊得乎哉?自上之轻乡治诸长者,名不登于史官,以是磨灭者众,独晚世为郡县志者,多举乡里高行,胪为一书。惟君子亦乐称之,如公者,则其选也。凡人子得意,即多为矫称,以诩其亲于世,金石刻画亦从之为谀言,辞虽美,后世率不信公所为,盖守管篇属徒庸之事耳,其子姓未尝妄为缘饰,虽传千百岁,人无回疑,乃近于实录者矣。俞之受氏孙恤林宝,皆不著。或云出俞跗事难知。宋时明州著者,有天章阁待制充,不知奉化之俞何别也?公父祖皆不显,生清道光二十五年(1845)十二月二十日,卒光绪三十四年(1908)十一月十五日,年六十四。配周氏,继配范氏。子男四,长绍尧,次学难,次凤蔚,飞鹏其季也。女二,长适宋,次适严。孙二,皆幼殁,二十余岁。民国二十年(1931)葬西圃铜山之麓,系曰:

衣锦者尚褧怀玉者,被褐暗然自修,不以表楬,何其行之慎也。欲扬其亲,质无侈辞以贞于父老,以诏于来兹。何其言之信也,故石可甋以尽也,事不可增以损也。

①　录自民国版《奉川俞氏房谱》。

明派俞氏研究

4. 方还撰《俞丹厓先生神道碑》[①]

闾巷萌庶积德累仁贞，湣弗曜久乃开发推原所始，上隆厥报所以彰先德，尽孝思，义之爹仁之至也。奉化俞丹厓先生履道不仕，入市不商藐焉，一夫关怀民物，虽足不出里，闬行不显当世，而闾阎疾苦若己溺饥，尝有江梁石陀木矗行者，病涉创楚婴患议为民先，躬自督造程能考工，遂为坦途。又尝主乡里社仓，春给秋敛，振乏以时，内介外和，众大翕服，而平生持论开物，成务必立。乎其先国之大患，民之多辟，尤在事不务实，位不当才，切问近思，狷之自守，掩遏不襮，以终其身。盖所以诒谋者远矣，而天佑善仁，乃大昌后季。子飞鹏宪宪令誉，云风相从，内敦仁孝，不忘所生。官于上都，假归修茔。以墓道之文见属，遂书而揭之。铭曰：

惟古教民乡三物，治道所始必崇实。

出则里闬入堂室，职思其居毋或失。

好言之哆亡其质，浙东一士志夷逸。

不务远犹乃近即，孝友睦姻兼任邺。

衷诸礼家行不佚，昌昌其嗣巍京秩。

表阡早有鸿生笔，我治礼经补所述。

惟伦有纪敬则吉，后虽百世理可必。

中华民国二十年(1931)六月刊石，昆山方还撰并书

5. 黄少岩等撰《惠潮梅财政处长俞公樵峰德政碑》[②]

潮汕市金融紊乱，为古今中外所绝无，每圆汕平七二三二之袁像国币，跌至五钱八分；每圆汕平七钱之私家纸币，涨至八钱之外。民生困穷，百业凋敝，(同人)桑梓攸关，组织斯会呼吁数月，汕总商会漠不关心。端赖先生职司潮梅财政，洞悉银庄之操纵，把持怜悯人民之水深火热，毅然与(敝会)驻汕代表郑君铁如、杜君宝珊主持废除七兑纸币，通融国币银圆，兹幸金融稳固，有口皆碑，爰志数言，借留纪念。颂曰：

银币贱跌，纸币横行。

紊乱圜法，影响民生。

繄维先生，毅然改革。

千余万人，讴歌功德。

---

① 录自民国版《奉川俞氏房谱》。

② 录自民国版《奉川俞氏房谱》。

泐诸金石，以志不忘。

人人善政，百世流传。

潮州会馆汕市国币维持会黄少岩、郑晋卿、郑淇亭、郑铁如、杜宝珊、郑培之、郭辅庭谨颂

6. 秦纵仙撰《送俞济时序》①

昔时将帅一朝辞荣拂衣者，沈庆之徒步还南冈词意之美，多士胥赞。然亦及其老矣平阿侯不受领城门职，则谷子云告之以买名声于天下也。于谨平江陵，还上所乘马暨所着铠甲而其主不许，曰：巨猾未平，何得遽尔独善？此诚欲去而不能，而识者亦将议之以其谋国不至而自为谋，则可耳。夫孰有报国之日孔长报国之心，又长于日，乃以不得已而姑去，其不得已率非人事之儲纍，惟以己之怴悒出之如吾师长。俞公者毕业黄埔军官学校，粤军东征于役者两次剜暴箝强。十五年，北伐以还，经大小战之虑数十累，功至八十八师师长。昨岁抗日于淞沪间，隐若一敌国宜国人属耳目焉。矧吾辈疏附奔奏之日于左右，闻公之去宁，不疑公之心，岂其若是恣，公则日讨吾辈而申训之。其一曰：吾病胃不治，恐深与慕力疾虚誉。阖胡疗疾以至于无疾之克勤，恁膂力也。又曰：吾彭驎慎事若皆所素谂，既往就医，倘如古所谓卧护军事者，吾耻之，吾畏之。今继者，幸为孙副师长善相事，罔殊于吾在军时也。公意睿公贞固密慎之度诚哉，罔懈于去时。吾辈复何说以絷维白驹之在门。独是送公之行也，不待服念五六日至于旬时初以人情别久而忘也。渐今何其不然结轖之在胸，且暮而有加焉。公之在军幕府省治文书，自早至暮如不知有公。军中整部曲行伍亦秩然。行所无事觉公之力何有我，今又何其不然，思公之明于权躬周于繁穰，至公且仁以拊儷吾上下者，乃一一不可胜思，思之不能已焉，用是不释然于公之去，因公之训而疑解者勿解于公之既去，乃更大疑用，是终谋所以析次厥疑而敢进言于公之前。老子曰：贵以身为天下则，可以有天下。为军有日矣，非以为身谋其身，国家之有也。为国家则不得不为身，此则公之姑去。将不移时而国家不长，令公去也。荀子曰：仁义之师，若手足之捍头目，若身之使臂，臂之使指。夫公之身为吾辈之身，当其在军，手足臂指之承令又乌知其所为使哉抑。淮南子曰：将军无当于五官而为五官督是。故将军之心滔滔如春，旷旷如夏，湫漻如秋，典凝如冬，然则公方无

① 录自民国版《奉川俞氏房谱》。

时可以忘吾辈,而吾辈承公之训勉,能以事公者事孙公,按职如故无间也。且夫干旄孑孑浚野之处者犹曰何以予之? 何以畀之? 而谓温挟扩于平时,忘旧冠于一旦,举国人犹知其不可矣。公此行也,聊养疴于西湖之畔,国之多故以公之笃于国而国家之必有以起,公驴背逍遥之风,安敢为公多陈。公其过岳王之茔而忾然于日蹙,百里江山灵助可勿劳汤慰搦摸而早祝有喜,公且投袂及屦有以起国人之弊劲也,吾辈又恶乎无述而止。

民国二十二年(1933)元月,陆军第八十八师全体官佐同拜,汉阳秦纵仙撰,刘育民书

(二)明派俞氏奉系俞文唐支

1.《宋史·列传》卷三"宗室一":安定郡王赵从式[①]

(1)熙宁(1068—1077)中,诏封楚康惠王之孙从式为安定郡王,奉太祖祀。及从式薨,乃以懿王曾孙世准袭封安定郡王。世准,从蔼子也。为人内恕外严,无绮罗金玉之好,凡天子郊庙,必从祀。由金州观察使拜保静军节度使。薨年六十八,赠开府仪同三司,追封成王。世开袭封。

(2)熙宁(1068—1077)初,首封秦王孙从式,已而更封燕王曾孙世清。

(3)秦康惠王德芳,开宝九年(976)出阁,授贵州防御使。太平兴国元年(976),授兴元尹、山南西道节度使,同平章事。三年(978)冬,加检校太尉。六年(981)三月,寝疾薨,年二十三。车驾临哭,废朝五日。赠中书令、岐王及谥。后加赠太师,改楚王。子三人:惟叙、惟宪、惟能。

庆历四年(1044),诏封十王之后,以惟叙子从照封安国公,终左金吾卫大将军、归州团练使。赠同州观察使、齐国公。从照卒,以惟能子从古封安国公,终延州观察使,赠保静军节度使、同中书门下平章事、楚国公,谥惠恪。从古卒,惟宪子从式袭封舒国公。

神宗即位,谓创业垂统,实自太祖,顾无以称。乃下诏中书门下考太祖之籍,以属近而行尊者一人,裂土地而王之。使常从献于郊庙,世世勿绝。于是有司推择,以从式应诏,封安定郡王,终保康军节度使,赠同中书

① 根据《宋史·列传》卷三"宗室一"魏王廷美、燕王德昭、秦王德芳(秀王子偁附)节录,题目为作者所加。

门下平章事,追封荣王,谥安僖。从式既薨,诏以越王曾孙世准袭封安定郡王,而以从式子世恩袭爵为楚国公,主楚王德芳之祀。迁楚州防御使,卒赠奉国军节度使,谥良僖。徽宗即位,改封楚王为秦王。……

惟宪字有则,美丰仪,少颇纵肆,长修谨,善骑,好吟咏,多读道书。端拱初,授左屯卫将军,累迁羽林将军、领演州刺史,加左卫大将军、领贺州团练使,真拜资州团练使。大中祥符九年(1016)五月卒,年三十八。赠安德军节度使兼侍中、英国公。子从式,始封安定郡王;从演,礼宾副使;从戎、从戒、从湜,并内殿崇班;从贲,供奉官。

2. 广德湖兴废辨①

广德湖,县西十二里,旧名罂脰湖。唐大历八年(773),县令储仙舟加修治之功而更以今名。贞元元年(785),刺史任侗浚而广之,灌溉甚博。皇朝屡濒于废,不果。政和七年(1117),卒废为田。检正王庭秀著《水利说》,大卿王正己著《废湖辨》,利害颠末甚详,附见于下。

《水利说》曰:鄞县东西凡十三乡。东乡之田取足于东湖,今俗所谓钱湖是也。西南诸乡之田所恃者,广德一湖。湖环百里,周以堤塘,植榆、柳以为固,四面为斗门、碶、闸。方春山之水泛涨时,皆聚于此,溢则泄之江。夏秋之交,民或以旱告,则令佐躬亲相视,开斗门而注之。湖高田下,势如建瓴,阅日可浃。虽甚旱亢,决不过一二,而稻已成熟矣。唐贞元(785—804)中,民有请湖为田者,诣阙投匦以闻。朝廷重其事,为出御史,按利否。御史李后素衔命,咨询本末利害之实,锢献利者置之法,湖得不废。后素与刺史及其僚一二公唱和长篇,记其事而刻之石。诗语:记湖之始兴,于时已三百年,当在魏晋也。国初,民或因浅淀盗耕,有司正其经界,禁其侵占。太平兴国(976—983)中,舛黠之民窥其利而欲私之,复进状,请废湖。朝下其事于州。州遣从事郎张大有验视,力言其不可废。且摘唐御史之诗,叙致详致,记于石刻。熙宁二年(1069),知县事张峋令民浚湖筑堤,工役甚备。曾子固为作记,历道湖之为民利本末曲折,以戒后人,不轻于改废也。元祐(1086—1094)中,议者复倡废湖之说,直龙图阁舒亶信道闲居乡里,痛诘折之,记其事于林村资寿院绿云亭壁间,谓其利有四,不可废。今舒公集中载焉。于是,妄者无敢鼓动。久之,有俞襄复陈废湖之议,守叶棣深罪襄。襄不得骋,遂走都省献其策。蔡京见而恶之,拘送

① 录自《宝庆四明志》卷十二。题目为作者所加。

明派俞氏研究

本贯。襄惧，道逸。政、宣（1111—1125）间，淫侈之用日广，茶、盐之课不能给，宦官用事，务兴利于中主欲。一时佻躁趋竞者，争献议，括天下遗利以资经费，率皆以无为有。县官刮民膏血，以应租数。大概每一事，必有一大奄领之。时楼异试可丁忧，服除到阙。蔡京不喜楼，而郑居中喜之，始至，除知兴仁府，已奏可。而蔡为改知辽州，月余改随州，不满意也。异时，高丽入贡，绝洋泊四明，易舟至京师。将迎馆，劳之费不赀。崇宁加礼，与辽使等，置来远局于明，中人邓忠仁领之。忠仁实在京师，事皆关决，楼欲舍随而得明。会辞行，上殿，于是献言，明之广德湖可为田，以其岁入储，以待丽人往来之用有余，且欲造画舫百柁，专备丽使。作涉海二巨航，如元丰所造，以须朝廷遣使，皆忠仁之谋也。既对，上说，即改知明州。下车，兴遣工造舟，而经理湖为田八百顷，募民佃租，岁入米近二万石，佃户所得数倍。于是西七乡之田无岁不旱，异时膏腴，今为下地，废湖之害也。靖康（1126—1127）初，颇有意于复民利，予时为御史，属尝以唐诸公诗与曾子固、张大有记文示同列，欲上章，未果，而房骑围城。自是国家多故，日寻干戈，用途不给，岂暇捐二万石米以利一州之民？则湖之复兴，殆未可期。建炎甲戌①，房陷明州，尽焚州治。自唐至今，石刻皆毁折剥落无遗迹。予恐后人有欲兴复是湖，无所考据，故详录之，以俟讨求。

《废湖辨》曰：广德湖兴废利害，南丰之记备矣。东南粳稻以水为命，陂泽所以浸灌，无陂泽是无粳稻。而曰废之，非愚则陋，此古今之所甚重，是宜南丰之所特书，虽然未可以一概论也。《易》曰：变而通之以尽利。夫变则易，通则难。知变而不能通，何利之有？今谓湖无所利，则兴筑之功岂为徒劳。历代以来，七乡所仰，不可诬也。谓湖为有所利，则废罢之后，未尝病旱，数十年内，万目所视，不可诬也。盖鄞之西南，其镇四明，重山复岭，旁连会稽，深阻数百里，万壑之流，来为大溪，而中贯之。下连鄞江，倾入巨海，沛然莫之能御。故民田不蒙其利，而并海斥卤，五日不雨则病此湖，之所以与七乡粳稻以为命者也。唐大和（827—835）中，县令王元暐为它山石堰，横截大江，抑朝宗奔猛之势，溪江遂分上下之流，悬绝数丈，水始回环，汇于七乡，以及于城郭江沱海浦。昔时潮汐之所往来，皆澄泓清甘，分支别派，触岗阜则止，然后民田厌于水矣。故自大中之后，始有废湖之议，知其有以易之也。不然，一方之人，岂其轻举如是？历代建请，不

① 有误。建炎（1127—1130）仅四年，自丁未至庚戌。

可悉数，至政和卒成之。迨今逾五十年，亢阳大旱，不为少矣，公私无粒米之耗，常与东乡承湖之田同为丰凶，相等贵贱。非若他，所岁以旱诉蠲租减赋，与夫民田所耗得不偿失者等也。其故何耶？是则石堤之利，有以易之。此变而通之之利，其理明甚，人第弗察耳。不然，虽时月不可支，安能及数十年无所害耶？夫利害至于数十年不变，天理人事既已大定，议者犹欲追咎，过矣。湖之为田七百顷有奇，岁益谷无虑数十万斛，输于官者什二三斗，大之州所利如此，讵可轻议哉？士大夫不揣其本而齐其末，且未尝身历亲见，徒习饭豆羹芋之谣，与夫南丰之文，焜耀辨论，震荡心目，亦不思甚矣。故余作废湖辨。

濬谨按：二者各有说。惟是今岁夏初，秧插未毕，愆阳再旬，东乡惟恃钱湖以不恐，西乡渠流已竭，舟胶不行，人情皇皇，不可一朝居。幸而祷雨随应，钱湖之闸未开而泽已浃。设更数日不雨，钱湖犹可资灌溉，而它山堰水决，无可救旱之理。惟湖已变为田，田必不可复为湖，已事不必论。若它山仲夏堰之水，岁浚渠而深蓄之，其庶几乎！

3.（宋）刘黻撰《云门福地记》①

县福地曰云门，界阛阓区中，东侵西轶，茀而不治者几寒暑矣。少府俞君道明摄县事，首访民瘼，且知兹土不克复其旧者，势家轧之也。俞君曰："夫既谓之福地，则亦一邑之民望也。长民者不以怵而沮，则以懈而置，夫奚取。"遂按《图经》，发蕃启塞而尽得之。周以垣墉，揭以门扁，而求记于余。

嗟夫，福地之说不经见。道家者流有所谓"洞天福地"，云门其一也。福地以云门名，乐成之得名仿此欤？按《周礼》，云门，黄帝之乐也。云者，天之施，门名其所出，所以形德也。邑以乐著者，以云门也。虽然邑之福系乎长民者之官，福地，特其寓耳。鸾集其庭，蝗不入境，岂地云乎哉！有贤令尹心乎，子其民，不畏强御，不惮劳勤，苟有以福吾民，则其身婴其冲而不暇顾，推是心以往，是即福地也。

《易》之作乐于豫，顺以动民，乐以悦民，顺民而动，悦莫大焉。孰谓云门之为乐，不根柢此哉。气伸则民舒，气郁则民悴。民舒，福也；民悴，祸也。是所谓以福地为福。余不敢自诡，因福地之沦于无而能还其有，是所以伸民气也。是心足以福天下矣。长民者，其懋之哉！

咸淳二年（1266）五月八日，秘书省正字刘黻记

① 录自《天一阁藏明代方志选刊·乐清县志》卷六。

（三）明派俞氏鄞西俞鼎支

1. 俞伟传①

俞伟，字仲宽，邑人也。元祐（1086—1094）初②，为南剑州之顺昌令。邑民生子多不举，伟乃集耆老，谕之以理，且伸约束曰：孕者登籍。邑人悔悟，遵其教。再期而阅其籍，欲弃而留者甚众。率以伟字名之。部使者状其绩以闻，朝廷嘉之，降诏奖谕，进秩再任。且许出粟以赈其蓐卧而贫者，伟益恳恻，宣谕朝廷好生之意。数年间，赖以活者万余人。邑人廖峣为立德政碑，而郡人黄裳作《邑中步云阁》，亦纪其政绩，以循吏许之。

2. （宋）邹浩撰《高平县太君范氏墓志铭》③

夫人范氏，世为苏之吴县人，太子中舍仲温之女。资政殿大学士谥文正公仲淹之侄女也。中舍仕未显而逝，文正迎其嫂及诸孤以归，尤器爱夫人，曰：异时当为择良婿。其后文正薨，其家追用先意，以夫人嫁四明周公师厚。公自衢州西安令改官由制置条例司，即提举湖北常平迁运判，易湖南久之，乃通判河南府保州，以卒，凡三十三年。夫人所以事舅姑，奉祭祀，治家教子，致公仕，不顾私殁无后，虑非特亲戚。乡里之所称道，而士大夫籍籍闻之，固亦不可掩也。自元祐以来，从兄丞相纯仁，从弟右丞纯礼，龙图阁学士纯粹，相继登用。婿陈瓘亦除谏官，有以为夫人贺者，初无喜色，曰：先文正笃于忠义，亲者尤服其训，吾兄弟吾婿必以是得之耳。及皆窜逐又或以告，夫人无忧色，曰：吾妇人不知外事，但各愿其无忘国恩而已。子锷尝擢为提举官，罢条一司，敕令未几，又以上书责监泉州税。夫人年高疾久，不可远侍以去，锷不忍离左右。夫人戒之曰：汝罪大责轻，朝廷岂终弃汝？亟行勿以吾为念。已而锷果蒙恩，得真祠以归。居四年，夫人以大观三年（1109）八月十日，卒于四明之里第，享年七十九。初封蓬莱县君，后改封高平县太君。子男三人，长锷，承议郎；次铢，台州黄岩县尉；

---

① 录自《乾道四明图经》卷二。
② 据考证，元祐二年（1087），其岳父周师厚故世时，俞伟尚在山南东道节度推官任上，为顺昌令的时间最早应该在元祐三年（1088）以后。
③ 录自（宋）邹浩：《道乡集》卷三十七。

次慧印，从浮屠氏。女三人，长适监察御史俞伟，次适奉议郎毛濛，次适宣德郎陈瑾。孙男女十人。以政和元年（1111）十月八日葬于通远乡银山管金谷里，祔大夫之兆。锷与浩亲厚，远以铭见属。铭曰：

惟文正，笃忠义，忘乃身，徇国事。

习见闻，逮女子，施于家，率由是。

自其夫，暨后嗣，助成之，靡不至。

要所存，似兄弟，若夫人，可无愧。

3.《延平府志》记名宦俞伟[①]

伟，字仲宽，四明人。宰顺昌，作《戒杀子文》，召诸乡父老，为人所信服者，列坐庑下，置醪醴，亲酌而侑之。出其文，使归劝乡人，无得杀子。岁月间活者千计。人生子，多以俞为小字者。尝被差他郡还邑，有小儿数百迎于郊。转运判官曹辅上其事，朝廷嘉之。就改一官，仍令再任。复为立法，推行一路，在任两考，木生连理，禾一茎十二穗。民歌颂焉。

4.（宋）王得臣撰《麈史》记俞伟[②]

闽人生子多者，至第四子则率皆不举，为其资产不足以赡也。若女，则不待三。往往临蓐贮水溺之，谓之洗儿，建、剑尤甚。四明俞伟仲宽宰剑之顺昌，作《戒杀子文》，召诸乡父老为人所信服者，列坐庑下，以俸置醪醴，亲酌而侑之，出其文使归谕劝其乡人，无得杀子。岁月间活者以千计，故生子多以俞为小字。转运判官曹辅上其事，朝廷嘉之，就改仲宽一官，仍令再任。复为立法，推行一路。后予奉使于闽，与仲宽为婚家，法当避，仲宽罢去。予尝至其邑，闻仲宽因被差他郡还，邑有小儿数百迎于郊，虽古循吏盖未之有也。

5.（明）黄仲昭撰《八闽通志》记顺昌县（知顺昌县事）俞伟[③]

俞伟，字仲宽，四明人。元祐初知顺昌县。初，县民生子多不举，伟集耆老谕以理，贫者许赡以粟，所活不可胜计，多以伟之姓字名之。俗婚娶尚侈，伟戒以俭，而省浮费。民有健讼者，伟反复开谕，悉感谢去。县治前大溪艰涉，伟率富民出资，编舟为梁以济之，复籍废寺田数十亩，储租以备缮修。为县凡两考，木生连理，粟一茎十二穗。民歌颂焉。

① 录自《古今图书集成·明伦汇编·官常典》卷六四七"县令部名臣列传二"。

② 录自（宋）王得臣：《麈史》卷一"惠政"。

③ 录自（明）黄仲昭：《八闽通志》卷三十八。

6.（明）黄仲昭撰《八闽通志》记县令俞伟大兴学校①

翁邵，字好德，初名醇。顺昌人。博学工文，少有声场屋。元丰八年第进士。调崇安尉。……迁福清县丞，廉谨方正……县令俞伟大兴学校，力屈邵主师席，邵牢让不出。

7.（宋）杨时撰《寄俞仲宽别纸》②

其一

闽之八州，惟建剑汀邵武之民，多计产育子习之成风，虽士人间亦为之，恬不知怪。某尝窃悼之，恨世未有诚意，足以感格流俗者与之广谕曲譬，使少变其习，近得吉甫解惑读之，隐然有得于吾心，然尚恨其说似犹以利害告之也。若以利言则多男多忧，盖古语有之，非特今日也。孰若以理谕之，使民晓然知有不可为之义，则庶乎其惑可解矣。吾郡吾邑，此风唯顺昌独甚，富民之家不过二男一女，中下之家大率一男而已，小人暴殄，天理侮悖，仁义至身陷大恶而不知省，且为父而杀其子，虽豺虎犹不忍为，孰谓人而为之乎？某比乘舟过境，见有赤子暴尸洲渚间为乌鹰食者，恻然感之，有泚吾颡窃，惟仲宽仁民爱物出于诚心，计未有以此言闻于左右者，故辄及之莅事间，有衣冠之士倘或相接，愿以至言谕之，使少变一二，莫大之福也。狂瞽之言，何足仰，裨高明万一徒用增愧耳。

其二

某软懦不立，迷方之学，无以趋今而望古益远，常惧自画为士君子鄙弃，每思得朋游共学前引后驱，以进其不及，而所寓乃在乎小州下邑，僻陋之邦，贤士大夫罕至，其境乡党之与居，旦暮之与游，不过田夫野老，与夫后生晚学章句之儒辩，析声病为科举之文耳，以是而求道，几何不见笑于大方之家。比因经由得接教论，若将引至于道者，使驽钝之质，增激懦心，慨然知圣人之可窥，而忘其力之不足也。幸甚！幸甚！迫于之官不得款奉，徒深歉然耳。因风幸时见教，乃所愿望。

其三

顺昌之学，久不正师席，得长者留意，学者幸幸好德，云何有意相从

---

① 录自（明）黄仲昭：《八闽通志》卷六十九。
② 录自（宋）杨时：《龟山集》卷十七。

否？邑令帅诸生诣门严师之礼，自近年以来未有如此者，固有道者之不宜辞也。某亦有书勉之矣。

注：杨时是福建人，俞伟与他相交应该是在顺昌令任上。从第一篇中看出他与俞伟讨论杀子现象，对杀子的暴殄与天理悖悖进行了谴责，同时对俞伟在顺昌县戒杀子的举措表示由衷的欣赏，赞扬俞伟"仁民爱物出于诚心"。第二篇与俞伟讨论了为学之道，对"后生晚学章句之儒辩，析声病为科举之文"提出了批评。第三篇写"顺昌之学，久不正师席"的状况，对俞伟"邑令帅诸生诣门严师之礼"极为赞赏，称"自近年以来未有如此者"。

8.（明）黄宗羲撰《县令俞先生伟》①

俞伟，字仲宽，鄞县人。元祐初，宰南剑之顺昌。闽人生子多者，皆不举，建、剑尤甚。先生作《戒杀子文》，召父老列坐庑下，以俸置醴醴，亲酌，使归劝乡人，活者以千计，生子多以"俞"为字。朝廷为立法，行一路。先生被差他郡，还邑，有小儿数百迎于郊。部使者闻于朝，降诏奖谕，进秩再任。且去，出粟以赈其蓐卧而病者。（参《延祐四明志》）

9.（宋）黄裳撰《步云阁记》②

昔予读书顺兴北山之麓，南望一峰，有若游龙之状，举首而回顾。仲宽今置阁，由阁而下视，水天空阔，桥虹横绝。登临之士，身势高远如在云汉间，此命阁之意也。以致予文，予方喜。仲宽之为政，有古循吏之风，因述云四事，为仲宽识之。夫云之为物，轻清者之所乘，闲适者之所玩，有德者之所况，有物者之所望者也。仲宽下车之三日，属其邻比之长且老者，为饮酒礼，佐坐堂上，胥吏坐堂下，长且老者环坐于两庑。酒三行，令为之言曰：来吾民夫草木之所萌，禽兽之所育，吾民无故忍掇而弃之乎？曰：掇而弃之，遂伤其生，是不仁也，弗为也。夫物之转诸沟，有用者可啬，有知者可悼，吾民无故忍视而遂过乎？曰：必援而出之，忍视而遂过，是不仁也，弗为也。然则吾民之于他物然耳，赤子吾民之遗体也，分气也。物之有情有识者也，安得辄举而溺之，无所疑止也哉。其为不仁，奚啻吾民之于草木之所萌，禽兽之所育，凡物之转诸沟者邪？其民于是骇而悟，嗟而

---

① 录自（明）黄宗羲：《宋元学案》卷六《士刘诸儒学案（全氏补本）》。

② 录自（宋）黄裳：《演山集》卷十五。

悔,翻然而改,曰:吾属之视吾子,曾禽兽草木之不若也,岂足以为人哉!其谨奉教。于是,著令曰:孕者登籍,产者给粟,而民相与言曰:令之所活者,吾类所释者,吾冤百世之憝,一日而解之,德莫大乎此! 吾尚忍为不仁以伤吾令之化哉,乃相与敛知藏力,听令于大夫两造在庭。仲宽第为之辨是非,谈祸福,往往自讼而解,相诏而罢,一县遂无事。时与宾客乘兴而往,径画桥,登苍崖,期于步云而止焉。夫仲宽之政,不以智示人,故其民无所事乎;是非不以势屈人,故其民无所事乎。强弱势智既忘中抱虚静,然则闲适者之所玩,有德者之所况,君岂有愧乎云哉,其无累乎心也。云之所在,不以情而动,不以力而举,其有为乎政也。云之所往,必为甘澍下膏泽于万物,然则阴阳之报,天道之福,安知异时不为轻清之士,乘此而直往也哉! 况与玩未足为君道也。

元祐癸酉(1093)仲夏记

注:黄裳(1044—1130),字冕仲,号演山,延平(今福建南平)人。元丰五年(1082)举进士第一。政和中知福州。官至端明殿学士,礼部尚书。喜道家玄秘之书,自称紫玄翁。《宋史翼》有传。著有《演山集》六十卷。词存集中,凡五十三首。

10. (宋)杨时撰《与俞彦修》①

其一

某昏蔽之久,无以自发,幸蒙君子不见鄙外,曲加奖引,猥赐示问,过自损抑,若将有求者,某何以当之? 所谕方寸之间,暗浪时时,间作此病,岂独公耶? 盖学者通患也。

从心不逾矩,孔子至七十而后能,况余人乎? 苟未至七十,则犹须操而后存也。故孟子论不动心之道,亦曰持其志,无暴其气。曰持之,曰无暴,则是虽孟子,犹不敢任其自尔也。虽然忘之不可也,助长又不可也,其用力固有在矣。循是充之,使吾胸中浩然,则暗浪岂不自息欤! 浼渎高明,非敢谓足以资足下之所须,姑欲取正,其是非耳,言之是耶! 固愿与朋友共之,或未中理,幸明告我,庶警未悟。

---

① 录自(宋)杨时:《龟山集》卷十七。题注:名袤,仲宽子。

其二

某愚无似无过人器识，又学未优而仕，为世累羁缠坚白，未能万一于古人，而磨涅不已，几何而不至于淄磷欤。从游之徒又无箴规磨切之益，恐遂至于目盲齿豁，老死于无闻。故每逢学士真儒，则愧汗愓息发于颜面，岂意足下收怜，犹以君子望之。幸甚！幸甚！敢不刻意自勉，庶几不负所期耶！未涯良晤，驰想何已。

11.（宋）陈亮撰《何茂宏墓志铭》①

公姓何氏，讳恢，字茂宏，得姓所从来甚远，而婺之诸何为尤盛，居城之东，而散出永康、东阳、义乌者，其分合之详不可得。而纪然义乌之族，自公而上，其可数者六世，而公又有子有孙矣。公之曾大父京，始葬其父祖于官塘之东西两偏，又营其地而居之，浚其塘至百余亩，以尽有其四旁之壤。两子其次讳先，是生公之父；讳椠，以志气自豪，尝欲奋于武事，得官河北之恩州，而公生焉。故公状貌端厚，意象轩耸，而胸次疏豁，是非长短，人得以望而知之，读书为文亦不肯过为巧丽，取于适用而已，大略似北人者，岂其风土固如此。公之父必欲其二子由科举自奋。公独以其余力助理家事，积累至巨万。公弟恪茂恭得以专于文学，庶几近世晁张辈流，尝与公同上礼部，茂恭得之，而公不利。公忻然曰：是足以报吾父矣。时公父已死数岁，家事一毫以上不使茂恭关心焉。茂恭奉其母汤药，惟谨不问钱物为何事。而公之临财，虽鬼神不欺也，兄弟相与为一体。至其论文，小不合辄争辩，以致辞色俱厉，僮仆往往相语以为笑。茂恭未及为时用而死，公年且五十，方俯首笔砚务合时，好以与后生辈较寸晷于春官，伛偻奉汤药如茂恭在时，暇则从容园池，以小诗自娱，皆清切有雅致。而家事一切付茂恭之子大受，慻若素不解者，进退伸缩。古之君子无以远过矣。婺同邑叶氏，子男三人：大辩、大雅、大猷。女六人，唐仲义、陈亮、宗楷、陈大同、俞衮，其婿也，幼未行。仲义与茂恭同年进士，以邵武之光泽丞上铨曹关升矣。孙男二人：兰孙、玉孙。女二人，尚幼。得年五十有九，以淳熙癸卯（1183）七月三十日卒。始公无恙时，尝欲营地于源深亭之上，曰：东望吾父，西望吾弟，其他可勿问也。既而策杖于野堂之西，桂林之旁，徘徊顾望曰：是亦足以藏其身矣。日者独以黄顺堂之山为最吉，曰：是

① 录自（宋）陈亮：《龙川文集》卷二十八。

回鸾舞凤之势也。诸孤欲遵先志，稍近野堂之东而日者，又以净明之东山为吉。寺僧欣然从之，用功力至费百余万，将以乙巳(1185)之正月某日葬焉。而有为口语使寺僧牵连改动，以迁延其葬者，诸孤竟以正月乙酉葬公于官塘之前山，使亮书其石。昔亮尝见朱晦庵论广汉张敬夫，不惑于阴阳卜筮，虽奉其亲以葬，苟有地焉无适而不可也，天下之决者何以过之？知公之三子，固自为可。于是永康陈亮再拜而书曰：生不求全于人，死不求全于地，呜呼！以此遗子孙足矣！

12. （明）林瀚撰《送四明俞君之任国子学录序》①

国朝用人，无内外崇卑之间，惟视其才，与位称而已。故往往以师儒擢，居贵近者，取以崇励廉勤，奖进才行，恩至渥也。近岁师儒之职，徒取充位，此典寝废，皇上深惟旧章可循，士风亦振，一时芹宫著绩，而驰檄超升者，相望于道。怀安掌教四明俞君信垒，被命人为国子学录，成行有日，素所交厚诸公，不忍遽别，请余言以送之，余因有感焉。夫以官为守，患不能尽吾职耳；吾职苟尽，官不患其不懋也。有如俞君者，早游庠序，成化丙午(1486)登贤书，越明年得乙榜高第，授沂州学正。既淹九载，更任祁门，寻迁怀安。作养士类，无倦怠焉。不数年，而有学录之耀矣。君于省试，凡三居校文之列，取士有公是之誉，门下诜诜，皆称得之人。斯亦克供厥职之效也。自急功名者之处此也，其初未必乐就之，其既也不能无介怀焉，二者存于中，无怪乎其职之不举也。君既非其人，而当路推挽，遂拔擢之，岂独以彰君之贤？而君相简贤图治盛，心亦可窥测矣。宋儒胡瑗《苏湖教条》，至于颁之郡县，以为令式，此师儒之泽及于天下也。向以君才而处守令，部署者不过一方一事之修治耳，兹乃处以贤关之地，而隆以模范之寄，意必谓君数年取士，才止郡邑，泽之所及有限，而未周也。自今以始，师道日隆，人才日盛，天下之士，争先快睹，其为泽及之远，岂可既哉！今日之处君亦宋人之处瑗耶？君且行矣，尚其以君相盛心为心焉，则天鸿渐之势，而遂于磐之衍当有日矣。虽非君之所冀，然吉度理势，谅征余言，聊因送行之日序及之，不独为俞君庆，又以告夫今之以官为守者。

正德(1510)庚午春正月上元日，赐进士、资善大夫、南京户部尚书、奉诏致仕、三山林瀚撰

注：林瀚(1438—1518)，字用养，号成斋，福建闽县（今属福州）

---

① 录自民国版《桃义江俞氏宗谱》。

人，家住西门西园里。明成化八年（1472）进士，授南京大理寺评事，历寺副、寺正。任上对屈打成招案件反复审查，冤案大白，升广州知府。府治省城有元伯颜灭宋纪功刻石，林泮将其铲除，刻作"宋太傅枢密院使张世杰死节于此"。不久，升广西参政，兼总理粮储和屯田；升江西布政使。后进顺天府尹，省、寺供应，悉按旧章办理。正德二年（1507），擢升户部右侍郎，总督太仓粮储。林泮奉命前往凤阳、河南会勘徽州府土地，事毕加俸一级，升南京户部尚书。时刘瑾把持朝政，大臣任免多由其意。林泮才出京都，刘瑾遂令其致仕。返乡后，寄居僧舍，生活艰苦，但泰然处之。约嘉靖三年（1524）卒。天启初年，朝廷追谥"恭靖"。

13. (明) 全元立撰《别驾赠言序》①

别驾，古监郡职也。汉唐以来，重郡守之选，凡刺史二千石，必驷马右骖，以示优秩。乃监郡从刺史，行部则别乘一车，故今称通府为"别驾"云。若曰州郡利害，悉借议论，非他属比伦耳。我国家建官备制，惟古是式。凡州郡必设判一二员，与刺史决可否，中而相与周旋。俾克协于政是非，圣主所以分理职属，以贻万世之安者耶！顾今之时，任人者或失其制；而当事者遂乖其初，是故"别驾"之名存，而致用则殊，君子殆有遗慨矣！夫疆宇之远，民庶之不齐，授诸方岳郡牧，而选贤以佐之，休养匡弼，胥有赖焉，不可谓非重也。君子之自待也，慎以重，而其任人也公以周，夫贤其人而授之，又弗究其才而易舍之，是故官之志无固也，望厚而薄修，用窒而志堕，将自诿于庸流之莫振，故士之自待亦且弗屑。噫！弊也久矣。恒情盖有惩焉，而不为者，夫别驾之设今古攸同，而其溺至此，是无怪乎人情之避也。故尝谓：君子之仕也，甚无乐乎！其择官而事事也，盖有达观也，其崇卑、繁简、通塞，付之弗问，若将甘心乎其职，此岂恒情所能窥测乎其衷哉！吾鄞故多才，今年春，乡进士之需选者，凡若干人。独左山俞子，以优第授建宁别驾。众方难之，俞子顾欣然曰："是在我耳，丞何负予耶？古之委质人国者无外慕，亢志勋业者无择官，故趣卑则流，守怠则污；才滞者黯黯弗振。审若是，即幸美地，服大僚，又奚所庸也！夫天下事有难易，位有大小，固犁然判焉。设不内量，而惟善之图，是俯令州邑，任隆而责专，是在自处何如耳。"史官元立曰："若俞子，其优于建宁已哉，舟人之操舵也，江

① 录自民国版《桃义江俞氏宗谱》。

海之津，风涛之厄，恢恢乎有其余观，夫然后放流涉湍若率履平地。此无他，道无二用，惟刚健斯明决焉。是故善养而中勿罥也，体立而用以行也，守经而权可通，变可达也。彼逞轨康庄，值险则怯，顾曰善御，其不为王良、造父之哂者几希。是则俞子之乐就乎别驾，不为超于人之识者哉！"俞子，鄞之世家，自其先大夫都运公，以大魁历仕通显，彼朝夕之观讲，闻之素谙，练之周可，无外猎而备者，朴而能充，达而若讷，举以佐建宁，其将有遗爱欤？都运公，前达士也，从政二十年，而清白故存。君子曰："不忘先德，克肖克忠，胥此系焉。"由家以达之国，奚啻别驾已也。方之恒情，畴测其徽哉。书以劝焉。

嘉靖丁未岁(1547)夏五月朔旦，赐进士第、翰林院检讨、征仕郎、同修国史大明会典、邑人九山全元立汝礼书

注：全元立(生卒不详)，字汝德，明鄞县人。嘉靖十四年(1535)进士，改翰林庶吉士，授检讨，参与修会典，进修撰，充经筵日讲官。严嵩专权，直臣被杀，愤然作《告天文》，陈说被杀诸臣冤状，严嵩甚忌。嘉靖三十五年(1556)迁侍讲学士，因拒作青词，出为南京太常寺卿，兼署光禄寺，任中裁冗丁，汰冗食，清幕僚。继迁南京工部侍郎，终受严嵩排挤，遂致仕。严嵩败后，累荐不赴。慕四明山大韭、小韭胜景，藏书处名为"双韭山房"，铸印"第九洞天"。其孙为全祖望。

14.（明）翟思桢撰《赠道源俞君擢太医院序》①

尝谓士君子贵存心于天下，古人以一夫不获为己辜，非奢大其欲也。民吾胞，物吾与，明心见理者，自不能已焉耳。第绩有显晦，势有顺逆，二者俱亨，则出身行道，泽可远施，而民物举，熙熙然跻于仁寿之域。不然，虽心存济物，而于疲癃残疾，颠连无告之辈，只目击衷悼而已，竟亦何裨。世教既衰，志趣日下，能不因贫贱而遂废共济物之心者，谁哉？吾塾俞先生道源，浙鄞右族名裔，质性淡默，雅操廉直，其敷教也，宽以济严，循循善诱；纵溽暑沍寒，不炉不扇，耽嗜所在，琴书而外，星躔卜筮，丹青图画，咸旁通其义；手披目览，寸晷靡捐。诸弟子之游党庠、入太学、历仕途者，彬彬后先，其足为人师而不愧者欤！乃有感于"不为良相，则为良医"之语，遂研究岐黄，而其学独宗丹溪，普施博济，不受一钱，声誉遐播，以见重于都宪，得医官之札。众皆欣羡之。已而，复擢太医院目。同人乃更欣然，

① 录自民国版《桃义江俞氏宗谱》。

谓予曰:"道源本儒流,度其蕴藉,取青紫不难也。兹以医学博一官,虽未足慰其素志,然犹愈于寂寞以终其身,盍贺诸!"余曰:"良医与良相,贵贱虽悬绝,而功德可相当也。世之粗工,于事理卤莽,其为医亦卤莽,无论矣;幸而获效,必可矜诩以贾誉,弋厚利焉。夫医,乃人之司命,非通于造化之秘者,不能优为也。先生平昔治《周易》,擅探木穷源之妙,宜其得心应手,游刃有余,岂粗工可同日语哉?稽古有俞跗,神于医者,先生姓氏既同,而复同其术,必将同其神,而与之并传矣!尝欲删补丹溪之说,而复梓之以广其益,是心也,洵仁人之心也。然而今日之荣犹未足异,而他日至陟高阶,垂鸿号,可预著也。"遂为之序。

万历乙未(1595)孟春之吉,征仕郎、中书科中书舍人翟思桢顿首拜书

15.(明)林翰撰《送南京太学录俞君序》①

正德己巳(1509)冬,南京太学录员缺,大司成移文铨曹,铨曹荐吾闽怀庠学谕俞君补之。君衔命将远别去,怀庠诸生,囿君教者,咸为君喜,而重其别,佥以赠言属予。予惟国朝敦崇教化,以兴文明之治,师儒之职,必慎选经明行修老成之士居之,盖欲其仪范诸生,成德达材,以为致用之资。比年以来,士习颇僻,司导迪者,急于簿书,而不责实行;事进取者,务为尖新,而不根理致。自其所求者如是,而所应亦如是耳。俞君名瑞②,字延祥,号信斋,浙之四明人。少颖敏,游碧川杨先生门,得其指授,弱冠入郡庠,即有声场屋。成化丙午(1486)领乡荐,明年登春官乙榜,擢祁州学博,寻改祁门,再迁吾怀。所至,皆传先生之教育有法,两典乡闱分校,咸有得士之誉。老成练达,非时辈所敢望。士之出其门者,彬彬然,咸有用之器。铨曹闻君名,荐补太学录,诚可谓得人矣!昔胡康侯之居苏湖也,掌佐学政,毅不可回。尝曰:"录以规矩为职,职有不称,何以录为?"于是举止轻俊慢游之徒,刘观石公揆于法,当时服其守职,为之凛然。今君以老练之才,赅博之学,既收职效于郡邑矣,兹焉进位成均,将见天下之士,育于是者,咸以规矩自励,而轻慢者望风改辙,殆庶几乎,康侯之守矣。虽然,君之名位未止此也,盍充其学,益坚其守。则由录而正,而丞,而司业,司成,骎骎大用,尚未可量,是又将康侯媲美矣。此固君之能事,亦诸生愿望之意,予特推而序之。

① 录自民国版《桃义江俞氏宗谱》。

② 据桃义江谱载,俞瑞为成化年间举人,授山东沂州学正,升南京国子监学录。

正德庚午岁(1510)孟春吉旦,赐进士、资善大夫、南京吏兵两部尚书、前国子监祭酒、经筵讲官、同修国史、濂江林翰书,怀安县学训导程琏、董琼同赠

注:林瀚(1434—1519),字亨大,号泉山,福建闽县(今属福州)人。父林元美为永乐末年进士。明成化二年(1466)进士,授庶吉士。后授编修,于成化十一年(1475)参修《通鉴纲目》,两年后擢修撰。正德元年(1506)四月,敕兼南京兵部尚书,参赞机务。著有《经筵讲章》《泉山奏议》《泉山集》,以及古典历史小说《隋唐志传通俗演义》。林氏三世五尚书,皆内行修洁,为时所称。

16.(清)俞檀撰《桂林祠内碑记》[①]

镇邑西郊桃义江俞氏,本宗桂林之分支别派也。旧谱未详,咸丰元年(1851)四月间有族属正法、正明突来认宗。彼处苦无谱牒,惟挟其上祖名文贵公者查对,我桂林谱系爱集宗绅细核,恰于老二房世系内果检有文贵公谱名,与彼吻合,且彼有明隆庆年间(1567—1572)文贵公红契一纸券据,昭然为我桂林分派益著矣。所憾迁徙久隔,世次难稽,则信之中不得不阙其疑公议。鄞镇两处,虽同一族,惟文贵公以上补进其三代祖仁溥公父慈朋公弟文达公四位祐主,尊祖收族,我宗祊礼亦宜之,后此则否恐紊昭穆致其慎也。夫古籍极重宗法,今人鲜念本源,问正法舅季何竟克明大义则曰:我祖良友公父方盛公暨胞叔方道公、方桂公求溯宗潢远绍旁搜并殷凤愿,奈代久年湮,谱系茫无查处,今得认合,何幸如之?虽远隔大宗,不能共承祀事,愿捐资百金助葺祖宇以伸孝敬,诚不敢忘先人遗训也。吁!继志述事若正法、正明二舅,允堪嘉尚也夫!

咸丰元年(1851)岁次辛亥孟秋之吉,三十一世孙檀[②]谨识

17.民国十六年(1927)《俞福谦先生纪念碑》

注:古林俞家小学,创建于1927年,是由俞福谦独资创办的一所义务小学。俞福谦先生在上海经营纱业赚了不少钱,为了改变家乡的落后面貌,决定在家乡建造一所设施一流的小学。耗银16万两,一所占地4000多平方米的新教学大楼终于落成。当时的校舍是两层楼房

---

① 录自民国版《桃义江俞氏宗谱》
② 据桃义江谱载,俞檀为道光辛巳(1821)恩科举人,授处州云和县学训导。

俞福谦先生纪念碑

分前后两进,俱以西洋风格设计建造,环境优美,校内设施应有尽有。后福谦先生又出银4万元作基金,聘请德高望重,具有丰富教学和管理经验的俞蔷珊先生出任校长。由于教师治学严谨,学生勤奋,毕业学生成高一级学校最受欢迎的学生,宁波的效实中学对福谦学校毕业的学生只凭毕业证书就可免试入学。各地慕名前来求学的甚多。遍及鄞县、奉化、宁波。中华人民共和国成立后,学校改名为古林俞家小学,其间办过乡初中。1986年,由于原来的房子成为危房,镇政府对原来的房子进行拆建,新建一幢两层教学楼。到1996年,由于教学的发展,现有的用房无法适应教学的需要,在上级政府的关怀下,又在原来的大楼前新建一幢三层教学楼。现在俞家小校是一所完全小学,主要接纳俞家、鹅巾、夏家三村区域内的适龄儿童入学。

（四）明派俞氏鄞东俞充支

1.《宋史·俞充列传》[①]

俞充，字公达，明州鄞人。登进士第。熙宁中为都水丞，提举沿汴淤泥溉田，为上腴者八万顷。检正中书户房，加集贤校理、淮南转运副使，迁成都路转运使。茂州羌寇边，充上十策御戎。神宗遣内侍王中正同经制，建三堡，复永康为军，因诈杀羌众以为中正功，与深相结，至出妻拜之。中正还阙，举充可任。召判都水监，进直史馆。中书都检正御史彭汝砺论其媚事中正，命遂寝。河决曹村，充往救护，还，陈河防十余事，概论"水衡之政不修，因循苟且，浸以成习。方曹村决时，兵之在役者仅十余人，有司自取败事，恐未可以罪岁也"。加集贤殿修撰、提举市易，岁登课百四十万。故事当赐钱，充曰："奏课，职也，愿自今罢赐。"诏听之。擢天章阁待制、知庆州。庆阳兵骄，小绳治辄肆悖，充严约束，斩妄言者五人于军门。闻有病苦则巡抚劳饷，死不能举者出私财以周其丧。以故，莫不畏威而怀惠。环州田与夏境犬牙交错，每获必遭掠，多弃弗理，充檄所部复以时耕植。慕家族山夷叛，举户亡入西者且三百，充遣将张守约耀兵塞上，夏人亟反之。充之帅边，实王珪荐，欲以遏司马光之入。充亦知帝有用兵意，屡倡请西征，后言："夏酋秉常为母梁所戕，或云虽存而囚，不得与国政，其母宣淫凶恣，国人怨嗟，实为兴师问罪之秋也。秉常亡将有桀黠者，起必为吾患。今师出有名，天亡其国，度如破竹之易。愿得乘传入觐，面陈攻讨之略。"诏令掾属入议，未及行，充暴卒，年四十九。论曰：俞充制军禁暴，足为能臣，而希时相之意，倡请西征。使其不死，边陲之祸，其可既乎？

2. 俞充传[②]

俞充，字公达，邑人也。嘉祐四年（1059）进士第，官至右正言，天章阁待制，环庆路经略安抚使。环州有田与夏国相错，岁种为虏所掠，未有敢诘者，由是委而荒之。充至，檄州所部以时耕种，卒不敢犯属。羌山夷啸聚叛，充授第二将张守约以筹算，且招且讨。有亡入夏国者三百户，充又

---

② 录自《乾道四明图经》卷二。

遣守约耀兵塞上，夏人亟归亡者，充释其胁从老弱以奏，不浃旬遂获安，妥手诏褒焉。沿边属羌乏马，充条上劝赏买马之法。朝廷可其奏，下诸路行之。未久，属羌乐于畜养，大增战马之利。庆阳兵素玩恩，稍绳治，往往震摇。充至，严约束，斩五妄言者于和门，军始肃然。卒之夕，大星陨于寝堂之北。有《奏议》五卷、《边说》二卷，藏于家。

3.（宋）王珪撰《辜氏墓志铭》①

著作佐郎知司农寺丞事俞充，既丧其母，予往吊之，泣以谓予曰：我家世四明人也。先妣姓辜氏，年十五以归我先人，能自承舅姑不失其妇事。先人举进士，志不就以没，先妣日夜教诸子读书，使人毋堕先人之志。后十余年，充始行间得一地，归拜于堂上，而先妣动色且谓充曰：学所以求仕矣，必求名誉于其身，使人知汝父之有子，夫然后吾以为乐也。方先妣在乡里时，治家最为有法。四明去朝廷远，其俗吉凶祭祀、冠昏聚会皆无法，先妣独为法不苟，又其事皆躬亲之，无有怠。子妇虽欲往助之，然亦不能有所为也。充皇祖蚤世，而祖妣陈氏再从人，及闻其丧，置几筵其家而哭之，为持丧三年其家，嫁族人之孤女不异己所出。外家素有产，既绝无后，先妣以法当得之，其后族人有欲分产者以法不当得。先妣曰：吾有子禄，足以为养矣。乃援法而弗予之。乎卒分予之人，有素不足于己者，未尝蓄恚其心，见其贫且死反左恤之，惟恐有不至。以故数至不自赡，盖亦未尝为戚戚。晚喜读释氏书，其于性命之理颇自以为得。若乃世俗之玩，皆非其所好也。熙宁三年（1070）九月己亥终于司农寺，享年五十四。明年十月庚午，葬明之鄞县清道乡小江里。子男四人，长即充也，褒皆未仕，其一人早卒。女三人，以适进士、睦州青溪县任中孚、进士虞肩孟、张寀。孙男四人，长稷，次契，次皋，次夔。今葬既有日矣，生无以为养，没无以为礼，不求当时之能文以铭以图长存，是克重不孝不足以见我乡之人。敢告以先妣姓寿卒葬与夫？平生之所为铭之。铭曰：

明海之滣，人则屡晦，矧曰妇德，职自治内。

显矣夫人，有子之良，名动朝廷，以大于乡。

晨昏奄违，予适往吊，作诗同藏，是其永耀！

4.（宋）彭汝砺撰《上神宗论台谏言事不当问得之何人》②

臣近论都检正俞充及开拆事，初十日准中书省札子奉圣旨，具析上言

---

① 录自（宋）王珪：《华阳集》卷五十七。辜氏即俞充的母亲。

② 录自（宋）赵汝愚：《名臣奏议》卷五十三。

俞充事迹得于何人闻奏者？臣不肖不足对扬陛下之命，承诏震恐惶然失次。臣伏念天下之才，有正则有所谓邪，有贤则有所谓不肖。人君渊居严密，无由自察之也，于是有耳目之官。御史亦因众人而问焉，凡臣之纠摘奸慝非有毫发为其身谋也。实自陛下使之众人或为臣言，亦非有所欲也，迫于臣之诚心而已，迫以至诚而得之，及有所畏避而暴露之而投诸罟擭陷阱之中，而臣乃获安焉。则臣不唯不容于人，亦且得罪于有司，夫废一官吏，非足为朝廷轻重也。然官吏以漏言于台谏而废，则众皆以前车为戒。而外之是非得失，无复至于臣辈矣。以臣之昏弱不肖，而使宪臣尽不得闻知外之是非得失，将无以照烛幽暗而弥缝其空缺，臣之罪莫甚焉。臣宁自刻不敢奉明诏。充之材行如陛下知之为详，则臣之罪亦自见矣。凡臣所居官职，皆陛下所予。愿并纳以易罪若犹未也，愿益察之。缘臣论列非一状，御史中丞邓润甫，里行黄廉，亦各有疏，乞询于众及委官，尽公根究。如有不实，则臣为诬善，为殄行，窜流荒远，其又何辞？臣无任恳切之至。

熙宁十年（1077）十月上，时权监察御史里行

注：神宗为维护平息俞充之事，诏命彭汝砺仔细陈述所言俞充事得于何人。彭汝砺据理力争，神宗终用其言，罢俞充都检正之职。

彭汝砺，字器资，祖籍江西袁州区，饶州鄱阳（今江西鄱阳滨田村）人，生于宋仁宗康定二年（1041），卒于宋哲宗绍圣二年（1095）。宋英宗治平二年（1065）乙巳科状元。著有《易义》《诗义》《鄱阳集》等。

西南边陲安定后，朝廷决定对有功人员进行褒奖。俞充淡泊名利，在申报战绩时，将功劳全部让给了王中正。王中正非常敬佩俞充的德行，故两人在一起时都会请出家人作陪，可见两人关系非同一般。但这种交情，有时候也会引来别人的猜忌。王中正回到宫中，向皇帝推荐，说俞充这个人品行好，能力强，可委以重任。皇帝下诏，让有治水经验的俞充掌管都水监，进入直史馆管事。不料，中书都检正御史彭汝砺启奏，说王中正是个宦官，俞充在向他献媚。宋代视御史为监察官员的利器，皇帝的任命只好暂时搁置。

5.（宋）韦骧撰《贺前淮漕俞学士移命》[①]

右某伏审光奉诏书荣趋魏阙，属拘官之有守，望行斾以无缘，恋德益

[①] 录自（宋）韦骧：《钱塘集》卷十。俞充曾任淮南转运副使。

多驰,诚莫究恭以某官,材谋超远,器业宏深,智应变以不穷,学逢原而自得,久耸仕途之望,早参公府之华。上简宸衷,特预书林之选,出膺使指暂分,淮甸之忧,抚疲瘵以方宁,广咨询而未足,召节遽至舆情若为然,近用非宜固也。速吁俞之命而对扬不晚庶乎,恢膏泽之资,某窃荷奖知,尤增瞻慕,愿为邦社,善调寝兴。

6.（宋）吕陶撰《俞充筑雅安城》①

臣伏见熙宁（1068—1077）中朝旨下,俞充按视成都路,接近蛮夷州军寨,充乞修筑雅州城,所计工料万数浩瀚,续准密院批状,候汉眉州永康军修城,了日修筑。近闻本州申转运司以为于事无益,乞行寝罢,臣体问得,雅州自建置以来,只以木为寨栅,盖州城北据大江之岸,秋夏水溢,冲浸木栅,或修城墙即遭水患,尤易摧塌,其南据山,山石险阻,难为板筑,东西两边,地势稍平,可以兴工。又缘土疏沙润,经雨即坏,暂成复毁,其势必然,所计工料人夫数目极广。雅州地瘠民贫,岂有余力可以具办,不免于户上科定,及近里州县置买应副若城壁坚完已见骚动,况此理势不可修筑,乞下铃辖转运提刑司相度寝罢,庶使公家无横费之害,远民免劳役之苦,只乞修完木栅,自可防虞。惟朝廷留意,幸甚!

> 注:吕陶（1028—1104）,字元钧,号净德,北宋眉州彭山人,后徙居成都,故又作成都人。皇祐四年（1052）举进士,熙宁三年（1070）应制举,历任知县、知州,元祐年间（1086—1094）任殿中侍御史,改左司谏,后又出任梓州路、成都府路转运副使等职,迄崇宁元年（1102）致仕,历仁宗、英宗、神宗、哲宗、徽宗五朝,仕宦生涯长达半个世纪。吕陶一生,秉承儒家积极入仕的思想,以"修身、齐家、治国、平天下"为己任,无论是在朝中任职,还是在地方为官,都敢于直言,为民请命,无荣辱进退之念,"仰于天,俯于人,中于心,皆无愧"。有《净德集》传世。《宋史·吕陶传》所记史事有限,不过,其他文献如《续资治通鉴长编》《宋朝诸臣奏议》以及明人编纂的《历代名臣奏议》等,都保留有相当数量的吕陶的文字,内容为奏议类的文章,以及一些书信、诗作等,是研究北宋中后期社会政治和经济的重要史料,甚受学界的关注。

---

① 录自（宋）吕陶:《净德集》卷四。该文是吕陶所作的一则奏章,题目为作者所加。

7. (宋)李焘撰《知庆州天章阁待制俞充卒》①

知庆州天章阁待制俞充卒。充知上有用兵意,屡请讨伐西夏。先是一月又言:"西戎跳梁已久,自仁宗朝欲平荡之,未得其策。近奉诏伺贼巢穴,秉常之事臣不辍遣人深入觇伺,尚未得实,或曰秉常已为民所杀,或曰见存不豫政事,为母所囚。以臣愚虑,秉常存亡恐不足计,虽存亦虚名耳。年二十一,而未得豫事,虽在外国,乃朝廷策命守土之臣,因欲行汉礼以事大国,有何可罪?而其母怒之,遂被幽囚,杀其左右,恣为淫乱。家道如此,国人恶之,众必离怨,此正可兴师问罪之时也。秉常亡,则桀黠者起首为边患以图自固,臣窃忧之。是以言之至于再三,朝廷出师惟患无名,今有名矣。天亡其国,神献其策,破其巢穴如破竹之易,此不可不为也。李靖有言:兵贵神速,机不可失,惟疾雷不及掩耳乃可成功。臣料今之议者,不过欲先招纳羌人。此策若行,其机必露,使贼得为备。贼若先动,则为害不细。康定覆车,今日可诫。昔李靖破突厥止用锐兵三千,盖谋之当、行之果,所以胜也。臣平时守边,惟慕羊祜及其伐国,志为李靖而已。经营于此已三年矣,策求万全,一举而就,恢复汉唐两河之地,雪宝元康定之耻,以成国家万世之利。其费不过五年岁赐。秉常之数,其历日亦不久,臣欲乞乘传入朝,面陈攻讨之略上禀睿断。不敢久留京师,倍道兼程,往复一月足矣。又言,近奉诏候王中正到应副钱帛。今中正在延州,臣若俟其来而议之,则日月差迟,其机已泄,事不可成,后悔无及。臣欲乞入奏回,与中正会议诏充所陈边事,如不可形于文字,令走马承受或机宜官入奏。"

充未及奏,是日暴卒于州。(熙宁中,充以推行新法淤田,征利锐于进取,自小官不数年擢至侍从,一岁或六七迁。既死,西师遂大举,实自充发之。此墨本充传云尔。朱本签贴云:充为先朝擢用,非独以推行新法。而西兵之举,亦不尽因充。前史官妄造此语,今删去。案:充骤登侍从,盖因王中正、王珪之力。西师启端种谔居多,充盖与有力焉,非首谋也。今但看其所上疏,充知庆州在元丰元年八月十一日。邵伯温闻见录载充首议取灵武,已具注,彼可参考也。据六月十六日御集环庆走马承受陆中奏:今月七日,经略使俞充身亡,乞速差官诏差赵禼今依附,七日甲戌本传云:充以五月上此疏,今云先是一月,庶不失实。)

---

① 录自(宋)李焘:《续资治通鉴长编》卷三一三。

注：走马承受，宋代差遣官名。全称"都总管司走马承受公事"，为路级监察官员。

8.（宋）彭百川撰《种谔建议大举》①

元丰四年四月，权鄜延路马步军副都总管第一将谔奏：近课报西夏国母屡劝秉常不行汉礼，秉常不从。有梁相公者与其叔父亦相继劝之，既而秉常为李将军所激，怒欲谋杀叔母与梁相公。其言颇露，二人共谋作燕令，召秉常饮，常醉起于后园被害，妻子及从者近百人即继遭屠戮。臣窃谓西夏贼杀君长，此上下叛亡之变，诚天亡之时也。正宜来此之时，大兴王师以问其罪，仍愿陛下假臣鄜延九将、汉蕃人马之外，量益正兵，选陛下亲信中贵人为监兵同行，文武将佐许臣自辟置之，裹数十日之粮甲，以趋乘其君长未定仓卒之间，大兵直捣兴灵，覆其巢穴，则河南河北可以传檄而定。谔又上言：臣非于今月庚申奏夏国秉常为贼臣所杀，乞朝廷兴师问罪。今既知秉常兵马见聚于所居木寨，国母及梁相公于国母巢穴，自木寨至国母巢穴约五里，今已绝河梁，南北人马不通，梁相公者已出银牌点集，未知从与不从。臣奏乞乘其君长未定，国人离乱之际，兴王师招讨。且兵尚神达，机不可后，况西人叛乱，邻国孰不动心？契丹自数年来岁常三四，以拜礼佛塔为名，欲假道兴州，而意在吞并其国。西人平时已尝患之，况今国内有乱，若闻中国弃而不顾，或备而迟留，万一契丹乘此举兵吞并，易于反掌矣。若西夏果为契丹所并，则异日必为大患于中国。故今此事系朝廷为与不为，决与不决尔。所谓楚胜汉得之则胜汉。今西夏疆场若归中国，则契丹孤绝。彼势既孤，则为我所图矣。兵法曰：先发者制人，后发者制于人。愿陛下留神早运圣算，此千载一时之会，陛下成万世大勋，只在今日矣！

五月，环庆路经略使俞充上言：西戎跳梁已久，自仁宗朝欲平荡之，未得其策。近者或曰李靖有言：兵贵神速，机不可失，惟疾雷不及掩耳，乃可成功。臣料今之议者不断，欲先招纳羌人，此策若行，其机必露，使贼得为备，贼若先动，为害不细。康定覆车，今日可戒。昔李靖破突厥，止用锐兵三千，盖谋当行之果，所以胜也。臣平时守边，惟慕羊祜及其伐国，志为李靖而已，经营于此已三年矣。

元丰初，蔡确既排吴、充罢，相王珪为充党，欲并逐之。珪畏确引为执

---

① 　录自（宋）彭百川：《太平治迹统类》卷十五。

政。时王珪独相久，上厌之，珪不悟。确机警觉上意有异，一日密谓珪曰：上于公厚薄何如？珪曰：无他。确曰：上久欲劾灵州患，无任责者，公能任责，则相位可保也。珪喜，谢之。适江东运判何琬有违法事，上语珪欲遣官按治，珪以告检正俞充，充以告琬，琬上章自辨。上曰：何琬事惟语卿，琬何由知之？珪以漏语，退朝甚忧，召俞充问之，充对以实。珪曰：与君俱得罪矣！即上表贺曰：臣遣昌祚进攻，已得其城，有诏先得灵州，以节度使赏之。遵裕怒昌祚先至，即遣李临安鼎持檄，檄昌祚曰：已遣王永昌入城招降，可勿杀昌祚。叹曰：城不足下脱朝廷，谓我争功奈何？遂按甲。翌日，还庆军，次南州平，距城三十里，遇贼接战，斩首千余级。昌祚提选锋数千骑赴之，未至而贼已退。遂见遵裕坐昌祚帐外，移时既见，问城下如何？昌祚曰：比欲攻城，以幕府在后，前日摩多之战，余众退东关，若乘我师之锐，先攻破之，城必下。遵裕曰：吾夜以万人负囊积垒下迟明城可得……

9. (宋)李焘撰《著作佐郎俞充等编修"中书条例"》①

庚子，著作佐郎俞充，大理寺丞李承之编修"中书条例"。

充，鄞人也，诏祖宗祖免亲孝赠，男赴朝，钱绢各四十贯匹，未赴朝，年十一岁已上，钱绢各二十贯匹。女在室，年十一岁已上，钱绢各十五贯匹，出适，钱绢各三十贯匹，所生母妻钱绢各二十贯匹。未赴朝，年十一岁已上，钱绢各十贯匹。女在室，年十一岁已上，钱十贯绢五匹；出适，钱绢各十五贯匹，所生母并妻，钱各十贯绢五匹。已上女出家入道，并依出适例。先是祖免亲，右武卫大将军衡州刺史叔璨卒，内侍省言法惟送殡祔葬得给赐其孝赠已不支，盖新法漏此。上令更定而降是诏（叔璨卒在四月，克架子也）。

> 注：祖免亲，指五服以外的远亲如高祖的亲兄弟、曾祖的堂兄弟、祖父的再从兄弟、父亲的三从兄弟、自己的四从兄弟及三从侄、再从侄孙等。

10. (明)高宇泰撰《敬止录》卷三十七"荟蕞考"(上)

元丰间，有俞充者，诣事中官王中正，中正每极口称之。一日，充死，中正辄侍神庙言："充非特吏事过人远甚，参禅亦超然悟解。今谈笑而终，

---

① 录自(宋)李焘：《续资治通鉴长编》卷二一一。本条为节选。

略无疾恙。"上亦称叹。以语中官李舜举。舜举素敢言,对曰:"以臣观之,止是猝死耳。"人重其直。(《老学庵笔记》)

注:高宇泰,明末清初鄞县人,生卒不详。著有《敬止录》等。

11.(清)俞檀撰《俞圣君庙匾额记》①

尊神俞圣君,佚其名。稽之邑志第云:庙去城南十里,他无所详。父老相传,谓神系出桂林俞氏,则是我皇伯祖考也。但既佚其名,莫可证据,惟庙藏宋时旧敕,载元祐元年助战有功,敕赐应纪侯王字样,其附会不足凭邪,抑碣断碑残而尚有可考,或曰其在金寇犯明州时乎?抑知金寇猖獗,在南渡不在元祐,与敕赐不符。且志乘亦无考,然则神果何所出乎?夫敕中既载元祐,则是元祐以前之人。父老既言系出桂林,意神即我四世皇伯祖讳充字公达者乎!皇伯祖登宋嘉祐四年进士,熙宁为都水丞、淮南转运使迁成都转运使,茂州羌寇边,上御戎十策,河决曹村往救护还,陈河防十余事,加集贤院修撰,擢章天阁侍制,知庆州,环州田与夏境犬牙相错,每获必遭寇掠。皇伯祖遣将张守约擢兵塞上,夏人惮之。屡倡请西征,后言夏首秉常为母梁所笺,实兴师问罪之时,愿得乘传入觐,面陈攻讨之略。诏令橡属入议,未及行暴卒。事详宋史。一片忠精赍志以殁,其显灵元祐朝助战有功,宜哉!第时系何寇战?系地?国史家乘并皆无考,岂尽诞妄哉?传曰官失而求诸夷礼,失而求诸野父老,传闻或良有,以纵不敢确指。神出我宗桂林而元祐以前史乘中,氏俞者固鲜达人,鄞邑乡前辈中氏俞者更少勋贵。神非我皇伯祖而果谁也耶?以元祐敕赐考稽时代以助战有功,推验精爽,生而英,死而灵,今姑疑以存疑,后或信以传信,是所望于博学多闻者之表闻也。

道光庚寅岁正月,桂林俞檀志、嗣下弟子徐世浩敬立

12.(宋)姚希撰《宋故冯府君莫氏夫人合葬墓志铭并盖》②

府君讳确,字正叔,姓冯氏,慈溪人。五世祖行采□,钱武肃王时,为龙栖殿前都指挥使。其后以兵防静海,爱慈溪金川林壑明秀,因家焉。曾祖光遇,祖伦,皆潜德其间不仕。至父制,昆弟始欲以儒显,乃买书延士,劝诸子学。府君既长,与兄察推君硕、族弟通直景日夜淬砺,以事业相先。

---

① 录自民国《桃义江俞氏宗谱》。

② 录自章国庆:《宁波历代碑碣墓志汇编(唐、五代、宋、元卷)》,上海古籍出版社,2012年,第104—105页。

二人者蹑贤利，府君独不利，因叹曰："门户有托，父祖之望慰矣。"遂掩关无进取意。沈厚畏谨，出于天资。平居默坐，喜愠不色，否臧不脱口，玩味经史，自乐于内，间发吟诵，绝不以示人，泊然若无心于世者。

夫人莫氏，越之余姚人。柔慧以正，年二十归府君。府君兄弟既荣第，而夫人诸妹亦多适仕官，意夫人适府君有不满者，逮归，独能忘去声势，从府君之志。园蔬社酒，邀致族亲，笑歌斟酌，优游于卒岁，良可尚也。

府君享年七十，以绍圣元年九月初五日卒；夫人享年六十有五，以二年正月二十日卒。男二人，曰泾、曰潜，举进士。女二人，长适进士俞次稷，次适进士杜泼。孙男一人，女三人，皆尚幼。

呜呼！府君、夫人相去不数月捐馆，而适俞氏女先府君而亡，泾亦后夫人不幸，天之报施善人竟如何耶！闻者伤之。潜于二年十二月二十三日合葬府君、夫人于西屿乡石次里飞凫原，以从先茔，且属予为铭。余视府君、夫人实诸婿行也，义不可辞。铭曰：

以朴为华，以屈为伸。得丧靡及，贤者府君。

趋穷弗戚，睨荣弗欣。志合义从，猗欤夫人。

飞凫同穴，松楷千春。勒铭幽宫，以宁其神。

绍圣二年(1095)十二月，新授南剑州司户参军姚希撰

13. (宋)杜绾撰《无为军石》[①]

无为军石，产土中，连络而生，择奇巧者即断取之，易于洗涤，不着泥渍。石色稍黑而润，大者高数尺，亦有盈尺及五六寸者，多作群山势，扣之有声。至有一段二三尺间，群峰耸，拔连接高下，凡数十许，巉岩涧谷，不异真山。顷年，维扬俞次契大夫家，获张氏一石，方圆八九尺，上有峰峦，高下不知数，中有谷道相通，目之为千峰石。又米芾为太守，获异石，四面巉岩险怪，具袍笏拜之。但石苗所出不广，佳者颇艰得之。

14. (宋)俞次契撰《灵泉寺碑记》

碑文载正德《兰溪县志》，此略。

注：据正德《兰溪县志》记载，北宋政和四年(1114)，蔡京为灵泉寺题词后，兰溪知县俞次契、主簿朱悒、县丞赵朴、县尉吴师尹联名作了一篇记文，并刻碑立在灵泉寺。又据正德《兰溪市志》所记，宋政和年间，今赤溪街道俞家村俞氏先祖俞次契，原官居太常博士，于政和

---

① 录自(宋)杜绾：《云林石谱》。

四年谪降兰溪为知县。另据有关谱载及《姓氏源流》记载,兰溪赤溪俞氏始迁祖俞次契,字仲孚。始居建康,官太常博士,南宋年间谪降兰溪知县,遂卜居濑西之横山不返。但据正德《兰溪县志》时间是北宋政和四年,俞次契已在兰溪知县任上。而此前他的官阶太常博士,应该在此前的大观年间或更前的崇宁年间,断不会在南宋年间。

15. 俞次皋碑石题名

(1)"西岳华山神庙碑"题名①

元丰元年(1078)十月十三日,侍亲出帅华池,与友人鲜于溁、宋彰恭谒祠下,鄞江俞次皋谨题。

> 原注:俞次皋等题名(在"华岳颂碑"陈绂之下二行,十七八字不等,左行行书),题云"出帅华池"者,知庆州也。华池以熙宁四年(1071)改名合水,此存旧称。(《关中金石记》)

> 按:俞次皋,无考。题云"侍亲出帅华池",而自书其贯为"鄞江"。据《宋史·俞充列传》云:俞充,字公达,明州鄞人,熙宁中累迁成都路转运使,后擢天章阁待制,知庆州。则俞次皋即俞充之子也。

(2)汉中石门题名

绍圣二年(1095)乙亥仲春,俞次皋与贾公直、师赓、何责等游历汉中,在石门内壁留下了姓名与摩崖石刻(高 2 尺,广 1.65 尺。五行,每行六字,正书),由俞次皋题,并留下自己的字"伯谟"。

上海市博物馆的陶喻之先生 2005 年在《四川文物》第 4 期发表了《两宋蜀士题刻校补》一文。文中写道:"拙稿《南宋褒斜石门题名蜀人事迹考》②所及汉中'石门题名十八段'之一俞次皋伯谟题刻③《金石苑》第五卷还摹绘有其熙宁九年(1076)绵州富乐山题刻一种,同卷乾道七年(1171)杨甲等题刻,则有及文同游富乐山事。又,《石门碑释补》摹绘,今佚之。另一玉盆题刻间,还有俞次皋伯谟题名一种。"④

---

① 录自(清)王昶:《金石萃编》卷二二八,经训堂藏板。
② 陶喻之:《南宋褒斜石门题名蜀人事迹考》,《四川文物》1990 年第 1 期。
③ 即本部分所说的"汉中题刻"。
④ 陶喻之:《两宋蜀士题刻校补》,《四川文物》2005 年第 4 期。

俞伯谟碑　　　　　　　　　　玉盆题字

16.（宋）秦观撰《御书手诏记》①

元丰元年（1078）八月，诏以先臣某为天章阁待制、环庆路安抚经略使。三年（1080）四月，环州肃远寨慕家巴勒则等剽属羌构兵马乱，攻杀旁族，先臣遣第二将张守约走马承受陆中招降之，诛其不听命者，于是羌族始定。而亡入夏国者凡三百人，复遣守约屯塞上，檄夏人使归其众，夏人承命震恐，以其众归。初慕羌之叛也，附置以闻有诏，得亡者无小大长少，皆即其地斩之，至是斩其酋豪百二十有二人，而录其胁从幼弱妇女百四十有二人，请于朝，诏皆原之。既又别赐手诏褒谕先臣，跪捧伏读，感激涕下。退谓臣等曰：我本孤生，蒙上识拔，宠遇如此，自度无以报万一，惟与汝曹共誓捐躯而已。明年（1081）先臣下世，臣等衔奉遗训，夙夜陨越，念无以致区区者，辄求金石具刻明诏，以为不朽之传。盖亦先臣之念也，昔唐相权德舆尝读文宗所赐手诏，至流涕曰：君臣之际乃尔邪！臣以为万世之后，当有读明诏而感动复如德舆者矣！岂特今日为百，执事之劝哉！

17. 俞夔、俞观能、俞茂系②

俞夔，象山人。魁岸修伟，昼渔而夜读书，登元丰五年（1082）进士第。舒公亶平、辰沅寇，奏夔筹画为幕府第一，终建德宰。子观能，字大任，绍兴初应诏诣阙上书，特授德安府录参，登十二年（1142）进士第。时二圣尚

① 录自（宋）秦观：《淮海集》卷三十八。该文乃秦观为俞次皋代作。
② 录自《宝庆四明志》卷八，见宁波市地方志编纂委员会整理：《宋元四明六志》，宁波出版社，2011年。

狩沙漠九重旰食,观能哀古今君臣孝弟数十事曰《孝弟类鉴》,上之有旨召审察,授江阴军教授,改秩而卒。子茂系,字唐英,登乾道二年(1166)进士第,临政以平允称,终和州通判。(见陈禾、何泾、楼钥所撰志行状)

18. 俞夔"唐明州象山县蓬莱观碑"题名①

"碑两侧"宋人题名三种:

吴郡丁执文、福唐林玮、四明俞夔同酌炼丹泉,绍圣三年(1096)仲春十月(正书二行,字径一寸二分)。

右蓬莱观碑在象山县学明伦堂西。

19. (宋)邹浩撰《神龙卫四厢都指挥使宁州刺史贾公墓志铭》②

元符(1098—1100)初,元哲宗皇帝躬揽之六年也。延见文武之士,殆无虚日,拔其尤者,以隆治功。于是皇城使威州刺史贾公,自权发遣河东路兵马钤辖召对大合旨超,授神龙卫四厢都指挥使、宁州刺史,权管当侍卫亲军马军司公事,旧城里都巡检使。一时将帅翕然耸慕,以为遭遇之异有如此者。三年春,哲宗升遐选为山陵都护时,公疾,殆矣不辞而行,遂以三月二十九日卒于河南永安之宁神院。天子闻之,恻然嗟悼,遣内东头供奉官宋某护丧以归,且敕葬事官为应副特赠雄州防御使,官其二子,又擢其长子为阁门看班祗候,录其季女之夫为三班借职常赗,外加赐白金千两,绢七百,所以恩恤甚厚其孤。以明年建中靖国元年(1101)八月二十五日葬于开封祥符马店村,而承议郎前权通判兰州军州事俞君次夔状其生平曰:公讳岩,字民瞻,世为开封人。曾大父真、大父信,皆不仕,父顺以公贵赠左屯卫将军,母李氏追封安康郡太君,继母李氏追封淮安郡太君。公生而警颖,不为儿童事,父母异之,谓必能起家读书,略通其义,酷好弓矢击刺,未冠已志如成人。一日慨然叹曰:大丈夫当自奋立,不然何以显亲扬名于天下。遂勉从戎,以骑射称。不数年,迁行门。元丰初,神宗皇帝临轩选才武,遂换内殿承制,为庆州荔源堡兵马都监。泸州夷獠叛,朝廷委环庆路副都总管林广经制其事,广首辟公为先锋,将深入蛮,微通江门,取隘口粮,道无阻,讨荡巢穴,几得乞第斩获三百八十级。帝嘉其劳,特转西京左藏库副使,仍以袍带介胄枪牌茶药赐之,除河东第三将,未行,权京

---

① 录自(清)阮元:《两浙金石志》卷三,见中国东方文化研究会历史文化分会:《历代碑志丛书》第19册,江苏古籍出版社,1998年,第19—48页。

② 录自(宋)邹浩:《道乡集》卷三十四。

西第一将，留驻于环庆路。久之，赴河东任河外准备，牵制兰会贼马。逢西贼于明堂川，俘馘甚众。就除第八将，转庄宅副使。哲宗登极，覃恩转右骐骥使，改西京作坊使。今大丞相曾公以龙图阁学士帅太原，奏充准备将领，从副都总管李浩行，逢西贼于满满浪舒啰逻易，击走之。复为第三将，改第七将，从知府州。又充行统制，入界至横水川青鱼河，斩获七十九级。转内园使，就迁权本路兵马都监，兼第一将。绍圣初，转东作坊使，再任入界，至青冈岭，越祖平埋迎三岔，斩获四十级，特转宫苑使，寻总领先锋。至橐驼巷左监军司，逢西贼力战，斩获一百七十级，焚荡族帐器械仓廪尤多。四年春，西贼数万围麟州，神堂寨甚急。公亟拥骑四百出援，且令汉蕃士卒曰：国家无事时不惜厚禄畜养尔辈，正以待一旦仓卒之用。今虽众寡不敌，岂可坐视而不救，吾誓以死报国！莫不感激，奋励争前，径由屈野河川杨家墓行五里许，回视河西沙坞子染拔谷青草会，则贼骑已不可胜计。公因念韩信背阵以取胜，乃据北水栏道坡岭上，使四无所向，人人用命，自旦至暮，相持不决。公矢一发，中酋领应弦而倒，众即遁去，重围遂释。是日，微公神堂破矣。帝闻而嘉叹，亟以袍带枪牌弓矢茶药赐之，特转皇城使，又加威州刺史，援筑葭芦寨至吐浑河，掩袭真卿流贺罗峰，没宁流，斩获三十二级，牛马橐驼千数，葭芦遂安。又挠耕至桑泊，逢西贼力战，贼败遁，追至啰没王河，斩获七十级，生擒伪钤辖乜香。元符初，就除权发遣本路兵马钤辖，兼第一将。既入对，对首谕神堂功，久在朕听。公惶恐称谢，且条奏边事甚悉。帝深器之，遂擢管库。是岁，郊礼管当法驾卤簿仪仗兵队，以整肃。闻今天子登极，覃恩转濠州团练使，迁侍卫亲军，步军都虞候。既受命为都护促行，家人以疾久力劝止之。公叱曰：吾本一介行伍，蒙国厚恩，未有毫发补报，可辞行耶？力疾上道，以至于卒，享年五十二。娶席氏，封普安郡君。子男五人，长曰诜，右班殿直阁门看班祗候；次曰说、曰咏、曰谌、曰详，皆右班殿直。女六人，长适右班殿直边公绰，次适进士高建一，次适进士折可畏，次适右班殿直彭鉴，次适进士李孝纯，次许嫁三班借职袁思永。公天姿特挺，沈毅有谋，望之凛凛不可犯，天下奇男子也。事继母如嫡，人不知其为异。在河外时，或欲率其子入界，公曰：吾子技未精，果行不免，冒赏以欺朝廷，吾不忍为。将兵二十年，战未尝北。士卒中伤，必载以归，躬自抚视，完复乃已。与人周旋，惟恐不尽，轻财乐施，家无余蓄。每公退即延儒者讲论书史，教诸子以忠孝。巨公名卿荐之者，逾六十人，尤为今大丞相鲁公所知。呜呼！孰谓弗克寿考，以享富贵之盛而止矣。宜有铭以告后世，其孤遂以状来求铭。予尝闻俞君言其先公天章阁待制，克帅环庆时，力荐公于朝。天章没，公画像祠之。岁久益虔，盖不忘俞公如此，宜其忠于报国，虽出万死而不顾也，是诚有过人者，于是序而铭之。铭曰：

赫赫神宗，文武生知。作新多士，以大有为。

士患不才，才亟用之。智信仁勇，各适其宜。

惠此中国，服彼四夷。天高地厚，孰得以窥。

于时贾公，拔自行伍。何以况之，如罴如虎。

帝曰汝才，协济吾武。夙夜行门，非汝宜处。

往事兵戎，往勤捍御。我有成军，今兹将汝。

开迹泸南，继踵河东。干戈所向，未尝不从。

敌谁为坚，贼谁为雄。奋不旋顾，必摧其锋。

尤卓异者，神堂之功。如古将帅，凛凛英风。

简在哲庙，虽久不忘。趣其入对，有谋其臧。

帝益嘉叹，擢护岩廊。恩殊秩峻，耸动多方。

念德莫报，陵役是当。忽其逝矣，天子恻伤。

今天子圣，绍隆先帝。卧鼓灭烽，蛮夷慕义。

将臣熙熙，雅歌自喜。同我太平，长守富贵。

公独胡为，未老而逝。尚其子孙，不坠厥世。

20.（宋）岳珂撰《范碑诗跋》[①]

赵履常崇宪所刊四说堂《山谷范滂传》，余前记之矣。后见跋卷，乃太府丞余伯山禹绩之六世祖若著倅宜州日，因山谷谪居是邦，慨然为之经理舍馆，遂遣二子滋、许从之游。时党禁甚严，士大夫例削札扫迹，惟若著敬遇不怠，率以夜遣二子奉几杖执诸生礼。一日，携纸求书山谷，问以所欲，拱而对曰：先生今日举动，无愧东都党锢诸贤，愿写范孟博一传许之，遂默诵大书，尽卷仅有二三字疑误。二子相顾愕服山谷，顾曰汉书固非能尽记也，如此等传，岂可不熟闻者，敬叹若著满秩持归上饶家居。宝藏之再世，散逸归东武周氏，又归忠定家。伯山仅传摹本，其子子寿铸为四明制属，携之笈中。之官楼攻媿见之，为作诗曰：

宜人初谓宜于人，菜肚老人竟不振。

承天院记顾何罪，一斥致死南海滨。

① 录自（宋）岳珂：《桯史》卷十三。题注：俞畴，字惠叔。

贤哉别驾眷迁客，不恤罪罟深相亲。

哀哀不容处城闉，夜遣二子从夫君。

一日携纸丐奇画，引笔行墨生烟云。

南方无书可寻问，默写此传终全文。

补亡三箧比安世，偶熟此卷非张巡。

岩岩汝南范孟博，清裁千载无比伦。

坡翁侍母曾启问，百谪九死气自伸。

别驾去官公亦已，身虽既衰笔有神。

我闻此书久欲见，摹本尚尔况其真。

辍君清俸登坚珉，可立懦夫羞佞臣。

及履常登朝，以真迹呈，似攻媿，乃复题其后。又面命幼子治，录里士俞惠叔畴诗一篇，亟称其佳焉。其辞曰：

貂珰群雏擅天纲，手驱名流入钩党。

屯云蔽日日光无，卯金神器春冰上。

汝南节士居危邦，志划萧艾扶兰芳。

致君生不逮尧舜，死合夷齐俱首阳。

千年兴坏真暮旦，殷鉴讵应如许远。

安知后人哀后人，又起诸贤落南叹。

宜州老子笔有神，蝉蜕颜扬端逼真。

少模龙爪已名世，晚用鸡毛亦绝人。

平生孟博吾尚友，时事骎骎建宁旧。

胸蟠万卷老蛮乡，独感斯文聊运肘。

老子书名横九州，一纸千金不当酬。

此书岂但翰墨设，心事悢悢关百忧。

人言老子味禅悦，疾恶视潦宁尔切。

须知许国本精忠，不幸为潦甘伏节。

九原莫作令人悲，遗墨败素皆吾师。

从君乞取宜州字，要对崇宁党籍碑。

二诗明白痛快，足以吊二老于九垓之期矣。独惠叔末章颇伤峻厉，跋卷又有柴中守一诗，曰：

小春昼日如春晚，饮罢披图清兴远。

夜光照屋四座惊，金薤银钩真墨本。

当年太史谪宜州，肠断梅花栖戍楼。

拾遗不逢东道主，翰林长作夜郎囚。

蛮烟瘴雨森钺钺，更值韩卢搜兔窟。

老色上面欢去心，惟有忠肝悬日月。

郡丞嗜好殊世人，投笺乞字传儿孙。

平生孟博是知己，笔下写出精神骞。

兴亡万古同一辙，党论到头不堪说。

刊章下郡汉道微，清流入河唐祚绝。

先朝白昼狐亦鸣，正气消尽邪气生。

殿门断碑仆未起，中原戎马来纵横。

生蛟入手不敢玩，往事凄凉重三叹。

兰亭瘗鹤徒尔为，好刻此书裨庙算。

牛腰轴虽大诗之者，惟此三人柴作亦佳特。

未免唐人所谓昌淮西碑，犹欠冒头，不得之戏耳。伯山前辈老成，尝为九江校官，余又及同班行，子寿世科，今为镇江外辖，盖方向用者。

21. (宋)楼钥撰《跋二疏图》①

开禧二年(1206)，余年七十，乡党作会于敝庐。俞惠叔②以此图为寿，爱玩不已。时余已告老于朝，至明年再请而后得之，韩文公送杨巨源序，引二疏事云：后世工画者，又图其迹，至今照人耳目，赫赫若前日事，则知旧有此图矣。澹岩右丞张公有二疏图诗，自注云：世传顾长康笔故，诗中云虎头图一卷，高贵乡公画，隋朝官本，二者未知，孰是右丞诗又称"潼关四山万木送，车阗咽导骑交驰"，疑非此本龙眠思出新意，或约旧图而为之。洛阳王寿卿、鲁翁篆，李阳冰琴铭，跋尾赵公明，诚称其深入阳冰之室。贺公所称，殆是斯人，而非公也。近又得龙眠《四皓图》，稍大，遂临此本，展以为对。

22. (宋)孙应时撰《与俞惠叔书》③

某再拜：惠叔贤良畏友，暑日甚！伏惟端居，感慕之余，奉太夫人起居万福！某比年虽数至仁里，然非故人不敢见，其于后来之秀，遂漠然不相接识。间得侍文昌楼公，楼公最能诱掖后进，不掩人之善，于某倾倒尤无

---

① 录自(宋)楼钥：《攻媿集》卷七十五。

② 俞畴，字惠叔。

③ 录自(宋)孙应时：《烛湖集》卷六。

所惜,而谈端无穷,或为他客剿之语,亦未尝及惠叔故。惠叔之才业,闻于州间,重于诸公长者,而某在邻壤未始知之,陋矣!近者邂逅张总戎之坐方宾主论文,衮衮如云,则见惠叔时于其旁,一语订之,辄犁然当于仆心,仆诚大惊喜。及酒阑稍接绪论,乃知惠叔在句章,于当今新进中如骅骝骎耳,非与众足较上下驷者也。归卧风月轩,为黄治中道之,窃自计是日不辞总戎之招,若或使之非偶然也。翌日登门庶几款语,而惠叔已出,然不敢再候于总戎之所。是日,见所和万卷阁诗于大资政赵公家,又见楚词两章于史高邮家,玩绎爱叹,不能去手。又次日,匆匆归余姚,甚恨。扣击之深,歉然如不夕食而未及属厌也。仆老矣无闻,虽慕交惠叔,何敢望惠叔之有意乎?仆而犹子继见得所遗书,衮衮逾千言,别缄所寄论著及书诗又十二篇,铿锵如金奏,绚烂如云锦,其耸若山,其涵若渊。噫!何其兼人且多能也!何其意气必已出而不苟随也!岂非天才之高,加以志气之伟,卓然不受世俗埋没,而真以古人自期者欤夫!学必志于道,文必根于理,非以记问华藻夸流俗而已也。仆之喜得惠叔诚以此,而惠叔亦遂不余鄙而无隐于仆,岂亦意其可与上下此论者欤。若以记问华藻知惠叔,则仆等敛衽北面而已往。己亥庚子间(即淳熙六年、七年,1179—1180)始,交谢希孟于黄岩时,希孟亦二十四五,逸气如太阿之出匣,仆敬爱之。文昌楼公时为监州,亦甚爱之,惜其旷达终不受羁束。然其所见要自有绝人者,故纸中尚存其一二诗,谩往一观其间,所谓举军皆惊将韩信。公固知我,如人疑闻惠叔受知文昌,亦颇类此。世道固然,不足怪也。然学者果从事于道理,则爱众亲仁不争不党,委身受攻而无可攻之处矣。惠叔以为何如?某得书后兼旬病喘无聊,今日拿纸信笔作报,姑以见情非文也。旦夕如鄞,悉俟面论,不宣。

23. (明)杨维桢撰《碧云轩记》[①]

四明俞南浦氏,侨居雪上[②],有才气而不仕,静读书于一轩,若无心于世者,而闻天下之魁人杰士,则不远道里,愿纳交焉。其所居轩自号曰"碧云",尝得待制清碧松公所古书一纸,而又谒予为之志。夫云天地润气也,神龙挟之以飞,不崇朝可以雨天下。然其惨舒消息不恒肖象而变幻者不

---

① 录自(明)杨维桢:《东维子集》卷十六。
② 浙江湖州的别称。此侨居湖州的四明俞南浦,疑与下文《菊泉辞并序》中的"世家象山之下"的"四明俞勉中"之父俞南屏,同为象山县丹城俞氏,都是俞燮的后裔,且为俞述祖之后、俞士吉之先。

一，如轮、如骑、如旆、如盖，如流水积石、如赤鸟白鹄，苍龙玉虹之状，万万不可究极。自其忽而逝、倏而还，翩然而飚，凝然而止。则人且目之曰：闲云突马如峰，赤马如火，费雷霆之躯第，空林树之倏望。则目之曰：旱云至，其引而自高于风尘之表，海岛之间，非烟非云，作为光怪，以动荡人目。则又曰：卿云彩云三素五色之称，而碧云者，则五色之一耳。噫！天下苍生颙颙焉，望之作霖以苏枯注涸也。其于碧云也，何有乎？何无不知世有长往，志登高眺远，俯仰今昔，或有凝伫所思于交际契阔之间者，必于碧云以见之。南浦氏不仕而有高世之志，而又喜交天下之魁人杰士，其悠然之意，不在是乎？抑予闻南浦有道术，二十八宿在胸窟者，时出而化为麒麟、凤凰、蛟龙、猰犴、狐狸、鸟雉之物，游戏碧云，光怪中，为人谈天下之吉凶悔吝。闻之者，推为神人，则知南浦之碧云，非块然天外物也。今之士，有食人之食而怠若事，惟便利其私图，自谓得计而不知天罗及焉。又有奋草莱出大言亡治状冒儋圭组以充醮具者，其纷起未已，南浦民见之，其亦俾二十八禽飞，而语之于碧云万仞之下，其可也。南浦笑而援琴于轩，曰：吾目且送吾云矣，焉知许事？

注：杨维桢（1296—1370），字廉夫，号铁崖、铁笛道人，又号铁心道人、铁冠道人、铁龙道人、梅花道人等，晚年自号老铁、抱遗老人、东维子。绍兴路诸暨州枫桥全堂（今浙江省诸暨市枫桥镇全堂村）人。元末明初诗人、文学家、书画家。

24.（明）殷奎撰《菊泉辞并序》①

四明俞勉中氏，世家象山之下。其先君子②南屏先生，当公卿争下士之日，独抱良材，谢绝荐辟，间独以诗鸣其不平，识者惜之。勉中既以谓彦出应世用，而潇澹雅洁，每有退心焉。菊泉以为命，其志可想见矣。癸丑③（洪武六年，1373年）之春，使过咸阳，为予倾倒，因为作辞二，解俾登高望远之顷，歌之以相其志。云：

① 录自（明）殷奎：《强斋集》卷五。
② 对已故父亲的称呼。
③ 考明朝有 5 个癸丑年：洪武六年（1373）、宣德八年（1433）、弘治六年（1493）、嘉靖三十二年（1553）、万历四十一年（1613）。该文作者殷奎的生卒年为 1331—1376 年，故此处当为洪武六年（1373）。

其一

象之山兮,其石凿凿,山之人兮,谁与为乐?朝吾山揖兮,莫山与酢。有菊我餐兮,有泉我瀹。昔之隐兮,谁者则招。今之思兮,其归其遥。归兮归兮,彼象之麓,可以保族。彼菊之泉,可以引年。

其二

蓬之水兮,载浅载清,象之云兮,其出蒸蒸。其出其归,我奚容心。我心悠悠,我思惛惛。我思惛惛,我心悠悠。我菊尚存,我泉尚流。归来归来,无使菊荒兮,无为泉羞。

注:殷奎(1331—1376),字孝章,一字孝伯,明代吕巷人,晚年迁居昆山。曾从杨维祯学《春秋》。有《强斋集》10卷、《法宝志》1卷传世。

25.(明)夏原吉撰《敕都察院佥都御史俞士吉》等①

永乐三年(1405)六月二十日,敕户部尚书夏原吉、都察院佥都御史俞士吉、通政司左通政赵居任、大理寺少卿袁复:今岁苏、松、嘉、湖数府之民复被水患,穷窘艰食,闻之切心。已敕户部定例赈济,尔等其督令有司即发仓廪济其急乏,毋得后时,尔毋纵为奸弊以重困之。尔皆为国重臣,宜勉竭思虑以惠吾民,庶几副朕急民恤患之意,故敕。

26.(明)胡粹中《元史续编》卷十四

(壬辰)十二年②春正月,竹山贼寇襄阳,总管柴肃等死之(肃与监郡博啰特穆尔同死)。复召吕思诚为中书左丞。徐寿辉陷武昌沔阳,威顺王库春布哈及湖广平章和尚弃城遁走,推官俞述祖等死之。(寿辉遣伪将丁普郎陷汉阳兴国,邹普胜陷武昌,威顺王及和尚等并遁去。寿辉又遣曾法兴陷安陆府,知府超尔战不胜,宜死之,又陷中兴路。山南宣慰同知谔古埒实出战,众溃。宣慰使锦州布哈遁又攻沔阳,推官俞述祖领民兵捍御,力不能支,城陷,被执送寿辉所,诱之使降。述祖骂不辍,寿辉怒,支解之。评曰:和尚平章湖广镇守方隅弃城逃贼,则支郡莫能自守,而俞祖述一郡

---

① 录自(明)夏原吉:《忠靖集·附录遗事》。题目为作者所加。

② 即至正十二年(1352)。

理官，领民兵捍御，奋螳螂之臂，以当覆车之辙，其忠勇盖有余矣！彼方镇大臣宁不知愧哉！）

27. 祀山堂谳录①

大嵩岭祀山与应姓涉讼，三十四祖见奎公呈状抚监二宪发交鄞县郭公履勘堂谳附记。

为棍蠹蚕抢，县又枉断，不得不写血呈附送哀，哀上告青天，亲提严究，保祀救命事，窃奎灶户大嵩场完粮，祖遗公共祀山，量计壹百二十八亩，总土名大嵩岭，各房历年轮流收样办事，管业二百余载无异。祸苗起于二十一年十一月初九日，俞孙氏呈控应佳会等殴辱俞尊一等情在案，又于五十三年十一月初九日，俞见高等呈应芳潮殴伤俞见益等在案，被应蠹权捺未蒙前主严究律罪，故应维德等胆敢于五十四年串棍讼师谢凤诏、史梦圣、石凤羽、蔡秉钧等伪造吞祀贿保，张孝尚偏覆不报戕蠹，应周学、元卿、国奇、起鳌等通示管业结党，应维德、鹏飞、统楷、统经、益宗等数百人手提铁尺、木楣等械，登门抢去奎于族兄、见旦父躬行所有谷与牛羊等物。可怜抄抢重重，凶殴叠叠，冤黑青天，阖族于十一月初三日、初五日、初十日送契验伤，击鼓具结，喊冤控告，批抄电示。虽得县主之明批如日月，不敌应蠹似虎之生翼。原倍两契在县尊台下，奎祖遗成化八年（1472）之印契，内系朱字号，伊契杨字号，奎契灶山，伊契民山。奎契内土名马鸟，伊契土名马裛，毫不相同，不言而信，不讯而明。况伊契杨字号在奎居住之后山，而谢鸣岐灶户内，何有二百四十亩？杨字号民山可卖宪可揆情患伪立见，泣思民不夺灶，律有明条。无如县主封印后讯，不揣本末，混讯偏断，开口责掌，似此财可通情贿，嘱经差纸棺活殓，逼取遵依击打画押，棍蠹抢县又枉断。遵父命写血呈以保祖祀，为此哀叩，大老爷恩准，亲提讯究，立吊前后原卷并案，内有名人证及谢鸣岐上首契据，核销伪契，以惩棍蠹，保祀扶良。激切上呈。

28. 三十四世见奎公供词②

小的宁波府鄞县人，大嵩场灶户。父亲俞躬行，系大房。次房俞尊一，有祖遗山地，量计壹百廿八亩，自明成化八年契买陈姓的产，高祖传至今，各人派管输粮收息，同宗承值这山，向有柴薪与人收割，取得息钱，前

---

① 录自民国版《洋山岙俞氏宗谱》。
② 录自民国版《洋山岙俞氏宗谱》。

有应佳会,芳潮砟柴,不付利息线,与奎叔父殴打,控告在县,因充当衙门中经业,此案捺搁,后应维德串同谢凤诏假造伪契,将奎家祀山为谢鸣岐之产出,买与应维德、鹏飞等,承管收割柴薪,率同应统楷、统经、益宗等凶殴,抢去食谷、牛羊。父亲位居宗长,随即控告验伤,将老契呈县,应维德所卖谢鸣岐这山,与奎契不对字号,此系书办作弊朦县主,县主不察真假,于旧十二月二十七日庭讯奎家祀山,应、俞二姓,各执各业,逼取尊遵依因。父亲年老患病,公共祭祀被人吞占,冤屈难伸,精极血呈上控大老爷辕下,求恩亲提核卷,断远原业,都是实情,求转请恩。

29. 县主郭公勘讯堂谳[①]

讯得俞见奎控谢鸣岐冒占祀山,盗买与应统楷等一案。缘俞见奎等有祖遗祀山壹座,坐落土名十一都一图大嵩岭山,又有东北一带斜山,土名马鸟,系朱字号,量计壹百廿八亩。乾隆五十三年十一月,间有应文知等往山樵采,与俞见高等争殴,涉讼至五拾四年,谢鸣岐将零立土名马尧山冒占俞姓马鸟山,指为己业,凭中代史梦圣谢凤诏等契载二百四十亩内折八拾亩计价壹佰两卖与应统楷作祀,应统楷买后即令族中子侄到山砟柴,经俞姓巡获争殴控案。前任县主未吊谢鸣岐上首契据,核讯将山断与应姓管业,致俞见奎上控抚监二宪,批府饬发详讯,经本县亲诣履勘,复提集讯查谢公助出卖上首契内载田地山俱坐落谢村,其所载一则土名马尧,量计二百四十亩,内折西畔八拾亩,并无都图字号,四趾载明,核之谢鸣岐出卖与应统楷等山契,亦载二百四十亩,内折西畔八十亩系马尧山,又添注杨字号,既与上首契内坐落下谢村土名不符,况马尧山与马袅、马鸟字样不同,且属未税白契,遽将俞见奎等之马鸟祀山影射,冒占致滋讼端,殊属不合,将此山仍归俞见奎等照旧管业。至俞见奎所称祀山共计一百二十八亩,而各户呈送由单,有山叁百四十亩,有无占及官山,将俞姓祀山条粮分派各房,完纳一百廿八亩之外,余山抑系各房巳山条粮,并无输投之产,以便入册送案,免后日滋讼。代笔谢凤诏身故中史梦圣,冒占僧普光,着差取保,统候详宪发落。谢鸣岐出卖应统楷等山契涂销一面先追,谢鸣岐受应统楷山价银给还应统楷收领,盐运宪详批,仰候抚宪详批示饬遵。缴。

四趾开后:

---

① 录自民国版《洋山岙俞氏宗谱》。

东至马鸟桥,南至石壁山劈岗直上王家洋,西至福泉山顶,北至石同劈岗直上云顶山东直落王家洋至横路南,至大枫田西直上望海尖。北至圣井冈周姓山,直上大嵩岭路西劈岗直上长坑东劈冈,至云顶山直落黄泥路为界。

大清嘉庆五年(1800)九月 日,公镌

附　录
俞叔通七则

俞叔通,生卒、生平事迹俱佚。其生活年代大约在北宋中、后期至南宋初年,从文中内容看,当略大于许景衡(1072—1128)、小于曾巩(1019—1083),大致与著名词人李之仪(1038—1117)相当;略小于北宋名臣俞充(1033—1081)。宋高宗时除御史中丞、拜尚书右丞的许景衡(1072—1128)称其为"句章人",即鄞人或四明人,故当为明派俞氏先人无疑。然俞叔通在明派俞氏各谱中均无载,又无从考据其更多的身份信息。我们录其有关文献于后,俟后之贤者辨考。

1.(宋)俞叔通撰《与梁学士帖》①

缺然承幸六年于兹,困伏余息远斥,穷海瞻望门墙,邈在天外,区区欲勤一日洒埽之役,不可复得矣。某鄙贱无取于世者,希遇幸合,既非所愿为而于恩盼教诲之旧德,窃亦自引于疏外而不敢为是,数数私布悃款其心非有他也,以谓士穷在下方,退听寂寞,谨分安命而事,余意外在所务,略不宜,更攀缘声势以召讥笑,虽道义推重,人人趋赴,保无比疑矣。而顾犹赪然,诚以身世衰颓,犹或勉强似非其称是以一书之间,久不彻于麈席也。仰惟高谊,望末俗门下之列,有能以是自信者,得无舍其怠绝而怜其穷极耶,伏幸念之幸甚! 不宣。

2.(宋)俞叔通撰《与李嘉甫帖》②

身世纷扰,日在驰走,人事应答,迩者尚失,则远者可知矣。故于公久

---

① 录自(宋)魏齐贤、叶棻:《五百家播芳大全文粹》卷六十六。
② 录自(宋)魏齐贤、叶棻:《五百家播芳大全文粹》卷六十六。

别，略不能时为书问，以自见其跂念之情为恨为愧，良益悄怛，夏序已至，伏惟莅官余休奉亲多裕，某乡居如故，但以累日重衰，广忧深未易，晚去耳追昔握手之欢，岂可复得耶？官况必佳，更切练养，以须显擢匆匆上，状阻遽言绪日深思仰私事万端久矣，驰问何胜愧仄，比辱教墨达纸存抚过厚，尤为感戴，且承视事已赫休誉慰抃良剧不审，迩来气体何如，未由参晤，倍万珍啬，行对宠除。

3. (宋)许景衡撰《与俞叔通》①

言远几杖之侍，于是累月念积，勤颂仰，非笔语可既。而病故侵汩，逾时弗获，有献左右。虽门下了察非懈，未究诘斥，顾内省当如何耶？负荆未遑，尚冀濯去已往，使获继此以勤执事者，不胜幸甚！幸甚！

4. (宋)许景衡撰《送俞叔通序》②

君子之于仕，未尝有所择也。夫君子之仕，綦大至于王公大人，綦小至于抱关击柝。大者禄足以仁族属、厚朋友，而小者升斗不足以活其父母、妻子。大者任道，小者任力。任道者使人，任力者使于人，其势之悬异至于如此，然君子未尝有择也。夫择则安，不择则不安，此人之情也。而君子于此，独有以异乎人哉？盖君子常病夫，所以在我者，而不病夫，所以在彼者。在我者，则未尝不勉也；在彼者，则听之而已矣。苟吾所学，不悖于圣人，而所行不愧于圣人，则虽死生祸福之变，未尝有所择也，而况其下者乎？故在众人，择则安，不择则不安；在君子，择则有所不安，不择则无所不安也。昔者，孔子以大圣人事业，其为尧舜，为禹汤，为伊尹、周公，适其所耳。而言不信于人，道不行于时，故为乘田，为委吏，然亦曰牛羊遂而已矣，会计当而已矣。后之君子则不然，有是志，则期于无所不至，有是能，则期于无所不为。其所怀者大，其所慕者远；其所怀者大，则其小者有所不屑，其所慕者远，则其近者尝羞道而耻为之，盖其所自择者如此。夫以孔子之圣，犹屑其小者，而今君子乃止欲为其大者，其可笑矣。夫句章俞叔通有学问，自弱冠时，声名已隐然为东南冠，其后屡以文艺进。当时贤公卿皆盛称道之，以为当得志于斯世。虽叔通所以自任者亦然，既而颠顿不售，与俗益龃龉，晚乃从吏部选，主温州平阳簿。议者以为叔通高才，主簿小官，以高才处小官，所怀当如何？吾将见叔通缩手阁笔，不知所以

① 录自(宋)许景衡：《横塘集》卷十六。

② 录自(宋)许景衡：《横塘集》卷十八。

事事矣。予因晓之曰:夫为其大者则喜,为其小者则悲,岂吾叔通之谓哉,叔通学孔子者也。夫学孔子则无适而不可,岂以彼此小大为择哉。叔通至邑,承前人废弛后滞讼山积,叔通为之尽力区处,两造廷下,指示黑白,众皆诚服。会其令忧去,叔通遂专县事,岂弟爱物而痛惩强梗为民者,皆相戒以为簿。公遇我属,厚其可挠之耶。异时史治文书日夜不休,比叔通为之,率午刻廷无留人,然叔通于此得考,就除他官。邑父老重其去,相与状其事于州、于监司,冀其为岁月留,而州亦表于朝。未报,会诏至,迁某令于其行也。邑人相顾泣,遮道如堵,曰:天乎! 鄙我甚,乃不畀我以公耶! 今世俗益薄议论,益不一前日以为是,则今日以为非;前日以为可,则今日以为不可。如叔通之来也,议者固疑其不事事也。因晓之比,又观叔通所以惠爱其邑人,然后议者不复置疑其间。今天子仁圣求贤,如不及叔通去是,是将进为其大者矣。彼议者又将疑焉,以为叔通能为之于此,而不能为之于彼也,故欲余道其所以然。俾凡今之疑者,又将不复疑也。

注:许景衡(1072—1128),字少伊,温州瑞安人。早年纵学程颐,哲宗元祐九年(1094)进士。徽宗大观中为敕令所删定官。久之,除通判大名府,未行,改逮判福州。后奉祠馆。宣和二年(1120),除殿中侍史。以忤王黼去官。钦宗嗣位,以左正言召,避亲嫌改太常少卿,兼太子谕德,旋试中书舍人。以为李光等辨白,罢与宫祠。高宗即位,除御史中丞,拜尚书右丞。为黄潜善等排沮,罢为资政殿大学士、提举杭州洞霄宫。至京口,得暍疾卒,年五十七岁。谥忠简。有《横塘集》三十卷,已佚。四库馆臣据《永乐大典》辑为《横塘集》二十卷,其中诗六卷。事见《斐然集》卷二十六《许公墓志铭》,《宋史》卷三六三有传。许景衡诗,以影印文渊阁《四库全书·横塘集》为底本,校以瑞安孙氏《永嘉丛书》所收《横塘集》(简称永嘉本)等。新辑集外诗附于卷末。

5. (宋)曾巩撰《与俞叔通教授》①

辱文采甚盛,所以应今之科选者,宜无不合,而乃尔滞淹,此鄙钝所未谕。迫行不得迎接,谨奉启,陈谢。

句释:你的文采非常好,可以应试今年的进士。竟然如此沉抑于

① 录自(宋)魏齐贤、叶棻:《五百家播芳大全文粹》卷六十五。

下而不得升进，这实在是我所不明白的。因为我马上要走了，不能前来迎接，谨奉启，表示谢意。

注：曾巩（1019—1083），字子固，世称"南丰先生"。建昌军南丰（今属江西）人，后居临川（今属江西省抚州市）。曾致尧之孙，曾易占之子。嘉祐二年（1057）进士。北宋政治家、散文家，"唐宋八大家"之一，为"南丰七曾"（曾巩、曾肇、曾布、曾纡、曾纮、曾协、曾敦）之一，在学术思想和文学事业上贡献卓越。

6.（宋）李之仪撰《送俞叔通归四明》[1]

终军弃关繻，李斯逐黄犬。

功名事业自有时，咄嗟所得亦蹇浅。

雷奔电掣千里雨，鱼变为龙如掌反。

侯嬴抱关谁复论，公子感之在一言。

担簦屦履遍列国，平揖相印须臾间。[2]

簀中不死魏齐困，口中舌在天应旋。

莫叹髀肉消，休悲釜生鱼。

挥斥八极神不变，秦人岂识照乘珠。

气吁虹霓亘天地，有时一笑海可枯。

泰山排云天下小，纷纷何足论贤愚。

得君本如此，君知我无朱。

几年飞鸣共抢榆，长惭瓦砾参璠玙。[3]

都城逾月同朝晡，蓦然别我还旧庐。

引君一杯酒，洗君衣上尘。

我歌虽促非酸辛，未忍祝别惟加飧。

直教探取虎穴子[4]，西来射策黄金门。

注：李之仪（1038—1117），著名词人，北宋沧州无棣（今山东省滨州市无棣县）人，早年师从于范仲淹之子范纯仁。熙宁三年（1070）进

---

① 录自（宋）李之仪：《姑溪居士前集》卷十八。
② 平揖：本谓双方地位相等，各拱手而不拜。引申为平等。相印：丞相之印。该句赞扬俞叔通像苏秦一样，凭借胸中的谋略，轻而易举地挂六国相印。
③ 璠玙：美玉，比喻美德贤才。李之仪把俞叔通比作飞鸣的凤凰，把自己比作蓬间雀；把俞叔通比作美玉，把自己比作瓦砾。
④ 虎穴子：虎穴得子，比喻诗文贴切中肯，且深得其要旨。

士，初授万全县令，后到鄜延军任职。曾任明州知府。元丰六年（1083）春回京。秉性耿直，为人豁达，文笔精到，才华横溢。一生仕途坎坷。与苏轼交厚，并与"苏门四学士"黄庭坚、秦观、张耒、晁补之有很深的交情。是著名的《卜算子·我住长江头》一词的作者。

7. (宋)李之仪撰《与俞叔通教授》(共五篇)①

其一

暑中不审，旅舍何似瞻企，盛义无从请叩，区区可知高文，耸动荣观，然未敢广传，朝入瓯、暮遍天下矣。何时再幸占隶病躬修布疏略。

其二

寒色伏惟尊候清胜眷聚，无恙，至节日阻陪樽下为寿，可量倾祷，不肖职事粗尔，乍到冗琐，病躬不佳，每愧诲言，驰情不已，早晚西来奉有道君子，引企旦旦，不知其劳耳，盛寒珍重，时贶玉音。

其三

前日连获手教并盛文二篇，曛黑索烛，未及恍如在日围中矣。既而研味，高致非特，如仆命骚人不知三代以来作者，尚可分路扬镳已否？神游不远，竦然数日脾气作愦愦如醉人，无缘款曲承诲，以悉别后牢结，可知舟从定在何日启行，毒热跧伏不易处，吾生不如意事十常八九，每于左右眷眷，尚觊新春东去，再寻杖履之适，自余不惜音驿交驰，惟君子勉强于我也，千万垂亮。

其四

近附递修记，当浼左右两日，连俸赐教，烂然礼意，兼幅不能尽略，其愚陋寻绎所况浩乎，若决天汉之潴而注之，广莫之野难堪眷遇，重为愧戴，伏惟待敌里中德，况佳裕眷聚宁胜，昔庞士元为南州士人之冠，以世论之，则兵戈之际与夫一道德同风俗，盖今日之盛也，吾不知贤士大夫能相亢高明以掠士元之善否？区区愿亲之诚，非尺书可道，指日以俟，言款。

---

① 录自(宋)李之仪：《姑溪居士前集》卷十八。

其五

伏蒙不鄙孤陋过示盛文大编,衍溢眩然,虽前日蹈海,未能若此文章,久不到此惜乎,先帝不与见也。然神游不远,固当有享,辄已传录,愿少宽假数日,偶诵一二对,于同舍中。征索者纷纷,日不自给,瑰杰伟丽,一至于此。尤剧赏慕。

主要参考文献

一、古籍类

1.《四库全书》电子版,文渊阁本(http://www.dacidian.net)。

2.(后晋)刘昫等:《旧唐书》,《四库全书》文渊阁本。

3.《宋会要辑稿》电子版。

4.《续资治通鉴长编》电子版。

5.(宋)陈亮:《龙川文集》,《四库全书》文渊阁本。

6.(宋)陈著:《本堂文集》,《四库全书》文渊阁本。

7.(宋)杜绾:《云林石谱》,,《四库全书》文渊阁本。

8.(宋)范坰、林禹:《吴越备史》,《四库全书》文渊阁本。

9.(宋)韩驹:《陵阳集》,《四库全书》文渊阁本。

10.(宋)刘黻:《蒙川遗稿》,《四库全书》文渊阁本。

11.(宋)楼钥:《攻媿集》,《四库全书》文渊阁本。

12.(宋)吕陶:《净德集》,《四库全书》文渊阁本。

13.宁波市地方志编纂委员会整理:《宋元四明六志》,宁波出版社,2011年。

14.(宋)欧阳修等:《新唐书》,《四库全书》文渊阁本。

15.(宋)秦观:《淮海集》,《四库全书》文渊阁本。

16.(宋)邵雍:《击壤集》,《四库全书》文渊阁本。

17.(宋)释道潜:《参寥子诗集》,北京图书馆出版社,2004年。

18.(宋)舒岳祥:《阆风集》,《四库全书》文渊阁本。

19.(宋)苏颂:《苏魏文公文集》,中华书局,1988年。

20.(宋)苏洵:《嘉祐集》,《四库全书》文渊阁本。

21.(宋)王珪:《华阳集》,《四库全书》文渊阁本。

22.(宋)韦骧:《钱塘集》,《四库全书》文渊阁本。

23. （宋）许景衡：《横塘集》，《四库全书》文渊阁本。

24. （宋）杨杰《无为集》，《四库全书》文渊阁本。

25. （宋）杨时：《龟山集》，《四库全书》文渊阁本。

26. （宋）岳珂：《桯史》，《四库全书》文渊阁本。

27. （宋）赵汝愚：《名臣奏议》，《四库全书》文渊阁本。

28. （宋）邹浩：《道乡集》，《四库全书》文渊阁本。

29. （元）陈高：《不系舟渔集》，《四库全书》文渊阁本。

30. （元）迺贤：《金台集》，《四库全书》文渊阁本。

31. （元）脱脱：《宋史》，《四库全书》文渊阁本。

32. （清）高宇泰：《敬止录》，宁波出版社，2015年。

33. 张如安点校：《同治〈鄞县志〉（点校本）》，浙江人民出版社，2020年。

34. （清）徐时栋：《烟屿楼文集》，天一阁博物院藏。

35. （清）赵霈涛：《剡源乡志》。

36. （民国）陈汉章：《象山县志》。

二、碑碣墓志类

1. （清）阮元：《两浙金石志》，见中国东方文化研究会历史文化分会编：《历代碑志丛书》，江苏古籍出版社，1998年。

2. （清）王昶：《金石萃编》，经训堂藏板。

3. 慈溪市文物管理委员会办公室、宁波市江北区文物管理所编：《慈溪碑碣墓志汇编（唐至明代卷）》，浙江古籍出版社，2017年。

4. 章国庆：《宁波历代碑碣墓志汇编（唐、五代、宋、元卷）》，上海古籍出版社，2012年。

三、论著类

1. 北京市历史学会主编：《吴晗史学论著选集》第一卷，人民出版社，1984年。

2. 蔡乃武：《"东窑"出上林湖——从新发现的两件五代越窑墓志罐谈起》，见沈琼华主编：《2007'中国越窑高峰论坛文集》，文物出版社，2008年。

3. 胡孝忠：《北宋山东〈敕赐十方灵岩寺碑〉研究》，《北京理工大学学报（社会科学版）》2011年第2期。

4. ［美］贾志扬《天潢贵胄：宋代宗室史》，赵冬梅译，江苏人民出版社,2010年。

5. 刘国铭主编:《中国国民党百年人物全书》,团结出版社,2005年。

6. 马强:《范仲淹嫡外孙贾正之家世生平事迹考略》,《陇东学院学报》2018年第4期。

7. 马银华:《文化视野中的北宋齐鲁诗坛研究》,山东师范大学2010年博士学位论文。

8. 钱文华、钱之骁:《天赐慈城:解读中国古县城的标本》,宁波出版社,2018年。

9. 陶喻之:《两宋蜀士题刻校补》,《四川文物》2005年第4期。

10. 陶喻之:《南宋褒斜石门题名蜀人事迹考》,《四川文物》1990年第1期。

11. 俞建文、张伟:《俞浙与"金字谱"研究》,浙江大学出版社,2020年。

四、家谱类

1.(宋)俞浙:《俞氏宗谱》("金字谱")。

2.民国版《斑竹俞氏宗谱》电子版。

3.民国版《升纲俞氏宗谱》电子版。

4.民国版《奉川俞村俞氏宗谱》电子版。

5.民国版《北郭俞氏宗谱》电子版。

6.民国版《奉川俞氏房谱》电子版。

7.民国版《俞村俞氏宗谱》电子版。

8.民国版《桃义江俞氏宗谱》电子版。

9.民国版《南郊段塘俞氏宗谱》电子版。

10.民国版《四明塘岙俞氏宗谱》电子版。

11.民国版《四明洋山岙俞氏宗谱》电子版。

12.现代版《桐江猴岭俞氏谱》电子版。

13.民国版《石姥山俞氏宗谱》电子版。

14.《虞东俞氏宗谱》电子版。

15.民国版《溪口蒋氏宗谱》电子版。

16.现代版(兰溪)《杨塘俞氏宗谱》。

17.民国版《新盐场俞氏宗谱》。

18.民国版《东吴俞氏宗谱》。

19. 民国版写本《潭底俞氏宗谱》。

五、其他

1.《关于俞国华家世与蒋氏的关系》(未署作者),宁波市奉化区档案馆藏。

2.《俞国华史事记略》(署名"夏明曦"),宁波市奉化区档案馆藏。

附　录

一、（唐）俞次撰《方府君墓志》①

唐会昌元年（841）十月

志文

□故河南方府□墓志并序

河间俞次撰

□□□□睦州人也，始祖雷之后。河南隐□□曹胤仕五代孙，祖□之，父闻、并敦素□园。府君娶南□□□□□长曰仲文□曰仲宗、仲□、仲周、仲谦。有女三人，惟孝惟悌，皆礼匹名族。呜呼！府君无何积庆不祐，以会昌元年八月八日遘疾而终，春秋七十有九。其年十月七日葬于□州余姚县龙泉乡光池里柘峇村之山，去县卅五里。玄宫甲向，礼也。恐年移谷变而封树□焉，故刊贞石以志幽域。铭曰：

呜□府君，克勤孝友。观光于乡，惟善是守。

□□名山，未容卒岁。祐何无□，荒榛已□。

□□者运，滔滔者川。□□永逝，空悲岁年。

□其芳猷，志于□阡。（以上正面）

……元年八月七日葬于……（以上左侧面）会昌元年，会故河兆（以上背面）

　原按语：慈溪市博物馆藏。志砖左、右两上角残缺，高 33.5 厘米，宽 41.3 厘米。志文正书，共 16 行，满行 16 字。背面文字方向不一。

① 录自慈溪市文物管理委员会办公室、宁波市江北区文物管理所编：《慈溪碑碣墓志汇编（唐至明代卷）》，浙江古籍出版社，2017 年。

注：这位署名"河间俞次"的俞氏，生平事迹无考，为唐会昌元年（841）葬于余姚县龙泉乡的方府君撰写了墓志铭，应该与余姚方氏有联系，亦有可能也是生活在余姚，即余姚俞氏。称河间，从其旧望也。

可见，这是一支比"五峰俞氏"更早定居在今宁波境内的俞氏族人。

二、（唐）许澈撰《俞暹墓志铭》①

唐大中十三年（859）十月

唐俞府君墓铭（篆额）

唐处士俞府君墓志铭并序

乡贡进士许澈撰

天水姜兰能书

府君河间人，讳暹，字翼都。曾大父承祖，洪州别驾；大父崇珪，为处州缙云县尉；父国朝，试太常寺奉礼郎。府君即奉礼之次子也。他日府君尝谓人曰："始予之先多居于商洛，当周天子而吾望立矣。洎乎司马氏有天下五十余年，而晋室浸微，时非桓文辅匡，神器文物南徙于江东，凡是缙绅亦随而迁，系是楚夏之地山秀水碧便于生灵者擅而我宅。或计能其利货殖、盈户厥之尤者，拟侯室之富。俾吾入仕则有翼于青云何者？以《易》之说辨乎天，以《书》之说稽乎事，以《礼》之说诘乎体，以《诗》之说盛乎志，以《春秋》之说著乎理。奋吾之性，尽彼之妙，艺乘斯而往，为王公、为卿大夫。下是者龌龊，吾不欲观之。况屑屑而得又隐于公者，是上负天子之责。推而治之，则馁冻妻妾是不为也，故曰吾不欲观之。"乃决兴其产，果能丰玉帛、广膏腴，廪墉如阿，巨栋凝烟，深堂宴坐，侍仆旁午。噫，或之为字邑牧民，必子贱、叔度之俦与！

府君三其娶，其始南阳叶氏，早亡，孤一人曰公绾；次琅邪惠氏，亦早亡，孤五人，曰公俭、公及、公庆、公最、公赟，女一人，归于南阳叶存约；又次安定胡氏，于是乎在。在大中十二年（858）戊寅岁秋八月二十三日卒，亨（享）年七十三。以明年冬十月二日于越州余姚县西南楼船乡朱墅湖之

① 《俞暹墓志铭》由宁波天一阁博物院章国庆研究员提供。据其考证，葬地在今余姚市马渚镇臧墅湖村附近。另有其妻胡氏夫人慕铭并序，以及俞暹的另两位妻的买地券。

北壖臧墅村菁江里山之原，启琅邪惠夫人之坟合葬焉，礼也。

潡久客于是，与孤元节伯仲之游，熟其德行孝道。每一往，即未尝不列立号诉而言曰："子之有文，异日必光显于天下，请与吾纪先大人之墓。"潡既敬其负土，复盛元节之诸季五龙，河间之门必由是而大，故因不讫辞。铭曰：

修溠荒荒，孰为广平？泽国其流，东南而倾。

海注不尽，湖波澄盈。块载雄余，群山峥嵘。

泆潹森沉，上交臣清。中产灵丘，胤德垂英。

合藏于是，必苻穷祯。斯五令子，有待而生。

斯后嘉孙，弈庆重荣。设千万年，他坟毁平。

兹坟永宁，益厥休明。

三、（唐）楼湲撰《唐故俞府君胡氏夫人墓铭并序》①

咸通十五年（874）九月

（碑文）

唐故俞府君胡氏夫人墓铭并序

谯郡楼（下缺）

夫人姓胡氏，其先安定人也，晋荆州刺史之后。洎晋迨于巨唐，代有贤士，具其家谱，此不复纪述。父玉，皇试太常寺协律郎，夫人即协律仲女也。幼性冲和，长惟谦顺。处室而女功无阙从人而妇道有闻。移天俞氏之门廿余载，视彼子如我育，抚孤稚若己孙。慈爱不偏，使众妇无二志；指扐有中，令家人而尽一心。无惭截发之贤，岂让择邻之善？昨者，暂闻微疾，俄成膏肓。虽有良医，难免大祸。噫！夫修短定分，人理之常。以咸通十五年（874）闰四月廿四日终于越州余姚县招贤坊私第，享年六十有九。府君先娶琅琊惠氏，有嗣子五人：伯曰彦方，前瀛洲河间县令；仲曰巽，前试左武卫兵曹军；次曰彦卿，举进士；次曰潘，皇试太常寺奉议郎；季曰廷献，应孝廉科。女一人，适南阳叶绖。夫人即府君后室也，而无胤。自河间邑长至于孝廉，并探讨儒书，得古人之风义，修德务善，实当代之曾

① 录自章国庆：《宁波历代碑碣墓志汇编（唐、五代、宋、元卷）》，上海古籍出版社，2012 年。

闵也。虽非夫人所诞,而茹痛执丧有同己子。呜呼!白日不驻,丹旐有归,以其年九月廿一日窆于当县楼船乡摵墅村菁江里,附府君之茔,礼也。

诸子扶赢衔涕来白湲曰:"悉虑代更谷变,愿建其志焉。"湲尝馆俞氏之舍,备闻夫人即行,惭无才藻,词不尽美,略铭于石,用纪岁年。

懿哉夫人,性柔德厚。行比鸿妻,贤方陶母。忽萦微疾,遽奄泉宫。苍旻难问,世恨何穷。长岗坦原,坟其安矣。万古千秋,淑德无毁。

原附记:2010 年 6 月,慈溪市红十字医院孙培权先生捐赠给博物馆。石略呈方形,高 43 厘米,厚 8 厘米。断裂成两截,右下角约缺二三字。志文正书,共 25 行,满行 21 字。

注:首行撰者题名仅存残留笔画,似为"楼"字,而志文中撰者自称"湲",据古人自称称名的习惯,则应为楼湲,可能是寄客于俞氏的士人。

四、(宋)佚名撰《俞府君勾押墓志》[①]

宋开宝三年(970)九月

大吴国会稽府余姚县故俞氏府君勾押墓铭并序

府君本望河涧郡。父讳卿,祖儒,曾祖继,代效省瓷窑之职,并乃忠孝相传,庆荣后嗣。故府君充省瓷窑都勾押之行首也,可乃五常立德,十信为怀,一境钦崇,四远仰慕,咸称不可得也。府君乃育男四人,长曰从缄,娶于余氏;次曰从德,娶于夏氏;次曰从庆,娶于闻氏;次曰从皓,充瓷窑勾押,娶于副使女蔡氏。并乃处众谦和,莅事明敏,用冰泉励己,出清貌以驰名。乃育女一人,长曰马姑,适从钱氏,可谓荣隆花萼,庆袭高堂。四男连敬于旨甘,一女俄从美彦,长孙承礼等家逾五十来口。况府君不料三彭遽隐,四大俄分,以开宝三年(970)六月初一日终于上林乡石仁里湖表保之私第也,府君年逾七十有三。嗟乎!来同电影,去比幽途。窀穸既有良期,灵识固须卜宅,即以当年九月十三日于当乡乌石保从宅一里以来自己分地,东西南北并自至壬向,建新茔之礼也。虑以年代浸远,丘岗变更,固

---

① 录自蔡乃武:《"东窑"出上林湖——从新发现的两件五代越窑墓志罐谈起》,见沈琼华主编:《2007'中国越窑高峰论坛文集》,文物出版社,2008 年。

刊石为铭，用彰不朽。词曰：

浩浩尘劫，今古由同，一气潜去，万讥归空。其一。迢迢冥路，曾无再顾。郁郁青松，奄兹垄墓。其二。坐彼山门，祯祥莫论。千秋万岁，益子利孙。

五、(后梁)潘幅撰《俞府君妻黄氏墓志》①

梁开平四年(910)九月

大梁越州余姚县上林乡石仁里故俞府君亡妻江夏黄氏夫人墓志铭并序

将仕郎前右金吾卫兵曹参军柱国潘幅撰

夫人笄年适于府君，讳□，府君乃□□□当境之顶胄。夫人贤行，众推仪范莫及。为乡邻之敬仰，是亲眷之规模，淑德有闻，贞姿无比，于妇道而举按莫阙，在母情而截爱宁亏。谓乃福祐延长，神明洞鉴，何图事生不测，祸忽潜临，以开平四年八月廿八日奄遭斯祸。夫人享年六十有八，男五人，汉球、汉琉、汉璙、汉超、汉瑫，弟兄皆谨乾立身，柔和处世，仁行有同于颜子，英贤口口岂让于荀家，棣萼花荣，诚堪众仰，鹤鸰原上，实见风光，襟袍且虚，延纳常切，既怀恩德，孰不钦崇。球有男一人，从质；璙二人，从海、从安；璋四人，从厚、胡僧、团郎、新郎；超有女；瑫未婚。夫人女五人，长适□氏，次适冯氏，第三罗氏，不年先亡，第四袁氏，第五陆氏。□其妇礼严洁，孝道端□。夫人内外侄孙，人数众多，□一一标记，以其□节合附。玄宫取□□年九月廿九日之于东窑岙内，乃□□之地也。呜呼！嗟电光之不驻，恨隙驹之难留，此乃谓子欲养而亲不待，□□早□存念过受，慈怜见此，哀伤□胜鲠塞。聊陈盛德，实愧荒芜，□奉命而书，乃为铭曰：

淑德贞姿兮世所稀，慈悯温和兮众乃知。

魄散魂销兮一去后，弟顺兄恭兮万代居。

原附记：私人藏，八棱罐，上大下小，带盖和底座，青黄釉。通高37厘米，志文共433字，行数不明。

① 录自蔡乃武：《"东窑"出上林湖——从新发现的两件五代越窑墓志罐谈起》，见沈琼华主编：《2007'中国越窑高峰论坛文集》，文物出版社，2008年。

后　记

　　2021年5月2日,在宁波市奉化区溪口镇的千年古村、五峰俞氏明派发祥地——斑竹村,举行了隆重热烈的《斑竹俞氏宗谱》百年重修圆谱庆典。忝为五峰俞氏后人,我们在短暂的兴奋之余,却深感此番重修还有诸多不尽如人意之处。特别是对斑竹俞氏与整个明派俞氏千丝万缕的关系,似乎还有许多问题需要探讨和表达。于是,我们又开始了新的研究,试图对整个明派俞氏进行一次系统的梳理。

　　我们从收集和整理五峰俞氏特别是明派俞氏的家谱资料开始,并顺着这些家谱资料所提供的线索,细心查找俞氏先人在漫漫历史长河中留下的蛛丝马迹,精心考察他们所处的社会和时代背景。因为在历史长河中,个人是微小的,就像一朵浪花,而世系就是一条河。一条河要记住所有的浪花是困难的。失落、混淆和颠倒也是正常的。不过一条河,有其自身规律和走过的轨迹。只要找到轨迹中的蛛丝马迹,通过深入的分析,在证据链中找到真实与真实契合的可能性,仍可复原浪花经过的轨迹。终于,由叶及枝、由枝及干,从点到线、从线到面,我们最大限度地还原了上千年来明派俞氏的先辈们在四明大地繁衍生息的生活轨迹,有了许多新的发现,收获了诸多意想不到的成果。

　　这些发现和成果主要有:

　　一、今宁波市奉化区溪口镇斑竹村境内的大晦岭,是明派俞氏发祥地。五峰俞氏始迁祖俞稠的幼子俞玕于唐昭宗时(889—904)任明州大院判,后于开平四年(910)前后携族而居奉川大晦,距今已1100余年。

　　二、明派俞氏各宗谱所载各不相同的"郡马公",即为十四世祖俞景福(字伸);被誉为五峰俞氏"族宝"、历史上著名的"金字谱",其主要来源之一的"四明大晦谱",就是由俞伸于绍兴三年(1133)所撰。

　　三、奉化城内的北郭俞氏、泮西俞氏及俞村俞氏等,并非如其谱上所说的是"俞文俊"后裔,实与斑竹俞氏同祖十世祖俞宾,为俞宾长子俞文广之后,分别于宋末元初迁自斑竹园;著名的奉化"民国三俞"俞飞鹏、俞济时和俞国华,均为泮西俞氏之后,俞飞鹏为第四十一世,俞济时和俞国华为第四十二世,俞飞鹏和俞济时为堂叔侄,俞济时和俞国华为远堂兄弟。

四、明派鄞西俞氏宗谱所载《四明俞氏宗记》是冒俞充之名的伪作,建立在《四明俞氏宗支记》基础上的明派鄞系俞氏,其在宋代的先祖世系均与历史事实相悖:俞鼎并非"世居吴兴之蠡山",而是明派俞氏第十世祖;俞充并非"俞佶"之子,俞伸并非俞伟之弟;俞褒并非俞伟之子,而是俞充之弟;俞夔并非"俞允选"之子,而是俞充的第四个儿子。与此相关,从《宋元四明六志》到此后的各郡县志书,均受其影响,志征于谱、谱据于志,谱志互证,舛讹千年。

五、俞充之母辜氏,卒葬城内"小江里";俞充为"鄞江人";俞充有三个弟弟,大弟俞褒为梅墟俞氏始迁祖,另外两个弟弟一个佚名、一个早卒;俞充有四个儿子:俞稷(次稷)、俞次契(仲素)、俞次皋(伯谟)、俞次夔(夔)。俞次契为兰溪赤溪俞氏始迁祖,俞夔为象山俞氏始迁祖。

六、俞充一支在宋代簪缨相继,有据可查的进士就有:俞充、俞褒、俞稷、俞次契、俞次皋、俞夔、俞观能、俞茂系、俞茂先、俞畴(君畴)、俞君珍、俞舜申等,创造了"一门五代十余进士"的奇迹。

七、在研究中,我们还有不少新的发现:一是找到了两位被明派俞氏谱(斑竹谱)中漏载,也被历史湮没的才华横溢的俞氏文人。一位是生活于北宋中后期的慈溪籍(四明句章)俞叔通,大致与俞景福(伸)和俞充的四个儿子同时代。俞叔通为"苏门"文人集团的重要成员李之仪所"赏慕"并与之通信讨教,同时代精通古今的学者和诗人许景衡评价其"有学问,自弱冠时声名已隐然为东南冠,其后屡以文艺进,当时贤公卿皆盛称道之"。我们可以基本还原他的怀才不遇的人生轨迹,但其世系祖源还有待进一步考证。另一位是生活于宋末元初,可以确定为斑竹俞氏,被当时的著名诗人陈著称为"诗坛盟主"的俞雷(字叔可,号苏墅),被《永乐大典》《四库全书》收入另一位著名诗人舒岳祥《阆风集》(舒岳祥号"阆风")中的《苏墅稿》,极有可能就是俞雷的作品集。二是发现了"五峰俞氏"明派在今宁波境内定居并繁衍生息之前,在今余姚和慈溪境内已有非明派甚至是非五峰的俞氏存在，他们远在唐朝中后期已经繁衍成族①，并为后来越窑青瓷（秘色瓷）的兴盛做出过重要贡献。三是明派俞氏1100多年来虽然其主要聚族生息地在宁波、舟山，但仍有很多后人迁往宁波以外地区；今天宁波境内的余姚和宁海，甚至鄞州境内，也有很多同属五峰的刌派俞氏繁衍生息着。

此外，据研究推测，我们认为：桐庐缑岭俞氏和余姚石姥山俞氏或为明派俞氏九世祖俞仁翱之后；象山俞懋文支俞氏或为"金字谱"漏载的俞玎次子俞承文支；俞充或为俞玎幼子俞承登之后，鄞东俞氏或为俞充长子俞稷之后，或为三子俞次皋之后。如此种种，终因文献阙如，姑且存此一说，俟后之贤者作进一步考证。

《明派俞氏研究》的成稿，首先要归功于千百年来一代代俞氏先祖倡导并始终恪守的尊祖敬宗的优良传统。正是因为有了这样一种传统，才会有大量宗谱文献的存世，直到今天还能呈现在我们面前。特别是二十世祖俞浙撰于宋德祐元年（1275）的"金字谱"的存在，方才让我们的研究有了"由叶及枝、由枝及干，从点到线、从线到面"的一个历史经纬、一个方向。家谱文献不仅记述了一个家族发展的历史轨迹，更展示了这个家族的文化渊薮。对此，我们始终心存敬畏、心怀感激。

《明派俞氏研究》的成稿，还要归功于时代和社会的进步。正是基于这种进步，方才使更多宗人的思想更加开放，对长久以来秘为私物的本族宗谱的观念更为豁达，对公开讨论自己的祖源问题持更加开明的态度。也正是源于这种进步，国家正大力推动我国古籍数字化工程，使我们从浩瀚的古籍文献中寻找我们祖先在历史长河中留下的蛛丝马迹，有了更多的可能性。这两个方面构成了我们全部研究的基础。对此，我们深以为这并非我们之能，是时代让我们有了这个机会。

《明派俞氏研究》的成稿，还要归功于我们背后众多的俞氏族人及大量热心人士的帮助和指导。无论是资料收集过程，还是分析推论过程，我们总是能够得到他们及时、无私的支持和回应。素有明派俞氏"活地图"之称的俞正多和俞立奇等，不仅为我们提供了大量谱牒资料，而且多次参与初稿的讨论，提出了很多宝贵的建议；江西省上饶市广丰区杉溪的俞文

后记

---

① 据郑炳林《敦煌地理文书汇辑校注》（甘肃教育出版社，1989年）所收《新集天下姓望氏族谱一卷并序》载，中唐俞氏姓望有四，分别为河间郡、卢江郡、鲁郡郡和会稽郡。这些发现证实了会稽俞氏早在唐以前已在今宁波境内的余姚等地繁衍生息，并蔚为大族。

军,经常在繁忙的工作之余,拨冗为我们提供大量的宗谱资料和古籍文献,并提供宝贵的研究建议;天一阁博物院的龚烈沸研究员、章国庆研究员,五峰俞氏历史文化研究会的俞伟新、俞晓春,慈溪思绥草堂的励双杰,慈溪市地域文化专家高国民,杭州的俞楚园等,经常无私地为我们提供研究指导和文献资料;奉化的邬水龙先生多次陪同到奉化档案馆查找文献资料;专注于象山县姓氏文化研究十余年且卓有成效的张则火先生,为我们提供了很多宝贵的文献资料。新昌的俞见达、俞卓敏、俞焕苗等,宁海的俞德宽、俞法军,象山的俞忠慰,奉化的俞小国、俞亚东,余姚的俞庭尧,金华的俞晓民,江西婺源的俞柏森,江苏的俞翔等,还有颖之星语(刘颖)等,都为我们的研究提供过诸多帮助。宁波市社科院的谢磊、谢国光多次为我们网购古籍资料提供帮助。此外,需要特别致谢的有:五峰俞氏历史文化研究会会长俞伟新先生欣然为本书作序,著名书法家马华林先生为本书题写了书名,宁波大学科学技术学院的陈君静先生、朱世华先生和曹辉先生等,浙江大学出版社的吴伟伟、陈翩,中华俞氏宗亲联谊总会的俞正平会长,安徽省俞氏宗亲会的俞能海会长,象山籍著名诗人韩高琦,等等。我们深怀感激,永志难忘。

研究明派俞氏的实践让我们认识到,以宗谱为基本线索,以史实为根本依据,谱史结合,依史疏谱,这是姓氏历史文化研究的必由之路;这种基于家谱、史实和社会历史大背景基础上的逻辑推论,是姓氏历史文化研究的一条成功之路。经过两年多来的辛苦努力,《明派俞氏研究》行将付梓。于是乎,我们有了一个更大的"野心":何不顺着《明派俞氏研究》蹚出来的路子,去继续做一做五峰俞氏历史文化的更多研究呢?

囿于学识和水平,书中尚有诸多不足之处,祈请方家及宗亲指正!

作 者

2023 年 10 月